KB071372

미래의 도시

21세기 도시의 과제 및 대응전략

미래의 도시

21세기 도시의 과제 및 대응전략

피터 홀·울리히 파이퍼 지음　임창호·구자훈 옮김

urban future 21

A Global Agenda for Twenty-First Century Cities

한울
아카데미

국립중앙도서관 출판시도서목록(CIP)

미래의 도시 : 21세기 도시의 과제 및 대응전략 / 피터 홀
; 울리히 파이퍼 [공]지음 ; 임창호 ; 구자훈 [공]옮김.
-- 파주 : 한울, 2005
    p. ;   cm. -- (한울아카데미 ; 708)

권말부록수록
원서명: Urban future 21 : a global agenda for twenty-
first century cities
원저자명: Hall, Peter
원저자명: Pfeiffer, Ulrich
참고문헌수록
ISBN   89-460-3329-0 93300

331.47-KDC4
307.76-DDC21   CIP2005000305

Urban Future 21

A Global Agenda
for Twenty-First Century Cities

Peter Hall and Ulrich Pfeiffer

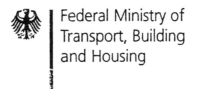

Federal Ministry of
Transport, Building
and Housing

Urban Future 21: A Global Agenda for Twenty-First Century Cities

by Peter Hall and Ulrich Pfeiffer

Copyright ⓒ 2000 by The Federal Ministry of Transport, Building and Housing
of the Republic of Germany

Korean Translation Copyright ⓒ 2005 by Hanul Publishing Group

옮긴이의 말

　인류가 모듬살이를 해온 이래로 인류의 삶의 양식은 크게 세 번의 큰 변화가 있었다고 일컬어진다. 그 첫 번째 변화는 신석기시대에 있었던 농업혁명이었고, 두 번째 변화는 17~18세기에 유럽에서 시작된 산업혁명이다. 앞으로 우리의 삶의 모습을 또 한번 질적으로 크게 바꾸어놓을 것으로 보이는 세 번째 변화는 정보통신혁명이 될 것이라고 예견되고 있고, 이 변화는 이미 지난 20세기 말부터 시작되었다고 보는 사람도 있다.

　이 책의 저자인 피터 홀과 울리히 파이퍼는 21세기의 인류가 겪게 될 또 다른 큰 변화의 흐름은 앞으로 벌어지게 될 또 한 번의 엄청난 도시화 현상이 될 것으로 보고 있다. 지금부터 불과 20년 후인 2025년의 세계도시 인구는 1995년의 24억 명을 기준으로 할 때 이의 두 배가 넘는 50억 명이 될 것으로 예견되고 있다. 이는 산업혁명 이후 도시화 현상이 최고조에 달했다고 생각했던 지난 세기 말보다 세계의 도시 인구가 2배 정도로 또다시 급격히 증가함을 의미한다.

　물론 이와 같은 도시화의 추세는 지구상에 동일하게 발생하는 것은 아니다. 급격한 도시화의 양상과 변화 추세, 그리고 사회경제적 상황은 선진국, 개발도상국, 저개발국가 사이에 서로 완전히 다른 양상으로 벌어지게 될 것으로 보인다. 또 같은 개발 단계에 있는 국가라 하더라도, 그 지역이 처한 입지적 상황은 물론이고 그 나라의 정치적, 사회경제적 여건에 따라서 도시별로 근본적으로 다른 상황이 발생할 것이다.

　이와 같은 도시화의 흐름과 함께 현재 인류가 직면하고 있는 많은 문제와 변화들,

예컨대 지구 차원의 환경오염문제, 세계적 현상으로서 빈부격차의 심화와 빈곤의 악순환 문제 등은 물론 개개인의 삶의 형태에 변화를 가져다주는 정보통신혁명과 다국적 기업의 거래 관행 변화 등은 앞으로 인류의 미래 세계와 생활상이 어떻게 변화할 지에 대한 예견을 어렵게 하고 있다.

이런 시점에서 앞으로 도시의 미래가 어떻게 변화할 것이고, 그 변화의 힘은 무엇이며, 이로 인해 인류의 미래는 어떻게 변화할 것인가라는 것에 관해 실질적 관점에 기초한 예측이 절실히 요구된다. 또한 앞으로 문제 해결의 중요한 주체가 되어야 할 도시가 취해야 할 정책적 대안들에는 어떤 것들이 있으며, 대안의 선택에 따른 결과는 어떤 것들이 예상되는지를 종합적으로 검토해보는 작업 역시 절실히 요구되는 상황이다.

이러한 변화의 기로에서 독일을 중심으로 브라질, 남아프리카공화국, 싱가포르가 협력하여 2000년 6월 베를린에서 '도시의 미래에 관한 세계 콘퍼런스'를 개최했고, 독일연방정부는 세계적으로 저명한 전문가를 중심으로 세계위원회(World Commission)를 구성했다. 이 책은 세계위원회의 위원이었던 피터 홀 경과 울리히 파이퍼가 세계위원회 회의를 위한 자료에서부터 각 전문가들의 논의까지를 집대성하여 재정리한 것이다.

이 책의 제2장에서는 세계의 근본적인 변화의 힘에 관해서 다루게 되며, 또한 현재의 변화 경향들이 적절한 변형이나 변화를 주는 긍정적인 정책 개입 없이 계속된다면 나타나게 될 결과에 관해서도 다루게 된다.

제3장에서는 이러한 내용을 토대로 만약 우리의 도시들이 지금까지 진행되어왔던 변화 추세대로 별다른 정책적 개입 없이 진행된다면 어떠한 모습이 될까라는 의문을 가지고 미래의 추세를 설명하고, 이어서 또 한편으로는 그 즈음에 논의될 정책적 해법들은 어떤 것들이 있겠으며, 이런 정책적 해법이 적용되었을 때 미래의 추세는 어떻게 수정될 것인지를 두 개의 시나리오로 나누어 정리했다.

제4장에서는 그러한 정책적 해법을 개발하는 데에 적용되어야 할 원칙에 관한 전망을 제시하고, 이를 도시 정책의 핵심 영역에 적용하게 된다. 특히 중심적 정책 목표로서 '지속 가능한 도시 개발'과, 이를 달성할 수단으로서 '분권화된 지방정부의 권한 강화'의 구체적인 방식을 제시한다.

마지막으로 제5장에서는 이들 원칙들을 가지고 세계 각국의 도시들을 위한 실행 계획에 적용하여, 국가와 도시 정부가 수행해야 할 필요가 있는 일에는 어떤 것들이 있는지를 비교적 실제적으로 제시하고 있다.

이상의 내용과 같이 이 책은 앞으로 전개될 21세기의 초반부, 즉 2025년까지의 세계 도시의 미래와 이에 대처하기 위한 정책적 대안들을, 도시의 개발 상태를 3가지 유형으로 구분하여 정책적 제안을 제시한 것으로, 계획의 앞날에 대한 전망을 도출해낼 수 있는 귀중한 단초들을 제시하는 귀중한 책이다.

이 책은 도시계획을 전공하는 학생 및 전문가들로 하여금 앞으로의 시공간상의 변화가 어떻게 일어날 것이며 계획가들은 이에 어떻게 대처해야 하는가에 관한 깊은 안목과 통찰력을 제공해 줄 것이라고 확신한다. 또한 도시계획과 밀접한 관련을 맺어온 관련 분야인 건축, 토목, 조경, 교통, 환경의 제 분야뿐만 아니라 도시와 관련된 정치, 경제, 사회, 행정 등 여러 분야의 전문가들에게도 귀중한 자료로 활용될 것으로 믿는다.

이 책은 그 내용과 주제의 방대함은 물론, 각 개발 단계의 수많은 사례, 인용문 등의 방대함과 다양성으로 인해서 매우 흥미로운 책이다. 번역의 큰 원칙은 가능한 한 원문의 의미와 맥락을 최대한 살려서 정확히 번역하는 것으로 정했으나, 영어와 우리말의 뉘앙스 차이를 감안하여 필요하다고 생각되는 부분에 대해서는 의역도 병행했다. 번역상 미진한 부분이나 오류가 있다면 이는 전적으로 역자들의 능력 부족 때문이며, 개정판에서 계속적으로 바로잡을 것임을 독자들에게 약속드린다.

이 책의 번역에는 서울대학교 도시공학과 도시계획연구실의 석·박사 과정 학생들인 문경일, 조경훈, 조명호, 최대식, 권기욱의 헌신적인 도움이 있었다. 또한 2001년 대학원 수업에서 이 책을 같이 강독하며 번역의 필요성을 느끼게 해주었던 서울대학교 도시공학과 도시설계 협동과정 및 건축학과의 석박사 과정의 선병수, 손동필, 조상규, 장은영 등을 포함하는 24명의 학생들, 그리고 한동대학교 대학원의 최상락, 이정현, 김문규, 유화연 학생들의 노력도 좋은 밑거름이 되었고, 마지막 교정 작업을 도와준 한양대학교 도시대학원의 김현진, 박영준, 조봉석, 김태진, 차홍녕, 최재영 학생들의 도움도 큰 힘이 되었다.

옮긴이의 말을 마치기 전에 밝히지 않을 수 없는 애석한 일이 하나 있다. 이 책의 번역을 제안하시고 번역의 마지막 단계에 이르기까지 몇 년간의 번역 작업을 주도적으로 진행해오시던 임창호 교수께서 2004년 8월 갑작스럽게 타계하셨다. 존경받는 학자로서의 삶을 꼿꼿이 살아오신 임교수님의 타계 소식은 학계는 물론이고 지인들에게는 너무나 큰 충격이었다. 이제 이 책은 임교수님의 마지막 유작이 되었고, 이 마지막 작업 과정을 함께 할 수 있었던 그간의 경험은 나에게는 영원히 잊지 못할 일로 남을 것이다.

끝으로 최종 마무리 단계에서 꼼꼼히 체크해주고 세련된 편집으로 더욱 값진 책을 만들어 내는 데 수고하신 한울의 김종수 사장님과 여러 실무자들에게 깊이 감사드린다. 또한 번역 원고와 씨름하느라 여러 해 동안 가정에서의 책무를 게을리함에도 불구하고 인내하며 성원해주셨던 임교수님의 가족과 나의 가족에게도 감사하며, 마지막으로 이 모든 과정을 함께 해주시며 힘을 주신 하나님께 영광과 감사를 돌려드린다.

2005년 신년 새해에,
행당산 언덕 연구실에서
옮긴이를 대표하여 구자훈

머리말

　세계는 점점 더 도시에 의해 특징지어진다. 전 세계적으로 도시에 사는 인구 비율은 끊임없이 증가하고 있다. 이러한 경향은 인구, 경제, 사회의 중대한 변화를 초래한다. 이와 같은 이유로 도시는 오늘날 발생하는 문제들의 중심지가 되었고, 바로 이것이 미래 사람들의 삶의 질이 결정되는 곳이 도시가 되는 이유이기도 하다. 그래서 도시 정책은 세계, 국가, 지역의 과제로서 점점 더 중요한 의의를 지닌다. 이는 세계의 모든 지역들, 즉 도시 성장이 진행되고 있는 개발도상국, 신흥 산업국, 그리고 여러 부문에서 도시 성장이 멈추어가고 있는 선진 산업국가에 공통적으로 적용된다. 문제의 핵심은 어디에서나 마찬가지이다. 즉, 어떻게 하면 도시에 살고 있는 모든 거주민들이 경제적, 기술적, 사회적 진보를 공유하며, 문화적 다양성과 건전한 환경을 누릴 수 있도록 만들 수 있는가, 또 어떻게 하면 살고 있는 지역을 조성하는 데 모든 이들을 민주적으로 참여시킬 수 있는가의 문제이다.

　도시의 미래에 대한 논의에 새로운 자극을 주기 위해 독일은 다른 참여 국가들인 브라질, 남아프리카공화국, 싱가포르와 함께 미래의 도시에 대한 국제회의(A Global Conference on the Urban Future, URBAN 21)를 개최했고, 이는 베를린에서 2000년 7월 4일부터 6일까지 '엑스포 2000 세계박람회'의 일환으로 열렸다. 동시에 독일연방정부는 이 회의의 중점 과제에 근거한 '미래의 도시에 대한 세계보고서(World Report on the Urban Future)'를 작성하는 작업을 전 세계의 저명한 전문가들로 구성된 세계위원회(World Commission)에 위임했다. 이 작업을 돕기 위해 세계위원회의 회원들에게는 위원장 피터 홀 경(Sir Peter Hall)과 실증조사연구소(Empirica Research Institute)의

울리히 파이퍼(Ulrich Pfeiffer)가 저술한 광범위한 내용의 예비 보고서, 『미래의 도시 21(Urban Future 21)』이 제공되었는데, 그 내용은 세계의 구조적 변화의 여러 측면들과 그것들이 도시 발전에 미친 영향에 대한 전문가들의 견해에 논거를 두고 있다. 이러한 견해들은 독일연방정부가 위임한 국제적으로 인정받는 전문가들에 의해 작성되었다.

나는 이 책의 출판으로 인해 도시의 미래에 관심이 있는 모든 이들이 유익한 예비 보고서를 접할 수 있게 되어 매우 기쁘다. 왜냐하면 『미래의 도시 21』은 독일 연방 교통·건축·주택부(German Federal Ministry of Transport, Building, and Housing, BMVBW)에서 출간한 '세계보고서'를 더 잘 이해할 수 있도록 해주기 때문이다.

'세계보고서'와 『미래의 도시 21』의 출판에 관여한 모든 이들에게 이 지면을 빌어 감사드리고자 한다. 이들은 지속 가능한 도시 발전과 관련된 조치를 위해 깊이 있는 분석과 유익한 조언을 제시해주었다. 세계위원회와 철저한 작업으로 전문적인 견해를 제시해준 저자들에게 감사하고 싶다. 그리고 전 세계에 걸친 도시화 경향과 그와 관련된 무한히 많고 다양한 측면들과 여러 실행 분야 및 징후에 있어서의 문제들을 분석하고 앞으로의 실행 방향을 위한 유용한 제안으로 발전시키는 훌륭한 방식으로 이 글을 저술한, 『미래의 도시 21』의 두 저자에게 특별히 감사하고자 한다. 또한 출판할 수 있게 해준 출판사에도 감사드리고 싶다.

라인하르트 클림트(Reinhard Klimmt)
독일연방정부 교통·건축·주택부 장관

서문

이 책은 '세계위원회 도시 21(World Commission URBAN 21)'과 그 전문가 그룹이 2000년 7월 베를린에서 열린 '미래의 도시 21(Urban Future URBAN 21)'에 제출된 위원회의 보고서를 준비하기 위해 2년여에 걸쳐 공동으로 작업한 결과물이다. 원래 이 책의 의도는 보고서를 작성하는 것이었으나, 위원회는 회의 그 자체를 위해 좀더 간결하고 읽기 쉬운 책(version)을 마련할 것을 만장일치로 결정했다. 또한 그들은 원 자료의 풍부한 내용이 외부의 학자 및 정책 결정자들에게 폭넓게 활용될 수 있도록 긴 분량의 보고서를 두 저자의 책임하에 최종본의 책으로 만들어낼 것에 동의했다.

먼저 전체 프로젝트를 위한 준비와 지원을 해준 독일연방정부 교통·건축·주택부에 감사드리고자 하며, 특히 이러한 아이디어를 처음으로 구상해낸 전임 장관 클라우스 퇴퍼 박사(Dr. Klaus Töpfer)에게 감사드린다. 우리는 그가 유엔 인간정주위원회의 위원장으로 자리를 옮긴 후에도 세계위원회의 귀중한 위원으로 활약해왔고, 이제 그가 구상했던 결과물을 볼 수 있게 된 것에 대해 매우 기쁘게 생각한다.

다음으로, 자신들의 이름이 담길 보고서를 준비하기 위해 수개월이 넘도록 힘들게 수고해주신 위원회와 전문가 그룹에게 감사드린다. 전문가 그룹의 많은 분들이 바쁜 일정 속에서도 직접 위원회의 각 위원들에게 보고를 해주었고, 그래서 위원회가 1999년 3월에 프로젝트를 인수했을 때 주요한 결정들을 위한 근거를 좀더 효과적으로 준비할 수 있었다. 그들의 이름은 <부록 1>에 수록되어 있다. 또한 부록에는 우리의 작업이 순조롭게 진행되는 데 큰 역할을 한 독일연방정부 교통·건축·주택부의 공무원들을 포함하여 전문가 그룹과 위원회 회의에 참여한 참석자 명단도 포함되어 있다.

세 번째로, 전문가 그룹과 위원회를 위해 특정 주제에 대한 논문들을 작성해준 많은 저자들에게 감사한다. 이들 논문의 일부는 독일연방 건축·지역계획청(German Federal Office for Building and Regional Planning)의 특별판으로 출간되었다(Germany BBR, 1999). 출간된 보고서들의 전체 목록은 <부록 2>에 실려 있다.

마지막으로 실증조사연구소의 현 직원들과 전임 직원들, 특히 데이비드 벨트친(David Weltzien), 줄리아 크라카우(Julia Krakau), 마기 쉬리너(Maggie Schriner)에게 감사 드리는데, 이들은 각종 회의 및 보고서는 물론 이 책을 위한 우리의 작업을 위해 자료를 준비하거나 취합하는 힘든 작업을 해주었다. 또한 거의 불가능한 마감시간에 맞추어 엄청나게 능률적으로 이 책을 편집해주신 앤 러드킨(Ann Rudkin)에게도 특별한 감사의 뜻을 표하고자 한다.

런던·본, 2000년 5월
피터 홀, 울리히 파이퍼

차례

2025년의 도시 세계
추세와 결과

일러두기

1. 원서에서 각주로 제시된 참고문헌들은 역주와의 혼동을 피하기 위해 본문의 해당 부분 말미에 저자, 연도, 쪽수의 형식으로 표기했다. 원서의 지은이 주들은 해당 면에 각주로 표기했다(* 모양). 구체적인 설명이 필요한 전문용어나 역사적 사실 등을 다룬 옮긴이 주도 일련번호(1), 2)와 같은 모양)로 해당 면에 각주로 첨부했다.

2. 문장 이해를 돕는 데 꼭 필요한 경우 원서에는 없는 문장을 ( )의 형식으로 추가했다. 저자가 부연 설명을 위해 원문 중에 ( )로 표시한 부분은 그와 똑같은 괄호를 사용하여 처리했다.

3. 외국어 표기는 처음 나올 때에만 ( )를 사용하여 부기했다. 단, 인명의 경우 동성이명으로 발생하는 혼동을 피하기 위해 각 장마다 원명을 다시 병기했다. 한자는 되도록 피하고 풀어썼으나 불가피한 경우 다른 외국어 표기와 마찬가지로 ( ) 형식으로 첨부했다.

4. 고유명사는 가능한 한 외래어 표기법과 원어 발음을 기준으로 표기했다. 그러나 이미 우리에게 익숙해진 외국어는 널리 통용되고 있는 발음을 따랐다.

5. 원서에서 대문자로 표기된 단어, 영어 이외의 다른 모든 외국어로 표기된 단어(인명 제외)와 책 제목, 글 제목, 잡지 이름은 이탤릭체로 표기했다. 원서에서 강조를 위해 이탤릭체를 사용한 문장 및 단어들은 고딕체로 표기했다.

6. 이 책에 포함된 사진은 원서에는 없는 것으로, 옮긴이가 첨부하였다.

1장
새 천년의 도전

urban future 21

이 책은 상징적으로 하나의 세계를 의미했던 도시로부터 시작하여, 여러 가지 측면에서 실질적으로 하나의 도시가 되어버린 세계로 끝마친다.
−루이스 멈포드(Lewis Mumford), 『역사 속의 도시(*The City in History*)』(1961)

1. 새 천년 도시의 첫 세기

연이어 나타나는 거대한 변화의 두 가지 지표가 있다. 첫 번째 변화 지표는, 새 천년이 2, 3년 지난 즈음에는 인류 역사상 최초로 세계 60억 인구의 과반수가 도시에 살게 되리라는 것이다(UNCHS, 1996b).* 이미, 세계의 도시 인구는 매년 6,000만 명 이상 증가하고 있고, 이는 영국이나 프랑스의 전체 인구에 해당하는 수치이다. 두 번째 변화 지표는 국제연합의 추정에 의한 것인데, 2000년에서 2025년 사이에 세계의 도시 인구는 24억(1995년)에서 50억으로 두 배가 되고, 도시화율은 47%에서 61%로 증가하리라는 것이다.

하지만 이러한 인구성장은 불균등하게 분포될 것이다. 다시 말해서 폭발적인 인구성장은 개발도상국들, 즉 아시아, 아프리카, 라틴아메리카의 도시에서 주로 일어나고 있으며, 앞으로도 이 도시들에서 계속될 것이다. 선진국에서는 이미 과거에 거대한 도시화 과정을 경험했다. 선진국에서는 인구의 76%가 이미 도시에 살고 있고, 사람들과 직장들은 대도시에서 소도시로 옮겨가고 있다. 동유럽과 독립국가연합에서는 지난 21세기 중반 이후에 처음으로 사람들이 도시에서 농촌지역으로 역이주함에 따라 실제로 도시성장률이 감소하고 있다.

이와는 아주 대조적으로, 새 천년의 시작 시점에 개발도상국들에서는 인구의

---

*: 데이비스(Davis, 1959: 63)는 1900년에 인구 2만 이상인 도시는 9.2%, 1950년에는 20.9%라고 언급했다.

<표 1-1> 도시 인구

	도시 인구 비율(%)			도시 인구성장률 (%)		
	1980	2000	2020	1980~1985	2000~2005	2020~2025
세계	39	47	57	2.6	2.2	1.7
아프리카	27	38	49	4.4	4.0	3.0
유럽	69	75	80	0.8	0.3	0.1
북미	74	77	82	1.2	1.0	0.9
중미	60	67	73	3.1	2.0	1.5
남미	68	80	85	3.1	1.8	1.1
아시아	27	38	50	3.6	2.8	2.0
오세아니아	71	70	72	1.4	1.3	1.3
개발도상국	29	41	52	3.8	2.9	2.1
선진국	71	76	81	0.9	0.5	0.3

출처: WRI, UNEP, UNDP, World Bank, 1998.

41% 이하만이 도시에 살고 있다. 그리고 여기서는 도시화 과정이 최고의 절정기에 이르러 있다. 라틴아메리카, 아시아는 물론이고 특히 아프리카에서는 2000년에서 2025년 동안에 도시 인구가 두 배가 될 것이다. 세계은행의 상무이사인 코흐배서(Caio K. Koch-Weser)는 이스탄불에서 열린 제2차 인간정주회의(Habitat Ⅱ)에서, "2015년에 제3차 인간정주회의(Habitat Ⅲ)가 열릴 즈음에는 세계 27개 도시의 인구가 1,000만 명 선을 넘을 것이고 516개 도시는 100만 명 선을 돌파하여 도시 인구의 총수가 40억 명 선을 넘어설 것이며, 인구는 대도시 권역을 너머서 제2차 중심지로, 그리고 더 멀리 현재의 농촌지역으로까지 확산될 것이다"라고 발표했다 (Koch-Weser, 1996).

그러나 개발도상국들 내에서도 큰 차이를 보이고 있다. 예컨대 라틴아메리카와 카리브 해에서는 인구의 4분의 3 이상이 도시에 살고 있으며, 몇몇 주요 국가들에서는 그 수치가 더 높다. 즉, 아르헨티나(89%), 칠레(85%), 우루과이(91%) 등의 도시화율과는 대조적으로 아프리카와 아시아에서는 인구의 3분의 1 이하만이 도시지역에 거주하고 있다. 세계의 몇몇 최빈국가들 중에서도 인구가 폭발적으로 증가하는 일부 도시들에 주요한 도전 과제가 대두하고 있다. 왜냐하면 대도시로의 거대한 변화가 최근에 이들 도시에서 일어나고 있거나 계속 일어날 것이기 때문이다. 2000년부터 2025년 사이에 아시아에서는 도시화율이 38%에서 50%로 증가할 것이고, 아프리카에서는 38%에서 49%로 증가할 것으로 예상된다(<표 1-1> 참조). 아프리카는 도시화의 전통과 도시 생활의 경험이 가장 일천하며 또 가장 늦게 도시화 과정을 겪고 있는데, 최근에는 연 4%의 도시 인구성장률을 기록하고 있다. 아시아에서는 이 비율이 약 3%이다. 중국은 농촌지역에 1억 3,000만의 잉여 노동력이 있으며, 그 수치는 2000년까지 2억으로 증가할 것으로 예상되고 있다. 1980년대와 1990년대 동안에 이러한 잉여 노동력은 도시지역, 특히 동남부 지방 도시지역의 고임금 일자리 증대와 맞물려서 세계 역사상 가장 큰 규모로 도시로의 이주를 발생시켜, 대략 1억 명 정도의 인구가 농촌에서 도시로 이주한 것으로 추산된다(*Migration News*, 1994).

세계에서 가장 큰 대도시 권역은 이미 더 이상 선진국이 아니라 개발도상국에 존재한다. 그리고 여기에서의 도시화 규모는 1900년대는 말할 필요도 없고 1950년대에 일어났던 규모를 넘어서고 있다. 지난 세기 동안에 특히 그 후반기 동안에 개발도상국 도시들은 어지러울 정도로 빠른 성장률을 보였다. 상파울루의 인구는 1900년에 단지 20만 5,000명이었으나 1,650만 명까지 성장했다. 라고스는 1931년에 단지 12만 6,000명이었으나 1995년에 이르러 1,000만 명 이상으로 팽창했으며, 그 정확한 수치는 아직 아무도 모르는 실정이다. 유엔의 예상에 의하면, 2015년까지는 인구 100만 명 이상인 358개의 이른바 '백만 급 도시들(million cities)'이 출현할 것으로 추측되며, 이 중에서 153개 이상이 아시아에 속할 것으로 추정된다. 그리고 인구 1,000만 명 이상인 '거대도시(mega-cities)'도 27개에 이를 것이며, 그중 18개가 아시아에 있으리라고 추정된다(<표 1-2>).

도시 전문가들은 이러한 거대도시들에서 나타나는 새로운 현상을 주목하고 있다. 즉, 이전에는 별개였던 서로 다른 규모의 수십 개의 도시들이 (아직 고유의 물리적 특징을 갖고 있긴 하지만) 하나의 군집을 이루어 2,000만, 심지어 3,000만의 인구 규모를 형성하면서 고도로 네트워크되는 것이다. 홍콩과 광저우 사이에 있는 주강 삼각주 지역(Pearl River Delta)은 1980년대에 나타나기 시작한 이런 군집화된 지역 중 하나이다. 자카르타-수라바야(Jakarta-Surabaya) 지역은 또 다른 사례이고, 도쿄, 나고야, 오사카 사이에 있는 일본의 도카이도 회랑은 그 전형적인 예라고 할 수 있다. 이들 중 몇몇 도시에서는 기반시설 공급, 교통 관리, 쓰레기 처리 등에서 심각한 문제들이 이미 대두되고 있고, 이는 2000년에서 2025년 사이에 위기 상황에 처할 것으로 보인다. 인류는 유사 이래 이러한 경험을 해본 적이 없으며, 따라서 이런 현상에 대한 이전의 사례나 지침이 없는 실정이다.

그러나 거대도시들의 성장이 이와 같이 현격하긴 하지만 대도시 문제에만 너무 집착할 수는 없다. 세계를 전체적으로 보면 실제로는 소도시들이 대도시들보다 더

<표 1-2> 거대도시의 현황과 예측(1995년과 2015년)

도시 군집 (Urban Agglomeration)	인구(천 명)		연 성장률(%)	
	1995	2015	1985~1995	2005~2015
아프리카				
라고스(Lagos)	10,287	24,437	5.68	3.61
카이로(Cairo)	9,656	14,494	2.28	1.97
아시아				
도쿄(Tokyo)	26,836	28,701	1.40	0.10
봄베이(Bombay)	15,093	27,373	4.22	2.55
상하이(Shanghai)	15,082	23,382	1.96	1.85
자카르타(Jakarta)	11,500	21,170	4.35	2.34
카라치(Karachi)	9,863	20,616	4.43	3.42
베이징(Beijing)	12,362	19,423	2.33	1.89
다카(Dacca)	7,832	18,964	5.74	3.81
콜카타(Kolkata)	11,673	17,621	1.67	2.33
델리(Delhi)	9,882	17,553	3.80	2.58
티안진(Tianjin)	10,687	16,998	2.73	1.91
메트로 마닐라(Metro Manila)	9,280	14,711	2.98	1.75
서울(Seoul)	11,641	13,139	1.98	0.32
이스탄불(Istanbul)	9,316	12,345	3.68	1.45
라호르(Lahore)	5,085	10,767	3.84	3.55
히데라바드(Hyderabad)	5,343	10,663	5.17	2.83
오사카(Osaka)	10,601	10,601	0.24	-
방콕(Bangkok)	6,566	10,557	2.19	2.51
테헤란(Teheran)	6,830	10,211	1.62	2.30
남미				
상파울루(São Paulo)	16,417	20,783	2.01	0.88
멕시코시티(Mexico City)	15,643	18,786	0.8	0.83
부에노스아이레스(Buenos Aires)	10,990	12,376	0.68	0.50
리우데자네이루(Rio de Janeiro)	9,888	11,554	0.77	0.84
리마(Lima)	7,452	10,562	3.30	1.32
북미				
뉴욕(New York)	16,329	17,636	0.31	0.39
로스앤젤레스(Los Angeles)	12,410	14,274	1.72	0.46

출처: UNCHS, 1996b: 451-456.

빠르게 성장하고 있기 때문이다. 이것은 거대한 유기체는 작은 유기체보다 더 빨리 성장할 수 없다는 아주 근본적인 법칙이 적용되는 예이기도 하다. 우리는 규모보다는 기능에 집중하는 편이 더 나을 것이다. 가장 큰 문제들 중 많은 부분은 이러한 국가의 비교적 작은 도시들에서 나타나며, 그 나라들 중 다수, 특히 아프리카의 국가들은 일인당 국내총생산이 선진국의 30년 전 수준보다 낮기 때문에 새롭게 도시화된 많은 사람들에게 사회기반시설과 서비스를 공급해야 하는 도시 경영자들의 능력은 한계에 달하고 있다.

2. 네트워크화된 도시 세계

새 천년에 들어 이미 또 다른 도시 변화 지표가 나타나고 있다. 그것은 21세기가 도시의 첫 번째 세기일 뿐만 아니라, 유사 이래 세계의 도시 거주자들이 하나로 네트워크화된 지구의 부분을 구성하는 도시화의 첫 세기가 될 것이라는 점이다.

지난 세기에는 세 개의 거대한 힘이 도시의 폭발적인 성장을 이끌었다. 첫 번째 힘은 **산업화**(industrialization)와 뒤이어 발생한 **탈산업화**(deindustrialization)이다. 이는 1950년 이전에 현재의 선진국들을 변화시켰고, 그 이후로는 개발도상국을 변화시키고 있다. 선진국에서는 20세기 동안 줄곧 제조업 근로자의 비율이 감소해왔는데, 1990년 전후로 그 비율이 17-32% 정도까지 떨어졌고, 1970년 이후로는 절대 수치까지 감소해왔다. 서비스업 근로자의 비율은 60-75%로 오늘날 어디서나 다수를 차지하고 있고, 정보 직종 근로자는 1920년에 20-25%에서 1990년에는 35-50%까지 증가했다(Castells, 1996: 209, 282-301).* 개발도상국에서는 반대로 농업과 같은 일차산업 생산자의 비율이 감소하고 공장 노동자의 비율이 증가하고 있다. 약간의 유감스러운 경우를 제외하면 이러한 노동력의 국제적 분업은 양쪽 모두에게 이익을 가져다주어, 지난 반세기 동안 일인당 소득은 몇 배나 증가해왔다. 두 번째 힘은 값싼 자전거(아직도 많은 개발도상국에서의 기본 이동수단)에서 대중교통, 개인 승용차의 형태로 이어지는 **교통혁명**(transportation revolution)이다. 그리고 세 번째 힘은 교통혁명과 병행해서 전화, 팩스, 인터넷 등으로 급속히 확대된 **통신혁명**(telecommunication revolution)이다. 여기에 네 번째 힘을 추가할 수도 있는데, 그것은 바로 정치적 변화(political transformation)이다. 이 힘이 도시에 미친 영향은 그다지 결정적이지 않지만, 강대국으로부

---

*: 일본은 30%를 상회하는데, 이는 이례적이다.

터의 탈식민지화(decolonization)는 새로운 국가들에서 수도의 성장을 촉발시켜왔다.

21세기의 거대한 변화의 힘을 예견해볼 수 있는데, 이는 이전에는 분리되어 있던 기술들, 즉 컴퓨터, 원격통신, 텔레비전 등을 정보의 생산, 저장, 변환을 위해 한 매체로 묶는 정보혁명(informational revolution)이다. 이미 이러한 맥락의 신 경제혁명이 진행됨에 따라 전 세계의 도시들은 세계적인 상호작용과 상호 의존의 복잡한 체제 내에서 점차 네트워크화되어 가고 있으며, 이는 도시 노동력의 새로운 국제적 분업을 낳고 있다. 즉, 선진 국가의 거대도시들은 고차 서비스 위주의 제조업과 상품 관리를 담당하고, 신흥 산업국가의 대도시들은 제조업 기능을 담당하게 된다. 저개발 국가의 대도시는 여전히 전 세계적 네트워크에 긴밀히 연결되지 않고 있으며 기초 서비스의 교환을 통해서 생존하고 있다. 우리는 네트워킹된 세계도시 속에서 정보와 통제의 이러한 국제 교역에서 핵심 결절점 역할을 하는 소수의 '국제도시 (global cities)', 그리고 특정 분야에서 서로 경쟁하면서 세계적인 차원의 서비스를 제공하는 40-50개 정도의 '하위 국제도시(sub-global cities)'라고 불리는 활기찬 대도시 그룹으로 도시를 크게 나누어볼 수 있다. 이런 도시들의 밑에는 '지역 거점도시 (regional cities)'가 있다. 도시들의 기능은 서로 중첩되기도 하는데, 예를 들면 작은 나라의 경우에는 대도시와 비슷한 기능을, 큰 나라의 경우에는 지역 거점 역할을 수행한다. 그리고 그 아래에 '지방 소도시(county towns)'라고 부를 수 있는 도시들이 있다. 이들은 도시 주위를 둘러싸고 있는 지역에 대한 서비스 중심으로 기능하거나 국가 차원 혹은 세계 차원의 특정 분야(예컨대 의료, 고등교육 혹은 관광 등) 서비스를 제공하는 중소 규모의 도시이다.

이와 같은 위계의 모든 도시들은 한 가지 공통적인 특성을 갖는다. 즉, 이 도시들은 세계적인 네트워크의 한 부분들이고 그 네트워크 안에서 정보와 재화들이 몇백 킬로미터의 거리를 넘어 교환되지만, 동시에 지역적 차원에서는 집적경제의 법칙이 여전히 존재하고 있다. 거대도시들은 가상공간의 새로운 세계 안에 있으면서도 여전히 집적이익이라는 고전적 경제 법칙 아래에 놓여 있다. 예를 들면, 사람들은 사업을 위해 여전히 대면접촉(face-to-face)을 필요로 하며, 의사소통은 거리가 멀 때보다 가까웠을 때 더 용이하고 비용이 적게 든다. 그리고 이런 현상은 수요가 공급을 낳기 때문에 더욱더 절실해지게 된다. 그래서 이러한 지역의 거대도시들은 주요한 국제 항공의 중심(global air hubs)이 되고, 또한 급부상하고 있는 대륙간 고속 철도망의 주요 결절점이 된다.

2025년까지는 전 세계가 일상적 생활 서비스에서부터 교육, 훈련, 상담, 공공 서비스뿐만 아니라 실질적인 시민권 행사에 있어서 (인간이) 직접 일할 필요가 없는 자동생산체제, 교통 및 원격통신 시스템을 활용하는 도시로 네트워크화될 것이 틀림없는데, 이는 고대 그리스 이래 모든 도시의 삶에서 이상으로 여겨지던 것들이다. 특히 세계의 거대도시들은 완전히 네트워크화될 것인데, 이는 옛 한자동맹(Hanseatic League)[1]이 가상공간상에 구현되는 것으로 볼 수도 있다.

그래서 20세기에는 도시 자체의 변혁이 일어났다면, 21세기는 도시에서의 삶이 변화될 것이다. 비록 20세기에 발생한 산업혁명과 교통혁명으로 인해 수백만의 사람들이 일생동안 묶여 있던 토지의 속박으로부터 자유롭게 되었지만, 그 최초의 효과는 여전히 노동이 착취되는 비천하고 소모적인 삶의 형태가 전개되는 도시로 그들을 이주시킨 것이었다. 이제는 다가오는 21세기에 대한 실제적인 전망이 어느 정도 가능한데, 그것은 정보혁명이 잠재적으로 사람들을 이러한 굴레에서 벗어날 수 있게 해줄 수 있다는 것이다.

그러나 이 과정이 필연적이거나 쉬운 것만은 아니다. 사실 지나간 20세기처럼 21세기에도 제기될 중요한 질문 중 하나는, 기술의 진보가 인류를 착취하기보다는 자유롭게 하도록 하기 위해 필요한 의식적인 노력은 무엇인가이다. 20세기의 경험 속에는 두 가지가 모두 섞여 있었다. 즉, 선진국 도시에 거주하는 수백만의 사람들은 만족스러운 일은 많이 하고 저급한 일은 적게 하면서 보다 나은 삶을 누렸지만, 동시에 또 다른 많은 사람들은 자신의 일을 기계나 개발도상국의 경쟁자들에게 빼앗겼으며 개발도상국의 환경은 한 세기 전의 런던이나 뉴욕의 환경과 너무나도 많이 닮아 있다는 것이다.

3. 도시의 도전 과제

개발도상국가에서 성장하기 시작하는 도시들의 진로에는 실재적인 도전 과제가 놓여 있다. 여기에는 역설이 존재하는데, 사람들은 이전보다 나은 삶을 살 수 있을 것이라고 믿기 때문에 여전히 도시로 모여들고 또 이들 도시에서 아이들이 태어나

---

1) 한자동맹(Hanseatic League)은 중세 북유럽 상업권의 패권을 잡았던 북독일 중심의 도시동맹으로서, 정식 명칭은 독일 한자(Deutsche Hansa)이다. 한자라는 말은 원래 '집단'을 뜻하며, 외지에서의 상업 권익을 지키기 위해 단결한 무역상인의 조합을 가리키는 말로 사용되었다. 런던에는 이미 11세기 중엽 쾰른의 상인이 조합의 집회소를 가지고 있었고 12세기 중엽에는 함부르크 · 뤼베크의 상인도 조합 결성을 인정받았으며, 이들 본국의 여러 도시에 있는 조합이 합체해서 런던에서의 독일인 한자가 형성되었고 이런 종류의 상인 한자의 거점은 런던에 한정되지 않았다.

고 있지만, 많은 경우에 그 기대는 어긋나고 있고 앞으로도 계속 어긋나게 될 것이다. 도시들 간에 그리고 개별 도시 내부에서도 계층간 소득과 부의 불균형은 감소하지 않고 환경의 질은 개선되지 않으며 너무나 많은 경우에 더 악화되고 있다. 이들이 앞으로 살아가는 데에 필수적인 주요 천연자원들은 보존되지 않고, 많은 회의에서 진지한 결의안들이 채택되고 있음에도 불구하고 오히려 실제로는 사라져가고 있는 실정이다.

유의해야 할 용어의 구분

이 장의 전체와 책의 나머지 부문에서 '선진 도시(또는 선진국의 도시들)'와 '개발도상 도시(또는 개발도상국의 도시들)'라는 용어를 사용할 것이다. 이는 개발에 관한 많은 문헌에서 일반적으로 통용되는 용어 구분이다. 그러나 우리는 오늘날 이것이 너무 지나치게 간략하게 표현된 것임을 확실히 인식하게 되었다. '선진국의 도시들'에서도 '개발도상국의 도시들'의 몇 가지 특징들(예컨대 상당한 비중을 차지하고 있고 점차 증가하는 비공식 부문)이 보인다. 더욱 중요한 것은, 중간 정도의 소득수준인 '개발도상국'의 많은 도시들이 특히 세계 경제로 통합되는 현대 경제체제의 한 부분으로서 경제, 사회, 정치구조에서 선진국의 도시들을 닮아가고 있다는 점이며, 이 도시들은 여전히 발전 과정의 초기 단계에 있고 아직은 느리고 불규칙한 성장을 보여주는 다른 도시들과는 구별될 필요가 있다는 점이다. 그리고 어떤 발전 단계에 속해 있더라도 국가별, 대륙별로 중요한 차이가 있음을 알 수 있다. 예를 들면, 공식 부문과 비공식 부문과의 관계 혹은 주택의 종류와 사회기반시설의 여건 등에서 지역별로 차이가 있다. 따라서 라틴아메리카 유형, 아프리카 유형, 하나 이상의 아시아 유형이 존재하며, 이들은 몇 가지 중요한 측면에서 큰 차이를 보이고 있다.

그러나 이러한 구분으로 인해 분석에 필요한 일반화의 관점을 쉽게 잃을 수도 있다. 즉, 모든 도시들이 서로 명백하게 다르다고 결론 내리기가 너무 쉽다는 것이다. 그래서 우리는 특히 이 개괄적인 서론에서는 선진국과 개발도상국의 기본적인 구별이 여전히 필요하다는 관점을 유지하고자 한다. 그리고 이 책에서는 개발도상국 도시의 성장 과정에서 제기되는 도전 과제에 중점을 두고자 한다. 이미 발전한 선진국의 경험은 이들 도시에 유용할 수도 있지만, 동시에 혼돈을 일으킬 수도 있다. 중요한 점은 발견되는 장소와 상관없이 성공한 모범 사례로부터 교훈을 얻고자 하는 것이다.

4. 도시 생활의 예측: 1900, 2000, 2025 ……

2000년의 시점에서 도시민들의 전형적인 생활을 기준으로 생각해본다면 미래의 도시 생활, 예컨대 2025년, 2050년, 2100년 시점의 도시민의 삶을 어떻게 예측할 수 있겠는가? 우선 떠오르는 한 가지 좋은 방법은 지나간 세기를 되돌아보는 것이다. 1900년 시점에서의 관찰자들은 당시의 세계적인 대도시들에서 관찰되는 문제의 규모에 놀랐을 것이다. 이 도시들은 모두 다 소위 선진국이라는 곳에 있는 도시, 즉 런던, 파리, 베를린, 뉴욕을 말하며 그 당시 인구가 급속히 증가하고 있었다. 특히 20세기의 첫 반세기에 인구는 2배 이상 증가하여 이전에 기록된 적이 없었던 규모로 성장했는데, 런던은 650만, 뉴욕은 400만에 이르렀다. 이들 도시의 빈민들과 신규 이주자의 대부분은 매우 지저분한 도심부 슬럼 건물 지역에 몰려들었고, 간혹 예외도 있었지만 비공식 주택 부문을 위한 토지는 너무 부족했고 규제도 많았다. 그들은 도심에 있는 일용직에 의존했고, 직장에서 조금 떨어진 곳에 살아도 상관없을 정도로 효과적인 교통수단도 없었기 때문에 그곳에서 벗어날 수 없었다. 시내전차와 지하철이 막 도입되는 시점으로, 예컨대 런던, 글래스고, 부다페스트에는 당시에 이미 지하철이 있었고, 파리에서는 막 개통할 즈음이었으며, 뒤이어 뉴욕에서는 1904년에 개통하도록 되어 있었다. 또한 자동차가 발명되었지만, 그것은 아직 부자들의 사치품이었고 중산층의 구매능력을 훨씬 뛰어넘는 것이었다.

이런 도시의 사람들, 특히 빈민들은 도시마다 아주 비슷한 삶을 살았다. 절대빈곤, 불안정, 하루벌이에 전적으로 의지하는 방식 등은 오늘날 개발도상국가의 도시에 사는 빈민들의 삶과 매우 유사하다. 그러나 다른 부분, 특히 주거 부문에 있어서 이들의 삶의 방식은 오늘날과 다른 양상을 보이고 있다. 무엇보다도 도시 빈민들은 (당시의 부유층과 마찬가지로) 당시에 이용 가능한 기술만을 쓸 수 있었는데, 예컨대 그들에게는 개별 욕실, 전화, 텔레비전이 없었고 이것은 당시의 부자들에게도 마찬가지였다.

그러나 그 후 30년이 채 지나지 않아서 도시철도와 지하철 시스템이 도시 안에 사는 빈민과 부자 모두의 삶과 직장을 완전히 바꾸어놓았다. 어느 정도 수입이 있는 사람들은 교외 주택으로 빠져나갈 수 있었다. 이때 헨리 포드(Henry Ford)와 그의 경쟁자들은 자동차를 대중화했고, 이것은 도시가 더 넓게 확산되고 분산될 수 있게 했으며 또 조장하기도 했다. 물론 기술 진보만이 변화의 유일한 동인은 아니었다. 특히 중산층 봉급생활자들의 소득 증대와 주택 구입을 위한 저당제도 같은 새로운 제도의 도입이 변화를 가속시켰다. 그러나 기술 진보가 없었다면 이와 같은 발전만으로는 도시를 크게 변화시키지 못했을 것이다. 그래서 20세기는 19세기에 시작된 바 있는 놀랄 만한 변화 과정을 거치게 되었다. 즉, 수세기에 걸쳐서 도시의 팽창을 억제하고 있던 제약 요인이 갑작스레 사라지게 된 것이었다.

소설가이자 공상과학 작가인 웰스(H. G. Wells) 같은 일부 놀랄 만한 예외적 인물을 제외하면, 1900년 당시에 대부분의 사람들은 이러한 20세기의 발전을 예견하지 못했고 예견할 수도 없었다. 대부분의 사람들은 도시와 도시 생활이 이전과 비슷하게 유지되리라 확신했다. 즉, 수많은 사람들이 사는 도시의 슬럼, 말이 끄는 마차와 시가전차, 그리고 공장에서 일하는 대부분의 도시 노동자들을 예상했다. 더더욱 그들은 농촌에서 도시로의 거대한 인구 이동을 예측할 수 없었다. 1900년에는 프랑스와 독일 같은 나라에서조차도 인구의 절반이 농촌에 살았고 주로 농사를 지었다. 그 밖의 다른 곳에서는 대부분의 사람들이 소규모의 토지에 의존하여 살아가는 소작농이었고, 외부 세계와는 완전히 차단되어 있었다. 누구도 전 세계 사람들이 필요로 하는 모든 양식과 원료가 소수의 사람들에 의해 생산되는 세계경제체제가 운영될 줄은 짐작도 못했던 것이다.

그러므로 우리는 기술 진보와 그것이 도시에 미치는 영향에 관한 예측에 매우 담대해져야 한다. 20세기의 농업혁명으로 인해 소수의 농부가 수억의 사람들을 먹여 살리는 것이 가능하게 된 것처럼, 같은 근거로 현재 진행 중에 있는 또 다른 혁명이 대부분의 대량생산된 소비재(심지어 주택의 경우에도)의 세계 수요를 감당하는 것이 확실히 가능할 것이다. 많은 서비스 기능들이 음성 인식과 자동 응답 같은 기술로 전환될 것이고, 이것은 전화교환소나 이와 유사한 단순 직무에 고용된 수많은 고용을 감소시킬 것이다. 교육에 있어서는 쌍방향 통신기술에 의해 소프트웨어 설계나 원거리 통신 교육 등에서의 새로운 역할들이 비록 출현하겠지만, 교사들의 상당수가 필요 없게 될 것이다. 건강 서비스들이 부분적으로 자동화될 것이고, 자가 진단과 원격 진료도 가능하게 될 것이다.

여기서 제기되는 중요한 질문은 기술 진보에 따른 사람의 역할은 무엇이냐는 것이다. 물론 이 질문은 역사를 통해서 지속적으로 제기되어오고 있는 것이다. 1800년대의 영국 사람들은 탈농업화(de-agriculturalization)에 대해 논의하고 있었지만 실제로 발생한 것은 산업혁명(industrial revolution)이었다. 탈산업화(de-industrialization)와 탈삼차산업화(de-tertiarization) 이후에도 주요 일자리들은 유지되겠지만 우리는 그 일부에 대해 어렴풋이 짐작할 뿐이다. 예컨대, 개인 서비스 분야, 복잡한 조직의 운영, 기술 개발, 창조적인 예술 및 문화 분야의 직업 정도가 유지될 것이다. 케인스가 1930년에 예언했던 세계의 근본적인 경제문제의 해결은 2100년에 가서야 해결될 것 같고, 그때 가서야 사람들은 마침내 그들의 마음과 감수성을 자유롭게 개발할 수 있을 것으로 보인다.

이러한 많은 발전은 아시아와 라틴아메리카에 있는 중간 소득 국가의 도시들에까지도 확대될 것이다. 여기서 큰 의문은 어느 정도의 발전이 아프리카와 남아시아의 미개발 도시들에까지 확산될 것인가라는 점과 또 얼마나 빨리 확산되느냐는 것이다. 몇몇 긍정적인 징후가 있다. 예를 들면, 중국과 라틴아메리카의 도시 빈민들에게까지 에어컨과 냉장고, 무선 전화기 같은 생활 가전제품 소비재가 엄청나게 확산되고 있다. 반면에 아프리카 등의 도시들에서는 경제발전과 부의 확산이 위축되고 있는 것처럼 보이기도 한다. 기술 진보가 가진 자들과 가지지 못한 자들 사이의 불평등을 훨씬 심화시키는 잘못된 결과를 초래할 수도 있다는 위험은 여전히 도사리고 있다.

신기술은 전자적 수단에 의해서든 실제 교통에 의해서든, 정보 교환에 필요한 시간과 비용 모두를 감소시킬 것이다. 이는 '거리의 소멸'과 집적의 종말을 암시하고 있으며, 곧 도시의 쇠퇴와 소멸을 암시할 수도 있다. 예를 들면 앨빈 토플러(Alvin Toffler)가 예언했던 것처럼, 2025년에는 정보기술을 통해서 도심에서 벗어난 교외 주택에서 원거리 통신을 하며 살게 될지도 모른다(Toffler, 1980). 그러나 이렇게 되지 않을 실제적인 이유들도 찾을 수 있다. 원거리 통신과 자동차가 출현한 지난 한 세기 이상 동안에도 집적의 이점은 조금도 약화되지 않았고, 오히려 강화되는 반대의 현상이 나타났다. 원거리 통신은 대면접촉의 수요를 더욱 증가시켰고, 접촉은 대부분 도심에서 이루어진 것으로 보인다. 그래서 우리는 2025년의 도시에서도 도심부는 여전히 도시 경관의 중요한 부분을 차지할 것으로 추측할 수 있다. 변모하는 도시가 더 많이 생겨나고 더욱 견고하게 네트워크화될 것이다. 새롭게 대두되고 있는 지식정보 서비스 경제 내에서 노동자는 한 장소 이상의 장소에서 일하게 될 것이다. 예컨대, 집에서, 이동 중에, 멀리 떨어진 호텔과 회의장에서, 그리고 한 번에 몇 시간 동안만 점유하는 공용 사무실에서 일하게 될 것이다. 그들의 '생산물'은 비물질적이며, 대면접촉이나 전화를 통해서 또는 오늘날의 인터넷을 원조로 새로이 출현할 세계 고속 정보통신망을 통해서 상호 교류되는 언어수단의 형태를 갖게 될 것이다.

결과적으로 고용구조가 크게 변할 것은 거의 틀림없는 사실이다. 가장 중요한 원인은 경제의 세계화이다. 1965년에는 세계 노동자의 거의 5분의 3이 농촌에서 일했지만 2000년에는 절반 이하만이 농촌에서 일한다. 1965년에는 노동자의 4분의

<표 1-3> 세계의 고용구조, 1965년과 1989~1991년 (단위: %)

	농업		공업		서비스	
	1965	1989~1991	1965	1989~1991	1965	1989~1991
세계	57	48	19	17	24	35
산업화 국가	22	7	37	26	41	67
개발도상국	62	61	11	14	17	25
동아프리카와 남아프리카	73	50	9	18	18	32
사하라 사막 이남의 아프리카	79	67	8	9	13	24

출처: ILO, 1995: 19.

1 이하가 서비스 직종에 종사했지만 지금은 3분의 1 이상이 이에 종사하고 있고, 21세기 초에는 대부분의 사람들이 서비스 직종에서 일하게 될 것이다. 많은 선진국에서 제조업 노동자는 전체 고용의 약 20-25%만을 차지하고 있고 2025년까지는 그 비율이 5-10% 사이로 더욱 감소하리라고 예측된다(<표 1-3>). 그러나 정보를 취급하는 직종들에서도 역시 사람을 대신하는 소프트웨어로 인해 고용이 감소하게 될 것이며, 이들 중 일부 직종은 개발도상국 도시로 이전되는 제조업의 전철을 밟게 될 것이다.

21세기에는 음식점 서비스에서부터 노인 대상 서비스에 이르기까지 개인 서비스가 급격히 늘어날 것이고, 이는 특히 선진국에서 노인 인구의 급격한 증가 때문에 발생하게 된다. 그러나 이러한 개인 서비스의 증가에는 한계가 있다. 이런 서비스들은 세후 실질소득에서 지불되어야 하는 서비스이기 때문에 평균 소득수준의 사람들은 개인 서비스에 더 많은 돈을 지출하기 어렵다. 그리고 교육과 건강 치료에서 노동 절약적인 기술의 적용에는 한계가 있다. 개인 서비스의 질은 근본적으로 노동 투입, 특히 노동 시간의 투입이 요구되므로, 이와 같은 개인 서비스 수요의 지속적인 증가는 더 많은 노동력과 더 많은 시간을 투자할 필요가 있다는 것을 의미하게 된다. 그래서 국내총생산의 더욱 높은 비율이 교육, 보건의료, 기타 개인 서비스 분야에 투입될 것이다. 어떤 사회든지 인구 고령화로 인해 부양인구의 부담이 늘어나는 것에 대한 대처 능력에 따라 많은 부분이 달라질 수 있다. 선진 사회에서 아이를 갖는 데는 매우 많은 비용이 들지만, 아이러니하게도 아이를 갖지 않게 되면 노년기에 더욱 값비싼 비용을 치르게 될지도 모른다. 이에 대한 여러 가지 해법들이 있을 것이며, 이에 관해서는 제3장과 제4장에서 논의하기로 한다.

개발도상국에서 새로 성장을 시작하는 도시들의 경우 그 양상이 어떤 면에서는 서로 매우 유사하고, 또 어떤 면에서는 서로 매우 다르게 나타난다. 개발도상국 경제의 선진 부문은 선진국의 해당 부문과 병행해서 발전해왔는데, 그 이유는 세계 경제의 힘에 예속된 이 부문은 본질적으로 선진국 해당 부문의 일부를 담당하고 있기 때문이다. 그리고 21세기에 들어서의 변화는 크게 다르지 않을 것인데, 특히 인구고령화 부분에 있어서는 마찬가지일 것이다. 이는 (전부는 아니지만) 대부분의 개발도상국에서 최근에 나타난 급격한 출생률 감소로 인한 것이다. 이는 농촌에서 도시로의 이주 흐름을 크게 감소시킬 것이지만, 고령자 수는 증가하는 데 반해 이들을 부양해야 할 활동적인 성인의 수는 줄어드는 문제에 당면하도록 할 것이다.

해결해야 할 실재적 문제는 경제의 또 다른 부분에서 발생하고 있는 것으로, 이주해온 빈곤한 사람들의 고용 문제에 관한 것이다. 기술 진보가 계속되고 있기 때문에 단순히 서유럽이나 북미의 역사를 동유럽, 중동, 라틴아메리카, 아프리카에 그대로 적용할 수는 없다. 우리가 찾을 수 있는 가장 그럴듯한 시나리오는 이미 몇몇 아시아의 대도시에서 드러나고 있는 급격한 일련의 변화이다. 싱가포르, 홍콩, 상하이 같은 중심도시들은 제조업 고용 중심에서 높은 수준의 정보운영 서비스의 중심지로 되어가고 있고 주변에 있는 소득이 낮은 곳의 생산을 조절하고 자금을 제공하는 역할을 하지만, 전 세계적인 차원에서와 마찬가지로 이 도시들은 모든 사람의 소득을 증대시키는 노동의 새로운 공간적 분업을 이끌어가게 된다. 이런 변화는 빠른 기술 발전과 경제 변화에 의해 중심도시에서 추진되기 때문에 아직 개발도상국가의 모든 도시에서 이런 과정이 일어나고 있지는 않다. 그리고 가장 어려운 도전 과제는 학력과 기술 없이 도시로 이주하는 사람들로 인해 생겨나게 되는데, 이들에게 도시의 미래는 여전히 불안하고 냉혹한 것으로 남아 있게 될지도 모른다.

도시는 계속 지속될 것이기 때문에 위생, 교통, 주택과 같은 전통적인 도시 문제들은 (비록 기술이 이런 문제의 양상에 큰 영향을 미치기는 하겠지만) 도시민들의 생활에, 특히 빈민의 삶과 도시 정책 결정자들에게 지속적으로 큰 과제로 남아 있게 될 것이다. 그러나 여기에 환경문제라는 새로운 영역이 추가적으로 부가될 것이며, 앞으로 거대한 과제들이 이와 관련해서 제기될 것이다. 즉, 에너지 보존과 쓰레기 재활용을 위한 도시의 개조, 에너지 절약형 도시 교통으로의 개편, 증가하는 노인계층의 복지, 역사지구를 보전하고 재이용하여 역사적인 공간의 파괴 없이 번창할 수 있는 새로운 활동을 수용해야 하는 과제가 주어질 것이다. 이런 과정에는 신기술이 많이 사용될 것이지만, 한편으로는 고도의 전문가나 숙련가와 같은 노동의 투입이 일부 필요하고 일부에서는 사람의 손과 육체노동이 필요한 부분도 있게 될 것이다. 이런 과정에는 해야 할 일이 많이 놓여 있다. 문제는 이들 도시에서 최소한 예견할 수 있는 장래 문제에 대해 어떻게 그것을 해결할 만한 인적·물적 자원을 찾아낼 것인가라는 것이다.

5. 도시 빈민의 세계

도시의 성장은 도시 빈민의 급속한 증가를 초래했다. 국제연합 개발계획의 추정에 따르면, 현재 세계 빈민의 절반 이상이 도시지역에 살고 있다. 2000년까지는 도시지역에 사는 빈곤 가구의 비율이 대략 라틴아메리카에서는 80%, 아프리카 40%, 아시아 45%가 될 것이다(UNDP, 1995: 4). 그리고 라틴아메리카, 아프리카, 아시아의 도시들에서 가장 큰 문제는 도시의 성장 그 자체가 아니라 성장을 관리할 의지와 능력, 자원이 부족하다는 사실이다. 그 결과 대부분의 이주민들은 적절한 직장이나 주택, 도시 서비스를 제공받고 있지 못하며, 이 세 가지 중 한 가지도 갖고 있지 않은 경우도 흔하다. 바로 이러한 문제가 도시 부유층(급속히 증가하는 중산층을 포함하여)과 도시 빈곤층의 삶 사이에 뚜렷한 격차를 야기하게 된다. 값싼 소비재가 급증하고 있음에도 불구하고 많은 빈민들은 사치스러운 에어컨은 고사하고, 휘발유 배기가스, 연기, 먼지로 뒤섞인 도시의 공기를 막기 위해 창문을 제대로 닫을 수도 없는 환경에서 살고 있다. 깨끗한 생수를 마시거나 수세식 화장실을 갖출 경제적 능력도 없다. 또 빈민들의 상당수는 적절한 교통수단도 없는 외곽 지역으로 밀려나고 있으며 생활격차는 점점 심해지고 있다. 빈민들은 보건의료, 학교, 고용 기회, 음식, 교통, 훈련, 적당한 주택, 안전, 정보, 법의 보호와 같은 기본적인 서비스 부족이라는 심각한 고통을 받고 있다.

개발도상국가 중에서 가장 도시화가 급격히 일어나고 있는 라틴아메리카에서는 많은 문제가 일시에 발생하고 있다. 즉, 전체 가구의 3분의 1이 한부모 가정이며, 살인율이 세계에서 가장 높고, 어디에 가나 거리에 아이들이 방치되어 있다. 그리고 알코올 의존증, 마약 남용, 가정 폭력이 많은 사람들의 일상에서 벌어지고 있다.

제레미 시브룩(Jeremy Seabrook)에 의하면 아시아의 상황도 이와 비슷하다.

…… 아시아에 있는 모든 정부의 정책은 점차 유사해지고 있는데, 그것은 곧 기반시설 설치에 대한 압력이 증가하고 있다는 것이다. …… 도시 생활은 점차 더 오염되고, 더 위험하고, 더 폭력적으로 될 것이다. 세계 사람들의 절반 이상이 도시에 살게 된다는 것은

하워드가 계획한 신도시 레치워스의 입구

이미 운명적인 방향이 되었다. 사람들은 아마도 현재와 같이 거창하고, 압도적이며, 활기 차긴 하지만 동정심이 전혀 없는 환경보다는 좀더 나은 환경을 요구할 것이다.

—Seabrook, 1996: 251.

그러나 우리는 여전히 사람들이 자발적으로 도시로 온다는 점을 고려해야만 한다. 다시 말하면 많은 사람을 실어 나르는 버스들은 양방향으로 다니지만, 흔히 그들은 사람을 모두 도시에 내려놓고 빈 버스로 돌아가곤 한다. 시브룩은 전 세계에서 가장 비참한 노동자인 다카(Dhaka)의 자전거 인력거꾼과의 대화를 통해 농촌에서의 빈곤과 도시에서의 빈곤의 차이를 알게 되었다고 말하고 있다.

분명한 차이가 있음을 사람들은 인정한다. 시골 생활이 일상적으로 더 좋기는 하지만 만일 먹을 것이 충분치 않다면 농촌에서는 해결책이 없다. 그러나 도시에서는 어떤 노동 직이든 수입이 되는 일자리를 찾을 수 있고, 정 어려우면 구걸을 하거나 심지어는 훔칠 수라도 있다. 빈곤한 사람들은 도시에서도 시골에서와 같은 사회적 관계를 어느 정도 다시 만들어내려고 애쓰며, 서로 돕고 보호해줄 수 있는 …… 조그만 피난처(little oases)도 갖고 있다.

—Seabrook, 1996: 41.

그리고 그는 다카에서 역시 착취당하는, 의류업에 종사하는 젊은 여성 노동자들

하워드가 계획한 신도시 웰윈의 주거지

에게서도 같은 사정을 발견했다.

> 이주자들은 숙명적으로 대개는 돌아가지 않는다. 일부 고향으로 가는 경우도 있지만 거의 대부분이 도시로의 방향을 되돌릴 수 없는 것으로 믿는다. 도시로 가는 것은 가족에게는 성공으로 여겨지고, 이주는 일종의 헌신으로 여겨진다. 그들은 자신이 살아가야만 할 곳을 좋아해야 하고, 성공했다는 것을 과시해야만 한다고 생각한다. 이 사람들은 현명하고 이들의 선택은 합리적이다. 그러나 그 선택은 거의 생존의 한계선에서 취해진 선택이었고, 그 한계선은 역사적으로 인류의 대부분에게 계속 부과되어오고 있는 것이다.
>
> —Seabrook, 1996: 123.

이것이 바로 중요한 점이다. 즉, 도시는 본질적으로 기회와 위험, 불쾌한 불평등과 엄청난 기회를 동시에 제공하는 장소이다. 한 세기 전에 에베네저 하워드(Ebenezer Howard)는 그의 유명한 세 개의 자석(Three Magnets)의 도식에서 이러한 딜레마를 잘 요약하고 있다. 즉, 도시는 고용과 사회적 기회를 마련해주지만 또한 질 낮은 환경과 야만적인 더러움도 발생시키고 있다. 1990년대의 언어로 말하자면, 도시는 인간의 정주를 위한 가장 지속 가능한 형태이지만 현재로선 지속 가능하지 못한 경우가 너무나 많다. 1890년에 런던에서 하워드가 묘사한 조건들이 1990년대에도 큰 변화 없이 많은 선진국 도시들과 개발도상국의 도시들에서 재발견될 수 있었다.

중요한 질문은 이 도시들이 더 신속하게, 더 적은 고통을 겪으면서 변화될 수 있겠는가라는 것이다.

그러나 하워드의 시대와 우리의 시대 사이에는 특별하고 핵심적인 차이가 있다. 1900년대의 도시 빈민보다 훨씬 많은 2000년의 도시 빈민들은 도시의 비공식 부문 경제에 의존한다. 그들은 중요하지 않은 잡일을 하거나 별것 아닌 서비스를 제공함으로써 생계를 유지하고 있다. 예컨대, 심부름하기, 길가에서 물건 팔기, 아무 잡일이나 닥치는 대로 하기 등이다. 그들의 대부분은 비공식적인 거주지─이 중 몇몇 거주지는 규모가 광활하다*─에서 살며, 일부는 자신이 점유한 토지 위에 법적 권리의 혜택이나 공식 허가 없이 그들 손으로 만들고 개조한 주택에서 살고 있다. 그들은 누구에게도 의지하지 않고 완전히 자력으로 살아간다. 그들은 인근의 공식적인 도시 부문의 행정 당국이 수립하는 계획이나 규제와 전혀 관계없이 그들 스스로의 도시를 건설한 것이며, 자신들이 성취한 것에 대해 정당한 자부심을 느끼고 있다. 그러나 개발 압력이 있는 장소에서는 그들도 정부 당국의 힘을 거부할 수 없기 때문에 대개는 어느 누구도 개발하려고 하지 않는 여건이 나쁜 토지를 점유하게 된다. 예컨대, 교통량이 많은 간선도로 변, 철로 변, 산사태 위험이 있는 가파른 구릉지, 홍수 나기 쉬운 저지대 등이 그러한 곳들이다. 그들은 여러 가지 재앙을 당하기 일쑤이다. 아이들은 지나가는 트럭과 열차에 의해 불구가 되거나 죽기 십상이고, 집은 산사태로 쓸려가거나 홍수로 파괴되고 지진으로 파묻히기도 한다. 원시적인 위생시설과 오염된 물 그리고 인근의 유독물로 인해 질병의 희생물이 되기도 하며, 경찰이 그들의 존재를 인정하고 있지 않기 때문에 도둑질과 폭력에 고통받기도 한다. 그들은 이러한 위험에 대해 알고 있지만 할 수 있는 것은 별로 없다. 도시 빈민들은 하워드의 세 개의 자석에 대해서는 들어본 적도 없지만, 그중 도시의 자석이 그들에게 저항할 수 없는 매력으로 작용하고 있다는 것을 자신들의 경험을 통해 잘 체득하고 있다.

6. 도시 수요와 도시의 기대

그러므로 극단적인 예외를 제외하면, 대다수 인류의 삶의 질은 우리 대부분이 살고 있는 도시에서의 삶의 수준이 될 것이다. 의심할 여지없이 사람들은 역사를

---

*: 최근의 추정에 따르면 브라질에서 세 번째로 큰 도시는 비공식 부문을 포함한 상파울루이며, 1998년에 그 재정 규모가 30억 달러를 넘어섰고, 경제 규모는 이스라엘만큼 커졌다.

통해서 줄곧 바라왔던 것들을 역시 바랄 것이다. 즉, 빈곤에서 벗어나서 풍족한 소득을 보장할 수 있는 만족스러운 직업, 안정적인 사회 네트워크가 갖추어진 잘 조직된 사회의 일원이 되는 것, 전통의 힘을 인식하고 과거와의 연계를 보존하면서 새로운 도전에 적응할 수 있는 사회 속에 사는 것, 이익과 가치가 균형 잡힌 이상을 제시하는 정치체제 안에서 시민권을 행사하는 것, 상하수도로부터 학교에 이르기까지 적절한 공공 서비스가 제공되고 도시 안에 사는 사람들의 기본 수요 (basic needs)를 제공받는 것, 마지막으로 전통이 보전되면서도 현대 경제생활과 라이프 스타일의 요구를 반영하는 물리적 환경에서 사는 것 등을 여전히 갈망할 것이다.

현재의 지표상으로는 그들이 바라는 바에 근접한 어떤 것도 성취하기가 어려울 것으로 보인다. 도리어 긴 여정을 통해 농촌에서 도시로 이주한 사람들은 매우 실망하게 될 것이다. 그 부분적인 이유는 도시가 성장하는 속도가 너무 빨라서 어떤 부류든지 남부럽지 않은 사회생활에 필수적인 사회적 자본을 축적하기 어렵기 때문이기도 하다. 이는 또 새로 이주해온 많은 이들—그리고 그 도시에서 태어난 거주민들도—이 급변하는 도시 생활의 압박과 험난함에 익숙해지지 않았기 때문에 더 심화되기도 한다. 중국과 인도에서는 새로 이주해오는 이들 대부분이 농촌 출신이고, 사하라 이남 아프리카에서는 놀랍게도 도시적 삶의 전통이 거의 없거나 너무 약하다. 사회학자들의 말에 의하면 사교적인 도시 생활을 위해서는 반복해서 학습된 습관의 형성이 필요하다. 그러나 습관이 형성될 때까지 기다리는 것은 도시와 그곳에 사는 사람들에게는 너무나 사치스러운 일이다. 이들은 비록 현실적으로는 달성하기 어려울지 몰라도 자신들이 원하는 도시 생활에 대한 매우 분명한 기대를 갖고 있다. 그리고 이것이 전 세계의 도시 전문가들에게 제기되는 핵심적인 도전 과제이기도 하다.

7. 도시의 본질: 지속 가능한 도시의 단면

이제 해결책이 무엇인가를 찾아내야만 한다. 전 세계의 도시에 사는 수많은 사람들이 21세기의 첫 반세기에 원하는 바는 무엇일 것인가? 무엇이 그들에게 가장 중요하고 기본적인 관심사가 될 것인가? 일부 전문가 집단이 이런 방식으로 우선순위를 정하는 것이 무리일 수도 있다. 그러나 이러한 원칙들은 절대 추상적이거나 학문적인 것만은 아니고, 가장 빈곤한 많은 도시들을 포함한 전 세계 도시에서의 방대한 경험을 통해서 발전시켜온 것들이다.

우리는 이 모든 것들 중에서 지속 가능한 도시 개발이라는 가장 기본적인 원칙에서 시작하고자 한다. 이것은 일반적으로 설명하기는 쉬운 용어이지만 일상적인 의사 결정 측면에 적용하기는 매우 어려운 용어이다. 그 핵심 원칙은 1987년의 브룬트란트(Brundland) 보고서로부터 자주 인용되는 표현으로 널리 알려져 있다.

> 인간은 미래 세대의 수요를 충족시키는 능력을 손상시키지 않으면서 현재의 수요를 충족시킬 수 있는 지속 가능한 개발 능력을 가지고 있다.
> —World Commission on Environment and Development, 1987: 8.

이것은 간단히 말해서 우리 다음에 올 세대의 것을 강탈해서는 안 되며, 오히려 우리가 자신을 위해 소유하는 것보다 더 많이 그리고 더 좋은 것을 그들에게 유산으로 남겨주려고 노력해야 한다는 것이다. 이 원칙의 일부는 경제성장과 부의 창출에 관한 오래된 생각 안에 명백히 나타나 있었다. 즉, 우리 세대가 우리의 할아버지 세대보다 부유하고, 우리의 손자 세대가 우리 세대보다 더욱 부유해진다면 이것은 아주 좋은 일이라는 생각이다. 그러나 지속가능성 개념은 다른 많은 측면들을 포함하고 있으며, 우리는 그것들 중 어느 것도 무시할 수 없다. 1987년 브룬트란트의 최초의 공식 표현에서부터, 특히 1992년 국제연합 환경개발회의에서 채택된 지방의제 21(Local Agenda 21) 이래, 이 용어는 많은 사람들이 직·간접적으로 결부시키는 환경 분야에서부터 경제 분야, 사회 분야, 문화 정책의 영역에 이르기까지 확장되어 왔다. 사회는 물질적 측면에서는 훨씬 부유해졌지만 문화와 삶의 질에 있어서는 보다 빈곤해졌다. 노벨상을 수상한 경제학자인 아마타야 센(Amartaya Sen)의 기억에 남는 말에 의하면 "…… 사회나 경제가 파레토 최적 상태(Pareto-optimal)이면서도 여전히 극도로 혐오스러운 상태일 수 있다"(Sen, 1970: 22). 또는 역사를 통해 많은 개척지 경제에서 자행되었던(그리고 지금도 세계의 도처에서 자행되고 있는) 바와 같이, 대체할 수 없는 천연자원을 채굴해냄으로써 부유해질 수도 있다. 또는 모든 미래 세대의 생명을 위협하는 지구온난화와 같은 부정적인 효과를 파생시키면서 현재의 풍요를 즐길 수도 있다.

지속가능성이라는 용어는 이와 같이 본질적으로 다차원적이다. 특히 경제성장은 흔히 어떤 대가를 수반하므로, 그 대가를 고려 요소에 포함시켜야 한다. 더 나아가 더욱 강력하고 엄격한 원칙에 따른다면, 만약 그것이 실제로 세계 자원 기반의 손실을 초래하고 그 기반이 물리적인 환경뿐만 아니라 사회적·문화적 측면까지를 포함한다면, 그러한 대가를 치러서는 안 되는 것이다. 국제연합 개발계획은 지속 가능한 인성 개발(sustainable human development) 개념을 장려해왔다. 다시 말하자면 이 개발은 사람의 선택과 능력에 중심을 두는 것이며, 경제적 성장을 창출하지만 그 혜택을 공평하게 분배하는 것이고, 환경을 파괴하기보다는 재생시키는 것이며, 남녀 모두를 주변화시키기(marginalizing)보다는 그들에게 힘을 실어주는 개발을 말한다. 이것이 바로 이 책에서 우리가 정립하고 발전시키기를 원하는 개념이다. 우리는 엄청난 패러다임의 변환이 일어나고 있다고 주장하고자 한다. 즉, 지금까지의 개발이란 대개 생산 과정에서 노동력을 줄이는 과정이었지만, 금세기의 개발은 대체할 수 없는 자연자원과 인간자원을 보전하고 유지하는 과정으로 보아야 한다는 것이다.

이는 물론 실행하기에 결코 쉬운 개념은 아니다. 환경 분야에 있어서도 재생 불가능한 자원의 관리, 멸종 위기에 처한 종의 보호, 생물종 다양성의 유지, 온실효과 유발 가스의 전 세계적 감축과 같은 다양한 목표를 간단하게 일련의 지표나 척도로 만들어내는 것은 쉬운 일이 아니다. 물론 그러한 일들이 불가능하다거나 바람직하지 않다는 것을 말하고자 하는 것은 아니다. 단지 만만치 않은 지적 도전을 필요로 한다는 것을 말하려는 것이다. 이를 다른 영역으로 확장하게 되면 이런 노력들은 더욱더 어려운 도전 과제로 다가오게 된다.

그러나 긍정적인 메시지도 있다. 즉, 전 세계에 걸친 지식정보경제로의 이행은 도시와 도시 경제가 서로 관계를 맺는 방식에 변혁을 가져오고 있다. 뉴욕과 런던에 있는 큰 회계회사들은 통신을 통해 그들의 작업 중 상당 부분을 인도의 방갈로르(Bangalore)에 하청을 맡기는데, 그곳에서 이 일들은 효율적이고 싼 비용으로 수행된다. 이는 지속가능성 측면에서 큰 이득이 될 가능성이 있는 경제하에서 업무를 수행하는 전 세계적인 방식의 모델이 될 수 있다.

다음과 같이 이 문제를 재정리할 수 있다. 무엇보다 먼저 우리는 복합적인 지속가능성에 관한 논쟁을 실제적으로 확장시키고자 한다. 즉, 도시에 적용해보면, 지속가능성은 다수의 핵심적인 영역이나 측면을 가지고 있다는 점을 지적하고 싶다. 적절히 지속 가능하다고 불리기 위해서는 도시의 모든 영역에서 골고루 점수를 얻어야만 한다. 다음에 제시하는 영역들이 우리의 연구 결과이다. 다른 연구자들은 약간 다른 체크 리스트를 제시할 수도 있을 것이다(예컨대 그들은 교통을 환경의 하위에 두기를 원할 수도 있다). 우리의 주장은 이러한 영역들이 지난 수십 년간 전문가들이 논의해왔던 가장 중요한 영역에 속한다는 것이다.

1) 지속 가능한 도시 경제: 직업과 부

인류 역사를 통해 볼 때, 가장 근본적인 문제는 전 세계의 많은 도시민들이 적절하고 만족스러운 생활을 하기 위해 필요한 자원이 부족해서 생기는 기초적인 경제 문제이다. 가장 기본적인 빈곤의 문제(충분한 먹거리를 확보하는 일)는 실제적으로 해결될 수 있다. 그러나 고용 기회, 적절한 주거, 양질의 공중보건, 공공의 안전, 보육 서비스와 같은 너무나 많은 다른 문제들이 여전히 수억 명의 도시 빈민들을 괴롭히고 있다. 봄베이의 1,200만 인구 중 거의 200만 명은 길거리에서 살고 있고 500-600만 이상의 사람들은 슬럼에 살고 있으며, 그중 절반 정도는 공공용지에, 나머지 사람들은 사유지에 살고 있다. 약 9만 5,000가구가 도시의 2개 공항 주변에, 3만 5,000가구는 철도 변에 불법점유자로 살고 있다. '아시아 최대의 슬럼지역'인 다라비(Dharavi)에는 50만-75만 명이 거주하고 있다.

<자료 1-1> 다라비(Dharavi): '아시아의 최대 슬럼 지역'

버스는 단지 주변을 지나갈 뿐이다. 동력거(autorickshaw)는 그곳에 갈 수 없다. 왜냐하면 다라비는 봄베이 중심의 일부이지만 이 삼륜차의 출입이 이례적으로 제한되어 있기 때문이다.

오직 하나의 주도로가 슬럼을 가로지르고 있다. 이 도로는 '90피트 도로'라고 잘못 불리고 있는데, 이 길의 대부분은 그 폭의 절반에도 미치지 않는 폭으로 줄어들었다. 길옆 보도와 도로는 너무 좁아서 자전거조차 지나갈 수 없다. 전체 근린지역이 녹슨 철제 계단이 설치된 2-3층의 임대 건물로 구성되어 있다. 이곳에서는 하나의 방이 때로는 12명 이상으로 구성된 한 가족에게 임대된다. 이는 빅토리아 시대에 런던 이스트엔드(London East End)에 있었던 공장 주거지의 열대지방형 복사판이다.

그러나 다라비는 부자들에게 주게 되는 혐오감보다 훨씬 더 비장한 비밀을 간직한 곳이며, 이 혐오감은 봄베이의 부를 창출하는 데에 이곳이 기여하는 역할에 비례할 만큼이나 강렬하다. 한 그루의 나무도 없어 그림자가 생기지 않는 적도의 햇볕이 내리쪼이고, 쓰레기가 흩어져 있고, 더러운 물이 괴어 있는 웅덩이가 있는 곳이며, 사람이 아닌 생물이라고는 윤기 있는 검은 까마귀와 커다란 회색 쥐뿐인 바로 이곳이, 인도에서 가장 아름답고, 가치 있고, 유용한 물건들이 만들어지는 곳이다. 인도 국내와 해외의 최고 부잣집으로 팔려갈 정교한 요업 제품, 도기류, 아름다운 수예품, 세련된 가죽 제품, 최신 유행의 옷, 세공된 철제 제품, 정교한 보석류를 상감한 제품, 목제 조각품들과 가구들이 다라비에서 생산된다.

그러나 이런 것도 특이하지만 이런 물건이 생산된다는 것에 다라비의 진정한 경이로움이 있는 것은 아니다. 진정 놀라운 것은 버려진 거의 모든 소비재들을 고쳐서 다시 사용하는 빈민들의 능력이다. 즉, 헌 종이와 헝겊, 철, 유리, 플라스틱, 판지들을 모아두고 보존하고 간수하고 수선하는 능력을 말한다. 이런 면에서 다라비는 재활용의 모델이다. 오직 더러운 쓰레기 더미 속을 파내는 아이들의 처량한 광경과 오물로 더러워진 옷을 걸치고 유리조각이나 뾰족한 양철조각에 상처입어 생긴 곪은 상처의 여인들, 25파이스(paise)를 위해 고물상의 저울에 올려놓을 수많은 낡은 병이나 냄새나는 플라스틱 가방을 모으러 다니는 어린 아이들의 모습만이 그곳에 드리워진 심각한 빈곤을 알리고 있을 뿐이다. 여기서 재활용할 수 없는 것은, 사람뿐이다. 그리고 이 점이 가장 중요한 비밀을 밝혀주는데, 즉 이곳에서는 사람이 소모품이다. 사람의 에너지, 건강, 복리는 고려하지 않으며, 이것이 다라비뿐만 아니라 봄베이와 세계를 지배하는 추악한 손익계산법인 것이다.

다라비는 바다의 작은 만이었으나 현재 그곳에 살고 있는 천민, 카스트제도상의 하층민, 빈곤한 회교도들이 만들어낸 쓰레기로 주로 채워져 있다. 이곳은 여기저기 질서 없이 흩어져 있는 함석판으로 덮은 20미터 높이의 건물들로 구성되어 있으며, 주로 생가죽을 무두질하는 공장으로 쓰이고 있다. 여기는 호감이 가는 지역도 일부 있지만 썩어가는 쓰레기들이 곳곳에 널려 있는 곳이다.

—Seabrook, 1996: 50-52.

이런 사람들은 거의 대부분 비공식 부문 경제에서 일하고 있다. 비공식 부문 경제란 아동 매춘이나 경범죄에서부터 소규모 사업에 이르기까지 광범한 활동을 포괄하는 용어이다. 그러나 인도와 같은 나라에서는 그 본래의 의미가 무색하게도 총고용의 93%와 총저축의 64%가 비공식 부문에서 이루어지고 있다. 비공식 경제 부문에서 자신들의 생계수단을 찾고 있는 사람들은 완전히 주변화되어 있고, 점점 더 빈곤해지고 있다. 그럼에도 불구하고 이 부문이 인도의 실제 경제의 주요 부분이다. 그들은 도시에 살고 있지만 실제로는 도시의 구성원이 아니다. 다시 말하자면 그들은 어떠한 지위도 가지고 있지 않으며 경제적 힘도 발휘하지 못한다. 그들은 너무나 자주 행정 당국으로부터 괴로움을 당하며, 단지 도시의 성가신 존재로만 취급된다. 사실상 그들은 자신이 떠나온 농촌에 여전히 귀속되어 있다. 숙련노동자나 국제적인 자본이 자유롭게 이동하는 것에 비해 그들은 자유롭게 이동하지도 못한다. 그들의 운명은 아주 멀리 떨어진 다른 빈곤한 도시의 빈곤한 사람들처럼 생존경쟁의 결과에 달려 있다. 이런 것들이 사실로 존재하는 한, 인도의 이런 도시들과 이와 유사한 다른 도시들을 개발된 선진 도시 또는 개발도상에 있는 도시의 빈민 문제와 비교할 수는 없다. 도시의 비공식 경제 부문의 핵심적인 중요성을 인식하고 이런 인식을 가지고 정책을 수립하는 것이 인도 빈민 문제 접근의 첫걸음이 되어야 한다.

현재 선진화된 국가의 부유한 도시에서 발생하는 절대 빈곤은 경제성장에 의해 극복될 수 있으며 대부분 극복되고 있는 것이다. 이곳의 도시 인구 가운데 50년 혹은 100년 전과 비교해서 실제적으로 더 빈곤하게 사는 사람은 거의 없다. 그러나 문제는 모습을 바꾸어 나타나고 있다. 즉, 이곳에서는 일반적인 번영과 풍요의 뒤에 가려 있는 상대적 박탈감이 문제가 되고 있다. 오늘날 선진 도시에서는 빈곤층조차 한 세기 전의 부자들이 누릴 수 없었던 물질생활(예컨대 욕실이나 컬러 TV 등)을 향유한다. 그러나 그들은 주변에 있는 사람들과 비교해볼 때 또는 상점의 진열창이나 텔레비전 광고에서 보는 상품이나 서비스와 비교해 볼 때, 여전히 상대적으로 빈곤하며 그 차이를 느끼기 때문에 고통받고 있다.

따라서 경제성장이라는 목표만으로는 충분하지 않다. 다시 말하자면, 소득분배, 민주적 시민 참여, 권한의 위임 등을 고려하는 것이 역시 필요하다. 불평등을 증대시키는 경제성장 정책을 택할 것인지 성장을 위축시킬 수도 있는 소득분배 정책을 택할 것인지에 관하여 우파와 좌파, 시장주의자와 정부개입주의자 간의 첨예한 논쟁이 한창 진행되어왔다. 이에 대해 자명한 정답은 없다. 그것은 정치적 이데올로기에 달려 있으며, 또한 자본주의의 다양한 형태에 따라 다를 수 있기 때문이다. 최근 몇 년 동안 미국과 영국은 더 빠른 전반적인 성장을 이루기 위해 점차 커지는 소득 격차를 묵인해온 듯했다. 그러나 우리는 역사적인 증거를 통해 볼 때 성장과 형평을 모두 얻는 것이 가능하다는 것을 알고 있다. 즉, 고도성장기 직후인 1965년의 독일은 저성장기 직후인 1995년의 독일보다 훨씬 더 평등했다. 또 타이완은 상대적 형평을 유지하면서도 장기적인 성장을 달성해왔다. 1990년대의 네덜란드도 같은 결과를 이루어냈다. 그 원인이 인적 자원과 연구 및 개발에 대한 투자 때문이었다는 것은 거의 확실하다. 즉, 잘 교육받은 다수의 사람들에 기초하고 있는 경제는 더욱 부유해지면서 동시에 더 평등해질 수 있다는 것이다.

그러나 중요한 문제가 하나 있다. 선진국과 개발도상국 모두에서 고용의 커다란 부문들이 사라지고 있다는 점이다. 전해오는 얘기에 따르면, 1세기 전 뉴욕에서는 이탈리아인 아들이 21세가 되면 그의 아버지는 남자의 생계 보장을 상징하는 삽을 선물했다고 한다. 그 삽은 곧바로 뉴욕 최초의 지하철을 파는 데 쓰일 수 있었던 것이다. 그러나 2000년에 이르러 전형적인 거대도시인 런던, 도쿄, 리우데자네이루에서는, 거대한 기계들이 지하 터널을 굴착하면서 힘센 젊은이에 대한 수요는 점차 줄어들고 있다. 1900년대 도시 경제의 기본 요소였던 공장 노동, 항구 노동, 창고 노동의 경우에도 같은 일이 벌어지고 있다. 이런 일자리들은 모두 소멸되었거나 기계에 의해 대체되었으며, 일반적으로 경제발전의 초기 단계에 있는 다른 나라의 도시들로 옮겨갔고 게다가 후발 도시의 이런 일자리들마저도 주로 젊은 여성으로 채워지고 있다.

여기에 너무나 과장되게 꾸며진 세계화라는 단어의 진정한 의미가 드러나고 있다. 오래 전에 산업화된 도시들에서는 세계화의 영향이 종종 남성의 장기적인 구조적 실업으로 나타나고 있다. 개발도상국 도시들에는 야망에 찬 이주자들이 계속해서 모이고 있지만, 그들을 기다리고 있는 장래는 그들의 예상과는 크게 다르게 될 것이다. 개발도상국의 많은 도시들에 있어서 중요한 문제 중 하나는, 수많은 미숙련 상태의 빈곤한 이주자들과 계속 그 수가 늘어나고 있는 최소한의 교육만을 받은 젊은이들의 장래 운명에 관한 것이다.

도시에서는 물론 농촌에서조차 낮아지고 있는 출생률로 인해 새로운 이주자들의 유입이 크게 줄어들 수 있다. 또 낮은 출생률로 인해서 부모들과 도시의 학교 시스템은 만족스럽고 충분한 보상이 따르는 직업을 위해 잘 준비된 새로운 세대를 길러낼 수 있다고 생각할 수 있다. 그러나 가장 큰 위협은 세계화의 힘과 신기술이 그들의 일자리를 빼앗고 그 자리를 다른 저비용의 도시로 이동시키거나, 단순 노동력을 점차 정밀한 기계로 대체하게 될 것이라는 점이다. 지금까지는 비공식 부문이 도시 인구 증가의 많은 부분을 흡수했으며, 도시적인 기술을 별로 가지고 있지 못한 이들에게 일거리와 소득을 가져다주는 그럴듯한 고용 역할을 해왔다. 그러나 이런 현상이 계속될지, 혹은 계속해서 개발도상국들의 비공식 부문이 경쟁력에서 더 공식 부문에 뒤져서 고용에서 밀려나거나 그들을 더욱 절박한 빈곤 상태로 몰아갈지는 아직 의문으로 남아 있다. 이 점이 바로 이 책에서 고려해보고자 하는 큰 딜레마 중 하나이다.

도시들은 스스로 서비스 산업 도시로 전환함으로써 변화에 적응할 수 있고 또 적응하고 있다. 이것은 선진국 도시인 글래스고, 버밍엄, 로테르담, 도르트문트, 보스턴, 볼티모어의 이야기이기도 하다. 이것은 또한 제조업 단계에서 서비스 도시로 이행해가고 있는, 개발도상국의 선진 도시인 싱가포르, 홍콩의 이야기가 되어가고 있다. 그러나 유럽과 북미의 오래된 모든 산업도시들에서는 남성들이 실직 상태에 있으며, 반면에 이제는 노동력의 주류가 된 여성들이 방직 공장, 용광로의 일자리를 뒤이어 나타난 소매점, 전화교환소(텔레마케팅 업체)와 같은 직장에서 일하고 있다. 경제학자들이 언급하듯이, 육체적 힘에 대한 대가는 영에 가깝게 낮아져온 반면 2차, 3차 교육이나 문화적인 지식에 대한 대가는 양적으로 크게 성장했음에도 불구하고 엄청나게 높아져왔다.

그러나 기술은 서비스 고용도 잠식하고 있으며 이러한 경향은 계속될 것이다. 예컨대, 음성 인식 소프트웨어는 전화교환소의 많은 고용을, 멀티미디어 '모핑(morphing)' 기술은 남녀 배우들의 실제 연기를 대체할 것이다. 신경망 컴퓨터는 디지털 개인 비서가 될 것이고 컴퓨터 교육은 많은 형태의 교습 행위를 대신하게 될 것이다. 그러나 이러한 변화 과정에는 항상 한계가 있기 마련이다. 즉, 정원 손질, 이발, 식당의 요리와 손님 시중, 애견 미용, 정신분석, 강의와 설교, 기타 노동집약적인 개인 서비스들은 소득 탄력적이기 때문에, 소득이 크게 확대됨에 따라 계속 확장될 것이다. 사람들이 부유해질수록(또한 유일하게 확장 불가능한 재화인 시간이 더욱 부족해질수록), 그들은 비례적으로 이런 서비스들을 원하게 될 것이다. 창조적이고 문화적인 산업 부문에서도 비슷하게 될 것이다. 즉, 이러한 산업들은 자유롭게 소비할 수 있는 소득의 성장과 함께 발전했으며, 현재 선진국들에서 수많은 수의 제조업들보다 더 중요해졌다.

개인 서비스에 대한 수요의 핵심적인 원천의 하나는 인구통계적 원인에 기인한다. 모든 선진국에서 노인계층의 증가는 건강관리와 간호 서비스에 대한 수요를 크게 증가시킨다. 예컨대, 독일에서는 오늘날 한 명의 연금생활자를 대략 네 명의 근로자가 보살피고 있지만, 2040년까지는 두 명 이하가 될 것이다. 한편 전통적인 대가족의 급격한 감소는 많은 노인들이 자기 가족에 의한 비공식적인 무보수 부양을 받을 수 없다는 것을 의미한다. 그러므로 여기에 큰 문제가 하나 생기게 된다. 즉, 어떻게 이러한 노동집약적인 서비스에 대한 대가를 지불할 것인가이다. 왜냐하면 이러한 서비스는 자본에 의해 대체하기 어려우며, 따라서 다른 물가에 비해 상대적으로 점차 비싸질 것이기 때문이다.

또 다른 성장 분야는 환경 서비스 분야가 될 것이다. 이미 유럽의 몇몇 도시들, 예컨대 프라이부르크, 바젤, 취리히, 코펜하겐, 볼로냐와 같은 도시들은 도시지속성에 관한 정책으로 유명하다. 브라질의 쿠리티바(Curitiba)와 같은 중간 소득 국가들의 몇몇 도시들도 이러한 도시군에 합류했다. 이러한 도시들이 그들의 전문성을 수출할 수 있을지 여부는 의문이다. 이미 역사적으로 극심한 공해와 오염을 겪은 재래식 산업지역이었던 독일의 루르에 있는 도르트문트 과학공원(Dortmund Science Park)은, 환경처리 제품과 서비스를 수출하는 데서 중요한 틈새시장을 여는 역할을 해왔다. 이러한 모델 도시에서 이끌어낸 산업과 경영 전문성의 결합은 21세기에 거대한 경제적 구동력이 될 수 있음을 입증해주고 있다.

해결되지 않은 문제

이러한 경향들이 미치는 결과에 대해 생각해보면 도시 정책 입안자들에게는 다음과 같은 몇 가지 핵심적인 질문이 떠오른다. 세계화의 과정이나 노동 절약적인 기술의 성장을 그것들이 수반하는 중대한 결과와 함께 늦추는 것은 가능한가? 혹은 늦추는 것이 바람직한가? 만약 그렇지 않다면 어떻게 도시와 도시민들이 이러한 움직임에서 한발 앞서갈 수 있을까? 정책 입안자들은 지역 경제의 다음 행보를 예측하고 그것에 대비할 수 있을까? 또 이러한 대비는 어떠한 형태를 취해야만 하는가? 이미 이 흐름에 휩쓸린 사람들이 유용하고 생산성 높은 도시민으로 남을 수 있게 해주는 재교육·재훈련은 가능한가? 이미 오래 전에 뉴욕, 런던 같은 도시들에 의해 제시된 해법이 있다. 그것은 다양화되고 적응력 높은 경제 기반을 가진 유연한 도시이다. 그러나 그러한 과제에 직면한 도시들이 과거의 그런 좋은 사례들을 모방할 수 있을까? 새로운 산업, 즉 경영, 문화, 창작, 환경산업의 역할은 무엇이될 것인가? 우리는 자신들의 전문화된 기술을 전 세계의 다른 도시들에 수출하는 환경적으로 우수한 도시를 꿈꿀 수 있는가? 그리고 어떻게 그러한 일이 일어날 수 있는가? 또는 도시 인구의 일부는 도시 사회의 주류에서 단절되어 계속적으로 증대되는 사회적 빈곤의 운명에 처하게 되는가? 비공식 부문은 장기적으로도 역할을 계속할 것인가? 만일 그렇다면 그 역할은 무엇인가?

2) 지속 가능한 도시 사회: 사회의 응집과 결속

그러므로 고용 문제는 또 다른 뿌리 깊은 현상과 관련되어 있는데, 그것은 곧 사회적·정치적 배척(exclusion)이다. 선진국의 도시들에서는 이 현상이 소득분배와 연관되어 있지만, 약간의 차이가 있다. 최근 정책 입안자들과 연구자들은 고용 문제를 추가적인 문제로 바라보게 되었다. 저소득 문제는 빈자들을 보조하고 그들을 절대 빈곤으로부터 보호하기 위한 복지 정책을 통해서 다룰 수 있지만, 잘못하면 그들을 지속적인 의탁 상태로 두거나 더 상처받고 사회의 주류로부터 고립되어 통합될 희망이 없는 상태에 다시 묶어두게 된다. 그 결과는 라틴아메리카와 중동에서 미국과 유럽에 이르는 전 세계도시들에서 일부 젊은 남성, 그리고 점차 많은 여성들이 그들의 재능과 정력을 마약 판매나 유괴와 같은 불법적인 활동에 쏟고 있는 데서 분명히 볼 수 있다. 그러나 더 많은 경찰의 투입 혹은 가혹한 징계, 심지어는 사형도 이에 대한 해결책이 되지 못한다.

그러므로 지속가능성의 개념에는 사회적 측면이 존재한다. 다시 말하자면, 경제적으로 번영했지만 부를 어느 정도 공평하게 분배하는 데에 실패한 도시들은 가진 자와 못 가진 자 사이의 분쟁에 빠질 위험에 직면하고 있으며, 이 분쟁에서는 양측 모두 패자가 될 수 있다. 사실 개발도상국의 몇몇 주요 도시들에서 이런 상황이 일어나고 있는 것을 볼 수 있다. 이는 상호 협력하는 근린(neighbourhood)과 통합적인 노동시장을 갖춘 포용적인 도시 이외의 대안이 없다는 것을 의미한다.

이러한 사회적 배척은 배척을 당하는 소수나 주류에 포함된 다수 모두에게 심각한 손해가 된다고 볼 수 있다. 만약 이러한 근본적인 사회 불화를 겪는다면 그 사회는 심각한 긴장을 겪게 될 것이다. 이는 정치적 측면에 의해 더욱 악화된다. 즉, 인종차별을 겪는 남아프리카공화국에서부터 독일연방공화국에 이르기까지 어떤 사회에서는 국민의 상당수가 기본적인 정치적 권리 행사에 제한을 받고 있다. 그러나 가장 포용적인 사회에서도, 배척당한 사람들은 정치 과정에 대한 관심을 끊게 된다. 즉, 그들은 투표에 참여하지 않고 점차 자신들을 시민사회의 소외자라고 여기게 될 것이다.

사회적 배척은 미국의 도시들에서는 이미 관심의 대상이 되어왔으며, 현재는 유럽에서도 관심이 확산되고 있다. 이는 확실히 대부분의 개발도상국 도시에 영향을 미치게 될 문제이다. 그러한 도시들에서는 수백만의 도시 빈민들이 비공식적인 주거에서 별다른 주목을 받지 못한 채 비공식 부문 경제를 통해 간신히 생계를 유지하고 있다. 해결책은 제도적인 사회복지 정책의 일환으로 더 많은 돈을 빈민들에게 분배하는 것이 아니라, 그들을 주류 사회조직에 복귀시키는 데서 찾아야 한다. 이것이 미국과 영국에 소개되어 널리 도입되고 있는 중이고 다른 지역에서도 적용될 것으로 보이는 '근로복지제도(workfare)'에 관한 실험의 바탕 정신이다.

그러나 이러한 정책들이 복지가 여전히 미래의 꿈일 뿐인 남반부의 도시들에 얼마나 적합할 수 있을까? 앞에서 설명한 인도의 다라비 사람들에 대해 시브룩이 말했듯이, 그들은 다른 곳에 사는 사람들로부터 지역적으로 분리되어 있음은 물론 동료 시민들의 의식에서부터 배척받고 있다. 다시 말하자면 '도시 속의 도시, 저속한 봄베이의 어두운 심장······', '인도의 부유한 도시 경관의 한 오점' 등과 같이 여겨지고 있다는 것이다. 그의 관찰에 의하면 놀랍게도 런던이나 밴쿠버를 자유롭게 여행하는 봄베이의 많은 부유한 사람들이 다라비에는 발을 들여놓아본 적이 없다. 놀라운 사실은 게으르고 할 일 없는 사람으로 여겨지고 있는 슬럼 사람들이 그들의 하루 노동을 정말 아름다운 것들을 만들어 내는 데에 쓴다는 것이다(Seabrook, 1996: 49). 사실 개발도상국의 많은 도시들에서는 비공식 경제 부문과 비공식 부문의 생활이 곧 사회적 배척을 의미하지는 않는다. 다라비와 같은 곳의 사람들은 그들의 동료 시민들로부터 잊혀진 존재들이며, 보건, 학교, 상수도 공급과 같은 기본적인 서비스들로부터 철저히 배척되고 있다. 그러나 그들은 그 나름대로 친밀하고 강렬한 사회적 교류를 누리고 있으며, 지역적으로 통합되고 서로 강하게 연계되어 있다.

국제연합 개발계획(UNDP)은 40년간의 경험으로부터 지속 가능한 인성 개발의 개념을 발전시켰다. 이것은 사람들의 선택과 수용 능력을 중심으로 한, 현세대와 미래 세대의 안녕을 해치지 않는 비전이다. 이 개념은 경제성장을 가져올 뿐 아니라 그 혜택을 공평하게 분배하고, 그 환경을 손상시키기보다는 재생시키고, 사람들을 주변화시키기보다는 그들에게 힘을 부여하는 개발을 의미한다. 이는 우리가 공유하고자 하는 것이며 제4장에서 발전시키려는 비전이다.

해결되지 않은 문제

여기에도 다음과 같은 아주 근본적인 질문들이 있다. 정책 입안자들은 어떻게 사회적 배척에 대처할 수 있을까? 이는 장기적인 실직의 수렁에 빠져 있는 이들을 위해 상당한 보수의 의미 있는 직업을 찾아주는 것과 같은 단순히 경제적인 문제인가? 또는 다른 문제들, 즉 가족구조, 교육, 문화적 가치도 한 부분을 차지하고 있는 것인가? 만약 그렇다면 아이들에게 학습 동기와 효과적인 네트워크에 대한 동기를 부여하기 위해 무엇을 해야 하는가? 어떻게 서로 다른 기관과 정책 흐름들을 다차원의 프로그램 안에 함께 끌어들일 수 있는가? 정치적 통합의 역할은 무엇이고, 어떻게 도시 사회는 새 이주자들을 정치적 과정의 큰 흐름에 통합시킬 수 있는가? 이 모든 것에서 교육의 역할은 무엇이며, 어떻게 해야 교육이 가장 효과적으로 사회적 통합에 도움을 줄 수 있는가?

3) 지속 가능한 도시 주거: 모두를 위한 적절한 저렴 주택

세 번째 기본적인 문제는 주거와 관련되어 있다. 부연하면 어떻게 수백만의 새로운 사람들에게 주택을 제공할 것인가이다. 간단히 말하자면, 20세기의 마지막 30년 동안 개발도상국 도시들은 극히 대조되는 두 개의 주택정책을 취했다. 일부 도시의 경우 특히 동아시아의 도시들의 경우에는, 기본적인 공공 임대주택을 원하는 모든 이들에게 공급하는 입장을 취했고 나중에 그 입주자들에게 자신들의 집을 구입하도록 장려했으며, 현재까지는 비교적 순조롭게 진행되었다. 그들은 또한 직장과 여타 목적지로의 빠르고 편리한 통행을 제공하기 위해 이 주택들을 비교적 높은 밀도로 대중교통노선을 따라 군집시켰다. 그런가 하면 다른 일부 도시들의 경우 특히 라틴아메리카와 아프리카의 경우에는, 무단 입주자들에 의한 불법 토지 점유를 묵인하고, 나중에 이러한 고밀 저층 거주지에 기초 서비스를 제공하고 합법적인 권리를 제공하는 식으로 필요에 대처해나갔다.

그러나 후자의 방법은 필요에 의해 어쩔 수 없이 생겨났고 주거를 제공하는 데에 직접적으로 이용되는 자원을 극소화시키는 해법이었다 하더라도 3가지 기본적인 이유 때문에 지속가능성이 있는 해법과는 거리가 멀다. 첫째, 이들 지역은 상하수도와 같은 기초적인 서비스를 충분하게 공급받지 못했기 때문에 대부분 오염되었으며, 때로는 그 정도가 너무 심하다. 그리고 이러한 서비스 설비를 나중에 개량하는 것은 어렵고 비용이 많이 드는 것으로 판명되었다. 둘째, 이러한 주택들은 건축하고 유지하는 데에 많은 자원이 필요하지는 않지만, 대부분의 주택들이 매우 허술하기 때문에 에너지 무소비 주택이라는 기술적 이상과는 거리가 멀다. 셋째, 이러한 개발의 대부분은 도시의 변두리에서 일어났고 효과적인 대중교통시설을 확충하는 것은 거의 불가능한 것으로 판명되었다. 그래서 이 도시의 노동자들은 버스와 비정규적인 교통수단들을 이용해서 직장과 다른 목적지까지 멀고 불편한 통행을 자주 겪게되었다. 정말로 아이러니한 것은 당국이 다라비의 슬럼 거주자들을 이주시키려고 시도했을 때 도시로부터 멀리 떨어진 곳에 소형 주택을 지어주었다는 것이다. 그러나 많은 소형 주택들은 상업적 용도로 바뀌었고, 거주자들은 다시 슬럼으로 되돌아갔다(Seabrook, 1996: 55). 방콕에서는 중심부 슬럼 지역의 강제 철거 때문에 빈민들이 그들의 직장까지 훨씬 더 먼 거리를 통근해야만 했다(Seabrook, 1996: 249). 개발도상국의 빈민들은 한 세기 전 선진국의 빈민들과 마찬가지로 무엇보다도 먼저 직장과 가까운 곳에 살아야 할 절실한 필요가 있다.

비공식 부문의 경제가 빈곤한 도시의 주요한 경제이듯이, 비공식 부문 주택은 빈곤한 도시의 주요한 주택 재고를 형성한다. 그러나 비공식 부문 주택들은 역시 무시되어왔다. 즉, 비공식 부문의 주택들은 비정상적인 것으로 취급되는 경향이 있으며 배척되거나 철거되기도 한다. 이와 같은 도시들에서 가장 먼저 해야 할 일은 비공식 부문 주택을 인정하고 그 곳에 사는 이들에게 거주권을 보장하며, 이해당사자로서 참여감과 자신의 집과 이웃에 대한 자긍심을 갖도록 해주는 일이다. 이렇게 하면 이들은 개별적으로(그리고 집단적으로) 집과 마을을 개선하기 시작한다. 그들은 주택을 필요로 하고 원하고 있으며, 주택을 얻기 위해 그들의 빈약한 수입과 저금을 비용으로 지불할 의사도 가지고 있다. 전 세계의 수많은 사례들로부터 이들이 자신의 주거를 개선시켜 삶의 질을 크게 향상시킬 수 있고, 슬럼을 중산층 저택의 교외지역으로 바꿀 수 있다는 것을 우리는 목격해왔다. 문제 해결의 실마리는 이러한 교훈을 확산시켜 어떻게 그것이 달성될 수 있는지를 가난한 도시의 사람들에게 보여주는 것이다.

해결되지 않은 문제

가장 해결하기 어려운 문제들이 집중되어 있는 개발도상국가에서 근본적인 질문은, 공중보건의 관점에서 최소의 서비스만으로 어떻게 도시 빈민들에게 수많은 주택을 제공하고, 또 그들의 적은 소득으로 감당하게 할 수 있겠는가, 또 어떻게 기준에 미달하는 수백만의 기존 주택들을 개선할 것인가라는 문제이다. 이는 곧 기구나 조직의 문제를 제기한다. 이런 국가들에서 빈민들은 친지의 도움을 받거나 (또는 일부의 사람은) 시장에서 구매한 물품들을 가지고 끊임없이 자신의 주택을 꾸민다. 그들은 끊임없는 정력과 열정을 가지고 있으며 대개 시간도 갖고 있다. 어떻게 이러한 자원들을 작동시켜서 이들로 하여금 효과적으로 일하게 할 것인가? 그들과 그들의 주거지가 점차 부유해져 갈 때, 어떻게 이 사람들을 자신들의 주거환경을 개선시키고 초기에는 공급할 수 없었던 서비스 설비들을 갖추는 공동의 사업으로 이끌 것인가?

4) 지속 가능한 도시 환경: 안정된 생태계

지속가능성의 더욱 근본적인 측면은 환경 훼손 문제이다. 즉, 모든 도시들 특히 선진 도시들은 재생 불가능한 자원의 소비 문제, 공해와 오염으로부터 발생하는 부정적인 외부효과 문제, 그리고 가장 심각하게는 근본적이고 돌이킬 수 없는 지구 생태계 위협의 문제를 우려하고 있다. 이러한 세 가지 우려들은 각기 다른 특징을 가지고 있다. 자연자원은 인류의 역사를 통해 소비되어왔으며 아직까지는 중대한 재앙이 없었다. 부정적인 외부효과에 대해서는 규제하거나 세금을 부과할 수 있다. 그러나 세 번째 문제의 위험은 잠재적으로 인류 파괴를 몰고 올 수 있는 악화 일로의 위태로움을 보이고 있다.

어떻게 이러한 딜레마를 제대로 해결할 것인가? 세계의 각 지역마다 그 해답은 서로 다르게 나타나게 된다. 개발도상국의 경우 단기적으로는 비참한 빈곤 때문에 지속 가능하지 않은 개발 형태가 계속될 것이다. 이곳에서는 사람들이 살기 위해 숲을 벌목하고 하천을 오염시킬 것이다. 시 당국은 다른 조치를 취하기 위한 기술적인 능력이나 자원이 부족하기 때문에 처리되지 않은 하수가 강으로 흘러가고 사람들이 살고 있는 슬럼 지역으로 다시 흘러가는 것을 지켜볼 수밖에 없을 것이다.

세계은행의 도움으로 작성된 보고서에 의하면, 봄베이에서는 도시의 세 조사 지점 중 어느 곳의 오수도 아라비아 해에 방류되기 전에 처리 과정을 거치지 않는다고 한다. 모든 오수는 연해로 흘러들고 바닷물은 일년 중 어느 때에도 수영하기에 적합하지 않게 되었다. 수많은 정화조에서 오물이 지상으로 넘쳐 나서 파리와 모기들이 들끓고 있다. 200만 명의 사람들이 화장실 없이 살고 있다. 상수도 공급이 부족하기 때문에 음용수를 물탱크로 공급해야만 한다. 소화기나 호흡기 장애가 만연하고 위장염, 폐결핵, 말라리아, 필라리아(filaria)가 유행하는 슬럼에 550만 이상의 사람들이 살고 있다(Seabrook, 1996: 45-46).

아무리 반복해도 지나치지 않으며 이 책에서 여러 번 반복되는 메시지는 다음과 같다. 개발도상국 도시들의 경우 빈곤은 좋은 환경을 달성하는 데에 가장 큰 위협이다. 그러나 꼭 그래야만 하는 것이 아님을 우리는 강조하고자 한다. 사실 빈민들은 어떤 측면에서는 환경이 그들에게 득이 되기 때문에 자연스럽게 환경을 존중하는 면도 있다. 빈민들은 많이 소비하지 않으며, 따라서 그들은 쓰레기를 적게 만들어낸다. 예컨대, (카이로에서처럼) 그들은 팔 수 있는 쓰레기를 재생함으로써 지속 가능하게 살아가는 데 자연적 이점을 갖고 있기도 하다. 따라서 지속 가능한 개발을 달성하기 위한 첫 번째 필수 요건은 빈곤으로부터 환경을 보호할 방법을 찾아내는 것이다. 공중보건을 유지하기 위해 필요한 서비스를 제공하는 데에 새로운 재원을 사용함으로써 생태적 균형을 유지할 수 있을 것이다. 예컨대, 인도에서 가장 더러운 도시인 세랏(Serat)에서는 1996년에 전염병이 창궐한 바 있었으나, 그 이듬해에는 인도에서 두 번째로 청결한 도시로 선정되기도 했다.

문제는 부유해져 가는 도중에 나타난다. 대부분의 중간 소득 국가들은 이 과정에서 환경문제를 만들어내는 삶의 방식, 그중에서도 자가용 차량의 소유에 대한 그칠 줄 모르는 선호를 나타내게 된다. 자동차 문제는 세계 대부분의 선진 도시들이 공유하고 있는 가장 첨예한 딜레마 중 하나라고 생각된다. 사람들은 문제를 알고 있으며 무엇이 옳은지도 알고 있다. 그러나 그들의 의식과 행동 사이에는 극명한 차이가 있다. 또 일부 중간 소득 국가들에서는 대기업들이 적어도 어느 기간에는 천연자원을 무분별하게 채취하고 환경을 훼손시킬 수 있는 막대한 영향력을 가질 수 있다는 데에도 그만한 이유가 있다.

대부분의 선진 도시들(그리고 많은 중간 소득의 도시들)에서 싸워야 할 대상은 무관심, 기득권, 기(旣)투자된 자본 등이 묘하게 결합된 경우의 문제와 아울러 사적 재화와 환경 재화 간의 상쇄적 교환(trade-off) 문제인데, 이 문제들은 세심한 방식으로 다루어져야만 한다. 모든 도시들의 환경문제에 대한 해법은 상쇄적 교환 문제를 줄여주는 자원보존방식에 기반을 둔 기술적 진보에 있는 것으로 보인다. 이 장의 결론에서 우리는 이러한 해법에 대해 논의할 것이다. 그러나 사람들이 경제적 희소성을 인식하는 한 근본적인 문제는 사라지지 않을 것이다. 즉, 경제적 진보에는 하나의 영속적인 경향이 있는데, 이는 환경 관리의 일부 문제를 해결하고 나면 다른 환경문제를 만들어낸다는 것이다.

해결되지 않은 문제

개발도상국가의 가장 근본적인 과제는 어떻게 부의 창출과 환경문제를 극복하는 것 사이에서 만족스러운 타협을 이끌어낼 것인가이다. 얼핏 생각하면 빈곤한 사람들에게 이 둘은 타협할 수 없는 상반된 것으로 보인다. 그러나 진정 상반된 것인지 또는 소득 증대와 환경 개선을 동시에 이룰 수 있는 방법이 있는지는, 중간 소득의 도시들과 선진 도시들에서 나타나는 과제의 양상이 다소 다르다. 즉, 부유한 사람들을 에너지와 그 밖의 자원들을 더 적게 소비하고 오염원과 쓰레기를 더 적게 만들어내는 생활 방식으로 바꾸도록 어떻게 설득할 것인가? 그렇게 하는 것이 실질적으로 그들에게 이롭다는 것을 설득할 새로운 묘안은 무엇인가? 이것을 '외부효과를 내부화한다(internalizing the externalities)'는 경제 원칙, 즉 오염 배출자에게 처리비용을 부과하고 바람직한 행동은 보조함으로써 달성할 수 있는가? 그렇게 하기 위해서는 어떻게 해야 하는가?

5) 지속 가능한 도시 교통: 자원 보존적인 이동성

교통은 환경의 지속가능성에 대한 딜레마 중 하나이지만 별도로 다룰 가치가 있을 정도로 극히 중요한 문제이다. 이 문제의 본질은 다음과 같다. 개발도상국의 많은 도시들은 급속도로 지속적인 경제성장을 경험하기 시작하고 있으며, 지금까지 나타난 경험에 따르면 다음 사반세기 동안 차량 소유와 이용이 폭증하여 총차량 통행이 50배 내지 100배나 증가할 것으로 예상된다. 따라서 모든 전문가들이 주장하듯이 이 도시들에는 감당할 수 없는 혼잡과 오염이 발생하게 될 것이다. 즉, 자동차는 전 세계적으로 도시를 변화시킨 교통혁명을 이끌어냈지만, 이제는 도시를 피할 수 없는 막다른 궁지로 몰아넣고 있다.

《이코노미스트(*The Economist*)》에서 언급했듯이, "세계는 이미 자동차에 열광하고 있으며, 대도시의 척도는 교통체증의 정도로 나타나고 있다"(Levinson, 1998: 3). 가정에 경제적 여유가 생기면 가장 먼저 사고 싶어하는 것 중 하나가 자동차이다. 차량 소유의 소득탄력성은 대략 2에 달한다. 즉, 가구 평균소득이 1% 증가하면 차량 수는 2% 증가하게 된다.

따라서 단기간에 엄청나게 교통량이 늘어날 우려가 있다. 예컨대, 멕시코시티에서는 1991년 이래 차량 수가 30% 증가했다. 서울에서는 1990년에서 1996년 사이에 교통량이 2배 이상으로 늘어났고, 방콕에서는 경제 위기가 발생하기 이전에는 하루에 300대의 새로운 차량이 거리로 나왔었다(Levinson, 1998: 4). 교통 전문가들은 상파울루, 멕시코시티, 부에노스아이레스와 같은 라틴아메리카의 거대도시들의 사례를 드는데, 이들 도시에서는 차량 소유와 이용이 이미 일인당 소득수준에 근거하여 예측된 것을 훨씬 웃돌고 있다. 왜냐하면 이러한 개발도상국의 시민들은 주택, 난방과 같은 기초 품목에 대한 필요와 지출이 상대적으로 낮고, 또 대개 이러한 곳에서는 휘발유 가격이 너무 싸기 때문이다. 게다가 자동차의 공급에 대한 정치적 압력이 매우 거센 경우도 흔하다.

개발도상국의 거대도시들에서 갈등은 심하게 나타난다. 그러나 이러한 현상은 범세계적이며, 여기에는 차량 소유와 이용이라는 단순한 사실 이상의 의미가 내포되어 있다. 20세기의 경험이 잘 보여주듯이 차량의 소유와 이용은 도시의 형태에 큰 영향을 미치기 때문이다. 첫째, 사람들은 부유해짐에 따라 더 많은 공간을 원하게 된다. 예컨대, 자녀들의 공간, (특히 재택근무나 '전자주택'이 성장함에 따라) 집안에서의 업무 처리를 위한 사무공간, 내구소비재의 수납공간, 정원과 같이 느긋하게 쉬거나 여가를 즐길 수 있는 공간을 원하고 또한 그것을 감당할 여력이 생기게 되었다. 둘째, 선진국가에서는 인구수는 늘어나지 않았지만 가구 수가 늘어나고 있으며, 또한 많은 가구들이 맞벌이 부부로서 두 대의 자동차를 이용하려 한다. 셋째, 이들은 또한 차량 소유를 통해 얻을 수 있는 편리함, 편안함, 자유로움을 원하며, 그래서 차가 없던 가구도 한 대, 두 대의 차를 소유하게 되고 심지어는 성인 일인당 한 대의 차를 가지려고 한다. 그러나 개인 및 개별 가구들이, '나는 지불 능력이 있다. 따라서 구매한다'는 시장기제에 따라 각자의 목표를 추구한다면, 그것은 '공유재의 비극(tragedy of the commons)'이라는 고전적인 사례가 될 것이다. 즉, 그들은 자신들에게 가장 값진 삶의 질을 서로 파괴시키는 결과를 초래하게 된다.

중간 소득의 거대도시에 관련된 중요한 사실은, 20세기 초 뉴욕 시가 처음으로 보여준 사례에서와 같이 자동차에 의존하는 교외 주거지가 무분별하게 확산된 것은 도심부에 상업시설이 집중된 것에 기인한다는 점이다. 부에노스아이레스, 상파울루, 홍콩, 자카르타와 같은 도시들의 대부분이 이러한 모든 양상을 너무나도 잘 보여준다. 이는 높은 수준의 접촉 활동의 기초가 되는 도시 중심부의 전통적인 매력을 유지시키고, 대면접촉이 일어나는 화려한 식당, 카페, 클럽들을 활성화시켜서 이것들이 도시 생활의 질을 떠받치고 있는 것처럼 보인다. 그러나 이는 동시에 장거리 통근과 혼잡을 가져오고, 도시의 중심부에 있는 오래된 옛 기념물들의 파괴를 초래한다.

이 점에 관한 교통 전문가들의 처방은 일치하지 않는다. 어떤 이들은 도심 집중구조만이 적절한 대중교통 네트워크를 유지시킬 수 있음을 근거로 해서 더 한층 도심으로 집중시킬 것을 주장한다. 또 어떤 이들은 정책적으로 일자리를 분산시켜 교외 지역의 '에지 시티(Edge Cities)'에 재집중시켜야 주변 도시에서의 통근이 짧아질 것이라고 주장한다. 따라서 시급한 질문이 하나 대두된다. 도시 확산의 정도에는 한계가 있는가? 멈추게 할 수 있을까? 멈추게 하는 게 좋은가? 멈추게 해야만 하는가? 또 심지어 그 반대 현상은 어떠한가? 그리고 공간적으로 확산된 도시에서의 삶의 질은 어떠한 것일까? 아마도 그 대답은 지금 이들 거대도시들 중 가장 큰 도시에서 나타나고 있는 양상에서 찾을 수 있을지도 모른다. 즉, 저층 고밀의 비공식적인 주택들에 둘러싸인, 다수의 고용 집중을 가진 다핵도시를 말한다.

고도의 선진국에서, 특히 어느 곳보다도 혼잡한 서부 유럽에서 시민과 정치가들은 이러한 문제들을 깨닫고 있었고 이에 대한 해답들을 이미 강구하기 시작해왔다. 예컨대, 카를스루에와 프라이부르크, 바젤과 취리히, 암스테르담과 코펜하겐 같은 도시들은 일제히 대중교통과 자전거를 장려하고, 차량통행을 억제하고, 더욱 고밀화된 도시 형태를 장려하기 시작했다. 그러나 이 도시들의 경우에도 일인당 공간 수요가 늘어나서 인구가 분산되고 있다. 그럼에도 이 도시들의 정책에는 정보기술에 기초한 체계적인 교통관리나 혼잡통행료 부과 같은 정책은 없었다. 중요한 문제는 조만간 이런 문제가 가장 심각해질 중간 소득 개발도상국에 있는 거대도시들에서 이 점에 관한 명확한 인식이 부족하다는 것이다. 오히려 이런 도시들에서는 거대한 고속도로와 도심 주차장 건설을 통해 차량 소통을 활발히 촉진시키고, 대도시권 주변에 만연된 토지 투기로 인해 도시 중심으로부터 40-60킬로미터나 떨어진 먼 거리에 새로운 교외 개발이 일어나고 있다. 이러한 양상은 상파울루, 리우데자네이루, 부에노스아이레스와 같은 라틴아메리카의 도시들과 자카르타, 타이베이, 서울과 같은 아시아의 도시들에서 자주 볼 수 있는 양상이다. 비교적 지속 가능한 경로를 따라가고 있는 홍콩, 싱가포르와 같은 도시들에서는 매우 드물며, 이 두 도시는 환경의 특수한 상황과 결합되어 나타나게 된 것으로 보인다. 다시 말하자면, 이런 양상은 섬이나 반도로 극히 제약되어 있는 위치와 인기 없는 정책을 수행할 수 있는 용기 있는 강력한 식민 정부 또는 갓 독립한 정부의 상황 등이 결합되어 나타난 것으로 보인다.

　그런데 현실적인 딜레마가 있다. 즉, 문제를 인식하고 나서 행동을 취하면 그때는 이미 너무 늦다는 것이다. 그리고 그 결과는 한 도시의 범주를 훨씬 벗어날 수 있다는 것이다. 차량 소유 및 이용의 폭증과 통제되지 않는 교외로의 무분별한 확산은 지구온난화를 촉진시킴으로써 세계의 생태적 균형을 위협할 수도 있다. 중대한 의문은 모든 세계에 최선이 될 수 있는 마술과도 같은 정책이 있는가라는 점이다. 예컨대, 전자적으로 유도되며 배기가스를 전혀 배출하지 않고 목적지까지 갈 수 있는, 새로운 기술을 통한 제약 없는 교통수단은 없는가라는 것이다. 이는 여러 해 동안 미래학자들이 자주 제기했던 이상이다. 그러나 이 이상은 현재 많은 사람들이 인식하고 있는 것보다 훨씬 빠르게 공상과학소설로부터 실제 세계의 모습으로 실현되어가고 있는 것으로 보인다.

해결되지 않은 문제

　개발도상국의 도시들에서 제기되는 핵심 질문은 어떻게 비용이 가장 적게 드는 효과적인 교통수단, 때로는 저소득층 주거지에서 직장 사이의 꽤 먼 거리를 연결하는 최소비용의 교통수단을 만들어내느냐는 것이다. 비교적 적은 비용이 드는 기술들은 자전거와 버스를 이용하는 것이다. 문제는 모든 도시들을 영구적인 정체 상태로 빠뜨릴 위협을 가하면서 급속히 증가하고 있는 승용차 교통에 비교하여, 어떻게 이 교통수단을 빠르고 효과적으로 운영할 수 있게 하느냐는 것이다. 선진국에서의 핵심 과제는 무엇보다도 부유한 대중들에게 더 우수한 교통수단이라고 인식되고 있는 승용차 교통에 대한 대안을 제공하는 것이다. 그 대안은 고품질 대중교통체제 또는 승용차의 새로운 형태이거나 혹은 그 두 가지의 결합이 될 수도 있다. 그러나 선진국과 개발도상국의 도시들 모두에서 정치적으로 인기가 없는, 차량 소유와 이용을 제한하는 방법을 찾는 것 이외에 별다른 대안은 없는 듯하다.

6) 지속 가능한 도시 생활: 살기 좋은 도시 만들기

　토지이용 및 건물 형태의 다양한 측면들은 좀더 파악하기 어려운 문제인 도시에서의 삶의 질과 관련되어 있다. 이것은 지금까지 논의했던 지속 가능한 도시 생활의 다른 측면들과는 달리 본질적으로 주관적이다. 세계 대도시의 큰 거리는 삶의 질적 수준이 반영되어 있으며 사람들은 본능적으로 그것을 인식하고 또 관광객으로서 체험하게 되지만, 그것은 측정 단위나 숫자로 쉽사리 환산할 수 없는 것들이다.

도시의 활력을 살려주는 상징거리(파리 샹젤리제 거리)

　도시설계가들은 샹젤리제(Champ Elyées), 벤체슬라우스 스퀘어(Wenceslaus Square), 긴자(Ginza)가 지닌 매력의 본질을 찾아내려고 많은 시간을 보냈다. 그러나 그것은 언제나 어느 정도 베일에 가려져 있다. 타임 스퀘어(Times Square), 피커딜리 서커스 (Piccadily Circus), 신주쿠 역(Shinjuku Station)에서 거대한 건축물만 보게 되는 것은 아니다. 그곳들은 세계에서 가장 커다란 자석이라 할 수 있다. 왜냐하면 그곳들은 매일 밤낮으로 수많은 사람을 끌어들이는 자석과 같은 매력을 가지고 있기 때문이다.
　대부분의 전통적인 도시학자들은 이러한 질적 수준을 밀도와 다양성이라는 특성과 연관지어 생각한다. 그들은 만약 도시가 계속 확산되도록 내버려둔다면 사람들을 끌어들이는 바로 그 특성을 파괴하게 될 것이라고 주장한다. 즉, 로스앤젤레스에 대해 기록한 한 유명한 글에는, 우리는 "하나의 도시를 추구하는 과정에서 10개의 교외"를 갖게 될 것이라고 쓰여 있다. 또한 더욱 유명한 캘리포니아의 오클랜드에 대한 거트루드 스타인(Gertrude Stein)의 논평에는, "그곳에는 그곳만의 특징이 없다 (There's no there there')"라고 쓰여 있다. 이러한 관점의 문제점으로는 첫째, 사람들은 그러한 비전통적인 교외 도시에 살기 위해 끊임없이 모여들고 있고, 둘째, 그들은 수많은 사람들을 끌어들이는 장소, 예컨대, 로스앤젤레스의 웨스트우드나 산타모니카와 같은 해변과 교외의 중심지를 개발해오고 있다는 점이다. 해답은 모든 성공적인 도시에서는 사람들이 그와 같이 사람이 집중하는 장소를 필요로 하며, 또 그들은

시민의 발걸음으로 번화한 거리(동경 시부야 역전)

항상 전통적인 위치이거나 전통적인 형태는 아닐지라도 그런 장소를 자연스럽게 만든다는 것이다.

그러나 이 점에 관해서는 또 다른 형태의 주장이 있다. 즉, 사람들은 그러한 특색 있는 장소를 그들의 주거지나 직장 근처의 일상적 환경에서도 요구한다는 것이다. 물론 똑같은 수준을 요구하는 것은 아니다. 예컨대, 일상적인 지역에서는 조용하고, 스트레스가 없고, 편안하고, 안전한 거주지 가로와의 섬세한 조화도 필요하지만, 활기와 교제의 기회를 제공하는 장소로서 상점과 각종 서비스 및 교통수단에 쉽게 접근할 수 있어야 한다는 다양한 조건도 요구된다. 미국의 도시학자들은 특히 수많은 유럽과 일본 도시의 근린 환경, 즉 아이링턴(Islington), 패시(Passy), 빌머스도르프(Wilmersdorf), 아카사키(Akasaki) 등은 물론 뉴욕의 그리니치 빌리지(Greenwich Village)나 샌프란시스코의 퍼시픽 하이츠(Pacific Heights)와 같은 곳을 사례로 지적한다. 그들은 또한 부에노스아이레스의 팔레르모(Palermo)와 벨그라노(Belgrano), 리우데자네이루의 이파게나(Ipagena), 또는 멕시코시티의 라조나로사(La Zona Rosa)와 같은 중간소득 도시들을 예로 든다. 이들이 강조하는 바에 따르면 이러한 사례들은 약 40년 전에 제인 제이콥스(Jane Jacobs)가 그녀의 저서 『미국 대도시의 삶과 죽음(*Death and Life of Great American Cities*)』에서 제시한 모델과 거의 일치한다는 것이다(Jacobs, 1962). 이 지역들에는 중간 밀도의 저층 주택과 고밀도의 아파트 블록들이 상점이나 공공

옛 건물이 보존된 프랑크푸르트의 뢰머광장 1

건물 같은 용도들과 적절히 혼합된 짧은 가로 블록을 따라 형성되어 있고, 또 수준 높은 대중교통수단과 연계되어 있다. 이러한 지역들은 제2차세계대전 이래로 모든 미국 도시에 광범위하게 확산되어 있는 동질적인 저밀도 주거지인 차량 의존적 교외지역과, 지금은 유럽과 개발도상국의 많은 도시들로 확산되고 있는 교외지역들과는 대조를 이룬다.

이러한 견해와 의견을 달리 할 도시학자들은 극히 드물 것이다. 문제는 많은 사람들이 잘 설계된 살기 좋은 도심 지역을 버리고 열악한 환경의 교외지역으로 기꺼이 이주할 용의가 있다는 점이다. 통계적인 증거들은 매우 명백하다. 즉, 전 세계적으로 지난 반세기 동안에 도시들은 확산되어왔다. 도시학자들이 항상 즐겨 인용하는 확산 경향에는 항상 변하기 쉽고 영구적이지 않다는 반증이 있기는 하다. 문제는 인구사회학적 문제이다. 즉, 가구원 수가 줄어드는 경향이 있기 때문에 감소하는 인구수를 기존의 주택 밀도로 충분히 감당할 수 있다. 여기에 추가적으로 좀더 부유해지면서 사람들은 자기 자신과 늘어난 소유물 그리고 추가적인 활동(이제는 중요한 부분이 된 집에서의 업무 처리)을 위해 더 많은 공간을 필요로 하고 있다. 인기 있는 부유한 사람들은 도시 내부 지역의 더 넓은 공간을 구매할 수 있고 이에 따라 다른 사람들은 외곽으로 밀려나게 된다. 그러나 많은 옛 산업도시들은 누구에게도 그다지 매력적이지 못하다.

옛 건물이 보존된 프랑크푸르트의 뢰머광장 2

한 걸음 더 나아가 검토해야 할 문제는 - 이번 장에서 이미 여러 번 등장했던 문제이기도 한데 - 새로운 서비스 활동들이 현재와 같은 도시적 기반을 필요로 하는가, 더 나아가 대도시를 필요로 하는가라는 점이다. 앨빈 토플러(Alvin Toffler)와 같은 몇몇 전문가들은 도시 응집력이 느슨해지고 있다고 생각한다(Toffler, 1980: 200-204). 빌 게이츠와 MIT의 빌 미첼(Bill Mitchell) 등 정보화 시대의 전도사 같은 사람들은 이에 대해 좀더 신중한 입장을 보이고 있다. 이들은 도시가 전화, 팩스, 이메일로는 만족스럽게 수행할 수 없는 모든 대면접촉 활동들 때문에 계속해서 매력을 유지하게 될 것이라고 믿고 있다. 따라서 새로운 질문이 제기된다. 즉, 1900년의 도시는 밀도가 높을 수밖에 없었으나 2000년의 도시는 집적시키는 힘이 약해졌기 때문에 덜 조밀해졌다. 아마도 2025년의 도시는 인구가 계속 증가하고 공간의 요구 수준이 상승함에 따라 확산이 더욱 강화되는 동시에 몇몇 중요한 활동의 경우에는 집중 현상이 계속될 것이다. 다음 사반세기에는 아마도 점점 더 많은 도시들이 거대도시들과 네트워크로 연결되고, 물리적으로는 외곽의 공개 공지에 의해 분리되지만 기능적으로는 고속철도, 자동차 전용도로, 진보된 원격통신체계에 의해 더욱 복잡하고 정교하게 서로 연결될 것이 확실시된다. 적절하게 계획된다면 이러한 도시 시스템은 지속 가능하면서 삶과 일을 위한 효율적인 장소가 될 수 있겠지만, 그러한 계획이 없는 경우에는 매우 문제가 많은 도시체계가 될 것으로 보인다.

이러한 도시 복합체 안에서 사람들은 대규모 쇼핑몰, 복합 상영 영화관과 같은 새로운 에지 시티 내의 모임 장소로 다시 모여들게 될 것이다. 그러나 이에 대한 반론으로는, 막대한 숫자의 관광객들이 전통적인 모임 장소인 기존의 중심부에 몰려드는 현상에서 나타나듯이 이런 에지 시티들은 본질적으로 기존의 도심지보다 열등한 환경이라는 주장도 있다.

이와 관련된 또 하나의 문제는 건축 유산을 보존하는 것이다. 제2차세계대전 이후 25년간 선진국의 많은 도시들에서, 그리고 오늘날 빠르게 성장하는 중간 소득의 도시들에서 지가의 급격한 상승은 건물의 건설주기를 단축시키고 있다. 예컨대, 동아시아와 라틴아메리카의 도시들에서 비용을 많이 들여 지었던 건물들이 겨우 15년, 20년 만에 헐리고 재건축되고 있다. 더욱이 이러한 곳에서의 주도적 이데올로기는 일종의 공격적 근대주의, 즉 전면 철거식 재건축을 미덕으로 보고 오래된 건물의 보존은 열등하고 나약한 것으로 보는 경향이다. 도시 정부는 어느덧 그들이 묵과하거나 심지어 조장하기까지 해왔던 일, 즉 특성도 없고, 매력도 없고, 추억도 없는 도시를 만드는 일에 대한 두려움을 느끼는 경우가 발생하고 있다. 부에노스아이레스, 조지타운, 교토와 같은 소수의 도시에는 상업적 재개발 압력에도 불구하고 옛 유산의 많은 부분이 남아 있다. 그러나 너무도 많은 다른 도시에서는, 특히 근대주의 정신이 유난히 강했던 동아시아에서는, 많은 전통적인 건조환경들이 이미 불도저에 의해 거의 무너져버리고 나서야 정책적 변화를 나타내기 시작했다.

어떤 이들은 이와 같은 현상은 모든 도시들이 거쳐야 할 단계이며, 또 제2차세계대전 이후의 바르샤바와 그단스크(Gdánsk), 그리고 한참 후의 프랑크푸르트의 경우와 같이 과거는 다시 복원될 수 있다고 숙명론적으로 주장할 수도 있다. 그러나 이는 진품을 파괴하고 몇 년 후에 디즈니 식의 복제품으로 대체하는 것과 같은 잘못된 정책이다.

선진국의 몇몇 오래된 도시들은 지난 사반세기 동안 급진적인 탈산업주의의 영향을 받아 문제의 양상이 역전되었다. 오래전의 미국 중서부와 최근의 북부 잉글랜드의 경험에서 볼 수 있는 것과 같이, 우리는 이주할 능력이 있는 사람들에 의해 버려진 도시를 보게 되고, 빈 집과 빈 공간으로 가득 찬 반쯤 폐허화된 환경에 소외된 사람만이 남게 되는 과정을 목격하게 된다. 이러한 장소들은 그 어느 것보다도 대처하기 어려운 문제 가운데 하나가 되는데, 그 이유는 이런 지역들은 경제적 존재 가치를 잃어버리기 때문이다. 그러나 어떤 사례의 경우에는 이렇게 버려진 지역이 활기 넘치는 도시 중심에 인접해 있기도 하는데, 이러한 곳에서의 과제는 물리적, 경제적, 사회적으로 동시에 도시의 부흥을 꾀해야 하는 것이다. 그러나 이는 쉽지 않은 과제이다.

해결되지 않은 문제

여기서 중심적인 딜레마는 정책 입안자에게뿐만 아니라 시민들에게 전통적인 건조물과 건축 유산의 보호가 머지않은 장래에 이치에 맞는 바른 결정으로 판명될 것이라는 점을 설득하는 것이다. 단순하게 생각하면, 대부분의 대중은 핵심을 잘 파악하지 못하고 있다는 전제에서 수립된 엘리트주의적인 정책에 의해 보호될 수 있다고 생각할 수도 있다. 그러나 이 정책은 민주적 참여의 틀 안에서 형성될 필요가 있는데, 왜냐하면 이 문제는 또 다른 중요한 이슈이기 때문이다.

7) 지속 가능한 도시 민주주의: 시민권의 강화

20세기의 끝 즈음에는 정치적인 기적이 일어난 것으로 보이기도 했다. 즉, 민주주의가 일찍이 전체주의와 독재 정권에 빼앗겼던 대부분의 기반을 되찾은 것이다. 몇몇 변형된 체제에서는 야당 후보자에 대한 제약과 국가 통제 하의 대중매체를 이용하여 부당하게 관리하고 조작하는 민주주의의 사례도 있었다. 그러나 지난 사반세기에서 가장 주목할 만한 점은 남부 유럽의 전역은 물론 중동에서 라틴아메리카에 이르는 매우 많은 국가들에서 민주주의가 회복되었다는 점이다.

그러나 두 가지 딜레마가 남아 있다. 첫 번째는 압력단체에 의한 정치이다. 민주주의는 개발 추구 집단의 참여와 님비(NIMBY)라고 불리는 지역적 정치의 영향에 대해 독재 정권의 경우보다 더 개방적이다. 이들 두 가지의 영향이 단순히 서로의 영향을 상쇄시킬 것이고 결과적인 양상은 이전과 마찬가지일 것이라고 생각할 수도 있다. 그러나 실제는 그렇지 않다. 1980년대와 1990년대의 증거들에 의하면 공청회 횟수, 기간, 비용이 늘어나고 계획 결정의 합법성에 대한 법적 분쟁이 분명히 증가하고 있다. 런던 히드로(Heathrow) 공항의 5번 터미널에 대한 공공 분쟁에 이런 기록이 잘 나타나 있다. 이 재판은 종결까지 4년이 걸렸고 7,000만 파운드의 비용이 들었음에도 불구하고, 지금까지도 아무런 결정을 내리지 못하고 있다.

두 번째 문제는 좀더 일반적인 문제로, 세계의 많은 도시에서 나타난 지방민주주의의 실패에 관한 것이다. 그런데 이 문제는 많은 도시들에서 사람들이 대체로, 심지어는 소위 '주류에 포함되는 사람들'조차도, 도시의 운영에 점차 관심을 잃어간다는 사실과 복합되어 나타난다. 예컨대, 투표율은 낮아지고, 사람들은 중요한 결정들이 종종 그들의 통제를 벗어난 다른 상위 기관(예컨대 '국제적인 대규모 회의', '브뤼

셀의 유럽연합 관료들')에 의해 내려진다고 일반적으로 느끼고 있다. 이렇게 생각하는 기본적인 원인은 도시 정부가 거대한 규모의 경제적·사회적 힘 앞에서는 무기력한 것처럼 보인다는 것이다. 즉, 도시 정부들은 교육과 훈련, 삶의 질을 통해 그 도시의 경쟁력을 향상시킬 수는 있지만, 성장률이나 경제적 경쟁력을 결정할 만한 힘을 가지고 있지 못하다는 것이다. 이것은 잠재적으로 사회적·정치적 단합에 불길한 위협을 주면서 전체 사회에 퍼질 우려가 있는 소외감과도 같은 것이다. 그러나 이 점에 있어서는 확실하게 자신감을 되찾게 해주는 라틴아메리카의 사례가 있다. 즉, 1980년대와 1990년대에 이 지역의 여러 나라에서 일어났던 민주주의의 거대한 부흥은 특히 도시지역을 중심으로 일어났으며, 중앙정부로부터 도시 정부로, 더 나아가 근린지구까지 권력 분산이 이루어졌다.

해결되지 않은 문제

이 부분의 질문들은 가장 어려운 것들이다. 계획의 전체적인 작동 체제를 중단시키지 않으면서도 개발론자와 반개발론자의 이해 사이에서 갈등에 대한 해결책을 제공하는 체제를 고안하여 시의 적절한 방안을 제시하는 것은 과연 가능한 것인가? 지방 정치에 대다수 시민들을 다시 적극적으로 참여시키는 방안을 찾을 수 있을 것인가, 그리고 특히 이를 통해 많은 국가의 지방정부가 현재보다 더 적극적이고 강력한 역할을 하게 될 것인가? 만약 이러한 일이 일어난다면 지방정부는 자신들의 새로운 역할을 수행하기 위한 인적 자원과 정치력, 전문성을 어떻게 확보할 수 있을까? 또한 그렇게 된다면 종종 서로 반대편에 서게 되는 도시 정부와 활발한 근린지구의 이해집단과의 관계는 어떤 모습일까? 또 어떤 관계가 바람직할 것인가? 이에 관한 일반적인 해법이 있는가? 아니면 모든 국가들과 도시들은 서로 다른 상황에 따른 해법들을 제각기 찾아야만 하는가?

8. 요약: 핵심 딜레마와 기회

앞서 다루었던 문제들은 전 세계의 모든 도시 정책 입안자들이 안고 있는 핵심 딜레마 가운데 일부이다. 이 문제들은 런던과 리마에서, 슈투트가르트와 상파울루에서, 뉴욕과 나이로비에서 동일하게 나타나고 있다. 그러나 이 문제들이 중간 소득 국가의 급속히 성장하고 있는 도시들에서 가장 극명하게 나타나고 있다는 것에 대해서는 의심의 여지가 없다. 여기에는 세 가지 주요한 이유가 있다.

첫째, 이들 도시 중 많은 수가 선진국의 유사한 도시들보다 이미 거대하고, 앞으로 더 커질 것으로 예측된다.

둘째, 이 도시들은 대부분 최근에 개발 과정에 들어섰으며, 대부분의 경우 개발에 따른 주요 결과는 다음 25년 이내에 나타날 것이다.

셋째, 특수한 몇몇 도시를 빼고는 이 도시들의 지방 정치구조나 행정적 전통 어느 것도 이런 문제들을 적절히 다룰 수 있는 준비가 전혀 되어 있지 않다는 것이다.

지금은 선진국이 된 나라들의 한 세기 전의 도시화 경험으로는 전망이 밝지 않으며, 오늘날 세계의 일각에서는 오히려 전망이 더욱 좋지 않게 나타나고 있다. 국제연합의 보고에 따르면, 1980년대 동안 아프리카의 도시들과 그 주변에서 발생한 자연발생적인(혹은 비공식적인) 주택들의 증가에 대해 대부분의 국가 및 도시 당국은 늘어나는 인구를 충분히 수용할 수 있는 토지와 기반시설을 제공하는 데에 거의 총체적인 무능력 상태를 보여주었다. 따라서 1980년대와 1990년대 초는 아프리카 대륙 전체에 걸쳐서 흔한 말로 '도시 위기'의 시기가 도래하게 되었다(UNCHS, 1996b: 89). 이 위기에는 세 가지 주요한 구성 요소가 있다. 첫째, 공식 부문 고용의 감소와 그에 상응하는 비공식 부문 활동의 증대이다. 둘째, 기본적인 공공 서비스의 품질과 공급 수준의 악화이다. 셋째, 건조환경과 자연환경 모두를 포함하는 도시 환경 수준의 저하가 그것이다. 이 모두는 모든 이들의 삶의 질에 부정적인 영향을 미쳤지만, 저소득층들에게 각별히 영향을 미쳤다. 이와 동일한 일들은 전 세계의 많은 개발도상국 도시들에서 되풀이될 우려가 있다.

필요한 것은 두 종류의 이전(transfer)이다. 첫째, 선진국에서 개발도상국으로 자원과 기술을 이전하는 것이다. 둘째, 중간 소득의 모델 도시를 포함한 개발도상국의 성공적인 도시들에서 나머지 도시들로 경험을 이전할 필요가 있다. 두 가지 이전의 결합은 어렵지만 중요하다. 다시 말하자면 기술적인 해법들은 선진국에서 개발도상국으로 쉽게 이전될 수 있지만 사람들의 행위나 제도의 변화를 포함하는 경험적 해법은 각 도시들의 상황에 따라 변형되어야 하며, 이는 같은 국가 또는 같은 문화권 내에서 이전하기가 더 쉽다. 뉴욕과 베를린은 보고타(Bogotà)나 킨샤사(Kinshasa) 혹은 프놈펜(Phnom Pen)에 전수할 만한 교훈을 그다지 많이 갖고 있지 않을 것이다. 그러나 미국과 독일의 기술은 라틴아메리카와 아프리카, 태평양 연안 아시아의 여타 도시들에서 직접적으로 얻어진 경험들과 결합된다면 많은 성취를 이루어내게 될 것이다.

이러한 성취는 거대하고 어려운 과제들이다. 그럼에도 우리는 낙관적으로 생각할 수 있는 몇 가지 근거가 있다고 생각한다.

첫째, 20세기의 역사를 통해 우리들은 기술적인 발전이 도시 생활과 일의 형태를 근본적으로 바꾸어놓을 수 있다는 것을 보았다. 그러나 이러한 성과가 균등하게 배분되지 않았음은 사실이다. 즉, 많은 도시가 변화했지만 다른 많은 도시들은 여전히 변화되지 않았다. 주어진 과제는 어떻게 성공한 사례를 잘 받아들이고 실패를 야기하는 일련의 상황들을 피해갈 것인가이다. 우리는 21세기도 역시 혁신적인 세기가 될 것임을 의심하지 않는다. 확신하건대 기술은 또 새로운 과제를 만들어낼 것이다. 개발도상국의 모든 도시들에서 나타나는 차량 교통의 큰 물결이 그 증거이다. 따라서 과제는 기술이 가져올 이점은 취하면서 경제학자들이 부정적 외부효과(negative externalities)라고 부르는 것들을 규제하는 방안을 찾는 것이다.

둘째, 국가 차원의 경우와 마찬가지로, 의사 결정의 민주화를 통해 도시 정부가 더욱 시민의 수요에 부응할 것으로 예상한다. 이는 지난 20년 동안 가장 주목할 만한 전 세계적인 추세 중 하나였다. 그리고 경제 침체가 잠시 민주주의의 발전을 정지시키고 많은 국가들이 몇 년 정도 정치적 압박을 받긴 했지만, 민주화 추세의 반전을 예상할 만한 근거는 어디에도 없는 듯하다.

셋째, 일반 도시민 삶의 문제에 가장 큰 원인이 되는 인구성장문제는 조만간 그 속도가 느려지고 훨씬 안정적인 상태를 유지할 것이라는 현실적인 예상이 있다. 실제로 많은 개발도상국, 예컨대 동아시아와 라틴아메리카에서는 이미 이런 현상이 나타나고 있다. 문제는 이러한 경향이 조만간 아프리카와 이슬람권 중동으로도 퍼져나갈 것인가라는 점이다. 이러한 과정이 전 세계의 도시 인구 규모가 2배로 늘어날 21세기의 첫 사반세기에 작은 해결의 실마리를 제공해 줄 것이라는 점은 확실하다. 다음 과제는 그러한 연후에 가구당 평균 자녀 수가 줄어든 것에 대해서 필요한 전략을 적절하게 마련하는 일이 될 것이다.

넷째, 이와 관련하여 특히 개발도상국에서 경제성장이 계속될 것이며, 이를 통해서 당면한 문제들을 효과적으로 풀어낼 자원을 생산해낼 것이라고 예상된다. 물론 완전히 확신할 수 있는 것만은 아니다. 즉, 심상치 않은 반대의 경향이 사하라 이남 아프리카의 여러 곳에서 나타났는데, 실제로 이 지역에서는 1980년대와 1990년대에 일인당 소득이 이전의 몇 분의 일에 해당하는 수준으로 떨어지는 극심한 경제 쇠퇴가 발생하기도 했다. 그러나 우리는 이것이 특수한 상황에서 발생하는 일시적인 문제라고 생각하고 있다.

다섯째, 개발도상국에서는 적어도 다음 사반세기 동안, 그리고 아마도 그 이후까지 세계 자본시장과 지역간 교역에 참여하기 어려운 빈곤한 사람들을 위한 해결방안으로 비공식 부문이 인정될 필요가 있다는 것에 대한 인식이 증대될 것이다.

여섯째, 대부분은 선진국에 있지만 개발도상국에도 있는 몇몇 도시들은 지속 가능한 도시에 관한 기준을 제시해왔으며, 전 세계 다른 도시들에게 좋은 시범 사례를 제공하고 있다. 이 도시들은 경제성장을 달성하는 문제를 지속 가능한 방식으로 해결하려고 노력해왔다. 물론 이 도시들이 완전히 성공하지는 못했지만, 이들의 노력은 남반구의 도시들뿐만 아니라 전 세계를 위해 새로운 성취 기준을 제공해주고 있다. 과제는 이 도시들의 경험으로부터 얻은 교훈을 더욱 빠르게 확산시키고, 또 어떻게 그들이 향상될 수 있는가를 실제로 보이는 것이다.

도시들은 어느 면에서는 그들의 도시 행정 사례를 재화나 서비스를 수출하듯이 수출할 필요도 있다. 이는 도시 관리 및 서비스 제공에서 엄청난 혁신이 일어나고 있는 국가에서 특히 중요하다. 핵심적인 것은 그러한 혁신에 관한 생각을 전파하고 이어서 다른 도시들도 그들 자신의 문제에 대한 자신의 해법을 고안해내도록 자극을 주는 데 있다. 그러나 이것이 쉽지는 않을 것이다. 경험적으로 보면, 도시 행정은 인근에 있는 이웃 도시로부터 배운 경우뿐만 아니라 세계의 다른 도시에서 배운 사례라 할지라도 그것을 그대로 적용하는 경우가 많음을 알 수 있다. 그렇지만 명백한 것은 다른 도시로부터 배우는 것이 개선의 첩경이 된다는 것이다.

이상의 논쟁을 요약하면 다음과 같다. 우리는 기술의 진보와 경제의 세계화가 그 진행 과정에서 단기적으로는 문제를 일으킬 수도 있지만 결국은 긍정적인 힘으로 작용할 것으로 믿는다. 1920년대 말 케인스(John Maynard Keynes)가 정확히 예언했던 바와 같이, 그리고 현재 개발도상국에서 다시 실현되고 있는 것처럼, 기술과 자본축적은 수백만의 사람들을 빈곤 상태에서 상대적으로 부유한 상태로 만들어줄 수 있을 것이다. 그러나 그 노정이 그리 순탄하거나 쉽지는 않을 것이다. 왜냐하면 특히 부의 증대는 국가간뿐만 아니라 국가 내의 불균형을 증대시킬 것이기 때문이다. 그리고 정책 입안자는 추적이 가능한 한 장기적인 경향을 깊이 있게 예측하려고 시도해야 하며, 또 앞으로 닥칠 것으로 예상되는 과제와 함께 그 과제가 가져다줄 가치 체계의 변동까지를 예측해야 하는 문제에 당면하게 될 것이다.

9. 핵심 문제: 균형과 상쇄적 교환(trade-off)

지속가능성이 지닌 이와 같은 다양한 측면의 중심 목표들은 종종 서로 상충되기도 하고, 때로는 서로의 특성을 긍정적으로 강화시키게 될 것이다. 새로운 산업이 저소득자들에게 일자리와 소득을 제공하기도 하지만 또 한편으로는 불가피하게 오염을 증가시키기도 하며, 경기 부양이 차량 소유를 증대시키기도 하지만 또 한편으로는 도시의 전통 지역을 재개발하게 만드는 상업적 압력을 증대시키기도 하는 등 까다로운 상쇄적 교환의 문제가 생기게 된다. 경제성장을 통해 오랫동안 방치되었던 상수 공급과 하수처리시설 설비에 착수할 수 있게 하거나 이와 반대로 더 우수한 물리적 환경과 사회적 환경을 조성하여 도시에 새로운 경제성장이 창출되도록 하는 것과 같은 상쇄적인 전략이 있을 수도 있다.

우리가 해결해야 할 근본적인 문제는 도시 지속가능성의 주요한 측면들을 분석하고 비교할 수 있게 해줄 보편적 체계와 보편적 맥락을 개발하는 것이다. 우선 우리는 이런 문제들이 후생경제학의 체계 안에서 잘 다루어질 수 있으며, 후생경제학을 적절히 확장한다면 새로운 지속가능성의 개념을 잘 수용하고 발전시킬 수 있을 것으로 생각한다.

도시 정책의 목표는 경제적으로 번성하고 문화적으로 활기 넘치며 사회적으로 공평하고, 아울러 깨끗하고 푸르고 안전하며 그 안에 사는 모든 시민들이 행복하고 생산적인 삶을 누리는 도시를 만드는 데 있다. 이러한 목표를 달성하기 위해 도시들은 시민에게 일자리, 저렴한 주택과 보건 서비스, 자녀 교육, 마시기에 적합한 물, 현대적인 하수체계, 편리하고 저렴한 대중교통, 자연, 문화, 공공의 안전을 제공해야 한다. 이 밖에도 모든 시민들에게 도시 정치에 참여할 기회를 제공하고 도시 당국이 자신들의 관리자라는 것을 느끼게 해주는 것도 좋은 도시 정책의 목표가 될 것이다.

우리는 개별 정책이나 일련의 관련 정책들이 가져다주는 이익과 불이익을 일반적인 계량모형을 이용하거나 경우에 따라서는 대리변수(proxy variables)를 써서라도 계산해서 밝혀볼 수 있다.

그러나 전통적인 경제학의 상쇄적 교환이라는 사고체계는 더 이상 지속 가능한 목표를 달성하는 데 도움이 되지 못하는 것 같다. 왜냐하면, 지속가능성에 관한 관심이 증가해서 사실상 지속가능성이라는 목적이 다른 목적들을 능가하는, 경제적 목표 이상의 것이 되었기 때문이다. 특히 전통적인 경제개발이론은 노동을 자본으로 대체시킴으로써 생산성을 증대시켜 부를 창출한다는 개념에 상당히 의존했다. 그러나 이 과정에서 밀려난 노동인력은 장기적인 실업에 빠지고 반면에 새로운 자본집약적 기술은 환경을 오염시키는 부작용을 낳는다면, 전체적인 결과는 지속가능성의 측면에서 볼 때 실질적으로 부정적일 것이다. 선진 도시들의 소비 양상은 물론 매우 높은 수준이다. 즉, 좋은 교육, 우수한 보건 위생, 깨끗한 물 등을 소비한다. 그러나 모든 사람들이 캐나다 사람이 소비하는 수준과 동일한 양의 자원을 사용한다고 전제하고 이 모든 서비스들을 공급하기 위해 필요한 토지의 양을 계산해보면 일인당 4헥타르가 소요된다(Rees and Wackernagel, 1994). 그리고 이 기준을 운이 좋은 5억의 선진국 도시민들에게만 적용하는 것이 아니라 전 세계의 60억 인구 모두에게 적용한다면 지구와 같은 행성 3개가 필요하게 되며, 이는 가까운 장래에는 달성할 수 없는 일인 것처럼 보인다.

따라서 대체할 수 없는 모든 종류의 자원 관리에 대한 깊은 관심을 토대로 하는 새로운 경제 패러다임이 필요하다. 그런 연후에 시장의 힘을 인정하면서 경제 패러다임을 시장의 힘을 부드럽게 완화시킬 수 있는 방식의 계획과 결합시켜서 일련의 정책 혁신을 이루어야 한다. 이렇게 해야 유연하고 적응적이면서 지속 가능한, 도시 생활의 수요를 반영하는 통합된 도시 성장의 양상이 나타날 것이라고 우리는 믿고 있다. 우리는 그러한 패러다임이 현재에도 존재하고 있다고 생각한다. 20세기의 정치 분야에서 몇 안되는 매우 독창적인 책 중 하나인 『네 배의 원리(Factor Four)』라는 책에서 엄격한 경제적 원칙에 입각하여 주장한 바에 따르면, 현재의 생산체제는 최적상태와는 매우 거리가 멀고 비효율적이며, 규칙을 바꿈으로써 기존 투입 양의 반만을 이용하여 2배의 산출을 얻을 수 있는 경제체제를 개발할 수 있다는 것이다(von Weizsäcker et al., 1998). 이 책은 서비스의 질을 떨어뜨리지 않으면서 자원의 생산성을 네 배로 높이는, 따라서 60억 이상의 사람들을 행복하게 만들기 위해 단지 하나의 지구만 있어도 되는 많은 사례를 제시한다. 그 실마리는 (부의 토대인) 노동의 생산성에서 시작하지만, 새로운 중요한 요소로 자원의 생산성이 더해져야 한다. 또한 정보화 경제로 이행해가면서 자원을 기반으로 하는 생산물은 점차 줄어들고 반면에 이른바 교육에 기반을 둔 생산물은 점차 늘어나고 있으므로, 이 목표를 달성하기가 더욱 쉬워질 것이 틀림없다. 풍요를 구가하는 정보화 경제는 자원의 소비를 증대시킬 것도 사실이지만 이 과정은 절대 필연적인 것만은 아니며, 결국 해법은 일종의 주의 깊은 정책 선택에 관한 문제로 귀결된다.

이것은 경제발전을 측정하기 위한 새로운 기준을 마련하고 경제발전을 달성하기 위한 새로운 유인체제를 확립하기 위해 주요한 방향을 선회해야 하는 것을 의미한다. 그러나 아직도 자원 이용을 부당하게 늘리면서 노동 활용을 기피하는 많은 국가와 도시의 정책에는 이런 생각이 반영되어 있지 않다. 우리는 정책 개발의 지도 원칙을 다루는 제4장에서 이 점에 관해 다시 논의하게 될 것이다.*

---

*: 로버트 솔로우(Robert Solow)의 총요소 생산성에 대한 신고전주의 모델(1957)은 자본과 자원 절약을 위한 기술 진보를 반영했지만, 후자는 명확히 언급되지 않았다. 『네 배의 원리』라는 책에서는 경제활동의 방향을 전환하고 지적 노력의 방향도 분석적 기법을 이용해서 전환해야

10. 책 내용의 구성

이 책의 제2장은 근본적인 변화의 힘에 관해서 다루게 되는데, 이 힘은 세계 각국의 도시 거주자들에게 새로운 기회를 제공해주는 동시에 그들이 취하게 될 행동의 자유에 대해 많은 새로운 제약을 가하게 될 것이다. 그리고 나서 이 장에서는 적절한 변형이나 변화를 주는 긍정적인 정책 개입 없이 현재의 경향들이 계속될 때 나타나게 될 결과에 관해 다루게 된다.

이러한 내용을 토대로, 제3장에서는 만약 도시들이 우리가 거의 알고 있다고 확신하는 경향에 기초하여 지금까지 진행되어왔던 대로 지속된다면 2025년경의 도시 세계는 어떤 모습이 될까라는 의문을 가지고 '추세 연장 시나리오(business as usual scenario)'를 설명한다. 정책 입안자에게 가장 중요하게 대두될 문제는 무엇이며, 그 즈음에 논의될 수 있는 해법들에는 어떠한 것들이 있겠는가? 그런 다음 대안적인 시나리오인 '추세 대응 시나리오(bending the trends scenario)'를 제시한다. 즉, 도시들이 이런 추세에 대응 방안을 마련한다면 어떻게 도시들을 더 나은 방향으로 변화시킬 수 있겠는가에 관해 논의하게 된다.

이와 같은 추세 대응 접근 방식이 가능하다는 가정에서, 제4장에서는 그러한 해법을 개발하는 데에 적용되어야 할 원칙에 관한 전망을 제시하고 이를 도시 정책의 핵심 영역에 적용하게 된다. 특히 이 장에서는 유기적이며 교육적인 두 가지의 핵심 원칙을 제안한다. 즉, 중심적인 정책 목표로 **지속 가능한 도시 개발**과 이를 달성할 수단으로 **분권화된 지방정부의 권한 강화**를 원칙으로 제시한다.

마지막으로 제5장에서는 이들 원칙들을 가지고 세계 각국의 도시들을 위한 실행 계획에 적용하여, 국가와 도시 정부가 수행해야 할 필요가 있는 과제들을 제시할 것이다.

한다고 강조한다.

2장
2025년의 도시 세계: 추세와 결과

urban future 21

1. 서론: 변화의 원동력

근본적인 변화의 원동력들은 인구, 경제, 사회, 환경 면에서 2025년의 도시 세계의 모습을 바꾸어놓을 것이다. 제2장에서 우리는 변화의 원동력들과 이로 인해 초래되는 도시와 도시 생활의 패턴에 대해 살펴보고자 한다.

도시 정책 입안자들은 적어도 중단기적인 관점에서 이와 같은 변화의 원동력과 주어진 제약 조건들을 받아들여야 하지만, 동시에 자신들의 목표를 달성하기 위해 이들을 수정하고 변화시켜야 한다. 이런 원동력 중 하나인 정치적 과정은 경제, 사회, 기술, 문화적 발전을 도모하는 방식으로 역할을 해야 한다. 이를 위해서는, 제1장에서 제안된 것처럼, 지속 가능한 인간 개발 원칙에 근거해서 모범적인 도시 거버넌스(good urban governance)가 추진되어야 한다.

그래서 도시 거버넌스는 지방 경제 및 외생적인 힘들과 상호작용할 것이다. 그리고 이 변화의 원동력들 자체는 서로 복잡하게 연관되어 있다. 이렇기 때문에 도시 거버넌스의 과업은 매우 복합적이며 많은 노력을 요구하게 된다.

이러한 상호연관성 가운데 일부는 예측할 수 있다. 예컨대 높은 인구성장은 일인당 소득의 빠른 성장가능성을 감소시키게 된다. 역으로 일인당 수입 증가는 일반적으로 출생률 감소와 이로 인한 인구성장률 감소를 초래하고, 이는 삶의 질을 개선할 수 있는 기회를 증대시킨다. 그러나 개발이 어느 단계까지 진행되고 나면 이런 연관성은 다소 불투명해진다. 즉, 소득 격차의 증가는 미혼 십대 여성들의 높은 임신율 야기 현상과 같은 출생률 패턴의 변이와 연계될 수도 있다. 아울러 선진 사회는 낮은 인구성장률에도 불구하고 상대적으로 높은 가구 수 증가를 나타내며, 이것은 주택 및 내구재 수요에 큰 영향을 미치게 된다. 다른 조건들이 동일하다면 소득이 증가하고 있는 도시에서 가구 수의 증가는 다시 추가적으로 많은 주택 수요를 야기 하고, 인구의 증가와 그에 따른 공간 수요로 인해 도시에서 교외지역으로의 분산을 증가시키게 된다.

제1장에서 이미 살펴본 바와 같이, 가장 중요한 현상은 소득 증가가 자동차 소유 의 증대를 초래한다는 것이다. 같은 소득수준이라면 선진국 도시보다 개발도상국 도시의 사람들이 차를 소유하기를 더 좋아한다. 그 첫 번째 이유는 자가용을 모는 것이 여기서는 더 저렴하기 때문이며, 이는 산유국의 경우에 특히 그러하다. 두 번째 이유는 주거비와 같은 다른 지출비용이 열대 지방과 아열대 지방의 도시에서 는 더 낮기 때문이다. 그리고 높아진 자동차 소유는 도시에서 주변 교외지역으로의 확산을 증가시키게 된다. 바로 이런 점이 지속 가능한 개발의 복잡성을 보여주는 단적인 예이다. 즉, 소득과 부의 성장이 대중교통의 향상과 같은 긍정적인 요인을 수반하지 않는다면, 오히려 오염의 증가와 같은 부정적인 효과를 너무도 쉽사리 양산할 수 있다는 것이다.

이러한 원동력들 사이의 상호 연관성을 파악해내는 일은 도시 전문가들에게 하나의 도전 과제이다. 즉, 이는 발전의 장래 경로를 예측하기가 어렵다는 것을 나타 내는 것이다. 그리고 이런 어려움은 20년 이상의 중장기적인 예측을 할 때 더욱 가중된다. 뮌헨이 지방의 중심도시이자 농촌 배후지의 중심지에서 유럽의 선도적인 첨단기술도시로 탈바꿈되는 경제적 기적이 일어나리라는 것을 1950년에 예측한다 는 것은 거의 불가능했을 것이다. 또, 몇몇 아시아의 도시들이 세계의 가장 부유한 도시 대열에 오르게 될 만큼 경제발전을 이룬 것이나(하지만 그 후 이 도시들은 경제 위기를 맞게 되어 다시 위협을 받게 됐지만), 러시아의 사회주의 붕괴에 따른 도시 경제의 혼란 역시 예측하기 어려운 일이었다.

오늘날에도 개발도상국 도시의 미래를 예측하는 것은 여전히 어려운 일이다. 1952년에 서울은 한국전쟁에 의해 완전히 폐허가 되었다. 그러나 서울이 동아시아 에서 거대한 산업 생산기지의 하나로 전환된 것은 거의 상상할 수 없는 일이었다. 독립운동의 압력과 긴장을 경험했던 매력적인 식민지 수도였던 나이로비가 산업개 발에 실패하여 엄청난 인구 유입과 인구성장이 초래되면서, 대다수의 사람들이 널 리 확산된 판자촌의 빈곤 속에 살아가는 인구 270만 명 규모의 도시로 변화할 것이라고는 결코 예측할 수 없었다.

이러한 사례들을 통해 변화의 원동력은 변경할 수 없거나 변화하지 않는 것이 아님을 알 수 있다. 즉, 이 원동력들은 지역 성장의 전제조건으로 전환되거나 변환되어져야 한다. 해법의 비결은 이런 변화의 원동력들을 어떻게 긍정적으로 유도해서 지역 개발을 증진시키도록 하느냐는 것이며, 이는 반드시 지방적 차원에서 다루어져야 한다.

지금부터 이런 변화의 원동력과 그 영향에 관해서 살펴보고자 한다. 각 시대별로 중요한 핵심적 질문이 하나씩 있다. 즉, 2025년의 세계의 도시 문제들은 어느 정도로 일반성을 지닐 것인가, 말을 바꾸어 표현한다면, 선진국 도시와 개발도상국 도시는 어느 정도로 다른 양상을 보일 것인가(또는 심지어 상반된 양상을 보일 것인가)라는 점이다.

2. 인구통계학적 변화

1) 인구문제와 도시 팽창

인구 측면에서 살펴보면 두 가지의 서로 상반되는 불균형 문제를 발견하게 되는데, 이들은 어느 정도 정책의 결과물이다. 하나는 많은 개발도상국 도시에서 나타나는 급격하고 큰 부담이 되는 인구성장의 문제이고, 다른 하나는 많은 선진국 도시에서 나타나는 고령화의 문제이다.

개발도상국 도시의 문제는, 최근까지의 폭발적인 성장으로 인해 매우 젊은 연령 계층의 인구가 급격히 늘어났고 따라서 가구주의 나이가 젊은 가족 수가 빠르게 증가하고 있다는 것이다. 이들 국가에서는 일곱 가지 주요한 원인들로 도시 성장을 설명할 수 있다. 처음 다섯 가지 요인은 농촌지역에 영향을 미쳐서 도시로 인구를 유출시키도록 한 강력하고도 가혹한 원인이었다.

1. 기계화에 따른 농업 생산성 증가로 인해 적은 수의 농부가 많은 수의 도시 거주자들에게 식량을 공급할 수 있게 된 점과, 이로 인한 농촌의 인구과잉 초래
2. 경작할 수 있는 토지의 부족과 과잉 경작으로 인한 지력 저하
3. 농촌지역에서 자원(예컨대 기술적 생산 요소, 신용대출에의 접근성)과 기타 사회 서비스 부족
4. 농촌지역에서의 자연 재해와 환경 파괴

5. 아프리카, 라틴아메리카, 아시아 일부에서의 사회 불안과 내전의 증가. 그러나 농촌에서의 이러한 요인들은 도시에서의 다음과 같은 인구 증가 요인들과 동시에 나타남
6. 도시지역의 양호한 보건 위생과 이에 따른 사망률 감소
7. 유아 사망률 감소에 주로 기인하는, 도시지역의 높은 출생률과 평균 기대수명 증가

도시에서는 불안정하고 낮은 보수이긴 하지만 취업 기회가 주어진다. 또한 흔히 젊은이들이 꺼리는 전통적 관행과 관습에서 벗어날 수 있는 기회가 제공된다. 인구의 유출 요인과 유입 요인은 지역간, 그리고 도시와 농촌 간의 지역 불균형을 심화하고 확산시킨다(UNCHS, 1996a). 이런 요인들로 인해 초래되는 주요한 세계적 동향을 제2차 인간정주회의(Habitat II)의 의제는 다음과 같이 요약하고 있다.

- 급속한 도시화(Rapid urbanization): 대도시로의 도시 인구 집중
- 도시의 확산(Urban spread): 확대된 주변 지역으로의 도시 확산
- 고도 도시화(Hyper-urbanization): 거대도시(mega-cities)의 급속한 성장

대부분의 개발도상국에서 이러한 도시화의 힘은 한두 개의 중심도시로 집중된다. 최근의 추계에 의하면 일부 국가에서는 수도로의 이주가 국내 인구 이동의 80% 이상을 차지하고 있다. 그러나 도시의 성장은 점차 이주보다는 도시 내부의 자연 증가에 의해 이루어지고 있다.

급속한 인구성장은 주로 많은 아이들이 갑자기 늘어나기 때문에 발생하는데, 적어도 두 가지의 매우 부정적인 결과를 가져온다. 첫째, 일인당 기반시설을 증가시켜야 하고, 적절한 수의 일자리와 주택, 학교를 공급해야 하기 때문에 빈곤한 도시의 역량에 심각한 제약을 초래한다는 것이다. 모든 개인은 생존을 위한 기본 재산은 물론이고, 도시 환경에 어울리는 수준의 삶을 누리기 위해 재산 증식을 필요로 한다. 따라서 최소한의 교육과 훈련도 받지 못한 사람은 현대 도시 경제 안에서 생존해나가기가 어렵게 된다.

둘째, 빠르게 증가하는 젊은 세대의 생존에 관한 문제인데, 이는 다른 어떤 문제보다 시급하다. 현시대를 살아가는 사람들의 시간적 여유는 점점 줄어들고, 그들을 압박하는 요구들은 일상의 삶을 생존경쟁으로 몰아간다. 시민과 정책 결정자들은 자신들의 생존 문제가 해결되었을 때 비로소 자신의 관심을 미래 세대의 생존과 삶의 질 문제로 돌릴 수 있게 된다.

사하라 이남 아프리카 지역에서는 일반적 경향과는 다른 특이하고도 극단적인 경향이 나타나고 있다. 예컨대, 800만 명 이상의 15세 이하 어린이들이 에이즈로

<표 2-1> 선별된 국가들의 인구구조

	연령 그룹별 인구 비율(%)					
	1975			1995		
	< 15	15-65	> 65	< 15	15-65	> 65
프랑스	23.9	62.6	13.5	19.6	65.5	14.9
독일	21.5	63.6	14.8	16.1	68.7	15.2
폴란드	24.0	66.4	9.5	22.9	66.1	11.0
남아프리카	40.0	55.2	3.8	37.3	58.3	4.4
코트디부아르	45.8	51.8	2.4	49.1	48.2	2.6
멕시코	46.3	49.8	3.9	35.9	59.9	4.2
브라질	40.1	56.2	3.7	32.3	62.5	5.2
우루과이	27.7	62.7	9.6	24.4	63.3	12.3
인도네시아	42.0	54.8	3.2	33.0	62.7	4.3
한국	37.7	58.6	3.6	23.6	70.8	5.6

출처: WRI, UNEP, UNDP, World Bank, 1996

부모 가운데 한쪽이나 두 쪽 모두를 잃었고, 2010년까지는 그 수가 15세 이하 어린이의 16%인 4,000만 명에 달할 것으로 예측된다. 엄청난 양육 부담이 조부모와 다른 친척들에게 전가될 것이고 거리로 내몰리는 아이들의 수도 점차 증가할 것이다.

이와는 대조적으로 선진국의 많은 도시에서 대두되는 문제는 인구의 고령화이다. 여기서는 출생률이 현재의 인구구조를 유지시킬 수 있는 대체율 이하로 떨어져서, 장기적으로는 점점 더 증가하는 노인들이 줄어든 수의 활동할 수 있는 젊은이들에 의해 부양되고 도움을 받아야 하는 왜곡된 연령구조가 초래되었다. 예컨대, 65세 이상 인구의 비율이 1950년 7.9%에서 오늘날 13.5%까지 증가했고, 2050년에는 24.7%에 도달할 것이다. 가장 빠르게 고령화되고 있는 국가들(일본, 독일, 이탈리아 등)에서는 고령 인구가 전체 인구의 40% 내지 그 이상이 될 것이다. 이런 현상이 도시 사회에 미치는 영향은 예측하기 어렵다. 다만 현재로서는 다음과 같은 질문을 할 수 있을 뿐이다.

- 고령화로 인한 인적 자본 갱신의 둔화 현상은 혁신의 잠재력을 감소시킬 것인가?
- 어떻게 도시 시스템이 유연하면서도 혁신적으로 유지될 수 있는가?
- 사람들이 지식의 고령화를 극복할 수 있는 평생 학습을 감당할 수 있겠는가?
- 노인 세대의 부양과 개인 서비스를 제공했던 가족제도의 역할을 대신할 새로운 조합이나 조직은 어떤 것인가?
- 줄어드는 젊은 노동자들이 늘어나는 연금수혜자들을 부양하기 위해 더 많은 소득을

창출해야 하는 더욱 심화된 의존성 문제에 사회는 어떻게 대처할 것인가? 만일 과거의 경향이 지속된다면 2030년에는 경제협력개발기구(OECD)의 국가들에서 노인을 위한 사회보장에 소요되는 공공자금은 국내총생산의 16.5%에 이르게 될 것이다. 이에 따라 증가하는 사회보장 세금에 대해 젊은 근로계층은 정치적으로 어떻게 반응할 것인가? 그 결과 초래되는 근로의욕 저하와 다른 국가나 다른 도시로의 자본 유출 가능성에는 어떻게 대처할 것인가?

이와 같은 질문에 대해 지금 현재로서는 명확한 답을 제시하기가 힘들다. 그러나 답을 찾아야만 하므로 제4장에서 이와 같은 도전 과제들에 대해 다룰 것이다. 그러나 그에 앞서 그러한 추세를 상세하게 검토할 필요가 있다. 그렇게 하기 위해서는 지금까지 익숙한 개발도상국 대 선진국이라는 이분법적 접근보다는 좀더 정교한 분류체계가 필요하다. 즉, 우리는 인구구조 변천(demographic transition)[2]을 겪고 있는 국가와 도시를 새로운 중간 범주로 나누어볼 필요가 있다.

2) 과도성장기 도시(the city of hypergrowth)

인구학적 발전의 초기 단계에서 높은 출생률이 사망률 감소와 동반된다는 것은 잘 알려져 있다. 이는 높은 자연 인구증가율과 젊은 인구의 비율 상승을 낳게 된다. 이런 현상은 인적 자본에의 대규모 투자(즉, 높은 교육비)를 요구하게 된다. 높은 출생률 때문에 이들 국가의 인구연령구조는 일반적으로 젊어진다. 예컨대, 케냐에서는 인구의 52%가 15세 이하이고, 단지 2.8%만이 65세 이상이다. 이는 극단적인 사례이기는 하지만, 대부분의 개발도상국 도시들에서는 앞으로 10년 내지 20년 사이에 15세 이하 아동들과 노동시장과 주택 시장에 새로 진입하는 20대의 엄청난 규모로 인해, 아직 불충분한 교육, 보건, 주택, 기반시설, 대중교통체계, 병원시설에 대해 엄청난 압력을 받게 될 것이다.

---

2) 인구구조 변천(demographic transition)이란 미국의 인구학자 노테스틴(Frank W. Notestein)이 1945년에 그의 논문에서 사용하기 시작한 용어로서, 노테스틴은 출생과 사망의 수준에 따라, 그리고 일련의 인구 발전 단계 가정에 의거하여 세계 여러 나라의 인구를 다섯 가지 집단으로 분류하고 있다. 그 단계는 각각 ① 전통적인 높은 출생률과 높은 사망률, ② 높은 출생률과 낮아지기 시작하나 아직도 높은 사망률, ③ 낮아지기 시작하나 아직도 높은 출생률과 상당히 낮아졌으나 계속 낮아지는 사망률, ④ 낮아지고 있는 출생률과 상당히 낮은 사망률, ⑤ 낮은 출생률과 낮은 사망률이다. 인구변천이론은 기본적으로 순수한 인구학적 요소들만을 가지고 인구성장을 설명하려는 이론이지만, 실제 연구에서는 공업화 및 도시화에 따른 사회변동과 밀접하게 연관된 가정을 전제로 하고 있어, 역사적 맥락에서 인구성장을 조망하고 인구변동이 사회 전반에 미치는 영향에 관심을 갖게 한다.

3) 인구구조 변천을 겪는 도시

그러나 개발도상국 도시들에도 한 가닥 희망이 있다. 젊은이들의 높은 비율로
인해 앞으로 20년 동안은 자동적으로 어린이의 수도 증가하겠지만, 여성의 교육과
도시 생활 여건의 향상으로 여성 일인당 출생 자녀 수는 이미 줄고 있고 앞으로
더 줄어들게 될 것이다. 도시화와 도시 문화로 인해 출생률은 갑작스럽게 감소하게
된다. 국가나 도시지역 모두에서 인구구조 변천의 단계가 이미 시작되었다. 특히
아이들의 교육 기간이 길어지고 교육 강도도 높아져 비용이 증가하기 때문에 피임
지식이 확산되고 아동의 경제적 가치가 감소한다. 그래서 다음 세대는 수적으로
감소하게 될 것이고 특히 교육을 위한 시간에서 좀더 많은 배려를 받을 수 있게
될 것이다.

이러한 인구학적 순환주기는 지금부터 약 100-200년 전 선진 도시에서 발생했던
당시보다 훨씬 더 빠르게 나타나고 있다. 그러나 이 문제는 이런 변화를 보이는

<그림 2-1> 개발도상국의 유아 사망률, 합계 출산율, 평균 기대수명
1950~2000(1950년 대비 비율로 나타냄)

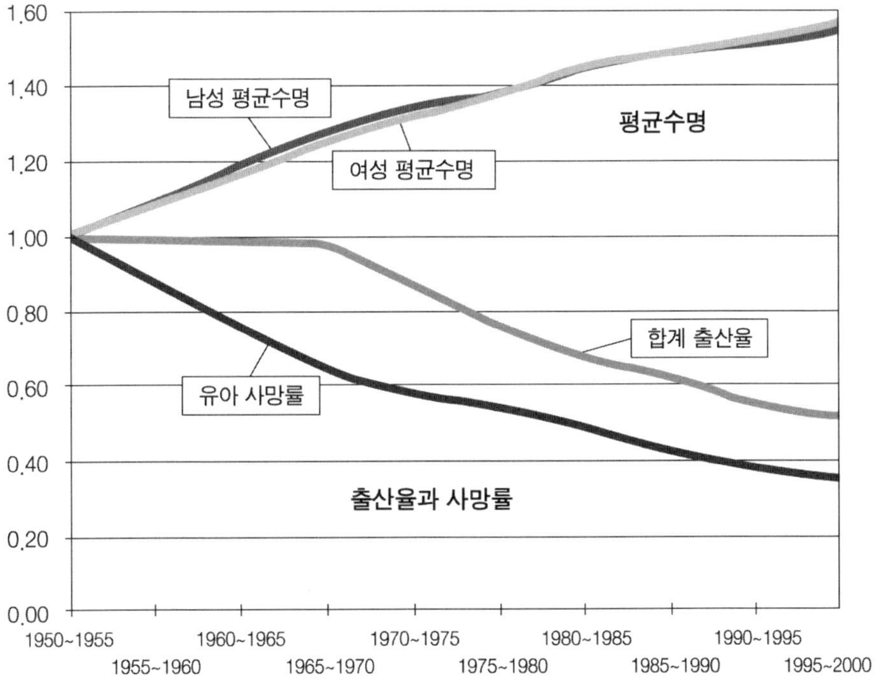

출처: UNFPA, 1998.

국가의 도시들은 급속한 경제성장을 경험하고 있기 때문에 이전보다 다루기에 훨씬 더 수월할 것이다(이 점은 나중에 좀더 살펴볼 것이다). 그러므로 인구구조의 질적 변화는 인구 총수의 변화가 나타내는 것보다 더 많은 변화를 초래할 것이다.

그리고 이들 중에서 좀더 선진화된 나라에서는 출생률 감소가 이미 '인구학적 보너스'인 '노동력 팽창' 현상을 나타내고 있다. 예컨대, 비노동인구에 대한 노동인구의 비가 2010년경에 최고에 달하게 되는 동아시아의 최근 사례를 보면, 이런 현상이 경제성장에 상당히 기여하고 있다. 앞으로 수십 년 동안은 모든 국가에서 노년 인구의 증가라는 인구학적 변화가 있을 것이다. 그리고 2045~2050년경에는 노년 인구성장의 97% 이상이 오늘날의 개발도상국에서 발생할 것이다. 그러나 노년 인구의 비율은 여전히 선진 국가에 비해 상대적으로 낮게 나타날 것이다.

몇몇 도시들의 경우(예컨대 1980년대의 싱가포르), 정부가 이러한 변화 과정을 우려하면서 고학력 계층의 출생률을 다시 높이려고 노력하기도 했다. 그러나 이러한 시도는 드문 경우에 해당한다.

4) 안정된 선진 도시: 고령화와 그에 따른 변화

선진 도시에서는 출생률이 일반적으로 낮은 수준을 유지해왔으며, 몇몇의 경우(예컨대 1980년대와 1990년대 서구 유럽 국가들)에는 출생률이 일정 인구 규모를 유지시킬 수 있는 대체 수준(replacement levels) 이하의 비율로 떨어졌다. 국가의 통제를 받아야 하긴 하지만, 이 때문에 외국으로부터의 이주, 특히 미숙련·저임금 부문 노동자의 이주는 필수 불가결한 요소가 되었다.

또 다른 주요 요인은 가구의 '분열(fission)' 현상이다. 즉, 평균 가구원 수의 감소와 일인 가구의 급증 현상은 인구학적 변화와 사회학적 변화 모두로부터 야기된 결과이다. 많은 젊은이들이 더 수준 높은 교육을 받기 위해 부모의 집을 떠나고, 높은 이혼율과 별거율이 나타나고, 많은 노인들이 배우자 사별 후 혼자 살게 되고, 가장 놀라운 점은 많은 젊은이들이 독신으로 살려 한다는 것이다. 몇몇 국가들에서는 이러한 추세를 조정할 수 있는 정책적 수위에 대해 격렬한 논쟁이 있기도 했다. 영국 정부는 '주택 수요를 추정하고 이에 맞게 공급하는' 주택정책을 종결하겠다고 선언했다. 이는 가구 형성(예컨대 젊은 사람에 의한)이 적어도 부분적으로는 주택 공급의 영향을 받는다는 주장을 암묵적으로 받아들인 것이다. 그러나 주택 공급 실패가 실제적인 곤란(예컨대 비자발적으로 부모와 함께 살고 있는 젊은이들 또는 계속 동거하도록 강요당하는 이혼한 부부)을 야기한다는 증거들도 제시되고 있다.

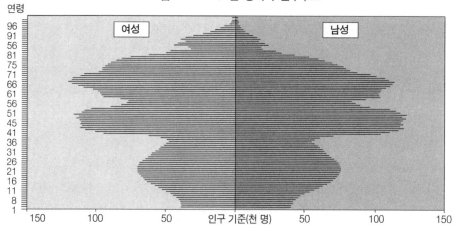

<그림 2-2> 2030년 동독의 인구구조

출처: 독일 연방 통계국.

고소득 국가들의 경우 의료 기술의 지속적인 진보로 인해 2000년과 2025년 사이에 고령층(특히 퇴직 후의 노년층)의 거대한 증가가 예견되고 있다. 따라서 피라미드형의 인구구조는 나무를 닮은 구조로 변화하고 있다.

특히 보건 서비스와 같은 공공 사회보장 서비스는 노동 임금이 높아짐에 따라 매우 비싸질 것이고, 특히 높은 세금 부담을 안은 채 이런 서비스의 비용이 순소득으로부터 지출되어야 하는 경제 구조에서는 더욱 그러할 것이다. 고령 인구가 빠르게 증가하고 있는 어떤 도시에서도 오늘날에 이르기까지 증가하는 서비스 요구에 대처하고 공급할 수 있는 방안을 찾지 못하고 있다.

인구의 상당한 비율은 85세 이상의 '초고령(old old)'층이 될 것이다. 이들은 보건과

<자료 2-1> 고령화의 속도

오늘날 개발도상국의 대부분은 유럽 국가들의 고령화 비율에 도달하기에는 아직 오랜 기간이 걸릴 것이지만, 이들의 인구 변천이 더 빠르기 때문에 유럽 국가들보다는 도달 시간이 짧아질 것이다. 인구구조 변천이 가장 일찍 발생했던 국가들 중 하나였던 스웨덴에서는 65세 이상 인구비율이 7%에서 14%로 되는 데 84년이 걸렸다. 65세 이상 인구 비율이 7%에서 14%로 증가하는 속도는 인구구조 변천이 가장 급변하는 국가에서 극적으로 빠르게 이루어질 것이다(예컨대 싱가포르에서는 18년, 한국에서는 20년, 일본에서는 28년, 중국에서는 30년 정도가 소요될 것이다).

—UNFPA, 1998: 17.

고령화 사회의 공원 모습(상해 홍구 공원)

의료 서비스를 필요로 하고, 따라서 비율이 감소하고 있는 노동자 계층에게 지금까지는 잘 알려지지 않았던 새로운 경제적 부담을 부과하게 될 것이다. 특히, '초고령층'에게는 그들만의 특별한 주택 수요가 있을 것으로 보인다. 여기서 한 가지 생각해보아야 할 과제는, 과도하게 부과되는 부담을 줄이기 위해 미국에서 이미 실시했던 것처럼, 퇴직 연령의 연장이나 의무적인 퇴직의 금지 등을 검토해보는 것이다.

많은 통계에서 나타나듯이 선진국 도시에서 출생률이 감소하는 것은 부분적으로는 도시민의 생활 스타일에 기인한 것인데, 특히 여성의 높은 노동시장 참여, 유아 보육과 유아의 안전을 위한 많은 투자와 시간비용 때문에 발생한다. 오늘날 도시에서 유아들에 대한 보호, 관심, 감독, 서비스를 제공하는 일은 농촌과 교외 환경에서 나타나는 전형적인 비공식적 보육체제에 비해, 그리고 과거 도시민의 생활 스타일에 비교해볼 때 엄청난 비용이 소요된다. 가족을 위한 적절한 주택(예컨대 교통 밀도가 낮은 조용한 거리, 한 건물에 한 가족이 사는 작은 주택)은 매우 비싸다. 매우 능력이 있는 직장 여성들이 아이를 가질 경우 직장 생활에 곤란을 겪게 되므로 높은 대가를 치르게 된다. 직장 생활과 어머니 역할을 양립하기는 쉽지 않다.

인구구조의 전반적 변화는 가족 규모의 감소를 수반하고 있다. 많은 도시에서 75%의 사람들이 홀로 또는 둘이 살고 있다. 도시 거주자의 30% 이상이 아이가 없게 될 것이다. 이런 현상은 노인에게 서비스를 공급해온 가족의 전통적 역할이

고령화 사회의 공원 모습(동경)

무너짐을 의미하고, 이것은 특히 여성 노동인구 비율이 높아지게 되면서 더욱 심화될 것이다.

연령구조에서 이러한 불균형의 결과는 우리가 아직 경험해본 적이 없기 때문에 앞으로 어떤 상황이 벌어질지 예측하기 어렵다. 우리는 단지 추측할 수 있을 뿐인데, 한 가지 예상되는 위험은 고령화에 따른 기술적인 지식, 융통성과 유동성의 감퇴로 인해 인적 자본의 가치가 감소할 우려가 있다는 것이다. 연금수령자의 비율이 높은 도시는 성장률과 생산성 증가가 높은 '젊은 지역들'로 자본이 유출되는 위기에 처해 있다. 자본의 부족이 심화되는 동시에 도시 시스템이 경제적으로 매력을 잃게 되면서 저축률, 특히 55세에서 70세까지의 저축률은 매우 낮아지게 된다.

3. 도시의 경제 기반

1) 도시: 경제성장의 엔진

인구성장 다음으로 도시 변화의 가장 분명한 원동력은 신기술과 일인당 투입자본의 증대에 의한 생산성 증대와 그 결과로 나타나는 소득 증대이다. 이런 변화는 높은 저축을 필요로 한다. 자본과 지식의 지역간 이동은 경제발전 과정을 통해서 한 도시지역과 다른 도시지역 사이의 불평등을 줄일 수 있는 메커니즘으로 작용할 수 있고 또 대부분 그렇게 작용해왔다. 그렇지만 빠른 인구성장은 인적 자본에 대한 투자를 포함하여 증대되는 자본 투입의 강도를 감소시키는 경향이 있다. 그래서 인구성장을 둔화시키는 것이 여전히 부의 창출과 지속 가능한 발전에 대한 전제조건이 된다.

어느 지역에서든지 도시는 경제성장의 거대한 엔진 역할을 한다. 도시가 국가 전체에서 차지하는 생산품의 점유율은 노동력의 점유율보다 훨씬 높게 나타난다. 도시에서 사람들의 생산성이 높기 때문이다. 상파울루와 방콕은 이런 극단적인 경우를 보여주는 사례이다(<그림 2-3>). 도시는 물적 자본과 인적 자본의 집결지이다. 도시는 소비 패턴뿐만 아니라 생산방식과 생활 방식에 있어서 혁신의 장소이다.

오늘날 도시는 어디에 위치하더라도 그리고 시민의 대부분이 지역 시장에 고용되어 있다 하더라도, 세계 경쟁체제에 고도로 점점 더 밀접하게 연관되게 된다.

<그림 2-3> 주요 도시들의 인구 대 생산 비율

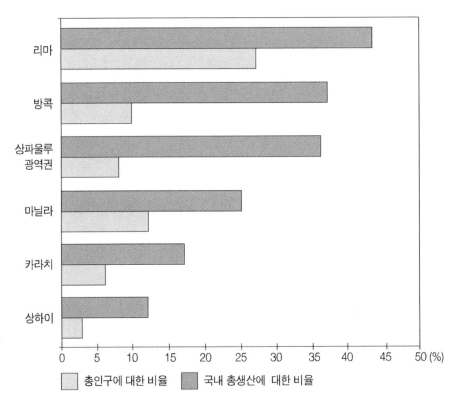

출처: *The Economist*, 1995.

이러한 세계 노동분업은 냉혹하리만치 능률적으로 변모되므로, 모든 도시들이 제 지위를 유지하기 위해서는 계속 변모해야만 한다. 제품 생산 및 서비스 생산에서 비용이 적게 드는 입지들이 계속 경합하듯이, 도시들도 역시 끊임없이 새로운 경제적 틈새를 찾아낼 필요가 있다. 국가의 경우와 마찬가지로 도시도 인적 자본에 더 많은 투자를 필요로 하는 활동들, 그중에서도 고급 서비스에 주력하면서 학습을 통해 계속 배워나갈 필요가 있다. 바로 이것이 최근 수십 년간의 도시 경제개발에서 가장 성공한 역사적 사례들인 홍콩과 싱가포르의 역사이기도 하다.

2) 시장과 자본축적 과정

도시 경제는 어디에서나 시장을 통해 작동된다. 그리고 사회주의 계획경제의 몰락과 함께 이제는 상품, 서비스, 노동, 자본에 대한 시장체제가 전 세계를 휩쓸고 있다. 그러나 이것은 모든 시장이 세계화된다는 것을 의미하지는 않는다.

(1) 세계시장과 지역 시장

도시 시장에는 실제로 두 가지 종류가 있다. 하나는 교역상품(tradable goods)을 거래하는 외부 시장과 연결된 시장이고, 다른 하나는 지역상품(local goods)을 제공하는 시장을 말한다. 사실 가장 크고 세계화된 도시들에서조차도 생산과 소비의 상당 부분은 지역 내에서 이루어진다. 동네 인근에 있는 미용사는 일반적으로 그 서비스를 다른 지역으로 수출하지 않는다. 동네 인근의 채소 장수는 지역 주민에게 상품을 공급한다. 도시는 강하게 성장하는 지역 시장(특히 노동시장)을 갖고 있고 자본, 지식, 네트워크의 축적 과정은 지역 내에서 발생한다. 고용이 증대되면서 도시는 지역간, 나아가 국제적 교환을 꾸준히 증대시키는 역할을 하게 된다. 그러나 지역상품에 대한 효율적이고 유연성 있는 지역 시장이 없다면, 소매에서 운송에 이르기까지 교역상품은 효율적으로 생산될 수 없을 것이다. 또 국제시장을 통해 전달되는 접촉 기회와 기술이 없다면, 생산성 증가는 매우 낮아지거나 벌어들이는 소득이 매우 적어져서 세분화되는 지역 수요를 충족시킬 수 없을 것이다. 만약 노동시장의 적절한 공간적 분업이 없다면, 경제적인 복지는 필요한 만큼 신속하게 증대될 수 없을 것이다.

(2) 세계화 경제 속의 시장

세계화로 인해 도시 경제들 사이의 경쟁은 증가하고 심화된다. 시장은 도시의 힘에 제한을 가한다. 즉, 세계시장들은 외부적 영향의 범위를 확장하고 그들의 통제력을 강화한다. 그렇지만 시장체제가 도시를 무력하게 만들지는 않는다. 시장은 수요자이면서 동시에 공급자이다. 도시가 역할을 잘 감당할수록 보상은 더 커진다. "승자가 모든 것을 차지한다(Winner takes it all)"는 원칙은 세계시장에서 경쟁하는 도시들 사이에도 적용되고 있다. 성공은 또 다른 성공을 낳는다. 성장하는 도시는 더 많은 투자를 끌어들인다. 투자와 성장은 자원을 증대시키고 더 많은 투자를 끌어들인다. 유연한 세계시장 안에서 경제적 기적들은 자주 일어난다.

세계화라는 현상이 새로운 것은 아니다. 서로 관련되어 있는 국제시장의 체계로서 '현대 세계체제(the modern world system)'(Wallerstein, 1976)는 이미 수백 년 동안 존재해왔다. 19세기 후반에 이미 랭커셔의 섬유산업 시장을 인도의 공급업자들에게 빼앗기거나 새로운 전기산업이 베를린을 당시의 실리콘밸리라 할 수 있는 위대한 첨단기술도시로 만듦으로써, 세계화는 이미 그 실체를 드러내고 있었던 것이다. 그러나 최근 들어 세계화는 새로운 차원에 도달하고 있다. 멕시코의 경계에 있는 마킬라도라(Maquiladora) 공장에서는 캘리포니아나 텍사스로부터 부품을 받아 완성품을 만들어서 역수출한다. 중국 본토에 있는 신발 공장에서는 타이완의 경영관리 하에 밀라노의 최신 유행에 따라 컴퓨터로 설계된 틀로 신발을 생산해서 홍콩을 통해 수출한다. 극동 국가에서 낮은 임금으로 생산된 의류는 '이탈리아제'라고 쓰여 있는 디자이너 상표(실제로 상표는 이탈리아제임)를 부착하기 위해 이탈리아에 운송된다.

21세기에는 완전히 통합된 자본시장과 더욱더 통합된 교역상품 시장을 보게 될 것이다. 교통 및 통신비용이 사상 최저로 감소하면서 도시나 국가간의 직접적인 교역이 더욱 가능하게 되었다. '거리의 소멸(the death of distance)'(Cairncross, 1997)은 혁신적이고 창조적이며 의욕적인 도시에 유리하게 작용하고, 개발도상에 있는 도시들이 세계시장 안에서의 지역적 요구조건들을 충족시키도록 하고 있다. 또 한편으로 부유한 도시들은 독점의 높은 장벽이나 대규모 자본 투자 또는 우월한 지식을 배경으로 경쟁을 피할 수 없다. 이 도시들에서는 직업과 시민의 삶이 오늘날 더욱더 국제화되고 있다. 일제 차를 타고 뉴욕의 사무실로 출근하는 어느 근로자는, 이태리제 양복을 입고 타이완제 컴퓨터에 세계적으로 거의 독점에 가까운 미국산 소프트웨어를 사용하면서 그가 사용하는 다국적 장비들을 지극히 당연한 것으로 받아들이고 있다. 1960년대 슈라이버(Servan Schreiber)의 관심사였던 '미국의 도전(Le défi americain)'은 '세계의 도전(Le défi mondial)'이 되었는데, 이런 현상은 그에게 걱정거리가 아니다(Schreiber, 1967). 그는 아시아 음식과 멕시코 음식에 익숙해져 있다. 그에게 있어서 세계화는 강력한 개인적 영역을 지니는데, 그것은 생활 방식에 영향을 주고 점점 더 많은 직장 생활에서 경쟁을 심화시키고 있다. 시장은 도시를 변모시켜왔고, 도시가 바뀜에 따라 시민들의 도시 생활도 끊임없이 바뀌고 있다.

(3) 시장, 축적과 빈곤

시장경제에서 자본축적 과정은 부를 창출하는 메커니즘이지 불평등을 극복하는 메커니즘이 아니다. 아직까지는 부의 축적과 경제성장 과정이 세계 어디에서도 빈곤을 완전히 없애지는 못했다. 그러나 시장이 소수의 부유한 상류계층을 만들기도 했지만 수백만의 평범한 사람들을 빈곤으로부터 탈출시켜 풍족한 도시 중산층으로 변화시켰고, 이전 세대들은 상상할 수 없었던 생활 방식과 소득수준을 향유하도록 해주었다는 것은 매우 중요한 사실이다.

그것은 전체적인 숫자에 있어서나 평균적인 삶에 있어서 명확하게 나타난다. 그렇지만 세계적인 부의 축적은 나름의 새로운 불평등을 만들어내고 있다. 즉, 높은 소득과 부의 축적을 누리는 중심도시와 그 뒤편에 처져 있는 주변도시가 있다는 것을 뜻한다. 세계 인구의 단지 28%가 모든 외국인 직접투자의 91.5%를 독차지하고 있다(Hoogvelt, 1997). 유럽에서는 영국이 외국인 직접투자의 가장 큰 수혜 국가이다. 아일랜드와 스웨덴은 인구 1,000명당으로 보면 더 많은 몫을 차지하고 있다. 개발도상국가에서는 매우 높은 비율이 소수의 지역(예컨대 중국 강동성의 주강 삼각주 지역)에 투자되고 있는 반면, 아프리카의 대부분은 거의 전혀 투자되고 있지 않다. 국제 부동산 투자는 심지어 그보다 더 적은 몇 개의 도시에 집중하는 경향이 있다.

우리는 불공평한 부의 축적에 따른 부작용에 대해 불평할 수도 있지만, 이 불평등이 시간이 지남에 따라 감소될 수 있음을 또한 알고 있다. 남아시아의 7개 국가들은 1965년에는 전 세계 국내총생산의 단지 9%만을 차지했지만, 1975년에는 15%, 1995년에는 25%를 차지하게 되어 미국과 동등한 수준이 되었고, 그 비중이 29%인 유럽연합만이 이들을 앞서고 있다. 이와 같은 일이 다른 국가와 다른 도시에서도 일어날 수 있다. 중심과 주변 지역 사이의 경계는 지금까지 변해왔고 현재 변하고 있으며, 또 앞으로도 변할 것이다. 중국의 주강 삼각주 지역에서 빠르게 움직이고 있는 경계선은 단지 하나의 예에 불과하다. 홍콩은 예전에는 주변 식민지 국가였지만, 지금은 세계에서 가장 빠르게 성장하고 있는 지역의 역동적인 중심이 되었다. 특정 시기에 적절하게 새로운 틈새시장을 발견하고 도시를 국제 투자에 대해 더 수익성이 있고 안정되고 매력적으로 보이도록 만들어내는 것이 중요하다. 제약조건처럼 보이는 것이 하나의 기회로 작용할 수도 있는데, 이는 발전 잠재력도 매우 크다는 것을 의미할 수 있기 때문이다.

그러므로 도시는 모범적인 지역 행정과 지역 시장을 결합한 종합적인 노력을 통해, 민간 자본의 축적을 위해 필수적인 기초적 전제조건을 제공할 필요가 있다. 도시는 안정된 정부, 외국인 직접투자를 끌어들일 수 있는 적절한 기업 환경(더 나은 사회적 평등을 포함해서)을 만들 필요가 있으며, 또 그 지역 사람들의 애향심과 열성을 긍정적으로 동력화할 수 있는 능력을 보여줄 필요가 있다. 특히, 아직 개발이 이루어지지 않은 세계의 많은 도시들의 경우, 각 도시들은 종종 그 지역 사람들이 아주 잘 교육받았고, 21세기의 지식정보화 경제에 상당히 적합한 노동력이라는 사실을 잘 활용할 필요가 있다.

그렇게 하고 나면 시장이 필요하다. 그러나 국가와 도시의 부족한 자원을 교육, 보건, 기반시설에 투자하기 위해서는 시장과 함께 잘 발달된 민주주의도 필요하다. 개인의 경우와 마찬가지로 국가와 도시도 빈곤 때문에 항상 힘든 선택을 강요받게 된다. 예컨대, 제한된 자원으로 주택에 더 많이 투자할지 교육, 에너지, 보건에 더 투자할지 선택하거나, 대중교통에 더 투자할지 고속도로에 더 투자할지 선택해야만 한다. 한 부문에 대한 투자는 항상(적어도 단기적으로는), 다른 부분에 덜 투자하는 것을 의미하게 된다. 민주주의체제에서는 필연적으로 다수의 목표와 이해관계가 존재하기 마련이므로 도시 민주주의는 주민, 특히 주민의 대다수를 차지하는 빈곤한 사람들의 이해를 배려하기 위해서 적절한 선택을 할 수 있는 분명한 비전이 필요하다.

3) 성장과 구조의 변화: 부문별 고찰

(1) 일반적 추세

지난 한 세기 동안 성장이란 곧 농업 부문으로부터 탈피하여 산업화하는 것을 의미했다. 영국의 경우에는 1780년경에 농업 종사자의 비율이 50% 이하로 떨어졌고, 독일과 프랑스에서는 1870년경에 50% 이하로 떨어졌다. 이 나라들은 산업화되면서 동시에 도시화되었다(<표 2-2>).

그러나 이 추세가 무한정 계속되지는 않았다. 대부분의 도시에서 산업 부문 고용은 20세기에 감소하기 시작했다. 그 이후로 탈산업화는 런던, 뉴욕과 같은 선진 도시와 부에노스아이레스와 같은 중간 소득의 도시 모두에게 하나의 규범이 되어 왔다. 오늘날에는 단 몇 개의 아시아와 아프리카의 도시만이 산업 부문 고용이 여전히 전체 고용 점유율에서 증가하고 있는 산업화의 초기 단계에 있고, 사하라 사막

<표 2-2> 고용구조의 변화 (단위: %)

	1850			1900			1950			1980 / 1990		
	I	II	III	I	II	III	I	II	III	I	II	III
영국	22	48	30	9	51	40	5	49	46	2	29	69
독일	56	24	20	40	39	21	19	45	36	3	40	57
프랑스	52	27	21	41	29	29	27	36	37	6	30	64
미국	55	21	24	40	28	32	12	30	58	3	26	71
인도	·	·	·	67	10	23	74	8	18	70	13	17

주: I = 농업, II = 산업 부문, III = 서비스 부문
출처: Buchheim, 1994.

이남의 몇몇 도시들 역시 탈산업화되어가고 있다. 경제적으로 더 선진화된 세계의 도시들에서는 중공업과 수공업 부문의 직업들이 거의 사라진 상태이다. 과거에 성장하던 산업과 지역들은 오늘날 쇠퇴하는 산업과 쇠퇴 지역이 된 반면, 다른 지역들이 새로운 성장의 중심이 되고 있다. 예컨대 조선업은 유럽에서 일본으로, 그리고 다시 한국, 브라질 및 중국으로 이전되고 있다.

도시 경제는 아직도 급격한 변화를 겪고 있지만 이러한 변화들은 일정한 규칙을 따르고 있다. 경제학자들이 주장하듯이, 경제가 변하는 것이지 경제학이 변하는 것은 아니다. 도시 경제의 형태와 부문간 구성 비율이 도시들 간에 서로 다를지라도, 도시 경제의 변화는 다음과 같은 공통의 원동력에 의해 초래되고 있다.

- 새로운 생산품을 위한 끊임없는 내적 탐색과 확대되는 시장에 대처하기 위한 효율적인 생산 과정.
- 값싸면서도 생산성이 높은 노동력과 낮은 생산비용을 가진 지역에 대한 지속적인 탐색.
- 새로운 시장에의 접근을 위한 지속적인 탐색.

이들 요인들은 이익을 지향하는 끊임없는 축적 과정과 혁신에 대한 지속적인 요구가 반영되어 나타난 것이다. 이 변화 요인들은 함께 작용하여, 200년 전에 있었던 산업혁명 이래 별로 변화하지 않고 지속되어온 경제적 구조조정의 패턴을 만들어냈다. 슘페터의 '창조적 파괴(Creative Destruction)'는 여전히 이러한 변형 과정을 매우 잘 묘사하고 있다(Schumpeter, 1942: 80-86). 성장과 혁신은 이런 변화의 강점이다. 이런 변화의 약점은 천연자원의 낭비뿐만 아니라 이로 인해 발생하는 불평등과 환경 파괴이다.

도시의 산업 발전은 여전히 심각하게 대조적인 양상을 보여주고 있다. 예를 들면, 자동화된 접적회로 생산 공장은 교외의 전원 지역에 위치해 있기도 하지만 인구밀도가 높은 도시의 근린지구 근처에 있는 노동집약적인 신발 생산 공장과 함께 위치해 있기도 하다. 신발 생산 공장은 아직도 도시 생산의 전형적인 형태일지도 모른다. 전 세계적으로 교외지역에 있는 청정한 무균질의 자동화 공장보다는 동네 근처에 있는 노동집약적인 저임금 공장이 더 많이 있다. 그럼에도 불구하고 노동집약적인 공장이 폐쇄되어서는 안 된다. 왜냐하면, 빈곤하고 생산성이 낮으며 교육을 제대로 받지 못해 농촌 빈곤의 수렁에서 허덕일 수밖에 없는 빈곤한 자들을 위한 일자리와 소득을 이 공장들이 창출해내고 있기 때문이다.

오늘날 높은 소득수준의 선진 도시들은 대개 서비스 부문, 특히 지식정보처리, 그리고 이와 관련된 노동집약적인 '승수효과 유발 서비스(multiplier services)'에 의존하고 있다. 최근에는 연구 활동 산업이 새로운 성장 산업이 되고 있는데, 이들은 흔히 대도시권의 매력적인 외곽 지역에 위치하고 있다. 지식정보는 20세기의 끝과 21세기의 시작을 상징하는 생산 요소가 되었다. 많은 성장 지향형 산업 활동은 전자통신 방식이나 대면접촉으로 얻어진 지식정보에 의존하고 있다. 이론적으로는 전자통신 방식에 의한 의사소통은 점차 싸게 된다. 그리하여, '접촉 기회의 가능면(opportunity surface)'이 더욱 확대됨에 따라 이런 활동들은 전 세계적으로 널리 퍼지게 될 것이다.

그러나 제1장에서 보았듯이, 대면접촉에 대한 수요도 역시 빠르게 증가해서 전 세계 주요 도시의 중심부를 고도 접촉 지점으로 변하게 하고 있는 듯하다. 고도의 지식정보 서비스가 갖는 직접 고용의 기반은 그리 크지 않지만, 이 산업은 저급 기술이지만 고급의 솜씨가 필요한 대인 서비스(예컨대 음식과 음료, 미용, 세탁, 공공서비스 등)와의 높은 연계 효과를 유발시킬 가능성이 있다. 순수하게 지역적인 수요(예컨대 소매, 교육, 건설, 보건 위생, 수리, 출장요리 등)를 충족시키는 고용이 증가하게 된다. 자본, 정보, 지식, 재화가 점점 세계화되어가는 시장에서 생산되고 교환되어 생산성을 향상시킴에 따라, 생산은 늘어나지만 고용은 정체되거나 줄어들게 된다.

도시 경제의 또 다른 선두 분야는 금융거래와 금융자산의 관리 부문이다. 그러나 이러한 새로운 선두 분야는 계속 변하고 있다. 개발도상국 도시는 시간적인 격차와 스타일의 차이를 보이고 있지만, 각기 나름대로 산업혁명의 새로운 유형을 만들어내고 있다. 예를 들면, 타이완에서의 산업혁명 형태는 수많은 중소기업에 의해 수행되고 있는데, 이는 이웃하고 있는 한국의, 소수 거대기업인 재벌에 의한 산업혁명 형태와는 큰 대조를 보이는 것이다. 현재 전체 고용에서 제조업 부문이 차지하는 비중은 리우데자네이루나 홍콩, 방콕에서도 감소하고 있고, 전 세계적으로 거대도시의 도시 경제는 제조업에 덜 의존하게 될 것이다.

(2) 산업 부문

선진 도시에서 제조업 부문은 고용 비중이 감소하고 있긴 하지만, 지속적인 생산성 증가와 첨단 기술의 활용으로 인해 여전히 총생산의 상당한 비중을 차지하고 있다. 선진 도시의 도시 산업은 점점 첨단산업과 지식산업을 기반으로 하고 있다. 첨단산업은 공간적인 면에서 중심도시의 활동으로는 줄어들고 있는 반면, 중소도시나 교외의 중심지에서는 생산 비중이 증가하고 있다.

21세기가 시작되면서 많은 개발도상국 도시에서 제조업 부분의 고용 비율은 이미 감소하기 시작한 반면, 다른 지역에서는 이제 막 증대되기 시작한 곳도 있다. 이런 결과의 차이는 상당히 크게 나타난다. 1996년의 경우를 살펴보면, 멕시코의 제조업은 전체 고용의 24.5%였고 싱가포르는 23.7%인 데 반해, 인도네시아는 겨우 13% 정도에 불과했다.

대부분의 개발도상국 도시에서 제조업 부문의 현재 상태는 1960년대의 발전 정책에 의해 장려되었던 모습과 약간의 유사점을 갖고 있을 뿐이다. 당시의 산업 전략은 수출용품을 생산하기 위해 설계된, 대량생산을 위한 자본집약적인 공장에 집중되어 있었고, 이것은 선진 경제로부터 차용한 산업화의 이상에 기반을 둔 것이었다. 실제로 개발도상국 도시의 산업은 적은 수의 노동자들이 일하는 중소기업이 대부분이고, 그 회사들은 대부분 지역 시장을 대상으로 생산 활동을 수행하고 있다.

리우데자네이루의 경우를 살펴보면 산업 노동자의 80% 이상이 중소기업에 종사하고 있고, 이와는 대조적으로 산업 노동자의 5% 미만이 산업 생산의 80%를 생산하는 거대한 회사에서 일하고 있다. 광업, 제조업, 건설업의 피고용인 등록 수는 40만 명(1991년)에서 35만 명(1996년)으로 떨어졌다. 멕시코의 경우 제조회사의 75%가 5명 미만의 노동자를 고용하고 있다. 비공식 제조업 부문에서는 전체 기업의 약 65%가 피고용인 없이 한 명의 소유자에 의해 운영되고 있다. 이 비율은 섬유산업과 가죽산업에서는 77%에 이르고 있다.

이러한 구조적 차이점들은 도시 경제정책에 상당한 차이를 낳게 한다. 예를 들면, 한 사람이 운영하고 있는 중소기업들은 불안정한 경향이 있다. 실제로 그들은 신용대출을 얻는 데 큰 어려움을 겪는 비공식 기업들과 다름없는 상황이다. 개발도상의 도시에서는 선진 도시의 경우보다 중소기업이 신용장벽으로 인해 겪게 되는 부정적 효과가 더 크다. 신용에 대한 지속적인 불안과 변동은 그들에게 절박한 해결 과제가 되고 있다.

그들의 구매자로서의 입장을 고려해보면, 중앙집중적 행정체계를 갖고 있는 대도시는 소기업들과 자연스러운 동반자 관계가 아니고 오히려 공식적 입찰 과정에 참가하는 것을 어렵게 만드는 존재일 뿐이다. 아래에서 인용하는 바와 같이 세계은행(the World Bank)의 보고에 따르면, 모든 도시에서 중소기업들은 특히 적절한 지원 환경을 제공받지 못하고 있다.

리우(Rio) 시를 포함한 지구상의 많은 지역에서, 자금의 조달은 물론, 원자재, 기계, 생산 전문 기술과 운영 기술, 마케팅의 확보에 있어서 소규모 기업들은 어려움을 겪고 있다. 리우 시청은 신생 기업이 반드시 갖춰야 하는 등록조건과 허가조건들로 6개월이 소요되는 까다로운 행정 절차와 문서를 요구하고 있다. 신용대출에는 비용이 많이 들고, 기존 연구 기관들로부터 파생·전파되는 기술은 거의 없으며, 산업 네트워킹도 전혀 개발되어 있지 않은 곳, 이것이 바로 제3의 이태리라고 불리는 리우 시의 현실이다.

등록조건, 규제조건과 같은 일부 진입 장벽들은 행정상의 결정 내지 입법 행위를 통해서 해결될 수 있다. 마케팅, 정보 수집, 서비스 장비와 납품 목록 작성과 관련된 다른 장벽들은 인터넷을 통한 접근을 통해서 해결될 수 있다. 이런 방식은 거래비용조차 부담스러운 소규모 사업자에게 특히 유리한 해결책이 될 수 있다.

—World Bank, 1998(Vol.1): 22.

(3) 산업의 구조조정

경제의 첨단 분야는 끊임없이 지식정보처리와 관련된 방향으로 움직이고 있다. 그럼에도 불구하고 언제나 제조업 기반의 산업구조를 유지해왔던 절대 다수의 중간 규모 도시들에서는 전통적인 제조업과 제조업의 변화가 오늘날에도 여전히 가장 중요한 사안이다. 개발도상에 있는 도시에서는 산업 부문의 중심이 경공업으로부터 자본과 지식집약적인 내구재 생산 산업 쪽으로 옮겨가고 있다. 산업 부문 내에서의 업종 전환이 많이 나타나고 있으며, 따라서 도시에서는 지속적인 산업혁명이 일어나고 있는 셈이다. 모든 산업이 높은 업종 전환율과 아울러 높은 폐업률과 창업률을 나타내고 있다. 생산의 많은 비율이 비공식 부문이나 준(準)비공식 부문의 기업에서 이루어지는 것을 고려하면, 폐업과 창업은 개발도상국의 도시에서 상대적으로 빈번하게 나타나게 된다. 전체적으로 보았을 때의 순성장은 느리지만, 개발도상 도시의 기업들은 특히 변화가 심하다. 기업은 급변하는 불안정한 환경, 빈약한 재정 정책, 교통, 수요, 임금과 여러 가지 규제하에서 활동하도록 강요받고 있다. 따라서 개발도상국 도시에서는 새로 시작하는 기업에 대한 창업 지원과 생존을 위한 보조가 경제개발정책의 중요한 기능이 된다.

기술 이전은 흔히 다국적기업이 소유한 공장에서 이뤄진다. 다국적 기업은 생산적인 연구 및 개발을 창출해내는 동시에 수준 높은 노동력을 현지 공장으로부터 유입해가기도 한다. 산업의 구조조정과 현대화는 선진 도시와 개발도상 도시들 어디에서도 새로운 이주자들과 특히 젊은 사람 및 늘어나는 직업여성들을 위한 새 일자리를 충분하게 제공해주지 못해왔다.

어느 도시에서든지 낮은 수준의 자격 요건을 갖춘 노동자들은 공식 부문의 일자리를 잃은 후 재취업하거나 새로운 공식적인 노동시장에 진입할 기회가 매우 적은 편이다. 낮은 수준의 교육과 훈련받지 못한 노동자들에 대한 배려가 가장 긴급함에도 불구하고 투자에 필요한 자원이 부족하다. 기반경제 부문의 붕괴로부터 발생하는 구조적 실업을 극복하고 성공한 중앙정부나 지방정부의 정책은 아직도 거의 없는 실정이다.

경제적 쇠퇴에 대해서는 일반적으로 정치적 수단으로 대응하고 있다. 특히 보조금은 정치인에게 있어서 사회적 보호를 요구하는 세력에 동조하려는 고용주와 노동자를 달래기에 매력적인 수단이다. 그렇지만 리버풀(Liverpool)이나 뒤스버그(Duisburg) 같은 도시가 비용에 근거해서 정책을 추진했던 것처럼, 시장경제의 힘은 공공 예산보다 강한 힘을 갖는 경향이 있다. 타이베이나 뮌헨 같은 도시는 높은 교육 수준의 노동자, 대학 연구기관 및 첨단 기술을 가진 기업과의 협력, 좋은 환경의 새로운 입지, 잘 연계된 새로운 유통망 등을 필요로 하는 새로운 산업을 일으키는 데 성공했다. 전문화는 이들 도시들이 성공하는 데 토대 역할을 했다. 그렇지만 그런 정책의 효과가 지역적 이점과 연계되어 직업 창출에 이르기까지는 긴 준비 기간이 필요했다.

폴 크루그먼(Paul Krugman)의 연구와 관련된 '신경제지리학(new economic geography)'은 가장 빠르게 성장하는 산업들의 지역적 집단화 현상에 대한 관심을 다시 환기시켰다. 이 과정의 가장 중요한 첫 번째 단계는 한 산업에서 중요한 역할을 하는 하나 이상의 기업이 입지하는 것이다. 일단 산업단지의 모습이 형성되고 나면 그 지역은 그 산업 활동과 연관된 지역으로 발전한다. 이것은 관련 산업의 기반을 확장하고 견고하게 하는 회사들을 그곳으로 입지하도록 유인하고, 그 과정에서 해당 산업의 성장에 도움이 되는 집적경제의 이익이 발생하게 되어 새로운 다른 기업의 입지를 연쇄적으로 유도하게 된다. 가장 바람직한 결과는 전 세계적으로 명성을 가진, 역동적이고 국제 경쟁력을 가진 산업의 탄생이다. 집적경제는 지역 특화 경제와 도시화 경제의 형태로 나타난다. 첫 번째인 지역 특화 경제는 집적의 이익을 충분히 이용하는 전문화된 기업들이 근접하여 입지된 형태에서 나오는 지식 축적에 의해 나타난다. 밀집 지역에 함께 모임으로써 기업은 운송비용을 최소화하고 정시배달(Just-in time delivery, JIT) 생산체제에 의존할 수 있게 된다. 이러한 집적은 첨단 활동에 대해 정보 교환을 활성화하고, 토지 임대비용뿐만 아니라 도시의 혼잡을 감소시키는 이점을 가져다준다. 두 번째인 도시화 경제는 거대하고 다양한 대도시지역에서 발견될 수 있는 문화적 다양성과 다양한 수준의 사회적 상호작용의 산물이다. 일명 제이콥스의 외부효과(Jacobs externalities)라고도 불리는 이러한 효과의 실현가능성은 고급 패션 의상산업, 고급 출판, 광고와 방송 서비스 등을 집적시키게 된다.

—World Bank, 1998(Vol.2): annexes, chapter 1, 18-19.

4) 정보, 서비스와 도시

오래된 많은 산업 중심지들이 쇠퇴하고 있다. 글래스고, 클리블랜드, 도르트문트와 같이 일찍 쇠퇴가 시작된 곳에서는 그 과정이 이미 마무리되었다. 이러한 도시들에서 서비스 부문 특히 생산자 지원 서비스(producer services) 부문은 낡은 굴뚝산업을 대체해왔고, 또 성장하면서 점점 더 복잡해지고 분화되었다. 은행업과 같은 전통적인 서비스 산업은 금융수단들이 더욱 정교해지면서 다양한 범주의 기능들로 나누어지게 되었다. 정보처리에 대한 소프트웨어 산업과 서비스 산업도 같은 길을 걸으며 전문화되고 있는데, 이것은 20년 전에는 어떤 도시에서도 찾기 힘든 것들이었다. 그 밖에 높은 성장을 보이는 부문에는 법률 서비스, 경영 컨설팅, 회계, 방송, 광고 마케팅 등이 포함된다. 연구개발과 결합된 첨단기술 생산은 고유의 네트워크, 그들만의 노동시장에 대한 수요, 높은 질의 사회적 서비스와 주거에 대한 수요 등을 가진 세계적 복합체를 형성하고 있는 경우가 많이 있다. 이러한 서비스들은 그 특징이 높은 수준의 인적 자원, 빠르게 변하는 지식 기반, 독특한 형태의 생산품 등으로 구별된다. 이러한 현대 서비스 산업 복합체는, 그들이 입지한 지역 환경과는 큰 관련을 가지지 않은 채 전문화된 국제적 네트워크를 형성하고 있는 것이 전형적인 모습이다.

따라서 전문화된 세계적인 서비스 부문이 그 도시의 성격을 규정하게 된다. 그러나 선도적인 서비스 부문은 좀처럼 대규모 고용을 창출하는 주요 부문이 되지 않는다. 고용은 여전히 지역 내 수요를 위한 비기반산업인 소매, 지역 금융, 건설, 교통, 건물 관리, 보안, 교육, 보건 위생과 같은 부문이 주로 담당하는 경향이 있다. 이들 부문에서의 생산성 향상은 어렵지만, 이들은 여전히 고용의 대부분을 차지하게 될 것이다. 그러나 비기반산업의 성장은 세계적인 서비스 부문의 경제적 성공과 수익성에 크게 의존하게 된다.

그러므로 지역 내 서비스 부문과 국가간, 지역간 서비스 부문 사이에는 복잡한 상호관계가 존재한다. 성장이 늦거나 쇠퇴하는 오래된 도시들은 전통적인 산업에 의존하고 있고, 지역 내 서비스는 시대에 뒤떨어지고 오래된 공급자가 여전히 지배적인 영향을 미치고 있으며, 활기가 없고 현대적 추세에 민감하지 못한 경향이 있다. 심지어 지역의 대중매체조차 이러한 경향이 있다.

선도하는 다국적기업으로부터의 요구, 특히 다국적 기업 본부로부터의 요구가 복잡하면 할수록, 필요한 양만큼의 정교하고 복잡한 서비스를 독자적으로 제공할 수 있는 몇몇 주요 도시는 더욱더 매력적인 도시가 된다. 분화된 네트워크의 전문화는 성공의 중요한 구성 요소가 된다.

인적 자원, 본사 기능, 자본, 경제적 힘, 현대 문화적인 기반시설, 높은 수준의 소비자 서비스(consumer services) 집중은 최고 수준의 도시를 만들어내며, 이렇게 형성된 도시는 다시 능력 있는 사람들을 끌어들이는 자석이 되어 전 세계의 두뇌들을 끌어모으게 된다. 이런 환경은 세계화된 현대 도시에서 의욕적이고 재능 있는 젊은 사람들의 집단(pool)이 문화적·경제적 무대에서 새로운 아이디어를 창출해내는 치열한 경쟁 풍토를 만들어내게 된다. 희망적인 소식은, 타이베이와 방갈로르(Bangalore)에서 기업가 정신이 폭발적으로 활성화된 사례가 잘 보여주듯이 두뇌 유출 현상이 역전될 수도 있다는 것이다. 사실 첨단 기술과 '고감각적(high-touch)'이고 창의적인 서비스는 상호 공생 관계에 있다. 강한 경쟁체제의 세계는 문화 시장이나 대중매체 시장을 부양하는 데 필요한 재원과 소득을 생성해낸다. 또한, 빌바오(Bilbao)와 글래스고 같이 도시 경제를 성공적으로 구조조정한 기존의 많은 산업도시들의 예를 통해 볼 수 있듯이, 문화산업과 창의적인 산업은 경제성장의 중요한 원천이 되고 있다.

세계적으로 네트워크화된 도시들의 정치 세계는 여전히 전통적인 국경 안에서 심지어 전통적인 정책 결정의 틀 안에서 작동된다. 지역 정치의 영향은 여전히 지역적으로 제공된다. 정치적 혁신과 행정적 혁신은 아직도 특정 지역에서 발생하는 사건이다. 그렇지만 국제적인 접촉과 협력은 꾸준히 강화된다. 장기적으로 공공 부문에서의 혁신 특히 세계화된 도시 내에서 공공 부문의 혁신은, 모방과 적응의 과정을 통한 도시들 간의 직접적인 경쟁으로 더욱 큰 영향을 받으면서 더욱 국제적으로 확산될 것이다. 따라서 민간 부문과 공공 부문 간의 현대화 격차는 줄어들고 또 혁신의 시간적 지체도 단축될 수 있을 것이다.

5) 도시간의 경쟁과 비경쟁

세계화된 세상에서 도시가 정체되어 있을 수는 없다. 제조업과 상품 취급 활동들은 개발도상국의 저비용 지역으로 이주하고, 이 빈자리에 서비스 산업들이 새로이 입지하면서 도시 경제는 꾸준히 영향을 받는다. 선진 도시들에서는 경제활동의 새로운 영역, 특히 고차 서비스업을 발전시킴으로써 '현상유지를 위해서는 계속 뛰어야만 한다'는 것을 깨닫게 된다. 개발도상의 도시들은 이 과정에서 혜택을 볼 수도 있지만 자본의 논리는 끊임없이 더 낮은 비용의 지역으로 이전하는 것이기 때문에, 도시 스스로 발전의 견인차 역할을 하면서 자체의 힘만으로 발전하는 것은 어렵다는 것을 발견하게 될 것이다. 지역 내 투자에 의존하는 도시들의 경우에도 세계화 경제의 결과로 이루어지는 외부 투자에 의해 영향을 받고 있다는 것을 곧 알 수 있게 된다.

이러한 이유 때문에 개발 지향 경제학자(development economists)는 지역 내 투자에 기반한 성장이 더 좋은 해결책이라고 주장한다. 그렇지만 이는 쉽지 않다. 왜냐하면 실리콘밸리와 같은 성공 사례는 아주 드물고, 혁신을 시도했다가 성공하지 못한 경우가 너무나 많기 때문이다.

21세기에는 유연하고 숙련된 노동력이 지역 내 투자를 끌어들이고 지역 기반의 혁신을 촉진하는 가장 주요한 요소가 될 것이다. 첨단 지식을 산업화하고 발전의 최종 단계에까지 끌어올릴 수 있는 능력을 학습하는 도시만이 경쟁력이 있으며, 이곳에서는 참여와 능력을 기반으로 소득 수입의 확대 생산이 가능하게 된다. 연구와 혁신과 위험이 따르는 신기술에의 투자에 적합한 환경을 만들 수 있는 능력을 갖추는 것이 높은 생산성을 목표로 하는 도시 발전 전략의 핵심이 된다.

모든 도시가 기술 진보와 혁신의 선두를 달릴 수는 없다. 많은 도시들이 선두주자들의 뒤를 따르게 될 것이다. 이 도시들은 모방을 하고 단순 생산과 단순 서비스업에 치중할 것이다. 심지어 뉴욕, 런던, 로스앤젤레스의 고도로 세계화된 경제에서조차도 대다수 기업의 많은 근로자들은 전적으로 지역 수요를 충족시키기 위해 일하고 있다. 라틴아메리카와 사하라 이남 아프리카의 성장하는 도시들에 사는 대부분의 사람들은 외부 세계와 별로 접촉이 없다. 그들은 본질적으로 국지적 교환체계인 비공식 경제 부문에서 일하고 있으며, 그것은 거대한 스케일로 확대된 하나의 마을과 흡사하다.

6) 도시의 경제 주기: 호황과 불황

도시는 장기적인 경제 주기의 안정된 경로를 따라 순탄하게 발전하지 않는 경향이 있다. 때때로 도시는 19세기 말의 글래스고나 1960년대의 리우데자네이루처럼 별다른 노력 없이 발전할 수도 있다. 도시들은 또한 선도 산업의 쇠퇴, 교통이나 통신 패턴의 변화, 정치적 혼란에 의해 타격을 입을 수도 있다. 또한 부동산 시장이 자주 도시의 불안정을 야기하기도 한다.

그러므로 경쟁이 단순하게 긍정적인 원동력이 되는 것만은 아니다. 만약 경쟁 관계에 있는 다른 도시나 지역이 더 혁신적이거나 생산적이거나 값싼 서비스를 제공할 수 있다면, 해당 도시들을 불안정하게 만들 수도 있다. 경쟁의 압력에 대응할 수 있는 방법을 배우는 것은 모든 발전 단계에 있는 모든 도시들의 기본적인 과제이기도 하다.

경제발전에 있어서는, 지난 20년 동안에 발생한 거대한 혼란에 관한 두 가지 예가 있다. 라틴아메리카에서의 '잃어버린 1980년대(lost 1980s)'의 뒤를 이어 아시아의 많은 도시들에서는 '충격의 1990년대(shock struck 1990s)'가 이어졌다. 남아메리카 국가들의 부채가 빠르게 증가한 이후 세계 경제의 선두그룹에서부터 이자율의 증가와 동반 불경기가 나타났고, 이는 교역조건 악화로 이어져 개발도상국가의 경기후퇴를 야기했다. 순대출의 단절은 채무국에게 엄청난 영향을 끼쳤다. 그럼에도 불구하고 경제 위기는 새로운 번영의 기반을 다질 수 있는 민주적인 개혁과 정치적 구조조정의 계기가 되기도 했다.

라틴아메리카가 겪었던 1980년대의 잃어버린 세월은 부분적으로는 잘못 입안된 정책에 의해 야기된 것이었다. 불평등과 극심한 빈곤 때문에 합리적이고 경제적인 방법으로는 문제를 해결할 수 없었다. 반대로 아시아에서는 소득분배가 훨씬 평등했기 때문에 투자가 유지되고 소비를 줄일 수 있었다. 그렇지만 1990년대 중반 이후 발생한 아시아의 위기는 외부의 충격에 의한 것이 아니고 제도의 미비에 의한 것이다. 부동산에 대한 지역 내부의 과잉투자가 위기의 한 원인이었다.

> 동남아시아 전역에 걸쳐서 많은 도시들이 지난해에 발생한 재정 붕괴의 영향으로 비틀거리고 있다. 반쯤 지어진 건물들이 여기저기 보이고 문을 닫은 가게들이 거리를 따라 늘어서 있다. 몇 개월 전만 해도 풍요의 시간을 즐겼던 주민들이 이제는 암울한 미래에 직면하고 있다. 많은 사람들이 자신의 저축이 사라지고 조심스럽게 작성한 재정 포트폴리오가 휴지로 변하는 것을 보았다. 일부는 직장은 물론 심지어는 집까지 잃었고, 새로운 삶을 일으켜 세우기 위해 몸부림치고 있다.
>
> —Chatterjee, 1998: 5.

이제 분명한 문제는 또 다른 잃어버린 10년을 미연에 방지하기 위해 도시들이 무엇을 할 수 있는가이다.

7) 도시의 명암: 승자와 패자

　세계는 공동 번영의 비전을 제시하고 있다. 그러나 실제로는 도시간 빈부격차가 역사상 그 어느 때보다 크다. 아프리카 사하라 이남 지역의 도시들은 캐나다의 도시로부터 거리상으로도 멀리 떨어져 있을 뿐만 아니라, 일인당 국민소득에서도 그 격차가 크게 나타나고 있다. 캐나다 서부 해안의 도시들과 아시아의 도시들(특히 중국 도시들) 간의 접촉과 교환이 늘어남에 따라 아프리카의 도시들은 상대적으로 더욱 고립되고 있다. 가장 부유한 도시지역과 대부분이 아프리카에 위치한 가장 빈곤한 도시지역 사이의 격차를 줄일 수 있는 메커니즘은 현재까지는 알려진 것이 없다.

　도시들이 정부나 국제통화 시스템을 관리하고 세계 금융시장을 움직이는 초국가적 국제기구에 필요한 요구를 직접적으로 해도 무방하지만, 경제발전의 과정을 바꿀 수는 없다. 현대적인 국제도시로 자리 잡은 개발도상국 도시들은 투기적인 부동산 투자의 대상이 되거나 부동산 가격이 부풀려질 수 있다. 심하게 변동하는 물가는 지방정부의 신용을 손상시키는 경향이 있다. 도시는 호경기에는 살아가기에 매력적이지만 불행하게도 그 기간은 짧고 단명하는 경향이 있다. 도시들이 지역 경제에 가해진 피해를 만회하려고 애쓰는 장기적인 침체기 동안에 큰 어려움이 계속해서 나타나게 될 것이다. 막대한 공공 부채, 개인 재산의 손실, 민간과 공공의 소비 긴축은 불공평하게도 주민들 중에서 가장 빈곤한 사람들에게 더 큰 영향을 주는 경향이 있다. 이러한 재정적 위기는 국가의 관리능력을 약화시키고 과잉 단기 부채를 만드는 국제 자본시장에 의해 가속화된다. 가장 중요한 점은 경제 위기가 공장들을 휴업 상태로 만든다는 것이다. 그들은 이전과 마찬가지로 기술적으로 경쟁력 있고 효율적이지만, 악성 채무, 운용 자본의 부족, 수요의 감소 때문에 완전한 수준으로 가동되지 못하고 있다.

　개발의 초기 단계에 있는 도시들은 국제 노동분업과 깊게 연계되어 있지 않고 세계적 위기에 큰 영향을 받지 않는 경향이 있다. 많은 도시들 특히 아시아의 중간 이하 소득의 도시들은 기술 이전과 국제 교역을 통해 제조업과 상품 가공 부문에 대한 투자가 이루어질 경우 상당한 이득을 얻을 수 있었다. 그렇지만 이와 같은 형태로의 산업 변환은 영구적이거나 안정적인 것이 아니다. 게다가 업종의 단기적인 주기 변동과 중기적인 구조적 변화는 기업과 공장의 이전을 재차 촉발시킬 수도 있다.

　이러한 유형의 위기를 도시가 스스로 해결할 수는 없다. 도시의 임무는 생산과

성장을 위한 기술적 전제조건을 제공하는 일이다. 도시 정부와 금융기관들 사이의 경쟁으로 인해 위험 요소가 지나치게 조장되는 경향이 있기 때문에, 국가정책으로 금융 안정과 견고한 재정 환경을 지역적 수준에서 조성해야 한다는 것을 경험을 통해 알 수 있다. 부동산의 과투자 또는 수출품 생산 설비의 과잉투자와 같은 현상을 지역적으로 피할 수는 없다. 심지어 선진 국가의 도시에서도 도시들 간의 생산과 투자의 누계를 비교해보면, 지역 경제에 대한 투자 효과에서 호황 기간과 불황 기간 사이에 현저한 차이가 있음을 알 수 있다. 이런 차이는 주로 국가의 가치 평가 관행, 은행 규제, 특히 자산 부분에 있어 지역 공공 부문의 부채 관리상의 차이로부터 발생한다. 1990년대 런던, 파리, 프랑크푸르트, 밀라노의 부동산 경기 주기상의 차이점은, 지역 차원의 계획과 정책 결정의 차이 탓이 아니라 대부분 국가 차원의 규제 차이에 의해서 설명될 수 있다. 그러므로 도시는 국가적 정책에 의존하는 정도에 따라 그 도시의 재정적 역량이 결정되고 제한받게 된다.

8) 세계적인 구조조정의 두 문제: 인력의 '저이용'과 자원의 '남용'

도시 경제는 일련의 연속적인 기적을 만들어온 것처럼 보인다. 외국이나 농촌 배후지로부터의 지속적인 이주자들의 물결은, 개발이 일어나고 있는 과도기 도시뿐만 아니라 선진 도시 및 개발도상의 도시들에도 여전히 이어지고 있다. 이주자들은 생계를 유지하기 위해 취업이나 다른 기회를 찾고 있다. 이들은 거대한 노동인력시장에서 경쟁하게 되는데, 경쟁 상대는 주로 젊은 계층이며 도시의 자연적 인구 증가의 결과로 태어난 사람들이다. 이러한 어려움에도 불구하고 이주자들 대부분은 그들이 버리고 왔던 농촌의 일자리나 이전 세대들에게 주어졌던 직업들보다는 분명히 더 매력적인 직업들을 찾게 된다. 헝가리로부터 중국에 이르기까지 어느 나라에서도 농촌 취락을 산업화하려는 노력은 결코 성공한 적이 없다는 것이 입증되었다. 기반시설과 교통을 확충하는 데만도 엄청난 비용이 드는 경우가 대부분이었다. 이와는 대조적으로 도시지역에는 산업화뿐만 아니라 이후의 다양한 서비스 업종간의 노동 분업에도 매우 유리한 여건이 갖추어져 있다.

그러나 일자리에 대한 수요는 증가하고 있는 데 비해 공급은 여의치 않다. '지속 가능한 성장과 형평을 위한 거버넌스(Governance for Sustainable Growth and Equity)'이라는 주제하에 전 세계로부터 151명의 시장이 참석하여 1997년에 열린 국제연합 개발계획의 세미나에서, 실업은 모든 도시의 최고 관심사로 공표되었다(UNDP, 1998: 198). 선진국과 개발도상국의 많은 도시에서 민간 부문은 충분한 수의 일자리를 창출하지 못했고 따라서 불평등이 심화되면서 비공식 부문이 성장하게 되었다. 선진 경제체제 하의 많은 도시들에서도 개발도상국가에서 볼 수 있는 비공식 부문이 성장하고 있다. 새로운 21세기가 시작하는 시점에 와서도 실업과 불완전고용(under-employment)은 여전히 전 세계적인 문제이다. 도시들 간에 정도의 차이는 있지만 몇몇 드문 경우를 제외하면 이러한 문제는 도시 개발의 고질적인 병으로 남아 있다.

이런 역설적인 경제 상황은 기업 투자 자본과 지식의 부족, 교육 불평등, 인구 유입으로 인해 발생한 높은 인구성장에 원인이 있을 뿐만 아니라, 점차적으로 도시 내부에서의 높은 자연적 인구 증가도 원인이 되고 있다.

선진 도시의 경우 실업은 자본이나 투자 잠재력의 부족에 의해 발생하는 것이 아니라 도시의 경영관리와 경제 실패에 의해 생겨난다. 문제의 원인은 대개 다음과 같다.

- 교육과 훈련 부족.
- 부적절한 유인책이나 왜곡된 노동시장. 예를 들어 이런 곳에서는 일자리를 얻는 데 어려움을 겪는 신규 진입자보다 기존 참여자가 더 유리한 기회를 갖거나 최저 세율이 너무 높아서 유인이나 성장을 감소시키는 경우임.
- 서비스 부문의 성장 잠재력을 감소시키는 과중한 세금 부담. 이는 높은 사회간접시설비용을 높은 소득세 부담에 의해 충당해야 하기 때문임.
- 과잉 규제에 일부 기인하는 유연하지 못한 시장. 이런 시장에서는 특히 신설되는 기업의 수를 감소시킴.
- 계획을 통해 고도로 통제된 자원 배분과 규제.

더블린에서 오클랜드까지, 또 포틀랜드(오리건 주)에서 보스턴에 이르는 지역의 사례들이 보여주는 바와 같이, 선진 도시는 허용할 만한 수준까지 실업을 줄일 수 있다. 가장 성공한 사례를 찾기는 쉽지만 선진 도시에서조차 필요한 변화 조건을 잘 조직해내기는 어렵다. 필요한 규칙이나 계획 규제, 보조금이나 공공 지출 프로그램 같은 것은 좋은 동기를 제공해주며 중요한 목표로 채택된다. 선진 도시에서 완전고용을 달성하는 데에 가장 큰 장벽은 기득권에 관련된 이해관계, 상충되는 정치적 목표와 필수적인 과제에 대한 잘못된 이해들이다.

과도성장기 개발도상의 도시에는 생존을 위해 발버둥치는 사람들의 수가 엄청나게 많다. 이들은 실업자로 분류되지 않는다. 왜냐하면 실업이라는 개념은 사회보장제도가 없는 곳에서는 거의 무의미하기 때문이다. 생존을 위해 직업을 찾는 이 사람들은 비공식화된 도시 사회의 시스템 안에서 불완전고용의 특수한 유형으로 분류

된다. 따라서 공식적인 실업률은 낮게 나타난다. 직업만이 생존의 유일한 기반이 되는 곳에서 직업은 필수 불가결한 것이다. 한 가지 결과는 비생산적이고 불안정하고 불안전한, 적은 급료의 직업에 종사하는 것이다. 사람들로 하여금 더 좋은 질과 높은 급료의 직업을 찾을 수 있도록 해주는 선진 도시의 사회보장제도는 이곳에서 사치품일 뿐이다. 그러한 사치품은 대부분의 개발도상국 도시들에는 없다. 현재의 발전 단계에서 이들 도시는 경제적으로 공식 부문의 직업을 제공할 수 있을 만큼 충분한 자본이 없고 예금 저축의 잔고도 부족하다. 경제성장 과정의 시작 단계인 1960년대에 싱가포르 같은 나라가 달성한 예와 같이, 해결책은 오로지 인구성장을 줄이고 저축 역량을 키우는 데 있다. 하지만 많은 도시들의 경우 이를 위해서는 오랜 시간이 소요될 것이다.

<자료 2-2> 도시 노동력의 성장

> 앞으로 10년 동안은 노동력 성장이 계속될 것이다. 아시아·태평양 국가에서 노동자 수는 거의 3억 3,000만 명이 늘어나고 이는 주로 도시에 집중될 것이다. 아시아·태평양 국가의 평가서에 의하면, 1980년에서 1990년 사이에 전체 노동력 성장의 40%가 도시지역에서 발생했다. 1990년에서 2000년 동안에는 이 비율이 61%로 추정된다. 이들 국가의 도시 노동력은 1990년에서 2010년의 20년 동안에 3억 2,800만 명이 늘어날 것이다.
>
> —ILO, 1998: 11.

21세기의 여명기에 세계 대부분의 도시들이 완전고용을 성취하기에는 아직도 먼 여정을 남겨놓고 있다. 이 과정에서 도시는 각각의 유형별로 다른 전략을 수립할 필요가 있다. 개발도상국 도시에서 문제가 더 크게 나타나기는 하지만, 부의 축적, 높은 소득, 복잡한 기득권의 이해관계로 인해 변화가 어려운 선진국 도시에서의 완전고용 과정도 쉽지만은 않다. 생존하기 위해 변화해야만 하는 과정에서 개발도상국 도시들의 추격을 통해 조성되는 경쟁적 에너지 때문에, 선진국 도시들도 기존의 소득과 부의 수준을 유지하기 위해 변화하도록 강요받게 될 것이다. 역사를 통해 볼 때, 공공투자 및 도시 정책과 더불어 도시간의 경쟁은 도시 내에 고용을 확대하고 궁극적으로 완전고용에 이르도록 하는 원동력이 될 수 있었다. 따라서 세계화와 자본의 자유로운 이동은 역설적인 역할을 할 것이다. 즉, 그것들은 기존의 일자리를 파괴하기도 하지만 그 대신 다른 일자리를 만들어낼 수도 있다.

어떤 정책은 종종 잘못된 유인책을 제공하기도 한다. 국가와 지방정부는 경쟁력을 증대시키기 위하여 기술 발전을 장려하며, 이것은 대개 노동력을 덜 쓰도록 하는 것이다. 국가와 지방정부는 세수입을 얻기 위해 노동과 자본에(또는 생산과 소비 과정에) 세금을 부과하며, 그중에서 특히, 토지와 에너지, 다른 자원들의 이용에 대해 세금을 부과한다. 선진국 도시에서는 소득세와 사회보장 분담액이 높게 매겨지는 경향이 있는 반면, 토지나 공간, 에너지와 다른 자원의 사용에는 세금이 매우 적게 매겨진다. 휘발유는 값이 싸고, 이것은 교통 혼잡이라는 해결되지 않는 경제적 비용을 낳게 만든다. 이러한 과세구조는 명백히 잘못된 것이다. 경제적 측면과 사회적 측면 양쪽 모두를 생각해보더라도, 실업을 겪고 있는 국가에 추가적인 짐을 부과하여 노동비용을 증가시키는 것은 비합리적인 것이다. 마찬가지로 에너지와 재생 불가능한 자원을 풍부하고 싸게 사용할 수 있다는 환상을 조장하는 것은 생태학적인 이치에도 맞지 않는 것이다. 늘어나는 환경문제와 제한된 천연자원, 높은 실업률과 취업자리에 대한 절박한 요구가 발생하는 곳에서의 올바른 경제정책을 위해서는, 정부가 노동에 적합한 보수를 책정하고 동시에 토지와 다른 자원 특히 에너지의 사용에 대해 사회적 허용 범위 안에서 값을 높게 매길 필요가 있다. 이렇게 함으로써 세계와 지방의 지속 가능한 발전을 함께 달성할 수 있는 바른 유인책을 만들어내게 된다.

정부의 개입에 의한 왜곡된 유인책은 실업과 자원 남용의 한 가지 원인이다. 개발도상국 도시에서는 자본 부족과 낮은 수준의 교육이 마찬가지로 문제가 된다. 선진국 도시가 갖고 있는 도시 문제의 근원은 좀더 복잡하고 논쟁의 여지가 있는 것들이다. 한 학파의 주장에 의하면, 적은 인원이 많은 수의 고객을 위해 더 많은 상품과 서비스를 제공하는 생산성의 향상이 실업률을 증가시킨다고 본다. 높은 실업은 이 주장을 정당화하는 것처럼 보인다. 그러나 다른 관점에서 바라보면, 잘사는 도시에서조차도 상품과 서비스에 대한 욕구가 완벽하게 만족되지는 않는다. 부족과 필요(wants and needs)는 그 자체가 일자리에 대한 제한 요인은 아니지만, 현대 도시에서 이러한 필요를 만족시키는 일자리를 만들어내는 것은 매우 어려운 일이 되었다. 완전고용을 달성할 수 있는 마술과 같은 처방은 결코 없다.

완전고용을 이루려는 도시는 유연성을 가져야만 한다. 도시는 노동시장에의 신규 진입을 촉진해야 한다. 기존 근로자에게 불공정하게 혜택이 주어져서는 안 된다. 단지 아동기뿐만이 아니라 모든 사람들이 언제나 쉽게 교육에 접근할 수 있어야 한다. 교육은 평생 동안 지속되는 과정이 될 필요가 있다. 배움은 습관이 되어야 하고 직장과 연계되어야 한다. 새로운 창업을 위한 허가 대기 시간이 짧고 낮은 비용으로 쉽게 융자를 얻을 수 있어야만 한다. 임금은 노동자의 생산성을 반영하여 책정되어야 한다. 공공 세금이나 사회보장 분담액에 의한 왜곡은 최소화되어야만 한다.

이와 같은 추상적인 필요조건들은 무수히 많이 있다. 가능한 해결책과 그에 관련된 요인들에 대한 방향을 제시하는 것은 실제로 완전고용을 달성하기 위한 과정을 밟는 것보다는 쉽다. 높은 고용률을 달성한 성공적인 도시의 모범 사례도 많이 있다. 그러나 그런 도시를 모방하기는 쉽지 않다. 케임브리지, 더블린, 뮌헨, 타이베이, 싱가포르, 샌프란시스코, 산티아고는 다른 도시에 비하면 성공한 도시들이다. 이 도시들은 위에서 언급된 일반 법칙을 따랐지만, 그들 나름의 지역적 해법을 찾기 위해 도시 고유의 독자적인 특징을 이용했다. 성공은 종종 많은 실패의 경험 후에, 때로는 완전한 실패 후에 겨우 달성되기도 한다. 완전고용을 달성하기 위해서는 각 도시의 고유 자원을 바탕으로 한 많은 노력과 혁신적인 전략이 요구된다.

9) 비공식 부문

(1) 비공식 부문 경제: 주요 특성

비공식 부문은 1970년대 초반 이래 연구 주제가 되어왔다. 비공식 부문의 특징으로는 용이한 진입, 지역 고유자원의 활용, 가족 소유의 기업, 작은 규모의 경영, 노동집약적 기술 등을 들 수 있다. 그리고 공식 부문의 교육이나 훈련체계에서 습득한 기술이 아니며, 규제받지 않는 경쟁적 시장이라는 특징도 있다. 지난 20년 동안에 비공식 부문에 관한 여러 가지 정의가 시도되었으며, 이를 요약하면 <표 2-3>과 같다.

공식 부문 경제는 교육, 기반시설, 주거, 공장, 사무실 등을 포함한 인적 자본과 물적 자본에 대한 많은 투자를 필요로 한다. 이들 투자는 과거로부터 축적된 자본인 '하드웨어'와 생산, 상법, 조직, 공공 부문 경영, 판매와 마케팅에 관한 지식집약적인 '소프트웨어'에 기반을 두고 있으며, 이들이 총부가가치에서 차지하는 비율은 점차 높아지고 있다. 비공식 부문 경제는 축적된 공공 부문 자본 투자의 '무임승차자(free rider)'가 될 수도 있지만, 유감스럽게도 많은 개발도상국 도시에서는 이런 일이 거의 일어나지 않거나 전무한 실정이다.

> 비공식 부문은 지역 내 자원, 가족 소유, 소규모의 운영과 관련된 경제활동으로 구성될 것이다. 이것은 범용(凡用)기술, 즉 공교육체계 밖에서 획득한 기능에 의해 노동집약적으로 될 것이고, 또한 규제받지 않는 경쟁적인 시장이 될 것이다. 반면에 공식 부문은 자본집약적이고 대규모인 외국 자본, 법인 재산, 보호받는 시장, 수입된 기술, 공교육 부문에서 전문 교육을 받은 인력에 의한 경제활동들로 구성된다.
>
> —Taschner, 1992: 147.

<표 2-3> 비공식 부문의 특성

	노동	생산과 생산품	정부와의 관계
Kenya Report, ILO Bromley (1979)	• 가족 소유권 • 정규 교육체계 밖에서 습득한 기술	• 지역 고유의 자원 • 작은 규모의 운영 • 노동집약적인 기술	• 거의 지원이 없음 • 종종 정부에 의해 무시되거나 방치됨
Vanderschueren (1995)	• 낮은 수준의 자격 • 낮은 생산성	• 적은 자본 지출	
Schneider-Barthold (1995)		• 작은 규모의 운영	• 정부로부터 소외되어 있음
Bittner (1997)	• 법적 보호의 부족 • 최저임금의 부재	• 낮은 수준의 안전과 위생 • 소비자 보호의 부재	• 품질과 환경 관리의 부재

출처: Macdonald and Ziss, 1999: 83.

도시의 발전은 도시의 '하드웨어'와 '소프트웨어' 두 요소가 동시에 성장하고 점점 정교해지는 과정이다. 충분한 예금 잠재력이 없으므로 자본집약적인 성장은 높은 인구성장에 의해 제한받게 되는데, 그 결과 많은 수의 젊은 층을 교육시키기 위한 충분한 인적, 물적, 지식(적) 자본이 충분하지 않다. 가구당 자녀 수가 둘이나 셋을 넘는 도시에서 공식 부문 경제의 필요조건을 충족시킬 수준의 저축을 달성하는 일은 거의 불가능하다. 인구가 증가하고 가구당 자녀 수가 많으면 인적 자본을 향상시키거나, 적절한 기반시설, 주거, 자본집약적인 직업을 제공하거나, 시장과 공공 부문 경영을 조직할 수 있는 공공 기구와 민간단체에 투자할 수 있는 잠재력이 줄어든다. 따라서 높은 인구성장과 함께 빈곤 문제로 인해 거대한 비공식 부문 경제가 필요하게 되고, 비공식 부문은 자본집약적이거나 지식집약적이지 않고 노동집약적이며 별다른 조직 없이 단순한 조직으로도 살아남을 수 있다. 비공식 부문에는 잡다한 종류의 활동들, 예컨대, 공식적인 금융 시스템 이외의 사채시장, 토지의 탈법 거래, 불법적인 건설, 지역 단위로 제공되는 간이 상수도, 교육·의료 서비스뿐만 아니라 노점상, 구두닦이, 도박, 길거리 오락, 가사노동 서비스, 소규모 공장·제조업·수리점, 경비 서비스 등이 포함된다(MacDonald and Ziss, 1999). 고용의 종류를 자세히 살펴보면, 가족을 고용인으로 쓰면서 임금을 줄이는 직종에서부터 소득이 많은 비교적 안정적이고 자율적인 자영업에 이르기까지 다양한 직종이 있다. 아프리카 국가에 대한 연구에 따르면, 비공식 부문에 종사하는 대부분의 노동자들은 국가 최저임금보다 적게 버는 반면 일부 활발한 소기업가는 공식 부문 기업의 종사자와 비슷하거나 더 많은 소득을 얻고 있다(Reichert and Boschmann, 1995).

비공식 부문은 외부 세계와 단지 느슨하게 연결되어 있다. 세계화 시대임에도 불구하고 비공식체계는 여전히 집단적 생계를 위한 경제 내에서 거의 전적으로 지방화(localization)되어 있음을 의미하고 있다. 그렇지만 비공식 부문은 낮은 기술과 낮은 비용의 서비스를 제공하거나 (또는) 공식 부문에서 해야 할 일을 배우는 학습 과정이라는 측면에서 공식 부문과 꽤 강하게 연계되어 있다. 동시에 비공식 부문 내에서도 노동의 내부적인 분업이 존재하고 있는데, 음식과 의류업, 주거와 교통, 보건과 소매 같은 업종들은 일인당 성장률이 낮거나 정체 상태이고 지역적이면서도 규모가 크며, 집단적 생계를 위해서 고도로 분화된 노동시장의 한 부분으로 비공식 부문에 포함되어 있다.

이해하기 쉽고 정돈되어 있고 정상적으로 기능하는 공식 부문과 비교해볼 때, 비공식 부문은 항상 다소 비합법적이거나 그다지 그럴듯해 보이지는 않는다. 비공식 부문은 세금도 내지 않고 보건 문제에서 안전 문제에 이르기까지 모든 종류의 규제를 피해가는 '무임승차자'처럼 보인다. 이런 이유로, 많은 중간 소득의 국가들은 비공식 부문을 제한하고자 한다. 그러나 비용이 적게 드는 비공식적 계약이나 비공식 조직을 이용할 수 있다는 점에서 공식 부문의 회사 대신에 비공식 부문의 역할을 인정해야 한다. 따라서 동네에서 개인 땅의 경계를 상식선에서 서로 받아들이고, 빚은 계약서 없이도 갚아지고, 모든 사람들은 상호부조 네트워크의 일부분으로 연계되어 있다. 그러므로 비공식적인 연계체계 안에 사는 것은 나름대로 강한 이점이 있다. 왜냐하면 비공식 네트워크의 지원체계로부터 단절된다는 것은, 건강이 나쁘거나 일이 없는 동안에 사회복지 및 보조 없이 살아가는 것을 의미하기 때문이다. 비공식 부문은 나름대로 낮은 비용의 전문성과 비공식적인 규칙, 나름대로의 규제와 지원체계를 가지고 있는 셈이다.

<자료 2-3> 인구성장의 경제학

어떤 국가든지 인구가 빠르게 증가하는 상황에서는 부유해진다는 것이 불가능하다. …… 교육받지 않은 사람을 생산적인 노동자로 바꾸는 데는 많은 투자가 필요하다. 만약 이러한 교육받지 않은 사람의 수가 증가한다면, 기존의 거주자들은 새로운 사람에게 필요한 투자를 마련하기 위해 각자 개인 소비의 상당 부분을 기꺼이 제한해야만 한다. ……

미국의 예를 통해서 이 문제를 파악할 수 있다. 만약 새로운 미국인이 평균 규모의 주택을 소유하게 된다고 가정하면 각 가정당 2만 달러의 투자금이 필요하다. 새로운 미국인이 충분히 나이가 들어 일을 시작하기 전까지 기존의 미국인은 그들을 먹여 살리기 위해 별도로 2만 달러가 또 필요하다. 평균적인 미국인의 교육 수준에 도달하기 위해 기존의 미국인은 공공·민간 지출에서 10만 달러를 필요로 할 것이다. 그 사람이 직장에서 평균적인 미국인의 생산성에 도달하기 위해서는 또 다른 8만 달러가 공장과 설비를 위해 투자되어야 한다. 공공 기반시설(예컨대 도로, 하수도, 상수도, 공항)을 설치하기 위해 또 다른 2만 달러가 필요할 것이다. 기본적으로 새로운 미국인이 자급자족할 수 있는 평균적인 시민이자, 노동자이자, 소비자로서 미국 경제에 맞추어 살기 위해서는 24만 달러의 투자금을 필요로 할 것이다.

단순하게 어림잡아 계산해서 만약 미국이 4퍼센트의 인구성장률을 보인다면, 전체 국민총생산의 40퍼센트 이상을 새로운 미국인에게 쏟아 부어야만 함을 알 수 있다. 만약 새로운 미국인이 평균적인 미국인이 될 수 있는 기회를 갖고자 한다면, 기존의 미국인들은 그들의 현재 생활수준을 상당 부분 낮추어야만 한다. 기존의 미국인들이 이러한 희생을 감수하지 않으려고 한다는 것은 인간의 본성에 대한 깊은 이해가 없어도 알 수 있는 자명한 일이다. 그들은 핵가족을 유지하면서 일상에서 그런 의사를 표현하기도 한다.

새로 이주한 시민을 기존의 생활수준에 맞추기 위해서 투자해야 할 액수는 국가별로 다르지만, 국민총생산의 상당 부분을 이런 노력에 쏟아 부어야 하는 것은 확실하다. 그러한 희생의 감수 의사에 관계없이, 제3세계에서는 새로 이주한 시민을 기존 도시의 생활수준에 맞추도록 지원하기 위한 자금은 존재하지 않는다. 현재 소비의 40퍼센트를 줄이게 되면, 그들 전체의 미래를 개선하는 데 쓰여야 할 자원은 남겨지지 않은 채로 새로운 사람과 기존 시민 양자 모두를 기아에 가까운 상태로 만들게 될 것이다.

—Thurow, 1992: 205, 206.

(2) 경제활동의 비공식-공식 부문의 연속성

물론 비공식 부문이 전적으로 비공식적인 것만은 아니다. 비공식적으로 시작한 활동일지라도 시간이 지남에 따라 공식 부문이 되기도 한다. 사실 이는 거의 일반적인 과정이고 실제로 모든 도시의 발전 과정에서 아주 기본적인 것이다. 산업 활동을 비공식 부문이나 공식 부문의 어느 한편으로 구분하는 대신 두 극단 사이의 연속적인 한 점으로 생각하거나, 발전의 개념이 서서히 확립되어가는 공식적인 절차 및 관계의 과정으로 보는 것이 더 적절하다(<표 2-4>).

일부 아프리카 국가에서 노점상은 공식적인 세금 징수원에게 세금을 지불해야 한다. 콜롬비아 칼리(Cali)의 행상인들은 노점 판매에 대한 세금을 지불할 필요는 없지만, 시 당국이 발행한 신분증명서인 거래면허증과 건강확인서를 소지하고 있어야 한다. 반대로 공식 부문의 많은 저임노동자들은 비공식 부문 노동자들과 마찬가지로 직업이 안정적이지도 않고 심지어는 더 낮은 임금을 받기도 한다. 사람들은 점차적으로 비공식 부문에서 공식 부문으로 이동한다. 이러한 과정에서 기업가를 억누르거나 극빈층의 생존 기반을 박탈하지 않도록 신중하게 다루는 것은 정책적으로 매우 중요하다. 오히려 정책의 목적은 비공식적인 활동의 범위를 넓혀서 빈곤한 사람들을 고용하는 것이어야 하고, 이는 특히 기본 서비스를 제공함으로써 그들이 스스로 자구책을 찾도록 하는 것이다. 우리는 이 중요한 문제를 제4장에서 다시 다룰 것이다.

(3) 비공식 부문의 규모

많은 도시지역에서, 비공식 부문에서 일하거나 비공식 부문에 거주하는 사람들의 비율은 지난 20년간 폭발적으로 증가했다. 1990년대 중반경에는 아프리카, 아시아, 라틴아메리카와 같은 개발도상국 도시 경제활동인구의 대략 40%인 2억 3,000만 명에 달하는 인구가 비공식 부문에 종사했다. 여기에 중국과 라틴아메리카의 영세기업 노동자들까지 계산에 넣는다면 4억 3,000만 명(경제활동인구의 53%)이 비공식 부문에 고용되어 있다(<표 2-5>). 이 숫자는 여성 비공식 노동자 수를 과소평가하고 있으며, 아동 노동 참여자 수와 공식 부문의 직종을 지원하기 위한 비공식 노동자 수를 포함하지 않기 때문에 실제로는 더 많다.

<표 2-4> 비공식-공식 부문 경제활동의 연속성

	완전 비공식 부문	공식 부문보다 비공식 부문에 가까움	비공식 부문보다 공식 부문에 가까움	완전 공식 부문
고객	비공식 부문 고객 대상.	공식 부문 고객보다 비공식 부문 고객이 더 많음.	비공식 부문 고객보다 공식 부문 고객이 더 많음.	공식 부문 고객 대상.
다른 기업과의 연결성	비공식 부문 기업들만 연결됨.	공식 부문 기업으로부터 투입된 기계와 생산품.	하청계약. 노동집약공장.	공식 부문 기업들과 연결됨.
정부와의 관계	정부 감독으로부터 감춰짐. 정부 감독 부재. 세금 회피.	허가증 거래. 공무원 매수.	적은 양의 세금.	정부 감독 용인. 규제 이행.
고용	법적 보호 부재. 사회보증 부재.	사회적, 법적 보호가 거의 없음. 상대적으로 안정적.	부분적인 사회적, 법적 보호. 상대적으로 안정적.	완전한 사회적, 법적 보호. 연합적 거래.

출처: MacDonald and Ziss, 1999.

따라서 많은 개발도상국의 도시지역에서는 경제활동인구의 절반 이상이 비공식 부문에 고용되어 있고, 절반 이상이 비공식 주거지에 살고 있다. 비공식 부문과 비공식 주거지 모두 도시 빈곤을 나타내는 것이지만, 부분적으로는 잘못된 행정적 (또는 정치적) 왜곡의 정도를 나타내는 것이기도 하다. 그렇지만 비공식 부문을 통해 해결하려는 노력은 생존 전략일 뿐만 아니라, 도시 위기에 대한 창조적인 대응책을 의미하기도 한다. 이것들은 종합적인 도시 관리의 관점에서 보면 종종 지속 가능하고 적절한 대응책으로 보인다. 따라서 중요한 점은 이런 노력들을 비난하지 말아야

<표 2-5> 비공식 도시 경제활동인구(1995)

	도시 경제활동 추정 인구		비공식 경제활동 추정 인구	
	백만	(%)[1]	(백만)	(%)[2]
아프리카	92,569	79	41,602	44.9
동부 아프리카	13,579	49	6,769	79.9
중부 아프리카	6,113	22	2,140	35.0
북부 아프리카	25,785	83	9,302	36.1
남부 아프리카	11,820	94	1,175	9.9
서부 아프리카	35,272	89	22,216	63.0
아시아(중국 포함)	593,184	54	316,692	53.4
동아시아(중국 포함)	293,396	96	194,068	66.1
동아시아(중국 제외)	90,877	71	21,297	24.1
남부 중앙아시아	186,647	92	80,422	43.1
동남아시아	81,243	80	35,170	43.3
서아시아	31,898	46	7,033	22.0
라틴아메리카와 카리브 지역[3]	124,679	92	45,435	36.4
카리브 지역	10,848	17	7,187	66.2
중앙아메리카	29,222	17	10,805	37.0
남아메리카	84,608	17	27,462	32.5
라틴아메리카와 카리브 지역[4]	124,679	92	70,750	56.7
카리브 지역	10,848	17	7,187	66.2
중앙아메리카	29,222	17	16,645	57.0
남아메리카	84,608	17	46,918	55.5

주: 1) 세계은행(World Bank)에 따른, 전체 경제활동인구에 대한 도시 경제활동인구의 비율, 2) 도시 경제활동인구에 대한 비공식적 경제활동인구의 비율, 3) 임금을 받지 못하는 고용만의 경우, 4) 소규모 기업까지 포함한 경우.
출처: ILO의 45개 개발도상국 고용 통계.

<표 2-6> 비공식 부문의 고용 비율(1990)

도시(국가)	비공식 부문 고용 (%)
바마코(말리)	83.4
라고스(나이지리아)	69.0
앙카라(터키)	5.5
인도의 도시들	65.0
리마(페루)	48.0
라파스(볼리비아)	57.1
보고타(콜롬비아)	50.0
산티아고(칠레)	22.0

출처: MacDonald and Ziss, 1999.

한다는 것이며, 시간이 소요되더라도 어떻게 이러한 비공식 부문이 긍정적인 방향으로 변화하도록 도와줄 수 있을 것인지를 모색해야 한다.

비공식 부문은 많은 선진 경제에서도 번창하고 있는데, 특히 두 가지 영역에서 두드러진다. 하나는 이주자 공동 사회와 같은 특징 있는 집단들이 서로를 위해 상품과 서비스를 생산하는 지역적인 비공식 부문이다. 다른 하나는 하청 계약, 저임 공장에서의 작업, 고소득 가구를 위한 집안일 및 저임금 서비스업과 같은 일을 통해서 공식 부문을 지원하는 부분이다. 런던이나 로스앤젤레스에서도 이전에는 개발도상국 도시에서나 나타났던 이런 두 가지 종류의 이중경제(dual economy)를 관찰할 수 있다. 여기서 중요한 점은 비공식 부문의 첫 번째 형태인 지역적인 비공식 부문은 매우 폐쇄적이고 지역적이며, 두 번째 형태인 공식 부문 지원 부분은 직·간접적으로 세계화된 시장경제에 연계되어 있다는 것이다.

<자료 2-4> 멕시코시티의 판자촌

이주 후의 사회 통합과 고용 문제

농촌 출신 주민의 절반 이상이 멕시코시티에 도착했을 당시에는 사실상 문맹이었다. 그들은 저축한 예금도 없었고 도시 노동시장에서 쓸모 있는 어떤 기술도 가지고 있지 않았다. 멕시코시티에서 태어난 사람들의 문맹률은 이보다 훨씬 낮았다. 17%는 학교에 가본 적이 전혀 없고, 그중 거의 절반이 읽기와 쓰기의 기초를 스스로 깨우쳤다.

이주자들은 보통 친척들과 함께 도시로 이주한다. 이들은 경제적 필요에 의해 친척들 근처에 살게 된다. 초기 거주 장소는 그 도시에 이미 살고 있던 친척의 주거지에 의해 결정된다. 이주자들의 대부분은 도심 지역을 포함하여 도시의 다른 부분에 대해서는 매우 피상적으로만 알고 있으며, 직업상 필요한 수준 이상으로 도시를 탐색해보는 사람은 거의 드물다. 여성과 어린이들은 교회, 시장 또는 일부 친척집을 제외하고는 도시의 다른 부분을 거의 알지 못한다. 새로 이주하는 가족이 직장을 얻을 수 있는 기회가 충분히 많을 때 그들은 곧 근처 지역에서(또는 직접 시골에서) 다른 친척들을 끌어들인다. 먼저 온 이주자는 새로운 이주자들이 도시에 정착하거나 도시의 다른 지역에서 이 빈민촌으로 이주하는 것을 도와준다. 이들은 일시적이거나 영구적인 숙소, 음식, 정보를 제공하고 취업 보조, 정신적인 지원 그리고 좀더 영구적인 형태의 생계를 꾸리기 위한 기반을 마련해주기도 한다.

빈민촌 안에서는 모든 사람들이 아주 긴밀하게 엮어진 공동체 관계를 유지한다. 가족들 간의 사회적 접촉은 매우 강력하고 그들 사이에서는 매우 많은 상호부조가 이루어진다.

전반적인 경제적 사정은 극심한 빈곤 상태에 놓여 있다. 전형적인 주택은 10×12피트 크기의 단칸방이며 이 방에는 모든 가족이 공유하는 한두 개의 침대가 있을 뿐이다. 또한 한 개의 탁자, 한 개의 의자, 한 개의 가스(또는 석유)난로가 있거나, 혹은 (전체 가구의 33%가 소유하고 있는) 텔레비전 한 세트가 있을 수도 있다. 한 빈민촌에는 전체 주민이 사용하는 공공 수도꼭지가 세 개 정도 있다. …… 공공 위생시설과 하수시설은 거의 없다. 전체 인구의 5분의 4 이상이 하수구 바닥을 화장실로 사용한다.

벽돌 운반공, 건설 노동자(현장주임 제외), 페인트공, 모래 채취 노동자, 벽돌 제조공, 둑쌓기 인부 보조원, 트럭 조수, 양탄자를 까는 사람, 전기공, 정원사와 같은 비숙련노동자나 견습공 및 기타 비숙련노동자들은 법적 최저임금이나 그 이하를 일당으로 받고 있다. 반숙련 또는 숙련 기능공은 제빵사, 양탄자 깔기 현장 주임, 건설 현장 주임, 전기공의 현장 주임, 트럭 운전수, 묘비 닦는 사람, 목수, 구두 수선공, 대장장이, 도공과 같이 독립 노동자이거나 자유 계약 노동자들이다. 이들 노동자들이 좀더 높은 임금을 받기는 하지만 그들의 직업 안정성은 미숙련노동자와 마찬가지로 낮은 편이다. 그들 중 일부는 대개 친척인 자신의 조수와 함께 일하며 단골 고객을 확보하기도 한다. 산업 노동자는 대개 가장 낮은 임금과 자격 조건으로 공장에서 일하는 사람들이다. 예컨대, 경비원, 세차하는 사람, 수위, 기타 비숙련노동자들이다. 서비스 부문의 노동자들로는 웨이터, 물 운반하는 사람, 순찰하는 사람, 얼음 배달하는 사람, 가사를 돕는 사람들이 있다. 상업 부문에는 모든 노점상들이 포함된다. 이들 중 어느 누구도 안정된 수입과 사회보장을 받고 있지 않다. 또한 피고용인들로서 고정된 임금을 받는 비숙련 노동자들이 있는데, 거리 청소부, 쓰레기 수거인으로 시청에서 일하는 사람들과 민간 회사에 유사한 직종으로 고용된 일부의 사람들이다. 이들은 상대적으로 높은 직업 안정성과 임금 이외의 기타 혜택들을 받고 있다. 마지막으로, 10가구 중 6가구의 수입은 주로 빈민촌 내의 집세 수입으로부터 얻어진다. ……

일을 하고 있다고 말하는 사람들 중에서도 60% 이상은 간헐적으로 일정 기간 동안 할 일 없이 지내는 것을 당연하게 여긴다. 따라서 빈민촌 노동인구의 대부분은 불완전고용 상태에 있으며 직업의 안정성은 물론, 사회적 보장, 고정된 수입이 없는 사람들이다.

사회조직

이주 초기에 대부분의 핵가족은 친척과 함께 생활하는데, 이들은 한집에 같이 살거나(47%), 복합 주거 형태의 집에 거주하고 있다(27%). 복합 주거 형태의 집은 세탁하고 요리하고 아이들을 놀릴 수 있는 공동 외부 공간을 공유하는 군집 주거 형태이다. 이러한 군집 주택에 사는 각각의 핵가족은 분리된 경제 단위를 형성하고 있다. 하나의 개별 출입구를 가지고 있는 한 개의 방(또는 몇 개의 방)은 하나의 주거 단위로 정의된다. 단, 하나의 공동 출입구 쪽으로 개방된 여러 방들로 구성되어 있는 많은 가족 그룹을 수용할 수 있는 벌집 모양의 베신다드(Vecindad) 형태의 임대주택은 주거 단위 계산에서 제외했다.

—Lomnits, 1997: 205, 207-209.

<자료 2-5> 인도의 여성 노동력

인도의 도시지역에서, 고용된 여성의 대략 40%는 서비스 부문, 30%는 상업 부문, 15%는 제조업 부문, 8%는 건설 부문, 5%는 천연자원 생산 부문에 종사하고 있다. 이 중에서 60% 이상은 자영업과 소규모 상업에 종사한다. 예컨대, 낙농, 도기 제조, 인형·조각 제조와 판매, 금세공 작업, 음식 판매, 청과물, 세탁, 담뱃잎 제조와 판매, 갈대와 대나무 제품 생산, 장작과 연료용 소똥 제조와 판매 등이다. 여성의 절반 이상(57%)이 집 밖에서 일하고 있고, 집 안에서는 43%가 일한다. 외부에서 일하는 여성의 단지 8%만이 안전한 작업 조건에서 일하고 있는 반면, 대다수(60% 이상)가 옮겨 다니거나 길거리에서 일하고 있다. 고용인이 한 명인 기업의 고정자본 수준은 극히 낮다. 일반적으로 인도의 도시화와 산업화는 여성에게 직업의 다양화나 직업적 수준의 향상을 가져다주지 않았다. 경영과 의사결정과정에서 여성의 역할은 여전히 매우 제한되어 있고, 오히려 종속적인 위치가 지속되고 있다.

—MacDonald and Ziss, 1999.

(4) 비공식 부문의 활력과 한계

도시화와 경제개발의 역동적 변화의 영향에 따라서는, 농촌지역에서 이주해온 자, 정규 직업을 잃은 도시 근로자 및 피고용자, 노동시장에 막 진출한 젊은이와 같은 그룹들은 비공식 부문에서 직업을 찾을 수밖에 없는 경우가 있다. 아프리카의 일부 도시들의 경우, 빈곤이라는 심각한 제약 조건 때문에 비공식적인 도시 농업이 증가하고 있다. 정규 시장과 달리 저비용 생산이 가능하고 자본집약도가 낮은 비정규 부문은 노동의 급격한 증가에 즉각적으로 대응할 수 있다. 자영업자의 비율이 높은 자급자족적인 노동시장들은 스스로 고용기회를 창출하며, 흔히 비정부기구들(NGOs)의 지원을 받는 경우 비공식 부문의 경제 스타일이나 계약 방식 또는 자본이나 지원 조건들을 조절할 수도 있다.

일반적으로 경제 부문 중에서 공식적인 금융 시스템은 자재와 설비를 구매하기 위해 자금이 필요한 수천 명의 영세기업가들에게조차 소액의 신용대출 및 거래 기회를 충분히 제공하지 못하고 있으며, 따라서 이들에게는 넘을 수 없는 장벽이 되고 있다. 비공식 부문의 또 다른 근본적인 문제점들로는 복잡하고 시간이 오래 걸리며 비용이 많이 드는 공식적 절차와 관련된 것들이 있으며, 이 과정은 교육기관과 전문적인 기술에 대한 접근의 어려움, 협상력의 부족 등으로 인해 비공식 부문의 사업가들이 회피하게 되는 과정이다.

<자료 2-6> 식량 생산: 도시 농업

특히 아프리카에서 매우 생산적인 비공식 부문은 식량 생산 부문에서 찾을 수 있다. 비공식적인 경작지는 건물 사이의 배수 공간이나 철도 변 경계 지역에 위치한다. 재배된 식량은 경작자 개인의 소비를 위해서만이 아니라 비공식적인 노점시장에서 팔리며, 소비의 상당 부분을 차지한다. 물론, 비공식적인 도시 농업은 흔히 빌딩 사이의 넓은 땅들이 빈 채로 남아 있는 저개발의 결과로 생겨난 것이다. 계획가들은 일반적으로 이러한 도시 농업을 무시해왔지만, 도시 농업 부문과 가로에서 팔리는 식량은 동일한 것이며, 대개 여성들이 생산자이며 판매자이기도 하다.

비공식 농업 부문은 산업 부문에 기여할 수 있는 가내업이자 고소득층을 위한 서비스의 단지 한 예일 뿐이다.

—Tinker, 1998.

(5) 증가하는 비공식 부문의 새로운 형태

가족에 의해 제공되어오던 전통적인 활동들은 통상 비공식 부문의 일부분으로 인정되지 않았다. 그러나 건강관리와 같은 가족 서비스의 많은 부분이 점차 시장 서비스로 전환됨에 따라, 여전히 가족 구성원들에 의해 제공되는 여러 가지 사회 서비스들을 새로운 시각에서 바라보아야만 한다. 비공식 부문 서비스와 공식 부문 서비스의 경계는 모호해지고 있다. 여성 고용의 증가 및 유아 수의 감소, 개발도상국 도시에서 노령 인구의 비율 증가와 같이 앞으로 닥쳐올 변화들에 의해서 가족들의 세후 순소득은 줄어들 것이며, 이를 만회하기 위해 가족들은 세금이 부과되지 않는 새로운 비공식 서비스 부문에 새로 참여하지 않을 수 없다.

(6) 비공식 부문 일자리와 도시의 지속가능성

비공식 부문은 경제 위기나 경제의 저성장 시기에는 놀라우리만치 내성이 있고, 인구가 성장하는 시기에는 매우 유연한 것으로 증명되고 있다. 비공식 부문은 이주자들이나 노동시장에 진입하는 젊은이들에게 최저 소득을 얻을 수 있는 최소한의 기회를 제공하는 데에, 또 새로운 세대를 위한 안식처를 제공하는 데에 공식 부문에 비해 더 유연하다. 공식 부문 시장이 신규 참여자들에게는 거의 개방되지 않는 닫힌 가게 시스템(Closed shop systems)으로 기능하는 곳에서는, 비공식 부문의 진입 장벽이 이들에게 상대적으로 낮게 여겨진다. 공식 부문 노동시장으로의 진입 장벽은 시간이 지남에 따라 점차 높아지는 경향이 있기 때문에 이 점은 더욱 중요하다. 물론 비공식 시스템에서도 어느 정도의 기간이 필요한 더 좋은 대인 관계 형성이나 넓은 네트워크를 보유한 이들이 우선권을 갖고는 있지만, 신규 참여자들도 쉽게 접근할 수 있도록 허용되어 있다. 일단 이런 관계가 확보되면 참가자들은 자신들의 능력을 개발하고 그들의 접촉 네트워크를 확대할 수 있게 된다. 따라서 비공식 부문은 정적이지 않으며 공식 부문이 너무도 자주 잃어버리게 되는 개방성과 유연성을 가지고 있다.

<자료 2-7> 인도의 자영업여성협회 은행

아메다바드(Ahmedabad)에 위치한 섬유산업노동자협회(Textile Labour Association, TLA)의 여성담당 부서가 1970년에 수행한 조사에 의하면, 자영업에 종사하는 여성들은 불안한 고용 상태에 있고 공식 부문에 종사하는 노동자에 비해 훨씬 적은 수입을 벌어들일 뿐만 아니라, 어려운 시기에는 그들의 직업이나 자신을 위한 도움을 받지 못하고 있다. 이 조사는 또한 여성 노동자 착취 사례와 노동조합, 정부의 법과 정책이 다루지 못한 많은 문제점들을 밝혀내고 있다.

자영업여성협회(Self-Employed Women's Association, SEWA)는 1971년 12월에 설립되었고, 정부와의 오랜 공식 투쟁 후에 1972년 4월에 직업 연합체로 등록되었다. 그 이후에 자영업여성협회는 세 가지 운동, 즉 노동운동, 협동운동, 여성운동을 시작했다. 자영업여성협회는 자영업 종사자도 임금노동자와 같이 임금을 받고 좋은 작업 환경에서 일하며 보호받을 수 있는 노동법상의 권리가 있다는 생각을 가진 노동운동에서 출발했다.

자영업여성협회 은행은 4,000명의 자영업 여성 노동자의 주도하에 빈곤한 사람과 자영업 여성 노동자를 위한 독립된 은행으로 1974년에 설립되었다. 이들 자영업 여성 노동자들은 행상인, 보따리 장사 그리고 직조공, 도자기공, 양봉, 우뭇가사리 재배, 육체노동자, 서비스 제공자들과 같이 가정을 기반으로 하는 사람들이다. 이들 노동자들에게 필요한 것은 일반 은행으로부터 얻을 수 없었던, 적정한 이자율에 의한 대출이었다. 자영업여성협회 은행은 자영업 여성 노동자들을 도와주고 이자율이 지나치게 높은 고리대금업자로부터의 불확실한 대출을 최소화하기 위해 자영업 여성 노동자들에게 대출을 제공하려는 목적으로 시작되었다. 현재 이 은행은 ① 운영 자금, ② 시설 자금, ③ 주택 자금의 세 가지 주요 영역에서 회원들에게 대출해준다.

그 은행이 자산을 여성의 명의로 전환하는 매개체로 기능하는 방식을 통해 소리 없는 혁명이 이루어졌다. 국제노동기구의 통계 자료에 의하면 전 세계 자산의 단 1%만이 여성의 명의로 되어 있다. 자영업여성협회 은행은 주택 대부금이 여성 회원의 명의로 되어 있기 때문에 주택 역시 그녀의 명의로 되어야 한다고 주장한다. 자영업여성협회는 또한 가족 이름으로 저당 잡힌 농지를 자산-건물 관리 프로그램의 일부로 여성 명의로 하고 있다. 이러한 방법으로 주택도 여성 명의로 전환해왔다.

신뢰 관계가 확립되고 차용자의 생활에 관여하게 됨으로써 자금 회수율이 높아지게 되었다. 이것은 사람들을 민간 고리대금업자의 족쇄에서 벗어나게 해줄 뿐만 아니라 그들이 공식 기관과 관계를 맺을 수 있는 기술을 갖도록 해주었다. 이렇게 해서 그들은 자신감을 되찾았고 부채와 중간업자나 상인에 의존하던 악순환이 깨지게 되었다. 이는 여성들과의 계약 조건을 바꾸었다. 그들은 이제 스스로 조직할 수 있고 높은 임금을 받기 위해 흥정할 수 있으며, 필요에 따라 그들 자신의 업체를 조합처럼 조직할 수도 있게 되었다. 무엇보다 중요한 것은 은행이 조직원들에게 (은행에 예금을 가지고 있는 사람처럼) 재정 보증을 제공하고 소득을 스스로 관리할 수 있도록 해주었다는 것이다. 또한 자영업과 소규모 사업을 도와주는 필수적인 금융 기반을 마련해주었다.

따라서 자영업여성협회 은행은 자영업 여성들이 더 많은 수입을 얻고 관리할 수 있도록 하여 자영업 여성들을 조직하고 존재를 홍보한다는 자영업여성협회의 더 큰 목표를 어느 정도까지는 달성하는 데 직접적으로 기여해왔다. 이제 많은 수의 조직원들이 그들만의 짐수레, 재봉 기계, 목수와 대장장이의 연장들을 가지고 있다. 그들 중 많은 사람이 기술을 향상시켰고 사업을 발전시켰다. 자영업여성협회 은행은 무주택이나 빈곤의 증상을 완화하는 것에만 목표를 두지 않고, 장기적으로 빈곤한 여성들의 능력 강화와 제도 개선 같은 구조적 원인을 해결하려는 노력을 기울이고 있다.

—UN Best Practices Database.

공식 부문과 비교해보면 비공식 부문의 생산에는 일인당 자원과 에너지가 더 적게 소비되지만, 이는 대개 생산성과 자본집약도가 낮으며 이용 가능한 자원을 소비하고 이용할 수 있는 잠재력이 부족해서 생겨난 결과이다. 비공식 부문은 지속 가능한 기술에서 발생한 것이 아니며 따라서 장기적인 관점에서 보면 해결책을 제공하지 않는다. 더 나은 지속 가능한 생활 방식이나 기술이 여전히 더욱 발전될 필요가 있다.

개발도상국 도시들에는 부유한 공식 부문 도시와 비공식 부문 근린지역의 자매

도시가 나란히 공존하는 이중경제가 존재한다. 이 둘 사이에는 공생적인 관계가 존재하며, 이 관계는 최근 수십 년간의 급속한 성장 속에서도 안정적이었다. 물론 절대적인 면에서 소득과 삶의 질이 비공식 주거지에서 많이 향상되었지만, 공식 부문 도시의 부는 이보다 훨씬 빠르게 증가했다. 인구성장이 줄어들지 않는 한 서로 다른 사회·정치조직을 가지고 있는 이런 자매도시간의 사회적·경제적 격차는 시간이 흐름에 따라 더 벌어질 위험이 있다는 것을 부인하기는 어렵다. 비공식적인 상태에서 더 높은 삶의 질을 유지하고 있다면, 직업과 생활에서 공식적인 방식으로 반드시 변환할 필요는 없다. 그렇지만 혼란을 초래하는 성장 위주의 개발을 수용하는 것보다는, 비공식 부문의 도시를 개선하고 향상시키는 데에 사람들이 집중할 수 있도록 좀더 안정된 인구수준을 유지할 필요가 있다.

10) 경제적 기회와 위기

역사적으로 살펴보면 경제성장, 특히 일인당 소득 증가가 경제발전의 가장 중요한 지표임을 알 수 있다. 그렇지만 장래에는 선진국이나 인구성장률이 높은 저소득 국가의 일인당 소득은 느리게 늘어날 것으로 예견된다. 점점 소득 불평등이 심하게 발생하고 있는 선진국 도시에서는 느린 성장이 문제를 더욱 해결하기 어렵게 만들 수 있다. 왜냐하면 지난 50년 동안의 성장을 이미 경험한 오늘날에는 빈곤한 사람들도 보통 사람들만큼의 높은 기대 수준을 갖고 있기 때문이다.

소득은 점점 더 장기간의 교육과 전문화된 훈련에 바탕을 둔 지식에 의해 결정될 것이기 때문에, 이와 같은 불평등은 점점 더 격차가 벌어져서 악화될 우려가 있다. 그렇지만 한 가지 현실성 있는 희망은 인터넷과 같은 현대 기술을 이용한 원거리 학습을 통해 교육혁명을 일으킬 수 있다는 데 있다. 머지않아 컴퓨터가 학습과 의사소통, 주민 참여의 기초 수단이 될 것이 확실하다. 컴퓨터 사용 능력(computer literacy) 은 직업과 지역사회 또는 민주적인 삶에 효율적으로 참여하는 데 최소 요건이 될 것이다. 중요한 점은 이것이 엄청나게 싼 비용으로 가능하다는 점이다. 예를 들어 20세기에는 자동차산업이 최대의 성장 산업이 되었듯이 교육은 21세기의 거대한 성장 산업이 될 것이고, 포드사가 대량생산기술을 통해서 T형(Model-T) 자동차를 대중화했듯이 교육 또한 일반 대중에게 가능해질 것이 분명하다. 따라서 도시 빈민들에게까지도 높은 수준의 교육을 쉽게 실시할 수 있을 것이다.

이는 엄청난 기회인 동시에 도전이다. 이것은 성공적인 학습과 성공적인 삶의 중요한 요인이 소득이 아니라 개인의 성취동기와 열정에 달려있다는 것을 의미한다.

보편적인 인터넷 교육을 값싸게 받을 수 있는 기회는 저소득의 도시 및 중간 소득의 도시에 사는 의욕이 높은 수백만의 학부모와 자녀들을 해방시켜주는 힘이 될 수 있는 것이다. 그렇지만 쇠퇴하고 격리된 지역이나 의욕을 상실하게 만드는 환경 속에 사는 사람들이 이 흐름에서 배제될 가능성은 여전히 남아 있다.

4. 사회 변화와 도시 개발

1) 사회 변화의 원동력

사회 변화를 사회학적 분석이나 통계학적 분석 틀에 끼워 맞추는 것은, 사람이 살아 있는 인간이라는 사실을 간과한 채 뼈와 가죽, 기관 등으로 해부하여 표현하는 생물학적 분석과 흡사한 것이다. 모든 사회 변화의 분석에서 가장 중요한 점은 먼저 일반적인 경향과 힘들을 찾아내는 것이고, 그런 다음 각기 다른 역사, 문화, 전통이 있는 개별 도시의 특징을 밝히는 것이어야 한다.

따라서 어떤 도시의 경우에도 주관적 선호, 개인적인 삶의 양식, 지역적 행동 패턴, 물려받은 가치관 등 모든 것이 사회적 행태와 사회조직에 영향을 미치고 있다는 것을 알아야 한다. 여기에 서로 영향을 미치는 중요한 세 가지 요소를 들 수 있는데, 첫째, 가족의 역할, 둘째, 여성의 노동시장 참여, 셋째, 비공식 부문에서 공식 부문 경제로의 이동이다. 가정을 기반으로 하는 비공식 부문 경제활동에 모든 가족 구성원이 함께 참여하는 아시아와 라틴아메리카 도시에서의 강한 가족구조는, 선진국이나 개발도상국의 중산층 도시에서 볼 수 있는, 전통적인 대가족의 붕괴(와 심지어 핵가족의 붕괴)로 특징지어지는 개인 중심적 생활 패턴과는 매우 다른 삶의 형태를 나타내고 있다. 개발도상국들에서 점점 증가하는 전형적인 가족 형태는 1인 가구이며, 이들은 주로 아파트나 작은 집에 사는 직장 남성과 여성들로서 멀리 떨어진 도시의 또 다른 개인과 오랫동안 친밀한 관계를 유지하며 살고 있다. 결과적으로 종전에는 가족에 의해서 수행되었던 많은 기능들을 시장 기능이 대체하게 되었다. 예컨대, 고밀도의 서비스 중심도시에 사는 사람들은 더 많은 시간을 레스토랑, 술집, 다른 상업적인 모임 장소에서 소비하게 된다. 이런 현상은 개별적인 가정의 중요성을 약화시키고 있다. 이와 같이 개인화된 도시 안에서 나타나는 가장 분명한 경향은 자녀 수의 감소이며, 이는 장기적으로 자녀들이 그들의 노년기 부모를 부양하는 형식과 수준에 변화를 주게 될 것이다.

이런 현상 외에도 전체적인 조직과 제도가 도시에 사는 사람들에게 영향을 줄 수 있다. 강력한 종교·사회조직은 정치 운동이나 근린 운동의 핵심 역할을 할 수 있다. 또 근린지구의 활동가들은 철거식 재개발에 대항하기 위해 마을 주민 전체를 조직화할 수 있다

앞서 언급한 바와 같이 21세기에는, 빈곤이 도시에서는 증가하고 농촌에서는 감소하게 된다. 그러므로 주요한 관심사는 빈곤과 그에 따른 영향에 맞추어져야 한다. 20세기를 지나오면서 슬프고도 놀라운 사실은, 예측과 기대를 뛰어넘는 수준의 경제적 성장에도 불구하고 빈곤이 세계 도처에서 도시에서의 삶의 한 현실로 여전히 남아 있다는 것이다. 제2차세계대전 이후 희망에 찬 고성장 기간에 빈곤은 잠시 주춤했지만, 심지어 전문가들조차도 많은 나라와 도시에서 불평등이 이처럼 다시 증가할 것이라고 상상하지는 못했다.

물론 경제성장은 중요하다. 다시 말하자면 실질성장률 1%의 증가는 빈곤을 상당한 수준까지 감소시킬 수 있다. 그러나 인구성장은 반대 방향으로 작동하여 도시와 국가를 압박하고 자원과 소득, 공간과 기반시설의 용량을 소진시키게 된다. 그러므로 많은 도시들이 여전히 1980년대나 1990년대 수준에 있으며, 이주와 낮은 출생률과 더불어 빠르게 증가하는 평균수명으로 인한 높은 인구 증가는 더딘 경제발전과 함께 많은 사람들의 경제적 잠재력을 제한하고 있다.

이런 현상은 리우데자네이루나 부에노스아이레스 같은 개발도상국 도시에만 적용되는 것이 아니고, 모스크바와 같이 경제체제의 변환을 겪는 도시는 물론 심지어는 런던, 뉴욕, 로스앤젤레스 같은 도시들에도 적용된다. 세계 도처에서 불평등은 여전히 심각한 상태로 남아 있거나 실질적으로 악화되었다. 이와 같은 현상에 대한 근본적인 이유는 (비록 둔화되는 추세에 있기는 하지만) 도시 경제의 변화 추세가 시민의 기술과 교육 수준의 변화 이상으로 급속하기 때문이다. 미숙련노동자의 임금은 상대적으로 하락하는 반면 교육받은 인적 자원의 공급은 부족하고, 교육과 기술에 지불되는 비용은 증가하고 있다.

2) 경제 변화와 사회 발전

(1) 기술의 역할
대부분의 국가와 시대에서 사회 변화의 가장 강력한 요인은 경제 변화이다. 경제 변화는 주로 직업구조에 큰 영향을 미치는 것은 물론이고, 도시 경제의 다른 부문에도 영향을 미친다. 그리고 직업과 임금수준은 밀접하게 연관되어 있다. 수입은 어떤

재화와 용역을 소비할 수 있는지를 결정한다. 소득 격차는 여전히 불평등의 가장 중요한 지표이다. 소득이 증가하는 지역과 쇠퇴하는 지역이 인접해 있는 경우가 있고, 쇠퇴하는 지역에 있는 사람들은 생존을 위해 비공식 부문에 점차 더 많이 종사하게 된다.

기술은 놀랄 만큼 큰 경제변동을 야기해왔다. 선진국 도시에서는 한때 사람들의 생계를 지배했던 고된 육체노동이 거의 사라졌다. 19세기 산업도시에서는 노동자들이 40세까지 고된 노동을 했고, 그들의 평균수명은 빈곤과 질병 때문에 매우 짧았다. 오늘날 도시에 사는 많은 사람들은 1900년에는 없었던, 지난 40년 동안에 새로이 나타난 기술인 개인용 컴퓨터, 전자우편, 복사기와 같은 것을 사용해서 일하고 있다. 평균수명은 거의 80세까지로 늘어났고 또 계속 늘어날 것이며, 이는 개인서비스에 대한 수요를 증가시킬 것이다. 1900년에는 자동차가 희귀품이었지만 오늘날 선진국 도시에서는 자동차 소유가 일반화되었다. 우리의 삶을 지배하고 있는 기술과 통신의 변화가 너무도 급격해서, 21세기가 시작되고 있는 현 시점에서 이러한 변화가 얼마나 더 크고 급격할 것인가에 관하여 많은 사람들이 궁금해하고 있다.

이러한 점에서 보면 역사상 최초로 일부 주요 영역에서 젊은이들이 노인들보다 더 체계적인 지식을 갖게 되었다. 이러한 변화의 파장이 어떻게 받아들여질지, 그리고 어떻게 이해되고 관리될지를 예측하는 것은 어려운 일이다. 그러나 실질적 변화는 사람들이 변화하고, 그 변화에 적응하고, 적어도 일부의 사람들이라도 새로운 가능성에 열광하게 될 때에만 일어나게 된다. 물론 동전의 뒷면처럼 다른 측면의 문제도 있다. 젊은이들은 새로운 사고체계 안에서 성장하고 새로운 문제를 인식하며, 그래서 새로운 기술이 그들에게는 제2의 천성이 된다. 그러나 고령의 많은 전문가들은 자신들을 필요로 하는 서비스에 대한 수요가 사라지고 자신들이 가진 지식의 가치가 저하되는 것에 대응해서 새로운 것을 배울 수 없거나 배우려 하지 않게 되어 새로운 문맹자가 되고 만다. 50세 이상 된 사람들의 실업 가운데 일부는 변화의 속도로 인한 것으로, 어려운 과제가 되었다. 기술과 소득 증가에 따른 노동시장의 변화에는 이처럼 긍정적인 측면과 부정적인 측면이 모두 있다. 우리는 실업과 불평등의 증가에도 불구하고 이전보다 더욱 많은 사람들이 다음과 같이 살아가고 있는 것을 보게 된다.

- 기존 기술보다 더 흥미롭고 받아들일 만하다고 생각하는 새로운 기술을 이용함.
- 부모들은 이해하지 못하는 새로운 전문 직업을 익혀나가고, 새 직업이 더 많은 지적 도전과 개방을 필요로 하더라도 편안하게 느낌.

- 증대하는 이동성을 활용하여 두 세대 이전에는 없었던 자동차, 비행기, 기차를 자유롭게 이용함.
- 음식으로부터 미디어, 여행에 이르기까지 더욱 다양한 일들을 가능하게 하는 새로운 생활양식을 발견하고 새로운 자유를 즐기게 됨.

(2) 급속한 성장과 쇠퇴

경제성장은 여전히 도시 사회의 변화와 개발 과정에서 야기되는 긴장의 정도를 알 수 있는 중요한 지표이다. 급속한 성장의 시기, 특히 일인당 소득이 증가하는 시기에는 사회적, 정치적 긴장이 감소되고 생활 방식과 가치의 변화가 발생한다. 대중적 현상으로서 이른바 탈물질주의적(post-materialistic) 가치는 평균 소득이 높은 도시에서만 관찰될 수 있다. 역사적으로는 1950년대에서 1970년대까지의 시기가 가장 좋은 예다. 1980년대 이후 서구 도시에서 일인당 소득 증가가 둔화된 이후 노동력 수요의 증가가 감소하고 높은 실업이 나타났다. 이런 쇠퇴는 라틴아메리카 도시들의 금융 위기와 밀접히 관련되어 있다. 소득 감소가 사회적 불안 및 긴장의 원인이라는 일반적 경험에도 불구하고 정치적 변혁을 통해 쇠퇴의 시기를 긍정적 변화의 시기로 바꿀 수 있다는 것을 최근 아시아의 도시들에서 관찰할 수 있다.

새로이 산업화되는 많은 나라들의 경우 신중산층이 등장하게 되어 주택 소유가 증가하고 부동산 자산의 재분배가 이루어졌다. 아시아 국가들에서는 금융 위기와 외환 위기 탓으로 지속적인 소득 성장은 지연될 것이지만, 장기적으로는 유럽과 미국 도시 개발의 역사가 보여주듯이 거대한 투기적 거품의 영향은 극복될 수 있을 것이다. 뉴욕의 부동산과 철도에 대한 투기의 결과로 1873년에 발생한 자본시장의 붕괴가 실업과 은행의 연쇄 부도를 야기했다는 것, 완공된 엠파이어 스테이트(empire state) 빌딩이 빈 건물이라는 의미의 엠티 스테이트(empty state)로 알려졌던 1930년대 초의 위기, 1970년대 초반과 1990년대 초반에 나타났던 런던의 자산가치 폭락 사태를 상기할 필요가 있다.

경제성장이 자동적으로 전파되어 극빈층에게까지 혜택을 주는 것은 아니다. 도시 개발 과정에서 배우지 못하고 소외되고 연고가 없는 수많은 사람들은 배제될 우려가 있다. 일반적인 경제성장에도 불구하고 성장이 야기하는 거대한 불균형 때문에 경제학적으로 말해서 미숙련 기술자의 완전 탄력적인 공급이 계속되는 시기에는 소득 증대가 방해받게 된다. 그것은 교육에 대한 재원, 기반시설에 대한 투자, 새로운 기업을 위한 자본을 동원하는 정치적 힘과 정치제도의 공평성 및 효율성의 문제로 인한 것이다.

(3) 수입과 소득 불균형

경제 변화의 치명적이며 비관적인 결과는 불평등을 증가시킨다는 것이며, 이는 거의 모든 도시에서 발견되고 있다. 1980년대와 1990년대에 걸쳐서 대부분의 경제 협력개발기구 소속 국가들에서 소득 불균형은 증가해왔다. 즉, 소득분포의 비율로 보았을 때 최하위 10%의 소득은 감소한 반면 최상위 10%의 소득은 증가했다. 단지 벨기에, 네덜란드, 이탈리아, 캐나다와 같은 몇몇 국가에서만 소득 불균형이 감소했다. 탈공업화(deindustrialization)에는 실업의 증대, 특히 젊은이들의 실업이 수반되었다. 첨단기술도시는 고학력자에게 더 많은 기술 프리미엄을 제공한다. 덜 배우고 실업 상태인 젊은 남자들은 21세기의 출발 시점에서부터 부정적인 새로운 존재로 전락하고 있다. 서비스 중심 도시는 점점 여성에게 유리해지는 것 같다. 우리는 남녀간 임금격차가 줄어들거나 심지어 사라질 것이라고도 생각할 수 있게 되었다. 일부에서는 이러한 현상이 실제로 나타나고 있다.

많은 선진국에서 나타나는 현재와 같이 높은 소득 불균형(이는 높은 실업과 연관되어 있음)의 원인은 아직 완전히 규명되지는 않았다. 소득 불균형의 원인은 도시 경제와 사회변동 과정이 매우 경직된 데 있다는 것이 개략적인 설명이지만, 이런 불균형의 많은 부분을 설명할 수 있는 좀더 특이한 경향들은 다음과 같은 것이다.

- 선진국에서는 낡은 산업과 모든 형태의 저기술 생산과 미숙련노동 부문에서 강한 압박을 받고 있는데, 이 부분은 자본과 고도기술의 노동으로 대체되거나 저비용 생산 지역으로 이전됨으로써 결국 산업 노동자를 남아돌게 만들 것임.
- 세련된 선진 경제의 요구에 비해 낮은 교육 수준이 이런 현상을 더욱 악화시켰으며, 선진 경제에서는 인적 자원의 향상을 위한 적극적인 조치가 요구되고 있다. 선진국 도시들은 이미 오래전부터 분명해진 이러한 도전 과제를 해결하지 못한 채로 있음.
- 이와 동시에 부부 모두 상당한 소득이 있고 (흔히) 자녀를 갖지 않으며 두 가지 직업을 가진 전문직 가구의 급속한 증가로, 소득수준이 높은 가구 수가 증가해왔음.
- 서비스업에서 저임금의 임시 고용이 증가하고 있으나, 이들의 대부분은 젊은이들이 택할 만한 직종이며 평생직업으로의 전망은 별로 없음.
- 개발도상국 도시에서는 공식 부문 고용의 증가가 느려짐에 따라 발생하는 산업 고용 성장률의 감소로 인해 비공식 부문이 활성화되고 있으며, 이는 도시로의 이주와 인구성장에 의해 더욱 조장됨.
- 선진국 도시와 개발도상국 도시 모두에서 불완전고용과 (특히) 자발적 실업은 불평등을 야기하며, 불평등은 특히 선진국에서 더 심하게 나타남. 이런 현상은 결국 소득의 불평등을 낳을 뿐만 아니라 사회적 격리를 심화시키고, 안정되고 성장하는 고용시장으로의 접촉을 방해함. 이것은 풍부한 노동력을 공급받을 수 있는 공식 부문의

고용이 높은 수준의 자격과 전문화된 기술을 전제조건으로 요구하기 때문인데, 기술적 격차가 커지고 있다는 것을 나타내는 하나의 신호이기도 함.

- 최근 들어 세계 경제의 급격한 변동은 국제 무역에서의 변동으로 나타나고 있음. 부동산 붐과 과열 현상, 자산가치의 하락은 악성 부채의 증가와 함께 많은 도시들을 파산시켰고, 어떤 지역은 반쯤 짓다가 멈춰버린 고층건물이 줄을 지어 서 있고 입주자를 기다리는 빈 주택이 속출하고 있음. 결과적으로 도시 거주자들은 옛날에 살던 고향으로 돌아가든지 사회의 비공식 부문으로 전락하든지 간에 새로운 삶의 기반을 찾아야만 하는 기로에 처하게 되었음.

(4) 직업의 변화

선진국의 도시에서는 경제활동인력의 상향적 직업 이동이 지속적으로 일어난다. 새로운 탈산업 계층구조가 생겨나고 있다. 중간 기술 및 미숙련 육체노동자의 숫자는 감소하는 반면, 전문 관리 및 기술직 종사자의 숫자는 증가하고 있다. 그러나 경제활동인력의 전문화는 경제활동인구나 실업자의 증가와 병행해서 나타나게 된다. 이러한 양극화 현상은 1960년대와 1970년대 초에는 사라지는 듯했다가, 1980년대 이래 도시의 한 모습으로 재등장했다. 직업구조의 변화는 저소득층의 소득 증가보다는 고소득층의 높은 소득 증대를 가져오게 된다. 많은 도시에서 평균소득의 절반에도 못 미치는 사람들의 비율이 대폭적으로 증가했다.

<자료 2-8> 도시로의 이주: 시험대로서의 남아프리카

아프리카의 대부분의 도시에서는 '가정 안에서'와 '가정 밖에서'의 유급 생산 활동 간에 끈질긴 분리가 일어나고 있는데, 가정에서의 생산 활동은 윤리적·종교적 근린관계를 형성하고 있는 지역 조직이 다양하게 얽힌 커뮤니티의 한 관계를 설명해주는 중요한 역할을 한다.

많은 사람들이 남아프리카공화국으로 가는데, 그 이유는 '바다를 건너지 않고도 서구세계로 가는 것'이 가능하기 때문이다. 이러한 이주는 비정기적이고 공식 문서 없이 진행되는 국경 무역의 확장과 다르에스살람, 나이로비, 캄팔라와 같이 멀리 떨어져 있는 도시까지 왕래하는 장거리 택시의 발달과 잘 정비된 항공 운송망을 통해서 이루어진다. 이주자들은 주변의 거의 모든 나라에서 온다. 모잠비크인과 앙골라인들은 멀리 떨어진 도시 주변 지역에 점차 집결하여 대부분 극도로 궁핍한 생활을 하는 반면, 남부 아프리카 사람들은 기존의 흑인 마을에 광범위하게 침투해서 기능공, 행상인, 점원 등으로 주로 일하고 있다. 도심 지역에는 다수의 모잠비크인, 짐바브웨인, 가나인, 나이지리아인, 자이로인과 기타 프랑스어를 사용하는 종족이 모여든다. 이미 도시 중심부의 여러 지역에서는 외지 출신의 아프리카인들이 다수를 차지하고 있다.

—Simone and Hecht, 1994.

남아프리카공화국의 인종차별정책(apartheid)으로 인해 특별한 형태의 지역 조직과 시민사회가 나타나게 되었다. 농지의 거주용 토지로의 전환, 도시의 공식 지역으로부터의 주거 이동, 농촌지역으로부터의 이주 등으로 인해 비공식 거주지가 엄청나게 늘어났다.

1985년에서 1986년 사이에 개발된 요하네스버그 외곽 커뮤니티인 폴라파크(Phola Park)에 대한 시모네(Simone)의 연구에 따르면, 이 커뮤니티의 내부 경제는 멀리 떨어져 살고 있는 주말 거주자들과 함께 절도단에 관여하고 있는, 이름뿐인 아프리카 민족회의(ANC)의 당원들에게 크게 의존하고 있다. 그러나 이들 중 다수는 과거에 인근 도시 토코자(Thokoza)의 뒷골목 판자촌에 살았던 장기 도시 거주자들이었다. 그들은 도시의 정치 투쟁에 적극적이었으며, 공공 서비스가 제공되는 안정된 근린환경을 만들려고 노력했다. 거주민들은 자신들의 재산을 보호하기 위해 복잡한 양상의 조직에 가입하게 되었다. 이들 중 다수는 공식 부문의 직업을 갖고 있었으며 여러 지역의 정치 모임(SANC)과 도시 문제에 적극적으로 참여했지만, 다른 일부 사람들은 차량이나 도피처, 절도 기회를 갱들에게 제공하는 조력자 역할을 하면서 그 대가로 수익을 챙겼다. 게다가 많은 군부대에 근거지를 두고 있는 백인 갱들과 마약 암거래상들은 사람들을 모병했다. 이 갱들은 밀수 활동에 개입하기 위해 앙골라와 잠비아의 단체와 연계를 갖고 있다가 복귀한 민족의 창(MK) 게릴라 전사 집단의 저항을 받고 있다. 역설적이게도 지역 주민단체는 무기와 범죄의 급증에 반대했지만 커뮤니티 전체는 갱 조직망으로부터 이익을 받고 있다. 토코자 공원 서비스 이용료를 둘러싼 싸움 때문에 커뮤니티 지도자들은 자신들의 신용을 유지하기 어렵게 되었음을 알게 되었고, 그래서 그들은 재산을 모으고 자신의 권력을 강화하기 위해 비밀조직(the murky)과 더 많은 거래를 할 수밖에 없었다. 이것은 지역협회(association)의 권력을 약화시켰고 협회를 활발히 운영하지 않았던 비공식 조직과 연계된 이해관계자들의 쿠데타에 의해 지역협회는 1992년에 전복되었다.

—Simone, 1997.

대부분의 개발도상국 도시에서 전문직, 기술직, 관리직 계층의 성장은 선진국 도시보다 느리다. 이러한 개발도상국 도시의 특징은 비공식 부문 경제의 성장이라는 경이적인 과정 안에 내재되어 있다. 즉, 비공식 부문 경제의 성장은 도시에 새로 이주해온 사람들과 공식 부문 경제체제에서 좀더 나은 임금의 직업을 잃게 된 다수의 사람들에게 최저생계소득을 제공해주고 있다. 그러나 이러한 상황이 어디에서나 동일하게 나타나고 있지는 않다. 1960년대와 1970년대에 대부분의 비공식 경제를 성공적으로 제거했던 동남아시아의 신흥공업국가들(NICs: 싱가포르, 홍콩, 타이완, 한국)에서는 비공식 부문화(informalization)가 크게 두드러지지는 않았다. 라틴아메리카의 급격하게 발전하는 일부 도시들에서는 급성장하는 전문직과 관리직의 신중산층과 거대한 비공식 부문이 나란히 나타나고 있다. 그러나 사하라 이남 아프리카의 도시들에서는 비공식 부문의 성장이 1970년대 초반 이후 전반적인 특징이 되어왔는데, 이는 도시 생활수준의 급격한 하락과 관련되어 있다.

경제적 구조조정과 도시화가 개발도상국의 소득분배와 빈곤의 규모 및 크기에 미친 영향에 대한 논쟁이 있다. 국제노동기구는 "도시화가 도시 빈곤의 엄청난 증가를 가져왔다"(ILO, 1998)고 밝히고 있으며, 국제연합 개발계획은 제1장에서 논의했듯이 빈곤층의 절반 이상이 도시지역에 집중되어 있음을 지적하고 있다. 아프리카의 상황은 더욱 처절하다. 아프리카의 많은 도시지역 빈민은 농민들보다 더 열악한 상태에 있으며, 농촌에서 도시로의 이주는 상당히 줄어들고 있고 일부 지역의 경우에는 오히려 이주 방향이 역전되고 있다. 사하라 이남의 많은 도시지역에서 나타나고 있는 비공식 농업 부문은 여기에 참여하는 사람들이 공식 시장이나 지역간 교환을 위한 재화를 생산하는 부문들과는 별로 관련이 없을 뿐만 아니라 생계를 위한 경제(subsistence economy)가 확대되고 있다는 것을 보여주는 증거라고 볼 수 있다.

(5) 현재의 공공정책 및 사회 변화

공공정책은 일반적으로 불평등을 줄이고 사회통합을 증진시킨다는 목적을 갖고 있다. 교육, 실업보험, 의료보호, 공공연금은 여기에 중요한 영향을 미쳐왔으며, 이러한 영향은 특히 여러 도시가 채택한 다양한 제도들을 비교해볼 때 분명해진다.

서구의 복지국가들은 이전 세대의 도시 거주자들에게 만연했던 여러 가지 기초적인 사회문제를 해결해왔다. 정교한 연금제도는 노년기의 빈곤을 감소시키거나 거의 없애기도 했다. 복지국가는 아플 때나 실직 기간 동안 일정 수입을 보장한다. 그러나 이것은 이른바 의존 문화라는 반갑지 않은 부정적 효과를 야기했으며, 일부 도시에서는 심지어 경제 마비와 모욕의 문화로 인식되는 지경에 이르게 되었다. 복지국가들은 위험을 줄이고 소수를 보호하려고 했다. 그러나 어떤 지역에서는 외딴 지역으로 격리시켜 시설에 수용하고 사회적으로 배제시키는 결과를 낳기도 했다는 것이 밝혀졌다. 유럽식 복지제도는 고령화와 생산성 저하라는 두 가지 문제로 인해 많은 고통에 시달리게 될 것이다. 즉, 자녀가 없는 노인의 수가 급격히 늘어날 것이며 이들은 손이 많이 가는 전문적인 간호를 필요로 한다. 이런 상황은 수적으로 줄어들고 있는 일하는 젊은이들의 부담을 가중시킬 것이다. 이에 따른 전반적인 경제적 효과는 아직 밝혀지지 않고 있으나 문제가 매우 심각할 것으로 보인다.

지난 20년 동안 선진국 도시가 당면한 고용 문제는 매우 해결하기 어려운 문제로 나타나고 있다. 제조업의 지속적인 위축과 이를 (부분적으로) 대체하는 서비스업은 특히 남자들의 실업을 증가시켰고, 또 기술이 있고 전문화된 관리자로서 일하는 사람들과 기술이 없거나 실업 또는 저임금을 받는 사람들 사이의 수입과 소득의 차이가 벌어지는 양극화를 야기했다. 공공보조 프로그램은 사회적 긴장을 완화하고 실업으로 인한 위기에 대처할 수 있도록 한다. 그러나 이와 같은 사회안전망은 실업 상태를 연장시키며 노동에 대한 유인을 감소시키기도 한다. 빈곤이란 덫은 대부분의 유럽 도시에서 이제는 잘 알려진 현상이 되었다.

유럽의 도시들이 직면한 많은 어려움은 막대한 인구 유입으로부터 발생한다. 여기서는 고도로 조직화된 경제와 잘 규제되어 있는 노동시장이 신규 진입자에게, 특히 다른 나라에서 온 이주자들에게 닫혀 있는 폐쇄적인 내부 사회를 만들어낸다. 이러한 현상은 거의 문화적 역설에 가깝다. 복지국가와 고도의 통제된 경제·사회 제도는 위험과 불확실성을 줄이도록 의도되었지만 실제로는 복잡한 여러 단계의 허가 과정을 만들었고, 공식 부문 훈련 과정에 대한 자격 기준을 설정했으며, 전문 자격증에 대한 특수한 시험제도나 새로운 사업에 관한 복잡한 면허제도를 만들었다. 이렇게 고도로 통제된 사회제도는 새로운 진입자에게는 문을 닫은 가게와 같이 배타적으로 작용한다. 신규 진입자들에게 보다 개방적인 비공식 부문 경제는 실업을 줄이는 데 큰 도움이 된다. 그러나 이와 같은 개방 전략은 흔히 전통적인 노동조합, 전문 압력단체, 통제된 시장을 원하는 힘 있는 행정관료집단과의 충돌을 야기한다. 이러한 상황은 비공식적인 '암시장'의 성장을 초래한다. 그러므로 도시에는 공식 부문에서 밀려났지만 노동 의무와 기술을 가진 사람들에게는 개방적이고 법적으로 인정받는 비공식 부문이 더욱 필요하며, 이는 일을 통해서 배울 수 있는 기회를 증가시키고 공식적인 노동시장에 진입하는 데 필요한 요구 조건들을 줄이거나 자영업을 영위할 수 있게 하는 기회를 제공해준다.

(6) 지속되는 도시 빈곤

비록 세계 빈곤의 대부분은 아직도 농촌지역에 있지만, 앞서 다룬 바 있듯이 우리를 혼란스럽게 하는 사실은 지난 25년간의 빈곤이 도시에서 더욱 많이 발생했다는 것이다. 도시민의 거의 3분의 1이 빈곤 속에 살고 있으며, 1990년대에 그 절대수는 4억 명에서 10억 명 수준으로 크게 증가한 것으로 추정된다. 세계은행의 추계에 의하면 빈곤의 국제적 지표(일인당 1일 소득 미화 1달러 이하)를 기준으로 개발도상국 총인구의 30%에 해당하는 인구가 빈민으로 나타났다(MacDonald, Ziss, 1999: 88에서 재인용).

성장을 통한 도시 빈곤의 극복은 아직도 실현 가능성이 있다. 그러나 인구성장,

경제 위기, 불평등한 발전, 정치적 불안 때문에 빈곤 극복이라는 최종 목표의 실현은 항상 불가피하게도 영원히 지연되는 듯하다. 백 년 이상에 걸쳐 행해진 빈곤에 대한 묘사는 매우 유사하게 나타나고 있어서 이 문제의 개선이 얼마나 느리게 진행되고 있는지를 보여주고 있다.

빈곤하게 사는 13억의 인구 중에서 70%가 여성이다. 비록 여성의 평균수명이 연장되고 문맹은 줄어들었지만, 여성에 대한 경제적 기회는 여전히 제한되어 있다. 세계 대부분의 도시에서 여성이 직업, 자금 및 서비스에 접근하는 것은 여전히 어려운 상황이다. 저소득 가정에서 여성의 주된 과업은 육아와 가사노동이다. 여성들의 삶은 대개 가정이라는 테두리 안으로 제한되어 있고, 그런 이유 때문에 여성들은 사회기반시설이나 서비스의 부족에 강하게 반발하는 근린 조직에 적극 가담하게 된다. 이러한 활동들은 제대로 평가받지 못하고 오히려 종종 여성들의 소득 기회를 제한하기도 한다. 많은 저소득층 주거지에서 30%를 웃도는 여성가장 가구의 경우에는 상황이 더욱 심각한데, 이 가정들은 남성들이 가정을 일시적으로 떠나 있거나 이혼한 경우이다. 탁아소나 어린이 보호시설과 같이 저소득층의 가족 문제와 고용 문제를 함께 해결해주는 시설은 대부분 매우 부족한 실정이다(UNCHS, 1996b: 121).

여성에 대한 차별은 흔히 유년기에서부터 시작된다. 유아사망률은 남자보다 여자가 더욱 높고, 남자아이는 여자아이보다 상급 학교에 더 많이 간다. 어떤 아프리카 국가에서는 25세 이상 여성 인구의 90% 이상이 학교에 간 적도 없다. 전 세계 문맹의 65%는 여성이 차지하고 있다. 이러한 성차별을 종식시키기 위한 정책의 성공 여부는 뿌리 깊은 관습을 타파하는 데에 가장 강한 힘을 발휘하는 지속적인 교육에 크게 달려 있다.

지속되는 도시 빈곤에는 여러 가지 이유가 있다. 즉, 농촌에서 먹고 살 수 없는 빈민들의 지속적인 도시로의 유입, 전쟁, 자연재해, 경제 위기와 그에 따른 구조조정 프로그램, 도시 인구성장을 제어하지 못하는 정책적 무능 등을 들 수 있다. <표 2-7>에서 보는 바와 같이 1970년대부터 1985년 사이에 빈민의 절대 수는 농촌보다 도시에서 더욱 증가했다. 즉, 총 2억 1,200만 명으로 늘어난 빈민 중에서 1억 2,900만 명이 도시지역에 거주했다. 그러나 전체 도시 인구가 급속히 성장했기 때문에 도시 인구 중 빈곤층의 비율은 35%에서 32%로 농촌지역에 비해서 더 낮아졌다. 1985년 현재 개발도상국가에서는 거의 4분의 3에 해당하는 빈민이 여전히 농촌지역에 살고 있는 것으로 나타났다. 그러나 사람들은 농촌에서 사는 것보다 도시의 길거리를 무대로 전개되는 비공식 경제에서 사는 삶을 아주 미약하게나마 더 선호하는 것으로 보인다.

화려한 도심 속의 노숙자(파리)

아시아에서는 도시와 농촌지역 모두 빈곤을 줄이는 데 상당한 효과를 거두었다. 그러나 아시아는 여전히 도시 빈민이 가장 많은 지역이며 절대 수에 있어서도 가장 큰 증가를 보이고 있다(1970~1985년 사이에 6,000만 명이 증가함). 아프리카에서는 도시 빈민의 비율은 감소했으나 절대 수는 거의 두 배가 되었다. 라틴아메리카는 빈곤의 공간적 패턴 변화에 관한 좋은 사례를 보여준다. 즉, 1970년대는 빈민들 중 37%가 도시에 살고 있었으나 1994년에 이르러서는 이 비율이 65%로 증가했다. 여기서 빈곤의 도시화는 대부분 1980년대에 일어났으며 도시지역에서 비공식 부문의 증가도 함께 일어났다. 라틴아메리카·카리브경제위원회(ECLAC)에 따르면, 1994년에는 1억 3,450만 명의 라틴아메리카인이 도시 빈곤 상황에 처해 있으며, 이는 1970년대의 3배에 이르는 수치이다.

사하라 이남 아프리카 지역에서는 연평균 국민총생산 성장률이 1980년에서 1990년간에 1.7%에서 1990년에서 1995년간에는 1.4%로 하락했다(World Bank, 1997). 이러한 빈곤의 증가는 급격한 도시화와 농업 생산성의 저하, 제조업과 서비스업의 불황, 생산적 재원의 부족 등과 관련하여 발생했다. 1990년대에 아프리카에서 공식 부문의 노동시장은 신규 진입자의 단지 25% 미만을 흡수했다. 결과적으로 공식적 실업이 늘어났으며, 또한 실업 상태를 버틸 수 없는 사람들 때문에 생존 차원에서 비공식 부문 고용의 증가를 가져오게 되었다.

경제적 상황이 불안정할 때는 전통적으로 전해오는 말, 즉 "가난한 이들이 더 큰 대가를 치른다(The poor, pay more)"는 말이 사실로 드러난다. 그들은 이동 능력이 떨어지고 필요한 쇼핑센터로의 접근이 어렵기 때문에, 같은 제품이라도 부자보다 비싸게 구입하게 된다. 개발도상국의 도시에서 식수나 건축자재 같은 생필품을 구입하는 경우에는 더욱 그렇다. 더구나 빈민들은 경제 위기 때 더욱 비싼 적응비용을 부담해야 하기 때문에 더 많은 비용을 지불해야 한다. 저축이 없는 가구는 소득이 감소하며, 생필품 값이 상승할 때 심한 어려움을 겪게 된다. 외환 위기는 평소 외환 거래나 국제 경제와 전혀 관계가 없는 사람들에게도 어려움을 주게 되는데, 그것은 그들이 이자율이나 환율의 국제적 흐름과 연계되어 있는 시장 상황에 의존하고 있기 때문이다. 경제의 불안정성은 불평등한 분배 효과를 수반하기 마련인 사회 변화를 유발하는 잔인한 요인이다.

<표 2-7> 개발도상지역별 도시와 농촌의 빈곤(1970, 1985년)*

		빈곤층 비율(%)		인구(백 만)		전체 중 비율(%)	
		1970	1985	1970	1985	1970	1985
아시아*	도시	42	34	110	170	11.7	14.7
	농촌	61	47	552	567	58.5	49.0
라틴아메리카	도시	25	32	41	89	4.3	7.7
	농촌	62	45	75	57	7.9	4.9
아프리카	도시	32	29	26	47	2.8	4.1
	농촌	50	58	140	226	14.8	19.6
전체 개발도상 지역	도시	35	32	177	306	18.8	26.5
	농촌	59	49	767	850	81.3	73.5
	전체	52	44	944	1,156	100.0	100.0

*: 중국 제외.
출처: MacDonald and Ziss, 1999.

<자료 2-9> 한 세기간의 빈곤의 양상

1891년의 런던
여기에는 처절한 빈곤과 궁핍이 있었으며, 게다가 기아, 알코올 의존증, 폭행, 범죄가 있었다. 누구도 이를 부인하지 않는다. 나의 목적은 빈곤, 고통, 정규 소득과 상대적인 쾌적함과의 객관적 관계, 그리고 각 계층별로 그들이 살아가는 일반적인 상황들을 기술하려는 것이었다. 이스트 런던(East London)의 하류계층 지역 가로에서 일어나는 변

화무쌍한 장면을 정확히 묘사하는 것은 매우 어려운 일로서, 때로는 쉽게 과장될 수도 있다. 군중 사진을 찍을 때, 찍으려는 사진의 상세한 모습은 계속 변화하지만 어떤 한 순간이 포착된다 할지라도 전반적인 효과는 거의 비슷하다. 나는 특정 순간에 나타나는 대로의 사실을 필름에 담아 스냅사진을 만들어내려 했다. 그러므로 나의 독자들은 각자의 상상력을 통해 전체적인 움직임, 지속적인 변화 상황, 삶의 소용돌이와 혼란스러움 등을 추가해야만 한다.

최하 계층은 일시적인 임시 노동자, 노점상, 부랑자, 범죄자, 준범죄자 등으로 구성되는데 …… 어림잡아 인구의 1.25%를 차지한다. 여기에 밤이 되면 아무 곳에서 잠을 자며 그래서 어떤 인구조사에도 누락되어 있을 것으로 예상되는 노숙자들이 포함되어야 한다. 내가 계산에 포함하려 했던 사람들은 대부분 저임금의 임시 노동자와 그 가족 그리고 무위도식하며 살아가는 사람들이다. 그들의 삶은 극도의 궁핍함과 가끔의 과잉이 변화무쌍하게 나타나는 참혹한 삶이다. 그들의 식사는 형편없으며 유일한 낙은 술을 마시는 일이다. 그들이 어떻게 살아가는지를 설명하기는 쉽지 않다. 먹을 것을 주기도 하고 얻은 것은 보통 서로 나눈다. 숙박에 필요한 3펜스를 구할 수 없거나 몸을 의지할 만한 마땅한 곳을 찾지 못하면 길거리에서 밤을 보내고 아침이면 공용취사장으로 돌아온다. 이들 중에는 꾸부정하게 걷고, 구걸을 하거나 약한 자를 괴롭히거나, 실업 경력을 속이는 남루한 사람들이 있다. 이들은 동전이라도 벌 수 있는 기회가 있다면 언제든지 뛰쳐나오고, 기회가 주어지면 기꺼이 질서를 파괴하는 최악의 부랑자들이다. 그들은 어떠한 유익한 서비스도 제공하지 않고 어떠한 부도 창출하지 않으며, 오히려 대개 이것을 파괴한다. ……

비정기적으로 수입을 얻는 '극빈층(very poor)'은 대략 전체 인구의 11.25%를 차지한다. 평균적으로 그들에겐 일주일에 3일 이상 일감이 주어지지 않지만, 이들 중 많은 사람들이 만일 기회가 주어질지라도 일일 노동을 장기간 제대로 할 수 있을지(또는 할 의사가 있는지)도 확실하지 않다. 그들 중에는 특히 여성 알코올 의존자의 비율이 높다. 그러나 그들에게 술은 최하계층의 경우처럼 특별한 사치품이 아니며, 부정기적이지만 힘든 일을 하면서 높은 임금을 받는 노동자들의 경우에는 술을 즐기지 않는다. 사람들의 수입은 고용 상태에 따라 다양하며, 일주일에 단지 몇 실링을 받거나 좋지 못할 때는 전혀 받지 못하기도 한다. 그들은 결코 높은 지위에 오르지 못하고 또한 이 계층은 그들 하위의 계층처럼 불안정한 상황에서 가끔 나오는 예상치 못했던 횡재의 기회도 얻지 못한다. 예컨대 한 부당 2페니짜리 신문이 선풍적인 인기를 끌어 거리에서 6페니의 가격으로 수천 부가 팔릴 때도 있다.

—Booth, 1891: 289-293.

1966년의 뉴욕

빈곤의 문화(Culture of poverty)는 일단 형성되면 계속해서 대물림되기 일쑤이다. 슬럼에서 자라는 아이들은 6-7세가 될 때쯤이면 보통 하층문화의 가치와 기본적인 사고방식을 받아들이게 된다. 그들은 그 이후에는 변화하는 상황을 활용하거나 자기 인생을 개선할 수 있는 기회를 심리적으로 활용할 수 없게 된다. 빈곤의 문화에 젖은 사람들은 부를 거의 만들지 못하고 부의 대가를 충분히 받지도 못한다. 만성적인 실업과 불완전 고용, 저임금, 부족한 재산, 부족한 저축, 비축한 식량의 부재, 만성적인 현금 부족으로 그 가족과 개인들은 빈곤의 악순환에 빠지게 된다. 그래서 슬럼의 가장들은 현금이 부족하기 때문에 더 높은 가격으로 소량의 식량을 자주 구매하게 된다. 슬럼의 경제에 서는 개인 소유물의 잦은 전당, 높은 이율의 대부, 이웃간의 비공식적인 신용 거래, 중고 의류와 중고 가구 이용과 같은 내부 지향적 체제를 갖게 된다.

—Lewis, 1966: 220.

1995년의 로스앤젤레스

······ 노숙자(로스앤젤레스 지역에는 어떤 날은 8만 명의 노숙자가 있음), 새로운 고아들 (노인들뿐만 아니라 아이들인), 새로운 노예들(그들의 '소유주'들은 불법으로 이민 온 하인들을 몰래 고용하고 있음), 실업자와 생활보호대상자를 포함하여, 소위 빈곤의 여성화와 라틴 화에 따른 새로운 계층과, 좀더 일반적으로는 현대 도시학자들이 큰 관심을 보이고 있는 복합 그룹이 도시의 영원한 하류계층을 형성하고 있다.

—Soja, 1995: 133.

1986년의 태국

1986년 태국에서 있었던 슬럼과 무허가 거주지 조사에 의하면, 도시빈곤층은 비빈 곤층보다 식구가 더 많지만(평균 5.6명) 가구당 소득이 있는 사람은 더 적은 것으로 나타 났다. 빈곤층의 가장이 비빈곤층의 가장보다 나이가 더 많고 교육 수준은 낮으며 이동 능력도 떨어진다. 대도시의 빈곤계층들은 주로 일반직 노동자이거나 생산직 노동자이 거나 노점상 일을 한다. 소도시의 빈곤계층은 별로 중요하지 않은 농장 관리 일을 주로 한다. 도시빈곤층은 빈곤층이 아닌 사람들보다 수입의 더 많은 부분을 현금이 아닌 다른 것으로 받지만, 이 소득은 봉급이나 임금으로 받는 것보다 여전히 훨씬 더 적다. 그리고 적은 소득을 보충하기 위해서 그들 스스로 생산한 음식, 의류, 소도구 등에 의존한다. 생활 방식과 생계수단은 공간적으로 도시 내의 작은 지역에 한정되어 있으 며, 이러한 지역들은 각기 다른 생활 조건과 제약 요소가 있다. 고소득 집단들보다 이동 능력이 떨어지는 빈곤층들은 자신들의 생계를 위해 임시 고용과 인접한 생활환경 에 더욱 의존하게 된다. 따라서 빈곤층을 지원하는 프로그램은 빈곤층이 있는 구체적 인 지역 사정에 맞도록 만들어질 필요가 있다.

—ILO, 1998: 15.

(7) 빈곤과 범죄

전 세계적으로 대다수의 빈민들은 법을 준수하며 사는 시민사회의 구성원들이다. 그러나 경험적으로 보면 장기간의 실업 탓이든 사회적 혼란을 겪은 탓이든, 빈민은 평균보다 높은 범죄율과 관련이 있다. 게다가 빈민들이 주류 사회와 격리되어 있는 경우에는 이런 범죄율이 국지적으로 매우 높게 나타난다. 빈민들과 극빈자들은 아이러니하게도 이런 범죄의 주요 희생자가 되고 범죄의 공포에 시달리게 된다. 이것은 빈민들이 사람들에게 폭력이나 범죄의 피해를 입히기도 하는 알코올과 마약에 빠져 있기 때문이고, 특히 불법적인 마약 거래는 일부 젊은 계층이 쉽게 돈을 벌 수 있는, 뿌리치기 어려운 자금원이기 때문이기도 하다. 또한 빈곤은 결혼이나 동거의 파경과 관련이 깊은데, 이는 종종 가정 내의 폭력과 관련되어 있다.

다음은 이와 관련된 경제적 비용을 추정한 것이다.

- 가장 직접적인 비용은 경찰과 교도소 유지비용임.
- 많은 도시들에서 변호사비용을 포함하여 개인 보험과 보안비용이 증가하고 있는데, 그 비용은 쇼핑센터와 은행, 각 가정 등에서 간접적으로 부담하기 때문에 측정하기 어려운 수준임.
- 실업수당을 포함하여, 독신 노인 보조금과 주택 보조금 등 복지비용을 들 수 있는데, 이러한 복지수당은 그들로 하여금 다시 일하기를 기피하게 만드는 '빈곤의 덫(poverty trap)' 역할을 하기도 함.

개발도상국 도시의 경우 범죄와 관련된 공식적인 비용은 일반적으로 낮은 편이지만, 위에서 언급한 비용 계산의 논리는 동일하게 적용할 수 있다. 모든 도시에서 저소득 가구는 범죄에 관해 부당하게 높은 부담을 지게 된다. 범죄는 이른바 악명 높은 지역에 집중되며 부유한 이들보다 빈곤한 사람들에게 더 큰 피해를 준다. 빈곤한 사람들을 사회적으로 통합시키는 정책은 따라서 직접 효과 및 간접 효과라는 두 가지 효과를 동시에 거둘 수 있다.

<자료 2-10> 도시 인구와 범죄

인구 10만 명 이상인 도시에 거주하는 세계 인구의 절반이 최소한 5년에 한 번은 범죄의 희생자가 된다. …… 도시 내 폭력의 규모와 증가 정도는 국가간에(그리고 도시 간에) 큰 차이가 있기는 하지만, 전 세계적으로 도시 내 폭력은 지난 20년간 매년 3-5% 정도씩 증가해온 것으로 추산된다. 최근 많은 도시에서 강력 범죄가 증가해왔으며, 일반적으로 전체 범죄에서 상당한 부분을 차지하고 있다. 이러한 범죄에는 살인이나

과실치사, 유아살해, 폭행, 강간, 성폭력과 가정폭력 등이 있으며, 이런 것들은 현재 많은 나라에서 도시 내 범죄의 25-30%를 차지한다. ……

많은 도시에서 높은 범죄율, 특히 강력 범죄의 높은 비율은 시가지 지역과 공공장소의 공간 형태에 많은 변화를 초래하고 있다. 강력 범죄는 도시에서 더 잘 나타나고, 이것은 불신, 무절제, 지역사회의 생활로부터 개인이 느끼는 고립감, 어떤 경우에는 폭력적인 대응을 초래하게 하는 불안감을 조성하는 데 일조하고 있다. 점차적으로 고소득 집단들은 완전히 요새화된 지역 안에서 살고 일하며 쇼핑하고 여가를 보내고 있으며, 더 이상 노숙자와 길거리 아이들에게 내맡겨진 길거리나 공공장소를 이용하지 않는다.

5년간 인구 10만 이상 도시에서의 범죄 피해자 비율 (단위: %)

	절도 및 차량피해	강도	기타 절도	폭력 및 기타 신체접촉 범죄*	전체 범죄
서유럽	34	16	27	15	60
북미	43	24	25	20	65
남미	25	20	33	31	68
동유럽	27	18	28	17	56
아시아	12	13	25	11	44
아프리카	24	38	42	33	76
전체	29	20	29	19	61

*: 폭력강도, 폭력절도, 신체상해, 성폭력 포함.
출처: UNCHS, 1996b: 123.

(8) 사회 변화와 공간 패턴

다수가 풍요로움을 구가하는 서구 선진국 도시들이 주로 경험한 것은 대량 소비주의에 의한 성장이었다. 대다수 가구는 단독주택이나 아파트 같은 주택뿐만 아니라 여러 가지 내구소비재를 모두 가지고 있다. 집집마다 자동차를 가지고 있는 도시 사회의 풍요는 교외화가 확장되는 데에 경제적·기술적 기반을 제공해왔다. 많은 국가에서 교외화라는 삶의 방식은 가장 일반적인 생활양식이 되었으며, 안정된 저밀도의 근린 환경 속에서 네트워크 시스템으로 통합되어 있고 다양한 클럽과 비공식적인 친분 관계를 누리고 있다. 부유층이나 중산층의 인구가 늘어나는 개발도상국의 도시에서도 동일한 과정이 진행되고 있다.

도시의 중심부 안에서는 전문직과 관리직 직업이 증가하고 도시 내 문화시설에 큰 관심을 가진 대학 교육을 받은 젊은 주민들이 증가하면서, 수준 높은 서비스와

보행 우선 정책으로 조성된 보행상가(보스턴)

차별화된 문화활동을 수반하는 도심 환경의 고급화(gentrification)가 확산되었다. 이
때, 종전의 노동계층 거주 지역은 고급화되거나 밀려드는 외부 전입자들의 차지가
되어버린다. 이러한 도시 환경의 수준 향상에는 새로운 근린 중심적인 생활양식이
수반되어 나타난다. 많은 지역에서 보행우선정책(traffic calming)으로 인해 다시금 거
주자들이 가로를 활보할 수 있게 된다. 도시 교외에 대규모 쇼핑센터가 늘어남에도
불구하고 도심의 소규모 상가는 다양한 개인용 소매품과 서비스를 갖추고 번성하
게 된다. 종전의 공장은 지나간 역사의 흔적을 간직한 채 예술회관 또는 여가의
장으로 탈바꿈하고, 오래된 건축물은 새로운 삶의 공간으로 바뀌어 사람들에게 현
재 속에 남아 있는 과거의 추억과 함께 주민들에게 그 도시에 대한 소속감과 애정을
갖도록 해준다.

　도시의 부유한 교외 지대와 도심 환경의 고급화와는 대조적으로, 1960년대 또는
1970년대에 지어진 많은 사회복지 주택이나 공영주택에는 소수민족의 거주가 늘어
나고 실업률이 매우 높게 나타난다. 해체된 가족과 복지수당으로 아이를 기르는
젊은 여성들은 격리된 사회를 나타내는 상징과도 같다. 즉, 사회적으로나 경제적으
로 통합되어 있는 주류 사회는 저소득층과의 접촉이 점점 줄어들고, 주류 사회와
통합되지 못한 저소득층들의 경제활동은 침체된 일정 지역에 한정되어 있으며, 활
기차고 역동적인 외부 세상과 단절된 채 노동시장으로의 접근에 많은 어려움을

신도시에 조성된 보행자 우선 가로(파리 인근 신도시 마혼라빌레)

겪으면서 사회적 방관자로 살아가고 있다.

　이러한 사회적 차별은 편중된 이주에 의해 더욱 악화된다. 선진국의 경우 정치적 갈등과 박해로부터 탈출해오는 늘어나는 피난민들을 포함한 많은 빈곤한 이주민들이 그들의 최초 정착지를 도시에서 구하려고 하며, 흔히 아무도 살려고 하지 않는 쇠락한 공영주택단지 안에 살게 된다. 이주민들은 이곳에서 주류 사회에서 배제된 사람들과 함께 살게 되는데, 그들은 만성적인 육체적·정신적 고통을 겪고 있는 장기적인 구조적 실업자이거나, '정신이상이거나 성질이 고약하거나 비통에 빠진 사람들'처럼 기능장애가 있는 가구의 사람들이다. 이러한 지역 여건은 그야말로 의기소침하게 만드는 곳으로, 물리적 구조는 쇠락하고 높은 범죄율과 범죄로 인해 공포가 만연하고 사회적 관계와 시민사회의 기준이 붕괴된 반사회적 행태가 횡행하는 곳이다.

　능력이 있는 사람들은 도시나 교외의 더 나은 환경을 찾아 떠난다. 범죄와 열악한 교육시설에 대한 걱정 때문에 자녀가 있는 화이트칼라 직업의 가구들은 교외로 이주하게 된다. 도시는 점점 더 단독가구나 아이가 없는 부부만이 선택하는 공간으로 남게 되며, 이들은 이곳에서 직주 근접을 선호하고 도시에 있는 가게, 식당, 술집 및 사람들의 모임 장소와 같은 공공공간을 많이 이용하게 된다.

　개발도상국 도시에서 이러한 격차는 더욱 극단적으로 나타난다. 한쪽에서는 미국식의 교외화가 일어나고 있는 반면, 다른 한쪽에서는 비공식 부문인 저층 고밀도의 허름한 도시지역에서 빈민들이 지역 경제와 격리된 채 그들만의 네트워크와 상부상조적 조직을 갖추고 전통적인 가족관계와 자급자족 경제를 이루고 있다. 여기서는 또한 조직적으로 토지를 점유하거나, (드물기는 하지만) 때로는 절실하게 필요한 사회질서를 유지하려는 사회운동이 벌어지기도 한다. 이러한 도시들은 소득 격차에 의해 삶의 방식이 차별화면서 분리된 도시들이며, 라틴아메리카에서 자주 발견된다. 아프리카도 이와 비슷한 상황이지만 다행인 것은 상류층의 숫자가 그리 많지 않다는 점이다. 여기서는 폭발적인 도시성장이 과거 식민지 시대의 단핵도시구조를 변형시키면서 다핵화되고 있으며, 각각의 핵은 어느 정도 독립적인 기능을 하고 있다. 이와 같은 지역의 다양성 안에서 생산과 소비활동의 탈중심화가 진행되고 있으며 도시화의 수준과 단계의 차이도 다양하게 나타나고 있다.

빈민들과 불법 이주자들이 도시의 특정한 장소에 집중되는 것은 매우 다양한 결과를 가져오게 된다. 개발도상국과 마찬가지로 선진국 도시들에서도 이로 인한 교육 기회의 불평등한 제공과 질적 수준의 하락을 우려하고 있다. 빈민들과 이주자들의 동네에 있는 학교는 평균 이하의 성적을 보이고 있다. 공간적으로 빈곤이 집중된 곳에 살면서 불이익을 받고 있는 부모의 아이들은, 태어날 때부터 처했던 불리한 상황이 더욱 악화되어 다음 세대까지 대물림될 것이라는 우려에 시달리며 살고 있다.

그러므로 제대로 교육받지 못하는 것이 이들이 가진 심각한 불리함이다. 또한 과밀이나 일상적 스트레스와 같은 다른 불리함은 폭력과 높은 범죄율에 의해 더욱 악화된다.

미국과 영국, 독일의 도시는 상품 제조의 중심에서 정보처리의 중심으로 그 기능이 변화하고 있다. 미국에 관한 자료에 의하면, 도시 직업과 관련된 교육 수준은 일반 노동자 풀(labor pool)의 수준보다(특히 소수민족 노동자 풀의 수준보다) 훨씬 빠르게 높아지고 있다. …… 미국과 유럽의 이런 소수민족들은 도시에서 제공되는 경제적 기회에 매력을 느끼게 된다. 취업의 기회가 적어져도 가족의 재결합과 연쇄적인 이주로 인해 소수민족의 이주는 줄어들지 않고 있다. 그 결과 실업이 만연하고 도심 지역에서의 사회적 곤궁은 계속 고조되고 있다.

―Kasarda, 1997: 308-309.

(9) 자녀가 있는 가정: 도시의 새로운 소수계층
생활양식의 변화는 다양한 현상들에 대한 반작용을 반영하여 나타난다. 대중의 풍요는 생활양식의 변화에 중요한 역할을 한다. 또 관련이 있는 요인들로는 가구원 수의 감소, 가치관의 변화, 직업구조의 변화, 높은 교육 수준, 높은 이동성, 개발 밀도의 감소, 부의 축적, 증가하는 정보화의 물결과 정보의 과부화 현상이 있고, 이에 덧붙여 두드러진 경향으로는 증대되는 교외풍 생활양식, 독신자의 증가 등이 있다. 이주 인구의 유입과 주택 시장에서의 차별과 같은 여러 요인들로 인해 인종이나 소득 계층의 분리 현상이 증가되어왔다.

이러한 일반적 경향과 함께 우리는 사회적 환경과 특별한 가치관(예컨대 전원적인 삶에 대한 선호, 가족 중심의 전통적 종교 가치, 건강과 레저 중심의 생활 방식, 특별한 우상을 숭배하는 다양한 소수종족들과 관련된 식생활에서부터 문화활동으로 이어지는 모든 종류의 특이한 생활양식)에 근거한 엄청난 개인주의적 분화 현상을 목격할 수 있다. 부유한 도시에서 나타나는 높은 소득과 개인주의는 수없이 다양한 생활양식들을 생겨나게 하고 있으며, 이는 정치적 통합과 견실한 사회연대의 가능성을 감소시켜서 통합과 연대를 이루어내고 지키는 것을 더욱 어렵게 하고 있다.

이런 현상에 대한 가장 적절한 지표는 대부분의 도시에서 나타나고 있는 가구원 수의 감소이다. 개발도상국 도시에서는 자녀의 수가 감소하고 있는 반면, 선진국 도시들에서는 자녀가 없는 부부의 수와 독신자의 수가 급격히 증가하고 있다.

자녀가 없는 삶은 여가 시간의 증대, 외식의 증가, 짧은 휴가나 긴 주말의 여유를 가능하게 해주는 하나의 요인이다. 가족 수의 감소는 도시 생활의 결손이나 심지어는 위기로까지 여겨진다. 도시에 사는 젊은 부부들이 자녀가 없는 삶을 자발적으로 계획하지는 않을 것이므로 자녀가 없는 가구가 증가하는 현상은 외적인 압력에 적응하려고 했기 때문인 것으로 보이며, 이는 선호에 의한 자유선택이라기보다 강요된 것이라고 할 수 있다. 가족의 가치는 강한 것이지만, 부족한 시간과 직업적 스트레스 또는 가족을 중시하는 근린의식의 결여 등을 이겨낼 만큼 강하지는 못하다.

가족과 자녀가 없는 도시가 치러야 할 장기적인 사회비용은 아마도 매우 높을 것이다. 가족과 자녀를 갖도록 하는 도시의 구조조정은 스스로에게 이로운 행위가 될 것이다. 그러나 이러한 노력은 추세를 바꿀 만큼 강하지는 않은 것으로 보인다.

생활양식을 그것이 전개되는 도시의 물리적 환경으로부터 또는 그것을 떠받치고 있는 경제적 기반으로부터 분리해서 생각할 수는 없다. 도시 개발 과정에서 나타나는 가치와 생활양식은 사람의 삶을 지배하는 경제체제에 의해 변화되고 조정받게 된다. 더 많은 사람들이 빈곤과 실업에서 탈출하면 할수록, 더 많은 자기표현의 기회와 이들에게 소속감과 연고감을 부여할 수 있게 해주는 도시적인 삶에 참여하는 기회가 많아지게 된다. 그러나 너무나 많은 사람들이 선택의 여지가 전혀 없이 실의에 빠져 있다. 즉, 전 세계의 많은 도시인에게 '도시적 생활양식'이란 그들이 도달하지 못할 소득수준에서나 가능한 일이다.

<자료 2-11> 나이로비: 도시민이 없는 도시

1945년에 나이로비는 인구 10만 명 이상이 거주하는 도시였다(6만 1,000명의 흑인, 1만 명의 백인, 3만 5,000명의 인도인 거주자들이 있었음). 1965년에 인구는 25만 명에 이르렀으며 이 중 백인의 수는 2만 5,000명으로, 인도인의 수는 9만 5,000명으로 증가했다. 그 이후로 전체 인구가 200만 이상(대략적 추정치임)이 되었지만, 백인과 인도인의 수는 감소해왔다. 이곳의 거주자들은, 부모는 다른 곳에 살고 있고(부모와 조부모들은 아주 가끔은 같은 근린지구에서 살기도 하지만), '나이로비아인(Nairobian)'의 배경을 갖고 있지 않으며, 안정된 관습과 정치적인 지역체계가 갖추어졌던 안정된 문화에서 성장했던 사람들이다. 시민사회는 취약하고 시민들은 자신이 나이로비아인임을 자랑스러워하지 않는다. 어떤 사람은 도시가 인종의 도가니라고 주장하지만 하나로 용해되는 데는 시간이 필요하다. 서로 다른 부족과 국가적 뿌리를 가지고 있고 여러 지역에서 온 사람들이 취약한 경제체제에 편입되면, 다수가 생존을 위해 투쟁해야 하고 또 유입 속도가 너무 빨라서 쉽게 하나로 통합될 수 없게 된다. 정상적인 공동의 결속을 위한 연결고리나 공통의 언어조차도 없는 상황이다.

수 세기 동안 축적된 사회자본과 강력한 시민사회가 형성되어 있는 도시들과 나이로비를 비교해보면, 폭발적인 인구 증가, 다양한 이주 동기, 공통적인 국가 전통의 부재, 취약한 정치 및 행정체제, 취약한 공식 부문에 서로 차이가 있음을 알게 된다. …… 그 결과 진정한 의미의 도시가 아닌 분절되고 불안정한 복합체가 나타난다. 상황은 통합을 위한 초기 상태에 불과하고 사회적 변화가 새로운 도시 사회를 형성하려면 오랜 시간이 걸릴 것이다. 가족들을 농촌에 남겨둔 채 직장을 구하기 위해 도시에 왔지만 아직도 뿌리내리지 못한 많은 사람들과, 도시에서 같은 가족이 여러 세대 동안 가게를 소유해왔고 자신들의 부모로부터 상속을 받은 재산 소유자들 사이에는 매우 현저한 차이가 날 수밖에 없다. 급격한 사회 변화가 일어나는 지역에서 '도시'라는 이름표는 여러 가지 의미를 지니고 있음에도 불구하고 그 차이는 흔히 과소평가되고 있다.

─Krabbe, 1994.

(10) 사회 변화와 건조환경

사람들은 자신이 살고 있는 주택 수준과 사귀는 이웃을 통해 자신을 표현하게 된다. 공원 옆의 고층 건물에 산다는 것은 특권층의 삶을 나타낸다. 전형적인 가격대의 단독주택이나 연립주택은 유사한 계층의 그룹에 속하고 싶다는, 그곳에 사는 사람의 바람을 나타내고 있다. 도시 안의 건물은 전체 환경을 구성하는 한 부분이기 때문에 항상 공공성을 지니고 있다. 기반시설과 건물로 이루어진 '하드웨어적 도시(hardware city)'는 습관, 전통, 네트워크, 시장, 사회관계로 이루어진 '소프트웨어적 도시(software city)'와 서로 연관되어 있다. 그러므로 사회적 변화는 도시가 겪는 물리적 환경의 변화 속에 그 내용을 표현하게 된다.

급속히 성장하는 개발도상국 도시에서는 극도의 불평등, 공식 부문과 비공식 부문 사이의 이중성, 같은 도시 조직 안의 사치와 빈곤의 공존 등으로 인해, 자연스럽게 서서히 성장하거나 변화하지 못하고 매우 파편화되고 융합되지 않는 분열된 도시가 만들어진다. 급속한 성장과 극도의 불평등은, 비공식 주거를 완전히 밀어내고 고속도로를 건설하거나 업무시설이나 상업시설 같은 새로운 기능을 수용하기 위해 빈민들의 비공식 주택을 철거하는 도시 재개발과 같은, 도시의 외형적 개조가 일어나게 만든다. 전형적인 개발도상국 도시에서는 인구의 40-60%가 서비스 수준이 열악하거나 빈약한 비공식 부문 주거에 거주한다. 그들이 취할 수 있는 유일한 선택은 고급화 내지는 게토화(ghettoization)되는 것이다. 중간층의 수는 날이 갈수록 줄어들고 있고, 남아 있는 중간층도 교외로 빠져나가고 있다.

다른 한편에는 바젤, 취리히, 프라이부르크, 카를스루에와 같은 고소득의 안정적인 중간 규모 서비스 도시가 있다. 이 도시들은 서서히 자연스럽게 발전한다. 기회비용이 작으므로 오래된 건물은 보존될 수 있고 교외는 기존 주거지에 작은 규모의 단독주택을 추가로 지으면 되며, 매력적이고 개방적인 경관은 무질서한 미국식 도시 확산과는 달리 정치적으로 의견 일치를 이끌어내기에 용이하다. 고밀도 주택과 고밀도 개발은 광범위하게 공유되는 커뮤니티 가치의 일부분을 반영한 것이고, 이 가치는 모든 근린의식과 관련이 있는 복지의 기초적 개념을 포괄하여 나타낸 것이다. 프라이부르크와 같은 도시에서의 도시 개발 과제는 쉽다. 즉, 정치적 견해 차이가 적고 불평등은 견딜 만하며 안정적이다. 이런 도시들은 다른 전통과 계획 이념, 다른 가치체계하에서 발전되어온 북미의 거대도시들과 직접 비교될 수는 없다. 로스앤젤레스의 경험이 말해주듯이, 자동차를 지향하는 미국의 서부 도시와 중간 소득·중간 규모의, 대중교통을 지향하는 유럽형 도시 사이에는 엄청난 차이가 존재한다. 이런 비교를 통해서 우리는, 도시에 있어서 사회 변화로부터 기인하는 긴장을 줄이고 도시의 물리적 환경에 더욱 개선된 경제적·사회적 형평을 반영할 수 있는 기반을 만들기 위해서는 가야할 길이 아직 멀다는 것을 알 수 있다. 도시는 거울에 비추듯이 사회를 반영하고 사회 변화도 반영한다. 좋은 도시 설계는 파편화되고 불평등한 도시 사회에서는 가능하지 않은 것이다.

과밀한 셋집과 고밀의 판자촌이 난립할 정도로 많은 수의 이주자가 도시에 유입되는 한 인종 그룹과 사회계층 간의 급격한 교체와 이동은 어느 도시의 어느 부분에서

든지 일반적인 현상이 될 것이다. 엄청나게 많은 외국 불법 이민자들의 목표 도시가
되었던 요하네스버그는, 1990년대에는 아프리카의 새로운 인종 용광로가 되었다.

<자료 2-12> 요하네스버그에서의 사회변동

요하네스버그의 도심에서는 급격한 사회변동이 일어나고 있다. 과거의 흑인 출입금
지 지역에 지난 11년간 25만 명의 흑인들이 이주해옴에 따라 인종적, 경제적, 인구학적
으로 구조가 바뀌어왔다. 이들 중 다수의 사람들은 이주자로, 강력한 응집의 핵이 없는
상태에서 주변적인 삶이 이루어지고 있으며, 흑인을 위한 안정적인 제도가 없는 상태
에서 도심은 점차로 다시 절망적인 장소로 되어가고 있다. …… 백인들은 도피하고 긴
장이 증가하고 있음에도 불구하고 도심은 강한 다인종적 특성을 유지하고 있다. 10년
전에는 백인이 80%였으나 현재는 70%가 흑인으로 구성된 중심도시의 인구 변화로
인해 외지의 아프리카인들이 요하네스버그로 상당히 많이 이주하게 되었고, 도심 지역
의 생활과 상업 등에서 사회·문화적 변동이 나타났다. 다양한 이주자 그룹은 요하네
스버그의 도시 공간과 경제의 '틈새'를 전전해왔다. 예를 들어 모잠비크인들과 앙골라
인들은 멀리 떨어진 도시 주변 지역에서 극도의 빈곤 상태로 살고 있다. 남부 아프리카
인들은 기존의 흑인 거주지구에서 기술자, 행상인, 점원으로 일한다. 도심 지역의 근린
에는 다수의 모잠비크인과 짐바브웨인들뿐만 아니라 상당한 수의 자이로인들과 프랑
스어 사용권 사람들이 있다. 이들은 국가별로 각기 다른 이해관계와 애국심을 가지고
있고 사회계급에 있어서도 이질적이다. 도시계획과 정책에서 이러한 현상은 매우 중요
하게 취급되어야 함에도 불구하고 중심도시의 인구 구성에 관한 평가는 아직도 제대로
이루어지지 않았다. 도심 주택의 점유와 소유에 있어서 단기 체류 주민들과 급격한
전매율로 인해 전통적인 사회조사방식을 시행하기는 어렵다. 중심도시에는 지속성이
있는 커뮤니티의 기관과 (특히) 학교제도가 없기 때문에, 출신 국가별로 주거공간이
영역화되는 것을 상쇄시킬 수 있는 힘은 거의 없는 실정이다. 외국 출신의 아프리카인
들이 점차로 요하네스버그 중심지의 비공식 상업 부문을 장악해가고 있다.

─Simone, 1997.

(11) 시민사회의 변화 추세

정보화와 통신기술, 유전공학과 같은 주요한 기술 혁신의 적용은 도시의 미래에
점점 많은 영향을 미치고 있다. 또한 대안적 생활양식을 성취하기 위해 태도와 가
치관을 바꾸고 평생 학습에 참여하며 분권화와 자립을 고취시킬 필요성과 함께,
일과 여가 시간의 변화는 도시 시나리오 의제(urban scenario agenda)에 올라 있다.
긍정적인 시나리오에는 일생의 전 생애주기를 통해서 모든 사람들과 일을 공유하
고 시민의 의무와 경제자원을 공유하는 것이 포함되어 있고, 또 새로운 형태의 참
여적 지방조직의 출현뿐만 아니라 개인과 지역 공동체의 자율적이면서 자족적인

실천 등이 포함되어 있다. 보조금 지급, 지방자치와 자립으로 인해 소비자들은 기업가의 자격으로 더 많이 참여하게 된다. 기술의 교환, 지방 금융과 근린을 지원하는 네트워크를 포함하는 이런 행위는 개발도상국 도시의 비공식 부문 경제에서 널리 통용되고 있다. 지역의 기업가들은 그들의 융통성 있는 일 추진이 지역 경제와 사회 네트워크, 지역 시장의 공급체제와 관련이 있는 만큼 자기가 사는 지역에 더 많이 기여하게 된다.

사회적 관계에서는 가족 해체의 심화나 높은 비율의 이혼이나 별거 같은, 가족 관계 안에서 오는 변화가 많은 영향을 미쳤다. 그러나 이러한 현상들은 개인적인 실패로 인식되기보다는 고도로 유동적이고 개인주의화된 현대 생활양식의 결과로 인식될 것이다. 특히 젊은 미혼모들은 더 많은 보조를 받게 된다. 한편에서는 젊은 이들이 더 일찍 그들의 가정을 떠나고 노인들은 혼자 살게 되고, 다른 한편에서는 긴밀하게 결성된 근린지역 공동체, 세입자 조합, 신용조합, 상호부조단체, 여행 동아리 등 많은 지역 네트워크가 형성되고 있으며 계속 생겨날 것이다. 이와 같이 직업뿐만 아니라 종교, 윤리, 문화, 여가 등을 기반으로 하는 많은 이익단체(interest groupings)들이 점점 더 혈연관계와 그에 따른 의무를 대신하게 될 것이다. 이와 같은 이익단체들은 자발적인 민간 부분과 함께 축소된 공공 부문의 역할 이상으로 도시개발의 원동력이 될 것이다.

(12) 거시세계와 미시세계의 연계

이와 같은 지역 차원의 사회·경제·문화적 관계의 변화는 세계화로 인해 초래되는 거시경제적 변화와 상호 연관성을 갖게 될 것이다. 인수와 합병을 통한 독점은 장기적으로는 경쟁력을 약화시키며, 동시에 중소기업에게는 지역 경제는 물론 도시 문화와 얽힌 새로운 기회를 제공해줄 것으로 보인다.

지방행정에도 가치 변화의 징조가 뚜렷이 나타나고 있다. 공식적인 선거뿐만 아니라 지역 문제에 대한 모든 이해당사자들의 참여가 점점 더 확산되고 있다. 도시 개발 당국과 근린지구의 압력단체는 적어도 부분적으로는 행정 당국의 전통적인 관리를 대신하는 새로운 힘으로 작용한다.

비슷한 예로 '비공식' 부문에 거주하는 사람들은 그들의 지역 환경 및 도시적 필요를 다루는 근린지구단체를 만들고 있다. 작은 도시지역 단체들로의 탈중심화 수요가 생기는 것은, 수적으로 증가하는 거대한 규모의 국제기구에 대한 반작용으로 볼 수 있다. 도시 거주자들은 위계가 다른 상위 정부에 대해서 알 수도 없고 알기를 원하지도 않으며, 상위 정부가 지역 민주주의에 압력을 행사하고 있고 지방 차원의 힘을 침해하고 있다고 느끼고 있다. 민영화, 외주, 양여 및 감축 등의 방법을 통해 도시 서비스에 대한 민간 부문의 참여가 커지게 되면, 지방 민주주의의 단점은 보완된다. 지방정부단체와 정치가들의 비중이 약해진 대표적인 예로 도시 안에서 공공 부문의 관리와 계획 수립, 그리고 개발 규제가 약화된 것을 들 수 있다. 지방재정 정책도 국제조약 및 계획의 지정학적 사정(예컨대 국제 항공 기준, 고속통신망 등)에 의해서 삭감되기도 한다.

민간 부문에서의 발전과 마찬가지로 공공 부문의 하향식 위계와 독재적인 기구는, 종전의 선거체제보다는 지속적으로 대중이 참여하는 강한 견제와 균형을 바탕으로 하는, 투명하고 수평적인 관리구조로 바뀌어야 한다. 그러나 재정 및 자원과 관련해서 도시 정부와 근린지구 수준의 지방정부로 진정한 권한을 이양해주는 것에 대해서는 아직도 많은 저항이 남아 있다. 미래 도시의 근원적인 힘이 될 지방행정의 형태는 가장 앞선 개혁가들의 기대 수준에는 아직 미치지 못하고 있다. 사람, 상품, 자본과 정보의 흐름, 이른바 카스텔이 말한 '흐름의 공간(space of flow)'이 세계적 네트워크의 결절점을 형성하고, 이곳에 도시의 힘이 집중하게 될 것이다(Castells, 1996: 348). 그럼에도 불구하고, 도시 커뮤니티는 영역적 개성을 약화시키고 지역주의를 붕괴시키는 동시에 도시적 삶의 질을 유지하기 위해 상향식의 지역 의사결정 체계와 조정체계를 만들어내야만 할 것이다.

지방정부는 그 존재 이유를 잃어버리고 있다는 주장을 할 수도 있다. 게다가 지역 주민들에 의한 전자 의사 결정의 이론적 가능성(이는 정치권에 의해 거부되고 있지만)을 감안한다면, 우리가 알고 있는 형태의 도시 정부는 이제 쓸모없는 것이 될지도 모른다. 권한의 부여 내지 위임(이는 따지자면 하향식의 개념이다) 대신에 권력을 진정으로 이양하는 것이 도시 문제의 고질적인 문제(특히 개발도상국의 경우에는 충분하고 적절한 주택과 일자리를 제공해야 하는 것)의 해결방안이 된다. 시장경제에서 입증된 자유주의의 원칙이 개인에게 적용되지 못할 이유가 없다.

많은 사례들에 의하면(예컨대 라틴아메리카의 비공식 경제 부문), 극빈층은 그들의 기본적인 욕구 충족을 위해 부유층보다 몇 배나 더 많은 비용을 지불하고 있다. 왜 '비공식' 지역 거주자들은 운동장 정도의 기본적인 편의시설을 스스로 공급할 수 없을까? 주로 교환가치가 없는 재화와 서비스를 제공하는 이들의 비공식 부문 지역 경제는 이미 개발도상국 대도시 경제의 상당 부분을 형성하고 있다. 극빈층들은 자신의 집을 스스로 짓고, 흔히 매우 열악한 조건(예컨대 법적 권한이 없고 추방 위협이 있으며, 기반시설은 전무하고 일자리 기회로부터 멀리 떨어져 있으며, 최악의 물리적·지형적 특성이 있는)에서 성공적으로 생존한다. 이들이 성공했다는 증거는 이들의 주택이 점차 비공식 부문에서 공식 부문으로 변모하고 있다는 것이다. 자신들이 가진 자원을 동원하고 자신들의 가치와 기대에 따라 이들 스스로의 개발을 공동으로 조직하는 방식은 보다 투명하고 받아들일 만한 지방의 거버넌스를 위한 미래의 모델이 될 수도 있다.

더 많은 적극적인 저항운동, 자조적이고 직접적인 행동, 적극적인 소비자들에 의한 확신에 찬 기업가정신 같은 것들은, 도시 행정의 낮은 서비스 전달 수준에 만족하지 못하고 도시 행정이 그들의 삶에 영향을 미치는 방식에 대해 좀더 크게 발언하기를 원하는 시민들의 행동에 변화가 생겼음을 반영하는 것이다. 반드시 기존 도시제도를 바꾸지 않더라도, 지방행정에 대한 우리들의 자세와 가치는 더 많은 사람들의 권한을 찾아주기 위해서 변화해야 할 필요가 있다. 지방행정 당국은 변화하는 가치와 행위에 근거하고 있는 집합적·개인적 생활양식에 적극적으로 대응하고 그 밖의 커뮤니티 행위와도 타협할 필요가 있다. 도시적 생활양식과 이에 대한 소망은 정보 기술과 세계화의 경우와 마찬가지로 지역 경제, 부동산 시장, 일반적인 도시 생활양식에도 영향을 미치게 된다. 만약 도시의 개발 단계와 지역적 맥락을 고려하지 못하거나 지역 주민의 지지를 확보하지 못한다면, 정치가에 의해 제안된 정책은 현실성을 갖기 어렵고 성과도 없을 것이다.

선진국의 알선 도시들에서 보여주는 삶의 수준은 점차 증가하는 불평등의 문제, 특히 교육의 불평등을 해결하는 방식에 크게 영향을 받게 될 것이다. 미래에 경쟁력 있고 인간적인 도시가 되려면 학습의 도시가 되어야 하고 배움에 대한 접근이 공평해야 한다. 아울러 서로에게 관대한 개인들에 의해 공유되는 질서의 도시가 되어야 한다.

> 간단히 말해서 만약 어떤 국가들이 더 부유해지기를 원한다면 그들의 국민들은 좀더 현명하게 행동하도록 배워야 한다.
>
> —McRae, 1994.

자본과 재능 있는 사람들의 이동성이 점증하는 세계 속에서 사회적 긴장, 범죄와 불평등은 경제용어로 표현하자면 자멸적인 것이다. 바로 이것이 21세기를 준비하는 도시가 겪게 될 핵심적인 사회적 과제이다.

5. 환경

생태란 무엇인가? 초록색으로 칠한 택시를 말하는가? 멕시코에서는 녹색 택시를 '생태 택시(eco taxi)'라 부르고, 또 쇄도하는 차량의 물결 속에서 살아남은 생기 없는 나무늘이 있는 곳을 '생태 공원'이라 부른다. 대도시 환경오염방지위원회는 오염이 매우 심한 날(실제로는 거의 매일이지만)에는 '가능한 한 외출을 피하고, 창문을 잠그고, 오전 10시에서 오후 4시까지는 운동을 피해야 한다'고 말한다. …… 자전거 전용도로가 없는 라틴아메리카의 도시에서 자전거로 통근하는 것은 거의 자살 행위에 해당한다. 자동차는 투표권이 없지만 정치가들은 자동차들이 조금이라도 불편하지 않을까 노심초사하고 있다.

—Eduardo Galeano, 1995.

인간이 만들어낸 문제는 인간이 해결할 수 있다.

—John F. Kennedy.

1) 자원, 공간, 환경으로서의 자연

(1) 세 가지 역할의 개념

도시는 건물, 생산, 소비, 교통의 집적지이다. 도시는 직업과 생활을 위한 투입요소로서 노동, 자본, 기술, 자연자원, 공간을 필요로 한다. 도시 개발을 위해 필요한 요소들을 나열해보면, 지속 가능한 도시 개발을 이루기 위해 충족되어야 할 필수요소들 간의 균형을 맞추는 것이 얼마나 중요하며 동시에 얼마나 어려운지를 분명히 알 수 있다. 예를 들어, 소득과 생산의 향상을 통한 복지 증대는 (다른 조건이 동일하다면) 더 많은 일자리와 자동차, 주택이 필요함을 의미하고, 이는 또한 더 많은 공간과 자연자원이 필요함을 의미한다. 그러므로 소득 증대를 통한 복지 향상은 자연환경의 질을 저하시킬 것이고, 인간은 자연의 일부로서 자연과 끊임없이 접촉하며 식량과 은신처를 제공받기 때문에 자연환경의 질 저하는 복지를 저해하게 된다.

이를 좀더 자세히 살펴보면, 자연은 도시 개발에서 복합적인 세 가지 역할을 수행한다.

- 자원 투입 요소로서의 역할.
- 입지를 위한 공간 요소로서의 역할.
- 정신적·신체적 실존을 위한 외피로서의 역할. 이것은 소비재로서의 역할이기도 함.

이러한 자연의 3가지 역할은 모든 자연과 관련된 정책과 행위가 도시 개발의 중심적 지위를 차지하게 만들었는데, 이는 모두 시급하긴 하지만 동시에 상충되는

자연속의 신도시(밀턴 케인스)

　여러 가지 요구와 우선순위들 사이의, 때로는 고통스러운 상쇄적 교환을 줄일 수 있는 혁신적인 해결책에 대한 필요성을 제기한다. 이러한 상충은 개발도상국에서 가장 현저하게 나타나게 되는데, 그 이유는 다음과 같다.

- 기술과 자본은 희소하며, 그래서 자원이 흔히 매우 낭비적으로 이용됨.
- 빈곤과 그날그날의 생존을 위한 투쟁으로 인해 미래 세대를 위한 대비에 거의 신경을 쓰지 못함. 기술은 자연의 제약 중 일부분을 극복할 수 있게 해주지만, 이러한 기술은 매우 비싸서 빈민들은 이용할 수 있을 때까지 기다릴 수 없음. 그들은 언덕에 테라스를 만들기 위해 불도저를 쓸 여유가 없기 때문에 비위생적이고 위험한 침수 지역에 그들의 집을 짓게 됨.

(2) 도시와 자연
　자연과 도시 간의 이와 같은 세 가지 관계에 의해서 도시의 현재 모습이 형성되어 왔으며, 또 미래에도 형성될 것이다.
　도시는 인간이 만든 구조물이며 자연환경 속에 놓여 있다. 파리, 프라하, 워싱턴, 캔버라, 뉴욕과 같이 잘 설계되고 잘 건설된 도시들은 자연과 아름답게 조화를 이루고 있다. 그러나 20세기를 통틀어 도시 형태(또는 건조환경)와 자연과의 관계는 끊임없는 긴장을 만들었고 도시 설계에서 논란을 일으켰다. 그리하여 기하학적으

전원풍의 신도시(밀턴 케인스)

로 반복되는 건물군으로 이루어진 전통적인 고밀도 도시인 베를린과 뉴욕은, 자연 공간으로 접근하기는 쉽지만 도시 내부에 자연공간이 그리 많지는 않다. 런던과 같이 저밀도이면서 수많은 근린공원이 있는 도시는 아주 보기 드문 경우이다.

19세기 말에 하워드가 제안한 전원도시 개념은 지나치게 밀집된 19세기의 과밀 문제에 대한 하나의 해법이었으며, 르 코르뷔지에가 제안한, 대규모 공원 안에 세워 지는 타워형 도시는 19세기의 과밀도시에 대한 또 다른 해법이었다. 하워드의 시도 는 '도시적 농촌(Town-Country)'이라는 새로운 거주지 형태를 만들어냄으로써 인간이 자연을 되찾게 하려는 것이었다. 르 코르뷔지에의 시도는 아파트의 발코니나 공원 을 이용하여 사적 공간 혹은 준사적(semi-private) 공간을 만들어줌으로써 인간이 일 상생활에서 자연과 접촉할 수 있는 기회를 증대시키고자 하는 것이었다. 영국의 신도시인 할로우(Harlow), 밀턴 케인스(Milton Keynes), 또는 대형 타워가 있는 리우의 바라 다 티후카(Barra da Tijuca), 1952년 건축 전시회의 일부로 만들어진 베를린 한자 지역(Hansa-Quarter)의 건축들은 자연 접촉의 증대를 추구했던 독창적인 선구자들의 의도를 잘 살린 것이었다. 그러나 상상력과 충분한 자금 없이 복제된 이 두 가지 스타일은 표준 이하의 획일적인 환경을 너무나도 자주 만들어냈다. 공공의 공개 공지가 부족하고 무질서하게 확산되는, 서비스 수준이 낮은 저밀도의 교외지역과, 자연 공간이 부족하고 사람들이 거의 살지 않는 지역 안에 들어선 고층 건물군

가운데 어느 것도 자연과 도시 사이에 존재하는 끊임없는 긴장에 대한 적절한 해법을 제공해주고 있지 못하다. 1960년대에 제인 제이콥스는 (전통적인) 가로에 고밀 주택이 늘어서 있는 전통적인 도시 패턴으로의 회귀를 주장했는데, 1990년대에 대두된 뉴어버니즘(new urbanism)은 분명히 그녀의 생각을 반영하고 있다. 그러나 이 역시 자연의 전체적 의미를 잃어버린 19세기 도시로의 회귀라는 결과를 초래할 우려가 있다. 이와 같이 지금까지도 확실한 해결책은 제시되지 않았으며, 19세기에 받아들여졌던 합의는 이제 사라져버리고 없다. 자연과 도시 간의 해결되지 않은 환경문제는 21세기의 도시계획에서 논의되어야 할 의제로 여전히 남아 있다.

(3) 도시와 환경

도시는 토지를 아주 경제적으로 이용하기는 하지만 계속해서 새로운 토지 자원을 필요로 하면서 도심에서 교외로, 교외에서 그 외곽 전원으로 확장을 거듭하여 결국에는 인간을 자연 경관으로부터 점점 더 격리시켰다. 그러므로 도시에 대한 계획은 부동산 시장을 감안해야만 하고, 건축에 필요한 부지와 공개 공지를 위한 수요를 조정하고 중재해야 한다. 도시의 생태계를 고려한 공간적 성장과 점점 심해지는 자연자원의 희소성 사이의 긴장은 인류가 당면한 가장 상충된 과제 가운데 하나로 대두되고 있다.

역설적으로 이러한 상충은 빈곤과 풍요라는 양 측면에 의해서 만들어지는 결과이다. 그러므로 비록 모든 도시들이 지구 온난화 현상이나 공간적 성장의 한계와 같은 범지구적인 환경문제를 공유하고 있지만, 한편으로 환경문제의 속성은 빈곤한 도시와 부유한 도시에서 서로 다르게 나타나고 있다. 빈곤은 사람들로 하여금 생존을 위한 매일 매일의 투쟁을 강요하고 장기적인 결과를 고려하지 못하게 만든다. 그것은 음식에서 주택에 이르기까지 생필품을 생산하기 위해 자연자원을 비효율적으로 이용하게 하고, 자원을 남용하게 한다. 그래서 전형적인 저소득 국가의 사람들은 나무, 똥, 밀, 볏짚, 코코넛 껍데기, 목화 줄기, 쌀겨, 옥수수 껍질, 사탕수수 깍지, 담배 껍질 또는 이와 유사한 형태의 생물자원(biomass)을 연료로 이용한다. 그러나 일반적으로 그들은 에너지에 대한 대가를 더 많이 지불하고, 양질의 식량 생산을 위해 요구되는 투자는 할 수 없는 형편이다. 그래서 실제로 그들은 빈곤을 더 심화시킨다. 뿐만 아니라 생물자원의 사용은, 특히 이러한 자원들이 실내에서 연소될 경우, 건강에 악영향을 미칠 뿐만 아니라 의료비 부담을 증가시키고 빈민들이 생산적으로 일할 수 있는 능력을 저해한다. 마지막으로, 도시지역에서 생물자원의 사용은 끊임없는 산림 벌채를 유발할 것이고, 이는 미래의 비용을 증가시키고 빈민들의 삶의 수준을 더욱 저하시키게 된다. 이와 비슷한 예로 상수도를 이용할 수 없는 빈민들은 물을 손수 길어 날라야 하고 때로는 오염된 우물을 이용하게 된다. 그리고 이들은 제대로 된 하수도를 설치할 경제적 여유가 없으며, 그래서 다시 공공 위생 문제로 고통받게 된다.

부유한 도시들의 경우에는 과거의 막대한 투자를 포함한 기득권에 대처해야만 한다. 기득권층의 인식 부족과 정화 기술의 부족으로 인해 부유한 도시들은 환경에 대한 위험을 증가시키고 있는데 이는 자원 기반에 대해 거대하게(그리고 지속적으로) 증대되고 있는 '생태적 종적'[3]을 통해서 파악할 수 있다. 단 한 가지 좋은 소식이 있다면 지속 가능한 개발을 통해서 빈곤이라는 과제와 환경오염문제가 극복될 수 있다는 것이고, 부유한 도시들에서는 친환경적인 정책을 뒷받침하는 새로운 세력과 새로운 연합체들이 형성되고 있다는 것이다(그 원인들은 다음과 같다).

- 생태적 요소와 인간 정주 요건과의 균형을 취할 필요성이 더욱 긴박해지고,
- 자연에 대한 직접적인 필요성이 강해지며,
- 기술의 발전이 오염을 저감시키고 에너지와 자원을 절약하는 일을 용이하게 하고,
- 장기적인 관심사에 대한 인식이 제고되고 있음.

환경적인 지상 과제가 도시의 정책 결정자들로 하여금 지속 가능한 개발에 대해서 경쟁적으로 관심을 갖도록 하고 있다. 이에 따라 도시 형태에 관한 계획, 교통체계, 생산양식 등이 점점 더 환경적으로 지속 가능한 방향으로 바뀌게 된다.

2) 도시 환경의 도전 과제

(1) 위험과 기회로서의 도시

지속 가능한 미래를 완벽하게 준비하고 있는 도시는 없다. 모든 도시는 독성 화학물질을 배출함으로써 기후 변화에 영향을 주고 있고, 생물종의 멸종이나 상품 소비의 증가를 통해 산림 황폐화에 일조하고 있다. 해양 황폐화의 주원인은 많은 도시들이 바다에 접하고 있기 때문에 생기는 오염에 의한 것이다. 단지 몇몇 도시에서만 환경문제가 줄어들고 있다. 대기오염, 수자원 남용, 기후 변화, 자원 고갈과 같은 도시 환경문제는 모든 도시에 걸쳐서 발생하고 있으며, 이는 도시민의 건강,

---

3) 생태적 종적(蹤迹)(ecological footprint)이란 인간의 다양한 경제활동에 소요되는 모든 자원을 하나의 측정 단위인 생산적인 토지 소비 면적으로 환산하여 나타낸 것으로서 한 지역의 자원 소비가 지속 가능하게 이루어지고 있는지 여부를 가늠할 수 있는 개념이다.

풍요, 직업을 위협하고 있다. 도시 시스템은 세계시장과 세계 환경문제에 상호 연관되어 있으며, 이들은 문제와 책임을 공유하고 있다.

환경 측면에서 보면 도시에는 문제와 기회가 공존하고 있다. 도시의 문제는 지역과 지구의 환경에 막대한 영향을 미치고, 인구, 생산 그리고 에너지, 물, 상품, 서비스의 소비가 고도로 집중되어 있기 때문에 생겨난다. 도시는 환경 파괴에 중요한 역할을 하고 있다. 산업화 초기부터 자연 착취적인 생산이 도시에 고도로 집중됨에 따라 자연환경은 황폐화되어 왔다. 많은 사람들이 충격과 경탄 속에 기술해왔듯이 산업화에 의해 매력적인 건축물과 도시가 만들어졌지만, 그와 동시에 한편에서는 자연과 매력적인 경관이 파괴되었다.

<자료 2-13> 19세기의 산업화

1835년의 맨체스터

30 내지 40개의 공장이 언덕 위에 세워진다. …… 6층 건물이 솟으며, 공장을 넓게 둘러싼 담장은 멀리 떨어진 곳에서도 매우 잘 보인다. 그 주위에는 빈곤층의 비참한 주거지가 아무렇게나 흩어져 있다. 경작되지 않는 토지가 빈곤층의 주거지 주위에 펼쳐져 있지만 전원의 매력이라고는 없으며, 도시적 쾌적함도 찾아볼 수 없다. 여기저기 사방의 토양이 유실되고 파헤쳐지고 찢겨졌지만, 아직 사람들의 거주지로 채워지지는 않았다. 토지는 산업용도로 지정되어 있다.

고개를 들어 주변을 자세히 둘러보면 당신은 거대한 산업의 궁전들을 볼 수 있을 것이다. 당신은 용광로의 소음, 증기 소리를 듣게 될 것이다. 이 거대한 구조물들은 사람이 사는 거주지에 빛과 공기를 차단한다. 구조물 주위에는 끊임없이 수증기가 피어오른다. 여기에 노예와 주인이 함께 있다. 소수의 부유층이 있고 다수의 빈곤층이 있다. 이 사회는 아직 베푸는 것을 배우지 못했다. 이곳에 있는 약자들은 황야 한가운데에 있는 것보다 더 연약하고 무력한 것처럼 보인다. 검은 연기가 도시를 덮고 있다. 그 사이로 보이는 해는 빛이 없는 원반처럼 보인다. 이렇게 침침한 햇빛 아래에서 30만 명의 사람들이 쉴 새 없이 일하고 있다. 시끄러운 소음들이 이 어둡고 축축한 미로에 가득하지만, 이 소리는 위대한 도시에서 사람들이 듣는 일상적인 소리와는 전혀 다르다.

분주한 군중의 발걸음 소리, 삐걱거리는 기계의 바퀴 소리, 보일러의 날카로운 증기 소리, 직조기의 규칙적인 울림, 짐수레의 덜거덕거리는 소리……. 어둠침침한 빛이 비치는 이 거리의 모든 소음으로부터 당신은 결코 벗어날 수 없다. 당신은 부자들이 집으로 돌아가거나 즐길 것을 찾아 떠날 때 내는 달가닥 달가닥 하는 말발굽 소리 같은 것은 결코 듣지 못할 것이다. 사람들이 흥에 겨워 내지르는 즐거운 함성이나 휴일을 알리는 음악은 결코 들을 수 없다. 당신은 거리를 한가로이 거니는 사람들이나 주변 정원에서 열리는 야외 파티에 가기 위해 맵시 있게 차려입은 사람들을 결코 보지 못할

것이다. 군중들은 언제나 맨체스터 거리를 이리저리 잽싼 발걸음으로 허둥거리며 다니
지만, 그들의 눈빛은 무언가에 몰두해 있으며 표정은 침울하고 굳어 있다. ……
—de Tocqueville, 1835: 117-118.

1854년의 석탄 도시(coketown)
이런 날씨에 멀리서 보면 석탄도시는 항상 무언가에 흐릿하게 덮여 있으며 햇빛조
차 통과하지 못할 것 같다. 당신은 단지 도시가 그곳에 있다는 것만을 알아볼 수 있을
뿐인데, 그것은 당신이 알기에 도시 말고는 그렇게 음침하게 얼룩져 있는 경치가 없기
때문이다. 바람의 방향이 이쪽저쪽으로 바뀔 때마다 석탄 도시에 가득한 연기와 그을
음 또한 즉시 이리저리로 혼란스럽게 흩어졌다가 공중으로 솟아오르다가 다시 대지
위에 짙게 깔린다. 이 지역은 조밀하고 일정한 형태가 없는 혼란스러운 곳으로, 그
안에는 교차하는 불빛들과 함께 단지 어둠 덩어리들이 있을 뿐이다. 석탄 도시는 그
안의 벽돌 한 장도 구분해낼 수 없으면서 멀리서 어렴풋하게 보일 뿐이다.
—Dickens, 1854: 125.

현대의 도시는 새로운 방식으로 경관을 파괴하고 있다. 거대한 간선도로체계가
쇼핑센터, 공장 지역, 교외 주택, 여가 센터, 스포츠 시설, 도매점, 오피스 파크를
연결하면서 철로와 기타 네트워크에 의해 가로 막힌, 어떤 목적에도 사용할 수 없는
쓸모없는 토지를 만들어낸다. 매년 도시의 무질서한 확산은 연약한 생태계와 지금
까지 침해받지 않았던 자연을 파괴했다. 도시는 에너지와 물 소비의 결절점이며
오염이 집중된 지역이다. 물에 대한 필요가 증가하면서 취수하는 거리가 점점 멀어
지고 있으며, 그 결과 농업이나 생태계에 영향을 주고 있다. 건물의 집적체, 그중에
서도 고층건물의 집적체인 도시는 토양을 깊이 파고 넓은 지역을 밀폐하여 폐기물
과 유해물질로 덮어버리기도 한다. 재활용은 기술적으로는 대부분 가능하지만 비용
이 너무 많이 들고 실행하기 어렵다. 도시의 일부 지역은 거주할 수 없거나 건강에
해로운 곳이 되었다. 도시적 용도로 사용되고 난 이후에 많은 지역이 건강에 유해한
지역으로 종종 봉쇄되기도 한다. 어떤 경우에는 자연의 특성과 필요를 무시한 도시
개발과 부적절한 위치에 벌어진 개발의 결과로 인해 산사태와 홍수가 일어나기도
한다. 계획체계는 이런 일을 막기에는 대개의 경우 진행이 너무 느리며 너무 소극적
으로 개입하거나 기준이 비현실적으로 높아서 무시되기 때문에, 결과적으로 빈곤층
들은 심각한 위험에 노출된 땅에서 살도록 강요받아왔다.

이러한 도시 환경의 파괴에도 불구하고 도시는 잠재적인 해결책 내지 장점을
갖고 있다. 즉, 도시는 인구, 생산, 빌딩 등이 집중되어 있기 때문에 부족한 환경자원
을 경제적으로 활용할 수 있는 기회를 제공한다. 도시에서 사용되는 에너지의 대부

분은 냉방과 난방, 생산 활동과 이동을 위한 교통수단에 쓰인다. 에너지를 절약하는 일이 일반적으로 경제적·정치적 목표가 되고 있으나, 에너지 절감 기술은 분산된 넓은 지역보다는 도시에서 더 빠르게 확산될 수 있기 때문에 도시에서야말로 에너지 절감 목표를 성공적으로 달성하기 쉽다. 에너지 생산에서 나오는 열을 물이나 공기 속으로 소실시키지 않고 건물의 난방 에너지로 활용할 수 있다. 확산된 도시와 비교해볼 때 고밀 도시에서의 생활은, 에너지 절약 조치들에 대한 효과가 높고 따라서 에너지를 더 경제적으로 활용할 수 있게 한다.

많은 도시들은 지속가능성을 증진시키는 그들 나름의 독창적인 정책을 성공적으로 개발해왔다. 이러한 도시들에서는 대중교통 서비스를 지원할 수 있도록 중간 밀도나 고밀도를 유지하고 있다. 따라서 이 도시들은 자동차교통 위주에서 환경적으로 이점을 가지는 대중교통 시스템으로 수송수단을 바꾸어왔다. 이 도시들은 열과 전력을 함께 생산하는 생산방식을 개발했고 에너지의 사용을 줄이기 위해 이중 관세를 도입했으며, 빌딩의 단열을 권장하고 지속 가능한 계획 개념을 더욱 발전시키고 있다. 취리히, 프라이부르크, 바젤, 카를스루에, 코펜하겐, 볼로냐와 같은 유럽의 몇몇 도시들은 다른 많은 도시들이 모방해온 모델을 제시해왔다.

<자료 2-14> 도심을 강화하고 있는 코펜하겐

자동차의 소유와 이용은 사회적 지위의 보전, 인정과 같은 여러 가지 사회적 요인들과도 깊은 관련을 맺기 때문에, 이동 수단의 패턴을 변화시키는 것은 가장 어려운 일인 듯하다. 그러나 덴마크 코펜하겐의 사례에서 보듯이 교통정책 측면에서 행태 패턴의 변화는 지방자치단체의 종합적인 정책 수단과 적절한 중장기적인 계획에 의해 달성될 수 있다는 것을 알 수 있다. 통상적으로 '덴마크에는 뚜렷한 도시문화가 없다', '덴마크인들은 결코 차에서 내리지 않으며 이탈리아인들처럼 산책하지 않는다'고 알려져왔다. 그러나 지난 20년간 대중교통 중심의 도시 형태를 만드는 것을 시작으로 개인 차량 이용 증가로 인해 발생하는 문제들을 해결하려고 노력한 결과 교통량이 상당히 감소했고 대중교통 영역이 매우 매력적으로 변했다. 가로에서의 사회활동과 여가 활동으로 인해 도시는 더욱 활기차게 변했다. 또 다른 결과로 도시 변두리 지역의 연립주택은 매력 있는 도심에서 '너무 멀리 떨어진' 것으로 여겨졌기 때문에 시장이 점점 축소되고 있었다. 여러 해 동안 지속적으로 추진된 방법은 도시 주택 사업과 주차 공간의 감축, 가로의 보행공간화를 조합한 것이었고, 보행 활동과 일반적인 가로 활동에 적합한 가로를 만들어주는 방법이었다.

-UNCHS, 1996b: 318.

(2) 환경 지식: 행동의 전제조건

도시 거주자들은 대부분의 경우 그들이 사용하는 상품의 생산 과정과는 격리된 채 살고 있다. 그들은 생태적 중요성에 대해 제한된 지식을 가지고 있을 뿐이다. 생태에 관한 정보의 공백을 메우는 수단으로 생태적 종적(蹤迹) 지표를 설정하는 일은 이러한 개인적 경험의 부족을 메울 수 있는 방법이다. 이는 생산에 필요한 에너지와 재료를 산출하고, 도시 거주자들이 일상에서 발생시키는 폐기물을 제거하는 데 필요한 토지의 면적을 추정하는 방법이다. 이 지표는 고밀도 도시에서 도시민이 생존하려면 얼마나 많은 양의 생태 공간이 필요한지를 보여주는 단순한 측정치이다. 이 지표를 보면 대부분의 도시가 지속 가능한 개발과 얼마나 멀리 떨어져 있으며, 지속가능성이라는 개념이 도시의 일상문화와 현재 도시의 정치적 논의에서 얼마나 동떨어져 있는지를 알 수 있다.

지속 가능한 도시 개발의 개념은 잘 이해되고 있으나, 이것이 곧 지속 가능한 도시 개발이 일상생활에서 가장 우선되어야 할 원칙이 되었음을 의미하는 것은 아니다. 미국 시민 한 사람이 환경에 지우는 부담은 방글라데시 주민 한 사람의 20배에 이르고 있으며, 제1장에서 이미 논의되었듯이 만약 60억 지구 인구가 오늘날의 평균적인 캐나다인과 동등한 소비수준을 유지한다면 지구의 크기는 현재의 3배가 되어야 한다. 지속가능성의 필요조건이라는 면에서, 부유한 '북반구 국가들(the north)'은 인구가 과도하게 많거나 대책 없이 자원을 낭비하고 있는 것이다.

<자료 2-15> 지속 가능한 산업체의 새로운 철학

기업 철학을 바꾸는데 성공한 것으로 보이는 기업의 사례로, 인테리어 부문에서 전 세계적으로 유명한 기업인 미국 인터페이스사(Interface Inc.)의 영업 및 기업 이미지 개선 사례를 들 수 있다. 이 기업의 비전은 세계 최초로 지속 가능한 생산 기업이 되는 것이며, 지속적으로 기업의 생태적 종적을 줄이고 회복 불가능한 지구로부터는 자원을 취하지 않으려고 노력하는 것이다. 회사는 이렇게 하기 위해 매장에서부터 중역 회의실에 이르기까지 경영의 모든 측면을 검토할 필요가 있었다. 이 과정에서 새로운 업종을 재창조하고 피고용자, 고객, 공급자와의 관계를 완전히 변화시켰다. 법적 규제에 따르는 것 이외에는 어떤 환경적 고려도 하지 않은 채 23년 이상 회사를 경영해온 이 회사의 회장은 1995년에 새로운 경영 철학을 표명했다. 이제 지속가능성이라는 철학은 세계시장에서 인터페이스사를 경쟁력 있는 위치로 자리잡게 하는 전략적인 공약이라고 인식되고 있다. 세계시장은 기업들이 한정된 자연자원에 덜 의존하도록 하는 경쟁의 장이 되었다. 그의 이러한 '자각'은 일생의 사명이 되었고, 그가 이 야심 찬 과정을 공개적으로 밝혔을 때 개인적 평판과 회사의 신용도는 높아졌다.

검토해야 할 이슈들은 다음과 같았다.

- 물의 이용과 소비
- 생산자의 책임
- 자원 보전
- 생산·소비 주기
- 에너지 효율성
- 폐기물의 이용과 재활용

－UN 모범 사례 데이터베이스.

3) 지속 가능하지 못한 현재

오늘날의 어떤 도시도 환경적으로 지속 가능한 도시는 없다. 오히려 지속 가능하지 못한 개발의 유형은 다양하다. 부유한 나라의 사람들은 이산화탄소를 배출하는 자동차를 더 많이 소유하고 있고 더 많은 에너지를 소모하고 있다. 빈곤한 도시에서는 하수도 시스템이나 정수 시스템이 부족하고 낡은 자동차에 대한 부실한 관리로 대기가 오염되고 있어서, 시민들은 건강상 허용되기 어려운 정도의 높은 위험에 노출되어 있다.

선진국과 개발도상국의 지방정부는 여러 가지로 할 일이 많이 있지만, 긴급한 필요를 충족시키기 위한 재정은 극히 제한되어 있다. 개발도상국 도시에서는 재원 부족이 가장 큰 제약 요인이다. 선진국 도시에서는 신속한 대응을 어렵게 하는 기득권과 기투자된 매몰자본(sunken capital)이 문제이다. 또한 어떤 유형의 도시에서든지 환경적으로 지속 가능한 도시 개발을 위해 필요한 우선순위를 올바르게 설정하는 일은 무지와 태만으로 인해 더욱 어려워지고 있다.

소득이 증대됨으로써 이러한 문제들의 해결은 더 어려워질 수도 있고 쉬워질 수도 있다. 소득이 늘어나면 자동차 수도 늘어나고 그 크기도 커질 것이며, 주택의 수도 늘어나고 사람들은 더 자주 이동하고 스포츠 시설을 더 자주 이용하거나 레크리에이션 활동도 많아지기 때문에 환경오염의 위험은 더 커지게 된다. 부유한 사람들이 빈곤한 사람들보다 환경적으로 더욱 위험한데, 그 이유는 빈곤한 사람들은 부자들보다 환경오염을 발생시킬 수단을 더 적게 갖고 있기 때문이다. 그러나 빈곤한 사람들은 깨끗한 식수가 부족하고 건강에 심각한 위험을 주는 부적절한 하수처리 시스템 때문에 환경 파괴로부터 더 심각한 피해를 입게 된다. 그러나 부유한 사람들의 위험이나 피해는 더 간접적이기 때문에, 그들은 환경에 더 많이 투자할 의사가 별로 없다.

<자료 2-16> 환경오염과 훼손의 원인은 사람

더구나 사람들이 환경오염과 훼손의 궁극적인 원인이 된다. 사람 수가 늘어날수록 지구 환경의 질은 계속해서 낮아질 뿐이다. 환경 프로젝트는 환경의 질적 하락 속도를 단지 늦추는 것을 의미할 뿐이다. 1990년에 태어난 한 명의 미국 아이는 평생 동안 100만 킬로그램의 대기오염물, 1,000만 킬로그램의 수질오염물, 100만 킬로그램의 고체폐기물을 만들어냈다. 미국인의 평균적인 생활수준을 유지하기 위해 사람들은 70만 킬로그램의 광물질, 240억 BTU의 에너지(약 4,000배럴의 석유), 25만 킬로그램의 식물 식량과 2만 8,000킬로그램의 동물 식량(동물 2,000마리의 도축)을 소비해야 한다.

─Thurow, 1996.

4) 환경과 도시 개발

그러므로 도시의 환경문제는 개발 단계에 따라 달라진다. 개발도상국 도시에서는 기본 소비재의 결핍 때문에 환경재 또한 부족하게 되며, 따라서 빈곤은 환경에 적이 된다. 그러나 빈곤은 무엇보다도 사람들에게 가장 중요한 적이다. 빈곤과 낙후된 기술, 비위생적인 생활은 함께 어우러져 진행된다.

우리가 직면한 지역적 위기와 범세계적인 관심사는 떼어서 생각할 수 없다. 이들은 서로 얽혀 있으면서도 별개의 사안이다. 따라서 지구온난화에 대처하기 위해 사용된 자원은 수질오염 문제나 유아 사망을 줄이는 데 사용될 수 없다. 이와 같이 서로 다른 목표간의 상충 관계 때문에 도시 정부와 국가와 개인들은 어려운 선택을 해야 한다. 때로는 목표간의 상충이 극적으로 완화되기도 한다. 혁신을 통해서 소득의 빈곤과 환경의 빈곤을 동시에 저감시킬 수도 있다. 그러나 자원이 수요에 비해 희소한 이상 이러한 상충은 결코 해소될 수 없는 경우가 일반적이다. 단기적 관점에서는 모든 도시들이 어려운 선택을 할 수밖에 없다. 중장기적 관점에서는 기술과 조직의 발전을 통해 생산 과정에서 노동생산성을 높이고 동시에 에너지를 절감함으로써 상충과 갈등을 줄일 수 있다. 사적 시장재와 환경재의 상충도 줄일 수 있는데, 이를 위해서는 투자, 연구, 행태의 변화, 공공 관리 기법의 발전이 필요하다. 우리는 모든 문제와 그 해결책의 중심에는 다음과 같은 사항들이 필요하다는 것을 알고 있다.

- 필요한 기술적인 발전을 위해서 개선책을 끊임없이 탐구해야 하고,
- 개인들은 기꺼이 자신의 행태를 바꾸고, 정부는 올바른 유인책과 규제의 틀을 마련하고자 하는 의지가 있어야 한다.

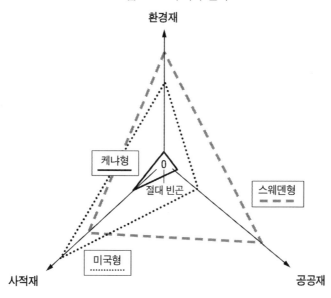

<그림 2-4> 투자의 선택

개발이 이루어지면 지역 경제구조와 이에 따른 환경문제의 특성도 변하게 된다. 도시의 경제적인 활동이 점점 더 자원 절약적이고 에너지 집약적으로 바뀌어간다면, 경제개발은 환경오염과 에너지 소비를 줄이게 될 것이다. 이것은 지역 환경문제의 실마리가 풀린다는 것을 의미한다. 그러나 도시와 경제의 개발이 진행되면 소득이 더 높아지고, 이에 따라 교통량도 증가하고 더 많은 공간이 필요해지며 냉난방에 드는 에너지도 더욱 증가하게 된다. 그 결과 기후 변화와 같은 전 지구적인 문제가 대두될 것이다. 환경의 빈곤을 극복하는 일과 발전의 정도는 정비례 관계가 아니다. 즉, 오염은 자동적으로 없어지지 않기 때문에 부유한 도시가 환경적으로 더 빈곤할 수도 있다. 부유한 도시들은 도시 번영의 기초와 기후를 위협하는 이산화탄소의 방출로 엄청난 위험을 야기하고 있다.

인구 변화의 초기 단계에 있는 많은 도시들은 소득이 증가하게 되면 환경오염이 더 심해질 우려가 있다. 그 이유는 소득의 증가로 더욱 자원집약적인 소비 양식이 나타나는데 청정기술은 거의 사용되지 않기 때문이다. 그 이후의 단계에 들어서면 정보가 늘어나고 녹색 환경, 맑은 공기, 건강한 생활에 대한 선호가 높아지면서 환경 정책에 대한 정치적 지지가 늘어난다.

물론 이런 지지에는 서로 다른 정치적 전통과 가치 그리고 권력구조에 따라 큰 차이가 있을 수 있다. <그림 2-4>는 이와 같은 상황에 있어서 서로 다른 선택을 보여주고 있다. 빈곤한 도시는 환경재와 공공재에 투자할 수 있는 능력에 한계가 있다(식품, 의복, 주택비용으로 소득의 대부분이 소진되기 때문이다). 부유한 도시에서는 이와는 다른 모양을 보이면서 좀더 자유로운 선택을 할 수 있다. 즉, 미국의 경우처럼 사적인 소비에 우선순위를 부여할 수도 있고, 스웨덴의 예에서 보듯이 환경재와 공공재에 더 많은 비중을 둘 수도 있다.

따라서 비슷한 소득수준의 도시라 하더라도 지속 가능한 개발을 위해 서로 다른 방향으로 노력할 수 있으며, 선택의 폭은 엄청나게 다양하다. 일인당 가솔린 소비는 고도로 발달된 대중교통 시스템이 있는 고밀 도시와 승용차 중심의 확산형 도시 사이에 매우 큰 차이가 난다. 밀도가 증가하면 오염을 감소시키므로, 도시 밀도는 도시들이 선택할 수 있는 가장 중요한 환경적 대안이 될 수 있다.

이것은 매우 중요한 사안인데, 왜냐하면 소득이 높아지면서 더욱더 많은 사람들이 저밀지역으로 이주하여 살게 되고, 현재의 교통 기술과 건축 기술에 의하면 이는 오염과 에너지 소비를 증가시키기 때문이다. 향후 재생에너지에 기초한 연료전지나 새로운 건축 기술(예컨대 지능형 건물) 등을 이용할 수 있을 때 더 다양한 교통 기술과 도시 형태들 중에서 훨씬 늘어난 선택의 자유를 누리게 될 것이다.

6. 도시의 성장과 변화

1) 경쟁 속의 도시들

세기의 전환기에 즈음하여 세계화와 기술적 변화로 인해 도시들은 점점 더 세계적인 경제적 경쟁 상황에 놓여 있다. 어떤 곳도 도시 위계 내에서 입지나 전통적인 역할을 장기적으로 계속 유지할 수 없게 되고 있다. 선진국 도시는 불과 몇 년 만에 제조업 기반을 잃어버렸고 그것은 멀리 떨어진 신흥공업국가와 도시로 이동해왔다. 선진국의 도시에서는 큰 컨테이너선이 출입할 수 있는 강 하구 지역의 항만 관련 산업들이 점차 쇠퇴하고 있다. 그러나 선진국 도시들은 세계 경제를 조정하는 금융의 중심지로서, 대중매체와 창조적인 활동에 더 적합한 입지로서, 그리고 소비와 관광의 중심지로서의 역할이 증대되고 있다. 개발도상국의 도시들은 반세기 이내에 저비용 제조업의 적지로 폭발적으로 성장했고, 점차 첨단기술산업의 적지로 변화하려 시도하고 있으며, 이들 도시 주변에 생겨나고 있는 새로운 저비용 제조업 지역의 중심지로서의 영향력이 점차 증가하고 있다. 이런 변화는 숨이 가쁜 속도로 진행되고 있으며 그 속도는 늦춰지지 않을 것이다.

　21세기 초반 어떤 변화가 일어나고 있고 앞으로 어떻게 진행될 것인지를 알아보기 위해서는, 세계적인 차원에서 산업 입지에 대한 새로운 개념과 도시에 대한 새로운 분류체계가 필요하다. 이러한 작업에는 도시간의 변화 관계와 도시 내의 변화를 포함시킬 필요가 있다. 도시체계상의 대도시에서 소도시로, 도시 중심지에서 외곽 및 교외지역으로 지속적인 지방분권과 분산을 유도하는 과학기술 변화의 원심력적인 영향에도 불구하고, 주요한 활동들은 여전히 가장 중요한 대도시의 중심지에 밀집되고 있으며 집적 효과는 여전히 존재하고 있다. 이것은 특히 두 가지 서비스 활동에서 더욱 잘 드러난다. 예를 들면, 전자 통신 그리고 대면접촉을 통해 많은 양의 정보를 얻어야 하는 은행, 금융, 언론, 기타 관리 및 조정 활동과 같은 고도 기술 생산자 지원 서비스와 저급 기술의 대인 서비스(레스토랑, 술집, 패스트푸드점, 호텔, 의상실, 미장원, 체육관, 스포츠 구장 등 각종 엔터테인먼트)가 바로 도시의 중심지에 밀집하고 있다. 런던, 뉴욕, 도쿄와 같은 세계 거대도시의 중심지들이 이러한 공생적 병립 현상을 극명하게 설명해준다. 그러나 특정 지역의 틈새 중심지로서 샌프란시스코, 시드니, 부에노스아이레스와 같은 도시들, 그리고 특정 서비스의 중심지로서 파리, 취리히, 밀라노와 같이 세계적인 지위를 놓고 경쟁하고 있는 수십 개의 도시들에서도 이런 현상을 발견할 수 있다.

　또한 대면접촉에 의존해서 정보를 교환할 필요가 없는 일상적인 정보 교환 과정에 관계된 다른 종류의 서비스들도 있다. 이러한 서비스들은 접근이 용이한 교외나 대도시권내 위성도시의 중심지와 같이 도시 활동과 네트워크가 효과적으로 연결되어 있는 곳에 분산되어 분포해 있다. 미국 코네티컷 주의 그리니치(Greenwich)나 스탬퍼드(Stamford), 런던의 근교 도시인 크로이던(Croydon)과 서부 런던의 레딩(Reading), 도쿄(Tokyo) 북서부 사이타마(Saitama) 현의 오미야(Omiya) 등이 이런 지역들이다. 이에 대해서 가장 주목할 점은, 이들 도시는 분산되어 있지만 동시에 효율적으로 재집중되어(reconcentrated) 있고, 비록 거대도시 중심부에 비해 덜 특화되었음에도 불구하고 개인적인 서비스 기능과 관련하여 상당한 지리적 범위까지 서비스가 가능하다는 것이다.

　이와 마찬가지로 중요한 점은, 다른 종류의 특화된 활동들도 대면접촉을 즐기기 위해서는 밀집시킬 필요가 있다는 것이다. 이것은 실리콘밸리(Silicon valley), 보스턴의 128번 고속도로 변(Route 128), 도쿄 외곽의 가나가와(Kanagawa) 현, 런던 히드로(Heathrow) 공항 주변의 웨스턴크레슨트(Western Crescent) 같이 소위 '혁신 환경(innovative milieux)'으로 불리는 고도 기술산업단지의 경우에 적용된다. 일반적으로 이들은 대도시권 주변에 분산되어 있지만, 종종 고속도로 인터체인지 주변의 과학 공원 안에 재집중되는 패턴을 보인다. 최근에 주목할 만한 발전으로는, 이러한 활동들이 전통적인 도심 주변의 임대료가 낮은 지역, 예컨대 뉴욕의 실리콘앨리(Silicon Alley), 샌프란시스코의 사우스마켓 지역(South of Market Area), 런던의 소호(Soho)와 전통적인 고도 과학기술단지인 실리콘밸리(Silicon Valley), 로스앤젤레스의 에어로스페이스앨리(Aerospace Alley) 등에서 텔레비전, 영화제작과 같은 전통적인 대중매체 활동(media actives)과 혼합되어 나타나기 시작했다는 점이다. 고도기술 생산 과정과 그와 관련되어 새로 등장한 전문적인 서비스들은 주요 도심과 국제공항으로부터 2시간 거리 이내의 접근성이 높은 전원 지역, 예컨대 케임브리지 지역과 잉글랜드의 코츠월드(Cotswolds), 캘리포니아 주 북쪽의 마린 카운티(Marin Country) 등에서 점차 증가하고 있다. 이러한 현상들은 고도로 복잡한 도시 네트워크가 전원 지역을 포함하여 먼 거리까지 확장되는 대도시권 확산 과정의 시작을 나타내는 것일 수도 있다.

이러한 결과를 반영할 수 있도록 도시를 분류하기란 복잡하다. 도시는 단지 한 가지 측면만으로 단순히 분류될 수는 없다. 도시의 크기를 고려해야 하며, 멕시코 시티나 상파울루 같은 도시들은 세계에서 가장 큰 도시지역이기 때문에 중요하다. 그러나 기능 또한 중요하다. 앞에서 예를 든 두 도시는 전문화라는 측면과 도시 활동의 세계적 중요성이라는 측면에서는 아주 좋은 사례가 아니다. 여기서 몇 가지 핵심적 지표로 국제 항공 교통량, 전화와 전자우편의 사용량, 관광여행 패키지와 호텔 객실 수 등이 더 중요하다. 킨샤사(Kinshasa)는 프랑크푸르트나 취리히보다 훨씬 더 크지만, 세계 중심지로서는 프랑크푸르트와 취리히가 월등하게 더 중요하다.

사실 전 세계 도시 인구의 대부분은 세계 경제와 거의 전적으로 관련이 없다. 이들은 전화를 거의 사용하지 않고 국제전화는 더더욱 사용하지 않으며, 일상적인 거래의 대부분은 지역의 동네 안에서 이루어진다. 수출을 위해서 전자제품을 만드는 주강 삼각주 지역(Pearl River Delta)의 노동자들처럼 연관이 있는 경우일지라도, 그 관계는 매우 간접적이다. 세계시장을 위해 면직물을 생산했던 19세기 랭커셔(Lancashire)의 사람들처럼, 이 사람들은 그들이 제조한 제품을 제외하면 세계 경제와는 전혀 상관없이 살고 있다.

가장 세계화된 도시일지라도 시민들은 실제로 대부분의 시간을 그들이 살고 있는 지역에서 보내게 된다. 세계 경영을 위해 비즈니스석을 타고 날아다니는 실업계의 거물들(tycoons)도 저녁 시간과 주말에는 그들의 가족을 위해 집으로 돌아오고,

그들의 동네에서 지낸다. 그들은 인근 지역에서 쇼핑하고 인근 지역의 극장에 가며, 동네 친구들을 만나고 자기 집의 정원을 가꾼다. 운전면허가 없는 그들의 아이들은 거의 전적으로 지역적인 범위 내에서 생활한다.

그리하여 대부분의 사람들은 상충되는 요구와 동기를 가지게 된다. 즉, 그들은 증가하는 다양한 상품과 활동을 수용하기 위해 넓은 주거공간을 원한다. 예컨대 큰 내구소비재들, 특히 자동차, 아이들을 위한 전용 공부방, 주택 내 사무공간 등을 원한다. 그리고 동시에 그들은 상점, 학교, 여가·교통 시설로의 높은 접근성도 원한다. 그러나 이런 상충된 요구들을 조화시키기는 어렵다. 선진국 도시에서 많이 볼 수 있듯이, 사람들은 나이가 들어감에 따라 접근성이 좋은 것을 더 선호하게 되어 도시의 확산을 제한하게 될 것이다. 점차 우리는 나이와 생활양식에 따라 도시가 나눠지는 것을 보게 될 것이다. 예를 들면, 학생들과 젊은 전문직 사람들을 위해서는 사교적이고 활기찬 고밀의 도심지구가 있으며, 신혼생활과 육아에 적합한 곳으로는 준(準)교외 혹은 교외지역이 있고, 은퇴한 사람과 연금생활자 또는 자식 없는 노부부들을 위한 휴양지나 도시들이 있다. 그러나 궁극적으로 지역의 선택은 소득에 달려 있고, 풍족한 도시들에서도 모든 사람들이 자신이 좋아하는 지역을 선택할 수 있는 능력을 지닐 수는 없을 것이다.

2) 세계의 승자와 패자들

도시들 간의 경쟁에서 국제적인 부동산 투자는 결정적인 역할을 한다. 그것은 몇 안되는 세계적인 승자들을 만들어내는데, 바로 런던, 뉴욕, 도쿄 등이 선호되는 도시들이다. 그러나 몇 년 이내에 상하이, 방콕, 모스크바와 같은 새로운 후보 도시들이 최우위의 리그에 동참하게 될 것이다.

국제적인 투자가 일부 도시로 극심하게 편중되는 것은 대부분의 다른 도시들이 여전히 지역 내의 투자와 재원에만 의존하고 있음을 의미한다. 독일과 같은 선진 경제체제에서조차도 프랑크푸르트, 베를린, 뮌헨, 함부르크와 같은 몇몇 도시만이 엄밀한 의미의 국제적인 중심지이다. 이러한 경향은 세계의 어느 곳에서나 마찬가지이다. 즉, 런던은 영국에서, 파리는 프랑스에서 가장 압도적인 국제 투자의 대상 도시이다. 그러나 투자 환경은 점차 변하고 있다. 즉, 국제적인 부동산 회사들은 비교할 수 있는 표준화된 정보를 제공함으로써 투명성을 향상시키고 있다. 은행은 투자에 관한 지식과 경험을 축적하고 있으며, 국제적인 고객들은 그들의 자국 시장과 같이 익숙한 유형의 공간과 질을 요구한다. 유럽 대륙에서는 유로화(Euro)가 국경 없는 투자를 가속시킬 것이다.

그러므로 점차 더 많은 도시들이 국제 부동산 시장에 모습을 나타내게 될 것이다. 국제적인 경쟁에 참여하지 못했던 도시들도 기회가 왔을 때에는 국제 자본의 흐름으로부터 혜택을 볼 수 있도록 준비해야 할 필요가 있다.

3) 선진국 도시의 교훈: 도시화, 탈도시화, 재도시화

21세기 초반에는 20세기 후반에 전개되었던 도시 변화의 양상이 계속해서 강화될 전망이다. 과학기술, 경제적 필요조건, 사회적 선호는 부동산 시장을 통해 도시 활동과 토지이용의 형태에 일련의 점진적 변화를 가져올 것이다. 그러나 이러한 변화들은 단순한 일차적 차원의 문제가 결코 아니다. 실제로 많은 변화들이 서로 모순된 것처럼 보이는 것은 당연하다. 지난 20세기 도시의 역사를 통해서 볼 때, 탈집중화 (decentralization)의 강력한 힘이 작용하여 주거와 도시 활동은 도심 지역과 도시 전역으로부터 교외지역과 근교의 작은 도시들로 분산될 것이다. 그러나 사람들을 강하

<표 2-8> 방콕 대도시권에서 부동산 시장의 가치(1997년 말)

부문	면적 / 단위(Space / Unit)	평가가치(10억 바트)
상업용 부동산		563
사무실	6.2m ㎡	220
소매점	3.3m ㎡	270
산업 부문[1]	16,127 rai[4]	73
주거용 부동산[2]	1,291,407 units	1,608
고소득층 분양 아파트	29,212 units	123
저소득층 분양 아파트	278,126 units	278
일반 주택	407,834 units	839
교외 주택(townhouse)	476,265 units	316
고소득층 임대 아파트	7,711 units	31
저소득층 임대 아파트	92,709 units	22
총평가가치		2,171
태국 GDP와 비교한 가치		45%
방콕 GDP와 비교한 가치[3]		118%

주: 1) 산업용 부동산은 기반시설이 갖추어진 토지만 포함. 2) 주거용 부동산은 1988년 이후 지어진 것들도 포함. 3) 1997년 방콕의 GDP는 1996년 자료를 바탕으로 외삽. 4) 1rai = 1600m^2
출처: Renaud et al., 1998.

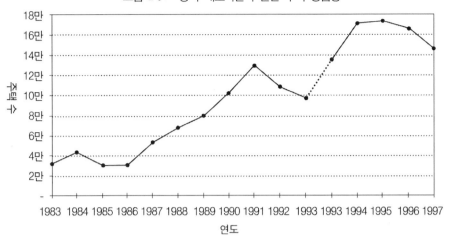

<그림 2-5> 방콕 대도시권의 연간 주택 공급량

참고: 1993년 이후 자료는 세 개 지역이 아닌 다섯 개 지역을 포함한 자료.
출처: Renaud et al., 1998.

게 밀집시킬 필요가 있는 몇몇 활동들로 인해 중심으로 집중화(centralization)시키는
힘도 언제나 있다. 그리고 새로이 형성된 도심이나 도시 주변의 에지 시티로 분산되
었던 활동들의 일부를 다시 집중시키는 이른바 재집중화(recentalization) 현상도 나타
날 것이다.

이러한 경향은 선진국 도시들에서 현저하게 나타나고 있다. 이는 개발도상국의
도시들에서도 비슷하게 나타나고 있으며 흔히 그 공간적 규모는 더욱 크다. 경제
의 세계화와 제3의 물결인 정보화의 경향과 함께 나타난 1980년대와 1990년대 중
반의 호황으로 인해, 런던, 뉴욕, 도쿄와 같이 시장의 리더로서 세계적 지위를 획
득한 모든 도시에서는 고밀도 업무 지역 개발이 전개되어왔다. 그리고 비슷하게
성장하면서 크게는 인구 300-500만 규모(이보다는 큰 오사카도 포함)에 이르는 준세
계도시(sub-global cities)에서는 50-100만 명 사이의 인구가 도심에 근무하면서 혼잡
과 탈집중화의 문제들이 비슷하게 야기되어왔다. 그러나 이것은 부분적으로는 도
시의 연륜에 따르는 탈집중화 경향을 나타낸 것으로, 이들 중 미국 서부와 호주에
서 나타난 최근의 몇몇 사례에 대해 미국의 교통계획가 마이클 톰슨(Michale
Thomson)은 고도의 탈집중화된 '완전 자동차화(full motorization)' 도시라고 명명했다
(Thomson, 1997: 98-129).

그 차이는 대개 개발의 영향이 미치는 규모에서 나타난다. 즉, 세계도시들의 공간
적 범위는 100마일(160km)까지도 확장되었는데, 일반적으로 효율적인 도시의 유효

반경은 30-40마일(50-65km)을 넘지 않으며 대개는 그보다 상당히 적은 것으로 보고 있다. 그러나 고도로 분산된 로스앤젤레스, 샌프란시스코와 같은 미국 서부 도시의 경우 개발의 영향은 세계도시만큼이나 멀리 확장되고 있으며, 이것은 라틴아메리카의 멕시코시티, 상파울루와 같은 거대도시(mega-city)들의 경우에도 마찬가지이다.

<자료 2-17> 태국의 부동산 호황

1986년에서 1996년까지 10년 동안 태국에서는 현대적인 부동산산업이 급속도로 성장했다. 부동산산업의 성장은 태국 경제의 성장뿐만 아니라 태국의 경제를 주도하는 중심지가 되려는 방콕의 야망이 반영된 것이었다. 그러나 불행하게도, 본래는 건전한 기초 위에 세워졌던 태국 부동산 시장의 호황은 급속하게 성장하던 금융 부분에서의 시대에 뒤떨어진 은행 업무와 미숙한 신용도 관리로 인해 과도하게 확장되고 왜곡되었다. 현재는 모든 부문에서 구조적인 약점들이 속속히 드러나면서 경제를 압박하고 있다. 1995년 초에 정점에 이르렀던 부동산 호황에 뒤이어 이제는 과다 공급으로 인해 극심한 자산 디플레이션을 겪고 있으며, 이와 병행하여 주식시장에서는 금융자산 디플레이션이 일어나고 있다.

이 논문은 가능한 한 신속하게 균형잡힌 대차대조표를 구조조정하기 위해서는 기업뿐만 아니라 가계에서도 유동성과 부문간 교역의 회복이 단기적으로 매우 중요함을 보여주고자 한다. 우리가 관심을 가져야 할 중요한 사실은 단기적으로 악성 자산의 손실이 급속하게 축적된다는 것이다. 이것들을 쉽사리 측정하기는 어려울지 모르지만 높은 보유비용은 실업과 사업 기회의 손실과 같은 막대한 기회비용을 수반하게 된다. 그러므로 새로운 수준으로 가격을 안정시키고 부동산 부문에서의 손실을 수용할 수 있는 공공정책이 필요하다. 이 논문에서는 부동산 부문의 특정한 부분에서 가치 있는 정책들을 제안하고자 한다.

위기의 이후까지를 내다본다면 몇 가지 개혁들을 통해 부동산 부문을 개선하고 강화시킬 수 있으며 부동산 시장의 취약성을 감소시킬 수 있다. 외국의 경험에 의하면, 구조적·규제적 개선은 회복 기간을 짧게 하고 태국이 경험했던 것과 같은 극도로 짧은 주기의 부동산 경기순환을 막을 수 있다. 휴스턴과 같이 성숙한 시장과 비교했을 때, 태국 경제가 다시 성장을 시작하고 개혁들이 수행된다면 강한 성장 추세는 방콕 대도시권에서 높은 공가율(vacancy rates)의 영향을 완화시킬 수 있는 한 요인이 된다. 방콕의 부동산 시장은 점점 전문화되어가고는 있지만 여전히 미숙한 발전 단계에 있다. 태국에서는 지속적인 도시 성장이 예상되고 있으며 이는 방콕 대도시권이 비싼 대가를 치렀던 첫 번째 주요 경기순환의 영향을 흡수할 수 있는 능력을 가진 지역이 되게 할 것이다.

—Renaut et al., 1998: 41-42.

(1) 탈집중화 ……*

세계의 가장 큰 도시들 대부분의 경우 19세기 후반부터 도시의 탈집중화 (deconcentration) 현상의 초기 단계가 나타나기 시작했으며, 주로 주거지역이 도시 중심부에서 교외지역으로 옮겨가는 양상을 보였는데 이러한 변화는 대중교통기술의 발달, 특히 19세기 말부터는 도시 내 통근용 전철과 지하철 시스템의 발달에 따른 것이었다(Clark, 1951). 제2차세계대전 후에 나타난 새로운 현상은 효율적인 대중교통의 전통적 한계를 뛰어넘어 탈집중화가 일어났다는 것이며, 이는 통근을 포함한 대부분의 이동을 자가용 차량 이용에 의존하면서 생긴 것이다. 미국에서는 이러한 탈집중화 경향을 1950년대 이후 관찰할 수 있고(아마도 1930년대부터 나타났을 것이나 전쟁으로 인해 지속되지 않았을 것임), 유럽에서는 영국과 베네룩스 국가에서 시작해서 1980년대 초기까지는 전 유럽의 모든 국가로 퍼져나갔다(Hall and Hay, 1980; Cheshire and Hay, 1989).

그러나 처음에는 이러한 경향이 일부 주거시설의 이전을 동반하면서 주로 주거지역의 이전에 국한되었다. 이와는 대조적으로 직장은 여전히 도심과 대도시권의 중심부에 집중되어 있었다. 예컨대, 런던의 시티(the City), 화이트홀(Whitehall), 웨스트엔드(West End), 뉴욕의 다운타운(Downtown)과 미드타운 맨해튼(Midtown Manhattan), 도쿄의 가스미가세키(Kasumigaseki), 마루노우치(Marunouchi), 오테마치(Otemachi) 등이 있다. 이 안에는 금융·정부기관, 전통적으로 집적이익을 추구하는 각종 사업 서비스와 같은 전문 직종들이 군집을 이루며 모여 있었다. 그러나 1950년대 말에서 1960년대의 전후 호황 기간에 미국에서 시작된 이래 점차 고용 부문에 있어서도 분산화 현상이 활발하게 진행되어왔다.

세 종류의 활동이 재배치의 경향을 특히 뚜렷이 보였다. 첫 번째로는 제조업 및 창고업이 교외지역으로 이동했는데, 이것은 널찍한 단층 형태의 생산 공정에 적합한 대규모의 필지를 구하기가 쉬웠기 때문이다. 또 1960년대에 전국에 건설된 고속도로가 인접해 있기 때문이었고, 또한 숙련된 노동자들이 주거를 교외로 이동했던 것도 한 원인이 되었다. 두 번째로는 연구개발(R&D) 및 이와 관련된 첨단기술 제조업이 쾌적성이 높은 교외지역에 자리 잡았는데, 예컨대 캘리포니아의 산타클라라(Santa Clara)와 오렌지 카운티(Orange Counties), 뉴욕 주변의 뉴저지(New Jersey)와 코네티컷(Connecticut)의 일부 지역, 잉글랜드의 버크셔(Berkshire), 독일 뮌헨 지역(Munich Region), 일본의 남부 가나가와(Kanagawa) 현 등이 있다. 세 번째로는 보험이

---

*: 다음 부분(161-167쪽)은 홀(1995)에서 인용

나 신용카드와 같이 표준화된 정보를 전자적으로 처리하는 큰 회사들인데, 이들은 접근성이 높고 토지 임대료가 낮으며 회사에 적합한 사무직원의 채용이 쉬운 교외 지역의 결절점으로 퍼져나갔다. 예컨대 런던의 레딩웨스트(Reading West), 코네티컷의 스탬퍼드(Stamford), 도쿄 근처의 가와사키(Kawasaki) 현 등이 있다.

한 가지 중요한 질문은 이러한 현상이 어디서 끝날 것이냐는 것이다. 중심지의 임대료가 특히 비싼 경우 분산이 널리 확산될 것이다. 예컨대 런던 주변에서는 지원 업무 사무실(back office)이 사우스 이스트 잉글랜드(South East England)와 심지어는 그 지역 외부 전역에 걸쳐서 확산되고 있다. 영국통신(BT)은 런던에 있던 정보센터를 멀리 떨어진 교외지역으로 이전했다. 미국에서는 네브라스카 주의 오마하(Omaha)에서 텔레커뮤니케이션 망과 적절한 수준의 노동자 공급을 중심으로 전문 서비스의 틈새시장인 텔레마케팅 분야를 특화시키고 있으며(Brooks, 1991; Feder, 1991), 솔트레이크시티(Salt Lake City)에서는 전화를 기반으로 한 아메리칸 익스프레스사의 여행자수표 관리 사업을 유치했는데, 열성적이며 대화에 유창한 모르몬교도의 전직 선교사들이 많이 있다는 특별한 배경이 동기가 되었다(Sellers, 1990; Donnelly, 1991; Johnson, 1991). 이러한 예들은 특별한 일화들이지만, 이런 기능들은 낮은 임대료, 낮은 임금비용, 높은 수준의 훈련된 노동력을 갖춘 지역이라면 먼 거리까지도 확장될 수 있는 미래의 경향을 보여준다고 볼 수 있다. 그러나 지금까지는 이러한 과정이 본사 업무 사무실과 지원 업무 사무실 사이의 빠르고 직접적인 의사소통의 필요에 의해 제한받아왔다. 마찬가지로 심지어는 최고 수준의 본사 기능까지도 이전하는 몇몇 도시들의 예도 있다. 예컨대, 캘리포니아에서는 셰브런(Chevron), 퍼시픽 벨(Pacific Bell), 뱅크 오브 아메리카(Bank of America)와 같은 주요 은행과 설비회사들이 샌프란시스코의 도심에서 광역 샌프란시스코만 지역의 교외로 분산되고 있다.

(2) ⋯⋯ 다시 재집중화

그러나 이들은 결론적인 사례가 아니다. 이제까지의 증거에 의하면, 이러한 패턴의 탈집중은 효과적으로 통근할 수 있는 대도시의 영향권 범위 안, 즉 통근권 내에서만 자연스럽게 발생하는 경향이 있었다. 중간 크기 도시(인구 5만-20만)의 도심에서는 재집중화(reconcentration)가 일어나고 있으며, 특히 농촌의 시장 기능을 하는 도시들은 반경 15-20마일(25-35km) 내의 주변 지방을 위한 행정 및 서비스 중심지 역할을 한다. 이것은 대도시의 영향권 범위 내에서 대체로 정형의 크리스탈러(Christaller) 유형이나 뢰슈(Lösch)의 교통 지향 원리로 수정된 패턴에 따라 분포된다

(Christaller, 1966; Lösch, 1945). 우리는 세계도시와 준세계도시 이외에 제3의 수준으로 이 도시들의 위계를 구분할 수 있다. 가장 좋은 사례로는, 도심에서 15-50마일 (20-80km) 떨어진 대도시 근교 지역에 20-30개의 작은 도시들이 분포되어 있는 런던을 들 수 있으며, 이들은 특히 도심에서부터 방사상으로 뻗어 있는 십여 개의 간선도로와 철도 축을 따라서 자리잡고 있다. 도쿄와 주변 지역에서도 비슷한 양상을 보이고 있고, 뉴욕의 경우에는 도시들의 분포가 해안과 평행하게 뻗어 있는 오래된 간선도로들을 따라 매우 밀집되어 있다.

이러한 법칙의 흥미 있는 예외는 파리이다. 역사적으로 파리에서는 외곽으로의 분산 현상이 거의 일어나지 않았다. 베를린에서는 초기의 분산 경향이 공산당 치하의 40년간 완전히 멈췄는데, 도시계획 학도에게 매우 흥미로운 사실은 1990년 서베를린의 고립이 끝난 이후로 서베를린에서 개발이 정책적으로 규제되었던 외곽 순환도로의 양편에 선형으로 급격한 개발이 이루어졌다는 것이다. 이 외곽 순환도로는 1930년대에 (국위선양과 군사적인 목적으로) 만들어진 것으로, 당시에는 동급의 다른 도시에서는 볼 수 없었던 역사상 예외적인 것이었다.

이러한 예외들을 제외하면, 인접한 거대도시로부터 인력과 일자리를 순조롭게 제공받을 수 있는 곳에 위치한 중간 크기의 도시들은 경제적으로 매우 활력이 있는 것으로 판명되고 있다. 예컨대 사우스이스트 잉글랜드(South East England), 라인 강 하류(the lower Rhine), 뉴저지, 캘리포니아의 I-680 간선도로 지역 등이 이런 도시이다 (Stanback, 1985; Cheshire and Hay, 1989). 심지어 쇠퇴하는 오래된 공업지역에서도 많은 도시들이 산업화의 상흔을 없애버림으로써 도시의 명성을 보존하면서 이미지를 제고했는데, 영국의 더럼(Durham)과 프레스톤(Preston), 벨기에의 릴(Lille), 독일의 에센 (Essen), 매사추세츠의 로웰(Lowell) 등이 바로 그 예이다.

특별히 몇몇 지역들은 특화된 서비스 기능(예컨대 지방행정, 교육 서비스, 보건 서비스, 보안 경비업 등)을 통해 유난히 빠른 성장을 보이면서 번영했다(Noyelle and Stanback, 1984). 이러한 사례로 레딩(Reading), 옥스퍼드와 케임브리지, 르네(Rennes)와 악상 프로방스(Aix-en-Provence), 마르부르크(Marburg)와 함부르크, 룬드(Lund)와 웁살라(Uppsala), 파도바(Padua)와 볼로냐, 콜럼버스, 오스틴, 솔트레이크시티, 새크라멘토, 교토와 나라 등이 있다. 이러한 지역들의 성공은 대도시권내의 위치와는 별로 관계가 없다. 그러나 이들이 그 점에서 좋은 입지에 위치했다면 과다 성장의 조짐이 보였을 정도로 놀랄 만한 활력을 나타낼 것이며, 이러한 도시의 예로는 레딩, 하이델베르크, 교토를 들 수 있다.

(3) 구도심과 신도심

그러나 1980년대에 주요 도시 중심부에서 세계적으로 발생한 오피스 건설 붐에서 알 수 있듯이, 도심 집적 경제를 필요로 하는 광범위한 서비스 업종들에 대해서는 도심부가 여전히 아주 매력적인 장소로 남아 있었다. 피터 다니엘스(Peter Daniels)는 런던에서 이 당시 발생한 오피스 건설 붐이 이전의 모든 건설 붐들을 능가한다고 지적하고, 정보기술이 잘 갖추어진 현대식 오피스의 중요성에도 불구하고 상징적 권위를 포함하는 전통적 입지에 대한 선호가 아직도 중요함을 강조했다(Daniels, 1991: 225-226). 미국 도시들에서도 이와 비슷하게, 교외와 부도심 간의 경쟁이 날로 치열해지고 있음에도 불구하고 높은 수준의 서비스가 제공된다는 매력적인 이점이 도심에는 여전히 남아 있다. 그 결과로 1980년대에 이르러 대도시의 역동성은 새로운 양상들을 보여주고 있다. 즉, 세계도시와 규모가 큰 준세계도시에서 전통적으로 집적되는 활동들이 도심 공간에 지나치게 밀집함에 따라, 개발자와 계획가는 대도시권내에서 도시의 주요 활동을 수용할 수 있도록 도심이 아닌 위치에 새로운 지역 개발을 시도했다. 이는 적어도 네 가지의 형태로 구분된다.

- 새로운 상업 부도심: 이 지역은 개선되거나 재개발된 부두 혹은 화물 운송을 다루는 지역으로, 때로는 도심의 연장으로 성장하기도 한다. 예컨대 런던, 암스테르담, 뉴욕, 토론토, 홍콩, 도쿄, 오사카-고베 등이 이 유형에 속한다.
- 대도시권의 부도심: 이 지역은 주요 도시의 내부 또는 준교외, 대중교통의 인터체인지 등에 의존하며, 때로는 '새로운 도심'으로 기능하기도 한다. 예컨대 크로이던(Croydon), 라데팡스(La défanse), 리옹-파르듀(Lyon-part Dieu), 릴-유러릴(Lille-Euralille), 뉴어크 워터프론트(Newark Watefrront), 로슬린(Rosslyn), 볼스톤(Ballston), 신주쿠, 신오사카, 폴리스타(Paulista) 등이 있다.
- 에지 시티(edge cities): 이 도시는 대중교통의 접근이 어려운 고속도로 주변 지역에 투기적 목적으로 개발된다. 예컨대 뉴저지 집 스트립(The New Jersey Zip Strip), 타이슨 코너(Tysons Corner), 덴버와 포트워스 사이의 오로라(Aurora), 피닉스 외곽의 메사(Mesa), 샌프란시스코만 지역의 샌파민-더블린-플레즌턴(San Famin-Dublin-Pleasanton) 등이 이에 해당한다(Dillon et al., 1989; Garreau, 1991).
- 대중교통의 인터체인지 주변에 개발된 '에지 시티': 일반적으로 광역 대도시권의 영향 지역으로 편입되는 과정에 있는, 예전에는 홀로 떨어진 도시들(앞에서 언급한 바 있는 읍급 도시)의 재개발된 구도심. 예컨대 레딩, 바크셔, 스탬퍼드, 코네티컷, 오미야, 사이타마 현, 가와사키 현, 가나카와 현 등이 있다. 그리고 새로운 지역 중심으로 계획된 신도시들, 예컨대 세르지-퐁투아즈(Cergy-Pontoise), 생캉탱-이블린(St Quentin-en-Yvelines), 마시(Massy), 릴 발다(Lille Val d'Ascq), 에프리

수변 매립지에 조성된 새로운 업무지구(고베 포틀랜드)

(Ebbsfleet) 혹은 자연발생적으로 개발된 월넛 크리크(Walnut Creek), 신요코하마 등이 있다. 완전 자동차화(full motorization) 도시조차도 도시철도망을 건설하고 새로운 역을 중심으로 그 주변 지역이나 회랑 지역의 밀도를 강화하기 시작했다(로스앤젤레스).

　대도시지역간의 다양성이 매우 크므로 그 개발 형태들은 매우 다양하기 때문에 단순하게 도식화하기는 힘들다. 예컨대, 상파울루의 폴리스타(Paulista)는 첫 번째와 두 번째의 유형에 모두 해당하며, 심지어는 도심형 '에지 시티'라고까지 부를 수 있다. 그러나 일반적으로 거대도시지역들의 형태는 점점 더 다중심적(polycentric)으로 되는 경향이 뚜렷하게 나타난다. 심지어 새로운 대중교통 수단과 통합되도록 주의 깊게 계획된 곳[대표적인 예로 스톡홀름 지역과 일드프랑스(Ile-de-France) 지역]에서조차도 대중교통 중심에서 자가용 이용 중심으로 꾸준히 변화하는 경향이 나타나고 있다. 샌프란시스코만 지역과 마찬가지로 파리 지역에서는, 어느 정도의 사람들이 파리의 간선전철망(RER)과 지하철(metro)을 이용하기는 하지만 교외지역에서 교외지역으로의 이동 수단에는 승용차가 압도적으로 많다. 따라서 세베로(Cervero)가 말하는 '교외지역에서의 교통 정체(suburban gridlock)'는 유럽의 대도시 중심부에서도 미국의 경우만큼 문제를 발생시키는 경향이 있다(Cervero, 1985).

　또한 대부분의 이러한 대도시지역들에서 1990년대 초반 경에 그린벨트, 그린웨지,

파리 중심 인근의 신업무지구(파리 라데팡스)

버퍼존, 그린하트(네덜란드의 랜스타드 특례), 지역 단위의 공원체계, 개발 유도축 등의
다양한 장치를 통해서 성장을 계획된 방향으로 조절하고 유도하려 했던 진지한
시도들이 탈집중화 과정에 근본적으로 영향을 미쳐왔다. 이러한 장치들이 대도시지
역의 외양에 크게 영향을 미칠 수 있다는 것은 런던(성공한 예)과 도쿄(성공하지 못한
예)를 비교해봄으로써 잘 알 수 있다. 그러나 이런 지역들의 기본적인 활력을 감안하
고 또 한정된 녹색지대의 바깥 지역에까지도 성장 억제 및 성장 관리를 병행한
결과, 이 정책은 더 멀리 떨어진 지역으로 성장을 낳게 했고 그에 따라 흔히 교외지역
간 자동차 통근의 문제를 심화시킨 것으로 평가받고 있다. 이러한 사례로서는 런던
M25 순환도로의 교통문제 또는 센트럴밸리(Central Valley)의 새로운 성장 지역들과
베이 지역(Bay Area)의 고용 중심지를 연결하는 캘리포니아 I-580의 교통문제를 들
수 있다.

이런 복잡한 과정에 관한 중대한 질문은 이러한 분산화 과정이 일종의 재평형화
(re-equilibration)로 이어질 것인가이다. 즉, 직장들이 점차 통근자가 모여 있는 외곽
지역으로 이전해서 다시 새로운 지역에 재집중이 일어나고, 그 결과 직주 분리 현상
이 얼마간 완화될 것인가이다. 이에 관한 꽤 분명한 증거로는 1980년대의 런던
교외지역에서 일어난 현상을 들 수 있다. 이 런던 외곽 환상지역의 작은 중심들은
점차 지역 서비스 중심지로서뿐만 아니라, 일부 제조업(예컨대 M4 회랑을 따라, 그리

고 보다 일반적으로 런던 주위의 '웨스턴크레슨트' 지역과 시 전역에 들어선 하이테크 산업)과 이곳까지 분산화된 사무실들(가장 눈에 띄는 사례는 레딩임)이 들어서서 이 지역의 중요성이 더 커졌다(Buck et al., 1986). 샌프란시스코만 지역은 아직 이런 현상이 두드러지지는 않는다. 이곳은 고용을 분산시키는 중요한 에지 시티임에도 불구하고, 새로운 주거지 개발은 꾸준히 더 바깥쪽으로 확산되고 있다. 그러나 여기서는 자연적 장해물인 험한 지형이 이러한 확산 현상을 심화시켜왔을 수도 있다.

일반적으로 이러한 거대도시지역에서는 주거와 직장 모두에서 탈집중화가 증가하고 있는데, 동시에 '에지 시티'나 기존의 타운센터와 같은 작은 중심지들로의 강한 재집중 현상이 병행해서 일어나는 패턴이 있다. 두드러진 특징은 경제적 상호의존과 네트워킹의 증가인데, 이들은 부분적으로는 직장간에(그리고 직장 안에서) 사람들과의 흐름과 교류의 증가뿐만 아니라 무형의 전자통신상 교류의 증가 형태로 나타나고 있다. 이와 같은 패턴은 사우스이스트 잉글랜드, 랜스타드 홀랜드, 어퍼 라인벨리, 뉴욕의 노스이스턴 뉴저지, 서던 캘리포니아 등에서 나타난다. 이 지역들의 큰 문제는, 대부분의 이동을 자가용에 의존하고 있어서 도시 형태가 점점 대중교통 시스템이 지원하기에 부적합해지고 있다는 것이다.

4) 개발도상국 도시의 대조적 특징: 거대도시와 비공식 부문 의존 도시화

개발도상국들은 도시체계 측면에서뿐만 아니라 도시 경제의 성과 측면에서도 다르다. 1989년에서 1992년간에 개발도상국에 대한 외국인 직접투자(FDI)의 72%가 10개 국가에 집중된 반면에, 48개의 '최저개발(least developed)'국들에는 단지 2%만이 투자되었다. 아시아는 1983년에서 1991년간에 전체의 절반이 투자되었고, 1980년대 후반에는 3분의 2가 투자되었다. 그러나 아시아와 라틴아메리카의 일부 지역과 사하라 이남 아프리카의 많은 지역에는 거의 투자되지 않았고, 세계무역에서 그들이 차지하는 비중도 감소했다. 사하라 이남 아프리카의 전 세계 수출에 대한 비중은 1980년 2.4%에서 1989년 1.1%로 꾸준히 감소했고, 제조업 분야 무역에 대한 그들의 비중은 1.2%에서 0.4%로 급격히 떨어졌다. 심지어 주요 외국인 직접투자 대상권내에서도 일부 지역에만 투자가 국한되고 많은 여타 지역들에는 거의 투자되지 않았다(Shatkin, 1998: 379).

(1) 동아시아의 폭발적인 성장[*]
동아시아는 극히 예외적인 경우인데, 이 지역은 금융 위기로 잠시 성장이 멈추기

---

[*]: 다음 부분(167-170쪽)은 홀(1999)에서 인용

이전까지는 세계 산업화의 발전소로 불릴 만큼 급속하게 성장했다. 여기에서는 초기에는 산업이 주요 도시에 집중되었으나 점차 거대도시권역과 네트워크되어갔으며, 차로 2-3시간 정도 떨어진 작은 도시들로 확산되었다. 맥기(Terrence McGee)는 이곳을 '확장된 도시지역들(extended urban region)'이라고 부르는데, 이곳에서는 농촌 주변에 살기를 원하는 많은 사람들이 농업과 비농업 활동이 혼합된 생산 활동에 참여하고 있다(McGee, 1991; Drakakis-Smith, 1995). 이는 본질적으로 런던, 뉴욕, 샌프란시스코 주위에서 일어난 일종의 복잡한 탈집중화-재집중화 현상(deconcentration-reconcentration)의 아시아판이라고 할 수 있지만, 훨씬 큰 규모로 그리고 더 짧은 기간에 이런 현상이 발생했다는 점이 다르다. 이러한 현상은 1970년대부터 전형적인 형태로 발생했으며, 긴밀하게 네트워크된 일련의 대규모 내지 중규모 도시들 내에 1,000-3,000만의 인구를 수용하고 있다.

이들 도시는 다음과 같은 명확한 특징을 지닌다.

외생도시화(exo-urbanization): 이는 복합적인 성격의 지역으로, 본질적으로 외국인 직접투자에 의한 외생적 성장에 의존한다. 중국 주강 삼각주 지역의 생산 부문에 대한 외국인 직접투자의 비율은, 1979년에서 1980년의 7%에서 1990년에서 1993년의 35.5%로 증가했다(Sit and Yang, 1997: 648).

지역 내 분업(internal division of labor): 이는 홍콩-중국의 남부 지역, 싱가포르-조호레-이아우 군도 지역의 경우와 같이 지역 내의 상이한 생산 요소 여건을 활용하는 것을 말한다. 이 지역 내에 있는 세계도시나 준세계도시는 점증적으로 자본과 전문적인 기술을 수출한다. 요컨대 이러한 협력 형태는 수백 개의 작은 도시들과 마을들의 성장을 촉진시키고, 이들 작은 도시와 마을의 지역적 중심지로서 역할을 하는 홍콩을 통해 세계 경제체계로 점점 통합되어가고 있다(Sit and Yang, 1997).

촌락도시(desakota): 맥기(McGee)의 주장에 의하면 아시아형 거대도시(asian mega-cities)는 일찍이 서구 선진국들에서 발생했던 현상과는 기본적으로 매우 다른, 새로운 도시 형태이다. 대도시의 중심부 사이를 연결하는 선형의 간선도로를 따라 펼쳐진 땅에는 농업 활동과 비농업 활동이 강하게 혼합되어 있는데, 맥기는 이를 인도네시아어로 촌락을 뜻하는 'desa'와 도시를 뜻하는 'kota'를 조합해서 촌락도시(desakota)라고 명명했다. 그들은 싼 교통수단, 특히 사람들과 물자를 쉽게 이동시킬 수 있는 오토바이, 버스, 트럭들로 연결되어진다. 맥기의 말을 인용하면, "도시계획가들에게 주어진 도전은 부정적인 면들을 감소시키면서 이러한 새로운 종류의 환상형 도시(urban rings)들이 가지고 있는 장점을 어떻게 하면 잘 활용하는가의 문제이다"(McGee, 1991: 9).

대규모 도시 프로젝트(urban mega-projects): 서구 도시들에서는 프랑스의 라데팡스 (La Défense), 런던의 도클랜즈(Docklands), 뉴욕의 세계금융센터(World Finance Centre) 와 같은 대규모 프로젝트들이 있었다. 그러나 1980년대에 이르러서는 대규모 프로 젝트가 새로운 동아시아 도시 형태의 중요한 특징으로 등장했다. 크리스 올즈(Kris Olds)의 정의에 따르면, "상업, 주거, 소매, 산업, 레저, 기반시설의 이용을 혼합적으 로 포함하는 (재)개발 프로젝트로서, 주로 확장된 대도시지역 내에 있던 이전의 항 구, 철도, 산업, 군사, 경마장 부지 또는 저개발된 교외지역, 농지, 습지, 섬과 같은 넓은 대지 위에 개발된다". 이런 개발에는 주요한 항구와 공항들도 포함된다. 또 상품과 사람과 정보의 이동을 용이하게 하는 길게 펼쳐진 선형의 개발 형태를 갖 고 있는 기능적 결절점 역할을 하는 텔레포트들을 포함하는 하이테크 관련 업무 지역도 포함된다. 그리고 이 지역들은 자본가들이 모여 사는 호화 주택 지역과 연 결되어 있다. 이런 개발은 특히 부동산 시장의 세계화와 공인감정사, 건축가와 같 은 전문가 집단을 포함하는 다국적 기업의 등장과 연관되어 있다. 올즈는 이러한 지역이 싱가포르에 한 곳, 말레이시아에 두 곳(조호르 바루와 콸라룸푸르), 필리핀에 한 곳(마닐라), 태국에 한 곳(방콕), 중국에 한 곳(루쟈주이), 일본에 다섯 곳(도쿄, 요코 하마와 오사카에 세 곳), 호주에 네 곳(시드니에 한 곳, 멜버른에 두 곳, 애들레이드에 한 곳)이 있다고 기록하고 있는데, 이상하게도 그녀는 중국의 경제특구는 이 기록 에 포함시키지 않고 있다(Olds, 1995: 1713, 1717, 1720-1721).

<자료 2-18> 주강 삼각주 지역의 외생도시화: 개발의 새로운 형태

> 중국 대부분의 개방 지역에는 외생적 도시화의 새로운 패턴이 나타났는데, 이는 1978년 이전 중화인민공화국 시대에 전개되었던, 대부분 지역에 널리 퍼진 내생적 도 시화(즉, 국내 및 지역적 힘에 의해 진행되는 도시화)와는 뚜렷한 차이가 있다. 외국인 투자 에 의한 이와 같은 외생적 도시화는 저비용의 노동과 토지를 대규모로 투입하는 것을 바탕으로 한 노동집약적 조립 제조업 유형의 수출을 지향하는 산업화로 특정지어진다.
> ─Sit and Yang, 1997: 649.

이러한 복합 지역 안에서 중심도시는 지휘하고 통제하는 역할을 한다. 따라서 몇 십 년 동안 싱가포르, 홍콩, 상하이, 타이베이 같은 도시들은 점차로 제조업 도시에서 정보도시로 탈바꿈해왔다. 가장 특이한 예는 주강 삼각주 지역인데, 여기 에는 홍콩, 광저우, 그 밖에 중간 크기의 7개 도시들, 13개의 현(xians: 또는 군)에 4개의 특구 지역 중 2개인 센젠(Shenzhen)과 주하이(Zhuhai)가 포함된다. 1993년에 이곳의 전체 인구는 2,210만 명이었고, 1980년에서 1991년간에 GDP는 7배 이상으로 증가했다. 1980년에 이 지역의 GNP는 중국 평균보다 낮았지만, 1991년에는 평균 GNP보다 64%나 높았고, 1990년대에 이르러서는 외국인 자본 활용, 수출, 고정 사회자산의 투자, 농업 생산에서 최고를 기록했다. 여기서는 카메라, 카세트 리코더, 선풍기, 냉장고, 세탁기, 컬러 TV를 생산한다(Lin and Ma, 1994: 82; Maruya, 1994: 65; Sit and Yang, 1997: 651; Yeung, 1994: 7).

무엇보다 제일 중요한 요인은 홍콩으로부터(그리고 어느 정도는 타이완으로부터)의 외국인 투자였다. 1980년대 후반 경에 주강 삼각주 지역은 홍콩 고용량의 5배인 300만 명을 고용했고, 홍콩이 원래 특화했던 노동집약적인 경공업 부문에서 제조업 기지들의 중요한 생산 기지가 되었다. 이에 따라 지역 내 분업이 나타났는데, 광둥 지역은 중공업과 연구개발을 특화하고, 홍콩-센젠 지역은 기술, 디자인 부분에서 세계시장의 최근 개발 경향을 살피는 창문 역할을 하며, 또한 홍콩은 재정, 보험, 선박업의 중심지가 되고 나머지 중간 지역들은 제조업 기지가 되었다. 이것이 이른바 '전면은 가게, 후면은 공장(Front shop, back factory)' 모형이다(Guldin, 1995: 113-114; Sit and Yang, 1997: 651-656). 1990년대 중반경에 주강 삼각주 지역에서는 홍콩 지역의 이익과 관련된 공장 고용인이 500만 명 이상이 되었는데, 그에 반해 홍콩은 노동력의 단지 18%가 제조업 부분이었고 60%가 서비스업 부분을 차지했다(So and Kwok, 1995b: 259). 따라서 소와 곽(So and Kwok)은 다음과 같이 기록하고 있다.

식민지였던 홍콩은 주강 삼각주의 재정 지원자, 투자가, 공급자, 디자이너, 후원자, 수출가, 중계자, 기술 고문이 됨으로써 그 지위를 상승시켜왔다.

—So and Kwok, 1995a: 2.

이와 마찬가지로 상하이도 급속하게 경제적 기반을 전환하고 있다. 산업은 상하이 교외지역뿐만 아니라 도시 경계 너머인 양쯔강 삼각주 지역으로 재배치되고 있다. 삼각주 지역 산업 생산의 절반 정도는 도시 바깥인 작은 도시나 마을에 있는 기업들에서 주로 창출되고 있다. 그리고 상하이에서부터 쑤저우(Suzhou), 우시(Wuxi)와 창저우(Changzhou)에 이르는 길이 200km에 달하는 지역에 산업 지역 회랑이 생겨나고 있는데, 이 지역들은 별다른 토지이용 규제나 도시 기반시설이 없는 지역이다. 2005년까지는 2,200만 명이 삼각주 지역으로 이주할 것으로 보인다. 이 지역의 무계획적인 개발은 경작지를 고갈시킬 뿐만 아니라, 상하이의 공기와 물의 질에 악영향을 끼치는 위협을 초래하게 될 것이다(Leman, 1995: 10)

(2) 라틴아메리카의 모순

1980년대와 1990년대의 라틴아메리카에서는 일련의 도시 모순이 나타났다. 아주 드문 예외를 제외하면, 라틴아메리카의 경제는 어느 정도 통제가 되었음에도 불구하고 극심한 인플레이션이 나타나 1960년대 경제 호황기보다 느리게 성장했다. 주요한 문제는 도시의 소득분배가 지나치게 불공평했고 그 결과 이중적인 도시 경제와 도시 사회구조의 심각한 계층 분리가 생겼다는 것이다. 예를 들면, 도시 중심에는 사치스러운 아파트와 호화로운 고층 사무실, 고층 호텔 등이 세워졌으나, 도시 외곽에는 거대한 판자촌이 형성되었다. 1980년대에는 남미 전체가 민주화되면서 대중적인 사회운동이 나타났고, 슬럼가 개선 프로그램이 어느 정도 성과를 달성하기도 했다. 부분적으로는 휘발유세가 낮고 간선도로가 많이 건설된 덕택에 차를 소유한 사람의 수가 상대적으로 많아졌다. 이 지역에는 세계에서 가장 인구가 많은 대도시지역들이 많아서, 결과적으로 나타난 패턴은 지속 가능한 개발과는 거리가 먼 것이 되었다.

(3) 사하라 이남 아프리카의 딜레마

1965년에서 1990년간에 사하라 이남 지역의 아프리카에서는 연평균 경제성장이 거의 없었는데, 이것은 세계의 다른 어떤 지역과도 완전히 동떨어진 현상이었다 (Hoogvelt, 1997: 202). 아프리카의 많은 지역에서 신자유주의 정신(new-liberal orthodoxy)이 적용되면서 경제 침체는 사회적 혼란과 내란 상태로 바뀌었다(Hoogvelt, 1997: 175-176). 따라서 1980년 이후 사하라 이남의 "아프리카는 사실상의 고질적 불경기와 경기 침체의 위험에 처하게 되었다"(Jamel and Weeks, 1993: 18).

일부의 경우 도시로의 이주 비율이 감소하는 경우도 있지만, 아직도 도시로의 이주는 절대적인 수에서 증가했다(Jamel and Weeks, 1993: 20). 공식 통계에 따르면 1980년대에 아프리카는 가장 낮은 도시화율을 나타내고 있기는 하지만 가장 높은 도시성장률을 보였다(Potts, 1995: 245). 그러나 포츠의 연구는 이러한 통계가 잘못된 것이라고 지적한다. 즉, 탄자니아의 경우는 다소 덜하지만 가나나 잠비아의 경우 도시 성장은 둔화되었다(Potts, 1995: 252). 또 "도시체계 내의 위계에 따라 정도의 차이는 있지만, 일종의 역도시화(counter-urbanization) 현상이 아프리카에서 분명히 나타나고 있으며, 농촌에서 도시로 이주하는 사람의 수보다 훨씬 많은 수의 도시 거주자가 농촌지역으로 이주하는 경향이 있다"(Potts, 1995: 259).

비록 그렇다고 하더라도 도시로의 지속적인 인구 유입은 경제 위기의 징후였다. 공식 부문의 붕괴로 인한 과잉 노동자들에다가 빈곤한 시골 이주민들까지 도시로

들어왔으며, 이들은 생존의 한계선에서 허덕이면서 비공식 부문으로 흡수되었다 (Jamel and Weeks, 1993: 131). 많은 나라에서 도시민들이 생활수준의 급격한 하락으로 인한 황폐함을 겪고 있다는 것은 놀라운 사실이다. 예컨대 우간다에서는 실질임금 이 1972년에서 1990년간에 90% 하락했다. 대략적인 계산으로 1990년의 임금으로 는 한 가족이 필요한 식량의 4분의 1만을 구입할 수 있을 뿐이었고, 비슷한 임금 하락이 탄자니아, 케냐, 가나에서도 일어났다(Jamel and Weeks, 1993: 43).

이 기간의 위기는 여러 가지 복합적인 이유로 더욱 심화되었는데, 예컨대 도시 소득이 농촌 소득보다 너무 많다는 생각에 기초해서 도시의 경제성장을 줄이려는 IMF의 기막힌 정책, 도시로의 이주를 야기한 앙골라, 모잠비크, 수단, 라이베리아에 서의 전쟁(르완다와 소말리아에서는 반대 현상이 일어났음), 모리타니와 같은 사막 초원 지역의 국가에서 발생한 지속적인 가뭄과 인종차별정책의 종식으로 인한, 아프리카 전역에서 남아프리카 공화국으로의 이주 열풍 등이 원인이 되었다(Potts, 1995: 246-247). 자멜과 웍스(Jamel and Weeks)의 추정에 의하면, 1970년대와 1980년대에 도시와 농촌 간의 격차는 사라졌거나 역전되었다(Potts, 1995: 248).

> 그러므로 증거는 매우 뚜렷하다. 많은 나라에서 빈곤한 도시 사람들은 점점 더 빈곤해지 고 있을 뿐만 아니라, 그들의 삶은 믿을 수 없을 정도의 생존경쟁에 놓이게 되었다. 임금과 최소생계비와의 커다란 격차는 자멜과 웍스(1993)에 의해 '임금 수수께끼(wage puzzle)'라고 명명되었다. 그렇다면 사람들이 어떻게 생존하고 있을까?
>
> —Potts, 1995: 250.

도시의 빈곤한 사람들은 이전에는 돈을 벌지 않았던 가구 구성원들까지도 자질 구레한 일용품 분야에서 일하고, 임금노동자들은 기타 추가적인 활동에 참여하며, 아무리 작은 땅이라도 농작물을 재배하는 등 비공식 분야에서의 다양한 활동으로 생존하고 있다. 놀랍게도 가족구성원들이 식량 생산에 동원되고 있다고 해서 영양 불량 상태가 크게 나아진 것 같지는 않다. "우간다에서 우리는 분업이 사라지기 시작하는 원시사회로의 퇴보를 목격했다. 이런 퇴보와 함께 계층의 개념이 사라지 고, 계층간의 차이인 소득분배라는 것조차 의미가 없어졌다"(Jamel and Weeks, 1993: 42). 이로 인해 여성들이 추가적인 부담을 지게 되었다(Potts, 1995: 250). 인종차별정 책의 종식 이래 1990년대에는 동부와 중부 아프리카의 많은 지역에서 요하네스버 그로의 장거리 이주민이 눈에 띌 정도로 크게 증가했다. 이런 이주민의 대부분은 자질구레한 상업 활동에 종사하고 있으며, 그것만이 그들 대부분에게는 거의 유일한 경제적 기회일 뿐이다.

우리는 이런 종류의 도시 성장을 비공식 부문 의존 도시화(Informalized urbanization)라고 부르며, 이런 형태의 도시 성장은 공식 부문 경제의 기반 없이 이루어진다. 국제연합 인구기금(United Nations Population Fund)에 의하면, 개발도상국의 많은 대도시에서 빈곤하고 일자리가 없는 사람들의 비율이 증가하고 있다. 어떤 나라의 경우에는 이주와 이민이 도시 젊은이들 사이에 높은 실업률을 발생시키며, 이는 범죄와 폭력의 증가 비율과도 연관이 있다. 높은 인구성장을 겪고 있는 도시지역에서는 기반시설과 서비스가 수용 능력의 한계에 도달했고, 주택, 하수도, 상수도, 쓰레기 처리시설, 교통에 대한 수요가 증가하고 있다. 환경문제를 발생시킬 우려가 있는 위생 및 오수처리와 같은 공공시설에 과부하가 걸리고 있다.

이와 비슷한 현상이 선진국의 몇몇 도시들에서도 일어나고 있는데, 이는 사실상 개발도상국으로부터의 이주에 의한 현상이다. 합법적이든 불법적이든 라틴아메리카와 태평양 주변의 아시아로부터 엄청난 수의 이주민을 수용했던 로스앤젤레스를 소자(Ed Soja)는 '감옥(carceral)' 도시라고 부른다. 즉, 이곳은 제어하기 어려운 곳으로, 담장으로 보호되는 고급 단지와 잘 보호된 쇼핑센터를 갖고 있고, 자신의 세력권을 유지하려는 갱과 그에 대응하는 하이테크의 경찰력이 있는 곳이다(Soja, 1995: 133-134). 그에 따르면 "인종, 계급, 성별, 나이, 소득, 종족의 새로운 결합은 로스앤젤레스를 폭력적인 파국, 세력간 충돌, 불안정한 경계, 기이하게 인접해서 자리잡고 있는 생활 영역들, 엄청난 부와 절망으로 채워진 지역인 선동적 도시 형태로 만들었다"고 표현한다(Soja, 1995: 134). 이러한 표현에는 다소 과장된 부분이 있겠지만, 상당 부분 사실이기도 하다.

5) 간과되어온 소도시들의 문제

도시 규모의 범위는 인구 2,000-3,000만 명의 거대도시에서부터 농업지역 배후지의 중심지 역할을 하는 지방 소도시에 이르기까지 다양하다. 그러나 규모의 차이가 있음에도 불구하고 모든 도시는 보편적인 경제적 기능을 수행하며, 주택 시장 또는 기반시설에 대한 공통의 문제점들을 가지고 있다. 그리고 비록 우리들의 관심은 대도시에 쏠려 있지만, 대다수의 도시 거주자들은 실제로 이러한 작은 지역들에 살고 있다(예컨대 베트남에는 비록 두 개의 큰 도시가 총인구의 30%를 수용하고 있기는 하지만 19개의 도시가 10만 명에서 50만 명 사이의 인구를 수용하고 있고, 전체적으로는 450개의 도시가 있다). 소도시들은 사람들이 소매, 상업 또는 상품과 사람들을 운반하면서 생계를 유지하는 서비스의 중심지 기능을 수행하면서 행정 중심지나 지역 성장축 역할을 할 수 있기 때문에, 이런 작은 도시들은 시골에서 도시로 이주한 사람들에게 매력적인 정착 장소가 되어 큰 도시에 가해지는 인구 유입 압력을 감소시키게 된다.

큰 도시들의 경우처럼 이런 작은 지역들도 인구 유입과 높은 출생률로 인해 빠른 인구성장을 겪고 있다. 예를 들어, 라틴아메리카에서는 인구성장이 둔화되고 있는 대도시들에 비해 작은 도시들의 인구가 오히려 더 빠르게 성장하고 있다. 대도시들과 마찬가지로 이런 작은 지역들도 공업과 농산물 가공 활동을 통해 성장하게 되는데, 그 결과 자동차 수가 늘어나면서 공해와 혼잡이 야기되고 활발한 건설 활동으로 인해 작은 도시들이 지니고 있던 매력적인 경관이 위협받고 있다.

보통 작은 도시들은 대도시에 비해 재정 자립도가 낮기 때문에 더 많은 어려움을 겪는다. 그리고 대개 전문 기술 인력을 확보하지 못하고 있는데, 빈약한 재정 자원 때문이기도 하고 다른 한편으로는 명성 있는 도시의 더 큰 고용 시장으로 수준 높은 전문가들을 빼앗기기 때문이다. 작은 지역들이 중앙정부에 미치는 정치적 영향력은, 인구수도 적고 전국적 인지도도 낮기 때문에 작은 편이다. 따라서 기반시설의 부족과 비공식 부문 주거 서비스의 결핍은 큰 도시들의 경우보다 더 심각할 수도 있다. 시 정부의 운영에서도 역량 부족으로 인해 공공 부문의 문제들이 누적되고, 소방 활동 같은 일에 전념하느라 시간이나 여력이 부족하여 민주적 의사 결정을 증진시킬 수 없다. 이러한 사정은 행정 업무를 탈중앙화시키고 더 강력한 지방 민주주의를 실현하는 것이 중소도시들의 경우 더욱 필요한 과제라는 것을 의미한다.

6) 도시 형태와 도시 교통

대도시에서 주택과 직장의 분산 현상과 중소도시의 급속한 성장은 비슷한 결과를 나타내고 있다. 즉, 두 경우 모두 자가용 의존도를 증가시키는데, 이는 바로 개발도상국가의 도시 정책에서 주요 도전 과제 가운데 하나이다. 일인당 국민총생산이 미화 5,000달러 미만인 개발도상국 도시에서 자동차 보유율이 가장 빨리 성장하고 있다 (Kidokoro, 1992: 74). 현재는 경제협력개발기구 가입국들이 전 세계 자동차의 70% 정도를 보유하고 있으나, 1995부터 2020년까지 25년 동안에 이러한 분포는 바뀔 것이다. 즉, 개발도상국가의 자동차 수가 75% 이상 추가로 늘어날 것이고, 2020년에는 전 세계 차량의 43%가 개발도상국가에서 운행되게 될 것이다(<표 2-9>). 2005년에는 전 세계 자동차 수가 처음으로 10억 대를 넘어설 것이고, 2030년 전까지 비

OECD 국가들의 자동차 수가 OECD 국가들보다 많아질 것이다. 1995년부터 2020년까지 승용차의 비율은 모든 차량의 60% 정도로 간주되지만, OECD 국가들에서는 승용차 비율이 더욱 우세하다. 반면에 개발도상국에서는 경트럭(15%)과 오토바이(32%)가 교통수단의 중요한 부분을 차지한다. 그러나 교통문제의 규모는 매우 방대하며 계속 증대되고 있다.

제1장에서 보았듯이 개발도상국의 도시들은 이미 짧은 시간에 엄청난 교통량 증가를 경험했다. 따라서 개발도상국의 도시들은 급격한 자동차화(연평균 10-15% 증가)와 연평균 6%의 도시 인구성장이라는 두 가지 현상과 씨름하고 있다(World Bank, 1996). 또 소득수준이 같을 때의 승용차 보유율은 선진국보다 개발도상국에서 훨씬 높게 나타나고 있다.

그러나 거의 모든 개발도상국 도시들에서 실제로 이용할 수 있는 도로공간은 매우 부족하다. 도시 공간 중 교통용지의 비율이 유럽 도시는 20-25%, 맨해튼은 30% 이상인 데 반해, 방콕과 캘커타는 단지 7-11%에 불과하다(World Bank, 1996). 아시아의 대도시들은 단위 도로공간당 교통량이 매우 높으며, 이것은 불충분한 교통망, 다양한 교통수단의 혼재, 상업 목적을 위한 도로 사용(이것은 관습적으로 합법화되어 있으며 물건을 사는 사람에게는 편리함을 주고 있음), 빈약한 관리, 대중교통체계의 부재나 부족 등에 의해서 사정이 악화되었다. 이러한 현상은 CBD(중심업무지구)로의 기능 집중과 중심으로부터 매우 먼 거리에 있는 주거지역의 개발에 의해 더욱

<표 2-9> 전 세계 차량 보유 증가 기대치 (단위: 천 대)

		1995		2020	
		승용차	모든 차량	승용차	모든 차량
경제협력개발기구	북아메리카[1]	170,460	231,557	247,328	335,056
	유럽[2]	160,215	203,429	244,720	300,054
	태평양[3]	52,654	101,188	82,193	147,251
전체 경제협력개발기구		383,329	536,174	574,421	782,361
기타 국가		111,255	240,357	283,349	580,288
전 세계 총합		494,584	776,531	856,590	1,362,649

설명: 모든 차량은 자동차, 경트럭, 이륜차, 중트럭을 포함. 멕시코는 (1994년 이래) 경제협력개발기구 회원국이지만 이 통계자료에서는 제외됐다.

주: 1) 미국, 캐나다. 2) 오스트리아, 벨기에, 덴마크, 프랑스, 독일, 그리스, 아이슬란드, 아일랜드, 이탈리아, 룩셈부르크, 네덜란드, 노르웨이, 포르투갈, 스페인, 스웨덴, 스위스, 터키, 영국, 핀란드 3) 일본, 오스트레일리아, 뉴질랜드.

출처: OECD / ECMT, 1995.

심화되고 있다(Kidokoro, 1992: 75-76).

이는 승용차 보유율이 낮다고 하더라도 개발도상국의 도로들이 더 혼잡하다는 것을 의미한다. 멕시코시티에서 첨두(peak) 시간대 속도는 시속 16km이고, 메트로 마닐라의 교통망 중에서 혼잡한 지역은 시속 15km 이하이고 중심업무 지역은 시속 10km 정도이며, 방콕은 평균시속 13km로 세계에서 가장 사정이 심각하다(Brennan, 1994: 246). 이런 도시의 대부분에는 최근 들어 자동차 수가 급속히 증가하고 있다.

예컨대 카이로에서는 연평균 17%가 증가했으며 이런 현상은 보편적이다. 연료비는 싸며 종종 보조금이 주어지는 경우도 있고, 교통량의 성장을 제한하려는 시도는 거의 없는 실정이다.

그리고 환경적인 영향은 이와 비례해서 더욱 심각하다. 예컨대, 속도가 느린 자동차와 잘 정비되지 않은 교통수단들은 덜 혼잡한 조건에서의 효율적이고 현대적인 운송수단에 비해서 훨씬 높은 수준의 오염을 야기한다. 중심 지역의 높은 땅값과 주택임대료로 인해 도시는 거대해지고 무질서하게 확산되어 토지는 더욱 소비적으로 쓰이게 되었고, 이로 인해 생겨난 광역화로 인해 심한 경우 하루 출퇴근에 5시간 이상 걸리는 도시도 생겨나게 되었다. 이것이 그 유명한 '방콕 현상(bangkok effect)'이라고 불리는 것인데, 이는 혼잡과 오염이 너무 심해서 차를 도로에 '버리고(abandoned)' 걷는 것이 더 빠르다는 것을 의미한다. 방콕에서는 이미 많은 사무실들이 가장 혼잡한 지역으로부터 외부로 분산되고 있다. 예컨대 1978년에서 1987년간에 12개 기업 또는 21%의 회사가 사무실을 중심업무지구에서 주변 지역으로 옮겼고, 신규 사무실의 70% 정도가 5-10km 거리의 교외에 위치했다(Kidokoro, 1992: 80). 1978년에는 10개 중 7개의 쇼핑센터가 중심 지역에 있었으나, 그 이후로는 3분의 2의 신규 쇼핑센터가 외곽에 자리잡았다(Kidokoro, 1984). 그러나 이는 혼잡을 단지 더 넓은 지역으로 확대시키는 결과를 초래했을 뿐이었다. 따라서 적절한 대중교통을 지원하는 도시 성장의 개발 형태가 절실히 요구되고 있다.

7) 도시 성장의 미시적 패턴: 대규모 개발의 문제점

선진국이나 개발도상국 모두에 두 가지 중요한 변화 과정이 아주 다른 공간적 규모로 병렬적으로 일어나고 있는 것이 명백하다. 즉, 탈집중화와 재집중화를 말하는데, 이는 거시적으로는 도시 규모의 거대한 성장을 가져오고 미시적으로는 공간적 분리를 가져온다. 이런 현상은 카나리 워프(Canary Wharf)나 라데팡스(La Défense) 같은 서구 도시들과 영국의 블루 워터(Blue Water) 같은 새로운 에지 시티 쇼핑센터의 대규모 상업지 개발, 말레이시아, 중국, 일본 등지의 대규모 개발의 모든 경우에서 발견할 수 있는 현상이다. 주요 도로를 따라 작은 가게들이 줄지어 늘어서 있는 아시아 도시의 소매 패턴은 요코하마, 콸라룸푸르, 상하이에서 일어나고 있는 거대한 규모의 새로운 개발과 매우 대조적이다. 후자와 같은 거대한 개발은 엄청난 면적과 규모, 단일 기능의 토지이용으로 공간을 구분하려는 특징을 가지고 있다. 이렇게 큰 규모로 토지 용도를 분리하는 것은 작은 규모와 혼합 용도를 요구하는 지속 가능한 개발 원칙과는 완전히 상반된다는 점이 매우 아이러니한 사실이다.

7. 결론: 시장과 계획

이상의 설명은 지금까지의 도시 성장과 변화 과정들이 기술 주도와 시장 주도의 결과로 나타났으며, 이는 어떤 의미에서는 자연스럽고 보편적이며 또 앞으로도 그럴 것임을 시사한다. 물론 어느 정도까지는 도시의 대중교통, 그리고 그 후의 자가용 보급이 대도시권 지역을 광범위하게 확산시키는 동시에, 적어도 초기에는 도시 중심 지역으로 활동을 집중시킨 것도 사실이다. 그러나 1920년대 중반에 로스앤젤레스에서 시작되어 다른 모든 선진국 도시들로 널리 퍼졌던 것처럼, 자가용의 보급은 고용 지역의 확산과 도시 전역에 걸친 교차형(criss-cross) 통근 패턴을 보이는 다핵적인 도시지역(polycentric urban areas)을 만들어냈다. 이러한 현상은 로스앤젤레스와 마찬가지로 런던에서도 일어났으며, 부에노스아이레스와 시드니에서도 일어났고 뉴욕과 도쿄에서도 나타나, 선진국 도시지역과 개발도상국 도시지역 모두에서 보편적인 패턴이 되었다.

그러나 계획 과정은 결과에 영향을 미칠 정도로 강력하게 작용한다. 적어도 2000년에는 선진국과 후진국의 모든 대도시권들이 동일한 경향과 특징을 나타낼 것이라고 말하는 것은 잘못이다. 예컨대 넓은 지역으로 확산된 다핵 패턴을 보이는 런던 지역과 상대적으로 압축적인 패턴을 보이는 일드프랑스 지역의 대조는 이를 입증한다. 더욱 놀라운 것은 유럽 대도시와 북미 대도시 간에 나타나는 차이점이다. 대체로 유럽의 도시들은 훨씬 더 조밀하고 압축적이다. 이러한 이유로 유럽의 도시들은 북미의 도시들보다 훨씬 더 높은 수준의 대중교통을 유지하고 있다. 북미의 경우에도 캐나다의 도시들은 미국의 도시들보다 더 밀도가 높다. 그리고 도쿄와 오사카, 홍콩과 싱가포르의 훌륭한 대중교통 시스템이 증언하고 있듯이, 아시아의 도시들은 한층 더 조밀한 경향을 보이고 있다(Newman and Kenworthy, 1989).

따라서 도시계획과 아울러 특히 도시계획의 주된 수단인 지역지구제(zoning)는 도시에 심대한 영향을 미친다. 그러나 도시계획과 지역지구제는 시장의 힘에 반대 방향으로 작용하지 않고, 시장의 경향을 일정 방향으로 바꾸거나 형성해나갈 때 가장 잘 작동하게 된다. 엄격한 지역지구제 법규는 토지 소유자들에게 막대한 권한을 주게 되며, 성장하는 도시에서 이러한 권한은 거대한 이익이 발생할 가능성을 의미한다. 그러나 시 당국은 스스로 만들어낸 기존의 지역지구제를 변경하거나 기존의 체제로부터 이익을 얻을 힘을 거의 갖고 있지 않다. 이와 동시에, 많은 중간소득 도시들의 경우 이러한 엄격한 지역지구제는 통제 영역 밖에 있는 비공식 부문 주택을 양산해낼 뿐이다.

이와 같은 상황은 중요한 사실, 즉 계획은 도시의 성장과 변화를 형태짓는 공공행위 중 단지 하나의 수단이라는 점을 보여준다. 똑같이 중요한 또 다른 수단으로 과세를 들 수 있다. 그러나 과세와 토지이용계획은 거의 다른 행정 부서에 의해 다른 목적하에 따로따로 발전되었다. 일부 도시들만이 시장을 일정 방향으로 유도하거나 형성시키는 토지이용계획 시스템을 발전시키는 것과 과세를 병행하여 조화를 추구하고 있다. 그러나 이렇게 운 좋은 도시들은 몇 안되는 소수에 불과하다. 다른 도시들에서는 그러한 조치가 아주 어려운 것으로 밝혀졌는데, 대부분의 도시들이 급격하게 성장하고 변화하는 거시경제의 제약 조건을 극복해나가야만 했기 때문이다.

도시의 형태와 밀도는 이동비용에 의해 심각하게 영향을 받는다. 현재는 모든 형태의 교통수단들이 보조금을 받고 있거나 적어도 그들의 경제적 비용과 생태적 비용 전부를 부담하고 있지 않다는 것을 인식하는 것이 중요하다. 경제적 비용과 생태적 비용을 모두 고려한 이동체계는 노동의 공간적 분리를 감소시키고 주거밀도를 증가시키며, 유인책을 통해 더 많은 복합 용도 개발(mixed-use development)을 유도하게 될 것이다. 만일 계획가들이 토지이용에서 더욱 높은 밀도와 더 빠른 순환 또는 약화된 기능적 분화를 위한 지침을 개발한다면, 계획에 대한 저항을 크게 줄일 수 있을 것이다.

다시 말하자면, 이러한 설명은 시장의 힘, 이론적 개념과 이념들, 지역과 지방 정책들 간의 복잡한 관계를 간과하는 것이다. 유럽의 많은 지역들과 북미의 일부 지역에서는 지속 가능한 도시에 관한 해법을 위해 잘 조직되고 투쟁적인 활동이 전개되고 있다. 우연하게도 이러한 활동들은 이들 지역에서 벌어지고 있는 님비(NIMBY) 활동과 겹치고 있는데, 어떤 개발계획이 거부될 때는 언제나 지속가능성이란 명분이 내세워지고 있다. 이러한 경우 가장 중요한 과제는 이기적인 주장과 실질적인 지속 가능한 개발에 관한 건전한 주장을 잘 구별해내는 일이다. 놀랍게도 1990년대에 전 세계에 걸쳐 많은 정부들이 리우(1992)와 교토(1997)의 합의에 일치하는 쪽으로 국가정책 면에서 중요한 변화를 보이기 시작했다. 즉, 지속 가능한 개발이 이제 국가적 의제로서 진지하게 논의되기 시작했고, 이는 대단히 중요한 변화를 나타내는 것이다.

특히 이것은 교통의 경제적 외부효과에 대한 인식을 보여주고 있다. 사람과 상품의 이동은 경제활동의 기본적인 토대이다. 그러나 이것은 현재의 기술로는 재생 가능하지 않은 자연자원들을 사용하므로 오염을 유발하며, 그래서 지구온난화(global warming)의 예와 같이 지구환경에 강한 영향을 미치게 된다. 그러나 현재 이러한 현상들은 국가의 재정 시스템이나 의사 결정에 반영되고 있지 않다. 사실상 모든 국가체계나 정부들이 외부효과를 고려하지 않고 운송수단에 보조금을 지급하고 있다. 거의 모든 국가에서 신규 상업개발이든 신규 주거개발이든지 상관없이 입지 선정에 이러한 외부효과를 고려해야 한다는 것에는 동의하고 있지만, 어떻게 고려해야 하는지에 대한 합의는 진척되고 있지 않다. 이를 보다 쉽게 반영할 수 있는 새로운 체계와 새로운 정책수단들을 개발할 필요가 있다.

이렇게 할 때, 우리는 도시들이 최소한 두 가지 점에서 구별된다는 것을 언제나 인식할 필요가 있다. 첫째는 소득수준으로서, 빈곤한 도시의 시장과 시의회는 중간 소득의 도시들과 비교할 때 불가피하게 다른 우선순위와 제약 조건을 가지고 있으며, 매우 부유한 도시들과 비교할 때도 역시 매우 다른 우선순위들과 제약 조건을 갖고 있다. 각 도시의 상황을 고려하지 않은 채 한 도시의 교훈을 다른 도시에 적용하는 것은 부적절하며 분명히 별로 도움이 되지 않는다. 그러나 빈곤한 도시가 현재의 부유한 도시가 빈곤했던 과거 30여년 전에 겪었던 문제에 관해서 연구하는 것은 적절하며 도움이 될 것이다. 두 번째는, 어떤 개발 수준에서도 존재하기 마련인 사회적 차이와 문화적 차이이다. 고밀도의 동아시아 도시 패턴은 비록 환경적으로 분명히 좀더 지속 가능한 도시 형태이지만, 공간적으로 확산하는 저밀도의 라틴 아메리카 대도시권 지역의 해결책으로 단순하게 적용될 수는 없다.

그럼에도 불구하고 계획의 기초가 되어야 할 몇 가지 절대적인 기준은 존재한다. 비록 빈곤한 사람들이 많이 이용하지만 밀도가 너무 낮아 대중교통 버스 시스템을 제공하지 못하는 도시는 분명히 시민을 위해서 제대로 작동하고 있지 않은 도시이다. 그러나 이러한 종류의 개발은 선진국의 많은 도시들에서 자주 발견할 수 있으며, 더 놀라운 것은 중간 소득의 도시들에서도 발견할 수 있다는 것이다. 따라서 사람들은 덜 지속 가능한 대체 시스템을 이용하도록 강요받거나, 한층 덜 지속 가능한 수단인 값싼 자동차를 이용하도록 강요받고 있다. 여기서 짚고 넘어가야 할 점은, 빈곤하거나 부유하거나, 젊거나 늙었거나, 모든 사람들은 이동에 대한 권리를 가지고 있다는 사실이다.

8. 공통의 과제: 도시 발전 단계

중요한 결론적인 의문이 하나 있다. 즉, 2025년의 도시 세계는 어느 정도까지 공통적인 문제 양상을 보일 것인가? 달리 표현하자면 선진국 도시와 개발도상국 도시는 어느 정도까지 서로 다르거나 모순된 발전 경로를 따를 것인가? 우리는 같은 힘이 전 세계적으로 영향을 끼칠 것이며 그 힘들은 서로 연관되어 있다고 주장해왔다. 높은 인구성장은 일인당 소득의 증가 가능성을 감소시키며, 역으로 일인당 소득의 증가는 일반적으로 감소하는 출생률과 관련되고 따라서 낮은 인구 성장률과 연관되어 있다. 이와는 대조적으로 고령화하는(그리고 장기적으로는 감소하는) 인구구조를 보이고 있는 선진 도시는 상대적으로 높은 가구증가율을 보여 주택과 내구소비재에 대한 수요가 증가할 것이다. 인구성장은 공간적 필요를 유발시키고 이는 도시로부터 주변에 있는 교외지역으로의 저밀도 분산을 확산시키며, 또 공공 서비스 비용을 더 비싸게 만들 것이다.

<자료 2-19> 과도기 국가의 도시 모습

동유럽과 중앙유럽의 과도기 단계에 있는 국가의 도시들은 공통적인 문제를 가지고 있는데, 이는 서유럽이나 개발도상국가의 도시와는 다른 것이다. 과도기 단계 국가의 도시 인구는 안정적이거나 감소하고 있으며, 출생률은 낮다. 많은 경우에 농촌으로부터의 이주 비율은 서구의 도시들보다 높다. 결과적으로 나타난 인구구조는 서구 도시의 경우에 더 가까우며, 대다수 인구가 젊고, 먹이고 교육해야 할 아이의 수가 매우 많은 개발도상국가의 도시와 비교할 정도는 아니다. 과도기 국가 도시의 평균수명은 서구보다 더 낮으며(예컨대 루마니아와 러시아연방의 평균수명은 여전히 70년 이하임), 선진 도시에 비해 노인 인구의 비율은 낮은 반면 일할 수 있는 노동인구 비율은 매우 높다. 상트페테르부르크(St. Petersburg)의 경우에 고용 연령(employment age) 인구의 비율은 59%인데, 이 비율은 노동 연령(working age) 미만 인구의 상당한 감소로 인해 증가하게 될 것이다.

가구당 소득이나 일인당 소득은 서구보다 낮으며, 소득집단간 소득 격차는 아주 크다. 모스크바의 성장은 다른 지역에 비해 매우 높은 경제활동인구 비율에 기인한 소득 수준의 결과 때문이지만, 모스크바의 경우에도 계층별 소득 격차가 크다. 1995년의 경우 모스크바의 상위 10%의 소득은 최하위 10%의 소득보다 47배나 더 높았다. 3명중 1명은 복지수당으로 살아간다. 소피아와 부카레스트 같은 도시들에서는 일인당 소득이 더욱 낮다. 그러나 낮은 소득은 과도기 현상의 결과이다. 과도기 단계 국가에 있는 도시의 교육 수준은 높으며(예컨대 상트페테르부르크에서 경제활동인구의 32.6%는 고등교육 수혜자임), 기술 지식수준은 매우 높아서 높은 생산성 성장을 위한 기본적인 전제조건은 마련되어 있다. 서유럽에서 단일시장의 통합 과정을 통해 증명되었듯이, 국제 분업 체제 속으로의 강력한 통합은 분명히 상대적으로 급속한 경제성장 과정을 이끌어내게 될 것이다.

실업률은 과도기 단계 초기에 수출산업이 시장을 잃음에 따라 높게 나타났다. 새로운 수입이 지역 생산을 대체했다. 그래서 비용을 효율적으로 감소시키지 못하고 보조금을 받던 산업은 쇠퇴했다. 마케팅과 생산품의 분배가 특별한 업무 기능으로 작동되지 않았던 중앙계획경제의 붕괴로 인해 엄청난 어려움이 야기되었다. 새로운 회계법의 등장, 간접비용과 관료주의의 감축은 고용을 감소시켰다. 증가된 생산성은 근로자 수의 감소를 통한 생산의 증가에 의한 것이다.

자동차 보유는 급속하게 증가했다. 비록 서유럽에 비해 여전히 4분의 1에서 2분의 1에 이르는 수준이지만, 모스크바에는 이미 250만 대의 자동차가 있다. 이 숫자는 2010년에 400만으로 증가할 것으로 예상된다. 빌니우스(Vilnius)에서는 자동차의 숫자가 1991~1996년간에 매년 7-8%씩, 1996~1997년간에는 16%씩 증가했다. 과도기 국가의 도시들은 전통적으로 대중교통체계에 맞추어졌고, 낮은 자동차 소유율과 엄청난 기반시설 부족을 보인다. 바르샤바, 프라하, 모스크바와 같은 도시는 개발도상국가의 도시와 비슷하게 극심한 교통체증에 시달리고 있다. 하지만 기반시설에 대한 투자는 증가하고 있는 추세이다.

작은 규모의 건물에 낮은 밀도로 살 수 있는 신규 주택에 대한 선호와 함께, 경제구조조정과 자동차 수의 증가는 분산과 밀도의 감소라는 잘 알려진 과정으로 나타난다. 그러나 도시의 전반적인 구조는 여전히 어떻게 계획과 투자를 하느냐에 영향을 받는다. 중심 지역에 위치한 가능성 있는 많은 지역들에는 지금은 이용되지 않고 있는 낡은 공장건물군이 여전히 많이 남아 있고, 광대한 지역들이 재활성화되기를 기다리고 있다. 새로운 오피스 복합단지와 쇼핑센터들이 건설되고 있다. 고층의 주거단지 주변 지역에는 작은 서비스 센터, 특히 쇼핑센터가 건설되고 있다. 옛 구조물을 없애고 개발을 위해 부지를 정비하기 위해서는 거대한 선행 투자가 필요하기 때문에 이러한 지역의 변환에는 시간이 소요될 것이다. 토지의 재활용을 위해 필요한 새로운 기반시설을 공급하기 위해서도 선행적인 계획 수립을 위한 시간과 투자가 필요하다.

과거로부터의 유산인 주택과 물리적 기반시설은 질이 낮으며, 충족되지 않은 수요의 양은 엄청나다. 과도기적 과정의 초기 몇 년간은 전통적인 금융 시스템의 붕괴로 인해 주택 공급이 축소되기 시작했고, 인플레이션으로 인해 안정적인 장기 대출이 허용되지 않았다. 저당 시스템과 저당은행을 위한 새로운 법적 기반이 마련되어야만 했다. 그동안에 대부분의 나라들은 부동산 금융 시스템을 확립했다. 전통적으로 매우 중앙집권적인 건설회사들은 그들의 조직을 바꾸었고, 새로운 회사는 때로는 외국 회사들과 함께 새로운 형태의 주택을 건립했다. 전통적인 조립식 산업주택은 단독주택과 소규모 건물의 생산 증가에 의해 대체되었다. 오래된 조립식 주택단지의 갱신(refurbishment)을 위한 전략도 세워졌다. 모스크바에서는 몇 개의 고층 호화 아파트 단지들이 민간투자자들에 의해 최근에 건립되었다. 모스크바 남서부에 있는 새로운 근린지구인 쿤세보(Kountsevo) 지역의 아파트 가격은 제곱미터당 미화 1,750달러인데, 단지 안에 학교, 쇼핑 시설, 여가 시설 등을 갖추고 있다.

쇼핑센터에서 오피스 복합단지에 이르는 상업용 부동산은 주로 외국 개발업자들에 의해 건설되고 있으며, 외국 은행들이 재정을 지원하고 있다. 유럽 기준에 의한 오피스 공간의 임대료는 제곱미터당 미화 500-900달러 정도이다.

중앙정부로부터 전통적으로 받아오던 보조금이 사라짐에 따라 많은 도시들이 극심한 재정 위기를 경험했다. 세금 수입에 의한 새로운 재정의 원천은 미약했다. 결과적으로 전통적인 보조금, 특히 주택에 대한 보조금은 단계적으로 없애야 했으므로 임대료는 상승했다. 그러나 비공식 부문 시장과는 별도로 시장 임대료는 여전히 예외이다. 대개, 최소한 경제의 과도기 동안에는, 관리 서비스는 축소되어야만 했다. 대부분의 국가에서 기존의 공영주택은 사유화되었으며, 대부분 거주 중인 임차인에게 낮은 가격에 양도되었다. 그러는 동안에 대부분의 국가에서 분양주택(owner-occupied housing) 시장은 증가했다. 소규모 공급자들은 전형적인 방식으로 주택을 다시 빌려주고 있다.

이와 같은 전반적인 결과로, 경제구조, 교통 시스템, 기반시설의 계획과 공급은 오늘날 더욱 탈집중화되었다. 도시 정부들은 더욱 독립적이고, 자신들의 문제를 다룰 더 많은 권한을 갖고 있다. 단독주택과 자동차는 둘 다 문제를 갖고 있지만, 새로운 도시 시대의 상징들이기도 하다. 민주주의 정부와 증대되는 시장의 영향에 의해 미래는 형성될 것이다.

— Urussowa, 1998a, b; OECD / ECMT, 1995; UN Economic Commission for Europe, 1997.

따라서 전 세계에 걸쳐 수많은 공통적인 과제가 있다. 그러한 전 세계적인 공통 과제(common global tasks)를 다섯 가지로 정리해보면 다음과 같다.

- 인구성장 줄이기.
- 노동의 생산성 올리기.
- 국가와 도시의 경계를 넘어서는 환경오염 줄이기, 특히 생태 절약적인 기술을 통한 저감 방안 찾기.
- 재생 가능한 에너지와 재활용 경제로 전환시키기, 이러한 맥락에서 도시 교통, 특히

자동차 교통을 개혁하기.
- 보다 조밀하고 공통적인 국제적 도시 네트워크 안에서 모범 사례들을 더 신속하게 확산시키기 위한 시스템을 구축하기.

그리고 다섯 가지의 공동의 국지적인 과제들(communal local tasks)이 있다.

- 모범적인 지방행정의 확립, 즉 보다 진척된 지방정부의 분산화, 민주화와 기능 강화.
- 특히, 좋은 교육을 통한 인적·경제적 개발 촉진.
- 부분적으로는 기반시설의 공급을 통해 지역 환경의 악화 방지.
- 사회적 통합의 촉진.
- 도시간 네트워크 안에서 매력적이고, 기능적이고 살 만한 도시의 건설.

이러한 세계적인 공동의 과업은 날마다 점점 더 근본적인 유사성을 나타냄에 따라 서로 다른 대륙과 다른 나라에 있는 도시들을 하나로 연결시켜주고 있다. 이와 동시에 도시는 다양함을 보이고 있고 앞으로 점점 더 다양해질 것임을 매일 매일의 경험을 통해서 알 수 있다. 우리는 모든 도시들이 각기 독특하다고 말하고 싶어 한다. 그러나 자세히 관찰해보면 전형적인 유형들이 발견되며, 이를 근거로(관찰 가능한 전형적인 변형들은 무시함) 인구·사회·경제발전의 세 가지 전형적인 유형을 나타내는 세 종류의 도시들을 구별해낼 수 있다.

비공식 부문의 과도성장을 겪고 있는 도시(the city coping with informal hypergrowth): 이 유형은 사하라 사막 이남의 아프리카 지역과 인도 대륙의 도시들, 중동의 이슬람 도시들과 라틴아메리카의 빈곤한 도시들에서 나타난다. 이 도시는 이주와 자연적 증가를 통한 급속한 인구성장, 비공식 부문에 크게 의존하는 경제, 넓은 비공식 주거지역에 광범위하게 퍼진 빈곤, 환경과 공중보건 문제, 행정의 여러 가지 어려운 이슈와 같은 여러 가지 특징을 갖고 있다.

급격한 성장을 겪고 있는 도시(the city coping with dynamic growth): 이 유형은 중간 소득수준의, 급격히 성장하는 개발도상국 도시이며, 동아시아, 라틴아메리카, 중동의 도시에서 많이 나타난다. 인구성장은 감소하고 있고, 일부 도시들은 고령인구문제에 직면할 것으로 예상된다. 경제성장은 급속히 진행 중에 있지만 새롭게 등장한 다른 나라의 도전을 받고 있다. 경제적 번영으로 환경문제들이 대두되고 있다.

고령화를 맞고 있는 선진 도시(the weakening mature city coping with ageing): 이 유형은 북미, 유럽, 일본, 동아시아, 오스트레일리아에 있는 선진국 도시의 특징이다. 이 도시들은 안정적이거나 감소하는 인구, 고령화와 가구 분화에 따른 과제, 느린 경제성장과 사회적 분극화 등으로 특징지어진다. 그러나 이 도시들은 환경문제에 대처하려고 하면 대응할 수 있는 재원을 가지고 있다. 이 도시들은 매우 광범위한 분산과 재집중 현상으로 특징지어지며, 이에 따라 중소도시들이 성장하면서 기존 중심도시들의 생존력은 도전받고 있다.

이 세 가지 유형의 도시들은 이 장에서 언급했던 동일한 기본적 동인들에 의해 형성될 것이다. 도시 정책 결정자는 최소한 중기 및 단기적으로 이러한 변화의 원동력과 제약 조건들을 주어진 것으로 받아들여야만 하지만, 또 그들은 목표에 맞게 변화의 원동력과 제약 조건들을 변화시키고 새롭게 형성할 수도 있다. 여기에는 작은 변화들이 축적되어 큰 변화를 이루는 것처럼 복합적 관심의 마력, 즉 상승효과가 발생할 수 있다. 10년에서 25년간의 조정 기간을 거치고 나서 결국에는 장기적인 관점에서, 특히 점진적인 인구성장을 통해서 추진력 그 자체에 변형을 가할 수도 있다. 정치 과정은 그 자체가 이러한 추진력의 하나이며 경제, 사회, 기술, 문화의 발전 방식을 변형시킬 수도 있다. 이는 쌍을 이루는 두 가지 개념, 즉 지속 가능한 인성 개발과 도시의 바람직한 거버넌스를 통해서 이루어져야 한다.

이 장에서 우리는 해답을 찾으려고 하지는 않고 결과적으로 나타날 딜레마에 관해서만 언급했다. 우리는 제4장과 제5장에서 정책적 문제점들을 논의하면서 이 문제들을 다시 다루게 될 것이다. 그러나 이 문제들을 다루기에 앞서, 변화시키거나 새롭게 형성하려는 적극적인 정책 개입이 없는 상황에서 전개되는 추세들이 우리를 어디로 인도할지에 관해 검토하고 나아가야만 한다. 우리는 다음 장에서 이에 대해, 적극적인 정책 개입이 없는 경우, 즉 '추세 연장(business as usual)' 시나리오를 통해 검토해보고자 한다. 그리고 이 내용을 적극적인 정책 개입이 가능하고 또 바람직한 것이라는 생각에 바탕을 둔 '추세 수정(bending the trend)' 시나리오와 대비하여 비교하고자 한다.

3장
2025년의 도시 세계: 두 가지 시나리오

urban future 21

변화의 힘들은 세계의 도시들을 일정한 방향으로 매우 빠르게 몰아가고 있다. 우리는 여기에서 이 힘들이 2025년까지 세 가지 유형의 도시들, 즉 비공식 부문의 과도성장기 도시, 동적 성장기 도시, 고령화를 맞아 쇠퇴를 겪는 선진 도시들을 어디로 이끌어갈 것인가를 예측해보고자 한다. 이러한 '추세', 즉 '추세 연장 시나리오(business as usual scenario)'는 국가나 도시 차원의 정부에서 주어진 추세를 변화시킬 적극적인 개입이 없다는 것을 가정하고 있다. 그런 다음에 우리는 결정적인 질문을 제기한다. 즉, 정부가 적극적이고 신중하게 이 힘들에 영향을 가한다면, 이런 추세에서 벗어날 수 있을까라는 질문을 제기하고자 한다. 이러한 '추세 수정 시나리오(bending the trend scenario)'는 적극적인 정책 개입을 추진했을 때의 결과를 보여준다. 다음에 이어지는 제4장에서는 이러한 정책들이 어떤 것들인지 자세히 설명할 것이다.

1. 비공식 부문의 과도성장기 도시

1) '추세 연장 시나리오'

(1) 기본적인 추세
과도성장기 도시에서는 지식, 저축 및 투자, 생산의 부족 문제와 수요 문제가 모든 정치 활동에 지배적인 영향을 미친다.

(2) 인구
많은 수의 젊은 가장들이 존재하며, 이는 인구폭발로 이어진다. 향상된 사회보장 덕택으로 빈곤에 대처하기 위해 가족 수를 늘려야 할 필요성은 줄어들었지만, 교육을 많이 받지 못한 여성들의 성적 무지와 미신 때문에 높은 출생률이 지속

2) '추세 수정 시나리오'

(1) 기본적인 정책
자원을 가장 필요한 곳에 효과적으로 사용함으로써 희소한 자원을 절약하고, 아울러 인구성장을 둔화시키는 전략이 사회적·환경적으로 좀더 균형잡힌 시나리오의 핵심이 된다.

(2) 인구
보다 급진적인 교육정책의 채택과 출생률을 떨어뜨리기 위한 적극적인 정책의 시행을 통해서 인구 증가 압력을 감소시킨다. 가장 효과적인 방법은 임신 연령을 늦추도록 여성을 교육하는 것이다. 세계 각국의 정부들과 국제기관들은 제약

되고 있다. 특히 인도에서는 도시 인구의 성장을 둔화시키기가 어려우며, 따라서 인도는 곧 중국을 추월하여 세계에서 가장 인구가 많은 국가가 될 것이다.

에이즈가 확산되면서 인류는 개발도상국가를 위한 저비용의 효과적인 대처 방안을 강구하고 있다.

계속되는 도시로의 이주로 인해 2025년까지는 도시 인구가 세 배로 증가하게 될 것이다.

사하라 사막 이남 아프리카의 대부분 지역에서는, 젊은 성인 남녀 사이에 에이즈가 급격히 확산됨으로 인해 젊은 노동 인구의 막대한 손실과 함께 보호가 필요한 고아 수가 증가하고 있다.

회사와 함께 저비용의 효과적인 에이즈 대책 마련을 위한 주요 프로그램을 지원하는 데 합의했으며, 아울러 인류의 건강을 위협하는 요인들에 대한 광범위한 방안들을 모색하고 있다.

(3) 경제

높은 출생률과 함께 저숙련노동자의 이주로 인해 장기적인 미숙련노동자 과잉 상태를 초래하며, 이는 소득 성장을 감소시키고 엄청난 불평등을 야기하게 된다. 대출이 어렵고 투입 요소 시장이 취약하므로 비공식 부문은 많은 것을 스스로 해결해야 하며 고립되어 있다. 노동 분업은 느리게 진행될 뿐이다. 일인당 기반시설량을 늘리거나 직장이나 주택, 학교 부지를 충분히 제공하기 어렵다(따라서 이는 인적 자본의 문제임). 젊은 세대의 생존 문제가 다른 무엇보다도 심각한 문제로 대두될 것이다.

(3) 경제

현대 산업이 요구하는 수요에 부응함과 아울러 국제 협력의 강화를 통해 빠른 성장과 많은 외국인 직접투자를 유도한다. 몇몇 도시에서는 선진 제조업 부분의 생산성 증대가 평균소득을 급격히 증가시키지만, 동시에 비공식 부문에 종사하는 사람들의 생계를 위협하고 있다. 비공식 부문의 지속적인 성장은 주요한 현안이 된다. 분산화된 도시 관리와 훈련, 공식 부문과 비공식 부문 간의 긴밀한 협력 등으로 이루어진 복합적인 전략은, 공식 부문 이외 부문의 성장 가능성도 증대시킨다. 도시 정부는 비공식 부문 경제가 빈곤 계층은 2배로 늘어나며, 극빈자의 대다수를 여성들이 차지할 것이다. 평균수명은 늘어나고 문맹률은 낮아지지만 여성들, 특히 여성이 가장인 가구들(저소득 인구의 30% 이상)에게 경제적 기회는 제한될 것이다.

외부 세계와 거의 단절되거나 아주 단절되어 있는 국지적 교환 시스템인 비공식 경제 부문은 생존경쟁을 위해 몸부림을 치는 단계에 있다.

한편 공식 부문은 여전히 상대적으로 생산성이 낮긴 하지만 외부 시장과의 힘겨운 경쟁을 벌이고 있다. 낮은 교육, 기반시설의 미비, 불안정한 투자 및 신용 시장 때문에 매우 높은 위험이 따르고 품질, 유통 시스템의 문제가 생긴다. 세계시장으로의 통합 가능성은 미약하다.

공식화되도록 돕는 효과적인 정책들을 개발해야 한다. 예를 들어, 도시의 투입 및 생산품 시장(예컨대 지역 신용자금, 건설자재, 식량, 용수, 교통)에서 도시의 주류 사회와의 관계를 강화시켜야 한다. 공공에서 수행하는 자조적 근린사업은 자재 비용을 주민들이 비공식적으로 감당함으로써 기반시설 투자의 부족 문제를 극복하는 데 도움이 된다.

새마을금고와 같은 지역 신용 네트워크는 비공식 부문을 발전시키는 데에 핵심적인 역할을 한다. 이러한 네트워크는 급속하게 증가할 것이고 무엇보다도 빈곤층 여성들이 가장 큰 혜택을 받게 된다.

몇몇 도시에서는 국제기구들의 지원을 받는 사업에서 저렴한 정보기술을 이용하여 대중 교육을, 특히 교사들에 대한 교육을 대량으로 확산시킨다. 빈민 지역의 학교들은 완전히 네트워크로 연계되고, 교사와 보조 교사는 학습 프로그램을 관리하고 학습 진척을 감독한다. 이는 극적인 성과를 가져온다. 예컨대 문맹을 감소시키고, 이에 더하여 많은 사람들이 중등교육을 수료함으로써 그 이상의 교육, 혹은 고등교육을 지속할 수 있도록 한다.

따라서 도시들은 교육받은 노동력을 경쟁력 있는 임금수준으로 공급함으로써 외국인 직접투자를 끌어들이게 되고, 공식 산업 부문에서의 고용이 현저히 증가한다. 낮은 임금을 받는 비공식 부문 경제는 축소되고 공식 및 비공식 경제 모두의 특성들을 갖는 중간적인 부문으로 점차 다양화된다. 이 부문은, 예컨대 하도급을 통해서 직접적으로(또는 현대적인 교역 부문 종사자들을 위한 서비스 공급을 통해서 간접적으로) 점차 공식적인 공공 부문, 그리고 세계화된 교역 부문과 통합되어간다.

(4) 사회

비공식 부문에 의존하는 도시화(informalized urbanization)가 진행된다. 즉, 도시들은 공식 부문 경제의 기반 없이 성장하고, 범죄와 폭력 발생률이 증가한다.

대부분의 사람들이 합법적으로 인정받지 못하는 비공식적인 지역사회에서 살게 된다. 주거문제의 해결책으로 도시의 비공식 부문은 무분별하게 확산된다. 기존의 합법적인 도시 부문도 역시 성장하면서, 도시는 점차 훨씬 더 지역적으로 파편화되고 통합성이 없어지게 된다. 비공식적인 주택 지역은 통제 불능 상태가 되면서, 합법적인 주거지역이나 심지어는 고급주택 인근 지역에까지도 확산될 것이다.

(5) 주택 · 기반시설

주택, 위생, 상수도 공급, 하수처리시설, 교통 등에 대한 수요 증가로 인해 기반시설과 서비스들은 한계용량에 다다른다. 빈곤층이 오히려 더 많은 비용을

(4) 사회

대부분의 도시들은 비공식 부문 주택의 향상을 위해, 비공식적이지만 협동적인 지원 정책의 개발을 통해 실효성 있는 정책을 입안하여 실행하고 있다. 처음에는 국제기관들이 역할을 담당하지만, 도시는 점점 자립적으로 변해간다. 기본적인 전제는 비공식 부문의 사람들은 자신들의 주거환경을 개선하는 데에 창의적이고 정열적이며 열정적이라는 것이다. 성공의 열쇠는 지역 지도자들로 하여금 근린 협력 운동을 조직하도록 돕는 방식을 통해 단순하고 비용이 적게 드는 개발 개념에 의한 계획을 수립하는 것이다.

(5) 주택 · 기반시설

상수도와 하수도 설비에 대한 민간 부문의 공급은 점차 증대될 것이며, 이런 추세는 국제기관에 의해 장려되고 모범 사례가 널리 소개될 것이다. 핵심 사항은,

지불하게 된다. 그러나 극도로 빈곤한 상황 아래에서도 오래되고 안정적인 비공식 주거지역의 주택과 기반시설의 가치는 점차 높아질 것이다. 대부분의 도시에서는 비공식 부문의 주택 소유권을 법적으로 합법화시킬 필요성을 받아들이게 될 것이다. 협력체제와 자생을 위한 조직적인 주민 스스로의 기술은, 실천을 통한 배움의 과정을 통하여 서서히 향상될 것이다.

공식적인 도시에서 기반시설의 민간 공급에 관한 것과, 하수 간선망, 상수도망, 고압 상수관 등에 관한 시장에 근거한 해법과 기타 비공식 부문 지역에서 주민 스스로의 협력을 위한 상세한 해법을 찾는 것이다.

공공 부문 혁신에 소요되는 시간의 지연은 경험을 공유하려는 치열한 노력을 통해서 단축된다. 정보화 시대에는 성공 사례나 모범 사례를 빠르게 전파하는 것이 가능하게 된다.

(6) 환경

생존을 위한 투쟁으로 인해, 주택에서 식품에 이르는 기본 재화를 생산하기 위한 과정에서 천연자원 및 자연환경의 비효율적 남용과 무관심이 초래된다. 다음 세대에 대한 배려는 거의 없다. 안정된 지역에서도 상수도와 쓰레기 처리의 개선은 더딜 것이다. 따라서 새로 생긴 비공식 부문 주거지역 안에서 태어나는 다음 세대들은 외부의 지원이 거의 없거나 전혀 없는, 수준 미달의 여건에서 삶을 시작하게 된다.

(6) 환경

더 나아진 교육이 정책의 우선순위를 바꾸고 있다. 즉, 건강과 환경재(environmental goods)가 보다 높은 우선순위를 차지하고 있다. 저공해차·중고차의 배기가스 규제, 쓰레기 처리의 향상을 통한 대기오염 저감 노력이 진전된다. 핵심 사항은 도시 차원의 문제 해결 노력과 근린 단위 소그룹 간의 긴밀한 협력을 통한 개선에 관한 것이다. 고도성장은 초기에는 부정적 요인으로 작용하지만, 이제는 지속 가능한 개발과 기회를 위한 주요한 원동력이 된다. 아울러 오염 증가, 교통 혼잡, 도시의 확산, 보건의 위험 등은 대중적인 지지를 이끌어내어 환경의 위험을 줄이고 생활 여건을 개선하도록 할 것이다. 공해를 감소시키고 하수처리를 개선하는 정책들을 전 도시지역을 대상으로 확대하게 되면 규모의 경제 효과를 얻게 된다.

(7) 교통

빈곤한 도시 거주자들은 대부분 걷기에 의존하게 되므로, 도시가 성장하면서 도시의 노동시장에 참여하고 서비스를 받을 기회에 접근할 수 있는 능력이 현저하게 떨어진다. 결과적으로 자신들이 살고 있는 비공식 근린주구(近鄰住區)에 갇혀버리게 된다.

(8) 도시 형태

비공식적인 정주지가 혼란스럽게 지속적으로 증가하면 주민들의 삶은 경제적·환경적으로 생존의 한계선 상으로 내몰리게 된다. 재난의 위협이 상존한다. 지역적으로 급격한 차이를 보이는 도시 경관과 산발적으로 분산된 성장 지역으로 인해 혼란스럽고 무질서한 도시 이미지를 초래할 것이며, 이것이 개선되는 데는 오랜 시간이 걸릴 것이다.

(7) 교통

국가정책들은 도시 빈민의 주요 이동 및 교통수단으로 자전거를 장려한다. 도시 정부는 민간사업자들과의 계약에 의해 주요 도시 간선도로상에 낮은 요금의 버스 노선을 운행하도록 하고, 그 사이의 지역을 비공식 보조 교통수단으로 연결하도록 한다.

(8) 도시 형태

도시의 공식 부문은 급속히 발전하지만 여러 지역에서 여전히 비공식 부문 지역이 우세할 것이다. 도시는 여전히 분절되고 통합되어 있지 않지만, 점점 양쪽 부문의 개선과 상호간의 통합을 통해 성장하기 시작한다.

2. 동적 성장기 도시

1) '추세 연장 시나리오'

(1) 기본적인 추세

생산성 증대와 함께 생활의 질에 관한 수준들이 높아지고 문제에 대처할 수 있

2) '추세 수정 시나리오'

(1) 기본적인 정책

이 도시들은 국제 경험과 지식을 성공적으로 이용하는 진정한 학습 도시(learn-

는 가능성도 확대된다. 그러나 지속가능 성이라는 새로운 과제가 대두된다.

(2) 인구

젊은 사람의 수가 많음에도 불구하고 도시화 과정을 통해 출생률은 급감한다. 교육비와 생활비가 소득에 비해 빠르게 증가함과 동시에 피임 지식이 널리 알려지고, 아동을 이용한 경제적 수입 증대 가능성은 감소한다. 집중적인 어린이 보호와 교육으로 인적 자원의 질이 높아진다.

노동력이 증대된다. 즉, 비노동인구에 대한 노동인구의 비율이 증가하여 경제 성장에 기여한다. 그러나 1950~1960년대에 태어난 많은 사람들이 은퇴하게 되면, 그들은 상대적으로 적은 수의 노동인구에게 부담으로 남게 된다. 그러나 노인층의 비율은 대부분의 도시에서 상대적으로 낮게 유지되고 있다.

(3) 경제

이중경제로 나뉘게 된다. 즉, 부유한 공식 부문 위주의 도시들과 비공식 부문 위주의 근린주구로 나뉜다. 근대화 부문에서는 자본이 저소득 도시로 이동함에 따라 탈산업화의 문제가 발생한다. 비공식 부문의 점진적인 공식 부문화가 진행된다.

ing cities)들이며, 점차 지속 가능한 개발의 선두 주자 역할을 하고 있다.

(2) 인구

이 도시들에서는 특히 여성에 대한 교육을 통해 출생률을 낮추려는 정책이 순조롭게 진행되어왔으나, 20-30년 안에 고령화에 접어들 것에 대한 우려가 최근에 대두되고 있다.

고령화와 관련된 문제가 선진 고령화 도시보다는 적은 편이어서 정교한 연금 제도를 전면적으로 도입하지 않았다. 즉, 개인의 저축이 대부분 연금 시스템의 기초를 이루고 있으며, 저축률은 고소득의 고령화 도시보다 높다. 개인적인 연금 시스템이 퇴직을 늦추는 유인 요인으로 작용한다. 효과적인 교육과 더불어 이 같은 경향은 직장 생활 기간을 연장하게 하고, 따라서 고령화의 부담을 감소시킨다.

(3) 경제

거의 모든 중간 소득 도시들은 물론이고, 특히 동아시아의 중간 소득 도시들은 (이전과 같은 속도는 아니지만) 성장을 다시 시작하고 있다. 많은 도시들이 싱가포르와 홍콩처럼 완전한 선진 경제로 진입한다. 특히 중국의 연안 지역에 있는 도시들은 중간 소득 도시의 범주에 속하게 된다.

제조업은 자본집약적이고 지식집약적

인 생산으로 전환된다. 주요 도시들에서는 점점 선진 서비스 산업으로의 전환이 증가하고 있다.

유연하고 숙련된 노동력이 내부 투자를 유치하고 지역에 기반을 둔 혁신을 유도한다. 학생과 부모들의 교육열에 힘입어 저렴한 교육에 접할 수 있게 되고, 이는 특히 라틴아메리카의 도시와 카리브 해의 도시들에서 불평등을 감소시키는 데에 일조한다. 고립되거나 쇠락하고 있는 근린지역에 대해 다소 부정적인 영향을 줄 수도 있지만, 정보기술은 이런 지역에서도 교육혁명을 일으킬 수 있다.

(4) 사회

대도시들은 여전히 인구 유입의 매력을 유지하고, 고소득층을 위한 공식 부문 주택과 빈곤층에 의한 비공식 부문 서비스는 모두 도시 중심부에서 멀리 떨어진 변두리를 성장시킴으로서 분산화가 진행된다. 교육을 중시하는 신중산층이 급격히 증가한다. 공식 부문과 비공식 부문의 주거지가 혼합되고 이로 인한 사회적 긴장이 조성된다. 인구가 2,000-3,000만에 달하는 다핵 거대도시지역이 성장하고, 노동시장이 네트워크되어 분화된다. 중심도시에서는 고도의 선진 서비스를, 주변부 지역에서는 일상적 서비스와 제조업 기능을 담당한다.

몇몇 도시에서—특히 라틴아메리카에

(4) 사회

경제적 변화는 정규 봉급을 받기 시작한 많은 노동자들의 지위를 개선하고 자녀 교육에 관심을 가질 수 있게 한다. 중소기업들의 진흥과 더 나은 기업 환경의 조성은 중산계층의 가치관을 강화시키고, 중간계층의 확대는 비공식 부문 근린사회를 정규 부문으로 전환시키는 데 기여한다.

서는 사회운동을 통해서 – 조직적으로 토지를 점유하기도 하고, 때로는 사회질서를 유지하기도 한다. 도시의 공식 부문과 비공식 부문 간에 양극화의 위험이 존재한다.

(5) 주택 · 기반시설

비공식 부문 주택의 절대 수와 비율의 증가가 계속된다. 이들은 흔히 위험하고 불안정한 위치에 입지하며, 직장과 기존 서비스로부터 멀리 떨어져 있고 기반시설이 거의 없거나 최소한만을 갖추고 있어서, 보건과 환경문제를 안고 있다.

(5) 주택 · 기반시설

분산화된 지방행정체제에서는 근린지구로부터는 더 효과적인 지역 자급자족 방안에 대한 압력이, 광역지역으로부터는 더욱 통합된 대도시행정과 세입 배분(revenue sharing)에 대한 압력이 대두된다. 때로는 강력한 중앙권력으로부터의 저항이 있지만 이 문제는 점차 극복되게 된다. 결과적으로 두 가지 차원의 해결책을 생각할 수 있다. 즉, 광역도시 정부는 기반시설 제공과 기본 서비스 공급을 담당하고, 근린지구 의회는 지방의 인적 자원을 동원하여 제한된 예산을 가장 잘 사용하는 일을 담당하는 것이다. 비공식 지역에 있는 근린지구의 주민들은 지역 조직을 만들어 그들의 지역 환경과 도시적 필요를 관리하게 된다. 비공식 부문의 무허가주택 개량에 대한 모범적인 계획은 지역 스스로의 관리와 지방 정치적 결정에 의해 사용되는 지방세를 근거로 하며, 경쟁의식을 촉발시켜 빠르게 전파된다. 이 지역들은 점차 중간계층의 교외로 변하게 된다.

(6) 환경

도시 개발과 경제개발은 소득을 증대시키는 동시에 교통 수요와 지속적인 공간 수요를 야기하며, 냉난방 에너지의 증가와 오염 증가를 초래한다. 생산 공장들이 빈민 지역에서 유독 가스와 폐기물을 계속 방출해도 초기 단계에는 무단방출에 대해 규제하는 어떠한 시도도 거의 없다. 어느 정도 시간이 지난 후에야 환경을 고려한 정책을 위한 정치적 조치가 생기게 된다.

대도시에서 주거지와 직장의 분리 현상은 저밀도 지역의 성장을 가져오고, 이는 자동차 의존으로 인한 오염과 에너지 소비 증가를 촉발한다. 자가용의 소유와 이용이 급증한다. 2010년경에 전 세계의 석유생산량은 최고치에 이르고, 석유 소비의 증가는 자동차 소유와 이용의 급증으로 더욱 늘어나게 되어 세계 유가폭등을 야기하고, 1970년대를 연상시키는 제3차 국제 에너지 파동이 발생할 우려가 있다. 지구 온난화의 징후가 만연하고 특히 아시아의 경우 저지대 지역에 있는 비공식 주거지에 대홍수 피해가 발생하게 된다.

(7) 교통

소득이 급격히 증가하면서 대부분의 도시에서는 자동차 수요가 급증한다. 도시지역 내 고밀 중심 지역은 비록 재정과

(6) 환경

새로운 도전 과제는 새로운 정책을 낳는다. 예를 들면, 일부 도시들은 재활용 프로그램, 수준 높은 대중교통, 지속 가능한 도시 개발의 장려 등이 포함된, 자신들의 문제에 대한 창의적인 해결책을 마련하고 있다. 그들은 도시 혁신으로 세계적인 명성을 얻으면서 최우수 시범 도시로 부상한다. 열병합 및 폐열 발전시설, 효율적이고 편리한 대중교통을 통한 자가용 교통량의 저감, 식품과 소비재의 효율적 공급, 개선된 환경 교육 등, '학습 도시' 패러다임에 속하는 총체적인 수단들은 다른 도시들에 본보기가 된다.

(7) 교통

국제적인 접촉이 늘어나고 최우수 시범 사례의 내용이 빠르게 확산되면서, 도시 정부는 계속 늘어나는 교통문제, 도시

세수입이 증가하더라도 도로 확장이나 신규 건설에 한계가 있다. 따라서 교통 문제는 위기를 맞는다. 즉, 직업과 인구가 대규모로 저밀도 지역으로 빠져나가기 때문에 수많은 세대가 자가용 의존적으로 되므로 대중교통은 부분적인 해결책이 될 뿐이다. 이는 지속 가능한 개발의 역설적 상황을 가장 잘 보여주는 것이다. 즉, 경제성장은 환경오염과 같은 부정적인 결과를 너무 쉽게 초래한다.

기반시설에 대한 투자가 부족하게 되면서 철도와 지하철 시스템이 낙후된다. 버스 서비스에 전적으로 의존하게 되며 서비스 수준은 대개 형편없다. 소득 대비 자동차에 대한 의존도가 높아서 기성장 선진 도시에서보다 훨씬 높은 유가 상승이 수반된다. 주거지와 직장의 탈집중화는 이러한 과정을 심화시킨다. 심각한 교통 체증, 교통에 의한 대기오염, 통근거리 증가 문제 등이 발생한다.

(8) 도시 형태: 두 가지 대안적 형태

동아시아에서의 폭발적인 성장의 형태: 도시 성장이 대도시에서 주변의 소도시들로 확산되고 네트워크로 연계되어, 인구 1,000-3,000만 규모의 거대도시지역(mega-city regions), 즉 확장된 대도시 지역을 형성한다.

라틴아메리카와 카리브 해 지역의 대조적 형태: 소득분배의 심한 불균형으로

성장 관리 관련 과제들을 풀기 위해 경쟁력을 키워나간다. 싱가포르, 홍콩, 쿠리티바의 해결책들이 급속히 전파되고 있다. 시범 사례 도시는 자신들의 정교한 해결책, 예컨대 자동차 취득에 대한 가격 통제 수법, 전자결제, 차량 같이 타기 유인책, 전산을 이용한 카풀제도 운영 등을 패키지(package)화해서 도시 교통에 혁명을 일으키는 전 세계적인 수출 서비스를 다른 도시에 제공하고 있다. 그러나 자동차에 의존하는 대도시 주변 지역에서 계속 발생하는 교통문제는, 연료전지 기술에 바탕을 둔 슈퍼카와 아울러 철도 수준의 서비스를 제공하는 저비용의 슈퍼버스 방식(super bus version)의 개발을 통해서 해결할 수 있다.

(8) 도시 형태

도시의 형태는 다양하다. 어떤 도시는 고밀이며 대중교통이 잘 발달되어 있고, 어떤 도시는 연료 사용이 과다해서 오염이 심한 분산형 도시이다. 그러나 일반적 경향은 고밀도 대중교통을 지원하고, 특히 자동차를 구입하기 어려운 서민층(예컨대 극빈자, 노약자, 장애인)에 대해 배려하는 것이다. 그러나 이는 비용이 많이

이중 도시 경제와 극도로 분열된 도시 사회구조가 초래된다. 도심에는 호화 아파트, 격조 높은 고층 사무실, 고층 호텔이, 도시 변두리에는 거대한 불량 주택지가 자리잡게 된다. 차량 소유와 이용의 급증과 낮은 유지비로 인해 도시는 더욱 확산된다. 지하철의 새로운 건설로 문제가 완화될 가능성은 거의 없다. 도시 규모와 성장의 속도로 인해 극단적으로 부정적인 결과들이 흔히 야기된다. 예컨대, 심각한 교통 혼잡, 교통 유발 오염, 긴 통근거리, 기본 서비스의 불규칙하고 불균등한 배분과 같은 문제가 발생한다.

일견 고밀의 동아시아 도시 형태가 좀 더 지속 가능한 듯하지만, 그렇다고 라틴 아메리카와 카리브 해 지역의 저밀도 대도시지역 확산에 대한 해결책으로 쉽사리 도입할 수는 없다.

인구 100만 이하의 중간 규모 도시는 지속적으로 매우 높은 성장률을 보인다. 이 도시들은 대도시의 인구 증가 압력을 완화시키는 역할을 하기도 한다. 그러나 일부 도시는 빠른 성장의 결과에 대처할 수 있는 행정 능력의 개발이나 재정 자립에 실패하여, 열악한 환경으로 인해 큰 고통을 겪게 된다.

들고 효과에도 한계가 있는 지하철 건설만을 의미하는 것은 아니며, 효율적인 버스 시스템과 자전거 전용도로가 비용 면에서 더 효과적임이 많은 사례들에서 입증되고 있다.

3. 고령화를 맞아 쇠퇴를 겪는 선진 도시

1) '추세 연장 시나리오'

(1) 기본적인 추세

부유한 도시들에서는 사람들의 교육 수준이 대부분 높지만, 빈곤이 완전히 극복된 것은 아니다. 거의 모든 도시들에서 민주주의는 성숙되어 있고, 모범적인 행정과 강력한 세금제도가 마련되어 있다. 문제의 양상이 복잡하고 다양한 이해관계가 얽혀 있으므로, 정치적으로 반응이 느린 도시들은 고령화된 인구의 필요를 충족시키는 데 곤란을 겪는다.

2) '추세 수정 시나리오'

(1) 기본적인 정책

변화의 원동력으로서 자기 지역에 대한 재인식: 고령화는 천천히 진행되기 때문에 그 과정을 예측하고 대책을 세울 수 있다. 일부 도시들은 어떻게 해서든 지나치게 보호주의적이고 지나치게 합의에 집착하는 정치에서 벗어나서 다음과 같은 급진적인 치유책을 파악하여 시도한다.

- 소득세와 사회보장세의 부담을 줄이기 위해서 세금 및 연금제도를 개혁하기.
- 경쟁을 유도하기 위해 시장에 대한 규제를 완화하고 효율을 증진시키기 위해 공공 부문을 개혁하기.
- 일시지불연금제(collectively-funded pension entitlements)의 축소와 그에 따른 개인 저축 증가.
- 평생 저축과 평생 노동을 증가시키기 위해 퇴직 시기 지연을 통한 연금 재정 증대. 이는 평생 학습에 대한 유인도 증가시킴.
- 고급 기술 인력에 대한 필요와 더불어 실업 이주자들에 대한 고비용을 고려하여, 이주자들을 통합시키기 위한 노력 필요.
- 노인들의 공식적인 서비스 기관에 대한 의존을 줄이기 위한 비공식적인 자구 방안 장려.

(2) 인구

쇠퇴하는 도시의 주된 문제는 출생률이 저조하다는 것이며, 유럽 도시의 경우에는 인구 천 명당 13-14명이라는 낮은 출생률을 보인다. 미국 도시의 경우에는 높은 출생률과 이민율로 변화가 많다.

인구가 감소하면 교육비용은 줄어들지만 고령인구(초고령층 포함)가 증가하기 때문에 사회보장 부담이 증가한다. 고령인구의 낮은 저축률로 자본이 부족하게 되어 자본 집중의 증가가 둔화될 것이며, 노동생산성 향상은 더욱 어려워질 것이다. 인적 자원도 고령화될 것이다. 사람들의 태도에 과감한 변화가 없다면 생산성 증대는 위태로워진다.

선진 도시는 젊은 세대의 가구들에게 비우호적인 환경이 되기 쉽다. 따라서 아이들은 적고 일하는 여성들은 많아져서 노인들을 돌볼 가정의 능력이 줄어든다. 새로운 비공식적 해결책을 강구하지 않는다면 고비용의 전문적인 서비스에 대한 필요가 급격히 증대하게 된다.

복지국가의 비용이 증가하고 젊은 층의 주민들과 고령층의 주민들 사이에 정치적 갈등이 발생하게 된다.

(2) 인구

스웨덴과 핀란드의 도시들의 경우처럼 출생률이 다시 증가할 수 있다. 그러나 가족 중심의 환경 조성은 25년 후에야 결과를 낳게 되므로, 이 시나리오에 영향을 미치기에는 너무나 늦다.

도시들은 능력이 있는 젊은이들, 특히 주요한 기능을 갖고 있는 사람들(예컨대 보건 기능인)의 이주를 통해 다시 젊어지려고 한다. 그러나 이주자들이 높은 실업률 상태로 있는 상황을 감안하면 효과적인 변화를 위해서는 급진적인 정책이 있어야 한다. 이중국적이나 귀화에 대한 제한은 사라진다. 학교들은 새로운 책임을 지게 된다. 노동시장에 대한 접근은 더욱 쉬워진다. 대학들은 더욱 많은 외국인들을 유치해서 그들의 통합을 꾀하고, 게토의 하층계층이 형성되지 않도록 한다. 기술적 구조는 개선되고 다양한 인종과 복합 문화 도시가 점점 늘어나게 된다.

선진 국가들에서는 퇴직 정책을 수정한다. 처음에는 효과가 미미하지만 2025년경에는 그다지 만족스럽지 못한 연금 지원을 받는 퇴직자 집단이 생기게 되고, 이들은 개인 저축에 훨씬 더 많이 의존할 수밖에 없게 된다. 이러한 정책은 재정 부족 문제를 극복하고 또한 근무연한 연장과 평생 학습을 장려하게 된다. 소득세는 더 낮아지고 누진율도 더 낮아지게 될 것이다.

상대적으로 젊은 노인들(the young old)

이 좀더 연로한 노인들(the old old)을 돌보는 협력적 생활체계에 대한 실험적인 노력들이 점차 대중적 운동으로 바뀌게 된다.

(3) 경제

서비스 산업으로의 이전, 특히 대인 서비스로의 이전이 계속되고 노동시장의 지방화가 지속되지만, 가격 상승 때문에 제한받게 된다. 고품질의 서비스는 사치 품목이 된다.

고령화하는 노동력은 법률가, 은행가, 고차원의 컨설턴트와 같은 복잡한 일에서는 우세하지만, 기술 지식이나 분석 방법이 신지식에 기반을 두고 있는 첨단 기술과 같은 많은 분야에서는 뒤처지게 된다.

선진 도시는 가치가 하락하고 있는 낡은 물리적 환경에 대한 기반시설에 의존하고 있다. 거주 인구와 고용의 감소로 인해 자본집약적이고 관리집약적인 기반시설(예컨대 지하철, 하수도 시스템 등)을 유지하는 일이 어려워지게 된다. 거동하기 어려운 노인들은 일인당 더 많은 공간을 소비하며 인구밀도는 감소하고 있다. 경제의 축소로 인해 사무 공간에 대한 수요가 감소하고 공장 부지에 대한 수요는 더욱 감소해서 부동산 시장에 문제를 야기하게 된다. 그러므로 신규 건설보다는 리모델링이 많아지고, 화려한 대규모

(3) 경제

고령화의 부담을 극복하기 위한 다음과 같은 통합 전략들은 노동시장에 큰 변화를 가져오게 할 것이다.

- 근로에 대한 강한 유인책을 통해 총수입과 순수입 간의 차이를 줄임.
- 근로연령 연장으로 더 많은 노동력 공급.
- 평생 학습과 더불어 학습을 노동 과정에 통합시킴.
- 소득에 대한 세금 인하로 인한 서비스 가격 인하.

기능을 잘하는 노동시장은 외부 투자자와 지방 투자자들에게 그 도시를 더욱 매력적으로 만든다. 투자가 증가하면 자본집약도가 증가하면서 생산성과 소득이 증가하고 세수 기반이 확대되며, 이는 시장 시스템 전반에 걸쳐 긍정적인 파급효과를 낳게 된다.

이러한 변화들은 도시 재정에 도움이 된다. 실업자와 노인들에 대한 사회적 비용이 크게 저감되고 도시 전체의 재정은 증대된다. 따라서 기반시설에 대한 투자가 증대되고 경제개발이 촉진되며, 훈련과 주택 공급도 증가할 수 있게 된다.

건축 프로젝트는 매우 드물게 된다.

(4) 사회

노동 수요와 공급 간의 지속적인 불일치 문제, 즉 고숙련노동자들에 대한 노동 수요와 교육 수준이 낮은 노동자의 공급이 서로 불일치하기 때문에 노동의 공급이 감소함에도 불구하고 실업 문제가 자동적으로 사라지지는 않는다. 실업은 수준 낮은 도심 지역에 집중되며, 이러한 지역은 점차 주류 사회로부터 고립된다. 부자들은 사회 불안의 위험이 낮은 안전하고 매력적인 지역으로 빠져나간다. 교육을 못 받은 최하층 사람들의 반영구적인 지리적 격리와 사회적 분리가 나타난다. 무단결석, 퇴학이 빈번한 빈곤 지역과 부유한 지역 간의 교육 수준 격차는 더 확대된다. 실업자와 저소득 집단들은 점차 자신들의 비참한 상태를 깨닫게 되고 부유층에 대해 좌절감을 표출하게 된다. 불우한 청년 성인들은 중독성 강한 마약을 하게 되고, 정규적인 직업과 사회적 열망에서 영원히 멀어지게 된다.

주로 강도, 차량 절도, 폭행, 마약 관련 범죄 등의 발생률이 높아진다. 빈민 지역의 거리는 외부인이 다닐 수 없게 되고, 도시 폭동과 소요가 빈번하게 발생한다.

저축할 수 없는 사람들에게 고령화는 점점 더 빈곤을 의미하게 된다. 노인들은

(4) 사회

전통적으로 인구의 고령화는 불평등을 확대하고 구조적 실업과 저성장을 초래하는 경향이 있었다. 그러나 오늘날 심화된 국제 경쟁이 좀더 새롭고 유연한 경제행위를 만들어냄에 따라 이전보다 높은 생산성 증대와 경쟁력 제고가 이루어지고 있다. 이런 현상의 핵심 수단들로 교육과 학습, 더 많은 저축과 정년 연장에 대한 유인책, 이주자에 대한 강력한 융화 정책 등 복합적인 전략들이 시도되고 있다. 더 많은 사람들이 민관 협력(public-private partnerships) 프로젝트에 참여하며, 협력적인 근린 관계를 만들기 위한 노력을 하게 된다. 빈곤 지역의 학교를 대상으로 한 자금 지원은 교육 격차를 줄이고 도심 지역은 낙후 지역이라는 오명을 벗기 시작하며, 중산층 전문가집단은 보조금 지원 주택을 매우 유리한 가격으로 구입할 기회를 갖게 된다. 젊은이들의 부족 현상은 인적 자본을 개발하여 높은 생활수준을 유지하고 발전시키기 위한(특히 증가하고 있는 고령계층을 위한), 개개인에 대한 투자 의향을 촉발시킨다.

가족이 비공식 서비스, 특히 건강관리에 관한 서비스를 제공하는 전통적 기능을 수행할 수 없기 때문에 새로운 관습들

다시 자신들의 가족들에게 의지하게 되지만, 가족들은 노인들을 부양해야 하는 짐을 달가워하지 않을 것이다.

이 급속히 나타나게 된다. 이웃과 자원봉사 자조단체들 사이에 형성된 새로운 비공식적 관계가 전통적 태도와 행위 패턴을 극복하면서 서서히 가족관계를 대체하게 된다.

(5) 환경

선진 도시에서의 에너지, 물, 일인당 공간, 자원 소비가 가장 많다. 따라서 이 도시들은 우선적으로 에너지 절약의 선두에 설 필요가 있으며, 다음으로는 새로운 에너지 시대로의 전환에도 선두 주자가 되어야 한다. 그러나 정치적 관성이 개입한다. 2015년까지 '생태적 종적'은 계속 증가할 것이며, 자원 이용의 절약을 꾀하는 기술 발전을 압도하게 될 것이다.

(5) 환경

건강하고 매력적인 환경을 목표로 삼는 도시들은 스모그와 대기오염으로 인해 겪게 될 고통을 피하기 위해 배출가스 없는 차량에 대한 적극적인 압력집단이 될 것이다. 도시들이 강한 힘을 갖는 권력 분산형 국가에서는 도시 교통의 변화가 매우 신속하게 이루어진다. 도로 통행료 부과와 직장으로의 효율적인 통근 수단이 되는 다중 이용 차량에 대한 강력한 유인책 부여, 새로운 차원의 교통관리 시스템 도입과 같은 방식으로 모든 차량을 좀더 효율적으로 활용함으로써 도로 용량과 교통 소통의 흐름을 개선하게 될 것이다. 선진 도시들은 싱가포르와 홍콩같이 진보된 교통관리 시스템을 채택하게 된다.

증대되는 재정으로 도시들은 기반시설을 개선하고 (신규)기업과 주민들을 위해 더욱 매력적인 환경을 제공할 수 있다.

가격 조절을 통해서 물, 전기, 냉난방 에너지를 경제적으로 사용하도록 유도한다. 도시 정부는 산업 쓰레기와 가정 쓰레기를 대규모로 재활용하기 위해 민간 업체와도 협력한다.

화석 연료와 원자력 연료에 대해 높은 가격을 유지시킴으로써 태양 에너지와 수소 시대로 전환시키기 위한 에너지 혁명을 유도하고, 이전보다 더욱 분산화된 개별적인 에너지 생산을 가능하게 한다. 에너지 현대화의 새로운 물결에 의해 건물들은 센서와 컴퓨터를 통해 에너지의 최적 이용과 생산을 제어하는 지능형 건물(smart building)로 전환되며, 이는 에너지의 효율적이고도 쾌적한 이용을 가능하게 한다.

(6) 도시 형태

낮은 인구성장에도 불구하고 핵가족 가구의 증가, 일부 계층의 생활수준 향상, 자신의 주택에 거주하는 고령층의 관성 등으로 인해 주거와 직장의 분산에 대한 압력이 더욱 커질 것이다. 이러한 압력은 인근 농촌 당국의 님비 현상에 직면하게 되어, 역설적이지만 분산 압력을 더욱 외곽으로 확산시킨다. 그러나 고령화는 님비주의를 약화시킬지도 모른다. 노인들의 수요로 인해 값싼 토지와 주택을 필요로 하는 젊은 사람들이, 특히 젊은 가구들이 모여들 것이다. 젊은이의 수가 줄어들면서 이들의 필요가 많은 도시지역과 변두리 지역에서 이 문제가 가장 시급한 과제가 되고, 여기에는 주택 건설을 위해 더욱 많은 택지를 공급하는 일이 포함되

(6) 도시 형태

사람들이 더 부유해지고 더 넓은 주택을 구입할 수 있게 됨에 따라, 도시의 공간적 성장은 '추세 연장 시나리오'의 경우보다 더 빠르게 진행된다. 더 많은 고용이 창출되면서 사무실 공간에 대한 수요도 증가한다. 좀더 유연한 시장이 형성되면서 변화하는 필요에 부응하기 위해 주거 공간의 소비 형태도 변화하게 된다. 도시 정부와 근린지구 당국은 가족들을 대상으로 설계된 획일적인 주택들을 고령 인구의 필요에 맞게 개조하는 방법을 공동으로 개발하게 된다. 근린지역 내에서의 이동이 권장되어, 노인들도 편리한 작은 주택이나 아파트로 이주할 수 있게 된다. 도시 내 공지들은 필요한 주택들로 채워진다. 따라서 같은 근린지구 안에 서로

게 된다.

상대적으로 부유한 퇴직자의 수가 증가하면서 농촌과 해안의 휴양지역에서, 때로는 퇴직자의 이전 거주지에서 멀리 떨어진 곳(예컨대 남부 프랑스, 남부 스페인, 플로리다, 남부 캘리포니아 등)에서 소규모 도시들이 성장하고 있다. 고령화 도시는 젊은 가구로 구성된 현재의 도시에 비해 더 많은 일인당 공간을 필요로 한다.

선진 도시는 동질적이지 않으며 또 앞으로도 그러할 것이다. 선진 도시는 다음과 같은 유형으로 구분해볼 수 있다.

- 유럽 유형의 고밀 도시: 이러한 유형의 도시에서는 최소 밀도를 적용하는 계획 규제(planning controls) 시스템이 잘 작동하고 있어서, 공간을 남용하려는 시장의 경향을 저밀도 개발로 억제하거나 그린벨트에 의해 개발을 억제하고 있음.
- 미국 유형의 분산형 도시: 이러한 유형의 도시에서는 밀도가 너무 낮아서 대중교통수단은 등장하지 않는다. 이러한 도시들은 저밀도의 무질서한 확산과 개별 가구원 수의 감소로 인해 대중교통수단을 효율적으로 공급할 수 없게 됨으로써 크나큰 어려움을 겪을 우려가 있음.

유럽 유형의 많은 선진 도시들은 물리적으로 잘 관리되고 있지만, 일부 도시에서는 구도심의 인구가 감소하고 있으며 중심부 인근에 있는 일부 지역의 재활성화로 인해 인구가 약간 증가한다. 문제가 있는 사례의 경우에 이러한 상황은 지역

다른 세대가 함께 살 수 있게 된다. 즉, 이것은 세대간 상호 협조체제의 전제조건이며, 노인들이 시장에서 제공하는 서비스나 공동 서비스에 덜 의존하도록 하는 중요한 토대가 된다. 이와 같이 유연한 3세대 공존형 근린주구는 세대별로 단절된 주거지역보다 더 적은 자본과 공간을 사용하게 된다. 새롭게 개발된 자동차와 에너지로 인해 각 세대들은 자유롭게 자신의 기호에 따라 주거 입지를 선정할 수 있게 될 것이다.

도시 정부들은 저밀도의 자동차 지향적인 생활과 특히 쇼핑을 지향하는 시장의 추세에 대항하기 위해 자신들의 계획권한(planning powers)을 사용한다. 도시들은 전통적인 중밀도의 도시 형태를 계속 유지하고자 한다. 도시 유산의 보호가 가장 주요한 우선순위를 차지한다. 예컨대 헐어버리면 대체할 수 없는 건물, 광장 또는 건물군들의 커다란 가치가 인식된다. 경제활동이 역동적이지만, 역사성을 갖고 있는 도시들은 자기 지역에 대한 관심과 과거와의 정서적 유대를 위해, 자신들의 유산을 현대적인 구조물을 통해 성공적으로 수용하여 표현하기 위한 노력을 경주하게 된다.

의 전반적 쇠퇴로 이어진다. 그러나 소규
모 도시들은 지방 서비스 센터(보건, 교육)
로서의 역할과 혁신적인 소기업들을 위
한 인큐베이터로서의 역할로 인해 빠르
게 성장을 지속하기도 한다.

4장
도시 문제에의 대응: 거버넌스와 정책

urban future 21

1. 도시 거버넌스[4]를 위한 기본 원칙

1) 기본 목표와 필요조건

우리는 이제 예측하는 것에 그치지 않고 처방을 마련하는 단계까지 나아가야
한다. 중심적인 과제는 제3장에서 논의했던 소극적인 '추세 연장 시나리오(trend-
based scenario)'와 제1장의 기본 원칙들에서 도출된 정책들을 대비시켜보는 것이며,
이는 좀더 지속 가능한 방향을 향해 도시 세계를 적극적으로 조정해나가는 '추세
수정 시나리오(bend the trends scenario)'가 될 것이다.

중앙정부와 지방정부가 긴밀하게 협력하는 경우, 중앙정부가 다른 위계의 정부

---

4) Governance(거버넌스): 광의로는 통치활동을 뜻하며 전통적인 행정 이외에 통치를 위한 제도,
방법 및 도구, 시민단체와 민간기업을 포함하는 시민과 정부와의 관계와 국가의 역할까지도
모두 포함하는 개념으로 정부가 지닌 권력에 근거한 통치활동뿐만 아니라 각종 민간단체에
의한 보편적 윤리나 도덕적 기준에 근거한 통치활동 등을 포괄한다. 협의로는 종래의 중앙집
권적 관료주의와 정부 독점에 바탕을 둔 기존의 행정을 대체하는 대안적 통치체제의 개념이
다. 시장 논리, 민영화, 외부 계약, 거래비용 및 교환, 기업가적 리더십, 권한 위임과 분권화,
과제 중심의 네트워크, 경쟁과 협력, 시민의 선택권 등에 근거해 공사간, 도시간, 국가간
파트너십과 계약에 의한 협력을 강조하는 새로운 공공관리 및 행정방식이다. 학계에서도
아직 통일된 번역 용어가 없으므로, 이 책에서는 원어의 의미를 살려서 '거버넌스'로 번역하기
로 한다.

(예컨대 주, 지방, 지역, 도시, 카운티, 교외의 정부)의 기능을 명확히 정의하고 가장 효율적으로 배분할 경우, 정치 활동들이 공통의 틀을 따를 경우에 성공적인 도시 전략을 실현할 수 있을 것이다.

2) 지속가능성: 개념에서 실행으로

> 모든 사람들은 합당한 입법권과 다른 수단들을 사용하여 현재와 미래 세대의 편익으로
> 부터 환경을 보호할······ 그리고 정당한 경제·사회개발을 촉진하는 동시에 생태적으로
> 지속 가능한 개발과 자연자원의 이용을 보장할 권리를 가지고 있다.
> ―Section 24, *South African Bill of Rights.*

20세기 말에 있어서 지금까지 축적된 지식과 경험은, 체르노빌(Chernobyl)과 보팔(Bhopal)의 경우처럼 일부는 여전히 고통스러운 것도 있지만, 제1장에서 이미 언급한 바와 같이 지속 가능한 (도시)개발이 도시 정책과 거버넌스를 위한 기본 원칙들이 되어야 한다는 합의를 이끌어냈다. 이것은 급속한 경제성장과 소득재분배를 성공적으로 달성할 수 있는 정책을 추구한다는 것을 의미하며, 다시 말해서 사회적 불평등을 줄이고 정치·사회적 통합을 촉진하면서도 환경보호를 이루어 나아가려는 노력을 말한다. 이런 과정을 일반적인 용어로 언급하기는 쉽지만, 매일 매일의 의사결정과정에서 이를 실천하기는 어려운 일이다. 일반적 원칙들을 중심으로 기본적 합의를 이끌어가는 것은 중요한 단계이며, 이 단계는 지난 10년 동안 천천히 이루어져왔다. 더 나은 실행과 촉진을 위한 노력은 다가올 시대의 중심 과제가 될 것임에 틀림없다.

이 과제는 여러 가지 다른 전략들과 상호관련성이 있기 때문에 복합성을 지니고 있다. 하나의 전략은 여러 가지 목적을 추구하기도 한다. 따라서 문제는 여러 가지 목표를 조정하려는 노력에 달려 있다. 경제적 목적과 사회적 목적은 종종 완전히 분리된 것처럼 보이지만, 빈곤을 완화시키는 구체적인 수단을 마련하면서 동시에 효율적인 생산을 추구하는 방식을 통해 이 둘은 상호 조정될 수 있다. 환경 관련 과제는 개발에 부담을 주는 것으로 인식되어오곤 했으나, 1980년대 초반 이후 우리는 환경 파괴 그 자체가 개발에 주요한 장해물이 된다는 것을 잘 알고 있다. 따라서 오늘날에는 경제개발과 형평성, 환경보호를 동일한 과제들의 여러 가지 측면으로 받아들일 수 있게 되었다.

전략을 통해서 여러 가지 복합적인 목적을 달성할 수 있다. 예컨대 높은 수준의

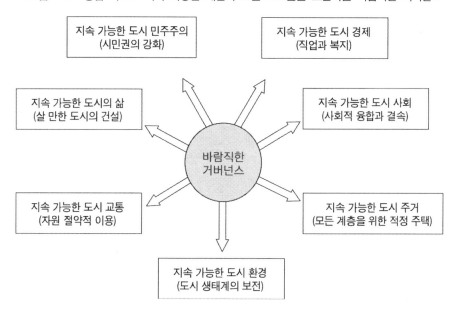

<그림 4-1> 중심 목표로 지속 가능한 개발과 모든 요소들을 포괄하는 바람직한 거버넌스

물리적·사회적 환경은 도시가 새로운 경제성장을 이루어내는 데 도움이 될 수 있다. 이런 이유와 함께 또 다른 이유들 때문에 우리는 환경에 대한 관심을 경제적 측면의 의사 결정에 통합할 필요가 있다. 예컨대, 자원 절약을 위한 새로운 기술 사용과 환경에 대한 관심을 경제계정(economic accounting)에 통합하는 것, 또는(그리고) 생산과 소비 양쪽에서 더 효율적인 자원 이용을 확실하게 유인하도록 하는 것 등을 들 수 있다. 이러한 방식으로 우리는 소비에 관한 기준과 환경에 관한 기준 모두를 동시에 향상시킬 수 있다. 그러나 이는 항상 말처럼 쉬운 것은 아니다. 즉, 가장 심각한 상쇄적 교환이 사회적 목표와 생태적 목표 간에 발생하게 된다. 예컨대 빈곤층을 돕는 일이 환경오염을 일으킬 수도 있는 것이다.

따라서 지속 가능한 개발의 달성이라는 중심 과제와 이를 달성하기 위한 방법에 대한 새로우면서도 다양한 측면의 폭넓은 이해가 필요하다. 지방정부, 시민사회, 민간 부문의 통합적인 노력의 산물로 볼 수 있는 바람직한 거버넌스는 그 중심 목표로 지속 가능한 개발을 설정하게 될 것이다. 이러한 노력에는 여러 사람, 단체, 민간회사 그리고 수많은 공공기관과 지방 당국들이 포함되어야 한다. <그림 4-1>은 이러한 여러 기관들이 어떻게 협력하는지를 보여주고 있다.

바람직한 거버넌스는 지속 가능한 개발의 여러 가지 요소들의 균형을 유지시키면서 이들을 정책적으로 통합하고, 도시 내의 모든 기관들이 책임과 편익을 공유하도록 보장하며, 실행을 위한 원동력으로서 그리고 정치적 추진력으로서의 역할을 한다. 따라서 원칙으로서의 지속가능성과 실천으로서의 바람직한 거버넌스는 바람직한 도시 개발의 두 가지 측면이 되는 것이다.

<자료 4-1> 지속 가능한 개발의 정의

인류는 지속 가능한 개발을 만들어낼 수 있는 능력을 갖고 있다. 이는 미래 세대들이 자신들의 필요를 충족시킬 수 있는 능력을 손상시키지 않으면서, 현세대의 필요를 충족시키는 것을 보증하는 것이다.

―WCED, 1987: 8.

지속 가능한 개발은 생태계의 수용 용량을 초과하지 않으면서 인간 생활의 질을 개선해 나아가는 것을 의미한다.

―IUCN, UCEP, 1991: 221.

지속 가능한 개발은 자연적, 인공적, 사회적 조직체계가 자기 스스로의 생존 능력을 위협하지 않으면서 공동체 내의 거주자들에게 기본적인 환경적, 사회적, 경제적 서비스를 전달하는 개발이다.

―ICLEI, 1996: 4.

3) 바람직한 거버넌스를 위한 규칙

(1) 보조와 연대

보조(subsidiarity)는, 의사 결정이 가능한 한 가장 낮은 수준에서 이루어져야 하는 것과 서비스가 너무 많은 유출 효과(overspill effects)를 초래하지 않고 비용적 측면에서 효율적으로, 기술적으로 제공할 수 있는 가장 낮은 수준으로 제공되어야 함을 의미한다. 부자와 빈민이 서로 다른 정치적 집단으로 분리되는 것은 불평등을 증가시킬 우려가 있다. 즉, 개인 소득의 차이와 빈부의 차이는 공공 부문의 수준 차이로 확장될 우려가 있는데, 최악의 경우 학교의 질, 교육, 보건복지에까지도 영향을 미치게 된다.

연대(solidarity)는 중요하다. 왜냐하면 이것 없이는 지방자치(local autonomy)가 너무 쉽게 엄청난 불평등에 빠질 우려가 있기 때문이며, 특히 교육은 지방세입에 의존하므로 더욱 불평등에 빠지기 쉽기 때문이다. 지방정부들 간의 불평등을 막는 핵심

수단은 중앙정부로부터의 균형보조금이며, 이러한 정부간 연대는 재정적으로 빈곤한 지방정부의 기본적 기능들을 충족시키도록 자원의 최소 수준을 보증하게 된다. 시민들의 기본적인 권리는 개별 지방정부의 재정력에 관계없이 정부간 연대를 통해 보장되어야 한다.

(2) 다양한 자본주의: 시장을 활용하기

1980년대 말에 사회주의체제가 붕괴한 이후 시장경제가 글자 그대로 세계를 움직이고 있다. 시장경제는 자본을 축적해내고, 세계의 부를 증가시키는 데에 다른 어떤 시스템보다 더 우월함을 보였다. 그러나 이러한 시장체제를 움직이는 방법에는 한 가지 이상이 있음이 또한 명확하게 밝혀졌다. 즉, 현대 자본주의에는 상이한 형태들이 존재하며, 그들은 역사적으로 매우 오래전부터 비롯된 깊은 문화적 차이의 결과로 나타난 것이다. 첫 번째로 영미계 자본주의의 형태는 기업가적 혁신이 강조되고 자유경쟁과 규제가 완화된 노동시장의 형태이고, 두 번째로 '라인 지방식 자본주의(Rhineland capitalism)'라고도 불리는 유럽 대륙식 모델은, 강력한 규제의 틀, 통제되는 노동시장, 고용자 보호, 경영에서의 공동 결정, 풍부한 사회적 복지로 특징지어진다(Albert, 1993). 세 번째 모델은 일본 혹은 태평양 연안의 아시아 모델로서, 국내총생산에 비해 낮은 공공 지출, 상대적으로 취약한 사회복지, 개인이나 가족에 의한 노후 준비에 대한 강조, 경제계와 정치계 양자에 의한 의사 결정의 합의, 직장 개선을 위한 노사 협력적 경영으로 특징지어진다.

이러한 차이는 뿌리 깊은 역사적 기원을 갖고 있다. 예를 들면 '라인 지방식 자본주의'의 기원은 최소한 1890년대 비스마르크의 복지개혁에서, 심지어 프러시아 국가를 과학과 기술 진보의 강력한 산출자로 만들었던 스타인(Stein)의 교육개혁에까지 거슬러 올라갈 수 있다. 일본 정부의 형태는 1868년 메이지유신 이후 이루어낸 기술 진보를 포함할 수 있으나, 합의의 전통은 훨씬 오래된 중국과 일본의 문화 전통에까지 거슬러 올라갈 수 있다.

아시아에서 싱가포르와 한국은 인도네시아나 필리핀과는 대조적으로 매우 독특한 경제관리 형태를 발전시켜왔다. 이 두 나라는 민간투자와 기반시설 간의 균형을 유지시켜왔다. 주택은 그들의 개발 전략에서 높은 우선순위를 가지고 있었다. 다른 나라에서는 적절한 기반시설을 갖추지 못한 비공식 주택이 높은 비율을 보였고 주택의 질에 큰 차이가 있었던 반면, 이 두 나라에서는 기반시설을 갖춘 대규모의 고층 아파트단지가 건설되었다. 이는 개발 개념이 다르다는 명백한 표시이며, 국가가 도시 개발과 경제개발에 더 많은 책임을 갖고 있다는 것을 나타낸다.

이를 통해서 세 가지 중요한 결론을 도출할 수 있다.

- 자본주의 경제나 도시를 움직이는 데는 단지 하나의 최선의 방법만이 있는 것은 아니다. 한 국가에 적용되는 방식이 다른 국가에는 적용되지 않을 수도 있다. 또한 시대에 작동되었던 방식이 다른 시대에는 작동하지 않을 수도 있다.
- 차이점은 문화적 기원에서 유래하며 이는 역사적으로 오래전까지로 거슬러 올라갈 수 있다.
- 모든 시대의 경제는 정책에 의해 규정된 규칙이나 조건 안에서 작동한다. 자유방임주의(laissez-faire)가 절정이었던 빅토리아 여왕 시대의 영국에서조차 이러한 시스템이 있었으며, 이는 건물이나 도시 설계의 매우 독특한 양식에서도 찾아볼 수 있다. 어떤 정부도 그 체제의 운영을 전적으로 시장 기능에 맡기지는 않는다. 왜냐하면 시장실패(market failure)의 위험, 즉 자연자원과 인적 자원의 낭비에서부터 총체적 불공평(gross inequities)에 이르기까지 예상되는 위험은 너무도 명백하기 때문이다.

그러나 시장의 힘에 반대되지 않고 그것을 활용할 때에 도시 정책은 가장 잘 작동한다. 이는 정책이 시장의 힘을 단지 주어진 것으로만 받아들인다는 것을 의미하지는 않는다. 즉, 시장의 힘이 결정된 정책 목적들을 달성하기 위해 어느 정도까지 바꾸어질 수 있고 영향받을 수 있는지를 이해하는 것이 중요하다. 지역 정책은 이에 관한 적절한 예를 보여준다. 즉, 제2차세계대전 후에 많은 국가에서는 기존의 산업화되고 혼잡한 지역보다는 저개발지역에서의 산업 성장을 추구했지만, 이러한 정책들은 경제적으로 활력이 없는 '사막 안의 성당(cathedrals in the desert)'과 같이 흔히 별다른 성과를 가져오지 못했다. 반면에 영국과 프랑스는 물론 이집트와 같은 나라에서는 인구와 경제활동을 그들의 수도에서 대도시 주변부에 있는 신도시로 분산시키려고 했으며, 이러한 정책이 시장의 힘을 활용한 경우에는 성공적으로 추진되었다. 즉, 제조업과 일상적 서비스 모두를 더 낮은 비용으로 운영할 수 있으면서도 동시에 대도시지역의 집적경제를 여전히 공유할 수 있는 근교에 입지하도록 분산화했다.

또 다른 예는 1960년대의 싱가포르인데, 이 도시는 점진적인 학습과 변화 과정을 거쳐서 급속한 경제발전을 달성했다. 처음에는 낮은 가격으로 경쟁할 수 있는 낮은 가치의 노동집약적인 상품을 특화시키는 것부터 시작해서 다음에는 점진적으로 더 고급기술에 의한 생산으로 옮겨갔으며, 마침내 넓은 경제 지역을 포괄하는 서비스의 중심지로 변모해갔다. 싱가포르는 이에 따라 제조업 고용은 저비용의 내륙지역으로 분산화되어갈 것을 예상했으며, 그것이 새로운 경제적 역할을 위해 적절히 입지하도록 조치했다. 이는 시장의 힘에 압도당하지 않고 시장의 힘과 추세들에 대한 현명한 예측을 하여 이런 기회를 이용하는 정책을 창출하는 것이 성공적인 도시 경제정책을 포함한 경제정책의 정수임을 보여준 것이다.

(3) 정부와 시민사회: 새로운 형태의 파트너십

많은 정부들이 갖고 있는 고질적인 경향이 있는데, 그것은 기업이나 시민들이 자신들에게 유리한 정책을 추구하도록 끊임없이 압력을 행사하기 때문에 정부는 너무 많은 것을 성취하려 하고 감당할 수 없는 책임까지 지려 한다는 것이다. 바람직한 거버넌스란, 정부는 가장 긴급하면서도 가장 생산적인 과제에만 집중하여 관여하고 외부의 힘과 자원을 적절히 동원하는 것이다. 즉, 정부가 근린지구 단체, 비정부기구, 종교단체, 자원활동들과 함께 공공재의 공급을 향상시키거나, 도움이 필요한 사람들과 도움을 기꺼이 제공하고자 하는 사람들 간의 네트워크를 구축하려는 개인들과 함께 다양한 모양과 형태로 시민사회와 긴밀히 협력하는 것을 의미한다.

(4) 정부 내의 통합된 활동

정부는 다른 위계에 있는 정부들과 연계하고 때로는 여러 단체들과의 필연적인 협력을 통해 다양한 경제적 기능을 수행해야만 한다. 이를 요약하여 표현하면 해결해야 할 과제는 다음 세 가지이다.

- 안정(stabilization) • 분배(distribution) • 할당(allocation)

정상적으로 가장 좋은 실행 방법은, 안정기능과 분배기능을 중앙정부 또는 연방정부에 두고 할당 기능은 지방정부 수준에 두는 것이다. 근본적인 형평성 논쟁은 본질적으로 중앙정부 차원에서 다루어져야 한다. 특히 중앙정부는 저소득자 세(稅) 교부금(negative income tax), 소득세 지불유예(income tax credits), 상환증서(vouchers) 또는 수당지불(allowance payments)과 같은 수요 측면의 수단들을 이용할 수 있다. 지방수준에서 기본 원칙은, 수혜자는 공공이 공급한 지방 서비스에 대해 비용에 의거한 가격을 지불해야만 한다는 것이다.

물론 중앙정부의 전형적 기능인 분배기능도 있다. 즉, 국가 네트워크의 한 부분인 고속도로는 명백한 중앙정부의 책임이다. 지방정부들은 지방 서비스와 기반시설들, 예컨대 학교, 하수도, 공원과 가로, 지역과 도시의 집수지역을 관리하는 건물들을 책임져야만 한다. 세금과 다른 세입의 원천들은 세출과 관련된 책임과 함께 논의할 때에만 적절히 정의될 수 있다. 재정적 필요는 책임들로부터 도출된다. 즉, 세입의 원천에는 그에 상응한 책임이 뒤따라야 한다.

특히 저소득과 높은 인구성장을 보이는 개발도상국에서는 할당기능들 중 많은 부분이 지방보다 더 높은 차원에서 수행되어야 한다는 주장이 있을 수 있다. 그 이유는 ① 절대 빈곤은 즉각적인 할당기능적 처방이 필요하며, ② 더 높은 위계의 정부들은 필요한 것을 공급할 수 있는 능력을 잘 갖추고 있으나, 도시 정부는 흔히 특정 기능을 수행할 수 있는 역량이나 기술적 지식을 가지고 있지 못하기 때문이다. 그러나 보편적으로 중앙정부들이 도시들보다 더 부유할 수는 없다. 대부분의 경우에 기능을 중앙화한다 해도 규모의 경제를 통해서 비용을 줄일 수 없다. 이는 단지 애초부터 도시로 돌아갔어야 했을 재원들을 중앙으로 가져가버릴 우려가 있다. 관리능력이 절대적으로 부족한 경우에만 전달(delivery)하는 것을 전제조건으로 하여 중앙정부에 특정한 능력을 집중시키는 것이 합리적이다. 이런 경우에 개발은 분산화를 가져오게 된다.

(5) 우선순위의 필요성

우선순위의 원칙은 경제학의 기본적인 원칙들 중 하나이며, 합리적인 생활의 원칙이기도 하다. 즉, 원하는 모든 일을 한번에 다 달성하는 것은 불가능하다. 무엇보다도 개발도상국 도시에는 매우 긴급한 필요들이 많이 있으며, 이는 무엇이 가장 먼저 처리되어야만 하는가에 대해 매우 어려운, 때로는 냉혹한 결정을 해야 함을 의미한다. 가장 우선되어야 하는 것은 인간의 생명을 존중하는 것이어야만 한다. 이는 먼저 보건에 대한 우선권, 무엇보다도 임신 중에 있는 어머니들과 태어난 지 일년이 안된 아이들에 대해 우선권을 주어야 함을 의미한다.

두 번째 우선권은, 경제 진보가 인적 자본(human capital)에 달려 있으므로, 교육에 주어져야 한다. 그러나 이는 또한 부모들이 자녀들에게 인생의 첫 5년 동안에 해줄 수 있는 조기교육에 관한 문제이기도 하다. 그리고 여기서 여성 교육은 매우 중요하다. 이는 보건 우선권과 밀접한 관련이 있는데, 과잉 출산을 줄일 수 있는 가장 빠르고 효과적인 방법은 어머니들을 교육시키는 것이라는 증거는 명확하다. 일반적 우선순위를 언급하는 것은 개별 사안을 결정하는 데 도움이 되지 않는다. 상대적으로 덜 긴급한 수요들도 그 필요성이 전혀 없다고 할 수는 없기 때문에 '얼마나 많이'라는 질문이 항상 문제가 된다. 주택, 고용, 교통에 대한 우선순위는 보건 및 교육에 대비하여 개별 사안이나 상황별로 조심스러운 평가를 통해 조정되어야 한다.

(6) 지방정부의 서비스 공급: 분권화

사람들은 자신의 일을 스스로 관리하기를 원하며, 또 그렇게 해야 한다. 지방자치는 분권화를 필요로 한다. 공급 기관과 수혜자 간의 지속적인 의견 교환이 필수적이므로, 때때로 규모의 경제로 인해 더 커다란 기관과 더 중앙집중화된 공급 시스템이 필요한 경우에조차도 수평적 위계관계가 바람직하다.

분권화는 자신이 소유한 권한을 포기하는 중앙정부의 관대함의 결과라고 보아서는 안 된다. 분권화는 사람들에게 주어진 권한과 책임의 최적화 과정이라고 볼 수 있다. 사람들은 그들의 정치적 의지를 표현하고 조직화하는 데 어떤 방식이 가장 좋을지를 결정해야만 한다.

최적화를 위해서, 상품과 서비스를 공급하기 위한 최적의 용량 규모, 기술, 통신, 도시의 규모와 통합 정도 또는 재정 역량 등을 고려해야 한다. 지난 수십 년간의 기술 진보는 흔히 좀더 작고 분권화된 서비스 공급자에게 유리하게 작동해왔다. 예컨대, 전기는 분권화된 작은 공장들에서 생산될 수 있고, 컴퓨터는 어디에서든지 핵심적인 정보에 직접적인 접근을 허용하고 있다. 이와 같은 분권화를 촉진할 수 있는 기술 혁신의 선례들은 많이 있다.

그러나 분권화는 지식과 모범 사례의 확산을 늦출 수도 있다. 따라서 모든 분권화 시스템은 통신, 경험의 교환, 최선의 실행 사례 모방 등에 우선권을 주어야만 한다.

(7) 정책과 공급의 분리

기본적인 일반 원칙은 재정의 자립, 내부 점검과 균형 유지, 도시의 발전을 위해서 공공 부문이 기본적인 재화를 공급하는 것이다. 전통과 정치적 이해 때문에 흔히 공공 생산(public production)이 요구된다고 제시되고 있으나, 일반적인 원칙에서는 공공 생산이 반드시 요구되지는 않는다. 유권자들에게 중요한 것은 결과이다. 따라서 선진국과 개발도상국가 모두에서 지방정부는 가장 효율적인 방식을 채택해야만 하며, 이는 대개 그들의 생산 활동을 시장의 경쟁적인 공급자에게 넘기거나 그들 스스로 경쟁력을 갖추기 위해 자신의 생산 활동을 축소시키려고 시도해야 함을 의미한다. 이는 민간 부문 생산자가 지속 가능한 개발이라는 정치적 목적과 조화되는 재화와 서비스를 공급하도록 확인하기 위해 수익성이 없는 활동에 대한 보조와 소비 측면에 대한 규제 등을 포기해야 함을 의미할 수 있다.

2. 바람직한 거버넌스의 실제

1) 거버넌스의 핵심 개념은 협력이다

바람직한 거버넌스는 정부의 행위를 규정하는 규정집의 내용 이상을 포함하는 개념으로, 지방정부, 시민사회단체, 민간기업 부문(sector)에 의해 함께 이루어지는, 지속 가능한 개발을 위한 협력적 노력을 말한다. 거버넌스는 공공의 목적을 추구하기 위한 기업가정신의 도입이다. 거버넌스는 지방의 자원을 활용하고, 커뮤니티 조직, 민간 회사, 정부 관계자를 통합시키는 수많은 노력들을 조정하는 조직과 제도를 만들어내면서, 지방이 필요로 하는 것을 찾아내려는 해법이다.

다음과 같은 경우 바람직한 거버넌스는 불가능할 것이다. ① 공공 행정이 부패했거나 비효율적인 경우, ② 근린단체들이 비정부기구나 공공기관의 도움 없이 독자적으로 행동하는 경우, ③ 민간 부문이 자유로운 생산 활동에 의해 생겨난 공해나 더러움과 함께 살아야만 하는 일반 시민의 괴로움을 무시하고, 자신만의 이익 극대화 추구자로 행동하는 경우가 그러하다. 바람직한 거버넌스는 관용과 협력의 분위기를 필요로 한다. 이는 통합적인 제도와 분산화된 참여를 필요로 한다. 이것은 긴급한 필요나 도시 위기에 대한 해답으로 제기되는 안정적인 조직과 자발적인 활동들 사이에서 항상 발생하는 영속적인 긴장을 견뎌내야만 한다.

2) 더 나은 결과를 위한 거버넌스

(1) (도시)정부가 중요하다

동일한 경제 수준에 있는 도시들과 국가들이 이루어낸 경제적 성과들이 엄청나게 다른 것은, 최소한 부분적으로는 사람들의 기본적 가치, 행동과 연계되어 있는 거버넌스의 차이에 의해 설명될 수 있다. 거버넌스는 중요하다. 1997년 세계은행의 개발 보고서는 개발을 촉진하는 데 있어 정부와의 관련성을 보여주고 있다.

<그림 4-2>에서 보듯이, 1960년대 동아시아의 일인당 국내총생산은 아프리카의 국내총생산과 비슷했으나 1990년대에는 5배 이상 높아졌다. 아프리카에서 정부 지출은 동아시아에서보다 1.5배 더 많이 확대되었다. 동아시아 국가의 뛰어난 성취, 즉 국가 스스로 설정한 성장 목표, 국가가 채택한 정책의 건전성, 정부가 제공하는 서비스의 효율성 등이 두 지역의 일반 시민들이 경험하는 삶의 질의 차이가 크게

벌어지는 데 많은 기여를 했다고 여겨지고 있다(World Bank, 1997). 그러나 거버넌스와 경제적 성취 간의 관계 그 자체가 해결책인 것은 아니다. 이것은 어떻게 더 나은 정부를 만들기 위한 조건을 만들 것인가, 어떻게 효율적인 정부를 조직할 것인가, 어떻게 부패와 싸울 것인가, 또는 어떻게 건전한 개발 개념을 가지고 있는 우수한 정치가를 뽑고, 신뢰할 만한 건전한 경제적 근거 없이 단기적인 만족만을 약속하며 인기에 영합하는 지도자를 뽑지 않을 것인가, 또는 어떻게 유권자들로 하여금 효과적인 개발 전략들을 촉진하는 정치적 운동들에 참여하도록 동기를 부여할 것인가와 같은 질문들에 대한 직접적인 답을 주지는 않는다.

모범적인 거버넌스와 개발 간의 관계는 1960년대에 생각했던 것보다는 더 복잡하다. 1960년대는 중앙정부의 5개년 계획들이 실행되는 시기였으며, 부유한 북반구 국가나 빈곤한 남반구 국가의 정치가들 모두 몇 개의 경제정책이나 수단들로 경제

<그림 4-2> 바람직한 거버넌스: 동아시아와 아프리카 간 소득 격차의 요인

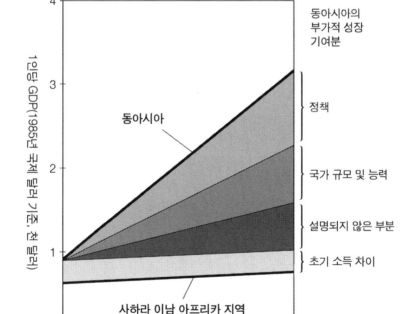

출처: World Bank, 1997.

개발에 직접적으로 영향을 미치거나 그것을 통제할 수 있다고 믿고 행동하던 시기였다. 그러나 몇 개의 일부 정부기관과 정책에 의해 추진되었던 개발 과제들은 실패했거나 단지 한정적인 성공을 거두었을 뿐이다.

오늘날의 개발 과정에는 정부기관과 시민사회 사이에 더 많은 상호작용이 일어난다. 그렇지만 공공 행정은 여전히 수요에 대한 공급과 자원의 활용을 효율적으로 확실하게 하라는 요구를 받는다. 그러나 많은 분야에서의 직접 규제는 성공을 보증할 수 없다. 협력적인 활동에 함께 참여하도록 다른 집단들에게 동기를 부여하고 다양한 사람들을 포함시키는 촉매제로 활동하는 것과 같은 중심적인 역할은, 거버넌스를 덜 관료주의적이고, 더욱 매력적이고, 더욱 정치적이고, 더욱 인간 활동 지향적으로 만들었다. 이는 행정 부처와 내각으로 하여금, 도시와 농촌이 미리 분리해 놓은 경직된 계획을 추진하는 중심축이라는 생각에서 벗어나게 했다. 바람직한 거버넌스는 열린 마음, 듣기, 동기 부여 또는 사람들을 그들 자신의 목적에 따라 참여하도록 결속시키고 납득시키는 것을 의미한다. 즉, 그 목적은 더욱 광범위한 민주적 의지의 일부인 자기 스스로 조직하고 규제하는 것을 말한다. 이는 현재로선 완전하게 달성되고 있지는 않을지라도, 앞으로 달성해야 할 비전이다.

물론 영원한 질문들이 있다. 예컨대 왜 매우 비슷한 조건하에서 어떤 해법은 성공하고 어떤 해법은 실패하는가? 왜 어떤 프로그램은 사람들을 효과적으로 동원하고 어떤 프로그램은 단지 무임승차를 원하는 사람들만 끌어당기는가 하는 것이다. 이에 대해 바람직한 거버넌스의 좋은 사례들이 많이 있으며, 관련 정보도 증가하고 있다. 너무 적은 자원을 가지고 너무 많은 것을 추구하는 것은 흔히 실패의 전제조건이 된다는 것은, 성공 사례들의 세부 사항들, 즉 여러 가지 역할의 사람들에게 제공되는 다양한 유인책, 권력 집중의 피해를 줄이는 책임의 배분, 사용 가능한 재원, 과업 규모와의 관계 등을 검토해보면 알게 된다. 그러나 단순한 지식과 정보 이상의 것이 필요하다. 성공하기 위해서는, 다른 도시들의 모범 실천 사례를 그 자신의 목적과 가능성에 알맞게 이용하기 위한, 창조적이고 혁신적인 학습이 필요하다.

(2) 분권화되는 세계

① 변화하는 권한
1960년대와 1970년대(권한의 집중화 시대): 과거에 대부분의 국가들은 상당히 중앙집중화되어 있었다. 스위스, 미국과 같이 예외적인 경우는 독특한 정치적 전통과 국가의 기반 때문에 그러한 것이다. 전통적으로 대부분의 국가에서 도시 정부는 취약했다. 과도성장기 도시의 경우 도시가 가진 권한은 쓰레기 수거, 거리 청소와 같은 지방 서비스에 대부분 한정되어 있는 반면, 중요한 기능이나 권한들, 예컨대, 경찰, 교육, 주택, 보건 또는 심지어 도시계획까지도 중앙정부나 주정부 또는 국가 공공기관에 맡겨져 있었으며, 게다가 이들은 보조금을 통해 지방정부의 재정을 통제했다. 지방세는 예외적으로 지방정부의 권한이었지만 징수액은 미미했다. 일반적으로 1970년대에는 도시를 위한 지방 공공 부문의 지출이 전체 공공 지출의 15% 정도밖에 되지 않았으며, 이는 지방정부의 지출액(지역 개발 지출을 포함)이 전체 정부 지출의 40-50%에 달하는 유럽의 몇몇 국가들(예컨대 덴마크, 스웨덴, 핀란드)과는 매우 대조적이다.

이러한 권한의 집중화는 다음과 같은 많은 부정적인 결과들을 가져왔다.

- 시장들은 흔히 중앙정부에 의해 임명되었으며, 이는 책임감이 낮아짐을 의미했다.
- 지방선거 참여자가 적었으므로 지방 정치는 취약했고, 이는 유권자들이 지방선거가 지방 정치에 미치는 영향이 큰 의미가 없음을 잘 알고 있었기 때문이기도 했다.
- 계획안은 준비하는 데 오랜 시간이 걸리고, 실행하는 데는 더욱더 시간이 걸려서 효과적이지 못했다.
- 지방의 선호도는 공공 지출에 별로 반영되지 못했고, 지방 공공 지출은 지방의 필요에 대한 중앙정부의 판단에 따라 결정되었다.

1980년대와 1990년대(권한의 분권화 시대): 1980년 후반기에는 아프리카, 아시아, 라틴아메리카에서 3가지 주제에 초점을 맞춘 완전히 새로운 접근 방법의 토대가 세워졌다. 이를 요약하면 책임감(Accountability), 시장 기능(Markets), 민주화(Democrati-zation)이다. 국민국가(nation state)의 의미는 세계화된 세상에서 이념적으로 퇴색되었으며, 20년 전보다 정당성이 떨어지는 것으로 보였다. 유럽연합과 기타 대륙별 그룹화 같은 초국가적인 조직들이 더 적합한 것으로 보였다. 일부 국가들에서는 지역들이 더 많은 내적 자치권을 갖고 있다. 새로운 지역주의(regionalism)는 투표자들 사이에서 강력한 기반을 형성하고 있으며, 영국, 브라질, 오스트레일리아와 같이 성격이 서로 다른 국가들 안에서 중심적인 공간 단위로 인정되었다. 그럼에도 불구하고 분권화는 항상 조화롭게 전개되는 변화 과정은 아니다. 지역주의 운동은 스페인과 필리핀에서처럼 중앙정부와 상충할 수도 있다. 그리고 때때로 분리주의 운동(separatist movements)과 분권화 사이의 차이를 구별하기 어려운 경우도 있다. 일반적인 경향은 다음과 같다:

- 케인스식 거시경제 관리와 강력한 중앙집중주의가 강화되었다.
- 선진국은 물론 개발도상국가의 경우에도, 경제개발을 통제하고 촉진하기 위해 조세와 배분 권한을 강력하게 이용해야 한다는 중앙정부의 개념은 과거에 지녔던 매력들 가운데 일부를 이미 잃어버린 것으로 점차 널리 받아들여지고 있다.

소극적인 국가는 적극적인 국가에게 자리를 내주었다. 또는 적어도 궁극적인 책임이 있고 역사적으로 예외적인 시대였던 자유방임의 시장관계는 종결되었다.

—Crosland, 1956.

강력하기는 하지만 방향이 잘못 잡힌 중앙정부 정책의 결과에 의해 장기 실업과 사회 불평등 증대 같은 구조적 변화가 나타나는 것으로 보이며, 대개 이러한 중앙집중식 정책으로는 지방과 도시의 매우 다양한 문제들에 대처할 수 없다.

러시아와 동유럽의 중앙집중식 사회주의 계획 모델의 실패 이후 분권화된 시장 메커니즘과의 관련성 증대, 그리고 중국에서의 중앙집중적인 계획의 악화 등은 비슷한 효과를 나타냈다. 매 10년이 지날 때마다 개발 과제는 점차 더 복잡해지고 있다. 학문적 관점에서 보면, 개발 과제는 산업화에 의해 발생한 과제로부터 거버넌스의 복잡한 이슈로서 지속가능성을 새롭게 강조하는 과제로 바뀌어가고 있다. 정책 입안자들은 기존의 개발 모델에서 다음과 같은 고질적인 문제들을 인지하기 시작했다.

- 실행을 위한 행정 역량이 거의 없거나 전혀 없는, 지나치게 야심찬 프로그램들.
- 지역 수준에서 서비스의 질을 보증할 수 없는 무능력.
- 공급 지점으로부터 멀리 떨어진 곳에 과도하게 집중화된 조직에 의해 발생하는 높은 행정비용.
- 하나의 프로그램에 공동으로 책임이 있는 여러 부서들을 조정하는 데 있어서의 어려움.

이제 지방정부에로의 권한 위임이 민주주의를 위한 더 강하고 믿을 만한 기반임이 드러나고 있다. 권한 위임으로 역량을 키우고 재원을 이양하는 것이 다음에는 도시의 필요와 도시민의 참여를 포함하여 더 많은 개발 과제에 대한 바람직한 해결책이 되어가고 있다. 전 세계적으로 광범위한 경험을 통해서 유연하고 독립적이며, 책임 있고 효율적인 지방정부를 지원하는 새로운 합의를 끌어낼 수 있었다. 지방 민주주의에 기반을 둔 바람직한 거버넌스는 중요한 추진력이 되고 있다. 또한 이러한 권한 위임 과정은 지역적 전통, 자치에 대한 부족(部族)의 염원, 민족의 자치 요구, 지방 선거에서 주민의 확신 증대, 지역적 해결책이 요구되는 더욱 세분화된 공공재(public goods)와 집합적 수요(collective needs) 등에 의해서 만들어진다. 인구 500

만 명 이상의 75개 개발도상국과 과도적인 국가들 중에서 단 12개국을 제외한 모든 나라들이 정치적 권력을 어떤 형태로든지 지방정부 단위에 이전하고, 일과 보건 서비스로부터 기반시설에 이르는 여러 분야에서 분권화를 추진하는 과업에 착수할 것으로 알려지고 있다(Dillinger, 1994: 1).

<자료 4-2> 분권화의 영향

1990년대 후반에 이르러 분권화는 민주화와 시장의 발전, 행정 효율을 증진시키는 수단으로 광범위하게 인식되었다. 그러나 새로운 책임을 떠맡게 된 지역 행정부서나 지방정부의 역량에는 거의 주의를 기울이지 않고 있다. 분권화를 주장하는 사람들은 분권화가 적절하게 적용되면 중앙정부의 계획과 감독으로 인해 종종 야기되는 정책 결정에서의 병목현상을 해결할 수 있다고 주장한다. 분권화는 개정안을 만들고 실행하는 데 있어서 중앙정부의 복잡한 절차를 간단하게 할 수 있는 수단이 될 수 있다. 그것은 또한 관료들이 지역의 조건과 요구를 더욱 잘 인지하도록 해준다. 게다가 분권화는 중앙 부처의 서비스가 더 많은 지역에 이르게 하며, 시간이 경과하면서 발생하는 변화를 허용한다. 지방의 지도자와 시민의 참여를 유도하고 수익자의 협력이나 동의를 얻기 위해서는, 명확하게 정의되어 있으면서도 덜 복잡한 계획과 관리 절차가 요구되고 있다.

－Rondinelli, 1998: 8-9.

중앙정부보다는 지방정부가 지역 주민의 요구와 선호도를 인식하는 데에 훨씬 낫고 또 지역 주민들만을 위한 공공 서비스를 제공하는 데에도 중앙정부 못지않기 때문에, 지방정부가 각 지역의 관할구역에서 최적의 공공 서비스를 제공하는 것이 더 효율적일 것이다. 중앙정부보다 지방정부가 더 효과적일 것이라고 기대하는 이유는, 자신들의 문제를 국가공무원보다는 지역공무원에게 설명하는 것이 지역 주민들에게 더 쉽기 때문이다. 게다가 분권화는 지방정부로 하여금 자기 주민들을 위해 '경쟁'하도록 함으로써 효율을 증가시킬 수 있다. 왜냐하면, 거주자들은 공공 서비스 요금을 치러야 할 때마다 더 좋고 값싼 서비스를 얻을 수 있는 행정구역(jurisdictions)을 자유롭게 선택해서 살 수 있기 때문이다.

－Burki and Perry, 1997: 81.

라틴아메리카에서는 채무 위기와 구조조정이 동시에 발생하여 국가, 지방정부, 시민사회, 시장 사이에 새로운 관계를 만들어냈다. 정치적 민주화와 사회적 민주화의 동시적인 개혁은 새로운 유연성을 만들어냈고, 기타 다른 운동과의 더 많은 관련이 일어나도록 했다. 과거 어느 때보다 더 많은 자발적 조직이 빈곤이나 환경문제를 해결하는 데 참여하게 되었다. 새로운 민주주의는 결과적으로 근린 및 커뮤니티

운동, 환경단체, 여성운동, 인권 협회, 교회 조직에 기반을 둔, 덜 배타적이면서 좀더 풀뿌리 민주주의를 지향하는 단체를 출현하게 했다. 유럽에서는 몇 가지 요인들, 즉 지방의 필요에 정부가 직접 대응하라는 새로운 요구, 증가하는 실업에 대한 중앙정부의 경직된 대응, 개인화된 공공재에 대한 수요 증가, 이와 맞물려 몇몇 나라에서 일어나는 새로운 지역운동들이 지방정부를 더욱 인기 있고 더욱 강력하게 만들었으며, 중앙정부로 하여금 새로운 태도를 취하게 만들었다. 아시아에서는 도시 관리에서 복잡성의 증가와 급속한 경제성장의 결과로 정치적으로 유능해진 많은 중산층의 복잡한 요구의 증가가 더욱 독립적인 권한을 지닌 더욱 직접적인 지방정부를 요구하고 있다.

또한 아프리카의 일부 국가들에서도 민주주의의 진보가 이루어졌다. 우간다에서는 「지방정부법(Local Government Act)」이 기능, 권한, 서비스의 분권화와 이양을 달성하기 위해 1997년에 개정되었다. 이는 지방의회가 가진 세입원과 재정적 책임에 대한 기초를 제공해주었다. 지방의 책임을 강화하는 또 다른 신호는 1993년에서 1994년간에 시작된 정액보조금(block grants)의 도입이다. 말리(Mali)에서는 분권화의 임무를 명시한 1993년 1월의 칙령과 더불어, 새로운 헌법에 뿌리를 둔 분권화 정책이 공식적으로 시작되었다. 아시아에서는 필리핀에서 1991년에 제정된 「지방정부법(Local Government Code)」이 가장 혁명적인 정부개혁법률 중 하나로 간주된다. 이것은 지방정부에 권한을 이전하고, 지역 사무소를 통해 더 많은 서비스를 제공하며, 또 지방행정에 주민들의 적극적인 참여를 유도하고 있다(Tapales, 1996).

<자료 4-3> 변화 과정(transition)의 패턴

변화의 힘과 동기가 어떻게 결합되느냐에 따라 변화 과정의 패턴이 매우 다른 양상으로 나타난다. 변화하고 있는 다른 나라에서와 마찬가지로, 헝가리에서 분권화는 전문적이고 재정적인 사항에 대한 상세한 준비 없이, 기본적인 정치적 신념의 표현으로 대두되었다. 사회주의 경제 질서의 결과로 상당한 규모의 자산을 보유하고 있지 않았다면, 새롭게 더 많은 책임을 지게 된 지방정부에게는 재정적 수단이 없었을 것이다.
— Dillinger, 1994: 9.

브라질에서 분권화는 좀더 민주적인 정부와 헌법에 따른 개혁을 하는 전반적 과정의 한 부분이었다. 1988년 브라질의 헌법은 중요한 자치권과 권력을 지방 자치정부로 이양했다. 이들 자치정부는 주정부 및 중앙정부와 더불어 브라질의 국가정부를 구성하는 부분으로 인식되고 있다. 브라질의 지방자치제는 민주적으로 선출된 시장들에 의해

시의회의 도움을 받으면서 시행된다. 도시 정책은, 1988년의 헌법에 의거하여 인구 2만 명 이상의 도시에 의무적으로 부과된 마스터 플랜(planos diretores)의 지침에 따라, 지방정부 차원에서 실행된다. 지방정부는 도시의 대중교통, 상하수도, 도로, 토지이용을 위한 계획과 관리 등의 지역 서비스를 공급하는 데에 책임이 있다. 국가 수준에서의 도시 개발, 주택, 위생설비, 도시 교통 등에 관한 전반적인 지침은 연방정부의 영역이다. 모든 정부에는 주거와 위생설비의 개선, 환경보호, 역사문화재의 보호와 같은 책임이 있으며, 빈곤과 사회적 배타주의의 원인에 대항하여 사회적 통합을 증진시킬 책임이 있다.

—World Bank, 1998.

가나에서 지방의 정치단체들은 대부분 분권화 요구에 대한 수용으로 만들어졌다. 그러나 선출된 지방의회는 지방자치단체의 시장이나 부서장을 지명할 권한이 없다.

—Dillinger, 1994: 9.

권력 위임이 되지 않은 정치적인 분권화는 진정한 해결책이 될 수 없다는 것이 틀림없는 사실이다. 1991년에 필리핀에서는 「지방정부법(Local Government Code)」이 제정되었는데, 이를 통해 이전에 과도하게 중앙집중화되어 있던 정치구조를 변화시켰으며, 보건 및 사회 기반시설, 사회복지와 같은 기초적인 서비스의 책임과 과세에 관한 권한을 지방정부에 양도했다.

—Manasan, 1998.

인도네시아의 지방정부는 직접(또는 관련 기업들을 통해) 물 공급, 하수설비, 폐기물 관리, 도로·주택·마을 환경 개선(kampung improvement), 교육, 보건과 같은 서비스를 제공한다. 그러나 관료정치로 인한 중앙집중적 체계는 여전히 존재하며, 지방정부는 미약해서 중앙정부에서 주는 자금에 의존한다. 지방정부들은 전체 정부 재원의 약 7%만을 거두어들이는데, 이는 지방정부 지출의 3분의 1에 불과한 것이다. 분권화 과정에서 취약한 부분은 여전히 재정적인 자치권 부분이었다. 유럽의 일부 국가에서는 지방정부가 정부 지출의 50%까지 관리하고 있는 반면, 남미와 아시아에서는 오랫동안의 성장에도 불구하고 여전히 10-20% 정도에 머물러 있다.

—Ter-Minassian, 1997.

<자료 4-4> 남아메리카 거버넌스의 분권화

'조용한 혁명'이 진행되어왔다. 이는 정부의 분권화를 포함한 세 가지 요소를 의미한다. 첫째는 지방정부의 재량인데, 이는 과도한 지방재정으로 인해 종종 '특정 목적을

추구하는 재원'을 만들기도 하지만, 일반적으로 지방정부는 책임감 있게 행동하고 있다. 둘째는 민주화인데, 이는 중앙정부뿐만 아니라 주와 지역 수준에서 1만 3,000개가 넘는 단위에서 발생하고 있다. 셋째는 새로운 거버넌스 모델인데, 이는 더욱 많은 공직 응모자, 더욱 많은 전문 관료, 개선된 서비스에 대해 '지불 의사를 가진' 새로운 유권자들을 포함한 모델을 의미한다. 많은 시장들은 주민협의회(participatory consultations)의 지위를 격상시켰고, 이로 인해 여론을 무시하기가 더욱 어렵게 되었다.

— Campbell, 1996: 2-3.

분권화를 완벽한 논리적 과정으로 또는 아무런 무리가 없는 과정으로만 보는 것은 잘못된 것이다. 많은 연구자들은 분권화 정책이 공공 서비스 공급의 효율성을 향상시키기 위해 주의 깊게 계획된 개혁적인 연속선 상에 있는 정책이 아니라는 점에 동의한다. 오히려 이는 흔히 정치적 안정을 유지하려는 중앙정부가 마지못해서 원칙 없이 양보한 일련의 결과인 것처럼 보인다. 이는 대개 계획과 실행 결과에 따른 좌절이나 지방정부의 위기에 대한 반작용으로 나타나기도 한다.

그러나 이런 어려움과 부분적인(혹은 종종 근본적인) 실패에도 불구하고, 개혁가들은 여전히 이 과정이 행정적인 개선, 더 높아진 책임감과 유능한 관리를 위한 커다란 기회라는 것을 지적하고 있다. 분명히 여기에는 기나긴 변화 과정이 있을 것이며, 이를 통해 지방 정치 지도자들은 그 과정에서 근본적인 민주주의의 의미에서 점차 더 책임감을 가지게 될 것이고, 또 자신들의 일을 스스로 관리하는 새로운 책임에 익숙해지게 될 것이다.

분권화라는 재조직화 노력은 경기순환과 위기, 그리고 모든 도시와 근린지구에 영향을 미치는 세계 경제의 흐름에 의해 자주 피해를 입고 있지만, 세계 경기는 지방의 정치기관에 의해서 변형되거나 제거될 수 없다. 그러나 미래에는 자원이 좀더 공평하고 효율적으로 배분될 가능성이 많다. 오늘날의 권력 배분 개선은 내일의 발전을 위해 필요한 기반이 된다. 관료적인 중앙집중식 배분 체계의 비효율을 바로 잡으면서 개혁을 조속하게 추진하면 할수록 분권화는 더 빨리 좋은 결과를 만들어낼 것이다.

성공적인 접근 방법 중 하나는 과거의 비효과적이었던 정책 사례로부터 배우는 것이다. 스리랑카의 도시 주택 건설 100만 호 프로그램의 예를 들 수 있는데, 비록 정부가 15만 채의 주택을 건설했지만 정부가 한 채의 주택을 지을 때에 민간 부문에서는 무려 여섯 채의 주택을 지었다는 것이 밝혀졌다. 따라서 정부는 저소득 주민이 필요로 하는 요구를 충족시키기 위해서 공급자 역할보다는 지원자 역할을 하기로 정책 방향을 바꾸었다(UNDP, 1995: 16).

물론 분권화가 전 세계적으로 동시적인 과정은 아니다. 많은 국가에서 전통적인 정부구조는 변하지 않은 채로 남아 있고, 지방 민주주의를 더 성숙하게 하기 위한 노력은 아직까지 큰 성공을 거두지 못하고 있다. 그 주된 이유는 지방 차원에서의 자원 부족이며, 나이로비는 바로 이러한 유형의 사례 도시이다.

<자료 4-5> 위기와 기회: 나이로비의 경우

나이로비의 도시 정부체계는 와해 상태에 있는데, 그 원인에는 도시 정부의 역사적 기원과 최근의 사회·경제적 상황을 부적절하게 다룬 점 이외에도 여러 가지 요인이 있다. 중앙정부는 과거부터 나이로비 시의회를 다루는 데에, 회기 넘기기, 입법권 변경, 의원 지명, 기타 여러 가지 방법을 동원하여 방해해왔다. 이는 정치를 개혁하거나 바람직한 거버넌스를 실행하기 위한 것이 아니라 혼란을 가져오게 하는 것이었다. 도시의 재정이 고갈되었으며, 이로 인해 시민들의 서비스에 대한 요구에 응할 수 없게 되었다.

이것은, 중앙정부의 여러 가지 방해가 없었다면 나이로비 시의회가 도시 정부로서의 역할을 잘 수행했을 것이라고 말하는 것이 아니다. 초기에는 인구 증가, 서비스를 받지 못하는 근린지구 주민, 높은 기대치와 재정 감소 등 서로 상충되는 요인으로 인해 압박을 받았으며, 선출된 지방정부는 거의 달성하기 불가능한 과제들에 직면했다. 그러나 1980년대 초기에 내정의 실수와 외부 지역으로부터의 간섭에 의해 방해받기 전까지는 주택과 서비스를 제공하는 능력을 보여주었다.

그럼에도 불구하고 이러한 서비스와 주택은 수요의 일부분만을 만족시켰다. 도시 거주민의 절반(110만 명) 이상이 비전의 부족, 현실과의 타협으로 인해 도시 정부의 관할 지역 외곽에 거주하는 결과를 초래했다. 도시주민들은 도시 서비스를 받지 못하는 것은 물론, 자주 괴롭힘을 당하고 가정과 직장에서 쫓겨나기도 했다.

나이로비에서 바람직한 거버넌스는 다양한 이해당사자들 사이의 협상 절차를 마련하고 그들의 다양한 이익을 조정하는 제도적인 구조를 확립하는 데에 달려 있다. 새로운 제도(나이로비의 비공식 주거조정협의회 같은)의 시작은 새로운 거버넌스의 형태를 도출해낼 수 있는 가능성을 가지고 있음을 나타내며, 새로운 거버넌스는 공식적인 정치구조 속으로 다수 도시 거주민의 이익을 통합할 필요가 있다. 조정협의회는 서비스를 제공하려는 정치적 의지를 가지고 있지만, 이를 공급할 수 있는 능력이 부족하다. 그러나 도시민들은 그들의 소득이 높거나 낮음에 상관없이 모두 자신들의 환경이 개선되기를 희망한다. 그들은 자신들에게 서로 득이 될 수 있도록 환경 개선을 달성할 수 있는 방법에 동의할 수 있도록 하는 제도적 메커니즘을 요구한다. 이러한 어려운 과업은 현재와 같은 배타적 행위, 정치적 대립, 물리적 충돌보다는, 협상과 권한의 공유를 통해서 얻을 수 있게 된다. 1990년대 후반의 사회·정치적인 개혁 분위기는 이해집단들

로 하여금 과거보다 더 자유롭게 서로 협력하고 또 도시의 거버넌스에 참여할 수 있는
기회를 제공해준다.

−Lamba and Lee-Smith, 1998: 16-17.

권한의 분권화 그 자체만으로는 자원의 격차에 기인하는 현실 문제를 극복하지
못한다. 급속하게 인구가 성장해가는 많은 개발도상국들은, 현재로서는 단지 너무
빈곤하기 때문에 그들의 환경, 교육, 경영의 엄청난 문제에 대한 적절한 해결책을
찾을 수 없다. 이 도시들은 영향력 있는 공식 부문의 사람들이 요구하는 수요와,
도시 기반시설의 공급 없이 성장하고 있는 비공식 지역의 폭발적인 증가로부터
발생하는 수요 사이에서 고통받고 있다. 이와 같은 자원의 근본적 부족은 그들의
모든 활동과 정책에 영향을 미친다. 앞으로의 10년에 대한 의문은, 더욱 증대된
지방의 책임이 더 많은 지방 자원을 동원할 것인지와 또 더욱 증대된 지방의 협력
관계가 좀더 지속 가능한 형태의 개발을 촉진할 것인지 등에 관한 것이다. 종자(種
子)돈처럼 쓰일 수 있는 재정적 도움과 안정된 소유권에 근거한 기반시설과 주택
자산, 그리고 더디지만 꾸준한 축적 과정을 시작하도록 근린 조직들에게 유인책과
원조를 제공하는 것 등은 비공식 부문과 관련된 새로운 정책과 마찬가지로 매우
중요한 정책이다.

② 분권화: 진행 중인 정치·경제적 과정
전통적이고 중앙집중적인 행정으로부터 책임감 있고, 유연하고, 분권화된 거버
넌스로의 전환이 하룻밤 사이에 일어나지는 않는다. 지난 20년간의 엄청난 노력에
도 불구하고 성공 사례가 많지 않다는 것은, 이 과정이 얼마나 지루하고 달성하기
어려운 것인지를 보여준다. 도시의 많은 사람들이 만족할 만한 결과는 아직 나타나
지 않았다. 중앙정부는 여전히 적응에 느리다. 정치적 활동의 기반이 되는 법률은
여전히 자원을 정치적 중심지로 끌어들이고, 권한을 과도하게 중앙집중 상태로 유
지시키며, 여전히 지방의 구체적인 필요와 바람을 무시한다. 그래서 도시 개발을
위한 적절한 지방 프로그램들을 만들어 내는 데에 실패하게 된다. 중앙정부는 권한
을 순순히 그리고 합리적으로 이전하지는 않는다. 지방정부로의 권한 이전은 많은
경우 쟁취되어야만 한다.

반면에 지역적 상황과 지역 주민의 수요에 맞춘 독자적인 지방 정책에 대한 수요
는 계속해서 증가하고 있다. 분권화를 중앙정부가 자신들의 과제에 집중하기 위해
지방정부에 책임을 넘겨주는 제로섬 게임이라고 보는 것은 잘못된 이해일 것이다.

중앙정부는 분권화 과정에 대한 그들의 태도와 행태를 바꾸어야 한다. 실제로 행정의 분권화가 이루어진 이후에도 기능을 명확히 인계하는 경우는 흔하지 않다. 중앙정부는 지방자치단체가 그들의 역할을 다하도록 하는 데 최소한의 힘만을 실어주고, 정보와 지식의 이전 과정을 통해 지방 업무에 관여하게 될 것이다. 중앙정부는 정치적 풍토나 집행 속도를 조절하는 책임을 항상 수행하게 될 것이다. 중앙정부는 공공 부문 연합(public sector union)이나 연금 시스템(pension systems)을 다루게 되며, 지역 업무의 성공에 의해 생겨난 명성과 열정뿐만 아니라 시 공무원이나 공공 근로자의 노력, 지위, 자긍심에 영향을 미친다. 따라서 분권화는 새로운 거버넌스의 균형을 달성하기 위해 중앙정부와 지방정부 양 측면에서의 학습 과정을 필요로 하는 매우 근본적인 정치적 발전을 의미한다.

과거에도 대개 그랬던 것처럼 중앙-지방 관계의 핵심에는 재정적 자치권과 행정적 자치권의 문제가 놓여 있다. 따라서 권력의 분권화에도 불구하고 대부분의 국가에서 중앙이나 연방의 입법 과정은 여전히 지방자치단체의 조세 기반에 관해서 규정하고, 국가와 지방자치단체들 사이나 한 지방자치단체와 다른 지방자치단체 간의 세입 공유를 다루는 협정을 규정한다. 또한 분권화 규정은 지방자치단체의 관리 권한에 제한을 가한다. 따라서 브라질에서는 상세한 연방 규제가 많은 분야에서 여전히 지방의 활동들을 정의하고 있다. 예를 들면, 연방헌법은 지자체의 해고(소송을 제외한 경우. 최근의 개헌에 의해 이에 대한 자세한 정의는 확장되었다)와 명목상의 월급 삭감을 금지하고, 충분한 퇴직금을 제공하도록 요구하고 있다. 중앙정부는 또 연방 자금의 지방자치단체로의 이전을 명시하고, 도시들의 계약에 의한 차입금 계약을 규제하고 있다.

> 1995년에 (브라질) 지방정부들의 자체 조세수입은 사회보장 분담액을 포함하여 전체 세금 수입의 약 38%에 달했으며, 이것은 국내총생산의 10.5%에 해당했다. 지방정부들이 쓸 수 있는 세입의 몫(자신들의 여분의 세입을 포함한 비율)은 전체 세입의 거의 50%에 달했다. 같은 해에 주정부와 지방정부는 공공 지출의 약 60%를 차지했으며, 공공투자의 63%를 차지했다. 이와는 대조적으로 연방정부는 주로 사회보장제도를 통한 사회적 공여(social transfer)에서 압도적인 비율(80% 이상)을 유지했다.
>
> —Ter-Minassian, 1997: 438.

세입의 확대와 책임의 성장은 병행해서 증대되어야만 한다. 지방의 권한이 증대되면 지방 민주주의에 대한 관심 증가를 가져올 것이며, 지역의 통제력이 증대되면 효율적이고 소비자 지향적인 서비스 공급에 대한 수요를 증가시킨다. 효율이란 현대적인 기술의 적용과 향상된 자원의 배분을 의미하고, 지방 시민의 수요와 근린지역이나 단체들이 필요로 하는 것에 대해 더 빨리 대응하는 것을 의미한다. 따라서 좀더 민주주의적인 통제를 통한 전통적인 '배분의 효율성'과 '민주주의적 효율성'의 결합은 더욱 공평한 서비스와 기반시설 공급을 이끌어낼 수 있다.

많은 경우, 분권화는 단지 별다른 결과를 만들어내지 못하기도 한다. 많은 도시들이 여전히 소규모의 몇몇 단체들에 의해 운영되고, 대다수의 사람들은 투표권을 가지지 못했거나 그들의 대표가 자신들을 위해 별다른 것을 해주지 못할 것이라고 생각하기 때문에 투표하지 않는다. 그러나 제도적인 변화의 시행에는 많은 시간이 필요하다. 여러 가지 위기에도 불구하고 지방 민주주의에 기반을 둔 지방자치의 시행이 장기적인 해결책이다. 민주주의에 대한 확신과 대중적 요구는 분권화라는 해결책을 더 받아들이고 더 지속 가능하게 만들 수 있는 적절한 판단 기준이 된다. 분권화는 지방 민주주의를 다음과 같은 방법으로 강화시켜야 한다.

- 책임 있는 지방정부를 수립하기 위해 소수의 엘리트, 정당 지도자, 이해단체의 대표자들에 의한 정부를 극복하기.
- 여전히 여러 분야에서 배제되고 있는, 비공식 부문에서 살고 일하는 주민들을 사회의 일원으로 통합하기.
- 경제적 안정성, 지속가능성, 민주주의를 위한 장기적 기반으로서 교육으로의 접근성을 높이기.

오직 교육받고 동기가 부여된 시민만이 기회를 잡을 수 있고, 이러한 분권화된 전략들로부터 효과적으로 혜택을 받을 수 있다.

탈집중화된 연방 시스템의 성공적인 사례들은 서유럽, 미국, 캐나다에서 찾을 수 있다. 특히 일부 유럽 도시들은 공공 경영의 높은 기준과 지역적 참여를 결합시키고 있다. 그러나 그들은 자치 정부의 오랜 전통과 주민의 수요에 대응할 수 있는 수단을 가지고 있는 매우 부유한 지방정부를 기반으로 하고 있다. 그들의 성공은 하룻밤 사이에 성취된 것이 아니다. 그것은 오랫동안의 지방자치와 활발한 지방 정치 활동을 통해 생겨나게 된 것이다.

개발도상국가에서 분권화의 효과는 몇 십 년 후에야 나타날 것이다. 개발도상국가에서는 지방의 책임이 증대되었더라도 세금 기반, 행정 역량, 정치적 참여에 대한 전형적인 취약성을 곧바로 극복하지는 못했다. 지방자치와 개발은 서로를 상호 강화하는 과정을 거치면서 동반적으로 진행된다.

인도에서 스위스에 이르기까지 행정적 전통은 서로 다르지만, 이들에게서 공통의 어떤 유사점이 발견된다. 제도적인 변화 후에 인도의 지방정부들은 일반적 기준이 될 수 있는 다음과 같은 전형적인 형태의 과제들에 대한 책임을 지고 있다.

1. 도시계획
2. 토지이용 규제
3. 사회·경제 계획
4. 도로와 교량
5. 용수 공급
6. 공중 보건, 위생, 보존, 고형 폐기물 처리
7. 소방 서비스
8. 도시의 산림 관리
9. 빈민 거주 지역의 개량 및 개선
10. 도시 빈곤의 완화
11. 공원, 정원, 운동장
12. 가로등, 주차장 등 쾌적한 공공시설

—Sinha, undated: 3.

유명한 기업체를 유치하는 등 강한 리더십을 발휘하는 지방 도시의 시장(市長)들은 특별히 중요한 역할을 수행할 수 있다. 이러한 강력한 정치적 명사들은 야심에 찬 목표를 설정하고 이를 달성하는 데 성공하는 경향이 있다. 이미 많은 개발도상국들에서 시장들은, 그들의 도시에서뿐만 아니라 국제적으로 관심을 끄는 연속적인 개발을 통해 공공 영역에서 앞서가는 혁신자가 되었다. 그들이 이끄는 도시들은 '모범 실천도시'의 유명한 사례가 되었다. 그러나 지역의 여건은 지방의 지도력 수준과 효과에 영향을 미치게 된다.

정치적 지방화는 앞으로 강한 경제적 기반을 가질 것이다. 예를 들면,

- 산업 생산과 관련한 금융 서비스와 자본시장이 더욱더 세계화되는 반면, 점점 더 많은 사람들이 저기술의 비교역 지방재(low-tech non-tradable local goods)를 생산하게 되므로 노동시장은 지역화될 것이다. 앞으로도 노동시장은 계속해서 지역 시장으로 남게 될 것이다.
- 세계시장에 수출되는 생산 활동이 때때로 강한 지역적 기반을 갖는 공장이나 서비스 시설 안에서 일어날 것이다. 따라서 세계시장을 위한 생산 활동의 효과와 질은 지역적 뿌리를 가질 것이다. 지역 생산품의 질은 세계적인 시장 상품의 높은 질과 밀접히 관련된다. 세계적인 기업이라 하더라도, 지방정치는 중요한 문제이다.
- 지방 경제의 범주 안에서 지방의 정치를 더 강하게 연계시키는 것이 동기 부여에 있어서 효과적인 힘이 될 수 있다. 강한 지방의 권한, 민간 부문과 지방자치행정 간의 긴밀한 협력, 더 적극적인 유권자들은 지방 정치의 역할을 더 분명하게 만들

것이다. 오랜 과도기적 기간에 발생하는 문제들에도 불구하고, 지방의 빈곤 퇴치를 위한 적극적이고 효과적인 전략에서 지방자치는 여전히 중요한 정치적 주제로 남아 있다.

분권화가 이루어진 다음에는 종합적인 도시 개발의 추진이 핵심적인 정치·경제적 과제가 될 것이다. 새로운 세기의 첫 수십 년 동안에는 느린 인구성장과 새로운 기술적이고 조직적인 해결책으로 인해 빈곤에 대하여 더욱 적극적으로 대처할 수 있을 것이다. 지방자치는 이에 대한 단기적 해결책으로 보이지는 않지만, 이는 더욱 강하고 직접적인 개인적 노력을 위한 장기적인 기반이 될 수 있다. 21세기의 20년 내지 30년 안에 그 결과는 과거보다 훨씬 더 독립적이면서도 강력한 도시들 간의 네트워크로 나타날 것이며, 이 도시들은 더 밀접히 상호 연결된 시장에서의 새로운 시대의 국제적인 도시들 간 경쟁에서 새로운 승자로 부각될 것이다.

③ 도시 내부에서의 분권화: 근린지구로의 권한 이양
민주주의적 행정은 모든 관련 단체들의 참여를 필요로 한다. 국가에서 도시로 분권화된 권력이 시청 차원에서 멈출 수는 없다, 근린지역과 다른 단체들이 지방정부들 간의 자원 배분 과정에 지역적으로 동등하게 참여하도록 해야 한다. 이해의 차이, 단체들 간의 갈등, 고르지 못한 대표성은 지방 정치의 영속적인 특성들이다. 특히 과도성장기 도시에서 균형 잡힌 대표성을 확보하거나 참여를 보장하는 것은 여전히 어려운 도전 과제이며, 이런 도시에서는 비공식 부문 인구가 경제체제나 기반시설의 시스템 안에 아직 완전히 통합되어 있지 못한 실정이다.

고등교육을 받은 동질적인 주민이 살고 있는 안정된 도시에서는 모든 이해관계와 가치의 대표성이 크게 문제를 일으키지 않을 것이다. 그러나 많은 빈곤한 도시에서는 직접 이해 당사자인 단체들이 정치적 과정에서 실질적으로 제외되어 있다. 이런 상황에서 투표에 의한 민주주의는 많은 거주자들을 적절히 대표하지 못할 것이며, 특히 투표할 권리가 없는 비공식 부문의 구성원들과 이주자들의 경우는 더욱 참여할 기회가 없다. 도시가 시의회에서 대변되는 구(wards)나 지구(district)로 나누어져 있는 경우조차도, 대의 시스템이 그들의 필요를 명확하게 대변하지 못한다면 모든 지역과 단체들이 정치적 참여 과정에서 배제될 우려가 있다.

<자료 4-7> 도시 정책 수립을 위한 기존의 통념과 새로운 관점의 대비

기존의 통념		새로운 관점
도시는 문제 덩어리이다.	↔	도시는 혁신과 경제성장의 원천이다.
주변 농촌이 도시를 지원한다.	↔	도시가 주변 농촌을 지원한다.
도시는 지나치게 커지고 있다.	↔	도시가 커질수록 더 많은 기회가 생긴다..
공공정책은 도시 규모를 제한하는 것을 목표로 해야 한다.	↔	공공정책은 도시가 더욱 잘 작동될 수 있도록 하는 데에 목표가 있다.
이주자들은 '아무 것도 없는 쓰레기'로서 이들은 시골에서 성공할 수 없는 사람들이다.	↔	이주자들은 선별된 사람들로서 매우 높은 기술과 동기를 보유하고 있는 사람들이다.
불법점유자들은 도시 경제와 서비스 자원을 고갈시키는 사람들이다.	↔	불법점유자들은 그들이 수혜받는 것에 비하면 경제적으로 훨씬 많이 기여한다.
불법점유자들의 거주지는 사회 불안, 범죄, 마약 거래의 온상이다.	↔	불법점유지의 대다수 구성원들은 정치적으로 '애국심과 불굴의 개척정신'을 갖고 있다.
도시는 지나친 인구 폭발의 원인이 된다.	↔	출생률은 도시화로 인해 크게 감소한다.
도시와 도시 빈민은 환경 악화에 대한 투쟁에 있어 방해물이다.	↔	잘 조직된 도시 생활은 지구의 생태적 지속성에 필수적이다.
고형 폐기물과 인간 활동으로 인한 폐기물은 어디엔가 버려져야 할 쓰레기들이다.	↔	순환 시스템이 이용된다면, 쓰레기는 가치 있는 자원이 된다.
정부, 계획가, 전문가는 도시 문제의 해답을 제시할 것이다.	↔	창조적인 해결책은 하향 방식이 아닌 상향 방식에서 나오게 된다.
정부의 프로그램이 빈민을 위한 주택을 주로 제공한다.	↔	비공식 부문이 주택과 직장, 소득을 창출하는 주요한 원동력이다.
도시 관리 문제에 대처하기 위해 강력한 도시 정부가 필요하다.	↔	분산화된 관리체제는 자원과 필요 사이의 효과적인 조화를 용이하게 하므로 그런 활동의 장해물을 제거하는 것이 중요하다.

-UNDP, 1995: 8.

　지방단체들이 관심 있는 결정 과정과 실행 과정에 직접적으로 참여하게 만드는 '민주화 프로젝트(project democracy)'를 통해서 지방의 단체들을 정치적 과정으로 통합시킬 수 있다. 이렇게 해야 지방의 단체들은 비로소 그들 자신의 업무를 해결할 위치에 있을 수 있게 된다. 일반적인 관심사 가운데 특별한 논쟁거리는 지방 투표에서 결정될 것이다. 예산이나 다른 관련 주제들에 대해서는, 관료주의나 힘 있는 이해관계자의 지배적인 영향을 극복하기 위해 커뮤니티 지도자나 전체 근린지구 주민이 함께 공개적이면서도 철저하게 토론해야 한다. 기능적으로 특화된 도시 행정은 그들 자신의 지역에 대해 책임이 있는 작은 지구 또는 기관으로 변형되어야 한다.

<자료 4-8> 요하네스버그 신생 지방정부의 변화하는 책임

새로운 시의회 의원과 정부 관리는 예전의 시의회 의원이나 정부 관리와는 다른 관리 형태를 경험하고 있다. 예전의 요하네스버그 시의회 의원들이 쓰레기수거나 불법적인 토지 구획 문제에 직면하게 되었다면, 그들은 가장 관련 있는 부서의 장에게 전화를 걸어 그 문제가 민첩하게 해결되기를 기대했을 것이다. 그러나 신임 의원들이 관심을 갖는 문제들은 더 광범위하고, 그것들의 대부분은 의원 자신들에 의해서는 직접적으로 해결될 수 없는 것들이다. 그들은 직장, 주택, 서비스, 도시 중심부에서 비공식적인 장사를 할 기회를 찾고 있는 외국인 이주자, 택시의 불법 운행과 같은 문제에 관심을 갖는다. 그리고 의원들은 때때로 작동할 수도 있고 때로는 작동하지 않을 수도 있는, 부족한 네트워크의 연결고리 역할을 한다.

—Tomlinson, 1998: 16.

하나의 문제가 더 남아 있다. 즉, 근린의 권한을 강화하는 것만으로 커뮤니티 지도자들을 선발하고 규제하는 문제를 해결해주지는 못한다. 생계를 위해 매일 생업 전선에 나가거나 지역 지도자와의 접촉이 부족해서 민주주의적 조정 과정과 심지어는 참여에 대한 관심까지도 떨어지는 것과 같은 이유 때문에, 비공식 근린지구에서의 지방 민주주의는 흔히 유아 단계에 머물러 있을 우려가 있다. 지역의 이해관계에 대한 대표성이 도시의 권력구조에 접근하기 쉬운 커뮤니티 지도자들에게 넘어갈 수 있다. 반대로 커뮤니티 지도자들은 자신의 이해관계를 표현할 자원이나 접촉 기회가 없는 사람들을 위한 대행자나 중개인이 될 수도 있다.

<자료 4-9> 브라질 포르투 알레그레(Porto Alegre)의 주민 참여에 의한 도시 예산 책정

포르투 알레그레는 브라질의 리우그란데 데 줄(Rio Grande de Sul) 주의 수도이고 약 130만 명이 거주하는 지역이다. 1988년에 노동당, 즉 PT당(Partido dos Trabalhadores)에 의해 주도된 좌익 연합은 지방자치제 하의 포르투 알레그레 정부에 대한 지배력을

장악했고, 1992년과 1996년의 연속된 선거에서 승리했다. '주민 참여적 예산계획(Partici-patory Budgeting)'이라고 불리는 그들의 가장 중요한 개혁 방식은, 도시 거주자들의 필요에 의해 이루어지는 완전히 설명 가능한 상향식 시스템(즉, 투표에 의한 예산 배정 방식)으로 변형된 시도이다. 여러 계층의 이해에 따른 이러한 행정상의 타협은 16개의 도시 행정지역에 적용된다. 각 지역별로 지방의회는 예산상의 문제를 해결하기 위해 1년에 2번 모임을 갖는다. 시의회 의원, 행정관, 지역 대표, 청소년 및 건강 클럽 대표, 기타 관심이 있는 도시 거주자들이 이 회의에 참여한다. 이 회의는 지방정부와 지역의 대표들에 의해 공동으로 운영된다. 이러한 회의는 ① 전년도 예산 집행의 검토 및 토의, ② 교통, 하수, 토지 규제, 보건 서비스와 같은 이슈 중에서 그 지역의 다음 연도 지출 우선순위 결정, ③ 참여적 예산기획위원회(participatory budgeting council, COP)라고 불리는 시 차원의 대표 선출과 같은 임무를 담당한다. 꽤 규모가 크고 간헐적으로 열리는 이 의회의 우선순위는, 지방의회에서의 토론을 위해 시민, 풀뿌리 모임, 지역 단체가 직접 참여해서 조직한 비공식적인 '예비 모임'에 의해 아래로부터 상향식으로 결정된다.

도시민들과 정부 관리들에 의한 더 높은 레벨의 위원회인 COP는 더 낮은 레벨의 위원회의 결정을 모아서 도시 예산으로 종합한다. COP는 각 지역으로부터 선출된 두 명의 대표, 도시 전체를 대표하는 다섯 개의 '주제별 전체회의'로부터 선출된 대표 두 명, 도시 노동조합의 대표 한 명, 근린지역 연합의 대표 한 명, 중앙 행정 당국의 대표 두 명으로 구성된다. 도시 전체의 필요성과 조화를 이루면서 지역 수준에서 수립할 우선순위에 맞도록 지방자치 예산을 토론하고 논의하기 위한 전체 모임을, 7월부터 9월까지 적어도 일주일에 한 번 집중적으로 갖는다. 대부분의 경우 시민 대표자들은 비전문가이므로, 도시 정부기관은 COP 대표자뿐만 아니라 지역의회 의원 중에서 관심 있는 참여자를 대상으로 예산 계획에 대한 강좌와 세미나를 제공한다. 매년 9월 30일에 의회는 시장에게 예산안을 제출하고, 시장은 예산안을 수용하거나 거부권을 사용하여 그것을 수정하도록 COP에게 다시 돌려보낸다. COP는 그 예산안을 수정하거나 3분의 2 이상의 다수결 투표로 시장의 거부권을 무효화시킬 수 있다. 도시 관리들에 의하면 1996년에 약 10만 명, 즉 성인 인구의 8%가 지역 의회와 중간 모임의 행사에 참여한 것으로 추정된다.

—Fung and Wright, 1998: 10-11.

<자료 4-10> 사회적 자본: 이론적인 틀

상호 관계의 규범과 시민 참여의 네트워크 형태로 상당한 사회적 자본을 물려받은 지역공동체 안에서 자발적 협력은 더 쉽게 일어난다.

여기서 사회적 자본이란 신용, 규범, 네트워크와 같은 사회조직의 특성을 말하며, 이것들은 협의된 활동을 촉진함으로써 사회의 효율성을 향상시킬 수 있게 한다.

일반적인 대출자를 위한 전통적인 자본의 경우처럼 사회적 자본은 일종의 담보처럼 작용하지만, 이것은 일상적 신용 시장으로의 접근이 불가능한 사람들에게도 가능하다. 담보로 제공할 물질적 자산이 부족한 경우에도 사람들은 사실상 그들의 사회적 관계를 담보로 할 수 있다. 그러므로 사회적 자본은 이러한 지역공동체에서 이용 가능한 신용 기관을 확대하는 지렛대 역할을 하고 시장의 효율성을 향상시키게 된다.

통상적인 자본의 경우처럼, 사회적 자본을 보유한 사람들도 '더욱더 축적하려는' 경향이 있다. 신용과 같은 사회적 자본의 대부분은 앨버트 허쉬먼(Albert Hirschman)이 '도덕적 자원'이라고 부르는 것이며, 자원의 공급은 사용하면 할수록 감소하기보다는 증가하지만, 만약 사용하지 않으면 고갈되어버린다. 두 사람이 서로에 대한 믿음을 표현할수록, 그들 상호간의 신뢰는 더욱 커진다. …… 사회규범과 네트워크 같은 사회적 자본의 또 다른 형태 역시 사용할수록 증가하고, 쓰지 않을수록 감소한다. 이런 이유로 인해 우리는 순순환과 악순환에 의한 사회적 자본의 창조와 파괴를 예상해야 한다.

신용, 규범, 네트워크와 같은 사회적 자본의 한 가지 특별한 특징은, 일반적으로 사적재인 통상적 자본과는 달리 보통 공공재라는 것이다.

사회적 자본을 형성하는 것은 쉽지 않지만, 그것은 민주주의가 작동하도록 하는 열쇠인 것이다.

—Putnam, 1993: 167-170, 185.

선출된 커뮤니티 지도자들은 지위도 갖고 있고 유명 인사와 안면이 있거나 영향력을 가지고 있기 때문에, 그들은 쉽게 개인적인 이익을 위해 그들의 역할을 이용할 수도 있다. 이러한 민주주의의 단점은 오래 지속될 것 같지 않다. 발전을 통해서 민주주의적 통제와 참여의 효력이 높아질 것이며 한도를 넘어선 권한은 약해질 것이다. 근린사회와 관련된 중요한 이슈들은 개방된 토론이나 관리 과정을 통해 결정되고 관리될 것이다. 이는 미래에 이루어질 열망이 아니다. 성공적인 사례들이 이미 지방 의제 운동의 일부분으로 개발도상국의 많은 도시들에서 나타나고 있다.

한 가지 미묘한 사안은 압력 단체들이 지방 정치에 직접적으로 참여하는 과정에서 나타나고 있다. 특히 건설 활동과 부동산의 민간 개발은 지방 정치가들을 부유하게 만들면서 족벌주의(nepotism), 특혜(special favour) 또는 공공연한 부패(outright corruption)가 발생할 가능성을 제공하고 있다. 지방정부는 비효율적이고 낭비적이고 극단적일 수도 있다. 예를 들면, 지방정부는 빈곤한 사람들의 비공식 주거지를 무시하는 반면, 부유한 근린지구를 위해서는 고품질의 서비스를 제공할 수도 있다. 이러한 대조적인 행정은 흔히 나타난다. 이런 문제는 실질 당사자에게 자원 배분을 위임하거나 커뮤니티와 사회운동을 더 넓게 포함시키는 것과 같이 투명성을 높임으로써 극복될 수 있다.

전반적인 문제 해결을 위한 이론을 굳이 동원하지 않더라도, 정치적 실천가는 직관적으로 비공식 근린지역 안에 남아 있는 시민 전통을 잘 이끌어냄으로써 성공의 해법을 찾을 수 있다. 이런 비공식 근린지역에서는 시장 기능이 상대적으로 매우 약하지만, 일상적인 비공식 네트워크를 통해서 사회적 자본을 쌓아올리는 방식에 대한 훌륭한 교훈을 얻을 수 있다.

가족 스스로의 힘만으로 주거를 유지하는 데 필요한 모든 것을 해결할 수 있는 가족은 없다. 가족들이 스스로 자신들의 집을 짓듯이, 근린지구 단체들은 상수, 하수, 전기, 쓰레기 처리, 도로 포장, 학교, 교사, 보건소, 우편 서비스, 전화, 버스, 공원, 시장, 경찰의 보호와 같은 공공 부문에 접촉하기 위해 단체를 구성하고 재조직하며, 근린지역과 관계없는 단체들과 제휴한다. 멕시코에서는 이 과정이 장려될 뿐만 아니라 이를 맡는 조직을 요구하고 있다. 이를 위해서는 계속적으로 변하는 조직들 안에서 개인들을 접촉하고, 요령을 터득하고, 묻고, 교환하고, 공공 부문의 다양한 기관들로부터 서비스를 요구하는 근린 조직의 장기적인 노력이 필요하다.

—Annis, 1988: 137.

혁신적인 지방 정치는 고비용의 전문적인 도움 없이도 스스로 독립할 수 있는 힘을 키우고, 저비용의 비공식적 해결책을 개발하기 위해 공공 보조금을 종자돈으로 활용하면서, 주민 자원단체들과 전문가들이 함께 일하는 파트너십 모델을 사용하고 있다.

<자료 4-11>에 있는 목록은 인도의 도시인 아메다바드(Ahmedabad)에서의 도시 내 파트너십 제휴 활동의 예이다.

<자료 4-11> 인도 아메다바드에서의 도시 연합 범위

• 간디 아시람(Gandhi Ashram) 재개발 연합	• 강변(River Front) 개발 연합
• 거리 연합	• 건강 연합
• 고형폐기물 관리 연합(깨끗한 도시 연합)	• 국제 금융과 무역 센터
• 국제적 지원을 받는 시립 학교	• 깨끗한 아메다바드(Ahmendabad) 만들기 연합
• 녹색 연합	• 도시 기본 서비스 관리카드 제도(Report Card on Basic Urban Services)
• 도시 채권 연합	• 보건 위험 평가 연합(Comparative Health Risk Assessment)

④ 거대도시: 새로운 힘의 균형

하나의 단일한 도시 경계 내에서조차도 바람직한 거버넌스와 분권화의 문제는 매우 복잡하게 얽혀 있을 수 있다. 이러한 문제들은 도시의 집적과 거대도시의 성장에 따라 더욱더 복잡해졌다. 여기에는 종종 중첩되기도 하는 다른 도시와 교외지역, 인접한 거대도시 복합체의 복잡성으로 인해 여러 활동과 서비스를 조정하고 배분해야 하는 심각한 문제들이 대두된다.

이와 같은 거대한 도시 집적체는 필연적으로 수많은 지방정부로 구성된다. 이렇게 성장하는 도시체계 내에서 중심도시와 교외지역들 간의, 그리고 서로 다른 규모와 소득수준과 경제 기능을 가진 도시들 간의 이해와 갈등은 그 지역 특유의 것이다. 점점 더 많은 사람들이 그들의 일상생활의 범위를 하나의 마을이나 도시에 국한시키지 않고 지방의 경계를 넘나들면서 살고 일하기 때문에, 민주주의적 통제와 대표성을 확보하는 일은 더욱 어려워지고 있다. 정치적 책임은 국가적·지역적으로 한정되는 반면, 노동시장과 주택 시장들은 광역적으로 되어가고 있다. 그러나 이런 문제를 다룰 광역적인 정치조직은 일반적으로 많지 않은 실정이다.

이것은 민주주의의 두 번째 큰 단점인데, 이 문제는 부유하거나 빈곤한 도시지역 어디에서나 비슷하게 관찰될 수 있으며, 책임 소재의 재조정을 통해 극복되어야만 한다. 만약 작은 조직이 필요한 자원을 가지고 있거나 자원을 동원할 수 있고 또 서비스가 작은 커뮤니티 안에서 소비된다면, 작은 것이 바람직하다. 그러나 만약 이것이 넓은 지역적 차원에서만 해결될 수 있는 광범위한 문제라면, 작은 지방정부는 바람직하지 않을 것이다. 작은 지방정부와 큰 조직과의 어느 정도의 통합과 협조는 모두의 이해관계에 있어서 필수적이다. 서로 연계되어 있는 시스템 내에서 분절화되고 분권화된 책임을 극복하기 위한 해결책은 대도시권을 총괄하는 개발 당국을 두는 것이 가장 전형적이다.

분권화는 또 다른 부정적인 측면도 가질 수 있다. 즉, 부유하고 자립적이며 힘이 있는 교외나 도시들은 부담을 다른 커뮤니티에 전가시키거나 누군가가 져야만 하는 의무를 회피함으로써 자기 지방 사람들만의 복지를 극대화하는 '집단 자본주의

(group capitalistic)'의 모습을 갖출 우려가 있다. 자치권을 갖고 있으면서 '지역이기주의(NIMBY)'의 성향을 보이는 교외지역은, 지역 전체의 개발을 심각하게 방해하고 혼란시키거나 사회적 차별을 증가시킴으로써 전체가 아닌 부분 최적화 상태의 정주 패턴을 유지시키려 할 수 있다. 전통적으로 부유한 계층의 사람들은 저소득계층과 분리되어 편안한 자신들만의 고립 지역(enclaves)에 거주하려고 한다. 그러므로 그들은 재정 부담을 중산층 그룹에게 전가시킬 것이고, 기본적인 공공재의 비용을 감당할 수 없는 빈곤한 사람들이 이용할 지방의 기반시설과 서비스에 대해서도 중산층으로 하여금 재정을 부담하도록 한다. 그들의 잘 조직된 자기 중심적 이해 추구로 인해 공정하고 평등한 해결책은 요원하게 될지도 모른다.

이러한 문제에 대한 해결책은 중앙정부의 입법에 의해서 마련되어야만 한다. 이러한 해결책은 긍정적 파급효과와 부정적 외부효과가 있다는 것을 감안하여 다양한 이해관계자들 간의 균형을 찾을 필요가 있다. 이러한 과업들과 원칙들을 명확히 하는 일은 일상의 정치적 활동이라는 면에서는 실질적 효과가 별로 없는, 다소 이상적인 것으로 보일 것이다. 그러나 녹색운동이나 반핵운동과 마찬가지로 지역주의, 분권화, 지방에의 권한 부여는, 만약 이들이 실제로 아주 필요하다는 점을 명확히 하고 자신의 환경, 근린지역, 학교 시스템, 자신들의 지역 교통 시스템을 통제하기를 원하는 사람들과 함께 손을 잡는다면 강한 힘이 될 수 있음을 역사를 통해 알수 있다.

이러한 해결책을 계획하는 데는 서로 관련된 두 가지 핵심적인 고려사항들이 있다.

- 광역지역 전체에 걸친 대중교통, 쓰레기 처리, 공간구조 계획과 같은 과제를 다루는 광역단체를 만들 필요가 있다. 이는 주로 빈곤한 사람들이 도시 중심에 살고 있고 부유한 사람들이 교외지역에 살고 있는 도시들에서는 특히 어려운 과제이다. 교외지역을 개방하는 것은 중간계층의 직접적인 이해와는 상충되겠지만, 교외지역에서 공간과 노동력 부족 때문에 개발이 느려지는 것이나 도시 중심지역에서 실업을 초래하는 불평등이나 공간적 분리와 같은 파괴적인 결과를 피하기 위해 필요하다.
- 강한 지역적 영향은 없을지라도 '지역이기주의'는 개발에 대한 지속적인 장해물이 될 것이다. 자기 지역 주민의 복지를 극대화하려는 교외지역은 불평등한 현실을 못본 척하며, 다른 커뮤니티의 저임금 노동력에 의해 서비스되는 자신들만의 동질적인 지역사회를 만들면서 자신들의 특권을 쉽게 포기하려 하지 않을 것이다. 이러한 지역들은 부유한 거주자를 유치하려 경쟁하면서 다른 계층의 사람들은 막으려고 할 것이므로, 불평등을 고착화시키고 빈곤한 사람들이 교외로 이주할 수 있는 기회를 봉쇄하게 된다.

지난 30년에 걸쳐서 대도시권 행정에 관한 여러 가지 시도가 추진되었다. 런던과 같은 몇몇 도시들에서는 광역 대도시권역을 담당하는 전략적인 기관을 없앴다가 다시 도입하려 하고 있어 원점으로 돌아온 셈이다. 일반적으로 인구성장과 함께 공간적 성장은, 교통 처리에서 쓰레기 처리에 이르는 다양한 책무의 할당 메커니즘과 지역 차원의 조정을 더욱 시급하게 만든다. 런던, 파리, 뉴욕과 같은 도시들에서도 조정의 필요성이 크겠지만, 마닐라에서 상파울루에 이르는, 개발도상국가의 성장하는 거대도시들에서의 조정 기능은 더 시급하고, 실질적인 문제들의 실행은 한층 더 다루기 어려운 형편이다.

　해법은 정부 기구의 구조 시스템에 기반을 두어야만 한다. 강력한 지방정부가 있으면 그 해법은 대개 자명해진다. 예컨대 네 개의 인종으로 혼합된 대도시권 지방의회(metropolitan local councils, MLCs)로 구성되어 있는 요하네스버그 광역 대도시권의회(greater Johannesburg metropolitan council, GJMC)와 자카르타나 방콕에서의 경우처럼 소수의 핵심적인 대도시 정부들은, 조정 기능과 책무 할당의 문제들을 잘 다루고 있다.

　국회나 주의회는 매우 동질적인 커뮤니티 주민 구성을 더 선호하는 부유한 독립적인 교외지역 커뮤니티들의 자치권을 축소시키기를 꺼려하고 있는 실정이다.

<자료 4-12> 대도시의 거버넌스

　인도에서는 헌법 개정안을 통해 현재 인구 100만 이상의 각 대도시마다 대도시계획위원회를 설립하도록 규정하고 있다. 이 계획위원회 위원들의 적어도 3분의 2 이상은 인구에 비례하여 지방자치단체와 농촌 지방단체의 대표자로 선출된다.

　이멜다 마르코스(Imelda Marcos)하에서 강력한 권한을 지녔던 마닐라 대도시위원회는 아퀴나스(Aquinas) 정부에 의해 폐지되었다. 현 정부는 지방자치단체간의 상호 관련 업무를 수행할 대도시 관리 기구를 신설했다.

−Sivaramakrishnan, 1994: 10-11.

⑤ 장기적인 추세들

　정치적인 흐름과 경향은 경제적 경향이나 사회적 경향보다 더 예측하기 어렵다. 그러나 다음의 몇 가지 이유 때문에 분권화 경향은 반전되지 않으리라는 것이 명확하다.

- 모든 사람이 정보를 구할 수 있고, 더욱 용이하게 접근할 수 있을 것이다. 한때 중앙정부를 강력하게 만들었던 정보의 독점 현상은 사라질 것이다.

- 사람들의 필요는 더욱더 세분화될 것이다. 사람들은 의사 결정과 투표에 참여하기 위해 새로운 통신기법을 사용하게 됨으로써 그들 자신의 의사를 더 직접적이고 명확하게 표현할 것이고, 이것은 특히 지역 수준에서 더욱 확대될 것이다.
- 더 많은 사람들이 지방의 비교역재화 생산에 종사할 것이다. 노동시장은 지역화되고 있다. 사람들은 오늘날 더 많이 지방 서비스에 의존하게 된다. 따라서 지방정부는 지방 서비스에 더 많이 관여하게 될 것이다.
- 조정되지 않은 분산된 도시 개발에 의한 피해의 위험이 커질 것이기 때문에 광역 정부는 더욱 강력해져야 하는데, 특히 통합적 역할이 더욱 강화되어야 한다. 중앙정 부가 적극적으로 통합적인 강력한 초도시기구(supra-urban entities)를 만들어냄으로 써 협력을 강화해야 한다. 만약 중앙정부의 이러한 노력이 실패한다면 지역이기주의 는 더욱 기승을 부리게 될 것이다. 정치적으로 독립적인 작은 커뮤니티들이 도시 중심의 서비스를 무상으로 이용하거나 이용한 만큼 지불하지 않는 유출 효과를 초래 함으로써 여전히 합당치 않은 정치적 영향을 발휘하게 될 것이다. 많은 지방정부에 있어서 그들 자신의 지역 주민을 위해 복지를 극대화하는 일은 여전히 지방정부의 최우선 목적으로 남아 있게 될 것이다.
- 더욱 많은 정보는 이런 경향을 상쇄하는 힘이 될 것이다. 즉, 공공 서비스의 개인 이용 정도를 측정하는 것과 편익을 측정하는 것, 그리고 더 적합한 세금체계와 더 나은 가격체계를 개발하는 것은 더욱 용이해질 것이다. 따라서 정보기술은 지역이기 주의를 상쇄하는 강력한 힘이 될 수 있을 것이다.

(3) 도시 관리의 개선 방향

① 도시 관리 개선을 위한 실행 방법
지난 20년 동안 도시 관리(urban management)에서 가장 중요한 경향은 다음의 몇 가지 핵심적인 개념으로 설명할 수 있다.

- 민영화와 경쟁체제   • 생산성과 고객 지향성
- 참여 확대와 자체 관리   • 투명성과 책임 행정

이러한 교훈들은 실제의 방식으로 바꾸어 표현될 수 있다. 이런 실제의 방식 중 하나는 도시 정부가 공공 서비스를 공급할 때에 반드시 직접 공공 서비스를 생산하지는 않는다는 것을 의미한다. 생산은 공급과 분리될 수 있다. 지방재 공급의 책임은 도시 정부에 대한 새로운 헌법적 원칙과 같이 표현 가능한 모든 곳에서 정의되어야 한다. 그러나 공급은 민간 기관과 주민 조직이나 단체들을 포함한 다양한 기관들에 의해서 수행될 수 있다. 공공 서비스의 비용 회수가 불가능한 경우에 가장 효과적인 해결책은 보조금 지급과 연계한 경쟁입찰 방식이 될 수 있다. 도시

정부는 기본적인 공공 기능이 실질적으로 제공될 때까지 이 문제에 노력을 집중해야만 한다. 시장(市場)에서의 대출이 공공 부문에 의한 대출에 의해서 대체되거나 민간 회사들이 더 잘 할 수 있는 업무가 공공기관들에 의해 대체되어서는 안 된다. 만약 공식적인 기준과 비용을 충족시킬 만한 자원이 불충분하다면 빈곤한 사람들조차 공공 서비스를 이용할 수 있을 수준까지 기준을 더 낮추어야 한다. 모든 사람들에게 제공되는 최소 기준의 설정이 빈곤한 사람들은 이용할 수 없는 높은 기준보다 더 바람직하다. 원천징수 방식(pay-as-you-go basis)에 따라 공급될 수 있는 서비스들이 보조되어서는 안 된다. 만약 빈곤한 사람들이 특정 서비스에 대한 도움을 필요로 한다면, 그들에게 직접 보조를 해주어야만 한다.

도시 정부는 그들이 원하는 것이 무엇인지를 잘 알고 있으므로, 더 나은 결과를 얻기 위해서는 돈을 절약하는 법을 가장 잘 아는 고객들과 함께 해결책을 개발하는 방법을 통해 근린지구의 자원을 동원해야만 한다. 도시 정부는 사람들이 감당할 수 없는 기준을 강요해서는 안 된다. 대신에 사람들에게는 주어진 일정 부분의 자금을 그들의 가장 시급한 목적을 위해 어떻게 쓸지 결정할 수 있는 기회가 주어져야 하는데, 약간의 재원은 그들 자신의 노력을 결집하고 더 나은 결과를 얻기 위한 수단으로 사용될 수 있다.

매우 다른 조건에서 시작했지만 이러한 개별적인 경험들은 매우 가치 있고 확실한 것으로 판명되어서, 새로운 용어와 모범적인 실행 기술, 가시적인 결과를 만들어낸 몇 가지 성공적인 제도 개선을 채용할 수 있게 되었다. 이러한 개선 사례는 다수의 부정적인 결과에 대한 반응이다. 예컨대, 비효율적이고 책임감이 없는 정부, 급속한 경제·사회·환경적 변화와 수요, 더 이상 전통적인 방법으로는 충족될 수 없는 다양한 사람들의 필요, 그리고 부분적으로는 세계화에 대한 반작용으로 세계 경제의 구조조정 등을 들 수 있다. 이런 개선 사례는 더 나은 기반시설, 더 책임감 있는 공공 관리, 더 나은 교육, 덜 관료적인 집행 과정, 지방 유권자와 기업인들의 증대된 자신감을 통해 지방 경제의 생산성과 경쟁력을 향상시키고 있다. 개선 사례들은 각기 나름대로의 특성을 발전시키고 있으며 그것은 외부 세계에 알려지고 있다. 다음으로, 개선 사례는 도시 정부에 대한 신뢰를 발전시키고 제조회사들의 수요에 대한 도시의 대응을 개선시켜준다. 21세기에는 전혀 새로운 형태의 도시 정부가 출현하게 될 수도 있다.

② 재정지출 조절의 새로운 방법
1989년 2월에 홍콩 정부의 재무국은 공적자금을 지출하는 방식과 접근법의 전환

을 강하게 추구하는 제안을 담고 있는 『공공 부문 개혁(*Public Sector Reform*)』이라는 제목의 보고서를 발간했다. 이 보고서의 목표는 효율성을 향상시키고 기존의 구조와 과정을 개조하고 발전시킴으로써 공공에게 더 나은 서비스를 제공하려는 것이었다. 이후로 새로운 원칙들에 바탕을 둔 일련의 변화 조치들이 도입되었다.

이러한 홍콩 정부의 노력은 예산집행 과정을 개선하고 문제를 해결해야 하는 곳이면 어디에나 돈을 지출하려던 낡은 사고들을 종식시키려는 여러 가지 노력 가운데 하나이다. 선의의 목적이면 무조건 돈을 지출하는 방식은 더 이상 해결책이 아니다. 그 대신 효율적이면서 효과적인 프로그램이 점차 관심의 대상이 되었다. 재정 관리의 개혁에 관한 7가지 기본 원칙은 홍콩의 개혁 프로그램 목표로서 다음과 같다.

  1. 모든 공공 지출은 정기적이고 체계적인 검토 대상이다.
  2. 모든 정부 활동들의 비용과 업적을 체계적으로 평가하기 위해 정책과 자원 관리에 대한 적절한 시스템이 도입되어야 한다.
  3. 정책, 집행, 재원의 책임성은 명확히 정의되고 위임되어야 한다.
  4. 관리자들은 그들의 정책 목표들을 달성하기 위해 발생한 모든 비용을 완전히 알고 있어야 하고 책임져야 한다.
  5. 정부는 각 서비스의 속성에 적합한 조직과 관리체계를 통해서 서비스를 제공해야 한다.
  6. 정책 책임자들은 실행기관들 간의 효율적인 관계를 확립하고 잘 작동될 수 있도록 해야 한다.
  7. 공무원이 더 나은 관리자가 되도록 장려하는 데 모든 노력이 기울여져야 한다.
    —Cheung, 1992: 42.

이러한 원칙들은 지방 정치가와 행정가의 태도가 전 세계적으로 변화하기 시작하고 있음을 보여주고 있다. 변화의 행태나 정도는 도시들마다 매우 다르다. 어떤 지역이나 도시에서의 진보는 느리기는 하지만 움직임은 이미 시작되었다. 더욱 합리적이고 효율적이고 책임감 있는 지방정부는 경쟁력 있고 살 만한 도시를 만들기 위한 전제조건이 될 것이다. 결국에는 모든 도시들이 이 과정—유권자와 사업가를 위한 더 높은 투명성과 결부된 세계화와 더 많은 정보 교환—에 참여해야 할 것이고, 뒤에 처진 도시들을 포함하여 모든 도시들을 같은 방향으로 끌고 나갈 것이다.

③ 민영화와 경쟁체제

지방정부가 이윤 동기를 얻기 위해 민간 부문과 계약을 맺는 데는 여러 가지

방법이 있다. 계약 방법은 민간 부문의 책임성이 증대되는 순서에 따라, 서비스 공급 계약, 관리 계약, 리스 계약, 양여 계약, 사업권(entrepreneurship) 등으로 분류될 수 있다. 서비스 공급 계약은 특화된 운영과 유지 업무를 회사에 위임한다. 정부 당국은 업무의 실행 기준을 정해서 계약자를 감독하고 정해진 비용을 지불하게 된다.

관리 계약은 계약자의 책임 범위가 더 확장된 것이다. 보상 금액은 정해져 있더라도 지급 총액은 대개 실적과 관련해서 결정된다. 예를 들면, 상수도와 하수처리 계약자의 수입은 때때로 누출량에 따라 감소되거나 공급 실적에 따라 달라진다.

리스 계약은 관리 회사가 정부의 기존 시설을 운영하고 특정한 서비스를 제공하는 것에 대한 비용을 징수할 수 있는 독점적 권리에 대해 임대료나 면허비용을 정부에 지불하는 것이다. 여기서 관리 회사는 운영비와 관리비에 대해 책임을 지는 반면, 정부는 고정자본과 채무 서비스에 대해 책임을 갖게 된다. 리스 계약은 보통 고형 쓰레기의 수거와 처리에 적용되고 있다.

양여 계약(concession contract)은 리스 계약 규정의 대부분을 포함하고 있으나, 계약자에게 특정한 고정 투자에 대한 재원 조달 책임을 부가한다. 양여 계약은 기존 기반시설의 확충이나 완전히 새로운 설비를 설치하는 데도 적용할 수 있다. 새로운 자산은 계약회사에 의해 운영되지만 소유권은 정부에 귀속된다. 이러한 형태의 양여 계약은 이용자 권리가 다시 정부로 이전되기 때문에, 건설 운영 후 양도(BOT: build-operate-transfer) 계약이라고 한다. 이는 건설 운영 후 소유(BOO: build-operate-own) 계약과 대조된다(이 계약하에서는 기반시설을 건설한 회사가 나중에 이 기반시설을 전적으로 소유한다).

만약 이런 계약들이 경쟁입찰 과정을 통해 체결된다면 민간 부문과 맺게 되는 이러한 모든 계약들은 효율성이 증진될 것이다. 이때 계약의 내용에는 요구되는 서비스의 질, 시설을 유지하는 데 필요한 의무, 집행 과정, 미달 실적에 대한 벌금, 이견을 조정하는 방법이 명확하게 상술되어야 한다.

대부분의 지방정부 서비스에는 주요 기반시설 설치를 위한 비용이 필요하다. 전체 자본 투자와 서비스를 제공하는 데 필요한 가변비용은 지방 지출 계정에서 감당해야만 한다. 실제에 있어서 한계비용을 가격으로 책정(marginal cost pricing)하는 경우는 많지 않다. 도시 정부는 대개 평균비용으로 가격을 책정한다. 정치적으로 이 원칙은 대부분의 유권자들에게 더 잘 받아들여진다. 가장 어려운 실제적인 문제는 한계비용 가격 책정 방식이 적자를 초래한다는 것이다. 그래서 과거 실적에 근거한 단위당 비용(평균비용)과 같은 일정한 금액을 청구하는 것이 가능하다. 또 다른 접근 방법은 접근비용이나 연결비용과 한계비용을 조합하여 이용 요율(料率)을 정하는 방법이다. 이러한 이용 요율은 서비스 이용자들에게 배타적으로 부과될 것이다. 고소득자들은 사실상 더 높은 접근비용을 지불할 수도 있다.

가격 책정에서 특히 저소득계층이 서비스 체계 밖으로 배제되도록 해서는 안 된다. 고소득계층에게 더 높은 비용을 부과하는 것은 이를 막는 좋은 방법이 될 수 있다. 많은 공공 서비스들은 긍정적 외부효과를 만들어낸다. 예를 들면, 하수처리와 일반 쓰레기 처리에 이러한 외부 편익(external benefits)이 있으며, 따라서 단위당 이용 가격은 이용에 따른 한계비용보다 낮아질 수 있다. 또 다른 예는 전화 서비스에서도 발견된다. 여기서 외부효과는 이용자와 관련되어 생기기보다는 회로 접속과 관련이 있다. 즉, 사용자 수가 늘어날수록 전체 시스템의 활용가치는 더 높아진다. 이런 경우에는 접속 요금이 낮아져야만 한다.

많은 경우 서비스에 대해 실제 비용을 부과하게 되면 비용이 매우 높아지기 때문에 그렇게 할 필요가 없다. 이에 관한 명백한 사례로 역사적으로 이용료가 무료였던 일반 도로 사용의 경우를 들 수 있다. 21세기에는 새로운 기술들의 발달로 인해 더욱더 이용 시간과 양에 따라 이용자에게 비용을 부담시키는 일이 가능해질 것이다. 새로운 분야에 대한 가격 책정에 아마도 이데올로기적 장벽이 있을 수 있겠지만, 새로운 시장을 창출하는 효율적인 시스템이 보다 공정할 것이다. 왜냐하면, 조세수입으로 충당되는 간접 재정 방식은 특정한 그룹에게 여러 가지 혜택을 주게 되어 과다한 사용을 야기하는 경향이 있기 때문이다.

<자료 4-13> 민영화 노력

부에노스아이레스의 사례: 1989년에 부에노스아이레스 시는 쓰레기 수거 서비스를 포함하는 진보적인 민영화 정책을 도입했다. 지난 몇 년 동안 거의 모든 도시 서비스도 민영화되었다. 세금 부과와 쓰레기 수거, 부동산 행정, 스포츠 시설과 동물원의 운영, 공공장소에서의 광고, 대도시 전철 시스템, 주차 및 도로 유지 · 관리, 가로등, 전화, 전력, 가스 등의 서비스는 1990년대 초에 민영화되었다. 상수도 공급과 하수처리는 1993년에, 전철은 1994년에 민영화되었다.

— Pirez, 1994: 7.

다른 도시에서도 민영화는 유사하게 진행되었다. 예를 들면, 뉴델리에서는 가로등, 일반 고형 폐기물 처리, 특수 고형 폐기물 처리, 공공 화장실 청소 등이 민영화되었다. 비용 절감을 추산해보면, 당초 비용의 15-70%에 이른다.

— Mehta and Mehta, 1994: 9.

틸버그 모형(Tilburg Model): 틸버그 시의 관리 계획은 매우 성공적이어서 도시 당국은 그 이름을 등록하고 주요 내용을 다국적 회계회사인 KPMG에 팔았다. 도시의 주력 산업이었던 섬유산업이 1970년대 후반에 붕괴되었을 때 틸버그 시는 미국의 많은 탈산업도시들과 유사하게 쇠퇴하고 있었다. 틸버그 시는 적극적인 노력으로 경제 쇠퇴를 막았다. 그 첫 번째 시도는 능률화였다. 즉, 부서의 수가 16개에서 6개로 감소되었고, 각 부서는 1명의 감독관(이전에는 4명)에 의해 운영되었다. 조기 퇴직 패키지를 제공하고 가스나 전기 같은 서비스를 반(半)민영화함으로써, 이 도시는 강제적 조치 없이 공무원 총수를 거의 1,000명까지 삭감했다. 남아 있는 공무원들은 시민을 '고객'으로 생각하고, 전통적인 도시 서비스인 결혼 허가, 공공 주차장, 심지어 지역 박물관 서비스를 '생산물'로 생각하도록 교육받았다. 매년 모든 기관은 사안별로 상세하게 구체화된 '사업 계획'을 반드시 제출해야 한다.

매년 독립적인 조사기관이 1,000명의 거주자를 대상으로 실시하는 고객만족도 조사에 의하면, 틸버그 시의 지방자치제 공무원들이 예전에는 무능력으로 악명이 높았지만 지금은 최대의 효율로 서비스를 제공하고 있음을 알려주고 있다. 예를 들면, 1명의 공무원이 각각의 건축 허가 청원을 담당하는데, 그 일을 민간 입찰자에게 하청줄 수 있다는 것을 알게 되었다. 시 정부의 인쇄부서에서는 입찰에 의한 경쟁 가격 방식으로 바꾸었다.

—Koerner, 1998: 33-34.

오랫동안, 지방 정치가들에게 있어서 민영화는 언급해서는 안 되는 주제였다. 지방 정치가들은 권력 상실을 두려워했거나, 모든 고객들에게 높은 질의 서비스를 보장하는 유일한 방법으로 독립적인 공공 부문 조직만을 생각했다. 그러나 1980년대에 이르러서는 민영화와 경쟁을 통한 지방 공공재 공급이 주된 경향이 되었다. 민영화는 일시적으로 유행하는 것 이상의 실제적 성과가 있는 것으로 판명되었다. 이는 지방정부의 역할을 변화시켰으며 앞으로도 근본적으로 변화시킬 것이다. 지출과 서비스의 품질을 조절하는 올바른 방법은 위원회를 통한 방식이 아니라 경쟁을 통한 방식이라는 것이 널리 인식되고 있다.

실제로 지방정부 활동의 주요한 부분을 민영화하는 것이 기술적으로 분명히 가능하다. 이러한 민영화의 물결은 지방 정치가의 역할을 변화시켰으며 앞으로도 변화시킬 것이다. 전통적으로 시장(市長)은 자기 시간의 대부분을 행정가로서 보냈다. 최대로 민영화된 상황하에서는 정치가들의 관리 역할이 줄어든다. 정치가들은 더 많은 시간과 에너지를 혁신적인 과제와 조정안을 모색하고, 단체들을 활성화시키거나 중요한 정치적 움직임을 돕고 지도력을 발휘하는 데 쓸 수 있다.

때로는 비계획적인 민영화가 발생할 수도 있다. 예컨대, 쓰레기 수거와 같은 도시 서비스가 제대로 되지 않을 경우인데, 특히 부유한 근린지구에서는 요금제 방식으로 쓰레기를 수거하도록 민간 회사를 고용할 수도 있다. 그러나 이 방법은 상대적으로 비효율적이며, 어떤 경우에도 지속 가능하지 않다는 문제점을 가지고 있다.

④ 특별한 문제: 개발도상국에 있는 과도성장기의 자원 결핍 도시

개발도상국가에서 거버넌스의 새로운 경향은, 지나치게 많은 인원이 배치되어 지출은 많지만 성과는 없는 비효율적인 지방정부의 역량 문제에 대한 하나의 해결방안 모색 과정이다. 또 다른 경우는 크게 증대된 의무에 의해 생겨난 재정 위기를 해결하기 위한 것이다. 자원이 부족한 과도성장기 도시들에서 더 나은 거버넌스는 도시 전체 지역에 대해 공급되는 부적절한 공공 부문 서비스와 서비스 부재에 대한 대응 반응으로 추진되는 경우가 많이 있다.

가장 어려운 상황은 시장(市場)과 민간사업 부문이 잘 발달하지 않은 상태에서 공공 관리와 공공에 의한 서비스 공급이 민간 부문에 강요되는 경우에 발생한다. 동시에 공공 부문의 문제인 경직성과 혁신적인 역량의 부족은 정부로 하여금 현재의 해결책에만 집착하도록 하고, 구조적으로 보수적으로 되도록 한다. 창조적인 구성원의 부족은 혁신에 장해물이 되고, 지방의 빈약한 시장 상황도 민영화와 경쟁입찰의 걸림돌이 된다.

가장 최악의 상황은, 경직된 행정 당국이 서비스의 부적절한 공급자라는 것이 증명되더라도 (공공 부문 내에서 새로운 해결책을 찾기 위해 더 많은 자원, 더 나은 구성원 또는 더 민주주의적인 힘과 통제를 필요로 하지만 이것이 현재로서는 가능하지 않기 때문에) 현재의 시스템을 버릴 수 없는 경우이다. 이러한 상황에서는 민영화가 자기 파멸이 될 수도 있다. 이러한 제한된 상황 안에서는 순수한 시장 기능의 민영화를 넘어서는, 아마도 국제적인 도움을 통한 실질적인 혁신이 필요할 것이다. 더 많은 자본이나 더 많은 공공 부문의 역량을 필요로 하지 않으면서 고객 자원과 자기 관리 역량을 동원하는 공공 행정의 역할 재정립을 통해 새로운 협력적 해결책을 발견할 필요가 있다.

필요로 하는 요구가 과다하게 증가하는 도시의 경우, 기본적인 상하수도, 일반 쓰레기 처리, 가로등, 심지어 도로에 이르기까지 많은 것이 부족한 저소득 근린지구들은 아마 지방정부 재정에 최소한의 부담만을 주는 수준에서 지역 내 기반시설과 서비스를 스스로 공급하려 할 것이다. 지불 방법에는 현물(equity)과 지급 두 가지가 있다. 이의 성공을 위해서는 네 가지 필요조건이 있다. 첫째, 기본적인 조직은 거주자로 구성된 소규모 그룹으로 시작해야만 하며, 이들은 우선순위와 계획을 수립하

는 데 참여하고, 또 프로젝트를 실행하며 파이낸싱하는 데 헌신해야 한다. 둘째, 기술은 단순해야만 한다. 가장 단순한 예로 상수 배수탑과 재래식 변소(pit latrines)를 들 수 있다. 왜냐하면, 이런 기술은 거주자 자신이 돈이나 기타 감당할 만한 것으로 유지비용을 대면서 기반시설을 만들고 운영할 수 있도록 하기 때문이다. 셋째, 기반 시설 시스템을 계획하는 데는 기술적 지원이 이루어져야 한다. 넷째, 만약 거주자가 대출하지 않고서는 비용을 감당할 수 없다면, 대출받을 수 있는 기회가 제공되어야 한다.

극단적인 자원 제약조건하에 고안된 이런 혁신적인 해결책은, 특정 지역 내의 개별적인 애로사항들을 평가하고 특별한 해결책을 모색하는 방식을 통해서 오직 사안별로 개발될 수 있다. 고객의 능력과 서비스 공급에 참여하고자 하는 의욕, 자조적 능력에 대한 평가에 따라 지방마다 서로 다른 새로운 창안이 필요하기 때문에, 이런 해결책을 개발하는 데는 시간이 많이 걸릴 것이다. 재원을 제공하는 것만 으로는 불충분하다는 것이 입증될 것이다. 적극적이고 능력 있는 사람들을 돕는 것과 조직들로 하여금 참여자들을 조정하고 동기를 부여하도록 권장하는 것은 역시 더욱 어려운 과제이다.

⑤ 지방과 세계의 연계

시장 경쟁은 세계의 서로 다른 지역에 설립된 회사들로 하여금 같은 기술을 이용 하고 비슷한 수준으로 효율적이게 하는 반면에, 행정에서 혁신을 '수출하거나 수입' 하는 것에 대한 유인책은 미약하다. 여러 번 반복해서 언급했듯이, 우리는 외부 세계와 고립된 채로 도시 혁신이 창출된 경우를 발견하는 경우도 있지만, 동시에 많은 도시들이 전통인 방식에 의존하면서도 시장에서 도태될 위험에 직면하지 않 은 경우도 있다는 것을 발견하게 된다.

행정의 진보는 지역적으로 이루어져야 한다. 지방의 정치가들, 주민들, 행정가들 은 시간과 재정을 정서적이고 지적인 에너지뿐만 아니라 모험적인 부분에도 투자 해야만 한다. 지적 자산과는 달리, 지방의 혁신적인 해결책은 비용과 실패의 위험을 감당해야 하는 혁신자에게 시장성을 보장해주지 않는다. 행정 혁신은 새로운 기술 처럼 경쟁에 의해 움직이는 시장에서 거래되지 않는다. 이런 이유로 많은 괄목할 만한 성공 사례들이 상식적인 수준의 지식으로 확산되기 전까지는 외부에 알려지 지 않은 채 일부 지방에서만 수년 동안 시행되기도 한다.

그렇다고 해서 성공 사례들이 세계의 다른 지역으로 확산되는 것이 필요하지 않다는 것을 의미하는 것은 아니다. 공공 부문을 혁신하는 데 있어서 부족한 유인책과 모범 사례를 확산시키는 추진력이 부족한 것이 혁신의 확산에 강력한 장해물로 남아 있게 될 것이다. 바람직한 거버넌스의 혁신을 위해서는 일반적으로 변화를 수용하고 배우고자 하는 사람들이 필요하다. 이들은 또한 지방 정치에 새로운 형태의 협력과 새로운 조직적인 요소를 잘 동원한다. 이러한 차이를 잘 인식한다면 확산이 지체되는 것을 극복해낼 수 있다.

도시와 지역 간에는 주목할 만한 차이점이 있다. 우리는 1980년대의 라틴아메리카에서 지방으로의 권한 부여에 관한 새로운 시대가 있었음을 이미 알고 있다. 최근 몇 년 동안 아프리카의 도시들 또한 발전하고 있다. 그러나 증가하는 인구와 다양한 필요, 사업 부문에 대한 점증하는 수요와 변화하는 기술로 인해 추구해야 할 목표가 바뀌었기 때문에, 진보해야 한다는 의지만으로는 충분하지 않다. 어제 좋았던 것은 내일이면 이미 시대에 뒤떨어진 것이 될 것이다. 바람직한 거버넌스는 민간 부문의 생산처럼 끊임없는 변화를 요구받고 있다.

다른 도시나 세계의 다른 지역에서 발전된 모범 사례가 다른 지방에서 재창조되고 확산되는 과정에서 국제기구들이 중요한 기능을 할 수 있다. 그 방법에는 여러 가지가 있다. 즉, 새로운 지식과 모범 사례의 데이터베이스화, 도시간의 제휴, 도시가 서로 배우기 위해 협력하는 정보 네트워크 구축, 혁신의 순환을 증진시키고 소개하는 회의 개최와 같은 방법이 있다.

많은 분야에서 아직 기본적인 정보가 부족하다. 국제연합 인간정주센터(The United Nations Centre for Human Settlements, Habitat)는 도시지역에 대한 정보를 모으는 구체적인 업무를 수행하는 유일한 국제단체이다. 국제연합 인간정주센터는 국가와 도시들이 정책 지향적인 지표(指標)를 설정하고, 모으고, 관리하고, 분석하고, 적용하는 것을 돕고, 도시에 관한 지식 기반을 향상시키기 위한 목적으로 도시지표사업(urban indicators programme)을 만들었다. 도시의 변화에 대한 세계적인 정보의 투명성과 정보화는 지방, 지역, 국가 그리고 국제적인 정책 입안에 매우 중요하다. 도시지표사업의 주요 목표는 다음과 같다.

- 정보 교환과 역량 배양을 위한 네트워크의 발전.
- 정책 지향적인 도시지표와 색인 마련.
- 지표 자료의 수집과 분석을 위한 기법 개발.
- 세계 지표 자료의 분석과 전파. 모든 혁신의 확산에 있어서 핵심은 다양한 수준의 정보가 있어야 한다는 것.
- 기본적인 지방정부 지표로 나타내지는 내부 정보 또는 사업과 계획 정보의 수집.
- 국제적인 벤치마킹: 도시는 시민과 회사들이 개별적인 평가를 할 수 있도록 국제적

인 벤치마킹을 받아들이고 증진시켜야 함.

- 비슷한 문제와 성향을 지니고 있는 도시들 간의 근대화 경험 교환.
- 세금 징수에서 버스 시스템 관리에 이르는 다양한 분야에서 서로 돕는 도시들 간의 수준 향상 네트워크(quality network), 또는 수준 향상 연대의 형성(quality circles). 하나의 정책 분야에서 혁신적인 어떤 도시는 전문 지식을 다른 도시들에 제공하고, 다른 분야에서 상호적인 도움을 받음.
- 이러한 협력은 지식과 경험이 결합된 강한 동기 부여와 헌신을 필요로 함. 사람들은 감성적인 이유로 참여하기 때문에 감성적 기반이 필요하고, 또 대중적인 지지가 필요함.

<자료 4-14> 세계 도시지표 데이터베이스

첫 번째 세계 도시지표 데이터베이스에는 이 과제에 참여한 237개 도시에 관한 내용이 수록되어 있다.

해비타트(Habitat)의 주도 아래 인도를 비롯한 몇몇 나라들은 새로운 데이터들을 축적하기 시작했다. 인도의 도시지표사업은 인도 정부와 주정부, 해비타트와 미국 재개발지원처 간의 공동 노력을 통해서 이루어져왔다. 인도 내에서 도시 변화의 다양성을 고려하여 선택한 11개 도시들을 대상으로 지표들이 수집되어 처리되었다. 대부분의 경우 이러한 지표를 적용할 수 있는 통계 정보가 존재하지 않았다. 이런 경우에는 필요한 지표를 추정하기 위해 다른 데이터를 차용했다.

—WRI, UNEP, UNDP, World Bank, 1996: 156.

<자료 4-15> 이탈리아 도시의 환경 수준

이탈리아에서는 환경단체인 '레감비엔테(Legambiente)'와 이탈리아 환경조사협회(Instit-uto di Ricerche Ambiente Italia)가 1998년 12월에 5번째 보고서인 '도시생태 시스템 1988(Ecosistema Urbano 1998)'을 발행했다. 이 보고서는 이탈리아 도시들의 환경의 질에 관한 순위를 수록하고 있다. 평가변수들은 세 가지 범주로 분류되었다.

- 환경의 질 관련 지표(스모그, 소음, 수질오염과 호흡기 질환).
- 환경적 부담 지표(위험지역, 식수 소비, 에너지 소비, 고형 폐기물, 인구 밀집과 자가용 보유 비율).
- 바람직한 지방행정에 관한 지표(보행지역, 대중교통, 고형 폐기물 분리, 녹지지역, 대기와 소음 정보, 환경 정보).

이 보고서는 좋은 사례와 나쁜 사례를 함께 소개하고 있다. 도시들 사이의 이와

> 같은 직접적인 비교를 통해 지방정부들은 그들 자신의 상황을 향상시키기 위한 정책을 개발하도록 노력하게 된다. 1998년에는 상위 20위까지의 순위를 12개의 각기 다른 지역의 도시들이 차지했다. 1997년에는 단지 5개 지역의 도시들이 그 순위를 차지했었다.
>
> —www.legambiente.it

가장 중요하면서도 세계적으로 통용될 수 있는 혁신은 다음과 같은 것이다.

- 도시 행정에서 혁신을 창출해낼 수 있도록 하는 강력한 유인제도(또는 더 나은 비용 분담 메커니즘). 현재로선 도시들의 이러한 노력이 인정받을 방법이 없다.
- 모방을 위한 더 나은 메커니즘. 여기에는 중앙 및 지방 공무원과 함께 지방 유권자와 참여자들에게 동기를 부여할 수 있는 능력도 포함된다.

이러한 혁신의 추상적 개념은 구체적 수단을 필요로 한다. 다음의 예비적인 제안들이 검토될 필요가 있다.

- 세계의 도시들 간에 경쟁을 촉진하고 공공의 참여를 장려하기 위해, 선진국들은 모범적인 도시 행정에 대해 풍부한 보조금이 주어지는 국제적인 수상 제도를 마련해야 한다.
- 다른 커뮤니티와 성공적인 혁신을 공유하는 조건하에서 도시들이 보조금을 신청할 수 있도록 혁신 기금을 조성해야 한다. 성공적인 학습 경험을 배우는 것은 성공을 가져다줄 수 있다.
- 협력적인 노력으로 도시 문제들을 해결하고자 하는, 비슷한 문제를 가진 도시들 간에 혁신 창출 네트워크 또는 수준 향상을 위한 네트워크를 형성해야 한다.

3. 환경

1) 생태도시에서의 기본 수요 충족시키기

20세기는 노동 절약적인 기술(labor-saving technologies)의 세기였다. 21세기에는 새로운 차원에 집중할 필요가 있을 것이다. 즉, 21세기는 생태 현대화(eco-modernization)의 세기, 생태 절약적인 혁신(eco-saving innovations)의 세기로 알려지게 될 것이다. 그러나 이는 힘든 육체노동을 단순히 기계로 대체했던 것보다 훨씬 더 복잡하고 어려운 과제가 될 것이다. 즉, 환경 피해는 흔히 간접적이고 측정하기 어려우며,

집합적 실천을 통해서 단지 완화될 수 있을 뿐이다. 수년 전에 갤브레이스(John Kenneth Galbraith)는 "민간 부문의 풍요와 공공 부문의 빈곤"이라는 유명한 용어를 만들어냈다. 적절한 양과 질을 갖춘 집합재(collective goods)를 공급하는 데는 여러 해가 걸리고, 이 중에서 가장 중요한 환경재(environmental goods)는 너무나도 자주 여전히 부족한 실정이다. 그러나 자연 파괴를 방치할 수 없기 때문에, 도시 정부는 효율적인 생태 현대화 전략을 시작하는 데 많은 시간을 소요할 만한 여유가 없다. 아직 넓게 확산되지는 않았지만, 최근 몇 년 동안 새로운 각성과 인식이 나타났다. 그러나 지금까지 이에 상응하는 적절한 실천이 뒤따르지 못하고 있다.

지속가능성을 위한 노력과 투쟁은 모든 나라와 도시에서 똑같은 경로와 패턴을 따르지는 않는다. 경제적 조건이 다르고 환경문제에 대한 지방의 우선순위와 민감도가 서로 다르다. 독일에서는 도시 쓰레기의 3분의 1 이상을 재활용하고 있지만, 자동차에 매료된 독일 사람들에게 가솔린은 상대적으로 싸며 많은 자동차들이 여전히 고속도로에서 속도제한 없이 달리고 있다. 미국인들은 흡연이 만들어내는 보건상의 위험에 매우 민감하고, 고속도로에서는 매우 잘 훈련된 방식으로 자동차를 위험하지 않게 운전한다. 그러나 미국인들은 모든 사람들이 자동차를 이용할 수밖에 없는, 저밀도 교외지역에 바탕을 둔 생활양식을 즐기기 위해 엄청난 환경적 위험과 시간 낭비를 기꺼이 받아들인다. '나의 차는 나의 자유'라는 슬로건은 대부분의 결정에 영향을 미치지만, 결과적으로는 정확히 그 반대의 결과를 자주 만들어내게 된다.

단기적으로는 빈곤, 결핍, 부동산에 잠겨 있는 자본, 그리고 지속 가능하지 않은 생산시설들에 의한 제약조건 때문에 많은 지속 가능하지 않은 환경 개발을 감내해야만 한다. 비록 이러한 한계들이 (종종) 당장 극복하기는 어렵다 하더라도, 추가적인 자원 투입 없이 가능한 개선책은 항상 존재할 수 있다. 예를 들면 고속도로에서의 속도제한, 사무실에서의 낮은 온도 유지, 자전거 이용의 활성화 등이다. 이런 조치는 항상 실행할 수 있고, 그 결과는 매우 효과적이다.

낮은 생산성과 높은 인구성장을 보이면서 긴급한 보건상의 문제를 갖고 있는 도시에서, 환경을 위해 자원을 동원하자는 생각은 비교적 쉽게 받아들여질 것이다. 그러나 빈곤과 일상적 생존경쟁이 장해물이며, 이것들은 성공적인 경제발전에 의해 극복되어야만 하는 것들이다. 이러한 어려움은 환경에 대한 대책이 '오염되고, 부유해지고, 그런 다음에 해결하기'라는 개념에 따라야만 한다는 것을 의미하지는 않는다. 어떤 소득수준에서라도, 심지어는 극단적인 빈곤 상태하에서도 환경 개선은 가능하고 필요하다. 그러나 환경 정책들은 경제발전을 통해서 더욱 효과적으로 진행될 수 있다.

물론 도시마다 환경 목표의 우선순위는 서로 다르게 설정될 것이다. 긴급한 일이라는 현재의 주관적 느낌과는 별도로 환경적 위험은 더 정확히 계산될 필요가 있다. 생태지표운동은 더욱 발전하고 있으며, 이는 국제 기준을 설정하고 이를 서로 비교해서 다른 도시들을 벤치마크할 수 있도록 한다. 이는 보건, 기후, 경제적 위험을 피하기 위해 우리의 행동과 기술이 시급히 변화해야 한다는 점을 사람들에게 확신시켜줄 수 있을 것이다. 환경적 질이 저하되는 것의 긴급성에 대한 지식을 기초로 하여, 도시 차원의 전략은 다음 사항들을 포함해야 한다.

- 환경의 필요를 충족시키기 위한 자원 동원.
- 사람들의 행태 변화.
- 환경적 진보를 가장 저렴한 비용으로 확보하기 위한 효율성 향상.

따라서 도시들은 소비와 생산뿐만 아니라 도시 환경의 생태적 구조조정을 위한 토대를 준비해야만 한다. 중요한 희망과 약속은 환경과 경제성장 간의 상충관계를 완화시키거나 심지어 이를 전적으로 피할 수 있는 환경기술의 진보에 대한 가능성에 달려 있다.

2) 환경 효율성

(1) 달성 가능한 네 배의 공식

현재와 같은 기술여건하에서 환경적 과제는 거의 희망이 없어 보인다. 오늘날의 사회는 거대한 양의 에너지와 다른 유한자원들을 대체하지는 않은 채 소모만 하고 있다. 끊임없이 물과 가솔린, 금속과 광물질들이 낭비된다. 현재의 생태 비상사태는 근본적인 방향 전환을 요구한다. 그 해답은 자원 이용의 증가 대신에 소비 증가율을 마이너스로 바꿈으로써 우리가 쓸 수 있는 한정된 자원의 소비를 오래 지탱하도록 하는 것이다. 이렇게 하면 대체기술을 개발할 시간을 벌 수 있게 되고, 현재의 에너지원은 재생 가능한 에너지로 대체될 수 있을 것이다.

이는 자원을 덜 사용하면서 더 많은 부를 창출할 수 있는 혁신을 활용하도록 하는 강력한 유인책을 필요로 하며, 유연한 규제뿐만 아니라 엄격한 규제 또한 필요하게 될 것이다. 이는 현재의 시장 상황에 대한 이해를 전제로 한다. 즉, 현재의 시장 상황들을 당연한 것으로 간주하지 않고 낭비가 이익이 되도록 만드는 잘못된 유인제도의 결과로 보는 것이다. 그 대신에 영속적인 생태 현대화를 지향하는 새로운 유인제도에 바탕을 둔, 새로운 생태자본주의(eco-capitalism)가 등장해야만 한다.

네 배의 공식(factor four formula)이란 용어는 이러한 경제 논리를 간결하게 표현한 것이다. 이는 혁명적인 개념으로써, 그 취지는 현재의 절반 수준의 자원을 투입하여 2배의 산출을 얻을 수 있다는 것을 의미한다. 이 네 배의 방식은 이미 분명한 가시적 변화를 보이고 있다. 장기적으로는, 만약 우리가 21세기 말에 지속 가능한 개발을 달성하려면, 증가하는 세계 인구가 향상된 삶의 수준을 영위하도록 하기 위해 예컨대 10배의 방식(factor ten)이 필요하게 될지도 모른다.

아마도 이는 완전히 공상적으로 보일 것이다. 그러나 이 효율성 혁명의 몇 가지 측면은 비용의 감소로 이미 실현 가능한 것으로 나타나고 있다. 여러 가지 측면에서 또한 산출을 늘릴 수도 있다. 정보기술혁명은 컴퓨터의 정보처리능력을 폭발적으로 확장시키면서도 계속해서 더 싸고 작아지게 만들고 있다. 개발도상국가에서는 이미 이전보다 적은 수의 농부들이 더 많은 사람들을 위한 식량을 생산하고 있다.

<자료 4-16> 경제적 낭비와 그 해법

폐기물을 생각할 때 사람들은 보통 가정용 쓰레기나 차에서 배출된 배기가스, 외부 사업장이나 건설 부지의 쓰레기통 등을 떠올린다. 만약 사람들에게 매년 얼마나 많은 물질들이 낭비되어 버려지는지에 대한 질문을 한다면, 그들 대부분은 어느 정도는 버려지겠지만 그리 많지는 않을 것이라고 대답할 것이다. 실제 인간은 자원을 잘 활용하기보다는 낭비하기를 10배 이상으로 더 잘한다. 미국 공학학회(US National Academy of Engineering)의 한 연구에서는, 구입하거나 소비된 물질의 약 93%가 결국 가치 있는 생산품이 전혀 되지 못하고 있다는 것이 밝혀졌다. 게다가 생산품의 80%는 한 번 쓰이고 버려지며, 나머지 많은 생산품은 다시 사용할 수 있을 만큼 내구성이 강하지 않다. 경영개혁주의자인 폴 호켄(Paul Hawken)에 의하면, 미국에서 생산에 사용되거나 생산된 상품에 포함된 원자재의 99%가 판매 후 6주 내에 버려지는 것으로 추정된다.

소비되는 대부분의 에너지와 물, 운송 서비스 역시 사용자에게 도달하기도 전에 버려지고 있다. 소비자들은 그것들로부터 유용한 서비스를 제공받지 않더라도 그 비용을 지불하고 있다. 단열이 잘 안된 가정의 다락방을 통해 새어 나가는 열, 단지 3%만이 백열전구의 빛으로 전환되는 원자력이나 화력 발전소로부터의 에너지(원래 연료 에너지의 70%는 그것이 전구로 도달하기 전에 버려지고, 다시 남은 전력의 단지 10%만이 빛으로 전환된다), 엔진에서 바퀴까지 도달하기 전에 버려지는 80-85%의 자동차 휘발유, 농작물의 뿌리에 도달하기도 전에 증발하거나 흘러서 버려지는 물, 지역적으로 배분하기 위해 먼 거리를 무의미하게 이동한 생산물 등 이런 모든 것들이 효과 없이 버려지는 비용들이다.

이러한 낭비는 불필요하게 비싼 것이다. 예를 들면, 미국 가정에서는 직접 사용하거나 사업상 재화와 용역에 포함된 에너지에 대해 평균적으로 일인당 1년에 대략 미화 2,000달러를 지불한다. 낭비된 금속, 토양, 물, 나무, 섬유, 그 밖의 다른 물질들을 운반하는 비용까지 합하면, 미국인 한 사람이 평균적으로 매년 수천 달러를 낭비하고 있는 것이다. 이를 2억 5,000만 명으로 곱해보면, 불필요하게 소비되는 액수는 1년에 적어도 수조 달러에 해당하는 것이다. 심지어 전 세계적으로는 이러한 비용이 매년 10조 달러에 이를 것이다. 이러한 낭비는 결국 가정(특히 저소득 가정)을 빈곤하게 하고 경쟁력을 감소시키며, 자원의 기반을 위태롭게 하고, 물, 대기, 토양, 사람들을 오염시켜서 고용과 경제적 활력을 감소시키게 된다.

— von Weizsäcker et al., 1998: xx-xxi.

경제 분야에서 달성된 많은 업적들은 환경적 목적을 위해서도 가능해야만 한다. 지난 두 세기 동안 기술혁신과 사회혁신이 노동 절약적인 기술을 개발하기 위해 동원되었던 것처럼, '녹색 사업(greening business)'과 '푸른 도시(greener cities)'에 필요한 에너지, 인력, 자본을 동원하기 위한 새로운 유인제도와 새로운 형태의 사회조직이 절대적으로 필요하다. 생태 현대화는 모든 현대화 노력과 운동의 중심에 있어야만 한다. 그 결과를 20세기 경제에 비교하자면, 거의 원료 투입이나 산출을 필요로 하지 않는 재생 가능한 에너지와 서비스에 기반을 둔 도시 시스템이 되어야 할 것이다.

아마도 이 메시지의 가장 중요한 부분은 개발도상국가에 주는 교훈이 될 것이다. 중국, 인도, 멕시코, 이집트와 같은 국가들에서는, 값싼 노동력은 얼마든지 있지만 에너지가 부족하다. 이러한 상황에서 이들이 시도할 수 있는 가장 최악의 선택은 에너지 낭비적인 부유한 국가들로부터 배우게 되는 것이다. 이들 국가는 지속 가능한 경제발전을 위해 그들 자신의 해법을 찾아내야 한다(von Weizsäcker et al., 1998).

(2) 생태적 효율성을 추구하는 여섯 가지 이유

생태적 효율성 증대는 세계가 더 생태 친화적으로 되기 위해 왜 다음의 행동들을 취해야만 하는지에 대한 강력한 이유를 제시한다.

1. 더 잘 살기: 자원 효율성은 삶의 질을 향상시킨다. 자원 효율적인 조명 시스템을 통해 더 잘 보는 것이 가능하고, 효율적인 공장에서 더 좋은 제품을 생산하는 것이 가능하며, 효율적인 운송수단을 통해 더 안전하고 편안하게 여행하는 것이 가능하고, 잘 성장한 곡물로부터 더 나은 영양을 섭취하는 것이 가능하다.

2. 덜 오염시키고 덜 고갈시키기: 모든 것은 어디엔가 흔적을 남긴다. 낭비된 자원은 어딘가를 오염시키게 된다. 효율성은 낭비를 감소시키고, 따라서 오염을 감소시킨다. 자원 효율성은 산성비와 기후 변화, 삼림 벌채, 토양 비옥도의 손실, 혼잡한 도로와 같은 문제들을 해결하는 데 크게 기여할 수 있다. 만약 지식격차만 극복될 수 있다면, 생산적이고 지속 가능한 농업과 산림 관리 조치와 에너지 효율성을 통해 오늘날 환경문제의 90%까지 해결할 수 있다. 효율성을 통해서 우리는 세계의 문제를 사려 깊고, 현명하고, 다른 것과 연관해서 다룰 수 있는 시간을 얻을 수 있게 된다(von Weizsäcker et al., 1998: xxii).

3. 돈 벌기: 모든 비용과 무엇보다 환경오염을 정화하는 비용을 비롯하여 모든 비용을 내부화하는 정부 규제를 통해, 자원 효율성은 이익을 얻을 수 있도록 할 수 있다. 이는 오염을 발생시키지 않도록 하는 긍정적인 유인책을 사업자들에게 주게 되는 것인데, 그 이유는 오염을 발생시켰을 경우 그들의 비용과 가격이 경쟁자들에 비해 더 높을 것이기 때문이다.

4. 시장을 강화하고 사업화하기: 자원 효율성을 통해서 이익을 얻을 수 있기 때문에, 정부는 모든 사람들에게 살아가는 방법을 지시하기보다는 개인 선택과 기업 경쟁에 의해 유도된 시장 기능을 통해 대개 효율성을 달성할 수 있다. 그러나 잘못된 유인구조를 바로잡아야 하는 과제가 남아 있다.

5. 부족한 자본 이용의 다양화: 다른 문제들을 해결하는 데 낭비를 막음으로써 절약한 자원들을 사용할 수 있다. 특히 개발도상국들은 비효율적인 기반시설에 자본이 잠겨 있지 않기 때문에 희소자본의 이용을 증대시킬 수 있는 유리한 입장에 있다. 만약 국가가 기존의 창문보다 더 비싸긴 하지만 에너지 효율적인 창문이나 전등을 만들기 위한 설비를 구입한다면, 추가적인 발전소를 건설하는 것보다 더 적은 투자로 에너지 서비스를 제공하는 것과 동일한 효과를 얻을 수 있다.

6. 평등하게 더 많은 고용을 창출하기: 자원 낭비는 직업이 있는 사람과 없는 사람으로 사회를 분리시키는 왜곡된 경제를 반영하는 다른 한 모습을 나타내는 것이다. 어느 쪽이든지 인간의 에너지와 재능을 애석하게도 잘못 사용하는 것이다(von Weizsäcker et al., 1998: xxiii).

3) 생태적 효율성 추구의 장애 극복

자원의 효율성을 끊임없이 증대시켜서 생태적 빈곤을 극복하기 위해 신중하게 계획된 정책이 필요하다. 실제로는 위압적으로 늘어선 실질적 장해물들이 사람들과 기업들이 최선의 것을 우선적으로 구입하는 것을 여전히 활발하게 가로막고 있다. 이런 장해물에는 다음과 같은 것들이 있다.

• 자연자원을 다루는 거의 모든 사람들을 대상으로 한 전통적인 교육과 구태의연하고

무능한 구성원을 그 일을 더 잘하는 사람으로 대체하는 데에 드는 (대개) 감당할
수 없을 정도의 사회적 비용(이 '인적 요소'의 문제가 일의 방식을 바꾸는 조치를
취하는 데에 실질적으로 가장 큰 장해물이다).

- 현재의 구조를 유지하는 데에 자본 소유자들이 가지는 엄청난 이해관계, 그리고 자신
들이 요구할 수 있는 자원 효율성의 수준에 대해 무지한 일부 소비자들의 관성.

- 공급된 자원보다 훨씬 높은 수준의 효율성을 종종 요구하는 차별적인 금융 기준(예를
들어 발전소는 10-20년의 자금 회수 기간이 주어지는 반면, 에너지 절약적인 수단은
1-2년 내에 그 투자를 상환해야만 한다는 아주 흔한 주장).

- 효율성 있는 제품을 구매할 사람과 그 편익을 가로채는 사람들 간의 유인책 분리
(예를 들면 지주와 소작인의 관계 또는 집이나 설비 공급업자와 구매자의 분리).

- 환경비용과 미래 세대에게 부과되는 비용은 말할 것도 없이 사회적 실제비용이 반영
되지 않은 채 심하게 왜곡되어 있는 가격체계.

- 수많은 조그만 프로젝트들을 수행하는 것보다는 하나의 거대한 프로젝트를 조직하
고 재원을 조달하는 일에 있어서의 용이함과 편리함.

- 특히 효율성을 억제하거나 금지시키는 진부한 규제들(예컨대 다른 지역으로 승객을
태우고 들어간 택시 운전사가 돌아오는 길에 다른 사람을 태우는 것을 막는 규제에서
부터 제조업자들의 화물자동차가 오직 그들 자신의 상품만을 운송하도록 하는 규제,
또 비록 창문 면적이 증가하더라도 에너지를 절약할 수 있는 새로운 형태의 창문에
대해 단지 창문 면적을 제한하는 규제, 동일한 물질이더라도 재활용된 자원들에 비해
천연자원에 비용 혜택을 주는 특혜적인 운임 관세 등을 들 수 있다).

- 전기, 가스, 물, 기타 공공 서비스들을 규제해서 자원의 효용을 증가시키는 일반적
행위에 대해서는 보상하면서, 효율성을 증가시키는 것에는 벌금을 부과하는 영국
전기 시스템 구조조정의 부작용(von Weizsäcker et al., 1998: xxvi-xxvii).

- 지속 가능하지 않은 형태의 생산과 소비에 주어지는 많은 잘못된 보조금.

- 단지 먼 미래의 삶을 향상시키는 변화에 착수하기 위해 여러 가지 분산된 이해관계들
을 조직하는 것이 어려운 것처럼, 기득권적 이해관계와 잘못 투자된 매몰자본은 많은
변화를 가로막음(환경 투자와 그 효과의 실현 간의 시간적 격차, 특히 기후 변화를
방지하기 위해 계획된 것의 시간적 격차는 일반적으로 크며, 그래서 특히 대부분의
사람들이 빈곤하게 사는 도시에서 단기적으로는 거의 적용될 수 없다).

이 모든 장해물들은 사안들에 대한 지속적이고 세밀한 관심에 의해서만 극복될
수 있다. 문제 해결의 기본 원칙들은 다음과 같다. 즉, 자원 낭비가 아니라 자원
절약에 대해 보상하기, 우선 최선의 구매를 선택하는 절차를 거친 다음에 구매하기,
자원을 낭비하는 것에만이 아니라 절약하는 데에 경쟁체제를 도입하는 것 등이다.
이러한 변화의 어느 원칙도 빠르거나 쉽게 달성되지 않는다. 그러나 지금 이러한
변화를 시도하지 않으면 미래에는 문제들을 해결하기가 훨씬 더 어렵다는 것을

알아야 한다.

요약하자면, 비록 고도의 자원 효율성이 쉽지는 않지만, 이론적으로는 강력하고 비용 효과적이며 폭넓게 적용될 수 있고, 실제로도 큰 효과가 나타나게 된다. 예를 들어, 1970년대 중반에 미국 응용경제학(American engineering economics)의 논쟁은 효과적인 에너지 절약의 효과가 전체 이용 에너지의 약 10%에 달할 것인가, 아니면 30% 수준에 달할 것인가에 집중되었다. 1980년대에는 이 효과가 약 50%에서 80%까지, 즉 2-5배 정도 확대되었다. 1990년대 중반에 몇몇 실험가들은, 이 잠재력이 원칙적으로 거의 90% 혹은 99%까지, 즉 10-100배 인자에 해당한다고 주장하고 있다(von Weizsäcker et al., 1998: xxvii).

<자료 4-17> 경제적 유인책의 예

미국의 전력 생산 회사는 그들이 고객의 돈을 절약할 경우 보상을 받는다. 캘리포니아에서 가장 큰 한 회사는 발전소 건설에 관한 전체 계획을 취소했다. 그렇게 하고 나서 그 회사는 절약한 전기만큼을 그들의 고객에게 보상하기 시작했다. 즉, 있지도 않은 전력(negawatt)을 판 것이다. 절약된 전력이 실제적으로 사고팔 수 있는 상품이 될 수 있다는 생각을 하게 된 것이다.

건물 설계자들은 일상적인 에너지 소비의 10분의 1만 가지고도 환경적 상황을 충족시킬 수 있는 가장 에너지 효율적인 건물을 디자인하도록 권유받을 수 있으며, 실제로 이런 건물은 이미 존재하고 있다.

통근자들은 주차하는 데에 비용을 지불할 수도 있지만, 대중교통이나 카풀(ride sharing), 또는 자전거나 원격근무를 통해서 절약되는 주차 공간 설치비용만큼 수당을 받을 수도 있다.

새로 건물을 지은 사람들은 그것이 환경에 미친 영향에 대해 비용을 지불할 수도 있지만, 만약 그 건물이 다른 건물보다 더 효율적이라면, 역으로 '비용 감면(freebate)' 혜택이 주어지거나 그 비용만큼을 보상 형태로 돌려받을 수도 있다.

—von Weizsacker et al., 1998: 192.

4) 생태적 유인 시스템

분권화된 시장 시스템 안에서 효과적인 전략을 위한 핵심은 유인책을 마련하는 것이다. 개인과 기업들은 자신들이 지불하는 가격이나 세금이 자원의 희소성에 대해 지불하는 것임을 알고, 환경 친화적인 신규 상품을 통해 수익을 올릴 수 있는 기회를 경험하게 될 때에 비로소 합리적으로 행동할 수 있다. 개인과 기관들이 자원을 덜 이용하도록 권장하는 경제체제를 발전시키는 일은 분명히 가능한 일이다. 경제적 유인책과 규제의 완벽한 시스템을 통해 그 흐름을 바꾸어놓을 수 있다. 선정된 다음 사례들을 통해서 몇 가지 주요한 흐름을 살펴볼 수 있다.

생태를 고려한 세제 개혁을 생각하기 전에 도시 정부와 중앙정부는 지속 가능하지 못한 생태적 관행을 유인하는 보조금을 폐지해야만 한다. 환경에 나쁘게 작용하는 보조금들이 시행되는 한, 생태 현대화는 추진력을 잃게 될 것이다. 보조금을 없앤 경제가 최우선적인 과제이며, 생태 현대화의 확실한 전략적 기초가 될 것이다.

생태적인 세제 개혁은 이른바 모든 부(負)의 외부효과를 내부화시키는 것에 기초하게 된다. 이는 환경을 보전하는 가장 비관료적이고 비개입적이면서도 매우 강력한 수단이 될 것이다. 소비자 행태를 변화시킬 수 있는 많은 대안적인 가능성이 있는데, 특히 에너지 가격을 평균 순소득 증가율보다 높은 비율로 조정할 수 있다. 그리하면, 생산자들과 소비자들은 노동 절약적인 기술을 초래하는 임금 상승과 유사하게 매년 가격 상승이 발생할 것임을 알게 될 것이다. 이와 유사하게, 강력한 생태를 고려한 가격체제는 생태적인 비축을 위한 유인책이 될 수 있을 것이다. 모든 생산자들이 비용에 관해 동일한 변화를 경험하게 된다면 제품을 만드는 데 에너지 비용이 더 많이 드는 것을 수용하게 되고, 개혁은 성공하게 될 것이다. 관련 제품의 가격들을 연계해서 변화시키지 않으면, 아무런 생태적 효과 없이 생산이 단지 세금이 낮은 지역으로 이동하는 결과를 초래하게 된다. 에너지 가격에 관한 이러한 강력한 주장은 가정용 난방이나 지역 내 교통을 위한 에너지 이용에는 적용되지 않는다.

미국, 일본, 프랑스는 충분히 부유해서 이론적으로는 많은 에너지와 원료를 구입하고 소모할 수 있다. 이는 매우 비경제적이지만 재앙은 아니다. 그러나 인도, 이집트, 콜롬비아에서 이런 상황은 비극이다. 자본과 에너지는 희소하고 노동은 풍부하다. 왜 이 국가들은 자원을 적극적으로 개발하는 데 자본 지출을 집중시키면서(세계은행의 저금리차관이 있긴 하지만), 네 배 혁명(factor four revolution)이 보여주는 기회를 무시하는가? 왜 이 국가들은 20세기의 로봇공학은 모방하면서, 21세기의 기술 시장을 지배하게 되고 또 이 국가들에게 실제로는 훨씬 더 필요한 효율성 기술(efficiency technologies)을 무시하는가?
—von Weizsäcker et al., 1988: 208.

물, 에너지, 도로, 대중교통, 쓰레기 처리 등의 희소가치를 반영해서 도시 정부가 비용을 산정하는 경제적 가격체제를 필요로 할 때, 이 방식은 이미 많은 경우 도움이 되고 있다. 희소자원 이용에 보조금을 지급하는 것은 특히 다수의 유권자들이 영향을 받는 교통수단에 매우 자주 쓰이지만, 보조금 지급은 물이나 토지를 절약하거나 이동을 감소시키는 유인 효과를 감소시킨다. 물론 이러한 주장은 최저소비선에서 살아가는 사람들에게는 냉소적으로 보일 우려가 있거나, 생산력이 낮은 도시의 빈곤한 근린지구 안에 있는 일상생활의 현실을 무시하는 것으로 보일 수 있다. 소득 빈곤층은 매우 심각한 환경재 결핍에 처해 있으면서도 그것을 무시하는 경향이 있다.

그러나 어느 정도의 연관관계가 있다. 소득 빈곤을 극복하기 위해서는 생태적 빈곤과 지방정부가 제공하는 공공재 부족을 동시에 극복할 필요가 있다. 과거의 사회정책에서는 자주 값싼 자원을 이용해서 소득 빈곤 문제를 줄여왔지만, 이는 경제적이고 생태적인 고려를 하지 못한 것이다. 21세기에 우리는, 저렴한 에너지나 저렴한 교통만을 추구하는 잘못된 환상을 만들지 않도록 더욱 현명한 정책을 필요로 한다.

5) 환경 교육과 유연한 규제

지속 가능한 발전은 오늘날 세계 여러 분야에서의 변화와 연관되어 있는 지적 개념이다. 지속 가능한 발전은 대중운동의 중심이 되어왔고, 환경의 진보를 관리하기 위한 강력한 조직을 만들어왔다. 그러나 사안의 중대성을 감안해보면, 달성된 진보는 매우 느린 상태에 있다. 지역 활동의 범주와 범위는 확대되어야만 한다. 기존과는 다른 형태의 성장을 위한 선결 조건들은 개선되어왔는데, 이는 환경에 대한 관심과 환경을 위한 실천에 기초를 두고 있으며, 부분적으로는 증대하는 지방의 영향력, 근린지구 차원의 영향력, 그리고 구체적인 전략을 구사하고 있는 운동가, 이해집단, 도시 정부 간의 더욱 견고해진 네트워크 등에 기인한다.

그러나 지방정부가 국가정책을 대신할 수는 없다. 공장 오염과 차량 오염의 규제는 주로 국가적 기준을 따른다. 지역 정책과 국가정책 간의 경쟁을 고무시킴으로써 정치적·행정적 동기를 강화하고 영향을 미칠 수 있을 것이다. 이와 관련된 제도와 행정 기법은 계속 개선되고 있으며, 다음과 같은 것들을 포함한다.

- 다양한 형태의 생태환경 보고나 생태환경 감사.
- 특별한 지역환경위원회, 토론회, 환경 포럼 개최.
- 대규모 투자 프로젝트의 준비 단계에서의 상세한 환경영향평가와 이와 관련된 근린

주구 그룹의 지역 계획이나 투자 결정 과정에의 참여.
- 공급 회사의 환경 감사 보고서를 요구하는 지방정부의 구매 법령.
- 에너지 낭비와 관련한 자발적인 협약, 특히 특정 근린지구에 영향을 미치는 방출에 대한 지역 에너지 소비 방출 기준에 관한 협약.
- 생태적인 생활양식을 구현하는 생태마을(Eco-villages)이나 차 없는 구역 지정.
- 근린지구에 있는 오염된 지천이나 방치된 녹지공간에 대해 아이들로 하여금 책임감을 가질 수 있게 하는 학과 과정이나 학교 과제.
- 빈곤을 극복하거나 현재의 생활수준을 보호하기 위한 지속 가능한 전략을 위해 토지, 에너지, 물에 관한 실질적인 비용을 받아들여야 한다는 것을 분명히 하는 환경 교육.
- 희소한 생태종이나 지역을 무시하는 것을 방관하는 시스템에 대해 개선되고 더욱 상세한 정보체계 제공.
- 청소, 식재, 기반시설 복구와 쓰레기 수거에 지역 그룹들을 참여시키는 환경 근린지구 프로젝트 추진.

좀더 투명한 지역에서는 심지어 지역이기주의까지도 책임을 분담하는 방식으로 바뀔 수 있다. 의제 21(Agenda 21)*은 지속 가능한 개발을 위한 지역 활동을 종합적으로 다루는 조직적인 틀에 의해 유지되는 개념이다(제5장 참조). 의제 21은 지역의 전략 및 지식과 경험 이전을 옹호하고 있다.

이 모든 다양한 활동과 기법에 담긴 공통적인 메시지는 간단하다. 즉, 환경에 대한 관심은 실천을 통해 표현될 필요가 있다. 환경친화적 생활(eco-living)에는 실천을 통한 학습이 필요하다. 지속 가능한 개발에는 국가정책이나 지역 정책이 지역의 활동과 상호 연관되어 병행되는 상황이 필요하다. 환경 규범, 유인책, 지역적 활동이 서로 강화되고 시너지 효과를 창출해내야 한다는 것이다.

---

*: 국제연합 환경개발회의(United Nations Conference on Environment and Development: UNCED)에서 173개 국가에 의해 승인된 의제 21은, 21세기의 지속 가능한 개발을 위한 국제연합의 행동계획이다. 지구회의(Earth Summit) 기간에 1992년 6월 14일 리우데자네이루에서의 총회에서 채택된 의제 21은, 국제연합 환경개발회의에 회부된 국제연합 총회의 1989년 44/228 결의안의 내용을 포괄하고 있다. 의제 21은 진정으로 지속 가능한 개발의 목적을 향해 전 세계가 함께 나아가는 데에 필요한 행동에 대한 현재의 국제적 합의를 표현한다. 의제 21은 기업과 지역사회뿐만 아니라 정부와 국제기구가 인간적인 경제개발의 방식으로 영구적인 변화를 달성하는 데 전념할 수 있도록 하는 행동들을 광범위하게 다룬다. 이러한 행동들은 인간의 행태가 환경과 생산체계의 지속가능성에 미치는 영향을 인식한다. 목표는 전 세계적인 빈곤, 기아, 질병, 문맹을 줄이고, 동시에 인류가 삶을 지속시키기 위해 의존하고 있는 생태계의 악화를 막는 것이다.

6) 생태적 도시 관리

지속 가능한 도시 개발을 위한 기초로 기반시설을 개선하는 것은 비용 부과(pricing)의 문제 이상의 것이다. 주민들은 빈곤하므로, 매우 절박한 많은 문제들에서 전통적인 해결책으로 재원을 조달할 수 없다. 그러므로 기술적인 재원을 바탕으로 자신들의 자금과 노동을 하수도, 화장실, 상수도관을 공급하는 데 제공할 수 있는 사람들과 지역단체를 포함하는 비공식적인 해결책들이 모색되어야 한다. 따라서 공식 조직이 부과하는 고비용 문제를 피하기 위해 관리는 사용자들의 책임으로 남을 수 있다. 이러한 노력들을 특히 고용 문제 처리와 같은 다른 프로젝트들과 연계하면, 다목적 조직이 될 수 있는 안정적인 네트워크(예를 들어 근린지역 위원회, 커뮤니티 개발팀)를 구축하는 데 도움이 될 것이며, 이 네트워크를 통해 쓰레기 수거에서부터 자립주택을 위한 보조와 기반시설 관리 같은 다양한 활동들을 결합할 수 있다. 또 제한된 공적 재원과 대량의 지역 내 노동을 활용하여 생활 여건을 개선하고 지속 가능한 개발을 진행시킬 수 있게 된다.

공식적인 조직을 갖고 있는 성숙하고 부유한 도시에서 지속 가능한 개발을 위해 적절한 기반시설을 공급할 것인지 환경보호를 할 것인지의 우선순위는 공개적인 논의의 영향에 따라 달라지게 된다. 이런 경우에 가장 중요한 결정 사항은 토지이용과 밀도에 관한 것이다.

모든 도시에서 원료 투입을 줄이고 쓰레기를 줄여서 재활용을 증가시키기 위한 노력은 더욱 효율적인 자원 이용의 전제조건이 된다. 도시들은 조직적으로 종이나 기타 재사용할 수 있는 재료를 수거할 수 있다. 또한 환경적으로 해로운 상품을 처분하는 시스템을 운영하거나 재활용을 증가시키기 위해 기업간 협력을 조직화할 수 있다. 특히 인구 일인당 자원 이용 비율이 매우 높은 부유한 도시에서는 종이, 산업 쓰레기, 자동차 폐기물과 같은 재료들을 재활용하는 노력을 강화할 필요가 있다. 공간적 근접성을 바탕으로 하는 조직들과 기업들 간의 협력의 모든 영역에서 도시는 매우 중요하다.

생태적으로 지속 가능한 전략은 에너지 절약에서부터 물 이용의 개선 등 모든 관련 영역에 적용되어야 한다. 각 영역에서의 정책은 모든 분야의 활동을 포괄하도록 구축되어야 한다. 예를 들어, 물을 아끼기 위해서는 다음과 같은 것이 요구된다.

- 낡은 상수본관이나 불법적인 연결로 인한 손실의 저감.
- 여러 나라에서 이미 실시하고 있듯이, 한번 쓴 물을 다시 이용하기. 이때 잠재적인

오염물질은 걸러서 쓸모 있는 비료로 활용함.

- 공정한 가격 책정. 오늘날 선진국의 도시와 개발도상국의 도시 어디에서나 자원 이용의 경제성을 촉진하기 위한 수단으로 부과세를 거의 이용하지 않고 있음. 동베를린에서는 사회주의적 방식인 무료 용수 정책이 폐기된 이후로, 가격은 거의 14배 증가했지만 일인당 물 소비는 3분의 1이나 감소함.
- 오염과 쓰레기에 대한 규제. 오염을 방지하기 위해서는 엄격하게 적용되는 법령이 필요함.
- 농업용수의 과소비 억제. 전 세계적으로 소비되는 물의 3분의 2가 농업용이지만, 효율적인 관개 시스템은 40% 미만에 그치고 있음. 물 소비의 감소는 가능하며, 이는 도시의 용수 문제를 개선시킬 수 있음.
- 물의 정수. 새로운 기술을 활용하면 이 부분에서 더 나은 결과를 가져올 수 있을 것임.

<자료 4-18> 이집트 카이로의 고형 폐기물 수거

브라질, 인도네시아, 인도에서 보고된 몇몇 사업은 쓰레기 수거인들의 조직 개선과 그들의 수거권 인정, 수거 서비스의 통합, 최소한의 건강을 보호할 수 있는 기본적인 도구의 제공을 목적으로 한다. 예를 들어, 이집트의 카이로에서는 쓰레기 수거에 대한 책임이 오랫동안 지방 공중위생 당국과 비공식 부문의 쓰레기 수거단체(the zabbaleen), 지방 계약자들(the wahis)에게 공동으로 나누어져 있었다. 영리 추구 및 비영리 추구 민간 부문 4개 주체 간의 합의 노력으로, 비공식 부문인 이 그룹들이 민간 회사인 환경보호회사(environmental protection company, EPC)로 출범했고, 도시 여러 지역의 쓰레기 수거 계약을 하게 되었다. 지방계약자(the wahis)가 이 시스템의 관리와 행정 서비스의 제공, 가정용 요금과 관리비의 수금을 담당했다. 쓰레기 수거단체는 쓰레기를 수거하고 운반했다. 그들은 자신들의 노동력을 쓰레기를 재활용할 수 있는 권리로 바꾸었다. EPC는 비공식 부문의 그룹일 때보다 더 효율적으로 운영되었고 수입도 증가했다. 그 결과 EPC의 서비스를 카이로의 다른 지역까지 확대시키기로 했다. 처음의 시작은 지방정부의 관리들이 쓰레기 수거인들과 계약자들을 쫓아내려고 시작했던 것이다. EPC를 제외하더라도, 도로 개선과 학교 건설, 외래 환자를 위한 병원 건설과 공원 및 어린이들을 위한 공간 건설, 신용대출 프로그램과 관계 있는 주변 개선 계획은 사람들에게 지지를 받았으며 결국 실행되었다. 또한 당나귀가 끄는 짐차 대신 소형 트럭으로 쓰레기를 수집하게 되었다. 이 회사의 다른 활동으로는 중소기업 육성, 문자 교육, 기반시설(수도, 하수, 전력선), 건물 외관 보수, 식재 등에 필요한 신용대출 등이 있다.

성과는 다음과 같다.

- 300가구가 쫓겨나는 대신 정착했고, 쓰레기 수거를 계속하도록 허가받았다.
- 매일 200톤의 가정 쓰레기가 지방정부의 예산을 전혀 사용하지 않고 수거되었다.

- 이러한 200톤의 쓰레기 중 90%가 분류되고, 재활용과 재가공을 통해 매일 회수된다.
- 건강 상태가 개선되었다.
- 쓰레기 분배소의 건설로 45명(같은 비율로 젊은 남녀를 고용)을 위한 새로운 일자리가 창출되었다.

                                                        —UN Best Practices Database.

4. 경제정책

1) 지역 경제정책의 타당성

현재 상황에서 지역 경제정책의 최우선 목표는 고용 창출과 고용 확대이다. 성장하는 경제체제에서 안정적인 고용은 소득을 유지하고 환경적인 빈곤을 감소시키는 전제조건이다. 거시경제의 추세, 통화 상황, 국가의 세금제도, 세계화가 고용에 주요한 영향을 미칠 수 있다. 그러나 도시 당국 또한 경제개발에 영향을 미친다. 매우 작은 단기적인 정책 변화일지라도 경제적 성과에 상당히 장기적인 영향을 미칠 수 있다. 이러한 변화는 건축용 토지, 교통, 부동산 시장, 도시 설계, 정보기술과 정보 네트워크 같은 민간 부문의 중요한 투자를 가능하게 하는 맥락을 제공한다. 도시는 지역의 노동시장과 산업 또는 서비스 부문 투자에 대해 매우 제한적이고 간접적인 힘만 가지고 있기 때문에 안정적이고 장기적인 정책을 고안해낼 필요가 있다. 세계화는 국가 및 지역 차원에서 정책의 영향력을 감소시킨다고 생각되는 동시에, 한편으로는 특정 지역에 자본이나 인력을 유치하는 불균형적인 영향력을 행사하기도 한다. 이러한 변화하는 맥락 속에서 다음의 여러 가지 지역적인 요인들이 미래에 더욱 영향을 미치게 될 것이다.

- 교육과 훈련(이것은 지식경제에서 가장 중요한 투입물이며, 도시 정책에 의해 크게 영향을 받음).
- 고등교육기관과 민간 기업 간의 긴밀한 협력.
- 효과적인 공공 서비스.
- 양질의 주택과 기반시설.
- 강한 네트워크로 구성된 지역 기업.
- 유연한 노동시장.

- 기업에 우호적인, 유연하고 신뢰할 수 있는 효율적인 규제.
- 도시의 좋은 이미지(이것은 다시 기업의 이미지를 강화시킴).
- 매력적인 문화생활과 좋은 도시 설계.

도시 고용 부문에서 주로 많이 성장하는 부문은 건설, 주택, 오락, 소매, 지방행정, 교육, 보건 서비스와 같은 지역의 비교역재화(non-tradable goods)이다. 지역 재화의 질은 도시의 매력과 교역재화 부문에서의 도시 용량에 큰 영향을 미친다. 도시는 자신들의 지역 재화에 대한 책임이 있다. 지역 생산품의 질을 성공적으로 관리하면, 주민들의 삶의 질을 증진시키는 동시에 경쟁력을 제고시킬 것이다.

<자료 4-19> 청정 생산: 중국의 시범사업

중국 당국과 20여 개가 넘는 중국 기업이 포함된 다국적 기업에 의해 실시된 청정 생산 시범사업의 결과는 괄목할 만했고, 그 결과 이 계획을 3,000여 개의 중국 기업으로 확대하기로 했다.

비용 절감에 따른 환경적·경제적 편익

	환경적 편익(회계상)	경제적 편익
베이징 양조장	맥주 1톤당 물 소비량 4톤 절약 맥주 손실이 2% 줄어듦.	연간 미화 20만 달러
베이징 일반 전기도금 공장	폐수량이 연간 2679톤 줄어듦. 중금속 방출량이 연간 24.5kg 줄어듦.	연간 미화 2,500달러 연간 재료비에서 미화 1만 달러
쿠푸(Qufu) 시멘트 공장	먼지 방출량이 국가 평균수준으로 줄어듦.	연간 미화 19만 6,000달러
샤오징(Shaoxing) 곡물 및 기름 공장	냉각수가 연간 921.5톤 절약됨. COD 방출량이 연간 14.9톤 줄어듦.	미화 500달러 투자에 대해 연간 미화 9,000달러. 연간 기름 생산량 635톤 증가.

—Selection from UNEP, 1996: 7.

경쟁이 더욱 거세지고 국제화될수록 모든 도시들은 이러한 현실을 올바로 인식해야 한다. 도시간의 경쟁은 경제발전의 중요한 요소가 될 것이며, 멈춰 서 있는 것은 곧 뒤처지는 것을 의미한다. 기회가 더욱 많아지면서 도시들은 이미지를 개선하고 생산비용을 낮춤으로써 입지 결정에 영향을 미치려고 노력할 것이다. 더욱 유동적인 국제 자본시장은 도시의 전반적인 매력을 제고시키는 정책이 가져다줄 잠재적인 보상을 더욱 크게 해줄 것이다.

개발도상국의 도시들은 국제 자본을 더 많이 유치하기 위한 수단으로 자신들의 값싼 노동력과 확대되는 시장 상황을 이용할 수 있다. 선진화된 도시들은 수십 년간의 성공적인 발전에서 기인하는 경직된 태도나 관성을 극복해야 한다. 경쟁을 통해 각자의 성장 과정을 촉진하는 것이 기존의 성장 관성을 극복하거나 자본과 노하우의 부족을 극복할 수 있는 최선의 전략이 될 것이다.

2) 고용과 형평 제고를 위한 도시 경제정책

(1) 협력하는 도시(the cooperative city)

지방과 중앙정부(또는 광역지역 정부) 간의 긴밀한 협력은 성공의 전제조건이다. 특히 아프리카, 라틴아메리카, 동유럽의 많은 나라들처럼 분권화가 진행 중인 국가들에서는 더욱 그러하다. 도시에는 지역의 소규모 노동집약적인 공장 소유주에서부터 대기업의 이사회에 이르기까지 다양한 참여자가 있다. 오늘날 지역 정치의 등록상표인 '권한 위임(Enabling)'은, 적합한 규제와 서비스를 도출해내기 위해서 모든 참여자들에 대한 상세한 지식과 가장 생산적인 방식으로의 자원 이용을 요구하고 있다. 이런 협력 방식은 기업과 근린지구 간의 갈등을 줄이며, 특정 입지의 신규 투자에 대한 의견 동의를 이루어낸다. 투자를 위한 민관 협력 과정에서 근린지구단체, 노동조합, 비정부기구, 종교단체 등을 통합하는 일은 쉽지 않으며 때로는 불가능하기도 하다. 이해관계의 갈등은 피할 수 없을 것이다. 내생적인 역량을 이끌어내기 위해서는 다양한 행위자를 모으는 촉매작용이 필요하다. 사회적 자본을 구축하기 위해서는 서로 다른 이해관계에도 불구하고 서로 관련된 모든 참여자들의 결합이 필요하다.

이들은 적극적인 협력자들이 아니기 때문에, 도시는 직접적인 하향식 정부 개입의 역할을 축소시킬 수 있을 경우에 성공할 수 있다. 중앙정부와 도시 간의 협력은 <표 4-1>에서 제시된 조치들로 집약될 수 있을 것이다.

많은 도시들의 경우 기업 조직과 그들의 대표자들은 구축된 협력체제와 대의제도의 틀 안에서 움직인다. 제도적 장치가 없는 경우라면, 도시들은 기업이나 소매상 조합을 서비스나 공동 활동의 계획과 공급에서의 영원한 협력자로 끌어들일 수도 있을 것이다. 민주적 대표제에 기초한 개방적인 협력은 부패를 감소시키고 합의의 도출을 용이하게 하여, 더욱 효과적이고 적절한 해결책을 만들어낸다.

(2) 학습하는 도시(the learning city)

인적 자본, 생산체제, 지식 활용이 21세기 도시 개발의 근간을 형성할 것이다. 교육 훈련과 학교 관리가 항상 도시 당국의 검토 과제인 것은 아니지만, 고급 노동력을 육성하는 일이 주요 목적 가운데 하나이기 때문에 이것들을 적극적으로 포함해야 한다. 지역 기업들과의 협력을 통해 학습하는 풍토는 매우 중요하다. '학습하는 도시'라는 명칭을 얻는 것은 교육의 질에 달려 있다. 평생 학습의 기반과 공공 행정을 위한 지식 기반을 구축하는 일은 도시 개발의 토대를 향상시키기 위한 모든 공적인 노력의 중심이 되어야 한다.

도시는 지식과 경험의 네트워크이다. 정보와 정보 시스템은 대개 집합재(collective goods)인데, 그 이유는 민간 부문이 시장에서 필요한 모든 정보를 제공할 수 없기 때문이다. 민간 공급자가 필요한 정보의 흐름을 개선할 수 없거나 개선할 의사가 없는 곳에서는 도시 정부가 스스로 공급자 역할을 할 수도 있다. 도시 개발이나 지방 기업들의 네트워크 구조와 관련된 사실에 대한 공공의 정보는 여러 기업들 간의 분업을 개선시키는 데 유용하게 기여할 수 있다.

모든 세대는 과거 세대의 끈기 있는 학습과 혁신을 활용함으로써 이전 세대로

<표 4-1> 고용 증대를 위한 도시 및 국가 수준의 정책과 조치

도시 수준에서의 조치	국가 수준에서의 조치
• 공공 지출의 방향 재설정	• 도시 정부의 권력 위임
• 공공 서비스 공급의 개선	• 국가 재원 배분의 개선
• 중·소규모 사업 활동을 가로막는 공공 행정의 제약, 규제 등의 폐지	• 대규모, 현대식 사업 활동을 선호하는 재정 및 여타 정책의 편향 시정
• 사회적으로 소외된 지역을 위한 학교와 보건소 설치	• 대규모와 소규모 사업 활동을 연결시킬 수 있는 연계 관계 구축
• 산업 및 사회 서비스 기반시설의 효율적이고 완전한 이용 촉진	• 경제·사회정책 속에 나타나는 도시적 또는 반도시적 편향 시정(예: 가격 왜곡, 보호 무역, 산업 입지)
• 토지 소유제도 개선	-
• 임대료 규제 개혁	-
• 토지 투기 억제와 도시 공한지의 합리적 이용 촉진	-
• 공동사회 조직 및 자조기구에의 참여 촉진	-
• 이용자 부담을 통한 비용 충당	

출처: ILO, 1998: 34.

부터 혜택을 받는다. 런던이나 스톡홀름 같은 도시들은 산업 시대의 정치적·행정적인 지식으로부터 자신들의 제도를 발전시키는 데 여러 세기의 시간이 걸렸으며, 나이로비와 같이 늦게 도시화를 겪은 도시들에서는 이러한 과정이 이제 막 시작되고 있다.

세계화의 압력과 엄청난 인구성장으로 인해 많은 도시에서 학습 시간이 엄청나게 단축되고 있다. 따라서 학습 강도와 생산성은 개선되어야만 한다. 지식 교환은 확대된 협력 시스템의 주요 내용물을 형성해야 한다. 도시들은 자신의 지식과 경험을 다른 도시에 수출할 수 있고, 또 당연히 수출해야 한다. 이미 많은 도시 정보 교환 네트워크가 연계되어 있다. 다음 세기에는 개선된 통신 시스템으로 인해, 지금까지 행해졌던 '경험을 통한 학습(learning by doing)'의 필요성이 줄어들 것이다. 도시들은 강화된 지식 교환 시스템으로 활발하게 공공의 토론에 참가할 수 있고, 또 벤치마킹과 모범 사례(best practice)를 공유할 수 있다. 따라서 도시들은 더욱 신속하게 더욱 성공적인 개발을 위한 해답을 찾아낼 수 있게 될 것이다.

<자료 4-20> 시카고의 지역학교위원회

일리노이 주에 있는 시카고는 미국에서 세 번째로 큰 도시로, 약 250만 명이 거주하고 있다. 1980년대 말 시카고 공립학교 시스템(Chicago public school system, CPS)은 학부모, 지역 주민, 사업가들 모두로부터 비난을 받았다. 이들은 중앙집중화된 학교 관료주의가 이 도시의 아이들에게 폭넓은 교육을 시키는 데 실패했다고 주장했다. 이러한 개인과 단체들은 작지만 큰 반향을 일으키는 사회운동을 시작했고, 상부 중심적으로 위계화된 교육 시스템을 뒤집어놓을 수 있었다. 1988년에 일리노이 주의회는 제도화된 계획 원리를 충실히 실행하기 위해, 시카고 시의 학교 운영을 분권화시키고 개방하는 법률을 통과시켰다(이 법은 시카고 시의 관할 지역인 시카고 시내의 학교에만 적용된다). 이 것은 11명의 임원과 투표권이 없는 한 명의 학생 대표로 구성된 고등학교 지역학교위원회에 의해 운영된다. 법률에 의해 운영권이 교장과 중앙관료에게서 지역학교위원회로 넘어왔다. 즉, 그들은 법률에 따라 교장의 선임과 해고에 대한 권한을 위임받고 요청할 수 있으며, 3년마다 조사와 검토를 통해 교장이 이행해야 할 약정을 작성하고, 매년 교사, 프로그램, 기반시설에 대한 교육 개선 방안(school improvement plans, SIPs)을 작성한다. 그들은 이러한 계획의 실행과 교육예산의 승인을 확인한다. 이러한 모임은 학기 중에는 매달 이루어지며, 여름방학 중에는 조금 뜸하다.

…… 프로그램을 계획하는 사람들은 지역학교위원회에서 일하는 사람들이 그들의 의무를 발휘하는 데 필요한 기술이 부족하다는 것을 알게 되었다. 새로운 법률은 지역학교위원회 회원이 예산 운영, 교육 개선 방안, 교장 선출, 단체의 기능, 위원회의 의무 등에 관하여 중앙 교육청에서 실시하는 약 20시간의 교육을 받도록 요구한다.

미국에서 이러한 개혁은 매우 공식적이고 직접적인 민주적 학교 운영 시스템에 의해 이루어졌다. 매년 5,000명 이상의 학부모와 지역 주민, 교사가 자신들의 학교를 운영하도록 선출된다. 소수민족으로서 일리노이 주 공무원에 선출된 사람들의 대부분이 지역학교위원회에 근무한다.

…… 지역학교위원회는 앞에서 언급한, 정교하게 계획된 민주적인 계획의 다섯 가지 원리들을 구현하고 있다. 그들은 지역 교육의 결정권자인 학부모, 교사, 지역 주민과 같은 다양한 그룹들에게 이전에는 없었던 실질적인 힘을 부여함으로써, 주정부와 지역사회 사이에 새로운 연결고리 역할을 하고 있다.

—Fung and Wright, 1998: 12.

(3) 기반시설과 토지가 풍부한 도시

경제성장에서 기반시설은 매우 중요하다. 도시는 개발을 위해 기반시설과 토지 부족 문제를 해결해야 할 필요가 있다. 그러나 인구가 급성장하는 도시에서는 이러한 문제가 장기적인 목표가 될 수밖에 없는데, 그것은 단기적으로 동시에 투자해야 할 경쟁적 수요가 너무나 많기 때문이다. 그렇지만 도시는 발전 방향과 미래의 발전상을 제시해서 자원을 동원할 수 있다. 도시 정부는 이러한 개발 개념과 관련하여 근린지구들이 자신들의 역할을 이해하도록 하는 데 도움을 줄 수 있다. 장기 계획에 포함됨으로써 안정성을 보장받으면 대외적인 신뢰와 안정된 조직을 구축하는 데 도움이 될 수 있으며, 따라서 투자전망을 개선할 수 있다.

경제성장이 강력하게 일어나고 있지만 인구성장이 낮은 과도기적 도시에서는, 투자를 위한 재원을 동원하는 데에서의 어려움을 극복해야만 한다. 여기서도 명료하고 합리적인 계획의 수립은 납세자들과 이용자들을 확신시켜서 대규모의 투자자금을 조달하는 데 도움이 될 수 있다.

개발도상국들은 국내총생산의 약 4%를 기반시설에 투자하고 있으며, 도시에서는 이 비율이 점점 높아지고 있다. 적절한 기반시설을 공급하기 위해 도시는 건전한 재정 정책에 기반을 두는 적절한 금융기법을 필요로 한다. 시중은행들이 신용도가 높다고 판단할 때에만 도시들은 자본시장에서 자금을 구할 수 있다. 자본의 부족이 투자 결정에 큰 영향을 미치게 될 때, 특히 급격히 성장하는 도시에서는 올바른 투자 우선순위를 정하는 일이 매우 중요하다.

민간기업 부문을 위해 기반시설을 공급하는 일은 흔히 기업 로비의 징후로 여겨진다. 그러나 강력한 압력단체의 힘과 영향력은 모든 도시들에서 볼 수 있는 정치적 현실이며, 따라서 공공투자의 비교우위를 평가하는 데는 다양한 방법이 존재하게 된다. 국제적인 파트너와 협력하여 분석적인 방법을 개선하게 되면 투자 결정을 위한 공통의 기준을 만들어낼 수 있고 바람직하지 못한 정치적 영향력을 줄일 수 있다. 자본 부족을 극복하고 기반시설 투자에서 노동 요소를 증가시키기 위해서는 지속적인 노력이 필요한데, 특히 높은 실업률로 고통을 겪고 있는 도시에서는 그 필요성이 더욱 커지고 있다. 기반시설 투자는 노동시장으로의 접근성을 제고시켜서 노동력의 주변부, 즉 비공식 부문을 흡수하는 데 이용될 수도 있다. 이와 같이 경제 개발과 사회경제적 통합이라는 측면은 동일한 정책의 두 가지 측면이 되는 것이다.

기반시설 공급은 토지 개발과 긴밀하게 연결되어 있다. 개발용 토지를 충분히 공급함으로써 지가를 낮게 유지시키면 시장을 확장하고 고용을 창출하는 효과적인 저비용 생산이 가능하게 된다. 이렇게 하면 도시들은 자본을 축적하고, 여러 가지 방법으로 저비용이면서 노동집약적으로 기반시설과 주택을 생산할 수 있다.

- 건축용 토지의 공급에서 재정 문제와 능력 부족 문제를 극복하기 위해서는 민간 개발업자와의 계약 협정이 유용하다. 독점을 피하기 위해 개발업자로 하여금 일정 비율의 개발 토지를 강제 매각하도록 할 수도 있다.
- 민간 개발업자들은 연동계약(linkage contract)을 통해 자조(self-help)주택을 위한 부지를 공급할 수도 있다. 도시는 고소득 집단과 저소득 집단 간의 교차보조(cross-subsidy)를 실시하도록 하여 복합개발사업의 가격을 규제할 수 있다.

(4) 중소기업의 도시

대부분의 도시에서 지역 경제는 중소기업들이 이끌어간다. 중소기업들은 큰 규모의 기성 기업들보다 더 많은 추가적인 고용을 유발하기 때문에 개발도상국의 도시 경제에서 특히 중요하다. 그러나 공식적인 도시의 관료제도는 비공식적인 소규모 생산자나 서비스 공급자를 잘 지원해주지 못하는 경향이 있다. 따라서 도시는 이원적인 행정 시스템을 개발해야만 한다.

- 비공식 부문의 소규모 기업을 위한 공식 절차에 드는 비용은 절감되고 간소화되어야 한다.
- 인가는 신속히 이루어져야 하고, 중소기업이 받아들이지 못하는 기준을 강제로 적용하려고 하지 말아야 한다.
- 중소기업을 이해할 수 있고 잘 다룰 수 있도록 행정 시스템을 투명화해야 한다. 종합적인 원스톱 프로그램을 통해 많은 문제들이 완화될 수 있다.
- 특히 기반시설을 처리하기 위한 대규모 프로젝트를 다루기 위해 대도시들은 대규모 관료조직을 갖추고 있다. 계획과 실행 과정은 공식적인 입찰 절차와 복잡하게 공식화된 절차에 따라 이루어진다.

따라서 도시들은 대기업을 활용하는 경향이 있다. 소규모 영세 기업인과 시청의 공무원은 서로 격리된 세계에서 움직인다. 도시들은 이러한 문화적 차이를 극복하기 위해서 특별한 노력을 해야 한다. 그들은 소규모 생산자들의 능력과 필요에 맞는 비공식적인 절차를 담당하는 기구를 만들 필요가 있다. 도시의 구매력은 소규모 공급자들을 육성하는 데 이용되어야 한다. 지방정부의 장기적인 목표가 비공식 기업 부문을 전체 도시 경제에 통합하는 것이라면, 도시 정부는 이 목적을 위한 정책을 수립해야만 한다.

<자료 4-21> 태국 방콕의 '도시빈곤 퇴치사업'

1992년 3월 태국 정부는 도시빈곤 퇴치사업을 시작하기 위해 미화 5,000만 달러의 예산을 승인했다. 이 계획은 중앙정부의 주택공사(the national housing authority)에서 추진하는 사업이지만, 자체적으로 독립된 사업운영팀과 관리체제를 갖춘 '도시지역개발단(urban community development office, UCDO)'에서 시행했다. 도시지역개발단은 정부 기관(타이은행, 재무부, 국가 경제·사회개발위원회) 소속인 세 명의 임원, 지역 대표 세 명, 비정부단체 두 명과 민관 협력의 원칙에 따라 민간 부문 소속 한 명으로 구성된 위원회에 의해 운영된다.

도시지역개발단은 자신들의 개발 문제를 처리할 수 있는 지역사회의 능력을 증대시키는 방법으로 신용대부 방법을 사용했다. 지역사회는 저축 모금 활동을 시작하고, 대부를 신청하기 적어도 석 달 전에 운영 절차와 수익자에 관한 관리 방안을 정해야만 한다. 저축한 금액의 최대 10배까지 대부받을 수 있다. 이 시스템에 따라 지역사회는 도시지역개발단 대부이자에 2-5%의 이윤을 추가할 수 있다. 결국 이자율은 시장금리와 비슷하거나 조금 낮은 수준이 된다. 이는 저축 및 신용대부기관이 회원들이 동의한 내부 운영방식과 활동들에 대해 자신들만의 재원과 수단을 가질 수 있게 됨으로써, 기관들로 하여금 자신들의 능력을 증가시키고 향상시키도록 해주었다. 이러한 사업은 지역사회가 시발자로서, 운영자로서, 계획자로서, 관리자로서, 그리고 모든 과정의 주역으로서 역할하도록 보장해준다.

이 사업은 또한 '통합 신용 시스템(integrated credit system)'의 기반이 된다. 이는 지역사회의 요구를 통합해서 다루는 것이며, 분야별 접근은 지양한다. 지역사회는 통합적인 지역사회 개발계획을 수립하고, 도시지역개발단으로부터 신용대부를 받을 수 있다.

1992년부터 1997년간에 이 대부금을 이용하여 방콕의 87개 지역에서 4,900가구를 대상으로 61개 사업이 실시되었다. 미화 720만 달러가 지출되었고, 100만 달러가 상환되었다. 전체 신용대부의 3분의 2가 주택 건설에 사용되었으며, 약 150개의 저축조합이 도시지역개발단으로부터 지원을 받았다.

'도시빈곤 퇴치사업'은 도시빈곤층 자신들이 스스로 빈곤을 완화시키는 사업을 계획하고 운영해나가는, 새로운 지역사회 건설 및 운영 과정이라 할 수 있다. 자본은 회원 자신들의 저축이기 때문에, 신중한 운영과 책임의식이 지역사회에 생기게 되었다. 주택

건설 부문에서 이러한 경험은, 대부를 통한 주택 건설 사업이 전통적으로 국가나 민간
부문에서 이루어졌던 주택 건설 성과보다 더 효과적이고 탄력적이라는 사실을 명확히
증명했다. 이 사업은 일반적으로 더 빨리 달성되고, 저렴하며, 상환율 또한 높게 나타나
고 있다.

-Boonybancha, 1997: 222-223.

지방정부는 도시지역 토지에 대한 접근성을 향상시키고 토지 공급을 증가시키기
위해 많은 조치를 취할 수 있다. 예를 들면,

- 비용이 적게 드는 계획안을 개발하기. 예컨대 지붕을 갖춘 공공 시장과 작업장 등
  을 임대 또는 소유 형태로 개발할 수 있으며, 이러한 계획안은 민간 부문과 협력할
  때 가장 잘 이루어진다.
- 도시 기반시설의 개량을 통해 발생되는 개발 가치의 일부는 개발 과정에서 소외된
  주변 지역사회의 이익을 위해 쓴다는 것을 보증하기.
- 토지이용정책과 기반시설에 관한 결정 과정을 분권화하고 민주화시키려는 노력. 기
  반시설의 우선순위를 정하는 데에 중소기업 사장들로 구성된 근린지구 단체를 중요
  한 자원으로 인식해야 한다. 왜냐하면 이들이 지속적인 성장에 따른 문제점에 관하
  여 최고의 시장 정보를 갖고 있기 때문이다.

-ILO, 1998: 43.

새로 시작할 기업은 토지, 노동, 자본(대출)과 시장에서 팔 수 있는 생산품을 (물론)
필요로 한다. 도시 당국은 토지나 임대 시장의 여건을 개선할 수 있다. 또한 그들은
대출 시장, 특히 비공식 부문 기업을 위한 소액 대출 시장의 여건을 개선하려고
노력해야 한다.

많은 도시에서, 대출가능성이 사업을 시작하려는 중소 규모 기업가들의 주요한
장해물이다. 대규모의 공식적인 주류 금융기관은 중소 규모 기업에 소액이라고 생
각되는 돈이라도 대출해줄 수 없거나 대출해주려 하지 않는다. 그러나 비공식 부문
기업에게 소규모 대출을 전문으로 하는 은행의 대출이 확산되고 있다. 이러한 대출
기관 중에서 가장 유명하고 성공한 기관인 그래민 은행(Grameen Bank)*은 무하마드
유너스(Muhammad Yunus)에 의해 1974년에 설립되었다(<표 4-2> 참조).

*: 1984년에 방글라데시에 설립된 그래민 은행은 45만 명의 빈곤한 농민들이 주택을 건설하고
  개량할 수 있도록, 무담보 10년 상환을 조건으로 한 가구당 미화 300-620달러의 대출 지원을
  해왔다. 대출금 회수율은 98%이며, 매월 7,000건의 신규 대출이 이루어져 왔다. 성공 비결은
  주택 소유권을 여성 가장들에게 귀속시킴으로써 그들이 자립정신과 책임감을 가질 수 있는
  토대를 마련해주었다는 점에 있다.

<표 4-2> 그래민 은행의 대출 지급금

	1997	1996	1995	1994	1993	1992
연간 대출 지급 (단위: 미화 100만 달러)						
(a) 일반 부문	370.14	238.37	343.80	352.12	260.24	142.17
(b) 주택 부문	15.63	4.13	17.82	33.53	42.09	14.81
연도별 전체 지급금	385.77	242.50	361.62	385.65	302.33	156.98
누적 총지급금	2224.10	1838.33	1595.83	1234.21	848.56	546.23
누적 상환액	1868.65	1526.89	1293.31	941.18	618.84	423.95
상환율(%)	93.18	96.22	99.28	99.37	99.01	98.17
그룹 기금의 저축 잔액	90.91	81.48	75.19	60.81	40.83	24.37
주택 건설 호수	402,747	329,040	331,201	295,702	258,194	157,334

출처: www.grameen.com

그래민 은행은 고객을 심사하고 대출 실패율을 낮추는 데에 매우 간단하고 효과적인 기법을 이용한다. 능력이 있는 고객은 대출 심사를 위한 5-10명의 소그룹 구성원으로 위촉된다. 이들은 고객이 갖고 있는 사업 아이디어의 맥락을 알게 되고, 대출 목적을 토의하며, 대출 여부를 심사한다. 이 소그룹은 이후에 대출자가 어려움을 겪을 때 자문역이나 통제기구로 기능하게 된다.

이러한 간단한 기법은 매우 효과적인 것으로 밝혀졌다. 이 방법은 대출 처리비용을 낮추면서도 은행의 위험률을 줄인다. 노르웨이와 같은 선진국에서도 이 아이디어를 채택하려 하고 있다. 왜냐하면 담보자산이 거의 없는 사람들에게 소액 대출을 가능하게 해주는 일은 모든 지역이 안고 있는 문제이기 때문이다.

많은 여성들이 소규모의 비공식 기업을 운영하고 있다. "신용대출을 할 때 직면하게 되는 상당한 사회적·문화적·법적 장해물로 인해 여성들은 가족과 친구, 전통적인 대출업자와 전당포업자 등 비공식적인 신용대출에 많이 의존해왔다"(ILO, 1998: 44). 선진국의 중소기업들도 비슷한 문제를 겪고 있다.

<자료 4-22> 비공식 부문의 장려

> 개발도상국에서, 특히 여성들에게 있어서 가정은 여전히 노동의 공간이다. 빈민가와 불법점거지역에 관한 많은 보고서를 통해 계획가들이 배울 수 있는 교훈은, 이러한 지역에서 주택은 가정생활만을 위한 곳이 아니라는 사실이다. 가정은 생산과 거래의 장소이고 오락의 중심지이며, 재정기관이기도 하고 은신처이기도 하다. 결국 작업환경

이 안전하고 환경적으로 받아들일 수 있는 수준이 되기 위해서는, 예컨대 주택용 건물의 이용 등에 관한 어느 정도의 제약이 필요하다

—ILO, 1998: 38.

이 보고서는 비공식 부문이 더 이상 주변적인 것으로 간주되어서는 안 되고 반드시 주류로 다루어져야 한다고 주장한다. 이를 위해서는 비공식 부문 단체를 주민단체로 인정해주고, 중소기업들에게 토지나 기본적인 서비스, 시장, 신용대출, 기술, 정보, 기반시설 등에 대한 접근을 동등하게 제공해주어야 한다. 이를 위해서는 불평등한 법률의 개정과 임대나 소유 형태의 저비용 개발 계획, 기반시설 개선 혜택의 공유, 토지이용정책 및 기반시설 결정에서의 분권화 등이 이루어져야 한다.

—ILO, 1998: 40-43.

(5) 제조업은 여전히 중요하다

탈산업화 시대에 제조업을 진흥시키는 것은 중요하지 않게 보일지도 모른다. 그러나 고용에서 차지하는 비율 이상으로 제조업은 중요하다(Cohen and Zysman, 1987). 제조업은 통상 서비스 부문보다 외부 세계와 더 연계되어 있다. 게다가 제조업은 은행업에서 건설업에 이르기까지, 광고업에서 연구개발에 이르기까지 다양한 서비스업을 필요로 한다.

이러한 이유로 특히 아직도 산업 고용이 증가하고 있는 개발도상국의 도시들에서는 특별한 산업정책이 필요하다. 도시들은 지방산업 부문과 그 구성 요소의 힘에 관해서 알아야 한다. 도시 당국은 또 정책의 영향으로 생길 수 있는 장해물이나 애로사항을 알아야 한다. 관련되는 요소들은 도시마다 다르지만, 전형적으로 산업이 요구하는 것들은 다음과 같다.

- 인허가 비용을 절감시키고 절차를 간소화하기, 규제가 필요하지 않은 한계 수준을 낮추기, 전반적인 공공복리로 나타내지는 규제의 결과가 기업에 부과되는 비용을 정당화시키지 못할 때의 규제 축소하기.
- 세금을 간소화하고, 과세를 신뢰할 수 있게 하고, 기업에 부과하는 세금을 수익 원칙에 의해 정당화될 수 있는 수준으로 가능한 한 낮추기.
- 기업 부문을 위해 양질의 투입 요소를 제공하기. 도시는 철도역, 공항, 상하수도 시스템, 교통 규제, 건축용 토지의 중요한 공급자이다. 도시는 고객의 필요에 맞게 투자를 조절해야 하고 비용의 대가를 제공해야 하는 경쟁 시장에서 공급자처럼 움직여야 한다. 만일 시 정부 기관이 높은 비용 대비 효과를 보일 수 없는 상황이라면, 공공 서비스는 민간화되어야 되고 공개입찰 방식이 이루어져야 한다.

- 시너지 효과가 가능한 협력, 특히 연구 협력을 촉진하기.
- 도시 시장(市場)의 투명성을 제고하기 위한 정보를 제공하기.
- 지방의 기업 부문과 협력적으로 제휴할 수 있도록 중앙정부에 압력 가하기.

이 항목들이 전부는 아니지만, 기업 요구의 핵심을 나타내고 있다. 이 항목들의 적절성은 도시마다 다르게 나타날 것이다.

(6) 도시와 세계시장

모든 도시의 노동시장은 지역의 공식·비공식 상품 시장에 의해 지배적인 영향을 받는다. 그러나 모든 도시의 경제는 국가간 또는 지역간 분업의 한 부분을 이룬다. 도시는 차별화되고 공간적으로 집중된 수요가 있어서 지역 상품을 효율적으로 생산할 수 있기 때문에 생산적인 곳이다. 또한 도시는 지역 기업들이 대량생산이나 높은 효율성의 전제조건인 극단적인 전문화를 가능하게 하는 국가간 또는 지역간 분업의 일부이기 때문에 생산적인 곳이다. 도시는 개별 기업의 생산성에 직접적인 영향을 미칠 수는 없지만, 기업들에게 공공 서비스와 제품 생산에 잘 투자할 수 있도록 하는 생산적인 환경을 만들 수는 있다. 양질의 기반시설, 고급 노동력, 효과적인 행정은 지역간 시장에서 성장하려는 경쟁력 있는 기업이 갖추어야 할 필수조건이다. 강력한 수출 기반이 주민들의 복지를 위해 중요하고, 따라서 도시는 지역 기업들의 외부 시장에서의 경쟁력에 관심을 가져야 한다.

모든 도시에서 해외 직접투자는 매우 중요하다. 이미 성장한 선진 도시들은 자신들의 경제 기반을 전문화시켜 발전하고자 한다. 동적 성장기의 도시들은 수출 기반을 확장시키려 하는 반면, 낮은 생산성으로 고통을 겪고 있는 과도성장기의 도시들은 국제시장으로의 통합을 필요로 한다. 통계에 따르면 소수의 도시들에 해외 투자가 극단적으로 집중되고 있다. '토착기업'을 성공적으로 육성시켜 자신들의 비교역 상품 시장을 성장시킨 도시들만이 외부 기업을 유치하는 데 성공하고 있다. 따라서 지역 기업을 자기만의 방식으로 잘 발전시킨 도시에서 경제적 성공이 생기게 되고, 이 지역 기업들은 유출 효과를 유발하여 외부 투자자들에게 그 도시를 더욱 매력적인 곳으로 만들어주게 된다. 어느 정도 시간이 지난 단계에서는 외부 투자가를 유치하는 전문기관을 함께 운영하는 것이 도움이 된다.

(7) 산업경제에서 정보경제로의 계획과 이행

쇠퇴하는 산업과 낡은 항구나 낡은 교통시설을 갖고 있는 구산업도시의 경제를 변환시키기 위해서는 복합적인 계획, 토지 은행, 경영 노력과 투자 노력이 필요하다.

도클랜즈의 중심을 관통하는 경전철 노선(런던 도클랜즈)

기성장 선진 도시에서는 이러한 변화를 이루는 데에 더 큰 노력이 필요하다. 산업이
나 유통시설이 빠져나간 대규모 이전적지(brownfield land)는 새로운 용도로 재생되어
야 한다. 이러한 형태의 많은 토지들은 도심의 직장과 가까운 편리한 곳에 위치하고
대중교통과 잘 연결되어 있기 때문에 주거용지로 개발될 수 있다. 또한 이와 대조적
으로 급속하게 성장하고 있는 사업 서비스 부문, 특히 은행, 보험 및 금융, 인쇄
및 전자매체, 그리고 법률, 회계, 광고, 선전 및 설계와 같은 전문 서비스업과 정보
기반 서비스업의 신규 고용을 제공하는 용지로 이용될 수도 있다.

입지와 접근성이라는 두 가지 과제가 이러한 전략을 방해할 수도 있다. 비록
이전적지가 전통적인 도심과 인접해 있지만, 이곳은 아직도 특히 대면접촉을 필요
로 하는 은행업 관계 활동과 관련하여 사람들이 심리적으로 꺼리는 지역으로 인식
되고 있다. 과거부터 내려온 힘들고 불쾌한 육체노동과 오염산업의 이미지가 이러
한 부정적 효과의 강도를 더하게 만든다. 런던 도클랜즈(London Docklands) 지역의
도클랜즈 경전철과 주빌레선의 연장으로 인한 성공 사례에서처럼, 대규모 교통 투
자로 접근성 문제를 해결할 수도 있다. 뉴욕의 세계금융센터(World Financial Center)나
런던 도클랜즈의 카나리 워프(Canary Wharf)와 같이 매우 가시적인 대규모 개발은
이 지역들을 명소로 만들었다. 이러한 재활성화 계획(regeneration schemes)은, 중요한
핵심 입주 업체들을 일정 규모 이상으로 유치시킨 다음 다른 기업들이 따라서 입지

대규모 오피스 건물이 들어선 카나리 워프 지역(런던 도클랜즈)

하기를 유도하는 전략이다.

낙후 지역 활성화 메커니즘은 여러 가지 문제가 연관되어 있다. 이전 사용자의 토지이용에 따른 오염 제거와 정리의 필요성과 더불어, 이런 작업의 규모와 범위는 대형 민간 개발업자라 하더라도 그 능력을 넘어서는 일이다. 1980년대에 이러한 거대한 도시 개발 사업에서 민간 부문의 선도 투자를 유도하기 위해서는 특별한 메커니즘과 대량의 공적자금이 필요했다. 런던 도클랜즈 개발공사[5])는 민간투자를 유치하기 위해 고도의 기업가적 방식으로 대량의 공적자금을 활용한 전형적인 사례이다. 핵심적인 메커니즘은 기업유치지구(Enterprise Zone) 지정이었으며, 이를 통해 런던 도클랜즈 개발공사는 찾아오는 투자자들에게 10년간 재산세 면제, 법인세

---

5) 1960년대 이후 영국 런던 도클랜즈의 쇠퇴 문제에 대응하여 부분적인 재개발 사업을 시행했지만 성과를 거두지 못하자, 영국 정부는 1974년 도클랜즈 연합위원회(Docklands Joint Committee)를 발족시켜 공영주택 건설과 환경 개선, 실업문제 해결을 위한 공장 유치 등을 골자로 한 종합계획을 제안했다. 그러나 막대한 투자를 요하는 종합계획은 1970년대 후반의 재정 위기로 노동당 정권에 의해 백지화되었다가 1979년 대처 수상이 이끄는 보수당 정권의 등장으로 부활했다. 영국 정부는 1981년 런던 도클랜즈 개발공사(London Docklands development corporation, LDDC)를 설립했다. 설립 목적은 토지 획득, 주택·교통 등 기반시설 정비 및 개발을 희망하는 민간기업에 토지를 양도하는 것 등에 있었으며, 그 수단으로 강제수용권을 비롯하여 거액의 보조금이 정부로부터 지급되었다(대한국토·도시계획학회 편, 『도시 개발론』, 2002).

할인의 형태로 세금을 경감해주었고, 기반시설 건설비용을 탕감해주었다. 다양한 유형의 많은 도시들에 탈산업화가 영향을 미치는 전 세계적인 현상이 나타나게 되면서, 앞으로 다가올 시대에 비슷한 문제에 봉착하게 될 많은 도시들의 경우, 1980년대와 1990년대의 선구적인 재개발프로젝트에서 활용할 수 있는 좋은 사례를 찾을 수 있을 것이다.

경험에 의하면 이러한 개발사업은 부동산 개발에 영향을 미치는 경기순환에 의존하기 때문에 높은 위험성을 수반한다. 카나리 워프 개발은 개발회사인 올림피아 앤 요크(Olympia & York)가 부도를 낸 후 1990년대 초에 1년 동안 중단되었다. 도쿄만(Tokyo Bay)의 매립 개발은 부동산 거품 경기의 붕괴로 인해 중단되었다. 일본 은행들의 자금 지원을 받은 아시아 지역 도시에 있는 다수의 거대도시 개발 사업은 1990년대 후반의 불경기로 인해 침체되었다. 실제로 이러한 개발들이 주요 일본 은행들의 문제를 야기했던 부실 대출의 상당 부분을 차지했을 것으로 추정하고 있다.

(8) 도시, 경제정책, 그리고 행정의 수준

대체로 도시는 자기 혼자만의 힘으로 기능할 수는 없다. 도시들은 거시경제의 안정을 도모하는 중앙정부와의 협력을 통해 혜택을 받을 수 있다. 이것은 특히 세입의 크기가 크게 변동하거나 차관 도입이 계속될 때에는 도시 경쟁력의 수준에 맞추어 공공 채무를 낮게 유지하거나 균형을 맞추어야 함을 의미한다. 전통적으로 중앙정부의 역할은 도시 정부의 자본시장으로의 차입 양을 조절하고, 대출 능력을 평가하는 것이다. 정치적 문제가 있는 매우 민감한 도시의 경우에는 은행이 도시 예산의 감사와 신용도 평가 기능을 할 수 있다. 도시들의 신용도를 평가하는 것은 중요한 과업이 되어야 한다. 도시들이 자신들의 빚에 대한 궁극적인 책임을 지도록 하는 것이 필요하다.

교역재화, 비교역재화, 가치재화(merit goods)[6] 간의 구분은 지속되어야 한다. 즉, 거시경제학은 교역재화에 초점을 맞추고, 중앙정부는 가치재화(예컨대 교육과 보건)를 다루고, 지방자치단체는 비교역재화에 더 많은 책임을 지는 것이다. 중앙과 지방의 관계와 마찬가지로, 도시 당국과 근린지구(비공식 부문도 포함) 같은 국지적 자치단체(localized entities) 간의 상호 의존관계를 공식화하는 것도 필요하다.

---

6) 국민들이 고루 소비할 수 있게 만들어주는 것이 바람직하다는 견지에서 정부가 생산하여 공급하는 재화나 서비스를 가치재라고 부른다. 가치재의 예로는 의료 서비스, 주택 서비스, 의무교육, 급식 제공 등이 있다(이준구, 『재정학』, 1999).

과도성장기의 도시에서는 비공식적인 지방 경제가 도시 활동의 대부분을 앞으로도 계속 차지하게 될 것이다. 이 도시에서 비공식 부문은 비교역 상품과 서비스를 생산할 것이며, 이는 또한 도시의 주요 공식 부문에 공급될 것이다. 기성장 선진 도시에서는 공식적인 고용에 대립되는 의미로서의 자영업이 더욱 증대된 자립도와 더불어 도시 경제에서 중요한 구조 변화를 이끌어왔다. 이 도시에서도 향후 비공식적인 활동들은 계속될 것이며, 이들과 공식적인 도시 경제와 교역 부문의 관계는 변화하게 될 것이다. 사람들이 기능적 네트워크와 협력적 환경에 의존하는 것과 마찬가지로 도시는 이러한 비공식적 지방 경제의 관계에 의존하며, 따라서 이런 변화를 수용하고 장려해야 한다.

가치재화와 마찬가지로 교역 부문은 비교역 부문에 영향을 미치고 또 이에 의존하기도 한다. 세계화가 교역 부문과 서비스 부문을 주도한다고 여겨지고 있다. 세계화로 인해 더 많은 집중, 인수합병, 파산, 아웃소싱, 다운사이징, 고용 축소와 비정규화, 입지가 자유로운 생산과 서비스가 등장했으며, 이들은 특정 도시에 대한 애향심 없이 단지 일시적인 세금 조건만을 이용하고 있다. 이와 같은 모든 구조적 변화들이 도시 경제에 직접적인 영향을 미치고, 이에 따라 영속적인 보완적 도시 전략을 요구하게 된다. 이러한 변화들은 도시들 간에 새로운 승자와 패자를 만들어내지만, 또한 도시 내에서도 지역적 생산품의 종류를 바꾸거나 지역적 공급자 및 구매자 간의 관계를 바꾸어놓는 경향이 있다. 또 이런 변화들은 지역의 노동시장과 지역 고유의 경제적 지지기반을 교란시키고, 기대와 동시에 절망을 낳기도 하며, 소득 불균형도 심화시킨다. 지방 경제의 생산체제는 호황과 불황이 순환되는 부동산 경기에 의해 더욱 영향을 받으며, 대부분의 도시들에서 입지가 자유로운 유동자본의 세계화에 미치는 영향과 도시 소득에 미치는 영향이 증대된다.

생산 부문 침체에 뒤이어 서비스 부문에 의한 근본적인 지각변동이 또한 진행되고 있다. 이는 부분적으로는 개발도상국으로의 분산화 과정으로 나타나고, 또 다른 부분에서는 정보 및 통신기술의 자본화와 활성화로 이어지기도 한다. 이러한 과정은 선진국에서만 일어나는 것이 아니라 대부분의 도시에서 두드러지게 나타나는 현상이다. 지금까지 중앙정부는 하향식 배분과 할당 절차를 통해 고용과 소득의 양극화에 미치는 역효과에 대응하도록 요구받아온 반면, 도시들은 역할이 약화되고 재원이 감소함에도 불구하고 기반시설을 공급할 의무가 있는 것으로 여겨져왔다.

복지 수준의 부족이 심해지면 도시민의 생활수준은 하락하게 되는데, 이에 따라 가장 심하게 고통받는 집단들은 직장을 잃거나 직접 부정적인 행동에 나서게 된다. 즉, 은행 거래를 거부(boycotting banks)하거나, 외부로부터 부과된 개발에 반대하거나

(예컨대 도로나 공공 서비스의 폐쇄 등), 사회법과 환경법을 위반하거나, 공무 절차 수행을 방해하는 등의 행동을 취하게 된다. 점차 지하경제(black economy)가 실업과 소득 감소를 대체해가고 있으며, 이와 함께 가족과 친지에 대한 의존, 물물교환과 사회적 연대, 벌이가 되는 활동에 대한 의존이 높아지고 있다. 지역의 필요를 충족시켜주는 시장이 있는 곳에서는 집에서 만든 상품, 그 지역에서만 통용되는 화폐와 중고품 거래가 증가하게 된다.

개인적 차원에서 소비자는 공급과 수요체계에 적극적으로 참여하는 과정을 통하여 기업가가 되는 경향이 있다. 지역의 이러한 소비자 겸 기업가들은, 도시 집단들의 특성이 다양하고 생존 조건 및 지위 향상의 기회가 불평등함에도 불구하고 공통의 가치를 지니게 될 수도 있다. 기술 교환, 소비자 신용조합, 상호부조 네트워크와 같은 것들이 사람들로 하여금 교육, 문화활동 및 지원 서비스를 서로 거래할 수 있도록 해주고 있다. 지역 조합은 소규모 기업으로 변화하고 있으며, 정규직 고용 시스템에 포함되지 못한 여성들이 대개 이를 운영하고 있다. 정규직으로 고용되어 근무하는 업무는 점차로 줄어들면서 바뀌고 있다. 가변적인 근무시간, 업무 목표량에 따른 실적 평가, 조기 퇴직, 비상근노동, 비상임노동 계약, 교육 기간, 봉급 노동과 자영업 사이의 전환, 도시간의 잦은 이사 등이 정규직 노동에 관한 지위와 가치를 변화시키고 있다.

한편, 도시 경제의 공식 부문도 소비자들이 유지·관리하고 수리할 수 있는 내구재를 더욱 많이 생산함으로써 비공식 부문 제품이 추구하는 가치를 충족시키고 있다. 생산품은 기술적으로는 덜 정교하지만 좀더 사용자 친화적이고, 또 환경, 레저, 문화에 더 관련되어 있기 때문에 더욱 지속 가능해지고 있다. 정보기술에 대한 수요는 자신들의 주장을 조직하고, 축적된 지식을 모으고, 지역적 웹을 구축하려는 '지능화하고(smart)', 네트워크화된 지역사회에 의해 더욱 증대되고 있다. 이는 떠오르고 있는 정보 및 통신기술 시장의 상당한 부분을 차지하며, 제품이 갖추어야 할 요구조건에도 영향을 미치게 된다.

이러한 모든 경향은 중앙 및 지방 차원에서 정부, 산업, 노동조합 간의 전통적인 삼각 권력관계에 변화가 필요하다는 것을 나타내고 있다. 도시 안에서의 세계화 요구와 지역 경제개발에 대한 기대 간의 시너지 효과를 얻기 위해서는, 국가, 시장, 시민 간의 새로운 관계 정립이 필요하다.

5. 사회 변화의 관리

1) 근본적인 사회 변화와 도시 유형

빈곤과 불평등을 줄이는 것은 사회정책과 도시 개발의 긴급한 과제로 남아 있다. 더욱 완벽한 평등은 여러 가지 전략을 통해서 달성될 수 있다. 특히 빈곤 가정의 아이들을 위한 양질의 교육, 높은 노동 수요를 유발하는 성장정책, 더욱 종합적인 도시계획, 기반시설 공급과 같은 전략이 필요하다.

유럽의 기성장 선진 도시에서는 사회보장제도가 노인들의 빈곤을 줄여왔는데, 이는 복지국가의 큰 성과 중 하나이다. 사회보장제도는 아이들이 있는 가구의 소득 상태를 개선시켜왔으나, 이들 가구들이 도시 생활을 하는 데서 겪게 되는 여러 가지 불이익을 충분히 극복하지는 못했다. 예컨대, 서비스의 상대적인 가격 증가, 높은 주택비용, 점차로 장기화되는 교육, 육아와 전문적인 직장 생활에서의 요구들의 균형을 맞추면서 길어진 삶을 영위하기, 근로 여성의 비율 증대 등을 대개 충분히 극복하지는 못했다. 소득은 높으나 여가 시간이 없고 심한 스트레스를 받는 대도시의 가정들은 명백한 패배자로 전락해왔다.

오래된 부유한 도시에서는 가족을 위한 적절한 환경을 갖기가 거의 어렵다. 과도하게 일에 얽매인 어머니들은 다양한 연령집단 간의 상이한 요구나 행복한 가정생활을 제공하는 데 역부족이다. 도시 개발 정책은 가족제도 자체가 협력적인 근린지구, 협력적인 일터, 협력적인 규제의 틀을 만들어낼 수 있도록 지원해야만 한다. 스칸디나비아의 도시들은 이러한 일들이 어떻게 이루어지는지를 보여주고 있다. 도시 환경은 가정 지향적이어야 하며, 자녀가 있는 어머니와 아버지를 더 잘 지원할 수 있어야 한다. 노동시장은 아이가 있는 부모들을 차별대우하지 말아야 한다. 이것을 말로 하기는 쉽지만, 도시에서 실제로 가족생활의 스트레스를 줄이기 위해서는 여러 가지 효과적인 변화를 이끌어낼 다양한 정책이 필요하다. 저렴한 유치원 건설, 공공 및 민간 서비스의 개방 시간을 탄력적으로 조정하는 것에서부터 어머니들을 위한 특별휴가 제공과 민간기업들이 더 많은 어머니들을 고용하도록 하는 유인책에 이르기까지 여러 가지 수단들이 있다.

기존의 사회정책 수단들은 젊은이들과 실업자들의 빈곤을 줄이는 데 별로 성공적이지 못했다. 20세기 후반에 가장 실망스러웠던 일 중 하나는 복지국가가 장기적인 실업자들을 사회에 재통합시키는 데 실패했다는 것이다. 노동력에 재편입되는

데 장애가 되는 새로운 원인으로 빈곤의 덫이 있으며, 이것이 전통적인 복지 정책의 한계에 대한 상징이 되고 있다.

미숙련 외국노동자들의 실업 수준이 이미 높은 상황 속에서 또다시 많은 수의 미숙련노동자가 새로 이주하는 것은 도시 시스템과 복지국가에 추가적인 압력으로 작용할 것이다. 젊은 이주자들과 그 자녀들의 높은 학교 중퇴 비율로 인해, 도시 노동시장에서 성공적인 경력을 쌓아야 할 그들의 기회가 상당히 감소했다. 이와 같은 불평등과 실업의 증가는 향후 공공 부문의 비용 증대를 초래할 것이다. 새로운 이주가 실업과 빈곤으로 귀결되는 상황에서는, 이런 이주가 사회통합 과정을 심각하게 저해하고 사회적 연대 강화의 토대를 잠식하게 된다.

아울러 가족과 전통적인 지원 시스템이 없는 노인들의 증가는 고비용의 전문 건강관리에 대한 수요를 증가시킬 것이다. 이러한 수요의 폭발적 증가는 많은 국가들에서 다음 세대의 부담이 될 것이다. 노인층의 수요에 대해 비공식적이면서 비용이 덜 드는 해결책을 개발해야 할 것이다.

인구성장률은 높으나 소득이 낮은 도시에서는 상반되는 위험 요인이 존재한다. 높은 출생률에 더해진 높은 이주율과 함께 대규모의 비공식 부문에 더해진 불안정한 고용은 극도로 불안한 저소득층 주민을 양산해왔으며, 이들은 보통 아프거나 늙었을 때 개인적인 위기에 처하게 된다. 이곳에서 가족은 여전히 가장 강력한 방어기구로 기능한다. 가정과 근린지구는 수백만 명을 위한 안전의 기반이 되는 거처가 되었다. 이것이 비공식적인 근린지구가 가진 특별한 힘이었지만 사회적으로 개인화가 진전된 선진 도시에서는 이런 비공식적인 근린지구가 사라져가고 있으며, 이런 도시에서는 이미 가족 수가 줄어들고 아이가 없는 가구가 수적으로 더욱 우세하다. 이런 도시들 중에서 아직 인구가 성장하고 있는 도시에서도 향후 가구당 출생자 수는 더 낮아질 것이지만, 인구 변화는 이전보다 더 천천히 일어나게 될 것이다. 이런 도시에서 사회적 변화의 과정은 더 잘 조직화되어야만 한다.

그러나 싱가포르와 일본의 도시에서뿐만 아니라 특히 중국과 같이 고도 경제성장을 이루고 있는 많은 아시아 국가들의 출생률이 최근 급격히 감소함으로써 가족의 전통적인 보호 역할이 감소되거나 심지어 붕괴를 초래하게 될 것이다. 급격한 도시 변화(아울러 출생률의 변화)와 가족의 역할 변화로 인해 장기적으로는 개인 지원 시스템에 불균형이 나타나게 될 것이다. 서구형 복지국가는 적절한 개인 서비스를 제공하는 데 적합하지 않으며, 특히 다수의 노인들을 고려하면 더욱 적합하지 않다. 이러한 불리한 조건은 개인적인 부를 축적시키는 높은 저축률을 통해 개선될 수 있다. 개인적인 부의 축적은 유럽보다 더 긴 근무기간과 결합되어 아시아 도시에서 좋은 규범이 될 수 있으며, 이는 도시 개발을 위한 사회 시스템으로서 유리한 조건이 될 수 있다. 그러나 노령계층의 빈곤 위험은 매우 분명한 사실로 나타나고 있다.

이미 도시가 성장한 선진 도시에서부터 시작해서 점차 다른 개발 유형의 도시에 이르기까지, 우리는 자녀가 있는 사람들과 자녀가 없는 사람들 사이의 심각한 갈등이 점차 더 심해지는 현상을 자주 발견할 수 있게 된다. 자녀가 없는 사람들이 노년이 되었을 때 이들의 생존은 이들 세대보다는 인구수가 더 적은 자식 세대의 생산성과 이타주의적 도움에 의존하게 될 것이다. 대부분의 세계가 점점 더 고령화되면서 노년의 빈곤이 다시 중요한 의제로 등장하게 될 것이 분명하다. 특히 가족의 지원을 받지 못하는 고령인구의 증가로 인해 전통적인 연금제도로는 개인 생계 문제를 해결할 수 없게 되고, 따라서 새로운 형태의 보조가 필요하게 될 것이다. 시장에서의 서비스 가격과 지방자치단체가 제공하는 서비스 비용은 계속 오르게 될 것이다. 사회보장 지출을 포함한 세금의 부담이 이미 높은 편인데도, 국가나 시장에 의한 공식적인 해결책은 대도시에서 더욱 많은 비용이 들게 할 것이다.

서비스의 질이 떨어지는 위험은 아마도 협력적인 근린지구에서의 비공식적인 민간 부문의 해결책을 통해서만 극복할 수 있을 것인데, 이런 지역에서는 은퇴한 사람들이 젊은 가족들을 도와주거나 좀더 젊은 연금수혜자가 개인적 보살핌이 필요한 좀더 나이 많은 노인들을 보조하게 될 것이다. 그러나 지금까지 이런 사례는 드문 편이다. 지방정부는 사람들이 만나고 서로를 찾거나 교제할 수 있도록 하는 연결고리 역할을 하거나 근린 센터를 제공해야 한다. 지방정부는 은퇴 이후에 다른 사람들과 친밀하게 만나면서 살고 싶어 하는 개인이나 집단들이 협력적인 생활을 조직할 수 있도록 도와야 한다. 많은 실험을 통해서 모방할 가치가 있는 최선의 사례가 되는 해결책을 찾을 수 있도록 해야 하며, 이렇게 되면 공공기관에 대한 의존을 낮출 수 있다. 사람들을 더욱 독립적으로 만들고 국가의 해결책에 덜 의존하며 상호 노력을 통해서 다른 사람들을 도울 수 있게 하는 해결책을, 도시는 권장해야만 한다.

과도성장기의 도시에서 가장 중요한 사회적 과제는 아직도 증가하고 있는 아이들을 위해 적절한 교육을 제공하고, 비공식 부문 빈곤층을 위한 보건 서비스를 제공하는 일이다. 빈곤을 연장시키는 요인인 출생률을 줄이기 위한 피임법은 아직도 기본적으로 필요하며, 이것은 여전히 균형 개발을 위해 가장 긴급한 필수조건이기도 하다.

2) 빈곤 저감을 위한 관리

(1) 빈곤의 모습

인구성장률은 높고 생산 수준은 낮은 도시의 빈곤은 부유한 도시와 근본적으로 다르다. 부유한 도시에서 빈곤은 상대적으로 낮은 경쟁력과 사회적·경제적 기술의 부족, 일자리와 노동시장에 대한 접근성 부족, 유인책들에 적절하게 대응할 개인의 능력 부족에 기인한다.

과도성장기의 도시 빈곤은 다음에 기인하는 경향이 있다.

- 절대적인 자원 부족(대부분 빠른 인구성장의 결과로 나타남).
- 가구당 아이들이 너무 많고 경제적 능력이 없어서 적절한 교육을 감당할 수 없으며, 생계를 위해 아이들의 노동에 의존해야만 하는 상황에 처한 부모들.
- 도시 정부와 중앙정부의 무능함과 부족한 기반시설.
- 민간 자본의 축적이 낮은 수준이며, 특히 주택 부문이 취약함.

기성장 선진 도시에서의 빈곤은 경제의 잘못된 관리나 복잡한 현실적 통합의 문제로부터 기인하며, 그 이유는 다음과 같다.

- 교육 부족과 함께 훈련 부족에 기인하는, 생산성이 낮은 기술력.
- 실업 또는 현대적인 기술에 숙련되지 않은 노동력.
- 빈곤층의 공간적 격리나 교통시설과 기타 기반시설의 부족.
- 실업의 결과로 나타나는 기술력 저하(deskilling).
- 개별 기업의 성장 또는 창업 기회를 축소시키는 과도한 규제가 시행되고 있는 시장.
- 노동 의욕을 상실케 하거나 서비스와 노동집약적인 상품의 가격을 상승시키는 높은 세금 부담.
- 불안정한 가정, 높은 이혼율, 낮은 수준의 직업 경력이나 사회적 네트워크의 부족.

빈곤, 실업, 범죄는 서로 밀접하게 연결되어 있다. 사회적 유대나 사회자본이 부족하면 범죄율, 특히 대인범죄율이 높아진다. 개발도상국의 도시에서는 자본, 자원, 기술의 부족이 범죄의 가장 주요한 원인이다. 이런 문제점들을 파악하기는 쉽지만 해결하기는 어렵다.

개발도상국 도시와 선진국 도시를 막론하고 빈곤층은 건강하지 못한 생활을 하게 된다. 빈곤층은 일반적으로 네트워크도 빈곤하기 때문에 사회적 연결이 여의치 않고, 따라서 기회를 잘 잡지 못하기 때문에 더 많은 비용을 지불하게 된다. 생활수준은 소득수준보다 더욱 불공평하다. 빈곤층은 더 열악한 조건에서 일하고 높은 범죄율 때문에 더 고통을 받으며, 그들은 심지어 더 일찍 죽기까지 한다. 궁핍과 불평등의 많은 측면들이 더욱 복잡해지는 라이프 스타일, 즉 생활양식의 문제와 연계되어 있다. 이 때문에 많은 복합적인 힘에 의해 야기되는 이런 경향에 영향을 미칠 수 있는 종합적인 전략을 수립하고 실행하는 것은 매우 어려운 과제이다.

(2) 인구성장률이 높고 생산성이 낮은 도시를 위한 전략

① 교육과 훈련의 중요한 역할

빈곤과 실업을 퇴치하기 위한 여러 전략들, 예컨대 번창하는 지역의 산업 개발을 제한하고 이를 침체된 지역으로 돌리는 것과 같은 전략은 그다지 성공적이지 못했다. 세금 우대, 낮은 비용의 토지와 건물 공급, 계획과 기타 규제 수단 저감, 특정 지역으로의 투자에 대한 세금 지원을 통해 기존 고용을 유지시키고 신규 고용을 끌어들이려는 정책들은 대부분 부분적인 성공을 이루었을 뿐이다. 지속 가능한 전략들을 더 잘 적용할 필요가 있다. 이런 점에서 빈곤을 줄이는 데서 나타나는 어려움은, 전통적인 노동자가 갖고 있는 기존의 기술과 경제성장이 이루어지는 부문에서 필요로 하는 기술 사이의 불일치에서 비롯된다. 노동자가 갖고 있는 자질과 기술은 모든 도시의 가장 중요한 자산 가운데 하나이다. 신규 고용을 유치하거나 창출하려면, 노동 인력이 적절한 교육, 기술, 노동윤리를 갖추고 있어야만 한다.

② 빠른 인구성장 상황에서의 빈곤 퇴치

특히 매우 자원이 제한되어 있는 도시들에서 지속 가능한 전략들은 실행 가능한 전략일 필요가 있다. 실행 가능한 이런 전략들은 주택 프로그램에 이용될 수 있다. 예를 들면 건축자재 공급, 필지에 대한 토지소유권 부여, 송수관 자체 설치에 대한 원조 등을 포함할 수 있다. 또한 이러한 정책들로 다른 기본적인 문제에 대처할 수 있는데, 예컨대 성장하고 있는 공식 부문 경제에서 필요로 하는 기술과 젊은 노동자들이 갖고 있는 부족한 기술 사이의 불일치나 차이의 문제에 대처할 수 있다. 신규 고용을 유발시키려면 노동인력 역시 적절한 교육, 기술, 노동윤리를 가지고 있어야만 하는데, 자조건설 프로그램들을 활용하면 그들이 이러한 자질을 갖는 데 도움을 줄 수 있다.

③ 교육정책

특히 인구성장이 빠르고 대규모의 비공식 거주지가 있는 도시에서의 교육정책은 학습 동기와 달성 수준이 가장 낮은 지역을 우선 대상 지역으로 삼아야만 한다.

이런 지역에서는 학교와 학생들의 달성 목표를 높이도록 장려해야만 한다. 교육에 대한 무관심과 교육에 대한 동기 부여의 부족은 어린 시절부터 시작된다. 부모의 태도 변화가 문제에 대한 해결책의 일부분을 차지한다.

- 이런 지역의 학교에 추가적인 자원을 투입해서 좋은 선생님들을 채용하고 적절한 교육 자료를 공급하여, 부모들이 학교에 더 많이 참여하도록 장려할 필요가 있다.
- 학생들의 학습 성과를 향상시키기 위해서는 성과가 좋은 사례를 벤치마킹하고 정기적으로 점검해야 하며, 이들에 대한 종합적인 성과는 서로 상이한 지역 출신 학생들로 구성된 사회적 구성의 차이를 고려해야 한다.
- 빈곤한 부모들에게는 교육에 투자하는 것보다 소액의 돈을 버는 것이 더 중요하거나 필요할 수도 있기 때문에, 부모들이 아이들을 학교에 보내도록 동기를 부여할 필요가 있다.
- 사람들에게 적절한 기술과 노동관을 갖추게 하기 위해 기술 훈련과 고용계획안 마련이 필요하다. 고용계획과 훈련계획안이 적절하게 수립되지 않으면 높은 수준의 교육 성과를 달성하기 어렵다.
- 지역의 고용주들이 채용해주지 않으면 취직할 수 없는 학교 중퇴자들이나 실업 노동자들을 채용하도록 보조금을 지급하는 것은 매우 중요하다.
- 제조업 고용의 대량 감소로 고통을 받고 있는 지역에서는 재교육 센터가 설치되어야 하며, 이곳에서 노동자들은 새로운 기술을 습득해야 한다. 장기 실업 상태에 있는 사람들에게 고용의 경험을 제공할 수 있도록 '중간 단계의 노동시장(intermediate labour markets)'을 만드는 것도 효과가 있을 수 있다.
- 학교교육의 향상과 더불어 장기 실업자들의 재교육도 비슷한 성과를 낳을 수 있을 것이다.
- 아이들을 효과적으로 교육하는 것이든 어른들을 재교육하는 것이든, 문제의 해결책은 점점 더 정보기술의 혁명을 통해서 마련되게 될 것이다. 인터넷과 연결된 개인용 컴퓨터는 가장 저렴한 비용으로 스스로 학습하는 프로그램을 효과적으로 제공할 수 있다. 이것은 저개발 도시로부터 선진 도시에 이르는 모든 도시에서, 그리고 유아원에서 대학에 이르는 모든 수준에서 교육의 성격을 변모시킬 것이다. 그러나 급성장하는 빈곤 지역에서 그 잠재적인 효과가 가장 클 것이다.

보다 복잡한 경제적 상황에 있는 도시의 경제와 도시 시스템은 새로운 기술을 요구하고 있다. 고등교육을 받은 사람들조차도 이제는 좋은 직장에 취직하고, 새로운 노동시장 조건에 적응하고, 새로운 기술을 지속적으로 학습하고, 새롭게 나타나는 네트워크를 구축하는 데에 어려움을 겪고 있다. 도시의 젊은이들은 끊임없이 변화하는 노동시장에 성공적으로 참여하기 위해 높은 취업 문턱을 넘어야 한다. 모든 도시 시스템은 생산과 서비스 네트워크로 구성되어 있고, 이러한 네트워크는 끊임없이 변화하고 재배치되고 있다. 도시 시스템은 사람들로 하여금 어떻게 내부 참여자가 되어, 자신들의 기술을 효과적으로 만드는 데 필요한 고객이나 동업자를 어떻게 찾아야 하는지에 대해 알 것을 요구하고 있다. 이것은 두 종류의 능력을 필요로 하는데, 하나는 전문적 지식이나 기술적 지식이고, 다른 하나는 서로 다른 도시네트워크 내에서 그리고 공식적·비공식적 정보 시스템 내에서 활용할 수 있는 지식이나 능력을 말한다.

도시 당국은 사람들로 하여금 성공적인 도시 생활을 준비하는 데에 도움이 되는 지원 네트워크를 구축하는 데에 도움을 줄 수 있다. 개방적이고 경쟁적이며 투명한 시스템을 만드는 것은 신규 거주자들, 특히 새로운 이주자들과 젊은이들의 삶을 더욱 편리하게 만들 수 있다. 많은 규제를 갖고 있는 내부 동업자 위주의 시스템은 방어적이고 배타적이며, 내부자 위주의 경직된 시장을 만들어서 필수적인 유연성을 떨어뜨린다. 모든 지역의 공공정책은 더욱 분권적이어야 하고, 촉매제 역할을 해야 한다. 위험을 줄이고 최소한의 복지 보장을 제공하는 전통적인 보호적 복지국가의 모습이 부분적으로는 남아 있어야만 하며, 많은 사람들은 도움과 원조를 계속 필요로 할 것이다. 그러나 혁신적이고 새로운 접근 방법을 통해 이를 보완해 나아가는 것이 절대적으로 필요하다.

(3) 기성장 선진 도시에서의 신규 노동시장 문제

혼히 과도한 규제가 있는 기성장 선진 도시에서는, 정규 자격에 미달된 미숙련노동자들에게 더 많은 기회를 주기 위해 노동시장 규제를 완화하는 것이 도움이 될 수 있다. 그러나 미숙련노동자들은 임금이 너무 적어 온당한 생활을 영위할 수 없는 불리한 노동시장 상황을 자주 경험하게 된다. 그 이유 가운데 하나는 특히 총임금과 순임금의 차이를 점점 크게 벌어지게 하는, 사회보장을 위한 높은 세금에 기인한다. 결과적으로 임금이 너무 적어서 기초적인 생계를 유지하거나 노년을 대비하여 저축할 여유가 없다. 따라서 여기에 복지국가의 역설이 있다. 즉, 공공재의 재정을 지원하기 위한 세금 때문에 해결하고자 하는 바로 그 복지 문제를 악화시킬 우려가 있다는 것이다.

많은 도시에서 노동빈곤층의 소득 증대를 위해서 복지 부문 지출(welfare payment)을 실시하고 있다. 어떤 국가에서는 저임금 노동자를 위한 세금을 예산에서 대신 납부해준다. 기술적으로 이러한 지불방식은 다른 방식으로 처리될 수도 있다. 가장 쉬운 방법은 아마도 허용할 수 있는 빈곤선 이하의 생활을 하고 있는 미숙련노동자를 고용하는 기업에 보상하는 것일 것이다.

<자료 4-23> '빈민가의 빌 게이츠': 리우의 빈곤한 어린이에게 인터넷 보내기

내가 교실에 들어서자 세 명의 학생이 잠시 나를 쳐다보더니, 이내 컴퓨터 모니터로 눈길을 돌리고 키보드를 열심히 두드리거나 화면에 나타난 명령어와 영상을 보고 있었다. 수업이 끝나기 10분 전이었는데 아이들은 여전히 컴퓨터를 사용하고 싶어했다. 나는 조용히 교실 밖으로 나가 수업이 끝날 때까지 기다렸다.

이것은 어느 서양의 학교나 대학의 정보기술 수업의 모습일 수 있다. 그러나 이곳이 낡은 가구와 초라한 전구가 한 개 켜져 있는 비좁은 교실이라면 이야기는 달라진다. 이 정보기술학교는 리우데자네이루의 악명 높은 빈민가인 판자촌의 중앙에 있으며, 빈곤과 문화적 낙후로 인해 교육권을 박탈당한 이곳의 학생들은 단순히 인터넷을 하고 있는 것이 아니라 새로운 세계로의 접근 방법에 대해 배우고 있다.

그들은 새로운 디지털 기술을 습득해서 자신들의 사회에서 일반적 생계수단이 되고 있는 마약 거래나 단순 노동을 하며 근근이 먹고 사는 일용직의 생활에서 벗어나고자 한다. 그들은 산동네에 집을 짓고 사는 제3세계 사람들과 부유하게 사는 선진국 사람들 사이의 큰 사회적 차이를 전자매체를 통해서 아주 가깝게 연결시킬 수 있다는 것을 알게 되었다.

지금 실현되고 있는 이 꿈은 시스템 분석가이며 고등학교 교사였던 30살의 로드리고 바조(Rodrigo Baggio)의 꿈이었으며, 그는 C&A라는 소매업자로부터 기증받은 5대의 컴퓨터를 가지고 정보기술 민주화위원회(Committee to Democratise Information Technology, CDI)라는 생소한 이름의 위원회를 만들었다.

거의 5년 동안 바조는 마이크로소프트사로부터 수백만 파운드어치의 소프트웨어를 기증받는 협상을 해왔으며, 브라질 언론은 자기 나라의 빈민들에게 디지털 혁명을 일으킨 그의 놀라운 성공으로 인해 그를 '빈민가의 빌게이츠(the Bill Gates of the favelas)'라고 불렀다.

CDI의 생각은 간단하다. 즉 빈민 지역의 리더들에게 정보기술학교를 세우고 사람들을 교육시키라고 조언한다. 학생들은 30레알(약 10파운드)을 내고 마이크로소프트사에서 기증받은 300파운드 상당의 소프트웨어를 사용하여, 석 달 과정으로 워드(Word), 윈도우(Windows), 엑셀(Excel) 프로그램을 배운다. 그들이 사용하는 대부분의 컴퓨터는 업그레이드 회사 창고에 싸여 있던 형편없는 것들이다.

CDI는 주로 개인 사업가들이나 국제 오사카 프로그램(international Osaka programme), 영국의 '사회 변화를 위한 네트워크(Network for Social Change)' 같은 박애주의적인 기관들을 통해 기금을 마련한다.

1995년에 5대의 컴퓨터로 처음 시작했던 이 위원회는 현재 브라질 전역에 11개의 학교를 세웠고 이를 통해 262명의 교사들이 학생들을 가르치고 있으며, 2만 5,000명의 졸업생을 배출했다.

그러나 그들이 현재 하고 있는 일은 확실히 취업에 관계된 일이다. CDI는 과정을 수료한 많은 학생들이 어떻게 직장을 구하는지에 대해 조사했으며, 졸업생의 약 10%

정도가 바로 취업된다는 것을 알았다.

그러나 단순히 눈에 보이는 이익만이 중요한 것은 아니다. 학생들 스스로 자부심을 느끼고 사회에 대한 인식을 높이는 것이 그들의 지역사회에 도움이 된다.

리타(Rita de Cassia)는 그 지역의 식당에 일하던 한 성인 학생이 어떻게 학교에 광고를 내고, 사업을 번창시키고, 자기 소유의 컴퓨터를 사게 되었는지를 보여주는 표본이 된다.

CDI는 매일 브라질이 아닌 다른 지역에서도 새 학교를 세우는 것에 대한 질문을 받는다. 이미 도쿄에 학교가 세워졌고, 칠레, 에콰도르, 콜롬비아, 아르헨티나, 미국에서 이 사업에 대해 관심을 보이고 있다. 바조는 요즘 남아메리카에 CDI의 생각을 전하고 새로운 스폰서들을 끌어들이기 위해 여러 나라를 다니는 데에 대부분의 시간을 보내고 있다.

그렇다고 빈곤지역만이 대상인 것은 아니다. CDI는 올해 리오의 한 감옥에서 교육을 통해 이곳의 문맹을 거의 없애는 성과를 거두었다. 유괴, 살인, 강도와 같은 죄를 짓고 형을 치르고 있는 몇몇 수감자들은 정보기술 과정 수료 후 이제는 자신들이 간수를 가르치고 있으며, 이러한 재미있는 역할 전도에 대해 즐거워하고 있다. 강도죄로 9년을 언도받은 32살의 로자리오(Rogerio Viana de Santos)는 이런 말을 했다. "이곳은 밖에서 강도와 살인 등을 한 사람들이 있는 곳입니다. 나는 여기에서 자유를 박탈당했지만 거리에서 배운 것보다 훨씬 더 중요한 것을 공짜로 배웠습니다." 그는 3년 후에 출감하면 컴퓨터 수리공장을 세울 계획이다.

바조의 새로운 계획은 모든 CDI가 운영하는 학교를 인터넷으로 연결하여 거리상으로 멀리 떨어져 있고 또 빈곤 때문에 나뉘어 있는 지역들을 온라인으로 묶으려는 것이다.

그리고 리타의 경우는 긍지와 낙천적인 생각으로 들떠 있고 이미 웹상의 접근 수단도 가지고 있으므로, 자신의 미래를 생각할 때면 기쁨이 넘쳐난다. 즉, 그녀는 "지금 우리는 21세기에 동참할 수 있는 기회를 가졌으며, 마침내 우리는 전 세계와 소통할 수 있다"라고 말하고 있다.

—Eveleigh, 2000.

교육과 노동시장의 전략 및 수단의 결합은 시민의 기술과 사회적 통합을 증진시키게 되지만, 보조적인 발전 전략과 프로그램에 의해 보완될 때에만 성공할 수 있다.

- 개인 교통수단을 갖고 있지 않는 고용자들의 접근을 용이하게 하기 위해, 대중교통수단에 대해 더 많은 투자가 이루어져야 한다.
- 도시 환경의 더 많은 부분이 신규 고용자와 기존 고용자 모두에게 충분히 매력적이어야만 한다. 이러한 이유로 도시 내의 쇠퇴하거나 버려진 이전의 공업지역을 물리적으로 재활성화시킬 필요가 더 강해지고 있다.
- 과거에 서구의 많은 도시들은 물리적 환경을 개선하고 새로운 형태의 고용을 유지하

고 유치하기 위해 광범위한 도시 재활성화 프로그램을 시도해왔다. 시 정부는 매력적인 도시 환경을 창출하기 위해 산업용 토지를 탈산업 용도의 토지로 바꿀 필요가 있다는 것을 깨달았다. 이를 위해 다양한 도시 개발 및 재활성화 관련 기관을 만들 필요가 있다.

도시 재활성화 전략에 수반되는 위험은 매우 크다. 현대적인 건물이나 개량된 건물들은 근린지구의 모습을 개선시킨다. 그러나 이러한 개선은 곧바로 사회적 고급화의 시작을 나타낼 수 있다. 빈곤층 사람들은 매력적이지 못한 다른 지역으로 이주하게 되고, 궁핍하고 빈곤한 지역들이 다른 곳에 새롭게 형성되기도 한다.

재개발부서는 건물이 아니라 주민들을 개선시켜야 한다.
―독일 프라이부르크(Freiburg)의 재건축된 건물에 살고 있는 한 임대인

물론 이러한 '주민 개선(human upgrading)'은 건물 개선보다 훨씬 더 어렵다. 따라서 우리는 건물을 개선하는 데 자원을 집중시키려는 자연스러운 경향, 그러나 궁극적으로는 생산적이지 못한 경향을 발견하게 된다.

좀더 정교한 전략은 통합된 사회적·물리적 전략들을 위해 벽돌이나 시멘트 같은 물리적 측면에 대한 지나친 강조를 피해야 한다. 대개의 사람들은 아마도 이러한 입장에 동의할 것이지만, 이러한 방침을 세우기는 쉬워도 실제로 실행하기는 어렵다. 최근에 프랑스의 재난지구(quartiers en crise), 영국의 단일 재개발 예산(single regeneration budget), 독일의 사회적 도시 재개발(social urban renewal)과 같은 새로운 시도가 여러 나라들에서 시작되었다. 이 프로그램들의 공통적인 요소는 주민에게 권한 부여하기, 자립 계획, 고용 수단과 물리적 개선의 통합, 재훈련과 사회교육의 결합 등이다.

초기의 슬럼 철거 활동으로부터 시작해서 복합적인 도시 재활성화에 이르기까지에는 커다란 진보가 있었다. 그러나 여기에서 끝나지 말아야 한다. 복합 재활성화 계획은 이주로 인한, 또는 제대로 작동하지 않는 노동시장으로 인한 빈곤과 실업, 범죄와 쇠퇴가 집중된 이후에 이루어지는 보완적인 전략이다. 정말 잘 관리된 도시에서는 이주로 인해 실업이 초래되지는 않을 것이다. 학교 중퇴자들이 노동시장에서 경쟁할 수 있는 자질을 갖출 수도 있다. 지속 가능한 도시 개발은 환경 정책 부문에서 개발된 전략들과 마찬가지로, 사회 영역에서의 예방적인 전략을 필요로 한다.

전통적 역할에 머물고 있는 도시 정부, 즉 관료적 관리, 기능의 세분화, 엄격한 규칙과 법적 요구에 의해 움직이는 도시 정부는 새로운 도시 환경에 적응하기 어렵

다는 것을 알게 될 것이다. 해결책들은 자주 새로운 문제로 변질되곤 한다. 좋은 의도로 건설되었지만 대개 가장 빈곤한 지역으로 전락해버린 외곽 지역의 주택단지가 이에 대한 명백한 사례이다. 역기능을 일으키는 해결책을 제시했던 복지국가는 자신들의 고객인 시민을 맹렬히 비난할 수도 있다. 그러나 도시 정부는 자신들의 고객인 시민을 자기 업적을 쌓기 위한 대상으로가 아니라 인간으로 대우해야 하며, 시민들은 자신의 재능을 개발하고 자신들의 삶을 관리하고 성공을 이루어내기 위한 더 많은 교육적 자질과 특별한 기술, 지식과 사회적 재능을 요구하는 사회경제 시스템에 통합되기 위해 도움을 필요로 하는 사람들이다.

(4) 과도성장기 도시의 빈곤 방지 전략

인구성장이 빠른 도시에서 기술 지향적인 정책과 주택 여건 및 기반시설을 개선하기 위한 정책은 경제발전을 위한 기반을 조성하게 된다. 특히 비공식 부문에서 사회개발과 경제개발은 상당히 중첩된다. 왜냐하면 부족한 자원과 소득은 사회문제의 가장 중요한 원인이기 때문이다. 이 점은 안정된 인구와 고령화하는 기성장 선진 도시의 입장과 매우 상반된다. 선진 도시에서 빈곤은 교육의 복잡성, 경제 과정이나 정치 과정, 정치제도에 의해 용인되는 불평등에 기인한다.

한 해에 4-5% 이상으로 인구가 성장하거나 거의 무한한 수의 노동력이 농촌지역에 있는 도시의 경우, 빈곤이 경감되면 더 많은 이주자들이 유입될 수 있기 때문에 특히 어려운 문제가 발생한다. 이곳에서 빈곤층 문제를 '완전히 해결'하는 해법은 없다. 즉, 빈곤 문제가 해결되면 더 많은 사람들을 끌어들여 노동 공급이 증가하는 새로운 문제가 발생하게 되고, 그 결과 임금은 상승하지 않게 된다. 이와 같이 도시에서 최소의 소득이라도 얻고자 하는 사람들의 대규모 이주가 이루어지는 신-맬서스적인(neo-Malthusian) 상황은 많은 아프리카의 도시들과 일부 아시아의 도시들에서 나타나고 있다. 요하네스버그, 나이로비와 같은 도시들은 독립적으로 이 문제를 해결할 수 없다. 이 도시들은 노동시장의 급속한 성장을 촉진시키려고 노력할 수 있지만, 노동시장의 성장 잠재력은 항상 이주 잠재력보다 낮게 된다.

따라서 세계의 특정 지역에 있는 모든 도시들의 하나로 잘 조정된 다양한 노력을 통해서 빈곤과의 전쟁을 펼칠 수 있을 것이다. 대체 프로그램 형태의 빈곤 퇴치 프로그램은 이주가 매우 탄력적으로 일어나는 경우에는 해결책이 되지 못한다. 빈곤은 단지 생산성 증가와 고용 증가, 인구 증가 사이의 경주에서 승리해야만 극복될 수 있다. 해결책의 목표는 가능한 한 빠르게 생산성을 향상시키면서 인구 증가를 낮추는 것이다. 여기서 교육이 다시 중요한 역할을 할 수 있다. 왜냐하면 교육을 통해서 노동시장에의 참여를 향상시키고 아이들의 수를 줄일 수 있기 때문이다. 저소득층에 대한 더 많은 투자는 아마도 유일하고 진정한 평등화 정책이 될 것이다. 왜냐하면 이러한 투자는 생산성의 고도성장 기회를 줄이지 않으면서 실제로 저소득층을 향상시킬 수 있기 때문이다.

(5) 국가 차원의 지원

분배정책은 가능한 한 중앙정부의 재원에서 자금을 조달해야 한다. 이러한 재원이 지방 차원에서 조달된다면 더 많은 불평등이 초래될 것이다. 구조조정이 필요한 취약한 산업으로 인해 위협받고 있는 빈곤지역들은, 적은 세수입과 높은 사회적 수요로 인해 감당할 수 없는 재정부담을 안게 될 것이다.

따라서 대부분의 분배문제들은 국가 차원에서 해결되어야 한다. 그러나 많은 경우 여기에도 중요한 예외가 있다. 예컨대, 적절한 소득원이 없는 사람들은 최저의 복지수당이나 물품 형태의 서비스를 필요로 하며, 도시 정부는 이러한 최저생계 수준을 지원할 적절한 공급자이다. 이와는 별도로 지방세에서 복지 지출 재정을 충당하는 것은 경제 위기와 높은 실업을 경험하고 있는 지역의 지방 당국과 납세자들에게는 큰 부담이 된다. 지방의 복지 지출을 위한 재정이 지방세를 통해서 충당되어야 한다면, 경제개발을 촉진시킬 수 있는 능력은 심각하게 제한받게 될 것이다.

6. 주택정책

1) 적당한 주택의 공급: 권한 위임 전략

21세기의 주택정책은 권한 위임 전략(enabling strategies)에 집중해야 한다. 지금까지의 수많은 경험으로 볼 때, 공공 프로그램으로 시장을 대체하려는 정책은 위험하고 비용이 많이 드는 것으로 밝혀졌다. 이러한 정책에는 엄청난 비용이 들며, 흔히 정책의 고객인 주민에게 상처를 주는 것으로 끝이 난다. 모든 성공적인 권한 위임 전략은 유연한 공급 메커니즘을 가진 기능적인 주택 시장을 발전시켜야 하는데, 특히 사람들의 다양한 소득과 선호에 맞는 주택을 공급하기 위해서는 유연한 토지 공급과 다양한 가격 및 질적 수준의 제공이 필요하다. 시장이 적절하게 기능하도록 만드는 전략을 수립하는 것은 흔히 보조금 프로그램의 목표를 달성하려는 것보다 더 중요하다.

권한을 위임하는 것이 정부가 책무를 포기한다는 것을 의미하는 것은 아니다. 권한을 위임하는 것은 우선적으로 보조금의 필요성에 집중하는 것이 아니라 자립 능력에 집중하는, 특수한 형태의 도움이라고 볼 수 있다. 필요는 거의 무한하지만 보조와 원조는 유한한 희소상품이다. 성공적인 권한 위임 전략은 공적 보조의 지렛대 효과(leverage effect)를 증진시켜서 더 많은 주거를 만들어낸다. 권한 위임 전략은 모방을 통해 이러한 전략이 반복되고 확장되기를 기대하면서, 공공 부문의 자원을 일부 지역이나 집단에 집중시키지 않으려는 자세를 나타낸다. 권한을 위임하는 것은 자신들이 갖고 있는 자원을 적극적으로 동원할 준비가 되어 있는 지역이나 그룹에 보조를 집중시키는 것이다. 권한 위임은 기반시설 건설이나 공급에서 지역사회의 협력과 참여 없이는 아무런 보장도 하지 않는 것을 말한다.

주택 프로그램의 역사가 보여주듯이, 저소득 가구를 위해 공식적인 주택을 공급하는 정책은 상당한 자원을 필요로 하며 대부분의 도시들은 이를 감당할 수 없다. 홍콩, 싱가포르와 같은 성공적인 사례는 매우 드물다. 주택 부문에는 국내총생산의 3-5%가 필요하다. 주요한 투자자인 도시 정부가 직·간접적으로 많은 빈곤 지역에 주택을 공급하기를 원한다면, 많은 양의 재원을 주택 건설에 투자해야 한다. 여기에는 구조적인 격차가 있다. 즉, 대상 계층의 소득이 너무 낮아서 저가의 공식 부문 주택조차도 감당할 수 없는 경우라면, 효율적이고 부패가 없는 관료제도, 지역사회의 참여, 최신의 기술 수준을 갖추고 있는 양호한 상황에서도 이 프로그램에 들어가는 비용이 너무 많아지게 된다. 소득과 현금이 부족한 사람들에게 공식 부문의 계획, 자금 지원, 기반시설 공급은 사치가 될 수도 있다. 빈곤층을 위한 주택 문제 해결책의 핵심은 공식 부문 서비스를 경제적으로 유익하게 활용하는 것이다.

도시 주택 문제의 전략은 단순한 거주지 이상의 것을 제공해야 한다. 주택 유형, 주거지역의 특성, 토지 용도의 혼합, 주택의 공간적 배치 등은 다음의 사항에 영향을 미친다.

- 가족생활
- 교통 발생의 용량과 유형
- 근린지구의 수준과 사람들이 지역사회에서 살아가는 방식
- 노동시장과 정치적 생활에 참여하는 기회
- 다양한 사회집단의 분리와 통합
- 에너지 소비와 생산 및 분배

결과적으로 지방의 주택정책에는 항상 주택 자체만이 아닌, 주택 '이상(plus)'의 정책이 필요하다. 즉, 주택을 지역사회의 개발 목표, 환경 목표, 도시 교통, 그 밖에 학교, 병원, 보육 등 다른 형태의 기반시설과 연계시키는 정책이 필요하다.

2) 정책 개입의 유형

(1) 공급 측면의 정책

주택정책은 많은 선행 투자가 필요한 주택 시장에서의 공급 문제를 극복하기 위해 시도된다. 경험에 의하면 주택 공급은 비탄력적인 경향이 있다. 시장에서 분양 되거나 임대되는 공식 부문 신규 주택을 이용할 수 없는 저소득 가구들은 주택의 필터링(filtering) 과정에 의존해야 한다. 필터링 비율을 증가시키기 위해서는 주택 생산에 더 많은 자금을 공급하는 중·고소득층의 행태를 고려해야 한다. 높은 자립 적 요소를 갖춘 저렴한 비공식 부문 주택을 공급하고 저비용의 단순주택을 저소득 가구가 구입할 수 있도록 지원하는 개별 보조금이 대안이 될 수 있다.

공급을 탄력적으로 하는 데 필요한 가장 중요한 전제조건은 유보지를 확보하는 등 융통성 있는 토지 공급과 결합된 탄력적인 계획 시스템이다. 강력한 계획 규제와 건축용 토지의 부족으로 신규 건설비용과 가격이 높은 한편, 저소득층 가구나 자녀 가 있어서 시장 상황에 취약한 가구들의 주택 부족 문제가 심화되고 있는 도시에서 가장 심각한 문제가 나타나고 있다. 시장 기능에 대한 어떤 형태의 국가적 개입보다 건축용 토지의 엄격한 공급 제한이 토지의 사적소유와 결합되었을 때 실질적으로 분배에 미치는 영향력이 가장 강력하다. 그 이유 중 가장 큰 것은, 주택이 가장 중요한 사유재산이라는 데 있다.

따라서 생태적인 이유로 인한 공급 제한 전략(rationing strategies)은 공공기관이나 지방정부가 개방된 시장에서 지가의 상승분을 단지 기반시설에 공급할 때에만 정 당화될 수 있다. 기존 건물의 시장가치를 상승시키고 주택 시장의 문제를 가중시키 는 '님비' 정책들은 극단적으로 분배의 역효과를 야기할 것이다. 도시지역에서 환경 에 대한 관심의 증가로 건축용 토지를 고밀도로 이용하되 소규모만 공급하는 정책 이 이루어진다면, 지방정부나 정부의 대행자들은 밀도 규제를 집행하기 위해 자신 들의 계획권한을 이용해야 하며, 그 결과 고소득층이 저밀 주택을 구입할 수 없게 된다. 지역이나 도시 차원에서 토지 공급 정책은 모든 개인적 건축에 대해 부지 규모를 제한할 필요가 있는데, 이것은 주거 불평등이 심화되는 것을 막고 어려운 상태에 있는 모든 가구들이 희소한 토지를 이용할 수 있도록 하기 위한 것이다.

만일 공급이 비탄력적이고 또 개인 소득과 구매력에 따라 가구들이 사용하게 될 토지의 양이 결정된다면, 어떠한 수요 충격(demand shock)에도 바로 가격 상승과 과밀이 나타나게 되고, 힘이 약한 임차인과 구매자들이 밀려나게 된다. 계획가들은 자신들로 인해 초래되는 시장의 반응을 간과해서는 안 된다. 환경적인 이유로 행해지는 공급 제한은, 단지 반사회적인 분배로 끝나지 않을 때와 공급 제한으로 야기된 부족한 토지가 공정하고 공평한 방식으로 배분될 수 있을 때에만 용인될 수 있다.

공급 측면의 정책은 제한적인 공간 경쟁과 유연한 시장의 반응이 이루어질 수 있는 영역과 지역을 만들어낼 수 있으며, 급속한 도시화가 이루어지고 있는 맥락에서 훨씬 더 강력하다. 전통적으로 공급 측면의 정책은 여러 가지 문제(고비용과 근린주구의 소외)를 갖고 있는 사회주택 또는 공영주택을 의미해왔다. 이러한 문제들을 피하기 위해서는 다음의 사항들이 필요하다.

- 공적 보조의 방법이 더욱 유연해져야 한다. 국가나 지방정부는 주택을 건설하고 소유하고 임대하는 대신, 저소득층 주택을 제공하는 투자자들에게 좋은 조건의 대출(soft loan)을 제공해야 한다. 공공기관은 보조금을 지급하는 것의 대안으로, 민간 소유자들로 하여금 특정 집단에게 임대하여 임대료를 받도록 할 수 있다.
- 도시 정부는 주택 생산에 직접 참여하기보다는, 핵심적인 투입 요소의 공급을 유도하는 데 집중하거나 금융과 건설에 대한 책임을 질 수 있다.
- 도시는 적당한 가격의 토지와 기반시설을 제공하고 저소득층이 대출을 쉽게 받을 수 있도록 도움을 줄 수 있어야 하며, 자원 동원과 수요 지향적인 생산의 전제조건인 시장이 원활하게 기능하도록 해야 한다.

(2) 수요 측면의 정책: 가구 직접 보조 방식

수요 측면의 정책수단들은 빈곤층이 주택금융에 대한 어려움을 극복할 수 있도록 저소득층의 필요에 적합하게 그 방향이 조정될 수 있다. 좀더 수요 지향적인 정책수단의 경향은 강화되어야 한다. 민간 임대주택에 거주하고 있는 저소득 가구들을 위한 임대료 보조는 많은 나라에서 잘 시행되고 있는데, 이 제도는 많은 유럽 국가들에서 공영주택 공급사업을 부분적으로 대체하고 있다. 미국은 공영주택 사업에서 실망스러운 결과를 경험한 이후, 저소득 가구들의 자가 소유를 가능하게 하는 신용 프로그램으로 방향을 전환했다.

저소득 도시가구를 대상으로 한 수요정책은 다음 두 가지의 개념에 기초해야 한다. 첫째는 저소득 가구들이 자기 소유의 집을 갖도록 돕기 위한 주택금융 지원이고, 둘째는 임대 시장에서의 직접적인 개인 보조금을 통한 저소득 가구에 대한 지원이다.

가구에 대한 직접 보조는 가장 왜곡이 적은 보조금 수단이다. 이 방법은 대체적으로 정책 수혜 대상자를 선별하는 데 큰 오류가 생기는 세금에 의한 방식보다 손쉽게 소득수준과 가구 규모에 초점을 맞출 수 있다. 이 방법은 또한 좋은 조건의 대출보다 경제적으로 덜 낭비적이다(이는 일반적으로 대출 기간 내내 보조금을 지급하는 것과 마찬가지이며 사회정책 과제와 재정을 혼합한 것이다). 보조금은 소득 등급을 끌어올리는 영속적인 경향이 있다. 저소득 주택 프로그램은 대부분 행정적 부주의와 중간 소득 가구와 공공 행정가들의 구조적인 연대 및 공감(structural affinity)을 통해 나중에는 중간 소득층을 위한 프로그램으로 변질되는 경향이 있다. 경제 능력 기준은 너무 높은 경향이 있어서 중간 소득 가구들만이 재정적으로 이를 감당할 수 있다. 지원 프로그램은 관리자들의 편의에 맞추어지는 것이 아니라 가장 어려운 처지에 있는 가구들에 맞추어져야 한다. 지원 프로그램들이 왜곡되지 않도록 하기 위해서는 공개되고 투명해야 하며, 대상 지역의 지역사회 지도자를 포함시켜야 한다. 모든 지원 프로그램은 정기적으로 검토되어야 한다. 지역사회의 지도자들은 반드시 참여해야 하며, 검토를 요구할 권리를 가져야 한다.

직접 보조는 이러한 장점에 비해 시행이 어려우며, 행정과 운영에 많은 비용이 들어간다. 대출 프로그램이나 공영주택 공급과 비교해볼 때 이 방법으로 구체적인 대상을 선정하기 위해서는, 개별 가구들의 소재를 파악하고 공적자금을 관리할 수 있는 분권화된 행정 보조금 전달체계가 필요하다. 흔히 개발도상국가에는 이러한 행정구조가 없거나 새로 만들기 위해 많은 비용이 들게 된다. 특히 자가 소유에 초점을 맞추고 있는 경우, 주택 보조 시스템은 주요한 사회복지 정책 수단과 분리될 수 없다. 이 시스템이 성공적으로 실행되는 곳에서는 가족에 대한 보조, 생계 보조 프로그램, 재분배적 연금 시스템과 같은 종합적인 사회 보조(간단히 표현하자면 '복지')와 관련된 기타 사회정책 수단을 보완했다.

<자료 4-24> 주택 보조에 대한 칠레의 모델

칠레의 주택에 대한 직접 보조 제도는 1980년대에 시작되었다. 이 제도의 철학은 저렴 주택의 건설 및 소유를 민간 부문에 맡기며, 동시에 수혜 대상자를 공정한 선택 제도를 통해 선정하고 보조금과 함께 잠재적 소유권을 부여하는 것이다. 대신에 주택 재정 지원금의 일부는 정부가 감당한다. 이 제도는 라틴아메리카의 많은 나라들을 변화시켰다. 대출받는 사람에게 최소한의 저축을 요구하고 공평하게 보조금제도를 운영하면서 적절한 장려금을 주는 방법은 호평을 받았다(World Bank, 1997: 56 참조). 주택 및 도시 개발부(the ministry of housing and urban development, MINVU)에 의해 진행된 저소

득층의 주택 프로그램은 수입에 따라 세 개의 소득계층으로 세분화되어 관리된다. 즉, 수입에 따라 보증금의 요구 조건이 올라가면, 보조금의 양은 감소한다.

　최저 소득층에 대해서는 진보적인 주택 프로그램과 기본적인 주택 프로그램을 통해서 정부가 주택 건설을 조절하고, 민간 개발업자에게 고정된 금액으로 주택을 공급할 것을 권유한다. 그 다음 정부는 주택을 수혜자에게 매매하고, 그것에 대해 직접 보조금을 지급한다. 정부는 대부분의 재정적 위험을 감수하면서 실질적으로 공공주택 건설 투자자 역할을 담당하고 있으며, 반면에 수혜자 선정에 대해 엄격한 관리를 지속하고 있다.

　중간 소득 계층을 대상으로 하는 프로그램에서 대부금은 주로 민간 부문에 의해 제공된다. 그러나 민간 대출업자들은 이 프로그램의 상위 소득수준인 미화 3만 달러 정도를 대부해주는데, 이것은 일반적인 가정에서 받아들이기에는 무리가 있는 금액이다. 결국 이 프로그램에서 대부분의 융자는 정부은행, 주택은행, 주택 건설부에서 직접 하게 된다. 칠레 주택 공급의 약 3분의 2 가량은 결국 과중한 재정적 부담을 감수하면서 정부가 직접 떠맡고 있으며, 이는 주민 1000명당 8명에 해당하는 높은 비율이다.
　　　－Kusnetzoff, 1997.

아주 흥미롭게도 많은 아시아 국가들은 공급 측면에 치우친 정책을 쓰고 있는데, 이는 부분적으로 토지 부족에서 발생하는 주택 공급의 낮은 탄력성으로 인한 초기의 상황 때문이었다. 싱가포르는 소유자 거주제를 촉진하는 쪽으로 방향을 바꿨지만, 홍콩, 일본, 한국에서는 공영주택 공급이 여전히 강력한 역할을 하고 있다. 그러나 르노(Renaud, 1989)는 한국 제일의 거대도시인 서울의 높은 토지 및 주택 가격은 과도한 계획 규제에 기인한다고 보았다. 필리핀에서 주택정책의 주요 목표는 여전히 양적인 주택 공급에 있다. 부족한 재정과 공공 부문 개발의 미비로 인해 많은 공영주택이 비어 있다. 유럽이나 북미의 도시들과 비교해볼 때, 아시아 도시에 사는 고소득 집단들은 고층주택에 기꺼이 살려고 한다. 따라서 아시아 도시들에서 교외의 고층 개발은 서구의 도시에서는 사회적으로 지탄받고 있는 것과 달리 큰 문제가 되지 않는다.

3) 주택금융

주택정책의 모든 단계에서 안정적인 자금 제공은 적절한 생산을 위한 전제조건이다. 어느 시스템에서나 해결해야 할 기본적인 과업들은 다음과 같다.

- 장기 대출을 제공할 수 있는 잠재적 투자자들이 쉽게 장기 대출을 할 수 있도록 해야 한다.
- 저비용의 공평하고 중립적인 대출 처리 시스템을 통해 다양한 유형의 투자자들이 대출 시스템에 쉽게 연계될 수 있도록 해야 한다.
- 선정 기준이 금융기관이나 대출자들에게 높은 위험을 초래하지 말아야 한다. 반면에 위험 회피 조치가 너무 강력해서 대출 희망자들이 대출을 받을 수 없도록 해서는 안 된다.
- 만일 차용자들이 자신들의 의무를 감당할 수 없다면 공정하고 신속하며 확실한 절차가 차용자들을 돕기 위해 도입되어야 한다. 차용자들이 영원히 자신들의 의무를 다 할 수 없다면 차용자와 대출자 모두를 보호하기 위해 자산이 매각되어야 한다.
- 소액 차용자와 저축자들은 주로 자신들의 비공식 부문의 요구에 맞도록 특별히 저비용의 중개를 필요로 한다. 근린지구에 있는 그룹들이나 비공식적인 경로를 통해 대출함으로써 공식 시장이 갖고 있는 단점을 줄일 수 있다.

주택정책은 주택금융시장이 유연하고 공정하며 효과적일 수 있도록 기준이 만들어지고 관리되어야 한다.

미국의 경우 주택금융은 주택정책의 주요 수단으로 오늘날까지 존속되고 있다. 정부는 연방 주택대출은행(Federal Home Loan Bank) 시스템과 연방 국립주택 장기저당국(federal national mortgage agency)을 통해 민간 대출자에게 유리한 대출자금 유동성을 제공해왔다(Fannie Mae). 대출자들의 신용 위험은 고용 불확실성이 높고 이질적인 사람들로 구성되어 있는 국가에서 나타나는 문제인데, 이 문제는 저소득 가구에 주어지는 대출에 대한 연방 주택조합(Federal Housing Association)의 보험에 의해 충분히 낮출 수 있다. 대출자들의 신용 위험이 낮다는 것은 저소득 가구들이 쉽게 신용 대출을 받을 수 있음을 의미한다. 도시 빈곤 가구의 문제는 이러한 복잡한 체제 속에서 특별 프로그램에 의해 반복적으로 다루어져오고 있다.

민간 부문의 주택 저당제도와 특별 주택금융 순환제도(special financial circuits for housing)는 대체로 상호주의 원칙에 기초하고 있으며, 제2차세계대전 이전부터 많은 선진국에서 이미 시행되고 있었다. 그럼에도 불구하고 이와 병행하여 많은 유럽 국가들은 저소득 가구들을 위한 공공 주택은행과 장기저리 대출 프로그램을 마련했으며, 이는 오늘날까지도 주요한 주택정책 수단이 되고 있다. 이렇게 된 주요 이유는 제1, 2차세계대전 사이와 제2차세계대전 이후의 높은 인플레이션으로 인해 민간 주택금융시장의 일부가 사라졌기 때문이다. 많은 나라들에서 공공 주택은행 같은 금융기관은 독점적 지위를 갖고 있는데, 공공 주택은행이 저소득층 주택 대출 전체를 포함하여 모든 장기 주택 대출의 절반 정도를 여전히 제공하는 일본의 사례가 가장 대표적인 예이다. 1980년대와 1990년대의 자유화 물결 이전까지는 공영주택이나 주거용 장기 대출은행이 프랑스, 한국, 멕시코, 스웨덴, 이탈리아, 스페인 같은 여러 나라들에서 적어도 부분적 독점의 위치에 있었다. 또한, 독일을 포함하여 다른 나라들에서는 공적인 은행이 간접적으로 주택 장기대부시장의 많은 부분에 자금을 공급했다. 경제 시스템이 변화하기 전까지 사회주의 경제체제에서 주택금융은 국가 주도의 대출이 지배적이었다. 이러한 시스템의 목적은 미국의 시스템과 유사했다. 즉, 저소득층 가구들을 위한 시장 기능을 충족시키는 것인데, 만일 그렇게 하지 않는다면 국가가 직접 비용을 들여 공영주택을 공급해주어야만 한다. 그러나 공적 은행이 보편화되어 있는 미국과는 반대로 공공 부문이 주택 장기 대출의 위험을 모두 떠맡아왔는데, 종종 지속 가능하지 못한 경우가 발생했다.

많은 개발도상국들은 유럽과 미국의 전례를 따라왔으며, 공적인 금융기관을 통해 자신들의 주택금융을 발전시키고 있다. 제2차세계대전 이전의 유럽이나 미국의 경우와 마찬가지로, 민간은행들은 주로 상류층의 주민들에게 주택용 대출을 제공하는데, 그것은 중간계층의 경우도 신용 위험도와 운영비용이 매우 높다고 인식하기 때문이다. 경제 불안으로 인해 주택용 장기 대출의 시장 위험이 높아진 이후 은행들은 이러한 위험을 차용자들에게 전가했으며, 더 나아가서 대출 자격 기준을 높여 위험을 축소시켰다. 주택 소유자들을 대상으로 한 고정이율의 주거용 장기 대출은 제도적 요인과 일반 경제 요인으로 인해 유럽과 미국 이외의 지역에서는 거의 찾아보기 힘들다.

따라서 많은 라틴아메리카의 국가들은 공공 주택은행이나 사회보장기금을 만들어왔는데, 이 기금은 저소득 가구들을 위한 주택 장기 대출의 자금 조달과 저가의 주택 프로젝트를 위한 대출에 쓰이게 된다. 사하라 사막 이남의 아프리카 국가에서뿐만 아니라 인도, 인도네시아, 태국, 필리핀, 남아프리카 등지에서도 유사한 모델이 있다. 그러나 이러한 사례 중 극소수의 국가들에서만 공공은행이나 사회보장 대출이 진정한 의미의 도시빈곤층에게까지 도달되고 있다. 주택 프로그램들은 일반적으로 가장 부유한 50% 이하의 주민들에게 도달하면 성공적인 것으로 간주된다. 또한 너무 높은 위험 부담을 떠맡거나 사업을 효과적으로 수행하기에는 경험이 너무 부족하거나 비효율적이어서 공공 주택은행들이 파산하는 경우도 많았다. 일반적으로 저소득 가구의 주택 장기 대출에 관한 가장 성공적인 재정 모델은, 민간 대출업자들에게 보조금이 주어지는 대출을 제공함으로써 공공 부문과 협력할 수 있다고 확신하는 경우였다.

게다가 저소득층 대출을 용이하게 하는 접근 방식은 금융 시스템에 종종 부정적인 결과를 초래했다. 조세정책과 결합하여 이자율을 낮추거나 신용도를 높이는 정책들은 주택 가격이 통제할 수 없을 정도로 상승하는 결과를 초래했다. 스웨덴의 경우, 1980년대 후반의 주택 가격이 장기저리 대출과 주택 소유자를 위한 주거용 장기 대출 이자율에 대한 높은 세금공제 때문에 급등했다. 유사한 상황이 1990년대 후반 네덜란드에서도 발생했다. 이와 같이 주택금융에 대한 과도한 보조금은 부유한 사람들에게만 이익이 되는 위험을 초래할 수 있으며, 이와 동시에 신용과 결부된 자산 가격의 증가로 인해 저소득 가구들을 시장에서 훨씬 더 효과적으로 배척하는 결과를 낳게 되었다.

종종 사회보장제도를 통해 값싼 주택금융이 제공되었던 곳에서도 이와 비슷한 역효과가 발생했다. 자본시장이 발달하지 못한 많은 국가들에서 사회보장기금은 저소득 차용자들이 감당할 수 있는 장기 고정이율 기금의 유일한 원천이다. 많은 경우 기금은 저이율 자산에 투자하도록 되어 있고, 그 결과 사회보장기금의 납입자들이 대출자들에게 보조금을 지급하고 있는 형편이 되었다. 대출 과정은 종종 투명하지 않으며 신용 위험은 소홀하게 관리된다. 또한 사회보장기금 납입자들은 대출을 받는 사람들보다 대부분 더 열악한 상황에 놓여 있다.

4) 민간 임대주택: 세계 도시 주택 시장의 중심 부문

전 세계적으로 주택정책의 모순 중 하나는 도시 개발을 위한 주요 전략 부문에서 민간 임대주택 시장이 매우 과소평가되어왔다는 점이다. 도시의 임대주택 시장은 이주자들과 젊은 가구들을 위한 가장 효율적인 주택 공급원이다. 저비용 중간 품질 임대주택 시장의 목표는 저소득 가구를 겨냥한다. 임대주택 시장의 특별한 기능에도 불구하고, 심지어 자유경제의 전통이 있는 국가들은 물론 많은 국가에서 지주들은 자본 착취의 주범으로 비난받아왔다. 임대료 규제를 포함하는 여러 가지 규제와 차별이 가해지던 시대를 거친 후에 많은 국가에서 민간 임대주택 시장은 거의 사라졌다.

공공 임대주택 시장의 역사는 시장 붕괴의 교과서적인 사례라고 볼 수 있는데, 이는 장기적으로 심각한 결과를 초래했다. 임대주택 재고가 엄청나게 줄어드는 경험을 겪은 국가들이 임대료 규제의 완화, 임대료 관련 법규의 수정, 보조금과 공공대출 프로그램 등을 통해서 주택 시장의 왜곡을 점진적으로 제거하기 위한 개혁을 시작한 것은 최근 들어서이다.

1980년대와 1990년대의 자유화 이후 임대주택 시장은 안정되고 더 역동적으로 되었다. 예컨대, 임대 관련 법규는 스페인과 영국의 경우처럼 다양한 정책 환경에서 상당히 개혁되었다.

개발도상국가에서 공식적인 민간 임대주택 부문을 활성화시키는 것은 비공식 부문 주거와 아울러 도시지역 주거 환경의 불평등을 줄이는 기본적인 수단이 된다. 이는 단지 기존의 비공식적인 임대관계를 인정하고 정식화함으로써도 가능하다. 그러나 민간 임대주택 시장을 진흥하는 것은 돈 많은 투자자들에게는 그다지 매력적인 일이 아니다. 민간 임대주택을 활성화시킬 수 있는 더 나은 환경에서 사회주택(social housing)을 공급할 수 있다. 이를 위한 전제조건들은 다음과 같다.

- 건축 규제의 단순화
- 기간제 임대차계약
- 낮은 물가 상승률
- 임대료 규제의 철폐(no rent control)
- 적절한 세금체계
- 토지 및 계획 허가 과정의 용이함

5) 과도성장기 도시를 위한 실제 과제

(1) 부족 문제를 극복하기

개발도상국 도시에서 비공식 부문 주택의 생활 여건을 개선하는 일은 주택정책의 다른 어떤 관심사보다 우선하는 과제이다. 비공식 부문 주택은 불가피한 필요의 산물이다. 즉, 빈곤가구들은 공식 부문에서 주택을 구매하거나 임대하는 것이 불가능한데, 특히 선불비용이 그들에게는 너무 과중하기 때문이다. 도시 비공식 부문의 주택 상황을 개선하는 과제에는 네 가지 측면이 있다.

- 비공식 부문 주택과 공식 부문 주택 사이의 장벽을 낮추는 일이 중심 과제이다.
- 개량할 수 있는 비공식 부문 주택을 짓는 것은 중기적으로 주택 감소를 줄이는 데 도움이 될 수 있다.
- 기존의 비공식적인 지역을 개량하고 안정시킴으로써 가장 효과적으로 많은 사람들을 안정시킬 수 있다. 그러나 기반시설을 개량하는 계획안은 치명적인 부작용을 초래할 수 있다. 예컨대, 만약 이 계획안이 주택 공급을 증가시키지 않고 개량된 지역의 주택 수요만을 증가시킨다면 지역의 고급화를 초래할 우려가 있다. 건물은 개량되겠지만 많은 원거주민들은 환경이 개선됨으로써 더 높아진 가격을 감당할 수 없기 때문에 그곳에서 쫓겨나게 되고, 결과적으로 생활 형편이 더욱 나빠지게 된다.
- 슬럼 철거 정책은, 단지 없애지 않을 수 없는 심각한 보건상의 위험이 있거나 도심 지역의 고용에 긴급하게 필요한 가치 있는 토지를 확보하는 기회비용(opportunity cost)이 다른 곳에 입지하게 되면 더 커지는 경우에만 시도되어야 한다. 그리고 이

두 가지 경우에도 피해를 받는 빈곤층에게 접근이 용이하고 지불 가능한 대체주택이 제공되어야 한다.

공식적인 계획의 관점에서 본 비공식적인 주택은 대개 불법적이고 무질서하며, 따라서 문젯거리로 인식되어왔다. 이러한 인식 아래서는 협력이나 도움, 권장 같은 것이 존재하지 않는다. 거주민들의 소망과 이익에 반대되는 강제 이주와 슬럼 철거는 이례적인 것이 되고 있지만, 여전히 많은 비공식적인 거주지들은 단지 묵인되고 있을 뿐이며 적극적인 개량이 이루어지지 않고 있다. 어떠한 개량이 긴급하고 어떠한 일을 자신들이 감당할 수 있는지를 그들 스스로 결정할 수 있는 거주민들의 바람은 무시된다. 실제로 모든 비공식 거주지에서뿐만 아니라 심지어 극빈 소득층 지역에서까지도 순(純)저축의 결과로 서서히 개량이 이루어지고 자산이 축적되는 과정을 관찰할 수 있다. 모든 도시들은 최소한 공공 기반시설의 개량을 통해서 이러한 축적 과정을 장려하고 강화해야 한다. 주거 상태를 성공적으로 개선하기 위한 전략에서는 비공식적인 주택을 생산적이고 창조적인 해결책으로 수용할 필요가 있다. 따라서 비공식 부문이 필요로 하는 것에 대한 현실적인 평가가 모든 합리적인 전략 수립의 전제조건이 되어야 한다.

(2) 비공식 부문 주택의 장벽 낮추기

지방정부는 소득분배나 주택 부문에 관한 거시경제적·재정적·법률적 상황을 변화시킬 수 있는 힘을 갖고 있지 않다. 지방정부는 지역 안에 있는 많은 빈곤 가구들과 이주자들을 어쩔 수 없는 현실로 받아들여야 한다. 따라서 자신들만의 주거공간을 건설하려는 빈곤층의 주거 상태를 개선하기 위해 지방정부가 할 수 있는, 신규 거주민들을 위한 가장 효율적인 보조와 지원의 내용은 다음과 같다.

- 저비용으로 점유할 수 있는 도시 토지를 공급하기.
- 계획 과정을 단순화시키고 저비용 주택을 위한 건축 허가 기준을 마련하기.
- 최소의 서비스를 가능하게 하거나 제공하기(이 서비스에는 기반시설의 비용 보전이 포함된다).

계획의 노력을 점유권이 보장되는 적절한 가격의 토지를 공급하는 데 집중시키는 것은, 불평등을 줄이고 지속 가능한 주택을 이용할 수 있게 하는 가장 효과적인 방법이다. 개발도상국의 경험에 의하면, 이러한 틀 안에서 서비스를 제공할 때 초기 집중 투자가 최소화되거나, 동등하게 토지에 대한 권리나 토지이용 권리를 거주자들에게 이전시키는 데 수반되는 자본가치가 최소화되어야만 한다. 가구당 높은 보조금을 지급하는 것이 직접적으로 이루어지든(예를 들어 토지의 양도를 통해) 간접적으로 이루어지든(예를 들어 토지에 서비스를 제공하고 가격을 낮게 책정하거나 비용 충당을 강제하지 않는 방식 등에 의해), 농촌지역이나 다른 도시들과 비교해볼 때 주택 서비스의 공급에서 왜곡이 발생할 우려가 있다. 그 결과 흔히 더욱 많은 이주가 발생하고 그에 따라 주택 수준의 악화가 거듭된다. 도시들 간에 정책이 불일치하지 않는 한, 도시의 정책 결정자들은 점진적으로 전략을 수행하는 것이 좋을 것이다. 즉, 점차로 비공식 부문 주택 거주자들에게 공식적인 계획 허가를 승인해야겠지만, 구체적인 조건, 예컨대 주택 소유자들이 기반시설에 투자한다는 약속 조건을 부가해야만 한다.

개발도상국의 도시에서 구조적인 문제점과 자본 부족 문제는 장기적인 개발 과정을 통해서만 극복될 수 있으며, 그 결과 비공식 부문 주택은 점진적으로 사라지게 된다. 한편 도시 발전의 특징으로 나타나는 비공식 부문 주택은 더 살 만해지고 위생조건이 개선되어야 한다. 이를 위해서는 그 지방의 토착 기술을 활용한 저비용의 간단한 기반시설과 비공식적인 대출의 원활화, 그리고 건축자재 시장의 기능 활성화와 비공식 부문 주택 투자자들의 필요에 적합한 개발업자 육성 등을 포함하는 특별한 형태의 비공식적인 계획을 필요로 한다.

도시를 발전시키는 데에서 비공식 부문의 주택은 더 이상 색다른 주변적인 분야가 아니다. 이것은 수백만 명의 사람들을 위한 선도적이고 지배적인 생활양식이 되었다. 비공식 부문 주택은 더 이상 판자나 양철 판으로 만든 상자집들이 혼잡스럽게 모여 있는 것만은 아니다. 비공식 부문 주택은 상부상조를 위한 자조활동을 조직하는 이타주의적 비정부기구일 뿐만 아니라, 상호 자립의 정신 속에서 근린지구 단체가 서로 밀접한 협력을 통해 집을 짓고, 자신들의 재정자원을 모으고, 자신들의 여가 시간을 활용하여 만들어가는 것이다. 비공식 부문 주택 문제는 계획과 개발의 주요한 과제 중 하나이다.

한 가지 해법은 노동집약적인 대안들을 선택하고, 좀더 노동집약적인 성격의 지역적 참여가 필요한 제2, 제3의 기반시설에 우선순위를 부여하는 것이다. 이러한 노동집약적 방법들은 비용적으로 효과적이며 질이 높다. 마찬가지로, 저비용의 비공식 부문 주택은 더 노동집약적이며 도시의 빈곤한 지역사회에 주거를 제공하는 더욱 효과적인 수단이 될 수 있을 것이다. 태국의 경우 저렴주택 대상 자격이 있는 사람들의 70%가 자신들의 권리를 고소득 가구에 팔아버렸던 것처럼, 명목상 저비용 주택은 대개 저소득자가 감당할 수 없기 때문에 고소득층의 사람들이 점유하기도 한다. 잠비아에서는, 비록 낮은 수준이기는 하지만, 비공식 주택 부문이 공식 부문의 주택 공급보다 투자단위당 6배나 되는 주택을 생산하고 있다(ILO, 1998: 35-37).

위계가 명확한 공공기관들을 기반으로 하는 전통적인 공공 부문에 의한 해결책은 비공식 근린지구에까지 직접 영향을 미치지 못하는 경우가 허다하므로, 새로운 해결책은 더욱 분산적이어야 하고 더욱 지역사회를 지향해야만 한다. 도시 정부는 도시 전체적인 차원의 '주요 기반시설(trunk facilities)'을 공급해야 하며, 이것은 보통 근린지구의 범위와 책임 밖에 있는 공공재라고 알려져 있다. 근린지구 안에서 지방 정부는 권한 위임의 개념과 태도를 견지하면서 종래의 공공 부문이 가지고 있던 개입 자세를 버리고 조언자나 자문 역할을 맡아야 한다. 결과적으로는 지역공동체가 좀더 주도적으로 스스로를 조정하면서 유지와 관리를 책임지고, 나아가 시스템의 통제권도 떠맡을 수 있게 될 것이다.

비공식 부문의 투자자들은 필요한 모든 시설들에 대한 자금 조달과 공급을 일반적으로 단번에 100% 해결할 수는 없다. 비공식 부문의 개발은 단계적으로 일어난다. 초기에 주택들은 반 정도 완성된 상태에서 이용된다. 그리고 저축 능력이나 소득이 증가함에 따라 주택들이 확장되고 개량된다. 기반시설은 더욱 단계적으로 건설되어야 하지만, 모든 소유자들이 같은 시점에 기반시설에 투자할 준비가 되어 있지 않다는 어려운 문제를 겪게 될 것이다.

기반시설을 단계적으로 공급하는 정책은 기존의 비공식 부문 주거지를 개량하는 데 많은 장점이 있다. 이러한 정책들이 토지 및 부동산에 대한 소유권 보증과 결합된다면 자신들이 소유자라는 긍지를 줄 수 있으며, 이는 빈곤한 사람들이 새로 주택 단지로 유입되는 위험을 막으면서 안정된 근린지구 안에 안정된 지역사회를 건설할 수 있는 가능성을 높이게 된다. 게다가 모든 사람들이 주위 사람에게 뒤지지 않으려고 경쟁하기 때문에 일종의 도미노 효과로 개량이 더 잘 이루어질 가능성이 높다. 단계적 개발은 모든 개발도상국 도시들의 주택정책에서 중요한 요소이며, 기초 정책이 된다.

(3) 비공식 부문의 토지와 건설

비공식 부문 주택이란 본래 공식적인 것과 비공식적인 것을 구분하는 건축법규와 토지 개발 기준에 의한 정치적 결정의 결과로서 법적·규제적 정의에 따른 문제이다.

대부분의 개발도상국가에서 토지 개발에 따른 승수효과에 의한 비용은 엄청나게 높다. 일인당 소득이 미화 5,000달러 이하인 국가에서는, 위생시설, 상수도, 도로, 필지분할규제 등의 기준을 충족시켜 개발된 토지가 미개발된 토지보다 2배에서 16배 정도의 비용이 든다. 그 이유는 기반시설이 부족하거나, 지방정부 서비스가 독점화되거나, 공공 부문에 의해 운영되기 때문이거나, 이러한 토지가 열악한 환경 조건(높은 교통비용과 환율 차이로 인한 손해 위험을 고려한 수입 부품과 기계장치의 높은 비용) 때문에 어려움을 겪고 있기 때문이다.

비공식 부문 주택을 위한 토지 공급은 높은 가격으로 이루어질 것이고 이에 따라 빈곤한 투자자들은 자본의 대부분을 토지에 써야만 하므로, 건설에는 최소한의 자본이 투자될 것이다. 기반시설을 공급할 수 없는 도시에서는 적어도 비공식 부문 토지에 대한 계획 수립과 법적 토지소유권을 보장해주어야 한다. 추후의 조정을 전제조건으로 하여 간단한 단지 계획을 우선 수립하고 이에 따라 정비를 하는 것이, 합리적인 공간 계획 없이 시작했다가 나중에 전면 또는 부분적으로 슬럼 지역을 철거하는 것보다 낫다.

민간 개발업자들이 필지 분할과 토지은행 역할을 수행할 수도 있지만, 이 경우에도 역시 높은 가격이 책정되는 것은 피해야 한다. 계획체제는 과잉의 이득을 방지하는 경쟁적인 틀을 만들기 위해 수요자 지향적인 필지 분할의 기회를 제공해야 한다. 일반적으로, 서비스가 잘 갖추어진 적은 양의 토지를 제공하는 것보다 기반시설 수준이 낮거나 없더라도 값싼 토지를 많이 공급하는 것이 더 바람직하다. 토지가 부족하면 법적 토지소유권과 기반시설이 갖추어지지 않은 비공식적인 거주지가 확산되게 된다.

오랫동안 존속해왔던 기존의 비공식적인 불량지역에 대한 사회적 재인식이 필요하다. 장기 점유와 안정적인 투자가 있다면 그러한 거주지를 합법화하는 충분한 이유가 될 수 있다. 환경 정비 전략과 거주민들에 의한 단계적인 정비를 위한 투자는 법적 근거와 점유권(tenure right)을 필요로 한다.

정책적 논쟁의 성과로 도시 빈곤층이나 이주자들을 지원하기 위한, 개발 토지의 점진적 양도가 가능하게 되었다. 즉, 기반시설과 서비스가 공급된 후 주택 개발이 이루어지는 것이 아니라 먼저 주택개발이 이루어지게 하는 것이다. 성공의 또 다른 요소는 저렴한 건설 방법으로 개발하는 것이다. 다시 말하자면 해결책은 지방의 전통적 건설 방식을 사용하여 지방의 전통적 재료로 짓도록 하는 것이다. 수동 벽돌 압축제조기로 만드는 안정된 흙벽돌 같은 기술은 거의 모든 지역에서 사용될 수 있다. 이 기술은 비싸지 않고 건설 속도도 증가시킬 수 있다. 비정부기구와 자금 지원 국가들(donor countries)은 기존에 많은 성공 사례가 있는 이러한 저비용 자립

정책에 대한 지식을 전파시키는 데 효과적인 역할을 할 수 있다.

국가와 지방의 주택정책은 잘 알려진 전통적인 기술을 무시하는 경향이 있었다. 저비용의 자립적 건설은 도시 주거지의 문제를 해결하는 열쇠이기 때문에, 정부로부터 더 많은 지원이 필요하다.

6) 주택금융: 비공식 부문에서 공식 부문으로 이행시키기

공식 부문과 비공식 부문 간의 경제 장벽을 제거하기 위한 좀더 종합적인 접근법은, 저소득 가구와 저소득층을 위한 주택금융을 마련하는 것이다. 주택금융은 일반적으로 제도적·거시경제적 안정을 필요로 한다. 주택금융에는 두 가지의 커다란 위험 요인이 있는데, 시장 상황이 변화하는 위험과 자금의 미회수 위험이 그것이다. 예를 들어 인플레이션으로 인해 시장 상황이 급속히 변한다면, 주택금융 계약 기간은 짧아지는 경향이 있다. 따라서 저소득층의 공식 주택에 자금을 지원하기 위한 전통적인 해결책은, 정부나 사회보장제도를 통한 장기저리 대출(soft loan)이나 저축과 투자를 위한 집단을 조성하거나 가계 저축을 동원하는 것이다. 경험을 통해서 보면 두 번째 선택은 서로의 이익을 유지할 수 있는 매우 안정된 저소득층 지원 방법이다.

신용 위험을 조절하기 위해서는 주택저당 대출(mortgage debts)이나 임대료(rental payment)의 회수제도를 효율적으로 개선할 필요가 있다. 첫 번째 접근법은 의미 있는 주택저당 대출제도를 만드는 것이지만, 이를 위해서는 적절한 자산가치 평가법과 채무불이행 대출에 대한 효과적인 처분제도가 절대적으로 필요하다. 개발도상국에서 시도되고 있는 대안적 방법으로는 장기임대 방식(leasing)과 필요 담보량을 증가시키는 방법, 그리고 (처음에는 소액대출을 위해 개발된 개념이지만) 집단의 안정성에 크게 의존하는 연대보증법(group guarantees) 등이 이용된다. 여기에는 비정부기구가 절대적으로 중요한 중간 매개 역할을 한다.

<자료 4-25> 필리핀의 커뮤니티 주택저당 대출 프로그램

> 이것은 연대보증 방식의 한 예시이다. 빈민가나 황폐화된 지역에 살고 있는 임대인들이 스스로 커뮤니티 조직을 결성하게 되면 공공은행에서는 이들에게 대출받을 자격을 부여해준다. 대출금의 상환율은 다른 개인들에게 대출해주었을 때보다는 낮지만, 이 프로그램을 유지해나가기에는 충분한 수준으로 나타나고 있다.
>
> —UNCHS, 1996b: 373.

비공식 부문 주택에 투자하는 것은, 이러한 주택에 사는 사람들이 불안정한 소득으로 고통을 받고 있다는 점만 고려해보아도, 전통적인 신용담보물에 투자하는 것보다는 매력이 없을 것이다. 그리고 이런 특징은 은행 시스템의 발전이 취약하고 대출 여부를 판단하는 능력이 부족할 경우에 더욱 심각하게 나타난다. 이런 곳에서 은행의 대출은 일반적인 기성 시가지의 근린지구에 살고 있는, 전통적으로 신용도가 높은 중산계층의 고객들에게 거의 집중되게 되어 있다.

신용 서비스가 별로 발달하지 않은 상황에서 저소득층 고객들이 대출을 받을 수 있는 가능성은 희박하다. 이러한 상황에서의 해결책은, 방글라데시의 그래민 은행에서 시행했던 것처럼 여러 사람이 연대하여 대출을 받게 하거나 자신들의 구성원을 심사하기 위해 커뮤니티 집단을 활용하는 것이다. 비정부기구는 고객을 선별하거나 절차를 단순화하는 데에 중개자 역할을 맡을 수 있다. 저소득층이 비공식 부문의 투자에 자금을 조달할 수 있도록 돕는 일이 수익성이 높을 수는 없지만, 개별 가구와 전체 근린지구 그리고 전반적인 도시 발전이라는 장기적인 측면에서는 매우 가치 있는 일이라는 것이 밝혀질 것이다. 비공식 부문의 생활과 공식적인 은행 업무 사이에 분명한 문화적 차이가 있음을 감안한다면, 그 차이를 극복하는 일이야말로 도시 발전에 중요한 성공 열쇠가 될 것이다.

7) 결론

개발도상국의 도시들은 제2차세계대전 이후 수십 년 동안 주택 부족 문제를 해결하기 위해 막대한 자금을 소비했던 선진국으로부터 배워야만 한다. 국민총생산의 2% 이상이 주택보조금으로 쓰였음에도 불구하고 결과는 불충분한 경우가 많았는데 그 이유는,

- 임대료 규제나 토지와 건설 시장에 대한 과도한 규제 등 부작용을 수반하는 수법들 자체가 효과를 제약했다.
- 공공 부문 주택기구들의 비효율에 의한 손실 발생과 보조를 받지 않는 민간 부문 업체들이 경쟁에서 밀려났기 때문이다.

특히 사회복지 이전의 가장 큰 요소였던 주택 소유를 돕는 프로그램의 경험을 고찰해보면, 주택정책이 경제적 불평등을 줄이는 데 중요한 역할을 할 수 있다는 견해에 대해 이의를 제기하게 된다. 한 가지 이유는, 과거에 부유했던 가구들의

소득을 낮추어온 1970년대 이후의 높은 실업률과 한계임금 문제를 극복하기 위한 다른 정책들과 그동안의 주택정책이 서로 조화롭게 기능하지 못했다는 것이다. 1960년대와 1970년대보다 실질소득수준은 높아졌지만, 대체로 도시 가구의 40% 정도는 보조금이 없는 공식 부문 주택을 구입하거나 임대할 수 없으며, 아직도 주거 보조금에 의존하고 있는 것이 현실이다.

바람직한 주택 행정이 수행해야 할 과제는 시장기제의 작동을 개선시키기 위한 노력과 비효율적으로 제공되는, 저소득집단을 위한 고비용의 공식적인 사회주택 프로그램을 축소하는 일도 포함하는데, 이런 프로그램들에서는 어떤 경우 중산층을 대상으로 보조금이 주어지는 주택을 공급하기도 하고 또 경우에 따라서는 빈곤층 이라는 오명을 씌워 매력이 없는 격리된 주택을 공급하기도 했다. 여러 가지 측면이 고루 배려된 균형잡힌 공영주택은 매우 공급하기 어려운 재화이다. 대신 잘 기능하는 시장이라면 주택 선택의 폭을 넓히고 기회를 증대시키며, 비용과 임대료 수준을 낮추게 될 것이다.

이는 모든 유형의 도시에 해당된다. 아마 선진국 도시의 경우에는 저소득 가구들을 위한 효율적인 시장을 조성하는 것이 공공 부문의 사회주택보다 더 성공할 수 있을 것이다. 개발도상국 도시의 경우에는 개량을 위한 노력이 있는 경우 적절한 보조를 해주고 최대한 자립할 수 있도록 비공식 부문 시장을 효율적으로 만드는 것이, 아마도 평균 이하 소득의 시민들에게 최상의 편익을 제공해줄 수 있는 방법이 될 것이다.

7. 기반시설

1) 물리적 기반시설의 중요성

물리적 기반시설은 모든 도시 개발에서 주택 건설보다 더 기본적인 공공 부문의 투입 요소이다. 시 정부는 지속가능성과 생활환경의 형평성 제고라는 목적을 달성하기 위해 안정된 전력, 깨끗한 물, 위생적인 하수도 설비, 안전한 도로, 원활한 교통망을 공급해야 한다. 기반시설 서비스의 적정 수준은 지역적 맥락에 따라 다르다. 그것은 비공식 부문 주거지 내의 급수탑, 배수구, 공중화장실 등 깨끗한 물 공급으로부터 원격통신 기반시설과 고소득의 도시 중심지에 있는 박물관, 오페라하우스와 같은 문화시설의 공급에 이르기까지 다양하다. 적절하게 계획하지 못하면 어떤 기반시설 투자는 도시의 무질서한 확산을 야기할 우려가 있는 반면, 기반시설 투자가 부족하면 필수적인 도시 서비스가 공급되지 못해 높은 질병률과 사망률의 원천이 되는 비공식 부문 주거지를 초래할 수도 있다.

국제연합 개발계획과 세계은행의 연구결과에 따르면, 빈곤한 사람들이 상하수도와 같은 설비를 이용하지 못하는 데에는 세 가지 이유가 있다. 첫째, 기반시설 망이 불충분하여 빈곤한 사람들이 사는 곳까지 미치지 못하거나 빈곤한 사람들이 서비스가 공급되지 않는 도시 주변 주거지에 살기 때문이다. 둘째, 빈곤한 사람들은 기반시설 연결 비용을 지불할 능력이 없기 때문이다. 셋째, 빈곤한 사람들은 서비스 이용료를 지불할 능력이 없기 때문이다(Alfaro, 1996). 세계은행에 따르면, 이러한 불리한 여건을 극복하기 위해서는 국내총생산의 0.2-0.5%가 쓰여야만 한다. 모든 빈곤한(심지어는 부유한) 근린지구에 일상적인 모든 서비스를 제공하는 도시 기반시설을 설치하는 것은, 거주자들이 기반시설 설치비용을 지불할 경제적 능력이 없기 때문에 불가능하다.

지역공동체 수준에서의 역량(예컨대 지도력, 훈련, 기술)이 불충분하다는 점과 '전문가들과 관료들이 대안적인 지역 혁신을 개발하고 수용하는 일에 소극적이라는 점'(Lee, 1995)이 또한 적정한 기반시설 공급을 더디게 하고 있다. 세계은행의 환경적으로 지속 가능한 개발 담당 부회장인 세라겔딘(Ismail Serageldin)은, "사실, 많은 개발도상국 도시 주민의 10% 정도만이 충족시킬 수 있는 엄격한 주택 기준을 부과하는 토지이용과 같은 정부의 지나친 규제는, 빈곤함 자체를 불법으로 만든다"(Ordway, 1998: 12에서 인용)라고 솔직하게 표현하고 있다.

그러므로 지방정부는 빈곤한 사람들, 특히 비공식 부문에 속한 이들에게 높은 소비 기준과 질적 기준을 강요해서는 안 된다. 지불 능력은 기반시설의 재정 조달과 공급에 있어 적용되어야 할 하나의 원칙에 불과하다. 빈곤층이 감당할 수 없는 기술적 기준에 맞추도록 강요해서는 안 된다. 또한 기반시설 공급은 질적 수준, 재료, 조직 유형, 이용자의 참여 등의 기준을 완화함으로써 특히 빈곤한 사람들의 요구와 조직적인 운영 역량에 맞추어질 필요가 있다. 공식 부문에 적용되는 재정과 관리에 기초해서 비공식 부문에 관한 기반시설을 계획하는 것은 타당하지 못하다. 일반적으로, 강요된 기준은 잘못된 압출효과(push effect)를 빚을 우려가 있다. 예를 들면, 사람들은 이러한 기준이 없는 지역으로 단순히 이동할 수도 있으며, 이로 인해 최고의 해법이 최악의 해법이 되기도 한다.

해비타트 의제 4장 B(60)[Habitat Agenda Section IV B (60)]에서는 이 문제를 다음

과 같이 언급하고 있다. "상수도, 하수도, 폐기물 관리시설과 같은 적절한 기본적인 기반시설, 적절한 환경의 질과 위생 관련 요소들, 직장과 기본시설들에 대한 적절한 접근성 등은 …… 지불 가능한 비용으로 확보될 수 있어야 한다"(UNCHS, 1996a). 이는 빈곤한 사람들의 토지 활용을 원활하게 하기 위해서는 정부가 기존의 법령과 규제를 개정하거나 새로운 법제를 채택해야 한다는 것을 의미한다. 이것은 또한 당국이 "도시 주거 부족에 대해 신속히 취해야 할 조치와 아울러 실용적 방법으로써 비공식 부문의 주거지와 도시 슬럼에 대한 양성화와 개량을 적극적으로 장려할 것"을 주장한다. 그것은 "지역 고유의 경험과 …… 지역 여건에 적합한 기술에 의한 개발"(UNCHS, 1996a)의 촉진을 장려하는 것이다.

지방 당국은 적절한 수준의 기반시설을 적정규모로 공급할 수 있는 충분한 재원을 필요로 한다. 이와 같은 중요성에도 불구하고 기반시설 공급을 위해서는 많은 난점들을 극복해야만 한다. 즉, 통합되지 않은 제도의 틀, 조정 및 합의 과정의 어려움, 다른 관할권으로의 이탈 효과와 이에 따른 빈약한 인센티브, 부족한 세원(재산세, 이용 요금, 자동차세 등), 중앙정부로부터의 불충분한 자금 지원과 과집중된 재정 능력 등이 극복해야 할 과제이다.

개발도상국에서 기반시설에 대한 투자는 연간 합계 미화 2,000억 달러에 이르고 이는 개발도상국 총생산의 4%, 전체 투자의 20%를 차지하는데, 점점 지방자치단체에 의해 관리되고 있다. 더욱이, 세계은행과 같은 기구들은 지방자치단체에 직접 자금을 제공하려는 경향이 있다. 그러나 이러한 투자는 종종 잘못 할당되어 수준 낮은 서비스를 제공할 수도 있다. 부적절한 유지 관리 때문에 서비스 공급이 종종 최적화되지 못하며, 어떤 지역에서는 공급되지 않거나 부적절하게 공급되기도 한다. 한 도시에서 서비스가 전반적으로 적절히 공급되었다고 하더라도, 그 도시 내에서는 지역별 수준에서 큰 차이가 있을 수 있다. 공공 서비스를 이용하지 못하는 사람들이 이용하는 사람들보다 훨씬 더 높은 가격을 지불할 수도 있으며, 반면 공공 서비스 이용자들이 투자 회수비용을 지불하지 않을 수도 있다(ILO, 1998: 35).

공공 부문에서의 공급이 없는 경우에는 민간업자들이 그 부족한 차이를 메우게 되지만, 민간업자의 서비스는 가격이 비싸다. '가난한 사람들이 더 지불한다(The poor pay more)'는 신드롬은 공공 상수도 시스템이 존재하지 않는 곳에서의 민간에 의한 물 공급에도 변함없이 적용된다. 따라서 사람들이 지불할 능력이 없는 것보다도 조직적인 결점들이 흔히 더 심각한 피해를 주고 있다. 서비스가 제대로 공급되지 않는 비공식 부문 주거지역에 값비싼 빌딩들이 있는 것은 많은 개발도상국 도시에서 공통으로 발생하는 일이다. 그것들은 지나치게 집중된 행정에서 연유한 정치적이고 행정적인 문제가 있다는 것을 나타내며, 시급한 대처가 필요하다.

이러한 어려움 중 일부는 극복될 수 있다. 공공 당국이 특정한 기반시설 투자를 직접 하거나 공급할 필요는 없다. 민간투자자들에 의한 개발 계약이나 기부체납 (build-operate-transfer, BOT)은 공공 부문이 세세히 관여하지 않고도 기반시설을 공급할 수 있는 유연한 방법들이다. 이것들에 대해서는 다음에 논의한다.

논란의 여지가 있지만, 특수한 유형의 제도적 기반시설이라고 할 수도 있는 토지권(land title) 설정은 주요한 문제 중 하나이다. 그러나 비공식적인 소유권의 공시를 통해 토지의 비공식적 점유와 관련된 불확실성을 줄일 수 있다면, 공식 부문에서 요구되는 정확한 의미의 소유권에 관한 법적 권리 인정(legal title)이 꼭 필요한 것은 아니다. 라자즈(Omar Razzaz)는 소유권의 증거로 자체적으로 문서를 발행하는, 브라질 빈민가의 근린지구 조직이 운영하는 비공식 등기(informal registries)의 예를 보여준다. 그는 토지 점유에 대한 해결책은 당국이 단지 공식적 재산권 시스템에만 의존하는 것보다, 인종적·지리적 지역사회 네트워크와 관례에 근거할 수 있는 재산권 이해관계(property interests)의 유효성을 인정하는 데에 있다고 말한다.

2) 기반시설의 재원 조달: 일반 원칙

기반시설의 수혜자들은 특별한 재정수단을 통해 기반시설에 대한 대가를 지불해야 한다. 한 번에 지불하는 개발 부담금은 기반시설에 대한 투자 선금을 확보하는 데 적당한 방법이다. 전통적으로는, 개발업자들이 개발부지 내부에 설치되는 기반시설비를 지불하고 공공 부문은 그 부지 외부에 설치되는 기반시설비를 지불한다. 어떤 경우에는 특정 개발로 인한 기반시설 설치에 드는 모든 사회적 비용을 개발업자가 지불할 수도 있다. 그들은 자신들의 신개발을 위해 요구되는 기반시설비에다가 지역사회의 나머지 지역에서 이용할 수 있는 기반시설의 용량을 적어도 전과 같이 유지하도록 만드는 비용도 지불해야 한다. 이러한 원칙하에 개발업자들은 주거지의 국지도로 설치비를 지불할 뿐만 아니라 혼잡을 줄이는 데 필요하다면 인근에 있는 기존 고속도로의 진·출입 차로를 설치하는 비용도 지불한다. 이러한 부담 기준은 '최선의 실행 원칙(best practice rule)'이며, 특히 지방정부 행정 담당자들이 이 기준을 적용하는 데 필요한 수준의 세련된 감각을 지닌 산업국들에서 채택될 수 있다.

부담 기준을 적용하기 위해서는, 전체를 부담해야 하는 기반시설 요소와 부분만 부담해도 되는 기반시설 요소를 구별할 필요가 있다. 오로지 그 개발을 위해서만 공급되기 때문에 전체를 부담해야 하는 기반시설은 부지 내외에 상관없이 전부 개발업자가 지불해야 한다. 특정한 개발을 위해 공급되면서 지역사회의 나머지 부분에도 서비스를 제공하기 때문에 부분만 부담해도 되는 요소들의 비용은, 부담률만큼의 비용을 개발업자가 지불하고 나머지를 정부 또는 다른 개발업자들이 부담하도록 해야 한다.

3) 민간에 의한 공급

민간 부문에서의 해결 방식은 오랜 시행 역사를 갖고 있다. 19세기에 런던, 베를린, 파리, 뉴욕 등에서는 대개 민간회사가 신규 주거지역을 개발했는데, 토지 개발 및 서비스 공급의 의무는 흔히 건물 건설 및 자금 조달의 의무와 분리되었다.

공공 당국은 계약을 근간으로 하여 민간 부문을 끌어들일 수 있는 여러 가지 조건 제시 방식들을 채택할 수 있다. 소위 기부체납 방식이라고 불리는 것이 매우 유리한 해법인데, 이 방식에 의해 민간투자자들이 계약을 근간으로 기반시설을 공급하고, 계약에 규정된 기간 동안 그것을 관리하며, 그 기간 이후에는 기반시설의 운영권이 지자체로 넘어간다. 이러한 방식을 채택하면 시 정부가 자신의 궁극적인 책임을 유지하면서 재정 부담을 줄일 수 있다.

기부체납 방식은 사업 계획, 자금 조달, 건설 유지를 위한 조합(consortia)을 조직하고 (정치적 위험을 포함한) 계획 관리의 높은 비용을 감당할 수 있는 대규모 투자사업들에 주로 적용할 수 있다. 이러한 사업은 대개 많은 지자체들에 비해 쉽게 담보를 제공하고 대출 기준을 만족시킬 수 있는 민간 개발업자와 공고한 관계를 지니는 은행들에 의해 착수된다.

기부체납 방식은 대출금액을 늘릴 수 있을 정도의 가치가 있는 수입을 발생시키는 자산을 만들어낸다. 수입이 대출금 상환과 운영비용 충당에 충분치 못할 경우 그 차이를 메우기 위해 보조금이 이용될 수 있다. 공공의 보조금은 주어진 양의 수입을 가지고 파급효과를 일으켜(create leverage) 더 많은 투자를 가능하게 한다. 기부체납은 널리 쓰이는 방식이 되었고, 많은 국가들(예컨대 말레이시아, 파키스탄, 아르헨티나, 필리핀)에서 효과적인 것으로 판명되었다. 이 방식은 여러 가지 목적에 각기 다른 방식으로 이용될 수 있고, 또 상황에 따라 다르게 이용되어야 한다.

<자료 4-26> 코트디부아르의 민간 상수도 관리

코트디부아르[Ivory Coast]에서는 상수도 공급권을 한 회사에 부여하는 민영화 방식을 채택했다. 민영화에 덧붙여서 마을과 위원회에 상수 펌프 운영에 대한 권한과 의무가 주어졌다. 세계은행의 보고에 따르면 연간 유지비용은 50% 이상 감소되었고, 고장 건수는 50%에서 11%로 감소되었다.

도시의 문제

코트디부아르(Côte d'Ivoire)의 아비장(Abidjan) 지역 사람들은 기본 수요인 상수도를 부적절하거나 비용 면에서 비효율적으로 이용했다. 세계은행에 의하면 많은 나라들에서 보조금이 지급된 관망 시스템을 이용하는 가구들에 비해 빈곤한 가구들이 민간업자가 공급하는 상수에 최고 20배나 높은 가격을 지불한다.

모범 사례의 해법

1973년 코트디부아르 정부는 상수도 공급회사인 SODECI에 공급권을 주었다. 세계은행은 다음과 같이 기술한다. "SODECI는 그곳에서 이제 300개 이상의 상수도관망 시스템을 관리한다. 30만의 개별 망을 보유하고 있으며, 그 수는 매년 5-6%씩 증가하고 있다. 이 회사는 이미 이 나라 450만 도시 거주자들 중 약 70%에 달하는—즉, 아비장에서 200만, 나머지 도시들에서는 각각 5,000에서 40만 사이—사람들에게 수도를 공급하고 있다"(World Bank, News Release No. 96 / 69S). SODECI는 빈곤층을 위한 서비스 제공을 촉진하기 위해 가정 접속의 4분의 3에 대해 직접 연결비용 부과를 보류하고 있다. 이러한 정책에도 불구하고 SODECI는 이익을 내고 있다. 세계은행은 "SODECI가 소비자에게 상수도를 공급하는 비용은, 요금으로 비용을 충당하지 못하고 서비스 수준에서도 훨씬 뒤처져 있으면서 경제 여건은 비슷한 주변국들보다 높지 않다"(World Bank, News Release No. 96 / 69S)고 기록하고 있다. 1996년에 정부는 의제 21의 결의에 응하기 위해 새로운 15개년 계획을 수립했다. 이 계획의 근본적 목표 중 하나는 전국적으로 세출과 세입을 같게 하는 것이다. 정부는 정책 설명에서, "아비장 지역에 보급되는 상수의 입방미터당 평균비용은 국내 타 지역의 절반가량이며, 수도(首都)를 위해 생산되는 상수의 양은 나머지 지역의 2배가량 된다"라고 언급하고 있다. 아비장 지역의 비용 측면에서의 이점은, 이곳이 SODECI의 최초 서비스 공급권 지역이라는 사실과 직결된다.

—Ordway, 1998: 12-13.

<자료 4-27> 탄자니아의 커뮤니티 기반시설 정비 계획

커뮤니티 기반시설 정비 계획(community infrastructure program, CIP)은 탄자니아의 다르
에스살람(Dar Es Salaam) 시에 의해 실행되고 있다. CIP 계획은 1995년 기반시설이 갖추
어지지 않은 곳들에서 지역사회와의 공동작업을 통해 기반시설 문제를 다루기 위해
수립되었다. 이 프로그램은 협력과 참여의 방식을 채택함으로써 정부, 준국영기업
(parastatals), 지역사회, 그리고 다른 이해당사자들을 개발 과정에 포함시키고 있다.

독립한 이래 '수요자'인 국민들이 사는 도시와 농촌지역의 기반시설을 포함한 모든
다양한 서비스들을 중앙정부와 지방정부만이 단독으로 공급해왔다. 그러나 급속한 도
시화로 인해 급증하는 수요를 충족하는 데에 단독으로 기반시설을 계속 공급하기에는
시 당국의 능력이 모자랐기 때문에, CIP 계획을 발의하여 수립했다.

CIP 계획의 수립은 기여와 참여를 통해 도시의 근린지구에 기반시설 서비스를 공급
하기 위한 시 당국의 능력을 보완하려는 노력의 일환이었다. 그것은 또한 커뮤니티에
책임감을 부여하는 동시에, 설치된 기반시설의 관리 면에서 커뮤니티의 역량을 증대시
킨다.

이러한 프로그램을 타바타(Tabata)와 키지톤야마(Kijitonyama), 두 커뮤니티에 시험적
으로 도입한 이후 다음과 같은 괄목할 만한 성과가 있었다.

커뮤니티의 역량 증대
- 지역사회의 참여를 극대화하기 위한 커뮤니티 헌장 개정.
- 근린지구와 지구 대표들의 선정과 교육.
- 커뮤니티 현황(profiles) 작성.
- 커뮤니티 개발계획 작성.
- 토지소유권과 관련된 정보 수집(필지 통합).
- 커뮤니티 현황에서 밝힌 우선순위에 따라 여러 가지 문제들을 다루기 위한,
  커뮤니티 차원의 분과위원회 결성.

제도의 강화
- 각 커뮤니티마다 사무소 설립.
- 모든 협력자들의 대표들을 포함하는 운영위원회 설립.
- 양해각서(memoranda of understanding)의 서명을 통한, 관련 협력자들과 커뮤니
  티 간의 공식적인 제도적 연계 확립.

근린지구 기반시설 정비
- 맡겨질 과업과 서비스에 관한 위임 사항(terms of reference) 작성.
- 정비해야 될 기반시설, 예컨대, 도로, 배수 시스템, 하수도 등에 대한 공학적

세부 설계도 작성.
- 과업과 서비스를 관장하고 감독하기 위한 기술 분과위원회 구성.
- 커뮤니티 고유의 (지역적으로 관리되는) 상수도 시스템 확립. 커뮤니티는 이러한 상수도 시스템을 원가로 운영하고 있다. 즉, 커뮤니티 구성원들이 상수를 구입 하면 그 돈은 시스템을 운영하는 데에 다시 투입된다. 타바타 지역사회에서는, 실제로 들어온 돈의 일부가 이제 쓰레기 수거에 이용되고 있다. 상수도위원회 는 수거 서비스 비용을 지불하고, 커뮤니티 구성원들은 그 서비스에 대해 수거 비용을 부담한다. 이는 공급된 기반시설에 대한 커뮤니티의 책임과 지속가능성 을 공고히 해준다.

－UN Best Practices Database.

4) 기반시설의 비공식적인 공급과 자조적 해법

고도로 복잡한 시장 기능을 활용한 해법은 비용이 너무나 많이 들기 때문에 저소 득 지역에서는 적용될 수 없다. 그러나 때로는 기반시설이 없거나 불충분한 상황에 서는 자조적이거나 비공식적인 기반시설이라는 독창적인 아이디어를 생각해볼 수 도 있다. 커뮤니티가 그 수요에 대해 가장 좋은 정보를 갖고 있기 때문에 기반시설 의 설치와 유지에서 자조적인 해법은 종종 비용이 더 적게 들고 더 나으며, 또한 가장 효과적인 해법으로 알려져 있다. 커뮤니티의 구성원들은 사업의 계획과 건설 에 관여하며, 자금을 댄다. 저소득층 사람들이 기반시설 서비스 비용을 지불할 능력 이 없고 지불하려고 하지 않는다는 것은 잘못된 가정이었다. 서비스가 공급되지 않는 거주지의 커뮤니티들은 흔히 공식적으로 서비스가 공급되는 지역의 거주자들 보다 상수도에 대한 비용을 10배에서 100배까지 더 많이 지불하기도 한다.

만약 한 커뮤니티의 모든 가구들이 협력하여 조금씩이라도 돈을 댄다면, 저소득 가구들이라도 기본적인 기반시설을 설치하는 비용 전체를 감당할 수 있다는 것이 많은 사례연구들에서 판명되었다. 가구당 추정 비용은 지방 당국이 부과했던 금액 의 7분의 1 정도에 지나지 않으며, 참여하는 커뮤니티의 구성원들은 소유의식을 가지고 유지 관리에 책임을 느낀다(<자료 4-27>과 <4-28> 참조).

상수도와 하수도의 공급을 위한 기반시설 사업에는 적어도 어느 정도의 기술적 지원이 필요하지만, 쓰레기 수거는 비공식 부문이 쉽게 떠맡을 수 있는 서비스이다. 많은 나라들 가운데 특히 아시아의 경우에는 쓰레기의 상당 부분이 이미 비공식적인 청소부 조직에 의해 수거되고 있다. 인도네시아의 도시에서는 폐품 수집자들이 전체

도시 쓰레기의 3분의 1 가량을 수거하며, 방갈로르(Bangalore)에서는 청소부들이 자치단체 쓰레기 수거량의 13배 정도를 수거한다. 일부 도시에서는 비공식적인 쓰레기 수거를 공식적인 도시 경제로 통합하려는 노력이 시도되고 있다. 예를 들면, 브라질의 벨로리존테(Belo Horizonte)와 인도네시아의 반둥(Bandung)에서는 폐품 수집사들이 협동조합에 가입해 있으며, 이는 그들에게 정치적 목소리를 낼 수 있게 해준다.

이러한 방식은 도시에 환경적 이득과 경제적 이득을 가져다준다. 즉, 재활용을 통해 자원이 절약되고 폐기물 처리비용이 감소하며, 재생된 원료로 더욱 값싼 상품이 생산되고 새로운 고용이 창출된다. 철강, 제지, 유리 생산과 같은 몇몇 산업들은 재생된 원료에 크게 의존한다.

<자료 4-28> 온두라스 테구시갈파의 빈곤한 지역사회에 상수도 관리 권한 부여하기

테구시갈파(Tegucigalpa)의 상하수도관망 시스템은 인구가 조밀한 도시 주변의 가파른 산허리에까지는 미치지 못한다. 언덕과 산허리에 난개발이 진행되면서 급증한 무단 입주자들이 고도 1,150m 이상의 지역사회에 살고 있으며, 이곳은 주요 도시망을 확장하기에는 비경제적인 지역이다. 이러한 도시 주변 지역에 살고 있는 인구의 40%는 상수관망, 심지어 배수탑을 이용하지 못하며, 주로 급수트럭으로 '빈민촌(barrios)'을 찾아다니는 민간 공급업자들로부터 물을 구입한다. 이러한 가정의 80% 정도는 물값이 월수입의 11-20%에 이른다.

국민 상하수도 서비스(national water and sewerage service, SANAA)는 중앙정부에 의한 상수도 서비스를 대체할 혁신적 대안을 실행했다. 그것은 도시의 저소득 근린지구들에서 자체의 상수도 조합(water association)을 설립하도록 지원한다. 이 조합은 독자적으로 상수도 시스템을 설치하는데, 주민들은 이에 대해 비용을 지불하고 소유하며, 이 시스템은 공급업자들로부터 구입하는 것보다 훨씬 낮은 리터당 비용으로 정상적인 상수를 제공한다. 커뮤니티는 미숙련노동과 지역의 자원을 제공함으로써 기반시설 설치에 참여하고 투자비용의 일부를 부담하며, 지역 상수도위원회(water boards)는 행정을 담당하고 이를 유지 관리한다. 유니세프(UNICEF), UEBD / SANAA, 스웨덴 정부, 커뮤니티가 공동으로 투자했다.

4년이 지나지 않아서 25개 저소득 근린지구의 4만 5,000명에게 정상적인 상수가 공급되었다. 그런데 이제 주민들이 민간 상수 공급업자들로부터 물을 구입했을 때보다는 낮은 비용을 지불하지만, 그들은 보조금이 많이 지원되는 공공 상수관망 시스템을 이용하는 부유한 근린지구의 사람들보다는 여전히 더 높은 비용을 지불한다. 그러나 이 사업은 이제 빈민촌이 전보다 낮은 비용으로 확실한 상수공급원을 확보하게 되었다는 사실과 또 빈곤한 사람들이 물에 대한 정당한 값을 지불할 준비가 되어 있다는 것을 보여줌으로써, UEBD는 보조금에 대한 정치적 정당성을 약화시키고 나아가 정책 변화의 가능성을 보여준다.

시행 효과
- 사업 착수 5년 만에 5만 명에게 상수 공급.
- 21개 커뮤니티에 상수도위원회 조직.
- 커뮤니티 회전 기금(revolving fund) 조성으로 새로운 상수도 사업에 기금 투자.
- 위장과 피부의 질병 감소.

—UN Best Practices Database.

<자료 4-29> 브라질의 레시페: 쓰레기 분리수거와 재활용 사업

대부분의 브라질 도시들과 마찬가지로, 레시페(Recife)는 심각한 재정 문제를 안고 있다. 따라서 시 정부의 제도는 공공 서비스에 대한 대안으로 사회적 구조와 커뮤니티 활용 접근법으로 선회하고 있다. 배수, 하수, 도시 청소, 보건 증진을 포괄하는 통합된 기본 위생설비 프로그램이 분산된 행정으로 수행되고 있다. 시 정부는 6개의 행정 부문과 3개의 세부 지역으로 나눈다. 커뮤니티에는 지역 대표의 지위가 부여되고, 부문계획위원회(sector planning councils)와 도시개발위원회(urban development council)는 부문별로 시 차원의 대표 역할이 부여된다.

도시의 청소 문제는 중요한 문제 중 하나이며, 1993년 6월에 시작된 쓰레기 분리수거 및 재활용 프로그램(programme of selective collection and recycling of solid waste)은 도시 청소를 위한 기본적인 방법이다. 이 프로그램은 쓰레기 발생을 줄이기 위한 행태적 변화를 추구하고, 재생 가능한 재료의 상품화를 장려하고 촉진하며, 수입이 발생하도록 지원한다. 고소득의 근린지구에서는 재생 가능한 재료를 위한 분리수거통이 있는 반면, 중저소득 및 저소득 지역에서는 '공동 분리수거 사업(communal selected collection project)'이 실행되고 있다. 사람들은 분리수거된 물건을 음식이나 식권, 단체 건물을 위한 건축자재로 교환할 수 있다.

쓰레기 분리수거 및 재활용 프로그램은 레시페 시(市)의 세 가지 큰 개발 프로그램에 들어 있다. 근린지구 프로그램(neighborhoods programme)에서는 모든 부문에서 자치 행정의 체계적인 분권화를 목표로 한다. 이것은 부문별 근린지구 활동 계획과 프로그램의 작성 및 평가에 초점을 두며, 주민 참여에 의한 예산 편성을 통한 사회적 관리 수단 중 하나이다.

시행 효과
- 2년 만에 재생원료 비율의 73% 증가.
- 재생 가능한 원료량의 연간 62% 증가.
- 고형 쓰레기량의 월 482톤 감소.
- 폐기물 수거 특별 작업의 56.5% 감소와 285곳에서 124곳으로 쓰레기 적치장 감소(43.5% 감소).

> - 일반 쓰레기량의 월 5,796톤 감소.
> - 쓰레기 적치장 수명을 5년에서 20년으로 연장. 쓰레기 처리 지역과 폐기물 처리 방식의 정비.
> - 분리수거 요원 약 2,040가구에 대한 식량 공급.
>
> —UN Best Practices Database.

5) 결론

도시 중에서도 특히 빈곤한 도시들은 여러 가지 방법을 통해 재정적으로 지속가능해지거나 지속가능성을 유지할 수 있다. 장기적으로 중앙정부와 주정부는 지방정부가 재정적으로 자립하기 위해 자신의 세원을 마련할 수 있도록 해주어야 한다. 모든 세입체계하에서 공평한 교부금제도(equalization grants)가 필요하다.

기반시설 설치와 운영의 상당 부분은 민간 부문으로 이양되어야 한다. 기업은 수지 균형이 맞아야만 살아남을 수 있고, 다른 기업과 경쟁해야 하기 때문에 생산비를 최소화하고 수지 타산을 맞추는 데 정부보다 능숙하다.

개발도상국의 도시에서 커뮤니티는 기반시설을 설치하고 운영하기 위해 '노동의 대가로 얻는 소유권(sweat equity)' 제도를 이용하거나 자본을 현금 또는 현물로 투여함으로써, 좀더 낮은 비용으로 그들 스스로의 분배를 이룩할 수 있었다.

지방정부는 공공 재정에서 효율적이고 형평성 있는 수단을 채택함으로써 지속적으로 사회적 통합을 향해 전진할 수 있으며 빈곤을 완화시킬 수 있다. 첫째, 지방정부는 공급비용을 최소화하기 위해 기반시설과 서비스를 공급함에 있어서 민간 기업이나 재정적으로 자립된 공기업에 의존할 수 있다. 둘째, 최저소득 소비자들에게 원가 이하의 비용을 부가하고 고소득 소비자들에게는 원가 이상의 비용을 부과하도록 민간 서비스 공급자나 공공 서비스 공급자 모두에게 요구할 수 있다.

중앙정부가 분배기능을 이양하는 동시에 도시 정부는 재정적으로 독립적인 가장 작은 기관에 업무를 할당하여 권한 이양의 효과를 높일 수 있고, 이는 다시 근린지구의 중심의 참여를 촉진할 수 있다. 이러한 변화로 인해 지역사회의 이해당사자들이 정부 활동에 좀더 의미 있는 참여를 할 수 있는 많은 기회가 제공된다. 지방정부는 (편익과 무관한 세금보다는) 이용자 요금(user charge) 방식을 채택함으로써 편익과 비용 간의 관계에 대한 사람들의 인식을 새롭게 해서, 그들로 하여금 좀더 경제적으로 책임을 지도록 만들 수 있다. 지방정부는 더욱 투명하고 책임을 분명하게 함으로써 주민들의 요구에 더욱 민감하게 대응하게 된다. 민주적인 제도가 확산되고 정부가 주민들에게 좀더 가까이 다가가고 있다는 것이 상황을 낙관적으로 볼 수 있는 근거가 된다. 지방 공공 재정에 대한 가장 좋은 실무 원칙을 채택함으로써, 21세기에는 더 큰 지속가능성, 경제적 복지, 권한 이양이 전 세계의 도시들로 파급될 것이다.

8. 교통

교통계획은 전반적으로 도시계획에서 중요한 부분을 차지하며, 토지이용계획과 가장 긴밀하게 조율될 필요가 있다. 왜냐하면 경험에서 알 수 있듯이 그리고 최근의 연구결과에서 강조하듯이, 교통은 실제로 도시를 성장하게도 하고 쇠퇴하게도 하기 때문인데, 이에 관해서는 이미 1957년에 콜린 클라크(Colin Clark)가 잘 갈파한 바 있다. 교통은 도시 형태와 친밀한 공생적인 관계로 존재한다. 즉, 도시 개발이 이용 가능한 교통의 선택에 영향을 미치지만, 반대로 교통체계가 도시의 미래 개발에 영향을 미칠 것이다. 그래서 특정한 도시 형태는 특정한 교통 패턴과 관련되는 경향이 있다. 예컨대, 전통적이고 밀도가 높은 중앙집중적 패턴인 파리나 베를린의 경우와, 분산된 자동차 중심의 패턴인 로스앤젤레스나 피닉스의 경우는 매우 대조적이다.

1990년대의 상식적인 판단에 따르면, 전자는 '지속 가능한' 모델이고, 후자는 지속 가능하지 못한 모델이다. 아마도 이러한 가정이 옳겠지만, 실제로 서로간의 관련성은 그보다는 좀더 복잡하다. 사람들은 아직도 유럽식의 도시를 떠나 교외로 향하고 있는 반면에, 로스앤젤레스와 같은 곳은 환경적으로 예민한(environmentally sensitive) 도시로 크게 변모하고 있다. 그러나 이러한 대비는 개략적인 측정으로 보아야 한다. 이것이 의미하는 바는, 교통정책은 반드시 토지이용정책과의 관련성 속에서만 평가되어야 한다는 것이다. 비현실적인 토지이용정책을 요구하는 교통정책을 채택하는 것은 의미가 없으며, 그 반대도 마찬가지이다.

이미 제2장에서 살펴보았듯이, 정부의 개입을 지지하는 강력한 주장이 있다. 세계의 어느 도시에서도 도시 교통체계는 완벽하지 못하며, 대부분의 도시들에서는 매우 빈약하다. 무엇보다도 우선, 그것은 귀중한 시간의 막대한 손실, 특히 매일의 통근 시간에서 손실을 일으킨다. 두 번째로, 정체와 비예측성(unpredictability)은 심각한 정신적 스트레스를 유발하며, 이는 정체 현상에 따른 노상 발작(road rage) 현상이 가장 극적인 예이다. 셋째로, 재생 가능하지 않은 천연자원을 매우 낭비하고 오염을 일으키며, 지구온난화(global warming)에 주요한 원인이 된다. 그리고 네 번째로, 현재 제시되고 있는 해법들은 종종 고도로 자본집약적이며 따라서 비현실적이고, 무엇보다도 개발도상국의 도시들에서는 더욱 현실성이 없다.

<자료 4-30> 혼잡비용

1990년에 일본 국제협력청(Japan's international cooperation agency)은 방콕에서 잠재적 총생산(potential output)의 3분의 1이 도로의 정체 현상으로 인해 손실된다고 계산했다. 1995년 유럽연합의 교통이사회(transportation directorate)는 유럽에서의 정체비용이 국내총생산의 2%에 해당한다고 밝혔다. 그러나 이런 계산들은 정체되지 않은 도로를 가정하여 추계된다. 네덜란드의 경제학자들은 자신의 나라의 실상은 국내총생산의 0.25% 정도에 지나지 않는다고 믿고 있다.

―*The Economist*, 1998: 5-6.

방콕의 대기오염과 수질오염에 대한 환경비용은 연간 20억 달러를 넘는다. 방콕의 모든 자동차는 연간 평균 44일 정도를 교통 정체에 낭비하고 있다. 한 추계에 의하면 통행으로 인해 유발된 정체는 도시 총생산량의 3분의 1 정도로, 하루에 약 4백만 달러 정도가 유실된다. 첨두 시간 때 10%의 시간을 절약한다면, 연간 4억 달러를 아낄 수 있다. 주로 자동차 배기가스로부터 기인하는 과도한 납 수치(lead level)는 20만 내지 40만 명을 고혈압에 시달리게 하며, 연간 대략 400명 정도를 사망에 이르게 한다. 개략적인 계산에 의하면, 과도한 납 수치는 7세 이하 아동의 지능지수를 4포인트 이상 떨어뜨릴 수 있다고 추산되고 있다.

―Stickland, 1993.

1) 주요 정책 해법

(1) 해법 하나: 통행 제한

1990년대 초 이래, 세계 각국의 정부는 도시의 지속가능성 중에서도, 특히 교통 분야에서의 위기 인식에 관해 대응해왔다. 이는 1997년의 교토 회의(Kyoto conference)에서 이산화탄소의 감소라는 야심찬 목표에 대한 합의로 귀착되었다. 많은 정부들은 자동차 사용의 증가를 제한하거나 심지어는 줄이기 위한 정책을 이미 펴고 있다. 이러한 정책들로는 다음과 같은 것들이 있다.

① 재정 정책

자동차 등록세나 연료비의 인상을 통해 전체적인 운행비용을 증가시키거나 통행료 부과세를 통해 첨두 시의 실제 운행비용을 증가시킨다. 일정한 비율의 세금은 ― 싱가포르의 극단적인 형태의 예처럼ㅡ자동차 소유를 제한할 수는 있으나 저소득이나 중간 소득 계층의 소유를 막는 매우 역진적(regressive)인 조치이며, 만약 최상급의 대중교통 서비스가 싱가포르에서처럼 전 지역에 걸쳐 이용 가능하다면 그러한 정책도 허용할 수 있을 것이다. 그러나 서비스 수준이 장소마다 다르고 시간마다 다른 나라에서는 허용될 수 없다. 나아가 싱가포르의 경우에서 나타나듯이, 차에 많은 돈을 지불했기 때문에 차에서 그만큼의 가치를 찾겠다는 원칙하에서는 실제로 부유층들의 자동차 사용을 장려하는 부작용을 초래할 수도 있다.

이런 이유로 인해, 다양한 종류의 세제(稅制), 즉 자동차의 사용과 긴밀하게 관련된 세제들이 바람직하다. 자동차에는 연료소비량이나 배기량의 수준(실제로 언제나 같은 것은 아니지만)에 따라 차별적으로 세율이 적용될 수 있다. 가솔린 요금 책정은, 기본적으로는 낮은 가격을 부과하고 소비가 늘어남에 따라 더 높은 비용이 추가되도록 하는 두 단계로 나누는 것이 가능하다. 노상이나 노외주차장의 주차 요금을 올리거나 통근 목적의 장기 주차를 감소시키기 위해 차별적으로 주차 요금을 책정할 수도 있다. 마지막으로, 운전자가 체증 상태에서 운행할 때 유발하는 부정적인 외부효과를 감안하는 통행료 부과 체계를 도입할 수도 있다.

이 마지막 해법은 싱가포르의 전자식 통행료 부과 체계에서 구체화되었고, 무엇보다도 가장 민감한 방식이다. 그러나 만약 차를 모는 것 이외에는 다른 대안이 없는 저소득 계층 운전자들에게는 지나치게 역진적이므로 바람직하지 못한 것이다. 그러나 그러한 문제는 정책이 인정하고 넘어갈 수밖에 없는 사안이라고 말할 수 있다. 모든 경우에 보조금을 지불하기는 불가능하며, 교통이 완전히 그리고 명확하게 '가치재'인 것은 아니다. 통행료 부과의 장점은 상당하며, 역진적인 효과는 상당 부분 보상될 수 있다. 요금 부과는 카풀(ride sharing)을 장려하며, 이는 나아가 공공성과 전산화된 카풀 정보 체계를 통해 촉진될 수 있다. 또한 대중교통과 카풀 차량에 대한 요금을 면제해주는 것도 가능하다. 이에 대해서는 아래에서 살펴보고자 한다.

또 다른 중요한 질문은 이런 수단들에 의해 조성된 세입의 활용이다. 일부는 국고로 갈 것이고, 일부는 지방정부로 갈 것이다. 각각의 경우에 세입의 전부 또는 일부가 대중교통의 보조금과 같은 교통 부문만을 위해서 쓰이도록 담보되어야 할 것인지 아닌지에 대한 논쟁이 있다. 어떠한 형태의 교통수단에 대한 모든 형태의 보조금은 잘못 유도될 수도 있다고 주장할 수도 있다. 왜냐하면, 교통은 '가치재'가 아니기 때문이며, 이에 대해서도 아래에서 논의될 것이다. 이러한 이전(transfer)에 관한 주장은 심리적인 것이다. 즉, 자동차세를 정치적으로 수용 가능하게 만들면 그것은 적합한 행위를 유도하게 되는데, 그 이유는 운전자들은 그것을 주어진 경제적인 신호로 이해하기 때문이다.

② 물리적인 통행 제한

공간의 양에 대한 물리적인 제한은 자동차 운행과 주차에 적용되는데, 중심업무지구의 보행구역화(지금은 유럽에서 거의 일반적인 장소이다)와 주거지역의 교통 제한, 주차구역의 수에 대한 제한(일반적으로 높고 차등적인 요금제도와 함께) 등을 포함한다. 이런 수단들은 대개 대중교통, 도보와 자전거의 장려와 연계된다. 그리고 이러한 수단들은 신도시와 같이 물리적인 배치를 새롭게 하는 곳에서는 높은 우선순위를 갖는다[예컨대, 보행자 가로의 시가 전차(tramcars), 교통제한구역 내에서 도로공간을 자전거 전용도로로 전환하는 것 등].

그러나 경험으로 알 수 있듯이, 그런 수단들은 매우 부분적으로만 효과가 있을 수 있다. 많은 유럽의 도시들은 중심업무지구 내와 그 주변의 통행량을 줄여왔으나, 교외지역과 그 외곽지역은 여전히 개인용 차량이 주도적이다. 정책 효과를 좀더 확대하기 위해서는 반세기 전의 그 유명한 코펜하겐이나 스톡홀름(그리고 좀더 최근에는 전원도시들에 대한 제안들)처럼, 도보와 자전거와 대중교통의 이용을 장려하는데 적합한 토지이용정책을 함께 도입하는 것이 필요하다고 알려져 있다. 그런 수단들은 논쟁을 유발시킬 수도 있으며, 어떠한 경우에도 실행하기까지에는 여러 해가 걸릴 것이다. 또한 일부 전문가들은 새로운 녹지지역 개발을 엄격하게 제한하는 동시에 기존의 저밀 교외지역의 밀도를 높이자고 주장한다. 이는 부분적으로는 오직 고밀 개발만이 가능한 수준까지 토지와 주택의 가격을 상승시킴으로써 효과가 있을지도 모르지만, 선택의 기회를 매우 제한하므로 정치적으로 채택되지 않을 수도 있다.

그러한 정책들은 장기적으로 효과를 발휘할지 모르지만, 이미 이런 정책들을 실행하려고 시도한 선진국의 경험에 의하면 잘해야 자동차의 소유와 사용의 증가 속도를 느리게 할 정도이지 반전시킬 수는 없다는 것을 알 수 있다. 그리고 만일 성공한다 해도 부작용(side-effects)을 만들어낼 수도 있다. 가장 중요한 것들 중 하나는, 어찌되었든 이미 작은 규모로 생겨나고 있는 추세인, 통근을 대체하는 정보기술 이용을 촉진하는 것이 될 것이다.

(2) 해법 둘: 원격근무를 통한 대체

많이 논의되어온 바 있는 원격근무는 도시 교통 체증의 가장 큰 원인인 첨두 시간대 통근의 상당한 부분을 대체할 수 있다. 일부 단순직 근로자들, 특히 시간제 근로자들은 집에서나 근린지역에 있는 사업장에서 일을 할 수도 있다. 다른 이들은 일주일에 며칠 혹은 몇 시간만 집중화된 회의 장소(centralized meeting place)에서 근무하는 근무시간 자유선택제(flextime)를 활용해서 전체적인 통행량을 감소시키고 첨두시간대의 통행량을 분산시킬 것이다. 미국 교통성은 2010년까지 미국 내의 원격근무자는 일주일에 평균 3-4일 정도만 일하게 되는데, 그 수가 750만에서 1,500만 명에 이를 것이고 이는 전체 노동력의 5-10%에 해당할 것으로 예측하고 있다. 만약 자영업자를 포함한다면, 이는 25-30% 또는 9-10명 중에 1명의 비율로 올라갈 것이다(Levin, 1997: 2). 빌 게이츠(Bill Gates)는, 1994년 미국의 원격근무자는 700만 명이며, 최소한 시간제 형태라도 수백만 명이 추가될 것이라고 예측했다.

이들 중 상당수는 대학 교수와 같이 시간대를 자유롭게 선택할 수 있는 전문직 종사자이지만, 고정된 중심 사무실(central office)로부터 일을 분산시킬 수 있는 컴퓨터 프로그래머, 연구자, 관리분석가, 재정직원, 마케팅 사원과 같은 후선 지원 업무 종사자(back office staff)도 증가할 것이다. 이미 높은 비율의 원격근무자들이 있는 곳은 맨해튼뿐만 아니라 베데스다(Bethesda, Maryland), 그리니치(Greenwich, Connecticut), 버클리(Berkeley, California)와 같은 하이테크 교외지역을 포함한다.

매사추세츠 공과대학(MIT)의 윌리엄 미첼(William Mitchell)에 따르면 원격근무는 가정과 직장 간의 역사적인 결별의 종말을 의미하는데, 이는 루이스 멈퍼드가 17세기의 도시에서도 발견했던 것이다(Mitchell, 1995: 98). 다른 이들은 좀더 조심스럽다. 이 주제에 대한 주요한 연구를 수행한 바 있는 앤드류 길레스피(Andrew Gillespie)와 뉴캐슬 대학의 그의 동료들은 분명하게 회의를 드러낸다. 그들은 다음과 같이 결론짓고 있다.

······ 1970년대 중반부터 흥미 있는 주제가 된 이래 가정에서의 원격근무의 대변자들은 언제나(그리고 반복해서) 그것이 곧 급속한 성장으로 전환될 시점에 와 있다고 주장해왔다. 그러나 어떤 종파의 종말론인 아마겟돈(armageddon)에 관한 예측처럼, 그 시점은 반복해서 연기되어왔으며 언제나 미래의 일이었다.

—Gillespie et al., 1995: 141.

캘리포니아에서는 주정부 공무원들을 대상으로 대규모 조사를 한 바 있었는데, 통근 이동을 사실상 영으로 줄일 수 있는 증거가 있다. 즉, 전체적인 통행, 특히 첨두 시간대의 통행이 감소하고, 비통근 이동도 증가하지 않고 실제로 감소하고, 집에서 좀더 가까운 목적지로 향하고, 그리고 어떤 경우에는 다른 가구 구성원들의 이동 또한 감소해온 것으로 나타났다. 그러나 어떤 원격근무자들은 주거를 좀더 먼 곳으로 이동한 것으로 나타났는데, 이는 아마도 더 낮은 가격에 더 넓고 쾌적한 공간을 원했기 때문인 것으로 추정되었다. 따라서 원격근무는 탈집중화를 더욱 촉진시킬 가능성이 있다(Mokhtarian, 1990, 1991a, 1991b, 1992).

그러나 아마도 85% 정도에 달하는 많은 원격근무자들은 잠시 동안만 직장에 출근해서 다른 유사한 직종의 사람들과 공간을 나누어 쓰는, '일시근무자(hot desker)' 라고 불리는 사람들을 포함한 시간제 근무자일 수 있다. 1990년대 인터넷의 급속한 확산을 감안한다면, 어떤 예측은 전 세계의 인구가 2000년대 초반에는 모두 연결될 것이라고 한다. 비록 대부분이 아직 전화기도 없는 상황에서 본질적인 큰 변화가 일어날 것 같진 않지만, 이것은 삶과 일의 형태에서 주요한 혁명의 시초일 수 있다. 따라서 원격근무는 근로자 수를 줄일 필요가 없다. 왜냐하면 사람들은 사무실에서 하루나 이틀만 보내면 되기 때문이다. 원격근무자의 정의는 본사 사무실(head office)의 외부에서 일주일에 하루나 이틀 정도를 일하는 사람들을 가리킨다(Levin, 1997: 4).

실제로 21세기로 접어드는 시점에서 원격근무의 가장 현저한 적용 형태는 비록 짧은 거리이기는 하나 아직도 통근을 포함하고 있었다. 비행기와 호텔의 예약 또는 은행 업무나 전화 문의를 위한 원격 전화교환소(remote call centers)의 성장이 바로 그것이다. 영국에서 텔레뱅킹(telephone banking)은 런던에서 북쪽으로 350km 떨어진 리즈(Leeds)라는 도시에 집중되어 있고, 영국 항공(British Airway)은 전화 고객 서비스를 뉴캐슬, 글래스고, 뉴욕, 심지어 봄베이까지 연결하고 있다. 베스트 웨스턴 호텔 체인은 애리조나 주 여성교도소(Arizona women's state penitentiary)를 이용하여 전화 고객 서비스에 응답하고 있다. 이런 확산 과정의 유일한 한계는, 문화적·언어적 장벽에 의해 대표적으로 나타난다. 그러나 영어권 세계는 매우 넓으며, 그래서 (제조업과 마찬가지로) 서비스 활동도 거의 전 세계적으로 확산될 수 있다. 그리고 비록 이것이 작은 전자 사무소(electronic cottages)를 통해 분산되기보다는 근린의 전화 상담소 형태를 통해 좀더 발생할 것 같긴 하지만, 그 과정은 원격근무와 연계될 수 있다.

전체적으로 보면 엄밀한 의미의 '원격근무'와 같은 현상은 일어나지 않을 것이 명백하다. 오히려 일련의 다른 현상들, 예컨대, 순수한 의미의 작은 원격 사무소 (telecottage), 시간제 원격근무, '일시적 분할근무(hot-desking)', 지역의 전화 상담소 등이 있을 뿐이다. 비록 이들 모두가 전통적인 대안들과 비교해서 통행의 양을 감소시킬 것처럼 보일지도 모르지만, 이것들이 통행에 미치는 효과는 각기 다르다. 그러나 묘한 모순이 있을 수 있는데, 그것은 교통정책이 첨두 시간의 정체를 감소시키는 데 성공하면 할수록 원격근무의 유인 자체도 줄어들 수 있다는 점이다.

(3) 해법 셋: 환경친화 자동차

통행제한 정책은 좀더 지속 가능한 형태의 대인 수송 방식을 개발하도록 유도하는 엄청난 지속적인 유인책을 제공할 수 있는데, 그 예로 고속철도(기본적으로 단거리 항공 교통의 대체물이며, 또한 기존의 통근자 서비스를 대체할 수 있음), 현재의 자동차를 계승할 환경 친화적인 교통수단, 고속도로 정체정보 시스템의 형태로 차량 내부 및 외부의 전반적인 교통관리체계 개선을 위한 정보기술 활용, 도시 교통의 자동화된 유도 시스템 등을 들 수 있다.

문제의 핵심은 19세기 후반 기술의 산물인 현재의 자동차에는 미래가 없다는 통찰력의 대두에 있다. 이는 가까운 장래에 개발도상국의 수백만 중산층들이 거의 확실하게 자동차를 살 수 있는 능력을 가질 것이라는 사실을 인식하게 되면 쉽게 이해할 수 있다. 이것은 현재 자동차의 디자인이나 이용에서의 큰 변화, 예컨대, (기대하기는 힘들지만) 3-4배 정도의 연료 효율 개선이 이루어진다고 해도 상황이 크게 변하지 않을 것임을 의미한다. 현재 대략 세계적으로 5억 대 정도의 자동차가 이용되고 있으나, 20-25년 후에는 10억 대 정도의 규모로 증가할 것이다. 비록 연료의 효율이 극도로 좋아진다고 하더라도, 배기가스로부터 비롯되는 오염은 견딜 수 없을 것이다.

그러나 몇몇 핵심적인 기술 진보들이 이루어지고 있으며, 그것들은 상호 연관된 것으로서 앞으로 도시에서 자동차의 사용을 크게 변화시킬 수도 있을 것이다.

① 연료전지 자동차(the fuel cell car)

이것은 내연기관에 대체전력을 공급하는데, 수소와 산소 사이의 화학반응에 의해 생산되는 에너지를 전기에너지로 전환하여 모터를 돌려서 차를 달리게 한다. 화학반응의 산물인 물은 배기 파이프를 통해 방출된다. 그러나 수소는 매우 불안정하기 때문에 자동차에는 메탄올이나 저중량의 탄화수소를 탱크에 넣고 다니며, 작은 화학적 '변형기'(reformer)가 탄화수소로부터 수소를 분리시킨다. 전반적으로 이 시스템은 매우 효율적이어서 탄화산화물을 거의 생산하지 않는다.

몇 년 전까지만 해도 연료전지 엔진은 가솔린 엔진에 비해 100배 정도 비쌌으나, 1998년 후반에 그 비율은 1-10배 정도였고 계속 내려가고 있다(The Economist, 1998). 캐나다 밴쿠버 외곽의 버나비(Burnaby)에 본사가 있는 발라드(Ballard)라는 회사는 이미 시카고에서 시범 버스를 운행하고 있다. 현재 2003년까지 완전히 경쟁력을 갖추기 위해 90%의 비용 절감을 하면서 양산체제로의 전환을 목표로 하고 있다. 세계의 많은 다른 회사들과 경쟁을 벌이고 있으며, 다임러-벤츠(Daimler-Benz), 포드와는 협력 체제로 일하고 있다(*The Economist*, 1998).

② 전자식 통행 관리와 통행료 부과

교통 체증을 해결하고 교통수단의 이용 강도를 높이기 위한 전자 시스템과 관련된 기술로는 기내 운전자 유도 시스템(on-board driver guidance systems)이 있는데, 이 기술은 주요 도시지역에서 광범위하게 사용 가능한 것으로, 일련의 노변 센서들로부터 가장 빠른 길에 관한 정보와 정체 상태의 정보를 결합하여 표시한다. 두 번째는 도로변의 전자 정보판 형태의 기외 표시(off-board displays)인데, 마찬가지로 최신의 시스템 정보를 받아서 길에 대한 대안을 제시한다. 세 번째는 현재 싱가포르에 설치되어 있고 영국과 기타 지역에서 채택을 고려중인 완전 **전자식 통행료 부과**(electronic road pricing) 방식인데, 정체 상황에 따라 통행료를 부과하는 상황에 대한 정보를 위와 비슷한 방식으로 이용함으로써 통행량 배분 장치로 활용된다.

이 체계들 사이에 상충되는 모순이 어느 정도 있음은 인정되어야만 한다. 통행료 부과는 통행량을 배분하고 감소시킬 수도 있는 반면 정보체계는 통행량을 증가시킬 수 있다. 따라서 반드시 정책들 간에 균형이 이루어져야 한다. 올바른 균형점은 통행의 수준을 일정하게 유지시키거나 소량의 증가를 허용하는 수준을 유지하도록 통행량과 속도를 향상시키는 기술을 사용하는 것이며, 동시에 이 수준 이하로 통행량을 감소시키는 전자식 통행료 부과 체계를 채택하는 것이다. 이미 제2장에서 살펴본 바와 같이 거의 모든 도시에서 통행량 증가가 예측되고 있음을 감안하면, 이것은 시간을 버는 데 유용한 방식이 될 것이다.

아울러 이런 체계들은 다소 적어진 수의 자동차들이 훨씬 감소된 혼잡 상태에서 이동할 수 있게 함으로써 통행량을 감소시키거나 최적화시키는 효과가 있다. 많은 운전자들은 그들의 통행을 다른 길로 바꿀 수 있고, 어떤 이들은 운행 시간을 바꿀 수도 있으며(첨두 시간 전이나 후에 운전), 어떤 이들은 대중교통으로 바꾸거나 이동 자체를 아예 포기할 수도 있다. 그러나 이동에 대한 지불 의사나 지불 능력이 있는 사람들에게 자동차는 다른 대안적인 교통수단들보다 더 매력적인 것으로 인식될 가능성이 많다.

③ 대중교통과 승합차량에 통행 우선권 부여

이런 이유 때문에 경제적인 정책 수단들과 함께 통행을 좀더 최적화하고 승합차량에게 우선권을 준다는 명백한 심리적 메시지를 주는 물리적 수단을 결합하는 것이 바람직하다. 승합차량 우선 차선제(high-occupancy vehicles lanes)는 미국에서 지난 10년 동안 널리 사용되었고 지금은 유럽의 도시들은 물론 자카르타와 몇몇 다른 지역에 도입되고 있는 잘 알려진 버스 전용차선 원리의 확장 개념이다. 이것은 버스와 택시 그리고 한 명(때때로 두 명 이상) 이상의 동승자를 태운 차량에 우선권을 준다. 이 방식은 자동차 전용도로에 우선 진입권을 주는 방식과 결합될 수도 있다. 예컨대, 샌프란시스코-오클랜드 만 대교에서는 그와 같은 우선 접근 체계를 채택하여 승합차량에 대해서 다리 통행료를 감면해줄 뿐만 아니라, 아침 정체 시간에는 승합차량에 대해서 혼잡한 톨게이트에 우선 통과 차선을 부여하여 30분 정도까지의 시간을 줄여주고 있다. 논리적으로 본다면, 승합차량들은 이와 같은 방식으로 전자식 통행료 부과에서 면제되거나 좀더 낮은 비용을 적용받을 수도 있다.

④ 완전 자동운행 차량(full vehicle automation)

완전 자동운행 차량은 오늘날 공항이나 일부 도시 시스템(런던의 도클랜즈 경전철, 도쿄 항만 시스템, 릴리와 같은 프랑스 도시들의 VAL 시스템)에 도입된 유도도로 시스템(guideway system)에서 흔히 볼 수 있다. 주요한 과제는 이와 같은 시스템을 개인 승용차에 적용할 수 있느냐 하는 문제이다. 캘리포니아 주 자동차국(California department of motor vehicles)과의 협력하에 이루어진 캘리포니아 대학의 연구결과는, 샌디에고에서 특별 자유차선(special freeway lane)의 형태로 대규모의 자동화된 차량을 실험 운행한 결과이다. 이 방식에서는 차들이 정해진 차간거리를 유지함으로써 기존의 운행 방식보다 차간거리를 좁힐 수 있었다. 그러나 측면거리 통제(weaving)는 여전히 문제로 남아 있다.

완전히 자동화된 시스템은 아마도 앞으로 20년 안에는 꼭 실현될 것이며, 사실상 현재 자동차의 차세대 계승자가 될 것이다. 이것은 역설적으로 고속도로에서 더 많은 자동차의 통행을 허용하게 될 것이다. 그러나 동력체계가 환경적으로 양호하다면 이것이 환경적인 문제를 초래하지는 않을 것이다. 아마도 자동운행 상태에서 일반적인 운전자 통제운행 상태로 전환할 때 다소 심각한 운영상의 문제가 있을 수도 있다. 그러나 그러한 문제는 자동세차 시에 나타나는 문제나 고속도로 상에서 정속주행 상태(cruise control)에서 일반운행 상태로 복귀할 때 나타나는 문제보다 더 어려울 것도 없으며, 오늘날의 운전자들은 이미 비슷한 조작을 능숙하게 처리하고 있다. 교통 체증 문제를 해결하기 위해서는, 고밀도 지점(예컨대 중심가 주차창고)에서는 자동운행 상태로 통제되어야 할 필요가 있을 것이다.

이와 같은 네 가지의 기술적 진보는 서로 어우러져 새로운 형태의 교통수단을 탄생시킬 것이다. 즉, 환경적으로 양호한 '환경친화 자동차(ecocar)' 또는 '슈퍼카(supercar)'를 지칭하는데, 이는 내연기관의 발명과 1880년대의 전철과 시가전차 시스템 개발 이후로 도시 교통에서 가장 큰 변화를 만들어낼 것이다. 이와 같은 발명은 오랫동안 고대되어왔다. 필요한 기술의 일부 부분들은 2010년까지는 부분적으로 이루어질 것이고, 2020년까지는 거의 모든 부분에서 실질적으로 이루어질 것이라고 우리는 믿는다. 그것은 시가전차와 자동차가 과거의 시대에 영향을 미쳤던 것처럼, 근본적으로 도시를 변화시키면서 우리의 삶과 일의 패턴, 도시 사회생활과 여가생활에 절대적이며 근본적인 영향을 미칠 것이다.

이러한 영향들은 새로운 기술의 경제성에 따라 매우 달라질 수 있다. 예를 들어, 만약 완전한 자동운행이 오직 중심가의 도로나 몇몇 선택된 간선도로에 적용될 수 있을 정도로 비싼 기반시설을 필요로 한다면, 기반시설 집약적인 도시철도가 그랬던 것처럼 이 시설은 전통적인 중심업무지구(그리고 몇몇 부도심들)에 적용될 수 있을 것이다. 그러나 만약 기반시설이 상대적으로 저렴하게 설치될 수 있다면－예컨대 케이블 텔레비전의 설치와 맞먹을 정도라면－그 효과는 훨씬 더 넓은 지역으로 확산될 수 있으며, 새로운 기술은 전통적인 자동차가 그랬던 것처럼 도시 확산의 원인으로 작용할 수도 있을 것이다.

새로운 기술이 얼마나 넓게 확산될 것인가를 고려해볼 때에도 비슷한 유추가 적용될 수 있다. 고비용 시스템은 저소득의 개발도상국 도시에서는 너무 비싸서, 아마도 효과적으로 관리될 수 있는 몇 개의 회랑을 제외하면 도시 대부분의 지역에서는 전통적으로(즉, 비효율적으로) 운영되어야 할 것이다. 그런 도시에서는 기껏해야 인구의 20% 정도만이 자동차를 개인적인 교통으로 이용할 수 있기 때문에 매우 불평등할 우려가 있다. 여기에서 중요한 것은 저소득 도시의 저소득 시민을 위한 이동체계[특히 장거리 도시 내 이동의 수단으로 버스나 이와 유사한 교통수단(para-transit)]가 이용 가능하다는 점을 확신시키는 것이다. 많은 도시에서 저소득 시민들은 거리가 떨어진 변두리, 즉 직장으로의 접근 수단이 열악한 지점에 위치하고 있기 때문에 이는 매우 중요하다. 흔히 문제 해결 방안이 별로 없다는 사실은 놀랍지 않은데, 마닐라에서는 16%의 실업과 45%의 불완전고용 상태가 유지되고 있다. 적합한 고속도로 기반시설을 제공하고 비용에 대한 보조금 없이 수준급 통행 서비스를 제공한다면, 저소득층 사람들은 과밀한 도심 내부 슬럼에서 좀더 나은 주거지로 멀리 이동할 수 있는 가능성을 갖게 된다(Gakenheimer, 1994: 341).

<자료 4-31> 쿠리티바 식의 해법

브라질의 인구 160만 도시 쿠리티바(Curitiba)에서는, 상파울루(São Paulo)보다 자동차 보유율이 높음에도 불구하고 75%의 통근자들이 대중교통을 이용하며, 1974년 이래 인구가 두 배 이상으로 증가했음에도 불구하고 통행량은 30%나 감소했다. '지상의 지하철(surface metro)'은 로스앤젤레스 전철(Los Angeles metro)의 천분의 일의 비용에 불과한, 킬로미터당 20만 달러가 들었다.

—Koerner, 1998: 32.

쿠리티바의 철학은 자신들이 갖고 있는 것을 활용한다는 것이다. 버스가 있었기 때문에 버스를 활용했다. 오래된 버스를 소유하고 있었기에 그것을 움직이는 학교로 이용했다. 개별적인 문제는 시스템 전체가 잘 작동하도록 상황에 맞는 해법을 찾았다. 이 경이적인 시스템은 하나의 마스터플랜에 의한 일회성 결과가 아니라, 25년간에 걸쳐서 때로는 시행착오를 통해 민간 부문의 이해도 고려한 점진적인 개발과 적용의 결과로 만들어졌다. 10개의 민간회사가 버스를 운영한다. 시 소유의 공사는 요금을 징수하고 수입을 배분하는 일뿐만 아니라, 노선 계획, 도로, 터미널, 스케줄, 기준의 집행 등을 담당한다. 이 시스템에서는 도시 중심을 거치지 않고서도 직접 환승할 수 있다. 수입을 배분하는 문제는 단일요금체계와 전용 환승역을 통해 해결했다. 다음으로는 어떻게 예산을 집행하는가의 문제를 야기했고, 이는 다시 연속적인 혁신을 통해 해결되었다.

—Ravinovitch and Hoehn, 1995: 2-3.

쿠리티바에서는 교통계획과 토지이용계획이 상호 보완적이다. 토지이용 규제는 보행지역화되어 있는 도심 내에서의 고밀 개발을 제한한다. 그리고 구조지역이라고 부르는 교통 회랑에서 신개발이 일어나도록 유도했으며, 교통 회랑에서는 간선도로에 전용 중앙차선을 이용하는 대용량의 고속 직행버스가 운행된다. 이런 회랑이 개발되기 전에 시 정부는 전략적으로 인근의 토지를 매입했고, 상업 활동, 직장, 여가 활동에 좋은 접근을 제공하는 저소득층 주거를 건설했다. 이것은 토지이용밀도 규제를 대중교통과 연계시킨 것이다. 즉, 구조화된 노선을 따라 획지 면적의 최대 6배까지 고밀도가 허용된다. 또 새로운 산업이 도시의 가장자리에 있는 산업단지에 위치하도록 유도했다. 그리고 도시 전역에 걸쳐서 공원을 개발했고, 이를 버스체계는 물론 150km의 자전거 전용도로 및 보행자도로와도 연계시켰다.

—Ravinovitch and Hoehn, 1995: 1, 8.

그 결과는 환상적이다. 1974년에서 1992년간 승객 수는 53% 증가했는데, 이는 숫자로는 환승을 제외하고 하루에 67만 7,000명에서 100만이 넘는 승객으로 증가한 것이며, 도시 통근자의 약 75% 정도에 해당한다. 최근의 한 조사에 의하면 25%의 자동차 통근자가 버스로 교통수단을 바꾸었다.

—Ravinovitch and Hoehn, 1995: 11, 27, 35.

통합 교통 네트워크의 승객과 노선 통계를 살펴보면, 대용량 및 고속의 버스 전용노선과 저용량의 지선 및 지구간 서비스는 상호보완적임을 알 수 있다. 대용량 노선은 고밀도 노선 주변에 있는 고밀도의 근린지역에 빠르고 직접적인 서비스를 제공하지만, 이것도 근린지역과 근린지역 상호간을 연결하는 저용량의 지선도로와 지구간 도로 없이는 충분한 잠재력을 발휘하지 못한다.

—Ravinovitch and Hoehn, 1995: 27.

쿠리티바의 통합 교통 네트워크(ITN)와 승객 수의 변천

년도	하루에 수송된 승객 수(천 명)			도로 유형에 의한 ITN의 확장(km)		
	전체	일반	ITN	고속도로	지선	지구간
1974	677	623	54	19.9	45	0
1992	1,028	398	630	80.0	266	166

주: 통합 교통 네트워크(integrated transportation network, ITN). 이것과 전통적인 노선체계가 합쳐져서 대중교통체계(mass transit system, MTS)를 이룬다(Rabinovitch and Hoehn 1995: 17).

다른 브라질의 도시들도 마찬가지로 대형버스 시스템을 운영하고 있다. 실제로 이용 가능한 데이터로 보았을 때, 쿠리티바, 벨로리존테, 브라질리아, 포르탈레자, 포르투알레그로, 상파울루, 산투스 중에서 쿠리티바가 인구 일인당 교통량이 최소이다. 이는 중첩을 피하고 실제 수요를 충족시키는 노선을 배치함으로써 가장 작은 네트워크를 통해 최대한의 접근과 편의를 제공한다는 사실을 반영한다. 이는 정해진 숫자의 버스로 비록 적은 거리를 운행하더라도 좀더 많은 서비스를 제공한다는 것을 의미하며, 이는 또 적은 자원이 사용되고 쓰레기와 오염이 더 적다는 것을 의미하기도 한다. 쿠리티바의 버스는 다른 도시와 비해 킬로미터당 많은 승객을 수송하며, 이는 좀더 나은 재정적 결과를 가져다준다. 비록 시 정부가 기반시설 건설과 전반적인 관리를 수행하긴 하지만, 대중교통체계(MTS)와 통합 교통 네트워크(ITN)는 직접적인 재정 보조금 없이도 잘 운영되고 있다.

—Ravinovitch and Hoehn, 1995: 22-23.

(4) 해법 넷: 대중교통의 역할—'슈퍼 버스'

경험을 통해 알 수 있듯이, 저소득의 도시에서는 어떠한 기술적 혁명이나 주요 간선도로가 없이도 적절한 관리를 통해 버스를 이용해서 한 시간에 약 3만 명의 승객을 수송할 수 있다. 철도교통체계는 약 8만 명까지를 수송할 수 있지만, 이 경우에는 감당하기 힘든 자본투자를 필요로 하며 게다가 대개 보조금을 필요로 한다. 고밀도의 주거 및 상업공간이 있는 도시에서는 완전히 요금에 의해서만 유지되는 몇몇 예외들이 발생하기도 한다. 예컨대 홍콩은 가장 두드러진 사례이며, 또 거의 유일한 사례이다(그리고 공공토지소유체계이기 때문에 역세권의 토지가치 상승을 창출하여 직접적으로 혜택을 얻을 수 있기도 하다). 싱가포르와 같은 곳에서는 자동차의 구입과 이용을 엄격히 제한함으로써 철도교통체계를 지원한다. 랄프 가켄하이머(Ralph Gakenheimer)가 지적했듯이, "도시 지하철 하나의 건설비용이면, 여러 개의 버스 노선을 병열 회랑 형태로 건설할 수 있다"(Gakenheimer 1994: 341). 브라질의 쿠리티바는 이런 해법의 가장 대표적인 예이다.

(5) 해법 다섯: 비용과 보조금의 복잡한 문제

쿠리티바의 사례는 우리에게 보조금이라는 어려운 문제를 다시 제기한다. 왜냐하면, 개발도상국의 도시에서 대중교통 시스템을 이용하는 사람들에게 양질의 서비스를 효과적으로 제공하고 또 자동차 소유자들을 대중교통수단으로 유도해낼 수만 있다면, 보조금 없이도 수준급의 대중교통 시스템을 운영하는 것이 가능하다는 것을 보여주었기 때문이다. 그리고 특히 정부의 부족한 재원을 교육 같은 다른 프로그램에 더 유용하게 쓸 수 있는 개발의 초기 단계에서는 교통 보조금을 피해야 한다는 것이 매우 일반적인 견해이다(아마도 특별한 예외로서 홍콩에서는 주요한 투자 자금을 상승된 토지가치로부터 조달하는데, 그 이유는 특이하게도 국가가 언제나 모든 토지를 소유하고 임대하기 때문이다). 만약 보조금이 조금이라도 사용된다면 중요한 고려사항은 저소득 사용자를 목표로 해야 한다는 것이고, 특히 통근비용과 시간비용을 감소시켜야 한다는 것이다. 쿠리티바에서 입증되었듯이 가장 효과적인 방법은 간선도로에서 버스에 우선권이 주어지는 버스 기반 시스템이어야 하며, 또한 다인승 승합차량도 허용되는 버스 전용노선도 포함될 수 있다.

그러나 쿠리티바 모델은 특출한 것이기는 하지만 유일한 것은 아니다. 나이지리아의 라고스는 과밀한 버스, 열악한 도로 기반시설, 환경오염, 체증을 해결할 통합적인 통행 관리 수단의 부재 등 대중교통의 총체적인 부적합으로 고생하고 있다. 그러나 도시에는 오래된 수입 미니버스가 운행되고 있는데, 이를 통해 적응하고 혁신하고 있으며, 오래된 차량은 이례적이고 아무런 규제를 받지 않고 등록도 되지 않은 상태로 대중교통으로 이용되며, 카부카부(kabu-kabu)라고 불린다(Bolade, 1993: 7). 이러한 시스템을 관리하기에 상당히 혼란스러우며, 쿠리티바의 매우 잘 통제된 시스템에 비해서 확실히 비효율적이다. 그러나 그것은 라고스의 770만 인구에게 훌륭하게 서비스를 제공하고 있으며, 만약 쿠리티바 형태의 기반시설 위에서 운용된다면 훨씬 더 나아질 수 있을 것이다.

그러나 주의해야 할 점이 있다. 칠레의 산티아고에서는 규제 완화(deregulation)에 의해 도시의 버스 수가 1979년에서 1989년간에 5,200대에서 1만 500대로 두 배 가까이 늘어났으며, 버스들의 심각한 노화를 초래했다. 교통체증은 심화되고 차량 운행이 더욱 어려워졌으며, 버스들의 상태가 악화되었다. 정부는 중고버스의 유입을 금지했고 중고 예비부품(used spare parts)의 수입을 금지했으며, 배기가스를 규제함으로서 문제에 대응했다. 또한 혼잡한 도로 이용에 통행료 부가를 도입하려 시도하고 있다(Figueroa, 1993: 11).

이는 하향식 시설 공급과 규제 완화 중에서 신중한 선택을 하는 것이 바람직함을 의미한다. 직접 기반시설을 공급하고 서비스를 규제하는 것 같은 전통적인 접근법은 세 가지 결과를 초래했다. 첫째, 자산은 관리되지 않고 기반시설과 자동차는 제대로 작동하지 않는다. 둘째, 예컨대 도시 주변부를 개발할 때 보듯이 서비스는 수요에 반응하지 않는다. 셋째, 비용이 필요 이상으로 증가한다. 아르헨티나의 경우 철도의 민영화는 재정적으로 안정된 시스템을 유지하는 데에 노동비용이 두 배 이상으로 든다는 것을 보여준다. 영국의 경우 철도의 규제 완화와 민영화 이후 킬로미터당 차량의 평균 운행비용이 30-40%나 감소했다(World Bank, 1996: 33-35).

그럼에도 불구하고 적어도 다음 세 가지 경우는 몇 가지의 규제를 유지하는 것이 바람직할 수 있다. 첫째, 분할할 수 없는 기반시설의 경우처럼 시설 공급의 중복이 낭비적이거나 실용적이지 않을 경우이다. 둘째, 규제의 부족이 시설 중복이나 과도한 양의 공급 혹은 위험한 집행을 초래할 수 있을 경우이다. 셋째, 사회적으로는 필요하지만 이익을 내지 못하는 서비스가 필요할 경우이다. 그리고 경쟁적인 교통 시장 내에서는, 기반시설 사용에 대한 요금을 올바르게 책정하는 것이 또한 중요하다. 이때 도로 시설 이용에 대한 요금이 중요한 핵심 요소이다(World Bank, 1996: 37, 49).

도시마다의 경제개발 수준과 이전의 물리적 개발 형태에 따라 다르겠지만, 적정한 종합 정책은 세 가지 핵심 요소를 포함할 것이다. 첫째, 자가 운전자들이 도로공간을 이용하는 방식에 따라 매우 세밀한 요금체계를 부과하고, 아울러 카풀을 하는 사람들에게 우선권이나 면세 혜택을 준다. 둘째, 택시, 승합차량, 자전거 등에 이용되는 지정 노선을 위한 전용도로나 교통 회랑을 마련한다(단, 자전거는 다른 것들로부터 분리하는 것이 바람직하다). 셋째, 이러한 교통 회랑들, 특히 교차점에 고밀 개발을 유도하고, 그런 곳에 고용이 집중된 부도심을 두는 용도지역제는 허용하거나 장려할 만한 것이다. 비록 이런 처방들은 각 도시마다 또는 서로 다른 유형의 도시마다 달라질 수 있지만, 이 세 가지 처방은 과도성장기 도시, 동적 성장기 도시, 기성장 선진 도시 등 모든 종류의 도시에 똑같이 유효하다.

그 점에서는 쿠리티바(<자료 4-31> 참조)와 싱가포르(<자료 4-32> 참조)가 흥미 있는 대조를 이룬다. 두 도시 모두 가장 모범적인 도시의 형태로 여겨질 수 있고, 전 세계적으로 널리 주목받고 칭송받아왔다. 두 도시 모두 고밀 개발이 장려된 회랑을 따라 밀도 높은 대중교통이 장려되는 것을 포함하여 몇 가지 비슷한 특징을 지닌다. 그러나 두 도시는 출발점이 다르고 다른 형태를 유지하고 있다. 쿠리티바는 비록 토지이용정책을 고밀로 추진하긴 했지만 불규칙하게 확산 현상을 보이는 전형적인 라틴아메리카 메트로폴리스의 특징을 갖고 있고, 고품질의 버스교통에 의지해왔다. 반면 싱가포르는 섬 지역이고 토지가 부족하기 때문에 좀더 고밀도이다. 대용량의 철도교통체계를 건설하고 그 주변을 고밀 개발로 유도하는 대담한 결정을 내렸다. 두 모델 모두 모방해볼 만한 가치가 있다. 세계의 도시들은 자신들에게 어떤 유형이 좀더 적합한지, 혹은 둘의 결합 또는 중간적인 모델이 그들을 위해서 가장 잘 작용할 수 있는지를 결정할 필요가 있다.

2) 해법들의 결합

따라서 통행 수요의 급속한 성장, 자동차 소유의 증가와 교통 부문의 높은 외부비용 지출은 매우 강력하고 근본적인 세계적 추세이다. 하지만 이런 추세는 우리들로 하여금 한결같이 지속가능성에서 멀어지게 하는 근본적인 정책적 딜레마이다. 이러한 딜레마를 해결하기 위해서는, 앞으로 2025년까지의 시간 범위 안에 위에서 살펴본 쿠리티바와 싱가포르의 두 가지 상이한 해법이 병행되어야 한다. 이 해법들은 일견 서로 다른 대안으로, 심지어 양립할 수 없는 대안으로 보일 수도 있다. 그러나 우리는 오히려 이들이 상호 보완적이라고 주장할 수 있다.

<자료 4-32> 싱가포르식 해법

싱가포르는 가로 42km 세로 23km로 토지 면적이 646km²이고, 1995년의 인구가 300만인 중간 규모의 도시국가이다.

싱가포르는 독립 이후 다른 어느 국가들보다 빠른 연평균 6-8%의 성장률을 지속적으로 기록해왔다. 하지만 자동차 수의 급속한 증가라는 결과도 낳았는데 1974년에 14

만 2,674대, 1984년에 21만 7,119대, 1993년에 30만 3,864대를 기록했다. 이에 대응하여 싱가포르는 새로운 도로를 건설했는데, 완공되었을 때 총 길이가 141km에 달하는 9개의 대용량 고속도로를 포함하여, 1965년에 1,761km, 1975년에 2,173km, 1985년에 2,645km, 1993년에 2,989km로 증가했다. 아울러 싱가포르는 점증적으로 교통량을 관리하는 수단을 도입했다. 예컨대, 글라이드(GLIDE)는 실제의 통행 필요를 기반으로 해서 '녹색신호(green)' 주기를 배분함으로써 통행 신호를 조정하는 중앙 컴퓨터 시스템인데, 1999년에 전 섬에 1,250개의 통행 신호기를 포괄하도록 확장되었고, 트래픽 스캔(TrafficScan)은 위성 기술과 택시를 결합하여 간선도로의 통행속도를 파악하고 조정한다. 2002년까지 완전 실행을 목표로 하여, 운전자, 통근자, 상업용 차량 운전자와 정부 기관에 실시간 통행량과 대중교통 정보를 제공하는 통합교통관리 시스템(ITMS)이 도입될 것이다.

하지만 1975년 이후로 싱가포르에서는 3가지 통합된 목표를 달성하기 위해 체계적으로 계획된 일련의 괄목할 만한 정책들을 점진적으로 도입했다. 즉, 자동차 소유와 통행을 제한하고, 대중교통의 이용을 장려하며, 고품질 대중교통 시스템 주변의 토지 이용과 활동을 면밀하게 계획하는 것이다.

통행 제한

두 가지 주요 정책이 있는데, 소유를 제한하는 것과 통행을 제한하는 것이다.

소유 제한은 1990년에 도입된 할당 계획(quota scheme)을 통해 시행되었다. 자동차를 사려는 사람들은 입찰제를 통해 소유자격증(certificate of entitlement, COE)을 획득해야만 한다. 자동차의 가격은 급속하게 증가해왔는데, 예컨대, 신형 1.3L 도요타 코롤라는 1985년에 싱가폴화 2만 8,500달러에서 1992년에 8만 600달러로 뛰어올랐다. 영국에서 미화 1만 1,000달러면 살 수 있는 자동차가 싱가포르에서는 6배나 비싸다. 이는 또한 높은 자동차 등록비용, 엄격한 자동차 면허증 획득, 높은 연료비용과 연계된다. 자동차 소유의 증가는 소유자격증 시스템 도입 이후로 둔화되었다.

통행 제한은 1975년 6월 이후로 지역면허계획(area licence scheme, ALS)을 통해 도입되었다. 운전자가 제한구역(restricted zone, RZ)에 들어가기 위해서는 접근로 상의 많은 소매점에서 살 수 있는 지역면허증(paper area licence)을 구입하고 게시해야 한다. 도시의 입구는 도로 위의 고가 표지판(overhead gantry signs)에 의해 표시되어 있다. 작동하는 시간 동안(주일에는 낮 시간 동안, 토요일에는 오전 동안) 이 표시는 고가 표지판 상에 반짝이도록 되어 있다. 면허비용은 아침과 저녁의 첨두 시간(오전 7:30-9:30과 오후 4:30-7:00)에 더 높으며, 자동차의 종류에 따라 차등화된 요금을 지불한다. 이와 유사한 수동방식의 도로통행료 부과 체계(road pricing system, RPS)가 1995년과 1997년에 세 개 고속도로 상의 네 지점에서, 아침의 첨두 시간 동안 시행되었다.

지역면허계획과 도로통행료 부과 체계는 성공적이긴 했으나 귀찮고 노동집약적이었으며 융통성이 없었다. 따라서 전자식 통행료 부과(ERP) 제도 관련 작업이 1989년에 시작되어 1998년에 실행되었다. 그것은 도로 상에 있는 15m 폭의 고가 표지판을 이용하는데, 각 차량에 부착된 스마트카드(smartcard)를 인식하고 위반한 차량의 뒤 번호판을 카메라로 찍는다. 각 차량에 설치되어 있는 작은 포켓용 수첩 정도 크기의 단말기가 자동차의 배터리에 의해 충전되고, 처음 스마트카드를 삽입할 때와 자동차가 표지판 지점을 지나칠 때 그 뒷면의 액정화면에는 스마트카드 안에 남아 있는 잔액이 표시된다. 이 카드는 7개의 지방은행에 의해서 유통되고, 은행, 우체국, 주유소에서도 구입할 수 있다. 그것은 자동화된 기계에서 충전되며, 슈퍼마켓, 주유소 등에서도 이용할 수 있고 싱가폴화 20달러에서 500달러의 가치를 저장할 수 있다.

이러한 정책의 요점은 운전자로 하여금 운행의 실제비용에 대해서 좀더 알게 하는 것이다. 요금은 시간과 정체 수준에 따라 다르게 징수된다. 운전자는 운전을 할지 하지 않을지, 언제 운전할지, 어디로 운전할지를 결정한다. 그들은 다른 노선, 다른 목적지, 다른 이동 시간을 택하거나, 아예 이동을 하지 않거나, 카풀이나 대중교통을 선택할 수도 있다. 통행료를 지불하는 사람은 더 여유 있고 빠르게 차를 운행할 수 있다. 이런 방식으로 교통 체증을 더 효과적으로 통제하게 되면, 더 많은 통행자격증이 발행될 수 있다.

싱가포르의 경험에서는, 비록 일부 통행량이 요금이 부과되지 않는 병행노선들로 분산되기는 했지만, 요금이 부과된 도로의 여건은 일반적으로 향상되어왔다. 이는 이미 예상된 바이다.

대량 수송 교통수단 개발

1980년대 중반 들어 통행 제한 해법만으로는 통행 증가를 줄이는 데 효과적이지 않을 수 있다고 인식되었고, 대량 수송 교통수단(mass rapid transit, MRT)으로의 투자가 결정되었다. 총연장 83km에 달하는 남북과 동서의 노선이 건설되었는데, 이들은 중심업무지구와 교차하면서 외곽에 계획된 신도시를 방사형으로 연결한다. 1996년에 정부는 섬의 남쪽에 있는 국제무역센터에서 출발하여, 중심업무지구를 가로질러 신도시들인 호우강(Hougang), 셍캉(Sengkang), 풍골(Punggol)에 이르는 길이 20km의 북동 노선(north-east line) 건설을 공표했다. 첫 단계는 2002년까지 완료될 것이고, 주변의 개발로 운행가능성이 충분하다면 노선 연장도 가능하게 될 것이다.

토지이용계획과 교통계획의 통합

중심업무지구의 활동 집중은 정체를 유발한다. 그러므로 싱가포르 정부는 우선 정부 관청들부터 시작해서 민간기업들을 중심지로부터 교외 부도심으로 이전하도록 장려했다. 이는 규모의 경제를 달성하기 위해 대규모의 계획을 필요로 하고, 또 기반시설의 투자를 요구한다.

이러한 과정은 중심 지역 주위에 신도시들을 환상으로 배치하는 것과 함께, 1972년의 장기 종합개념계획(long-range comprehensive concept plan)으로 시작되었다. 대량의 토지 취득과 인구의 재정착이 소매업과 제조업의 재배치와 함께 1970년대에 추진되었다. 그러나 사무실은 1985년에서 1993년 사이에 연면적이 50% 증가했고, 1993년에는 총 사무실 건물의 78%가 여전히 중심업무지구에 군집해 있었다.

1991년의 수정개념계획(the revised concept plan)은 대량 수송 교통수단과 보조적인 경량전철(light rail tansit, LRT)로 지원되는, 4개의 주요한 지역 중심인 탐파인(Tampines), 동주룽(Jurong East), 우드랜드(Woodlands), 벨레타(Beletar)에 집중되었다. 그리하여 교통과 토지이용은 완전히 통합되어 있다. 대중교통으로의 접근성을 높이기 위해 지역 중심에 분산된 저밀도 개발은 억제한다.

인구의 87% 이상이 공영주택에 산다는 사실(1994년 현재)에 의해 이러한 종합계획이 가능했다. 이는 20개 이상의 신도시 건설을 포함하여, 주거단위의 수를 1970년과 1990년 사이에 19만에서 73만 6,000으로 증가시킨 거대한 건설 프로그램의 결과이다. 계획은 싱가포르에서 서구 원칙의 아시아적 변용(Asia adaptation of western principles)이라고 부르는 원칙에 기초하고 있는데, 이 원칙은 필요한 곳에 고층 고밀의 수준 높은 개발을 한다는 것이다. 도시재개발의 시작 단계부터 정부는 마스터플랜의 권위와 환경의 질을 유지하면서 투자가들에게 적절한 보상이 주어지도록 지가가 상대적으로 낮아야 한다는 점을 받아들이고 있다.

—UN Best Practice Database.

(1) 장기적 해법: 기술에 의한 해결

장기적으로 보면, 환경친화 자동차가 현실화되어 우선적으로 도시지역에서 쓰이게 될 것을 확신할 수 있다. 자원(주로 연장 가능하고 재생 가능한)은 여전히 환경친화 자동차에도 필요할 것이며, 수소 연료전지(hydrogen fuel cells)가 주동력으로 공급될 것이다. 이것은 아마도 10년 이내에 이용할 수 있게 될 것이지만, 현재의 발전 수준으로 볼 때 향후 10년에서 15년 동안에는 전체 자동차 보유량에 큰 영향을 미치지는 않을 것이다. 이것은 환경친화 자동차가 우리 논의의 시간 범위인 2025년의 끝에 가서야 선진 도시에서 일반적으로 사용되고, 조금 지나서는 동적 성장기 도시(왜냐하면 기존의 차들이 여전히 남아 있기 때문에)와 과도성장기 도시에서 일반적으로 사용될 것을 의미한다. 이 기간에 태양 에너지로 수소를 생산하는 기술의 발달이 필요하게 될 것이다.

첫 번째 취해야 할 정책적 조치들은 반드시 환경친화 자동차의 연구개발을 촉진하고, 도시용 소형자동차 개발에 투자하도록 자동차 제조업계에 분명한 신호를 주어야 한다.

• 환경친화 자동차 및 관련 기술에 대한 연구개발 예산 증대.

- 이용 가능할 때에 사용할 수 있도록 필요한 지원 기반시설 구축.
- 적합한 기술에 투자하고 그것을 생산 단계에까지 적용하는 회사에 대한 세금상의 유인책 제공.
- 크고 비효율적인 자동차를 도시 용도로 구입하는 것에 대한 세금상의 규제 적용.
- 민간 용도의 자동차(예컨대 업무용 차)에 대한 모든 보조금의 단계적인 철폐.
- 사람들이 환경친화 자동차를 구입하도록 장려하기 위한 중고차 폐기 프로그램 개발.

이러한 조치들의 목적은 혁신 과정을 가속화하기 위한 것과 산업계와 소비자들에게 환경친화 자동차가 현재의 자동차를 대체할 수 있는 기술이라는 분명한 신호를 주는 것이다. 산업 활동이 변화의 주된 동인이고 비효율적인 자동차의 대체를 위해 유인책들이 주어질 것이기 때문에, 연료전지 기술에 기반한 효율적인 자동차 기술을 장려하는 데 큰 문제는 별로 없다. 남아 있는 주요한 이슈는 다음과 같은 것이다.

- 상당한 개발비용이 회수될 때까지, 환경친화 자동차를 개발하는 데 초기에는 아마도 기존 자동차 비용의 두 배 이상 들어갈 막대한 초기비용.
- 연료전지 기술과 적합한 관련 기술이 막대한 인적 수송 분야에는 적용되기 어려울지도 모르는 개발도상국의 도시에서 환경친화 자동차가 담당해야 할 역할.
- 자동차의 수명(현재의 차량보다 훨씬 더 오래 가도록 만들어질 것인지의 여부). 이는 비용, 기술, 취향 및 다른 요소들 간의 상쇄적 교환의 문제임.
- 중간 기술(예컨대 전기, 메탄, LPG와 천연가스 자동차 등)을 통해 환경친화 자동차 (그리고 다른 환경친화 차량들)를 위한 적정 기반시설 건설.
- 환경적으로 문제가 없는 시스템이나 에너지 자원을 허용하는 시스템과 재생 가능한 관련 기술 개발(예컨대 유도 시스템이나 통제 시스템).
- 교통 체증이라는 잠정적인 문제와 부족한 도로공간의 할당 문제 해결.

(2) 단기적인 잠정적 해법: 수요 증대의 억제

이 마지막 사항은 강조될 필요가 있다. 즉, 비록 '기술적인 해법'이 장려될지라도, 오랜 역사동안 계속되어온 교통량 증가(체증) 문제와 함께 현재의 상황과 환경친화 자동차가 일상적으로 사용될 상황과의 '간격'은 여전히 문제로 남아 있다. 교통 체증 문제에 대처하기 위해서는 강력한 조치를 당장 취해야 하는데, 거의 확실시되는 수요의 증가는 기존 기반시설의 효율적인 이용을 통해서도 지금의 도시에서 수용될 수 있다. 이 문제에 대한 대부분의 대안들은 이미 잘 알려져 있고, 앞에서 이미 상세하게 제시한 적이 있다(Banister, 1999).

가장 중요한 기본 전제는 지속 가능한 삶은 높은 수준의 접근성과 근접성이 유지될 수 있는 유일한 장소인 도시지역에서 이루어져야 한다는 것이다. 이는 모든 시설들이 도보와 자전거, 대중교통 이용 거리(5km 이내) 내에 제공될 수 있도록 사람들이 충분한 규모(일부 전문가는 2만 명에서 5만 명을 제안한다)의 정주지 안에서 살아야 한다는 것을 의미한다. 이런 정주지는 중간 정도의 밀도(최소한 40인/ha)여야 하며, 토지를 혼합적으로 이용하고 (도시간 통행을 위한) 대중교통 네트워크로의 접근성이 높아야 한다. 이는 또한 사람들이 살고 싶어하는 지역 내에 고품질의 환경을 제공해야만 한다는 것을 의미하는데, 여기에는 공개 공지로의 접근성, 안전하고 평온한 환경, 평화로움과 안정됨, 도시 생활의 여러 혜택이 포함된다. 대부분의 서비스와 편의시설들은 지역적 차원에서 제공될 수 있으나, 가장 어려운 것은 지역 내 고용문제이다. 그렇다 하더라도, 얼마 동안은 서비스와 기술에 기반을 둔 고용은 사람들이 사는 지역으로 분산될 수 있다.

　　이런 제약조건들은 교통정책 대안들이 취할 수 있는 구조적인 틀(framework)과

<표 4-3> 맥락과 제약조건

배경	
교통 기술	• 2010년까지 환경친화 자동차의 대량생산 • 기존 차량의 급속한 대체를 촉진하는 수단 • 유럽연합(EU)이나 다른 원천으로부터 연구 지원금의 상당한 증대 • 새로운 에너지와 환경적으로 효율적인 기술 개발을 위한 산업적 지원 • 환경친화 자동차의 구입과 기존 차량의 폐기를 위한 세금 유인책 부여
교통 수요	• 자동차 소유의 증가에 따라 계속 증가하는 통행량 • 도로 용량의 제한으로 인한 체증 증가 • 수요 관리를 위해 필요한 수단들 • 접근과 인접성을 향상시키기 위한 도로공간 배분
제약조건	
물리적	• 규모: 5만 명 이상 • 밀도: 40인/ha 이상 • 혼합 토지이용 • 대중교통 교차점 및 회랑과의 인접성
질적	• 공개 공지 • 안전하고 평온한 환경 • 평화와 안정 • 사회적 기회와 여가생활의 기회 • 전 범위의 서비스와 시설

자료: Banister, 1999: 46.

관련이 있다. 그것들 중 대부분은 더 규모가 크고 고밀이며, 혼합 용도이고 접근성이 좋은 도시와 연계된 개발 지향적 도시나 지역 차원의 강력한 계획 체계를 필요로한다. 비록 계획 체계의 효과가 즉시 나타나는 것은 아니지만, 중기적으로 계획체계는 통행 패턴의 가장 중요한 결정 요인 중 하나이다. 일반적으로 통행 거리가짧을수록 도보, 자전거, 대중교통을 이용할 확률이 높아진다. 계획 체계는 사람들이사는 곳과 그들이 접근하고자 하는 서비스, 직장, 시설이 있는 곳 사이의 인접성(proximity)을 확보하기 위해 계속 시도되어야 한다(<표 4-3> 참조).

두 번째 제약은 통행 수요에 영향을 미칠 수 있는 기술(가장 넓은 의미에서)의역할이다. 우리는 앞에서 원격근무를 통한 통행 대체 가능성을 살펴보았다. 마찬가지로 거대한 영향은 원격 화상회의(teleconferencing), 전자쇼핑(teleshopping), 전자상거래(telebusiness), 또 각종 형태의 인터넷을 이용한 활동(other form of e-activities)으로부터올 수도 있는데, 그 영향에 대해서는 아직도 많은 논쟁이 지속되고 있다(Salomon and Mokhtarian, 1997; NERA, 1997). 기술에 의해 유도된 변화의 범위와 속성은 기존의활동 패턴에의 적용과 함께 상당히 크고 복잡할 것이 분명하다. 모든 사람에게 같은방식으로 영향을 미치진 않겠지만, '컴퓨터에 박식한(computer literate)' 많은 사람들에게 더욱 큰 선택과 유연성을 제공하게 될 것이다.

3) 대안적 전략: '근본적' 전략과 '실용적' 전략

이러한 제약조건들을 감안하더라도 여전히 장기적 관점의 정책 대안은 광범위하게 남아 있다. '근본적(radical)' 대안은 자동차 이용의 증가를 점진적으로 감소시켜서결국 자동차 이용을 감소시키도록 하는 것이다. 그러나 이런 정책의 목적이 자동차의 이용을 금지하는 데 있지는 않다. 이는 달성하기도 어려울 뿐만 아니라 자유와선택의 개념에 반하는 것으로 보일 수도 있다. 진정한 목적은 많은 사람들이 자동차를 소유할 필요가 없고, 자동차 없이 살 수 있는 지역을 선택할 수 있는 질적 수준을갖춘 적당한 규모의 도시를 설계하는 것이다. 이런 해법은 '잠정적(interim)' 해법의주요한 특징들 즉, 인구 2만 명(가급적 5만 명) 이상, 중간 정도의 밀도, 혼합된 토지이용, 교통 회랑으로의 대중교통 접근성 향상과 접근성이 높은 교차지역 개발에대한 우선권을 부여하는 특징들을 유지할 것이며, 이 도시들은 일상 근린생활시설로의 접근성 및 기타 고차의 서비스 활동으로의 높은 접근성을 확보하고 이들을함께 연결시켜 다핵도시 집적체를 형성할 것이다.

이와 같은 도시 형태는 도보와 자전거를 최대한 이용하기 위해 평균 통행거리를 필요한 범위 아래로 유지하게 된다. 그것은 또 승용차 이용의 필요성을 감소시킬 수 있도록 높은 수준의 대체 교통수단이나 대중교통 위주로 운영될 것이다. 이런 명확한 계획 전략들의 조합을 통해 도시는 좋은 수준의 접근성과 고품질의 환경을 동시에 확보할 수 있도록 인간적인 척도로 설계될 수 있다. 교통 부문에서는 이것이 지속 가능한 도시의 비전이다.

이런 주장의 논리는 21세기에는 자동차의 역할이 축소될 것이라는 데 근거하고 있다. 이것은 개인과 기업에게 가치체계의 주요한 변화를 요구한다. 그렇지 않으면 자동차 문제와 관련해서 직접적으로 관련된 생태적 재앙 - 예컨대, 가치와 우선순위를 바꿀 수 있을 정도로 충분히 큰, 건강과 관련된 질병(health epidemic) - 을 불러일으킬 것이다. 그러나 그런 일이 일어난다면 이것은 또한 결국 가치의 근본적인 재평가로 이어지게 될 것이다.

우리가 도달한 결론은 이것이 세계 최초로 '차 없는 도시(car free city)'가 되기로 결정한 경우 시범 도시나 실험적인 도시에서도 일어날 수도 있다는 것이다. 그러나 이런 실험적 도시가 매우 일반적으로 널리 받아들여질지에 대해서는 의문이다. 현실적으로 근본적인 해법이 단기간에 성취될 것으로 보기는 어려운데, 이는 특히 현재의 생활양식이 매우 교통 의존적이기 때문이다. 엄청난 규모의 자본이 도시와 지방과 국가경제에(특히 부동산에) 연관되어 있고, 자동차산업(민간 부문의 자동차는 논외로 하더라도)에도 연관되어 있다. 자동차 제조업체와 그들의 협력업체들에게 미칠 직접적인 영향은 별도의 문제로 하더라도, 지역적 이동이 효율적으로 일어날 수 있도록 도시의 구조를 개조해야 한다. 이런 경우에 자동차 이용과 관련된 부동산과 다른 고정자산의 대규모 쇠퇴 현상은 불가피할 것이다. 선진국의 대부분에서 저밀도의 교외지역에 투자된 거대한 매몰비용(sunk cost)을 감안하면, 이것이 대부분은 50년 이내에 이루어진 것이어서 새로운 구조로 전환하는 데 드는 비용이 장기적으로 엄청나게 클 것이다. 그것은 현재의 생활양식을 완전히 그리고 근본적으로 바꾸는 것에 의한 것보다는, 이런 생활양식을 추구할 수 있는 대안적 방법인 기술(환경친화 자동차)의 발달로 인해 발생하게 될 것이다. 요약하면, 근본적인 전략은 매우 높은 위험을 수반하며, 따라서 정치적으로 받아들여지기는 어려울 것으로 보인다는 것이다.

이에 대한 대안으로서 '실용적(pragmatic)' 전략은, 자동차가 여전히 교통체계의 필수적인 요소를 구성한다는 것을 인정하고 새로운 형태의 요금체계, 제한, 규제를 통해서 그 영향을 줄이거나 개선하는 것을 말한다. 이 전략의 기저를 이루고 있는 주장은 좀더 적은 교통으로 충격을 완화하고 경제성장을 유지할 수 있는 방법을 찾아야만 하고, 모든 교통수단에 의한 효율적이고 깨끗한 교통을 장려할 수 있도록 강력한 유인책(시장적이고 규제적인)이 주어져야 한다는 것이다. 이 전략은 우리가 현재의 상황에서 지속 가능한 도시로 옮겨가는 것을 허용하는 방안을 제공할 것이다. 이것은 우선순위를 재평가하는 수단을 제공하고, 도시에서 공간을 재평가하기 시작하며, 지속 가능한 도시로 가기 위한 수단을 제공한다. 이런 방식은 시민들의 가치체계를 변화시키는 데 도움을 줄 것이다. 좀더 자세히 설명하면 이것은 쿠리티바와 싱가포르 같이 가장 잘 실현된 도시의 성공적인 경험으로부터 도출된 상향식 접근과 하향식 접근(top-down and bottom-up approaches)을 결합하는 것이다.

국가적 전략

과세체계는 세금이 근본적으로 생산(노동) 부문보다 소비 부문에 기반하도록 바뀌어야 한다. 교통 부문의 탄소세(carbon tax) 부과는 가솔린과 디젤 가격을 상당히 오르도록 해서 사람들로 하여금 경제적으로 운전하고, 연료 효율이 높은 자동차를 구입하고, 교통수단을 바꾸고, 그 통행이 반드시 필요한지 아니면 국지적으로 해결될 수 있는지 또는 일부만으로도 가능한 것인지 여부를 따져보도록 하는 분명한 유인책을 제공할 것이다.

또한 이것은 업계에 좀더 연료 효율이 높은 자동차를 생산하도록 분명한 방향을 제시할 것이다. 생산자로 하여금 일정 기간까지 특정한 종류의 자동차를 일정 비율 생산하고 판매하도록 하는 목표의 설정을 통해 무배기가스 차량의 무역을 허용하는 것이 (캘리포니아에서처럼) 이러한 일련의 정책에 포함될 수도 있다. 환경친화 자동차는 이런 정책의 일부를 형성하면서 단계화된 프로그램으로 도입될 수 있다. 이러한 정책과 아울러 연구개발 프로그램의 증대와 기존의 기술에서 새로운 환경친화 기술로의 전환을 가속시킬 수단도 함께 사용될 수 있다.

또한 기존의 자동차들을 효율적으로 운행하게 하는 여러 조치들이 채택될 수 있는데, 이른바 검사, 배기가스 규제, 오래된 차량의 단계적 폐기 방안(scrappage programmes), 에너지 효율 보상제(feebates)의 활용, 새로운 자동차를 위한 효율성 목표 제시, 재생 가능한 에너지 자원과 기타 다른 형태의 저탄소 연료 장려 방안 등이 있다.

이와 같은 거시경제적이고 규제적인 정책의 목적은 교통에 변화를 촉진하고 에너지를 합리적으로 사용하도록 장려하는 데 있다. 그 효과는 대중교통에 대한 투자, 환경친화 자동차 연구개발비용, 교통 관리를 위한 기술적 대안과 수요 관리 수단 등의 개발을 촉진하면서도 재정적으로 중립적이어야 한다.

지방 및 지역적 조치

교통의 우선순위는 가장 효율적인 교통 형태인 도보, 자전거, 대중교통에 주어지게 될 것이며, 도로공간은 이런 교통수단들을 위한 공간을 마련하기 위해 재배치되고, 또 수요 관리와 통행 관리에 대한 선호도 늘어나게 될 것이다.

- 자동차 이용으로부터 발생하는 모든 사회적, 환경적 비용을 완전히 흡수하기 위해서는 도시에서 도로 통행료 부과가 도입되어야 할 것이다.
- 스마트카드(smartcard) 기술을 활용하면 그때그때의 통행 조건(예컨대 정체의 수준)과 자동차의 특성(예컨대 오염수치, 승객 수 등)에 따라 차등화된 요금을 적용할 수 있다. 좀더 많은 인원의 합승은 통행 및 주차비용 조정과 공간(도로공간과 주차 공간)의 우선적인 배분을 통해 장려되어야 한다.
- 도시에서 속도제한 기준은 낮아져야 하고, 주차하는 데에 세금이 부과되어야 하며, 교통 통제구역(clear zones)이 설치되어야 하고, 자동차에 대한 모든 형태의 보조금은 철폐되어야 한다.
- 대중교통의 보조금 또한 (모든 통행자는 통행으로 발생하는 모든 비용을 지불해야 하기 때문에) 지속가능성을 근거로 철폐되어야 한다. 그러나 사회적인 목적이나 특정한 서비스를 제공하기 위해 대중교통을 이용하는 사용자들에게 지급되는 보조금은 있을 수 있다.
- 도시지역에서 자동차 통행료로 걷히는 요금과 주차 요금으로 얻어진 수입으로 대중교통에 대한 (공공)투자를 장려해야 한다.
- 계획과 개발부문에서의 조치는, 신규 개발의 경우에는 통행 거리가 감소될 수 있도록 입지시키고, 기존 개발의 경우에는 도시 내 공지에 혼합 용도와 고밀 재개발을 통해 갱신해야 한다.
- 도시에서 주차의 이용 가능성은 엄격하게 제한되어야 하고, 도시 외부(그리고 내부)로부터의 통행자에게는 자동차와 자전거를 통한 대중교통 환승(park-and-ride or bike-and-ride)이 장려되어야 한다.
- 도시 내의 모든 의사 결정자들은 통행량과 오염원의 감소 방법을 논의하는 데 참여해야 한다.
- 모든 고용주는 고용인을 위한 통근 계획을 마련해야만 하고, 소매상과 다른 사업자들(예컨대 레저 센터) 또한 고객을 위해 자동차 의존의 수준을 낮추는 계획을 준비하고 실행해야만 한다.
- 비슷한 전략이 학교, 교육 활동, 병원, 다른 공공(그리고 사적) 서비스에 적용될 수 있다.
- 목표, 정책 프로그램, 다른 지역의 성공 사례들을 논의하기 위해 지속가능성을 위한 포럼들이 개최되어야 한다.
- 정보 부문에서는 기술의 이점을 완전히 활용해야 한다. 예를 들어, 정보의 보급이나 홍보(information dissemination)는 도시의 목표 달성 수단으로, 그리고 오염이나 체증

- 이 심한 지점의 관리에 활용되어야 한다.
- 앞으로 스마트카드(smartcard)를 사용한 티케팅과 같은 고품질 대중교통체계의 필수적인 부분은 기술 개발을 통해서 이루게 될 것이다. 그래서 도시 내 모든 형태의 대중교통에 사용될 수 있고, 선택 대안에 대한 정보들은 실시간으로 이용자에게 제공될 수 있을 것이다.
- 카풀, 주차, 연료 소비를 줄일 수 있는 노선의 선택 가능성에 관해서 자동차 운전자에게 정보가 주어져야 한다.
- 실험 도시 그리고 높은 관심의 대상이 되는 시범 도시에 이상과 같은 일련의 정책을 적용해볼 수 있을 것이다.

자동차산업은 소비자의 취향을 변화시키고 환경적으로 양호한 새로운 기술을 장려하는 수단 역할을 한다. 자동차 제조업자들은 도시에서 자동차가 담당해야만 하는 환경적으로 필수적이고 좀더 제한적인 역할을 받아들이기 시작하고 있다. 자동차산업은 지속 가능한 개발과 새로운 기술을 향한 흐름의 일부로서 혁신과 기술 개발을 추구하는 책임을 명확히 져야 하며, 따라서 도시 도로공간을 좀더 효율적으로 관리하고 이용하는 목적을 추구하는 과정에 대등한 동반자로서 동참해야 한다. 현재의 기술을 새로운 기술로 전환하는 과제와 오염을 배출하는 자동차를 대체하는 과제와 함께 자동차산업을 위한 엄청난 기회가 그들을 기다리고 있다.

(1) 개발도상국가 도시에의 적용

이런 조치들 가운데 많은 것들이 기성장 선진 도시, 동적 성장기의 도시, 과도성장기의 도시에 동등하게 적용될 수 있으나, 좀더 기술적으로 복잡한 조치들 중 일부는 과도성장기의 도시에서는 덜 적합할지도 모른다. 여기에서 정책의 초점은 고유가, 주차 제한, 실행 방법 등과 함께 물리적 규제와 대중교통과 자전거를 위한 도로 공간의 재배치에 두어야 한다. 동적 성장기와 과도성장기의 도시에서는 이미 대체 교통수단의 다양한 선택이 가능하며, 이는 합승 택시와 자동차로 강화될 수 있다. 동적 성장기의 도시와 과도성장기의 도시에서조차도 많은 단순 관리 대안들이 가능하므로, 도로 건설이라는 대안은 단지 극단적인 경우의 선택으로 고려되어야 한다. 투자는 오직 대중교통 시스템(새로운 효율적인 차량), 새롭고 유연한 운행 시스템(좀더 수요 반응적인), 기존 네트워크의 유지와 향상(다인승 승합차량 전용선을 포함한), 보행자와 자전거 이용자를 위한 공간 제공(즉, 도시 전역의 자전거 도로망), 교통 이용자들을 위한 저비용의 정보체계 등에 집중적으로 이루어져야 한다. 개발도상국 도시에서는 도로공간이 언제나 부족하므로 도시 당국은 대중교통과 대체 교통수단으로의 접근성을 제공하는 데에 언제나 중요한 역할을 계속해야 할 것이다. 도시간의 차이는 영원히 지속되기 때문에 같아지는 경우는 없을 것이고, 도시는 각각의 개별성을 유지할 것이다.

여기에서 중요한 질문은 도시행정의 질과 관련된 것이다. 기성장 선진 도시는 대개 강력한 지방정부의 전통이 있다. 이러한 지방정부는 민주적으로 책임이 있으며 지방세를 징수할 권한을 가지고 있다. 새로운 형태의 지속 가능한 개발을 장려함에 있어서 처음 실행하는 도시가 불이익을 당하는 것처럼 보일 수 있으므로 필요한 조치는 모든 도시들에 일관성 있게 적용될 필요가 있다. 만약 하나의 도시가 선도적인 역할을 한다면, 수요가 대안적인(좀더 장기적인) 위치로 전환됨에 따라 다른 도시들은 반사 이익을 얻을 수 있고 통행이 증가할지도 모른다. 지방정부 내에 현재의 부문간 구조가 지속 가능한가와 이들이 지속가능성에 대한 고려를 다루는 데에 가장 적합한 조직인가에 대한 질문 또한 고려되어야 한다. 그러나 많은 동적 성장기와 과도성장기의 도시에서는 민주적인 지방정부의 전통이 훨씬 취약하므로, 권력, 책임, 그리고 무엇보다도 모든 구성원들을 존중할 수 있는 새로운 의사결정체계가 수립되어야 한다.

4) 정책의 사회적 함의

교통과 지속 가능한 개발을 위한 전략을 고안할 때, 불가피하게 성공한 전략과 실패한 전략이 존재할 것이다. 정책의 새로운 초점은 경제적 요구에서 환경적 요구로 무게중심을 옮기면서 사회적 요구를 무시하지 않는 것이다. 도시 내부 지역을 관통하는 새로운 도로는 자동차를 소유한 고소득 교외 거주자들에게 빠른 통행을 가능하게 하지만, 자동차가 없는 저소득 도시 내부 거주자들에게 더 열악한 환경(많은 소음, 오염, 커뮤니티 단절)을 초래한다. 단지 자동차를 새로 사는 것만으로도 운전자들은 오염을 일으키는 계급에 포함되고, 그들의 통행 패턴을 급격하게 변화시키게 된다. 그러나 모든 새로운 자동차의 증가에 따라 환경비용은 증가하며, 대안적인 서비스의 수요와 질은 감소된다. 심지어 자동차 소유가 포화 상태인 경우에도 여전히 인구의 25%는 자동차를 소유하기가 어려울 것이다. 그러나 지속 가능한 도시에서는 생활양식을 자동차에 의존할 필요가 없으며, 공동체의 복지가 승용차에 기반하지 않는 교통을 통한 높은 수준의 접근성과 조화될 수 있도록 실제적인 기회가 주어지게 된다.

여기서 고전적인 주장은 현재의 도로공간이 시간에 의해 분배되어 쓰이고 모든 도로의 이용자는 같은 양의 이용 가능한 시간을 가지기 때문에 사회적으로 공정하다는 것이다. 그러나 시간에 의한 분배는 비효율적이므로 통행료의 부과(pricing)가 공간과 같은 부족한 자원을 배분하는 가장 좋은 수단이 된다. 비록 형평성의 높은 우선순위를 갖고 있기는 하지만, 수입의 대부분을 재배치에 투자하는 재정적 메커니즘(예컨대 대중교통에의 투자, 사회적 기여도의 축소)도 있다. 환경적 차원이 경제적·사회적 차원에 더해질 때 이런 주장들은 좀더 힘을 얻는다. 위에서 지적했듯이, 이런 환경적인 비용의 대부분을 부담해야 할 사람들은 승용차를 이용하지 않은 사람과 도시 내의 거주자들이다. 교통에 부과된 통행료로부터 얻어진 수입은 자동차가 없는 도시 거주자들의 삶의 질을 향상시키는 것을 목표로 재분배해야만 한다는 강력한 주장이 있다. 이는 주택과 지역 서비스와 시설에 대한 투자를 포함해야 한다.

여기에서 제시된 주장은, 빈곤 구제와 환경적인 지속가능성, 바람직한 거버넌스(good governance)에 우선순위가 주어진다는 점에서 국제연합의 우선순위와 일치한다. 빈곤한 사람들이 그들의 시간을 좀더 효율적으로 사용할 수 있도록 하는 조치들이 취해져왔다. 현재 경제협력개발기구의 미가입국들에서는 빈곤한 사람들보다는 부유한 사람들의 통행량이 많지만, 빈곤한 사람들은 짧은 거리를 이동하기 위해 더 많은 시간을 보내곤 한다. 빈곤한 사람들은 심지어 대중교통조차 이용하지 못하며, 거의 모든 곳을 도보로 다니기도 한다. 일부 대륙(예컨대 아프리카)에서는 자전거 소유율이 낮으나(3.5%), 다른 곳에서는 그 비율이 훨씬 높다(예컨대 아시아 40%). 이동의 효율성을 향상시키는 것이 중요한데, 이는 교육과 부를 창조하는 활동들을 위해 시간을 좀더 생산적으로 쓸 수 있도록 하기 때문이다. 위에서 언급했듯이, 대중교통 시스템(대체 교통수단도 포함함)과 승용차가 아닌 교통수단에 투자하는 것이 중요하다. 그러면 빈곤한 사람들을 위한 접근성이 상당히 향상될 수 있다.

특히 저소득 거주자(보통 비공식 주택의)들이 일하러 가기 위해 합리적인 수준의 비용(과 시간)으로 접근할 수 있도록, 높은 우선순위는 도시 내 대중교통의 질을 향상시키는 데 두어야 한다. 도심에 이르는 대용량의 버스(그리고 대체 교통수단) 전용노선은 도로체계의 용량을 늘리고 불평등을 줄이는 비용 효과적인 방법이다.

5) 변화로부터 얻는 이익

지속 가능한 교통 시스템을 지향하는 움직임으로부터 얻는 가장 큰 이익은 그것이 사회적으로 포용적이라는 것(모든 당사자들이 혜택을 받음)과 도시에서의 삶의 질이 향상된다는 것이다. 그러나 이런 결론은 적어도 두 가지 측면에서 조건이 붙어야만 한다. 첫 번째로, 부가적인 연료비용, 주차 요금, 통행료 부과체계로부터 얻어진 세입은 반드시 도시 내의 교통체계나 다른 사회적으로 중요한 우선사업(예컨대 공공 서비스와 사회 주택)을 위한 투자에 쓰여야만 한다. 만약 이 세입이 정부에 의해 다른 부분에 사용된다면, 이익은 상당히 줄어들어서 도시는 살아가야 할 장소로서의 매력을 잃어갈지 모른다. 두 번째로, 채택된 도시 정책들은 도시에 사는 사람들과 도시 내의 여러 주요한 이해집단들의 지원과 신뢰를 받아야만 한다. 그러기 위해서는 모든 구성원들이 그 과정에 참여하고 역할을 맡을 필요가 있다. 여기서 제안된 정책적 변화들은 사람들이 도시에서 돌아다니는 방식을 근본적으로 바꿀 것이고, 그러한 근본적인 변화는 정치적이고 대중적인 지원을 필요로 한다. 그렇지 않으면 이런 변화들은 정치적으로 사장될 것이다.

여기서 어려운 과제는 목적세(hypothecation)와 보조금 지급 문제이다. 만약 고속도로 과세의 수익이 대중교통에의 투자를 위해 확보되고 이용된다면, 이는 비효율적이고 불평등한 자원의 이용이라고 주장될지 모른다. 예컨대, 특히 통행 보조금이 많은 사람들을 자동차에 의존하도록 방치하는 장거리 분산화를 조장할 경우 통근자들에게 통행 보조금을 지급할 만한 확실한 명분은 없다. 반면에 이러한 목적세와 같은 세금적 요소가 없다면 정치적 지원은 부족할 수 있다. 그것은 균형의 문제이다. 일반적으로 목적세금(hypothecated taxes)은 버스 우선 정책 같이 사회의 가장 빈곤한 구성원들을 도울 수 있는 투자로 이어져야 한다.

6) 보완적 경로들

결론적으로 모든 도시들은 두 가지의 보완적 경로를 추구해야 한다.

- 단기적으로는(대략 2020년까지), 재정적·물리적 규제를 통해 통행 증대에 대한 관리를 추구해야 한다. 예컨대, 주차 요금과 통행료 부과로부터 얻어진 세입을 높은 수준의 대중교통과 대체 교통수단을 지원하는 데 사용하고, 물리적으로는 토지이용계획 체계를 활용하여 좀더 가까운 이동에 도보와 자전거의 이용을 최대한 허용하고 장려하는 도시 형태를 지원해야 한다.
- 장기적으로는 전체적으로 환경친화 자동차의 단계적 도입 계획을 마련해야 하는데, 이것은 다른 곳보다는 기성장 선진 도시에 좀더 빠르게 보급될 것이라는 것과, 과도 성장기의 도시에서는 환경친화 자동차의 일반적 보급이 더욱 오래 걸릴 것이라는 전제하에 계획을 세울 필요가 있다.

중요한 점은 이와 같은 다른 개발 경로들(development paths)이 보완적일 수 있고 또 보완적이어야 한다는 것이다. 개발의 모든 단계에서 이용 가능한 기술이 무엇이든 간에, 규제들(예컨대 버스 전용차선, 버스 우선제, 승합차량 전용차선, 첨두 시간 적재 금지)의 조합과 도로공간을 가장 효율적으로 이용하는 버스, 대체 교통수단, 다인승 승합차량 등에 우선권을 제공하는 재정적 수단들(예컨대 통행료 부과와 주차 요금)을 활용하여 부족한 도로공간을 적절하게 관리하는 것이 최적의 시스템이 될 수 있다. 교통 회랑은 기술적인 발전이 사용 가능해질 때 차량의 자동 운행을 수용할 수 있도록 관리될 수 있다. 그러나 그것들은 좀더 넓은 맥락에서 검토되어야 할 필요가 있다.

중기적으로(2020년이나 그 너머), 우리는 사용 가능하거나 가능할 것으로 예상되는 기술에 기반한 현실성 있는 시나리오를 정해볼 수 있다. 시속 300km 내지 400km를 낼 수 있는 고속의 도시간 지상 교통 시스템, 도시 내에서 수요에 대응하는 환경친화 자동차 시스템, 그리고 공동으로 이용할 수 있는 자전거와 스쿠터 같은 단거리 개인교통의 비공식 수단으로 연계된 체계가 바로 그것이다. 그러한 연계는 일본의 신칸센 시스템의 경험에서 보듯이, 차례로 높은 위계의 결절점에 좀더 집중을 촉진할지도 모른다. 그런데 그것은 잘 조정된 토지이용계획을 통해서 전통적인 도심 지역뿐만 아니라 사람들의 집 근처 교외 부도심을 포함하여 대도시지역 전반에 분산되어 있는 부도심이 좀더 활성화되도록 장려하는 데 이용될 수 있다.

중장기적으로 보면 이것은 매우 그럴듯한 시나리오이다. 국가와 도시는 새로운 환경 제약에 맞추어 단순히 순응하는 것이 아니라 이런 제한을 극복하기 위해 교통 기술의 근본적인 변화를 선택할 것이며, 따라서 환경친화 자동차를 개인 교통수단으로 장려할 것이다. 그러나 이것은 노력 없이는 일어나지 않을 것이다. 이런 시나리오는 국가와 국제적인 차원에서는 진보와 기술의 채택을 가속화시킬 제도적 틀을 마련하고, 지역과 지방 차원에서는 그것들을 수용하기에 적합한 공간적 구조를 제공하도록 하는 장려 정책과 관리 지침을 필요로 할 것이다.

9. 도시 공간 형성

1) 도시 공간 관리: 궁극적인 희소자원

모든 도시는 끊임없는 흐름 속에 존재한다. 그래서 어떤 도시가 역동적으로 변화하지 못하게 되면 그 도시는 쇠퇴나 소멸의 위험에 직면하게 된다. 도시는 외곽으로 확산되며 중심부는 변화한다. 예를 들면, 19세기의 시카고와 베를린, 20세기 초의 로스앤젤레스, 오늘날 개발도상국들의 도시들과 같이 고속성장 도시에서는 이러한 과정이 걷잡을 수 없이 벌어진다. 투자자의 끊임없는 낙관주의에 의한 투기적 개발과 광활한 시골로의 건너뛰기식 개발(leapfrog)이 일어나고, 더 가까운 곳에서는 몇십 년 전에는 외곽에 지나지 않았던 토지가 갑자기 중심업무지구로 편입된다. 교외에서는 새로운 부도심들이 갑자기 나타나서 마치 버섯처럼 번져간다.

21세기에는 이러한 현상이 이제까지보다 더욱 강화될 것이다. 도시들은 고도의 유동성을 지닌 전문가들과 전 세계를 대상으로 하는 기업들을 유치하기 위해 점점 더 치열하게 경쟁할 것이다. 증권화(securitization), 파생금융, 연금자산, 보험회사들, 부동산 투자 신탁, 은행 같은 금융 중개업의 규제 완화로 세계의 투자 자본의 사용 가능한 공급은 더 이상 국경의 제약을 받지 않는다.

이제 이것은 현실이며, 경하해야 할 일이기도 하다. 도시로 모여드는 사람들을 위해 새로운 부를 창출해내는 것은 바로 이 메커니즘의 일부분이다. 그러나 동시에 경제학자들이 지칭하는 부의 외부효과(negative externalities)나 법률가들이 지칭하는 공해(nuisance), 주변과 서로 모순되는 토지이용, 주거지역에 인접한 오염원 공장들, 근린의 성격이나 땅의 가치에 관한 영원한 불확실성, 교통 혼잡과 교통으로 인한 오염 등도 발생시킬 것이다.

이러한 요소들은 이전 시대의 그 어느 때보다 더욱 중요한데, 그 이유는 이 요소들이 오늘날 도시의 생계를 위협할 수도 있기 때문이다. 도시의 경제를 유지하기 위해, 21세기의 도시들은 살 만한 환경이어야 한다. 관광사업과 같은 일부 서비스 경제 분야들의 성장은 살기 좋고 활력 있는 도시적 매력에 전적으로 달려 있다. 대부분의 국가에서 관광사업은 외국 여행객에 의존한다. 많은 나라에서 외화벌이의 최대 원천이 되는 (현재 추정치 3억 명의) 관광객들은 휴가를 해외에서 보낸다. 아시아에서 환경 논쟁이나 교통 정체와 혼잡은 관광사업의 심각한 장애로 인식되어왔다. 이것은 또한 세계 어느 곳에서든 공통적인 도시 문제가 될 것이다. 관광객, 기업, 전문가들을 빼앗기지 않고 더욱 증대시키기 위해 도시들은 살기 좋은 매력을 갖추어야만 한다.

이러한 이유에서 선진국의 거의 모든 도시들과 개발도상국의 모든 도시들은 그들의 미래 개발을 계획하고 규제하려고 노력해왔다. 그들은 미래 개발에 대한 계획을 만들어왔고, 조닝 체계나 토지이용 규제를 통한 계획 집행 메커니즘을 발전시켜왔다. 계획은 언제나 교통과 공개 공지에 대한 제안들과 함께, 특히 용도 변경과 개발 밀도의 일부 지침을 포함하여 큰 틀의 토지이용을 구체화해왔다. 이러한 체계들은 때로는 격렬한 논쟁을 수반하며 오랜 기간에 걸쳐 형성되고 수정되어왔다. 그러나 그것들은 도시 생활의 어느 정도 고정되고 받아들여질 만한 특색이 되었다. 왜냐하면 계획 과정은 어느 정도의 확실성을 창출해내면서 영리를 추구하는 회사나 개별 가구 같은 민간 주체들이 그들의 이해관계가 걸린 직접적 환경(부동산의 매몰투자를 포함한)이 안전하다는 전제하에 그들 나름의 계획을 수립할 수 있도록 보장해주었기 때문이다.

그러나 어느 도시에나 중요하고 복잡한 문제가 있다. 도시 공간은 본질적으로 희소한 자원이며 따라서 값비싸기 마련이다. 그리고 고속 성장 도시에서는 가치가 더욱 올라간다. 20년 전에는 교외였던 토지가 중심상업지역으로 에워싸이게 된다. 고층의 오피스와 호텔이 빈곤한 사람들의 무허가 오두막집들 속에 군데군데 위치하게 될 것이다.

선진국 도시의 정책 결정자들은 한 세기가 넘도록 토지의 평가와 과세에 관한 문제들로 고심해왔다. 공공정책들은 새로운 고속도로, 새로운 교통 노선, 새로운 도시계획도의 형태로 토지 가치를 근본적으로는 변화시키고 운 좋은 땅주인에게 재산을 만들어주었다. 이러한 경우에 지역사회는 그 자체를 위해 그러한 이득의 일부를 세금으로 환수할 권리 내지 심지어는 의무를 지니는가? 그리고 공공사업을 위한 강제적인 토지 매입 시에 사실상 지역사회가 만들어낸 가치에 대한 보상이 과연 필요한가?

유럽ㅡ예컨대, 한 세기 전의 네덜란드나 스웨덴 같은 국가ㅡ에서는 수요가 발생하기 훨씬 앞서 지역사회가 미리 토지를 매수하는 방법으로 이 딜레마를 과감하게 풀었다. 그러나 그렇다 하더라도 암스테르담과 스톡홀름 같은 도시에서 도시화의 속도는 때때로 그것을 압도했다. 다른 나라ㅡ예컨대 반세기 전 영국 같은 곳ㅡ에서는 지역사회가 개발 가치의 일부분을 거두어들이려고 노력했었다. 그러나 이러한 제안은 맹렬한 정치적 논쟁을 불러 일으켰고 영구적인 해결이 될 수는 없었다. 오늘날 개발도상국의 도시들에서는 물론 어려움은 훨씬 심각하지만 자원 역시 턱없이 부족하다.

2) 물리적 개발의 지침

(1) 계획의 역할
역사적으로 계획체제는 선진국 도시에서 발달되어왔고, 일반적으로 확실한 목적과 목표를 가진다. 즉, 도시 경제의 효율적인 작동을 증대시키고 양질의 주거 환경을 매력적인 방식으로 공급하며, 도시 사회의 수준을 향상시키고 인간과 상품의 이동을 위한 효율적인 시스템을 공급하며, 자연 경관을 보호하고 개선시키며, 최근 들어 그 중요성이 크게 강조되는 환경을 보호한다.

이러한 목적들을 추구하면서 선진국의 많은 계획가는 아주 똑같지는 않지만 유사한 정책들을 채택해왔다. 그들은 서로 다른 토지이용들을 분리시키는 조닝 규제를 만들어왔다. 그들은 토지이용 규제나 공공 토지 비축과 같은 형태로 특정 지역에서의 개발 제한이나 금지, 또는 다른 특정 지역에서의 개발 장려 등을 통해 도시 성장의 한계를 정해왔다. 계획가들은 도시에서 넘쳐나는 인구와 고용을 수용하기 위해 위성 도시나 심지어 전혀 독립적인 신도시들을 건설하기도 했다. 대표적인 예로서 런던의 그린벨트와 신도시, 코펜하겐의 손가락 형상 계획(finger plan), 스톡홀름의 위성도시, 프랑스 수도권의 양축 계획(the twin-axis plan), 그리고 홍콩, 싱가포르, 한국의 신도시 정책을 들 수 있다. 최근에 지속가능성에 대한 관심으로 몇몇 도시에서 녹지지대의 개발을 제한하거나 기존의 도시화 지역에서 고밀 재개발을 장려하는 방향을 모색하고 있다.

(2) 기본 원칙: 추세의 유도

오늘날 대부분의 경제 형태인 시장경제 또는 혼합경제에서 계획 규제는 시장의 행태와 일치할 때 가장 잘 작동하는 경향이 있다. 어느 나라를 막론하고 시장경제에 기반하고 있는 도시에서는 놀라우리만치 뚜렷한 경험적 규칙성이 나타난다. 도시지역의 개발 형태는 산업과 서비스의 입지를 위해 적합한 형태를 취하게 되는데, 생산에 있어서 규모의 경제, 낮은 운송비용, 허용 가능한 개발 밀도, 정보 교환, 입지와 집적 경제에 관련된 기타 산업과의 연계 및 네트워크 등을 고려하게 된다. 경험적으로 관찰되고 이론적으로 기술되었듯이, 시장 행태적 경향을 무시한 토지이용 규제는 성공하지 못할 것이다. 일반적인 인간 행동에 반하는 정책은 종종 기대하지 않은 결과를 초래하고, 시장의 비효율성을 발생시키게 된다.

물론 시장 추세가 파괴적이거나 좀더 광범위한 사회적 수요에 둔감할 때는 계획 체계가 때때로 추세에 반대로 작동하기도 해야 한다. 훌륭한 계획이란 균형의 문제이다. 시장 자체에만 맡겨졌을 때 더 효율적이고, 더 편리하고, 더 지속 가능하도록 작동하게 만들기 위해 기본적인 경제 및 사회적 경향을 형성하거나 수정하려 할 때 계획은 가장 효과적이다. 이것은 기본 상식일 뿐만 아니라 20세기 계획 역사의 경험에서 배울 수 있는 교훈이다. 1898년에 하워드가 전원도시 해법을 제안했을 때, 그는 전기(electricity)를 뛰어 넘는 새로운 기술이 출현하여 과밀한 19세기 도시의 열악한 공장과 거기서 일하는 사람들을 해방시켜줄 것이라고 확신했다. 1952년에 스벤 마르켈리우스(Sven Markelius)와 괴란 지덴블라드(Göran Sidenbladh)가 스톡홀름 주위에 위성도시들을 설계했을 때 그들은 새로운 지하철 시스템이 그 도시들과 도심을 허용 가능한 시간 안에 연결시킬 수 있고, 또한 도시의 슬럼 안에 살고 있던 사람들이 새롭고 잘 설계된 아름다운 경관의 아파트 단지로 모여들 것이라는 것을 알고 그렇게 계획한 것이다. 1961년에 제인 제이콥스(Jane Jacobs)가 전통적인 도시 가로 형태로의 회귀를 주장했을 때, 그녀는 자신이 살던 뉴욕의 그리니치 빌리지(Greenwich Village)의 근린지역에 대한 깊은 느낌과 개인적 지식이 있었기에 그렇게 주장했던 것이다. 이러한 아이디어들은 오랜 기간을 통해 검증되었다. 이런 선구자들의 생각은 21세기의 새로운 도시의 모습을 결정하고 우리에게 유산으로 남겨진 이전 시대의 낡은 도시들을 재개발하는 데 많은 교훈을 주고 있다.

제2장에서 보았듯이, 20세기의 기본적인 도시화 경향은 인구와 일자리, 그리고 그들이 이용하는 서비스의 분산화였다. 그래서 고밀의 도심에서 저밀의 교외로, 대도시에서 소도시로의 분산은 일반적인 현상으로서 어떤 자유 시장경제체제 안에서도 거의 예외 없이 일어났다. 이는 20세기의 시작부터 북미와 오스트레일리아에서 이미 목격되었고 영국에서도 마찬가지였다. 제2차세계대전 이후 이것은 베네룩스 국가들과 스칸디나비아, 나중에는 서유럽 전체로 번져갔다. 개발도상국들로서는 라틴아메리카에서 동아시아에 이르기까지 거의 전 지역에서 분명히 나타난다. 이런 추세는 가까운 장래에는 크게 변하지 않을 것이다.

그러나 분산화의 과정과 형태의 구체적인 부분에서는 상당한 차이가 있음에 주목하는 것이 중요하다. 몇몇 나라에서, 특히 라틴아메리카뿐만 아니라 영미의 문화권에서 분산화는 대개 대중교통수단의 실질적인 범위 외곽에 위치한 전원의 중저밀 단독주택 교외지역으로 귀착되었다. 다른 나라에서, 특히 유럽 본토에서는 이것이 새로운 고속 운송망으로 연결되는 위성도시 형태로 나타났는데, 역 주변에는 좀더 높은 밀도로 상점과 서비스 시설이 밀집되어 있고 그곳에서 좀 떨어진 지역은 점점 낮아지는 형태의 밀도를 가진다. 나아가 영미 문화권에서는 시장의 경향과 계획이 함께 작용하여, 대개 일반적인 통근권 범위 내에서 대도시로부터 소도시로의 장거리 분산화가 나타났다. 예컨대 뉴욕, 로스앤젤레스, 런던의 경우가 그러하다. 반면 프랑스 같은 나라에서는 과정의 전체가 실질적으로 도시의 범위를 확장하는 것이었다.

나라마다 서로 다른 기본적인 사회적 선호와 문화적 선호에 순응했기 때문에, 이러한 다양한 모습은 다행스러운 일이다. 피해야 할 것은 이러한 선호에 반대 방향으로 작용하는 계획이다. 이것은 항상 실패로 귀착될 뿐이다. 예컨대, 인위적인 주택 부족과 인위적으로 상승한 주택 가격, 농촌 마을에 세워진 고층가구(high-rise blocks)들과 같은 기이한 건축 형태는 무엇인가 잘못 되어가고 있다는 확실한 징후이다.

제1장에서 주목했듯이, 개발도상국들에서 분산화는 새로운 국면에 도달하여 새로운 형태인 거대도시(mega-city)를 탄생시켰다. 이러한 형태는 선진국에서 선구적인 사례를 찾을 수 있다. 예컨대 런던, 뉴욕, 로스앤젤레스, 샌프란시스코 등의 선진 도시 주변에는 20개에서 50개의 소도시들이 있으며, 이 소도시들은 물리적으로 분리되어 있지만 기능적으로는 네트워크화되어 하나 이상의 중심 대도시 주변에 밀집되어 있고, 노동의 새로운 기능적 분업을 통해 막대한 경제적 힘을 이끌어내고 있다. 이 소도시들은 서로 분리되어 있고 대부분의 거주자들은 지역 내에서 일하며 대부분의 노동자들도 지역 거주자들이다. 또한 도로, 고속전철, 원격 통신 등을 통해 사람과 정보가 많이 이동함으로써, 기능적으로 넓은 도시지역의 한 부분들로서 존재한다. 이것이 20세기 말에 출현한 도시 형태이고, 21세기에도 지속되리라고 주장하는 것은 전혀 과장이 아니다.

그러나 명백하게 드러났듯이 분산화는 비판받을 점이 있다. 이것은 지속가능성이란 기본 원칙에 위배된다는 것이며, 이 점에 관해서는 모든 관찰자들이 동의하는 바이다. 분산화된 도시는 도시 개발에서 좀더 밀집한(compact) 전통적 형태보다 더 많은 교통량을 발생시키고, 좀더 많은 자원을(유한 자원을 포함하여) 사용하는 것으로 나타난다. 그리하여 모든 곳에서(영국, 독일, 오스트레일리아 등) 밀집도시(compact city)로 회귀하자는 주장이 전개되고 있다. 밀도가 높아져야 한다고 비평가들은 말한다. 즉, 새로운 녹지지대 개발보다는 공장 이전적지(brownfield land)를 재개발하도록 가능한 모든 기회가 주어져야 한다. 사는 곳과 일하는 곳이 더 이상 분리되지 말고 근접하여 나란히 배치되어야 한다. 도시에서 더 이상의 분산화는 저지되어야 한다.

그러나 이러한 주장은 단순하고 명쾌하긴 하지만 문제점이 있다. 그것은 현상의 복잡성 전체를 인식하지는 못하고 있다는 것이다. 그뿐만 아니라, 전문가들의 처방은 일치하지 않고 있다. 어떤 이들은 고밀을 주장하고 있는 반면, 또 다른 사람들은 분산화가 꽤 지속 가능한 결과를 가져온다고 주장한다. 왜냐하면 사람과 일자리는 재평형을 이루기 때문에 함께 이동해 나간다면 출퇴근 패턴은 이전보다 좀더 짧아질 것이며, 그렇게 되면 좀더 지속 가능하다는 것이다(맞벌이 가구가 문제를 복잡하게 만드는데, 그것은 여성이 남성보다 좀더 짧은 거리로 통근하는 경향이 있기 때문이다). 따라서 아직은 분산화의 다른 형태를 살펴보아야 할 상당한 사유가 있다. 예컨대 영국의 경우 가능한 한 자족적으로 만들기 위해서 주거지를 분산화시켰듯이, 장거리 이동을 장려하는 것이 사실상 더 나을 수도 있다.

(3) 계획과 시장 수단

그러므로 계획은 그 자체만으로 도시 형태를 만드는 것이 아니고, 또 만들어서도 안 된다. 도시 정책 결정자들은 다른 중요한 도구들을 가지고 있다. 문제 해결의 단서는 그들이 갈등 관계가 아니라 협조 속에서 기능하도록 하는 것이다(시장경제가 전혀 다른 경제체계를 돕도록 만들어진 경직된 계획 체계와 만났던 동유럽의 최근 역사는, 비록 부정적 예이기는 하지만 몇 가지 교훈을 준다). 여기에는 세 가지 수단이 있는데, 첫째는 재정적 기법이고(세금과 보조금), 둘째는 기반시설의 공급이며, 셋째는 토지 이용 규제이다.

<자료 4-33> 폴란드 크라코의 계획과 시장

크라코(Kraków) 시에서 조닝 계획안을 수립할 때 공간 분석의 부족으로 인해 시장의 경향과 기본 계획의 목적 둘 모두에 모순되는 토지의 행정적 배분이 초래되었다. 계획안은 자체의 목적에도 불구하고 도시의 공간구조를 수정할 수 없었고, 결과적으로 나타날 공간 조직은 시장의 힘에만 맡겨져 나타날 결과보다 본래 목적에 더 부적합하게 되었다.
—Bertaud, 1997: 27.

(4) 재정적 기법

재산세의 과세와 징수가 수익자 부담 원칙에 기초한다면 개발 패턴에 큰 영향을 줄 수 있다. 투자자는 공공 서비스에 대한 대가를 지불하거나 가로체계 또는 다른 공공 네트워크에의 접근을 위한 책임을 떠맡음으로서 직접적으로 그것들을 공급하기도 한다.

재산세는 치안을 포함한 제반 공공 서비스의 제공에 대한 일정한 보상금으로 간주되어야 한다. 그러나 도시 개발의 진보적인 전략의 중요한 요소로 여겨지고 있는, 주거와 상업투자 간의 교차보조(cross-subsidization)는 피해야 한다. 몇몇 정부가 하고 있는 것처럼 상업과 주거용 부동산에 같은 세율을 적용하는 것은 경제적으로 매우 타당한 것이다.

세계적으로 대부분의 지방정부들이 도시 서비스를 위한 재원을 주로 재산세에 의존하고 있다. 그러한 방식은 토지이용 개발이 잉여 수입을 발생시키는 토지이용을 장려하고(예컨대 제조업 공장, 창고, 사무실, 도소매 시설, 고가의 고급 거주지 등), 적자를 발생시키는 토지이용(예컨대 저가의 주거, 특히 빈곤한 사람들의 고밀 주거)을 억제하기 마련이다. 지방정부가 사업용 자산에는 특별 부가세를 받지만 주거용 자산에 낮은 세금을 받는 곳에서는 사업 개발을 선호하는 경향이 좀더 강할 수 있다. 지방정부는 대부분 그 지방 사람들의 복지를 극대화하려함에 따라 서로 다른 개발 유형들에 대한 균형잡힌 유인책을 마련하는 과제가 계획법상의 추상적인 의무를 수행하는 것보다 더 중요하다.

우리는 앞서 도시가 재정의 대부분을 감당하는 재산세를 필요로 한다는 것을 논의한 바 있다. 잘 짜여진 재산세의 과세체제는 시장의 기능을 향상시킬 수 있다. 과표(tax base) 기준으로 토지의 시장가치를 사용하면 토지의 공급을 증가시킬 수 있는데, 특히 계획이 토지를 건축용으로 쓰이도록 하는 경우 땅의 가치를 급속하게 증가시키는 결과를 가져오고, 이것은 다시 투기적 목적으로 땅을 매점하는 유인책을 제공하게 된다. 재산세와 토지세는 땅의 소유주에게 그 사용과는 상관없이 세금을 부과하므로 투기 목적의 토지 매점을 억제할 수 있다. 시장가치가 어떤 특정 부지의 최적 사용을 개발자들에게 알려주는 역할을 하므로 세금 부담은 상당한 액수가 될 수 있고, 따라서 제대로 이용되지 않고 있던 토지를 최적 이용으로 유도하는 과세 효과를 갖게 된다.

토지 가치 과세는 임대인이 토지 사용에 대해 가격을 지불해야 한다는 점에서 임대 시스템과 같은 효과가 있다. 토지의 시장가치나 연간 사용에 따른 임대가치에 근거를 두고 세금을 해마다 징수하게 되면, 토지 시장의 경쟁을 증가시키고 변화하는 여건에 적응하도록 토지 시장을 좀더 유연하게 만들게 된다. 토지 가치 과세는 두 가지 기능을 하는데, 우선 세입의 원천이 되고 또한 개발을 위한 토지의 공급을 촉진하는 역할을 하며, 이는 도시세(urban tax)로서 매우 유용한 것이다. 즉, 토지 가치 과세는 토지의 공급을 늘리는 동시에 그 사용을 경제적으로 만드는 데 기여한다.

계획은 계획 이익을 창출한다. 계획에 의한 이익은 기반시설의 재정 원천으로 쓰여야 하는데, 그 이유는 자유경쟁 시장에서의 이윤과는 달리 계획에 의한 이익은 소유주가 어떠한 역할도 없이 순전히 횡재한 이득이기 때문이다. 그러나 계획 이익에 대한 과세는 어렵다. 대개 도시 정부들은 개발자로 하여금 이익의 일부를 공공재로 공급하도록 협상한다. 몇몇 나라에서는 정형화된 체계를 갖추고 있기는 하지만, 개발 과세(development levies)로 계획의 결과에 의해 생겨난 이익에 대해 정확히 과세하려고 노력하고 있다. 좀더 손쉬운 방법은 일반적인 자본 이익에 대한 과세를 부과하는 것이다. 그러나 지방의 관점에서 보면 이는 별로 매력적이지 않은데, 왜냐하면 자본이득 세입은 국가 일반 예산으로 '사라지기' 때문이다. 단순한 계산 방법(예컨대 제곱미터당 또는 주택당 일정액 부과)을 사용하는 지방 특별 개발 과세는 관리하기가

용이하고, 도시의 공간적 확장에 필요한 재정을 위한 세입의 직접적인 원천이 된다는 유리한 이점을 지닌다.

(5) 기반시설 공급

기반시설은 도시 개발에서 기본적인 공공 부문 투입 요소로서, 지방정부 당국은 이를 공급할 책임이 있다. 지방정부는 알맞은 질과 양으로 기반시설을 공급하는 데 적합한 재정의 원천을 필요로 한다. 경험에 의하면, 공공 당국이 특정 기반시설 투자의 생산자나 조성자가 될 필요는 없다는 것을 알 수 있다. 민간투자가와의 개발 계약은 공공 부문의 세밀한 관여 없이 기반시설을 공급할 수 있는 유연한 수단을 제공한다. 계약에는 여러 가지 종류들이 있다. 특별 계획 허가(special planning permissions)에는 민간 개발업자가 거대하고 복잡한 프로젝트를 위해 기반시설 투자를 공급하도록 하는 개발 협정이 수반될 수 있다. 공공 기반시설이나 공공 건물에 대한 민간투자는 투자 후 임대 운영하는 방식 등으로 추진될 수 있다.

(6) 토지이용 규제

조닝은 개발과 토지이용 결정을 위해 예상 가능하고 합리적인—물론 제한적이긴 하지만—제도적 틀을 제공하고 있으며, 주로 산업이나 상업지 개발에 따른 부의 외부효과로부터 주거 용도를 보호하는 것이 목적이다. 그러나 이는 조닝이 기여해야 하는 많은 다른 목적들에 비해서 너무 일차원적인 것이다. 조닝에는 특정 용도를 다른 용도들로부터 분리시키기 위한 배제의 규칙이 지나치게 많이 쓰인다. 현재나 미래를 위해 실제로는 바람직한 목표들을 달성하기 위해 좀더 유연한 계획이 필요하다. 예컨대, 새로운 개발을 위한 구체적인 실행 목표치를 설정해서 관리한다든지, 개발자들이 바람직한 결과를 내기 위한 수단들을 스스로 강구할 수 있도록 해주어야 한다.

대개의 경우 건물의 밀도나 높이보다 더 중요한 것이 사회·경제적 영향이나 다른 영향들이다. 이런 영향에는 교통량, 공해, 소음, 악취, 진동, 수질 오염, 공개 공지의 보유 수준 등이 포함된다. 전문가들은 "실행의 기준은 최저 공개 공지 비율, 최대 통행 발생 비율, 불투과성의 면적 비율, 매연의 한계, 홍수 조절 능력 등과 같은 비슷한 기준으로 나타낼 수 있다"는 점에 주목해왔다(Duerksen et al., 1995). 엄격한 토지 용도 분리에 얽매이지 않고 혼합 용도 계획이나 외부효과를 발생시키지 않는 또 다른 혁신적인 체계를 개발할 가능성도 있다.

군집 조닝(cluster zoning)은 개별 필지의 규모나 필요 간격을 규제하지는 않지만,

전체 평균 밀도 규제를 토지 구획 단위로는 준수해서 건물들을 군집으로 건설할 수 있게 한다. 이러한 방법은 공개 공지를 위한 넓은 공간이나 도로와 시설의 요구 수준을 최소화하면서 다른 쾌적성을 얻기 위한 허가 기준을 허용할 수도 있다. 성능 조닝(performance zoning)이나 군집 조닝과 효과는 비슷하지만 좀더 포괄적인 미국의 기법으로는, 계획 단위 개발(planned unit development, PUD) 방식이 있다. 이는 건물의 배치, 주거의 유형과 토지이용의 혼합, 이용 가능한 공개 공지, 중요한 자연물을 보존하는 것 등을 포함한 통일적인 단지 계획으로서, 토지 개발 계획을 하나의 실체로 종합한다. 이 기법은 개발자들에게 조닝이나 토지 구획 규제에 내재되어 있는 부분적인 경직성에 제한되지 않고 대규모 프로젝트를 설계할 수 있는 폭넓은 융통성을 보장해준다.

유연성은 또 지방정부와 민간 토지 소유자 혹은 개발업자 사이의 계약인 '개발 협약(development agreement)'을 통해서도 얻어질 수 있다. 이 방식은 공공의 목적을 위해 토지를 얼마나 보존할 것인지(또는 기부할 것인지)와 환경상 민감한 토지와 역사적으로 중요한 구조물을 보호하기 위한 배려의 정도를 고려하면서, 계획된 부지 내의 건물에 허용되는 용도, 밀도, 최대 높이, 규모 등을 당사자들이 협약하도록 한다. 이 방식은 또한 건설이나 개발 속도와 시기의 조정, 공공 기반시설의 요구 수준, 공공 기반시설의 재정, 그리고 개발에 관련된 다른 여러 가지 문제에 대한 협의를 가능하게 해준다. 이러한 계약적 접근법은 점차 많은 나라에서 채택하고 있는 추세로서, 판에 박힌 조닝 메커니즘의 일부 단점들을 완화시켜준다.

우리는 계획체제가 도시 환경의 질을 개선하는 긍정적 효과에 한계가 있음을 경험적으로 보아왔다. 계획은 한정된 목표를 달성할 수 있었지만, 그 자체만으로 좋은 도시 설계를 보증할 수는 없었다. 오히려 많은 매력적인 도시 지구들이 중상의 소득을 갖는 고객들이 요구하는 특정 유형의 건물이나 그들의 구미에 맞게 만들어진 건물들에 투자하는 민간 개발업자들에 의해 건설되었다.

물론 이것이 일반적인 규칙은 아니다. 즉, 영국의 신도시 사례처럼 종합 계획은 아주 매력적인 근린주구를 만들어내었던 반면, 많은 시중의 시장(down-market)에서는 투기적 개발로 형편없이 설계되기도 했다. 오랫동안의 경험을 바탕으로 한 실질적 결론은, 스스로 높은 설계 기준을 가지고 있지만 시장기제를 통해서 대중의 호응을 받도록 대중의 의향을 꿰뚫고 있는 설계가들에 의해 가장 훌륭한 근린주구가 만들어져왔다는 것이다. 이런 방식은 선택할 권한이 없는 고객들(예컨대 공공 주택의 임차인들)을 대상으로 추상적 개념을 실험하는 것보다는 훨씬 더 나은 실험(test)이 될 수 있다.

(7) 선진국의 경험

① 갈등과 상쇄적 교환

많은 대중이 계획을 인정하고, 발달하고 정교한 전문 관료가 있는 선진 경제에서도 다양한 계획 목표들을 달성하는 것은 실제로 쉬운 일이 아니다. 그것은 어려운 갈등과 상쇄적 교환이 관련되기 때문이다. 산업용 창고나 물류용 창고의 가장 좋은 입지는 넓은 면적의 평평한 대지이며, 따라서 이 부지는 자동차 도로 교차로에 근접한 농촌지역의 대규모 토지가 적합하고, 이는 결국 귀중한 농지를 소모시키고 자동차 통근을 조장하는 결과를 낳는다. 주요 상업지 개발은 중심 기차역에 가까운 것이 유리하며, 이것이 지속 가능한 것이다. 그러나 그렇게 되면 저소득 주거지역과 보존할 만한 가치가 있는 역사지구를 침범할 수도 있다. 새로운 고속도로는 접근성을 증가시키지만 단절과 오염의 위협을 가져와 기존에 형성되어 있는 커뮤니티에 악영향을 끼칠 것이다. 새로운 주거지역은 그것이 녹지대였든 재개발한 이전적지였든, 배타적인 도시 내부 주거지역이나 격리된 농촌지역의 마을과 같은 기존 지역에 영향을 주게 되고 그 지역을 고립시키게 된다. 고밀도의 도시 개발은 차로 이동하는 것보다 적은 에너지를 필요로 하므로 '지속 가능'하게 보일 수 있다. 그러나 주거지역은 높은 오염 수준, 특히 높은 소음에 노출되게 된다. 이것은 농촌지역으로의 주말여행에 대한 요구나 주말 주택 소유 요구를 증가시킨다. 자연경관의 보호는 친환경적이지 않은 상업적 농업에 환경을 맡기게 되고, 심지어 토지를 비생산적으로 방치하는 데 보조금이 사용될 수도 있다. 많은 경우 갈등 관계에 있는 다수의 목표들 간의 관계를 고려하는 것은 고사하고, 하나의 목표를 달성하는 데에도 어떤 행로가 가장 나은 것인지가 그리 명확하지 않을 수도 있다.

그리하여 고도로 유능한 전문 행정가들이 있는 나라일지라도 계획에 성공과 실패가 뒤섞인 결과가 나타나는 것은 놀라운 일이 아니다. 영국에 관한 연구 결과에 따르면, 런던의 그린벨트는 실제로 통근 거리를 연장시켰고 토지 부족을 증가시켜서 주거비용을 증가시켰다고 밝혀졌다. 그린벨트, 신도시, 성장축(growth corridors)과 같은 분산화 전략은 통근 시간을 연장하고 화물 운송 거리를 더 길어지게 한다. 토지이용의 분리는 일하는 곳까지의 통행 길이, 시간, 비용을 증가시켰다. 그러나 정책 방향을 크게 반전시켜 복합 용도 계획으로 회귀하게 되면, 이번에는 시끄러운 술집이나 디스코텍 바로 옆의 주거지구처럼 모순된 용도들의 병렬적 배치가 다시 초래될 우려가 있다.

결과적으로 학문적 연구와 전문적 연구들의 과잉에도 불구하고 공간 개발의 관리에 관한 합의점에는 도달하지 못하고 있다. 계획이 전통적으로 갖고 있던 믿음의 많은 부분들, 즉 상이한 토지이용의 분리, 그린벨트와 도시화 억제 정책, 신도시로의 분산화 등이 도전받는 최근의 현상은 놀라운 일이 아니다. 보고서들은 복합 토지이용과 공장 이전적지의 고밀 재개발을 장려하는 것이 더욱 지속 가능할 수 있다는 주장을 제기하고 있다.

비록 체계적인 비교 연구는 없었지만, 이러한 점에서 도시 성장의 어떤 한 형태가 다른 형태에 비해 좀더 효율적이다(따라서 더 지속 가능하다). 모든 것들이 상쇄적 교환 관계의 대상 요소이다. 예컨대, 로스앤젤레스 유형의 확산은 많은 주민들이 개방 경관을 접할 수 있는 기회를 줄이지만, 개인 정원이나 사적인 공개 공지를 이용하는 기회는 증가시킨다. 베를린의 고밀도 아파트 단지는 공개 공지나 농지에 쉽게 접근 가능하게 하고 공공 교통수단의 효율적 이용을 증대시키지만, 어떤 이들에게는 폐쇄공포증을 일으킬 정도이다. 런던 개발의 물리적 계획은 라스무센(Steen Eiler Rasmussen)이 이미 60년 전에 찬미했던 도시의 교외공간, 즉 매일 녹지공간을 접할 수 있고 좀더 개방되고 인간적이며 기념비적인 성격이 덜한 도시 공간을 가능하게 했다. 이는 후세대의 건축가와 계획가들에 의해서 '충분히 도시적이지 못한(not urban enough)' 것으로 거부되고 있지만, 이들의 견해가 보통 런던 사람들의 관심과 기호를 반영한 것인지는 분명치 않다. 보통의 사람들은 자신들의 선호를 시장에서 표현하게 될 것이다.

전문가들 사이에 합의가 부족함에도 불구하고, 영국과 미국의 최근 사업들을 살펴보면 환경적 지속가능성과 대중적 동의에 관련한 최적의 정책들은 단일해(解)가 아니라 다각적 접근법(portfolio approach)이 될 것임을 강하게 시사하고 있다(Hall and Ward, 1998: 120). 즉, 도시 내에서는 중간 밀도의 도시 이전적지 재개발, 특히 주거와 다른 용도들을 혼합시키면서 대중교통 교차로 주변에 '도시 마을(urban village)'의 형태로 개발하고, 도시 밖에서는 대중교통 노선을 따라서 대개 2-3만 명 규모의 전원도시라 부를 수 있는 복합 용도 지역들이 선형 군집을 이루면서 녹지대를 끼고 대략 20만 명까지 수용하게 된다. 그 효과는 도시의 내부나 외부 모두에 고도의 다중심 유형의 정주 형태를 만들어낼 것이다. 이러한 다중심 도시 연결망에 의해 다른 지역들과 긴밀하게 네트워크를 이루어 지속적으로 성장하고 발전하도록 하는 것이다. 그러나 통행량에 미칠 효과는 엄격하게 판단되어진 것이 아니며, 녹지지대와 이전적지 개발의 적절한 비율, 단거리 대 장거리의 분산화 비율에 관한 정확한 규모 등을 포함하여 이러한 정책들의 핵심 사항에 대한 격렬한 논쟁이 진행 중이다.

분명히 이러한 광범위한 주제 안에서 다양한 해법들은 기술적으로나 경제적으로 가능하다. 그러나 이런 해법의 결과로 나타날 환경과 삶의 방식은 매우 다르다. 이것들은 문화적 특성을 반영하며, 한 도시에서 다른 도시로 전환되기 어려울 수도 있다. 예컨대 파리, 베를린, 홍콩 등의 고밀 아파트 주거는 이런 도시에서 사는 것을 좋아하는 사람들에게는 알맞을 수 있다. 그러나 로스앤젤레스와 같은 확산 유형은 비록 그것이 통근비용을 증가시키고 공공의 공개 공지를 제약할지라도 주택의 내외부 공간에 높은 가치를 부여하는 사람들에게는 마찬가지로 수용할 만한 것이다. 선택은 역사적 전통과 주변 환경 그리고 경관의 수준에 달려 있는 것이다. 이는 다양한 선택들에 대한 기회비용의 문제일 뿐 아니라 다양한 지역적 선호의 문제이기도 하다.

민주주의하에서 계획 체계는 단지 사람들의 시장 선호에 영향을 미치려 시도할 수 있을 뿐이므로 이것은 매우 중요하다. 시장 선호가 분명하고도 명확한 부의 외부효과를 일으킬 때나 그것이 수용되기 어려울 것이 분명한 경우에는 언제나 계획 체계가 시장 선호에 영향을 미치려 시도할 것이고 또 마땅히 시도해야 한다(장시간의 통근 시간은 외부효과이지만, 만약 사람들이 명백하게 그 대가를 지불할 용의가 있다면 그것은 무시되어야 한다). 가장 중요하고 긴급한 것은 환경적인 것이다. 그러나 우리는 정책 변화(예를 들어 밀도 상승)를 시도하기 전에 그 결과와 효과를 명확하게 예측해야 할 것이다.

아마도 최상의 답은 이미 앞에서 제시된 바와 같을 것이다. 즉, 계획가가 이러한 문제들을 결정하는 것이 아니고 시장과 정치적 과정을 통해 시민들과 그들의 선호가 방향을 결정할 것이다. 정책은 시장과 역행하여 실행될 수도 있으므로 이는 쉬운 일이 아니다. 님비 행동은 도시든 농촌이든 그들의 안정되고 편리한 생활 방식을 바꾸게 하는 개발에 반대하는 장벽을 만드는 경향이 있다. 선진국에서 한 가지 위험한 양상은, 무엇이든지 바꾼다는 것이 거의 불가능하게 되는 도시 마비 상태에 처할 수 있는 바나나 현상(build-absolutely-nothing-anywhere-near-anyone, BANANA)이다. 또한 급속한 변화로 특징지어지는 경제나 사회 상황에서 야기되는 어려움은 거의 관리 불가능하게 될 수 있다는 것이다.

이러한 모든 상황을 감안하면, 어느 정도로, 또 어떠한 방식으로 계획이 개입할 것인가는 매우 민감하고 어려운 일이 될 것이다. 건축가들은 개발의 질적 수준을 높여야 한다고 주장한다. 밀도를 포함해서 사람들이 원하지 않는 설계를 그들에게 강요하는 장치가 되지 않는 한 그것은 좋은 일이다. (높은 가격이 의미하는) 높은 수준의 개발에 대해서 사람들이 지불할 용의가 있기 때문에, 민간 부문은 아마도 좋은 설계를 만들어낼 것이다. 그러나 영국의 경험에 따르면 계획 지침을 통한 공공의 개입은 시장의 중간 수준과 낮은 순위에서 효과적일 수 있다는 것을 알 수 있다.

② 설계 규칙

사람들이 살기에 매력을 느끼고 즐길 수 있는 양질의 도시 환경을 만들어내는 방법을 찾는 일이 중요하다. 앨런 제이콥스(Allan Jacobs)와 도널드 애플야드(Doland Appleyard)는 매력적인 장소들이 갖추어야 할 질적 수준을 다음과 같이 제안했다. 즉, 매력적인 장소는 모든 사람들이 비교적 편안하고 안정적으로 살아갈 수 있을 정도로 살기 좋아야 한다. 이런 장소에서 사람들이 어느 정도의 소유의식과 소속감을 느낄 수 있도록 장소의 정체성을 가져야 한다. 매력적인 장소는 기회, 상상력, 흥분을 제공해줄 수 있어야 하고 사람들이 진실함과 삶의 의미를 느낄 수 있어야 하지만, 이에 대한 명확한 방법은 없다. 매력적인 장소에서는 사람들이 공동체와 참여의식을 느낄 수 있어야 하며, 가능한 한 지속 가능해야 한다. 그리고 이런 장소는 모든 사람에게 양질의 환경을 제공할 수 있어야 한다(Jacobs and Appleyard, 1987: 115-116). 제이콥스와 애플야드는 나아가 이러한 요구들을 충족시킬 도시 환경의 유형을 제안했다. 이들의 주장에 의하면, 매력적인 도시에는 다섯 가지 물리적 특징이 필요하며 이 모두가 반드시 충족되어야 한다.

첫 번째 특징은 살아 있는 거리와 근린주구인데, 이 지역들은 알맞은 햇빛, 깨끗한 공기, 나무와 초목, 정원과 공개 공지를 갖추고, 적당한 크기로 유쾌하게 설계되어지고 지나친 소음이 없으며, 깨끗함과 물리적 안전함을 갖추어야 한다. 그들은 이러한 질적 수준들이 '과도하지는 않지만, 상당한' 정도의 수준이어야 한다고 주장한다. 일조 기준은 건물들이 너무 멀리 떨어지는 결과를 낳아서는 안 되며, 교통의 안전 때문에 과도하게 넓은 거리나 곡선을 만들어서도 안 된다.

두 번째 특징은 어느 정도의 최소 밀도인데, 대략 에이커당 15가구(37가구/ha)의 밀도이다. 이것은 에이커당 30-60명(74-148명/ha)의 밀도에 해당하며, 여유 있는 타운하우스 유형으로 대표된다. 그러나 두 연구자가 지적했듯이, 샌프란시스코는 에이커당 48가구(119가구/ha), 즉 에이커 당 96-192명(237-474명/ha)에 해당하는 비교적 높은 밀도로 차고 위에 건립된 3층의 연립주택으로도 뛰어난 질적 수준을 달성했다. 그러면서도 이 집들은 지층과 가까이에 개인 정원이나 공공의 공개 공지에 직접적으로 갈 수 있는 독립된 입구를 갖고 있다. 이러한 정도의 높은 밀도는 대도시의 질적 수준과 활력을 확보하고 있는 런던 내부 지역 대부분에서도 역시 유지되고 있다. 그러나 이 두 연구자는 다음과 같이 경고한다. 순주거 밀도가 에이커당 200인 이상이 되면-이는 애버크럼비(Abercrombie)의 그 유명한 런던 계획에서 최고로 계획되었던 밀도인데 ─ 좀더 바람직하지 못한 생활환경으로 급속히 떨어지게 된다. 밀도와 마찬가지로, 도로의 이용에 있어서도 어느 정도 활력이 필요한데, 이 역시 밀도와 관련되어 있다. 즉, 중심의 도시지역이 외곽 교외지역보다 밀도와 강도에서 더 높게 될 것이다.

세 번째 특징은, 주거, 직장, 구매, 공공 활동, 정신적 활동, 여가 활동 등 다양한 활동의 통합이다. 이런 활동들이 모든 곳에서 반드시 통합될 필요는 없으나, 합리적 수준에서 서로 근접해 있어야 한다. 두 연구자는 또 '거의 대부분 주택들로 이루어진 주거 전용지역'이 일정량 있어야 한다고 말한다. 그러나 이 집들은 아담하며, 몇 개의 가로 구획 규모이고, 주변에 대개 주택이 있는 만남의 장소와 가까워야 한다.

네 번째 특징은, "건물(그리고 사람들이 설치한 환경 속에 존재하는 다른 대상물들)은 공간 안에 놓인다기보다는 공공 공간의 특징을 규정하고, 나아가 공간을 에워싸는 방식으로 배열되어야 한다"는 것이다. 가로변의 건물들은 건물에 비해 가로가 너무 넓지 않은 한 이런 식으로 배열되어야 한다. 가장 중요한 점은, 가로든 광장이든 공간이 너무 넓지 않아야 한다는 것이다. 공간들은 또한 보행공간 우선이어야 하며 공공의 관리하에 있어야 한다.

마지막 특징은 '복잡한 배열과 관계를 갖고 있는 다양한 많은 건물과 공간이 필요하다'는 것이다. 이는 소유권이 많이 나누어져 있고 작은 필지 규모이며 좀더 많은 공공의 공간을 갖고 있는, 살아 있는 도시를 의미한다. 물론 커다란 건물도 필요하다. 그러나 그것은 일반적이지 않고 예외적으로 있어야 한다.

우리는 이러한 원칙들이 좋은 도시의 물리적 환경을 설계하기 위한 탁월한 지침을 제공한다고 주장한다. 물론 이것들이 도시 안에서 합법적인 설계의 모든 영역을 다 다룬 것은 아니다. 도시의 몇몇 부분들은 (특히 아주 중심지이거나 아주 외곽지에서는) 이런 특징에서 벗어날 것이다. 그리고 도시 전체에 걸쳐서 완전한 통일성을 창출해내는 것이 계획가와 도시 설계가의 목적이 되어서도 안 될 것이다. 그러나 비록 제이콥스와 애플야드가 하워드가 주장한 전원도시의 이상에 대해 의문을 제기한 바 있지만, 이들의 원칙들은 하워드의 1898년 개념과 매우 유사하게 일치하는 것으로 보인다(예컨대 하워드가 제시한 밀도는 이들이 제안한 밀도 범위 내의 중앙정도에 해당한다). 중요한 점은 이들이 추천하는 도시의 형태는 단순히 살기 좋을 뿐만 아니라 지속 가능하기도 하다는 것이다. 이들은 기본적인 경계 지구(critical building blocks)를 제시하는데, 이 지구는 다시 도시 마을과 농촌 도시로 연계 결합되어 마침내 지속 가능한 도시지역(city region)을 형성하게 될 것이다.

이러한 질적 수준의 환경이 시장의 힘으로만 이루어질 수는 없을 것이다. 제이콥스와 애플야드가 주장했듯이, 문제는 상업적 고려에 의하면 흔히 다른 개발, 예컨대, 대규모 단일 용도 지구(blocks)나 아주 저밀도의 개발이 초래된다는 것이다. 그러므로 계획가들은 사람들이 일단 그들의 작업을 보고 매우 매력적으로 느낄 수 있는 뛰어난 도시 설계를 바탕으로 해서 접근해야만 한다(샌프란시스코와 런던 도심이 그 예인데, 이 도시들은 매우 양질의 도시 생활을 제공하고 있고, 부동산 시장으로 대단히 멋있는 주거지역이다). 따라서 앞으로 계획가들은 기존의 다른 계획가들보다 훨씬 더 나은 도시 설계 교육을 받을 필요가 있다.

(8) 개발도상 지역의 도전

① 계획의 한계
급속히 성장하는 여건을 갖고 있는 세계적으로 가장 큰 도시들에서는 이러한 모든 문제들이 물론 복합적으로 나타난다. 반세기 이전에 런던 같은 도시에서는 인구를 줄이고 8백만 명 이하로 유지하기 위해 그린벨트를 설정하고 도시 외곽에 신도시들을 건설하여 자체 성장을 엄격하게 제한했다. 오늘날 국제연합의 분석에서 제시하는 바에 따르면 이러한 규모를 능가하는 도시가 이미 20개 이상이고, 그들 대부분이 런던이 성장했던 것보다 더 빠르게 성장한다는 것이다(<표 1-2> 참조). 이와 같은 거대한 규모와 급속한 성장의 결합은 세계 역사상 유래가 없는 유별난 새로운 현상이다.

더구나 제1장에서 이미 보았듯이, 새로운 양상은 이 도시들의 대부분이 그리고 바로 아래 규모의 많은 도시들이 개발도상국에 있고, 그들 대부분은 상대적으로 빈곤하다는 것이다. 이러한 관점에서 이 도시들은, 1950년의 도시들은 말할 것도 없이, 1900년의 런던, 파리, 뉴욕과 비교할 때 불리한 여건이다.

빈곤은 계획이 성취할 수 있는 바에 영향을 주기 때문에 이런 사실은 매우 의미심장하다. 이미 보았듯이, 몇몇 라틴아메리카의 중간 소득 도시(멕시코시티, 상파울루, 리마)는 비공식 주거의 어쩔 수 없는 성장을 허용해왔다. 동아시아의 도시(서울, 싱가포르, 홍콩)는 이것을 금지하고, 고밀도의 공영주택과 산업자금에 의한 주택 개발로 대신했다. 어떤 유형이 적합한 것인지 즉각적으로 명백하지는 않다. 그리고 어떤 면에서는, 예컨대 다수의 소득이 낮을 때 적합한 것이 다른 단계에서는 적합하지 않을 수도 있다. 게다가 선진국에서는 문화적 선호도가 방정식에 개입된다. 동남아시아 사람들은 그것이 빈곤을 반영할지라도 고밀도로 살아가는 전통을 가지고 있다. 반면에 빈곤한 라틴아메리카 사람들은 부자인 캘리포니아 사람들처럼 넓게 흩어져서 산다. 여기서 가장 중요한 항목은 유연성인데, 이는 도시 정주구조가 급속하게 변하는 환경에 너무 무리하지 않으면서 적응하는 능력이다.

그러나 많은 중간 소득 도시와 모든 저소득 도시들에서 자원의 부족은 계획 체계에서 최소한 다음 세 가지의 결과로 나타나게 된다.

첫 번째, 계획은 낮은 우선순위의 명령과 같다. 계획은 수많은 전국적이고 지역적인 목표들, 특히 경제성장과 경쟁해야 한다. 좋은 계획은 어느 정도까지는 경제학자들이 말하는 소득탄력적 재화이므로, 발전의 초기 단계에서는 계획이 높은 우선순위의 사안으로 받아들여지지 않는다. 그래서 만약 거대한 다국적 투자자들이 주요 공장이나 사무실 개발을 제안하면, 계획 허가는 쉽사리 나게 된다.

두 번째, 이로 인해 계획 체계가 취약해지는 경향이 있다. 최고의 전문가가 참여하지 못하고 특히 계획 체계의 일상적 업무가 제대로 작동하지 않는 경향이 있다. 규칙은 지켜지지 않고 낮은 임금을 받는 공무원들의 부패가 상존하는 위험이 있다. 1990년대에 발생한 특별한 문제 중 하나는, 분산화 정책에 따라 지방자치정부에 계획 기능들이 위임된 것이었다. 그러나 상응하는 재원의 이전이 이루어지지 않아서 빈곤층에 대한 서비스 공급에 어려움을 겪었고, 노하우가 부족해서 어려움이 가중되었다. 최악의 상황은 자치 행정의 결여 내지는 비효율로 인해 권력의 부재 상태가 초래됨으로써 범죄조직이나 근본주의 테러리스트 그룹들이 출현하여 도시 빈민들을 그들에게 의존하도록 강요하는 상황이 벌어졌다는 것이다(Network of GTZ Consultants on Municipal and Urban Development, 1997: 17-18).

세 번째로, 다른 무엇보다 근본적인 것은 계획 체계가 물리적으로 집행 불가능하게 될 수도 있다는 것이다. 이러한 빈곤한 도시들에서 나타나는 영구적인 특징은 대개 생존의 한계에서 사는 무단 입주자들에 의한 불법 토지 점유이다. 여기서는 다른 방도가 없었다. 즉, 1980년대 초반의 저소득 개발도상국들에서는 공식 주택 한 채에 대해 아홉 가구의 비공식 주택이 새로 형성되었다. 수요와 공급의 격차는 매우 크고 깊어서 태국은 1-2%였고, 마드라스(Madras)에서는 20%에 달했다(Brennan, 1994: 240). 그래서 당국으로서는 그들이 어딘가로 가서 정착하리라는 기대를 가지고 불법 정착지를 철거하여 그 거주자들을 노숙자들(the homeless)로 만들거나 현실을 인정하고 불법을 눈감아버리는 것이 불가피한 선택이었다. 그리고 사실 이러한 많은 나라들에서 법정은 결국 무단 점유자들의 일부 법적 권리를 인정해왔다.

결과적으로, 대개의 경우 애써 만들어진 계획안들은 무시당하기 일쑤였고 현실에 맞게 개정되는 일이 발생하게 된다. 계획이 실행되더라도 ― 예를 들어 빈곤층의 재정착을 위한 새로운 위성도시를 개발하는 경우-너무나 흔히 본래 의도와는 다르게 일이 진행되어 도시는 부자들이나 상업적 용도로 점유된다. 반면에 가난한 사람들은 슬럼으로 다시 돌아간다. 이러한 대부분의 경우 문제 해결의 핵심은 그들이 가지고 있지 않은 금전적 자원이 아니라, 그들이 가지고 있는 시간과 에너지를 사용하여 비공식 주거에 사는 사람들이 자신의 환경 수준을 스스로 높일 수 있도록 도와주는 것이다. 그러나 이것의 선행 요건으로 어떤 형태로든 소유권의 합법화가 요구된다.

② 빈곤한 도시는 어느 정도 계획이 수행될 수 있나?

이는 빈곤한 도시가 과연 효과적인 계획을 수행할 수 있는가라는 아주 기본적이고 극단적인 문제를 제기한다. 이미 잘 알려진 바대로 비교는 어렵지만, 개발도상국에 있는 많은 도시들의 일인당 소득수준은 시장의 결정에 계획이 간섭하는 것을 잠정적으로 받아들이기 시작했던 시점인 한 세기 전 선진국의 도시들보다 더 높지 않을 것이다. 더구나 좀더 주목할 만한 점은 개발도상국의 대부분 도시들에서는 과거 도시들이 그랬던 것보다 더 많은 사람들이 비공식 주거에 산다는 것이다. 1900년대의 빈곤층은 대부분 날림으로 지어진 과밀의 임대주택에 살았고, 대부분의 도시들에서 주요 정책 목표는 그들을 1930년부터 1960년까지는 임대 전용의 공영주택이나 조합주택에 수용하는 것이었다. 이 계획은 이들 국가의 오늘날의 역량도 훨씬 넘어서는 것이었다. 잔인한 현실은 " ...... 적절한 도시 기반시설과 서비스의 공급을 위해서는 엄청난 액수의 투자가 소요"(Cheema, 1994: 421)되리라는 것이다. 1990년대에 상하수도를 적절한 정도로 보장하기 위해서는 미화 100억 달러에서 300억 달러가 필요할 것이라고 추정되었다.

이미 알려졌듯이, 사실 지난 30년 동안 주거 정책의 일반적 경향은 지속적으로 더 적게 개입하는 쪽으로 바뀌었다. 1970년대 초반까지의 표준 해답은 슬럼의 주거를 철거하는 것과 함께 식민지 모델을 사용한 높은 수준의 공공주택 건설이었다. 그 이후 이 정책은 도시 빈민들이 그들 스스로 정주할 수 있는 효율적이고 효과적인 방법인 부지와 서비스(site-and-service) 공급의 접근법에 따라 비공식 주거를 수용하는 쪽으로 바뀌었다. 그러나 이러한 방법은 수요의 일부만을 감당하기에도 역부족이었다. 그리하여 1990년경에 이르러 다시 한 번 정책에 근본적인 변화가 일어났는데, 전문가들은 기존 슬럼의 수준을 높이는 것이 새로 짓는 것보다 효과적이라는 결론을 내렸다. 왜냐하면 이는 빈민들이 이미 살고 있는 바로 그 지역의 환경에 영향을 미치기 때문이다. 세계적으로 가장 빈곤한 도시 중 하나인 인도의 콜카타는 이 방식으로 거의 2백만에 달하는 빈곤층의 생활 여건을 매우 효과적으로 향상시켰다. 또 자카르타의 캄풍 개선 계획은 악명 높은 슬럼 지역의 환경을 500개소 이상 향상시켜, 380만 명에게 기본적인 서비스를 제공했다(Brennan, 1994: 240-242).

③ 권한을 부여하는 계획

최근 10년간 개발도상국의 당국은 '권한을 부여하는(enabling)' 정책에 집중해왔다. 즉, 도시들은 직접적인 보조금 지급을 철회하고, 공식적이거나 비공식적으로 새로운 민간 개발을 촉진하고 적절한 재원을 마련하여 적절한 수준의 환경을 조성하는 것에 집중해왔다. 이는 비정부기구와 시민단체를 포함한 민간 부문을 이용하고, 새로운 종류의 주택 재정을 개발하고, 값싼 자원과 지방의 기술을 바탕으로 자력개발을 최대한 도모하는 것이다. 이는 또한 개발도상국 노동력의 50% 정도가 비공식적인 분야에서 일하고 있으며, 그 숫자는 1980년과 2000년 사이에 두 배가 되리라는 것을 염두에 둔 것이었다(Brennan, 1994: 243; Cheema, 1994: 421-423).

새로운 세기가 시작하는 시점에서 가장 전통적인 사례는 자카르타와 마닐라의 슬럼 개량 사업으로 대표될 것이다. 이 사업은 나중에 개량이 가능한 최소 기준에 기초하고 있다. 이 사업을 돕고 있는 독일 컨설턴트들은 사업의 핵심적인 목적이 절대 빈곤 속에서 살고 있는 사람들을 돕는 것이어야 한다고 주장한다. 이러한 절대빈곤층은 많은 불리함을 겪고 있는데, 그들은 공공 교통비, 교육비, 주거임대비, 공공 서비스, 식량에 대해 부당하게 높은 생계유지비 때문에 곤란을 겪는다. 빈곤층은 환경오염과 건강상의 위험을 느끼고, 건강에 유해하고 위험한 생존 여건에 빠지기 쉬우며, 공공 서비스로부터 누락되거나 제대로 받지 못하며, 비위생적이고 불충분하며 기후적으로 부적합한 주택에 산다. 이들은 갑작스런 경제 변화에 취약하다. 이들은 이질적인 사회구조와 범죄율이 높은 지역에서 사는데, 이 지역은 전통적인 사회구조가 붕괴되고 특히 어린이와 젊은이들 사이에서 마약 소비와 조직 범죄가 유행한다. 이들은 공무원과 경찰의 무차별적인 공격과 함께 추방의 위험에 노출되어 있다. 그리고 이런 근린주구의 가구들 상당수에서 빈곤한 여성들이 가장이며, 이들은 삶의 모든 면에서 취약하다. 전문가들은 다음과 같이 말한다.

> 완화된 도시 계획 기준, 노폭의 변경, 최소 필지 규모와 건축 규제의 예외들을 포함하는 특정 지역 제도의 도입은 대개 전통적 도시계획가들에 의해 저지되어왔다. 대학의 교과과정은 많은 경우 도시의 비공식 부문을 무시하고, 빈곤한 근린주구와 함께 그 안에서 일할 준비가 되어 있지 않은 건축가, 계획가, 기술자들을 배출해내고 있다.
> —Network of GTZ Consultants on Municipal and Urban Development, 1997: 18.

공공 부문은 흔히 기본적인 서비스를 특히 빈민들에게는 전혀 공급하지 못한다. 그러므로 그 간격을 메우기 위한 시민단체들을 육성할 필요가 있다.

중요한 것은 도시 비공식 부문의 건축 형태(built forms)를 수용하기는 하지만 지속 가능한 방향으로 유도하는 것이다. 주목할 만한 사실은 이것이 사실 그리 어려운 일이 아닐 수도 있다는 것이다. 공식적인 고층 주거 건물에 의한 해결 방식은 건설하고 유지하기가 매우 비싼 반면, 전통적인 주거 방식으로도 놀라울 정도의 높은 밀도와 조밀한 개발을 달성할 수 있다. 전통적인 주거 양식은 그들 스스로 건설할 수 있으며 전통적인 근린의 질을 지니고 있기 때문에 빈곤층은 이렇게 사는 것을 좋아한다. 문제 해결의 단서는 사용 가능한 적당한 규모의 토지 구획이다. 대부분의 사람들은 빈곤하기 때문에 이는 매우 일정하고 매우 작을 것이다. 세월이 지나면 주민 중 일부는 좀더 부유해질 수도 있다. 그러나 그때에는 건축 형태가 이미 고정되어서 바꾸기 어려울 것이다.

<자료 4-34> 고밀 저층의 자카르타

젤리넥(Jelinek)은 자카르타에서 저밀도 위주의 도시 형태는 예상되고 있는 도시 성장을 감당할 수 없다고 주장한다. 도심에서 가까운 곳들에서 캄풍(Kampung)의 주택들이 업무 용도로 전환되기 위해 지속적으로 철거되고 있어 사실상 중심 지역에서는 건설되는 양보다 더 많은 주택들이 사라지고 있지만, 다른 방법을 찾기는 어려워 보인다. 그러나 걸어서 올라가는 4층 아파트의 밀도는 캄풍에서보다 더 낮은 밀도이다. 사실 저층의 고밀도는 중층 아파트의 밀도와 맞먹는다고 할 수 있다. 그리고 조사 결과에 의하면, 선호되는 주거 방식은 정원이 딸린 단층 혹은 2층의 주택과 가게, 학교, 일자리에 쉽게 접근할 수 있는 주택이다. 현재의 밀도는 순밀도로 헥타르당 80-150명 인데, 만약 모든 사람들이 이러한 방식으로 거주한다면 주거지역은 세배로 증가해야 한다! 만약 획지 규모를 26-30m²로 줄이고 이미 모든 집의 80%를 차지하고 있는 비공식 민간 부분에 기반시설을 지원한다면, 헥타르당 최대 800명까지 완벽하게 적합한 저층의 고밀 주거를 개발할 수 있다고 그는 주장한다.

—Jelinek, 1992: 10-14.

3) 일반 원칙과 지역적 변용

선진 지역과 개발도상 지역에 사는 시민들의 경험은 너무나 달라서 다음의 의문이 제기된다. 계획은 모든 장소와 모든 유형에 유효한, 근본적이고 '영원한(eternal)' 목적을 가지고 있는가? 대답은 자명하게 '아니다'일 것처럼 보일지도 모른다. 우리는 오히려 그 반대를 주장하고자 한다. 그러한 근본적인 목적들이 존재하며, 다만 환경에 따라 해석과 적용이 달라질 뿐이다.

우리는 이러한 근본적인 8가지 목적들을 다음과 같이 나열할 수 있다.

1) 계획은 도시의 부를 창출하는 역량을 촉진해야 한다. 그것은 세계화와 기술의 변화로 인해 사라지는 일자리를 교체하는 것을 포함하여, 도시민들을 위한 새로운 일자리를 창출해내도록 노력해야 한다.
2) 계획은 부자와 가난한 자를 포함한 모든 사람에게 적합한 주거 공급을 촉진하는 방법을 추구해야 한다.
3) 계획은 주거와 일터의 직접적인 환경에 관해서, 그리고 좀더 일반적인 도시 환경과 나아가 전 지구 안에서 공기와 물의 질, 배수와 소음 등과 관련하여 적합하고 지속 가능한 환경 수준을 조성하기 위해 노력해야 한다.
4) 계획은 사람들의 불필요한 이동을 줄이고 재생 불가능한 자원의 수요를 줄여서 효율적인 토지이용을 위해 노력해야 한다.
5) 계획은 도시 안에 충분한 녹지 공간을 공급하고 그 주위의 경작지를 보호함으로써 도시와 농촌에서 모두 자연환경을 보호하기 위해 노력해야 한다. 아울러 도시 성장에 필요한 충분한 공간을 제공해야 하는데, 이 과업은 흔히 네트워크된 도시들로 구성되는 다중심 도시지역으로의 재정비에 관련될 것이다.
6) 계획은 훌륭한 역사적인 건축 유산을 모두 보호해야 하며, 또 이와 동등하게 성장과 변화를 위한 수용 능력을 증진시키도록 노력해야 한다. 이렇게 균형을 잡은 일은 결코 쉬운 일이 아니다.
7) 계획은 특히 스스로는 능력이 없는 극빈층과 불우한 사람들의 생활수준을 보호하도록 노력해야 한다. 그들은 그들 스스로 이런 것을 보장할 능력이 부족하다.
8) 계획은 사람들이 전혀 갖지 못한 자원을 이용하기보다는 그들이 많이 가지고 있는 기술과 에너지를 사용하게 함으로써, 스스로 돕는 자를 도와서 최상의 결과를 유도할 수 있다.

이러한 원칙은 분명히 필요하지만, 도시마다 적용 방식이 현저히 다를 것이 분명하다. 예컨대, 선진국에서 적합한 주거는 모든 설비가 잘 갖춰진 신규 주택 또는 아파트를 의미할 것이나, 개발도상국에서 이는 점진적으로 확장할 수 있는 비공식의 자조적인 최소한의 주거를 의미한다. 선진국에서 적합한 환경이란 새로운 고속도로나 공항, 또는 심야의 디스코텍에서 발생하는 소음으로부터의 보호를 의미할 것이나, 개발도상국에서는 독성을 방출하는 화학 공장으로부터의 보호를 의미할 수 있다. 선진국의 실정에서는 불필요한 이동을 줄이는 것은 버려진 이전적지를 좀더 조밀하게 개발하여 사람들에게 자동차에서 자전거 또는 양질의 공공 교통수단으로 바꾸도록 설득하는 것이나, 개발도상국의 실정에서는 새로운 비공식 개발지를 도시와 연결하기 위해서 버스나 자전거를 위한 새로운 노선을 확보하는 것을 의미할 것이다.

마찬가지로, 선진국에서 공개 공지는 그린벨트 안의 새로운 공원이나 골프 코스를 의미할 것이나, 개발도상국에서는 그대로 두면 새로운 불법 건축의 대상지가 될 우려가 있는 학교 주변의 공터를 지키는 것을 의미한다. 선진국에서 건조환경의 보존이란 많은 교회와 많은 수의 오래된 집들의 보존을 의미하지만, 개발도상국에서는 최근 40년 동안 수많은 재건축에서 살아남은 몇 안 되는 건물들을 보존하는 것이다. 선진국에서 형평이란 예를 들어 모든 개발에서 각각 일정 비율로 저렴한 사회 주거를 공급하는 것을 의미하지만, 개발도상국에서는 제어되지 않은 무허가 정착지 문제를 해결하기 위해 불량지구의 개량에 우선권을 주는 것을 의미하게 된다.

심지어 같은 수준의 지역에 있는 도시라 하더라도 어떤 도시에게는 좋은 해법이 다른 도시에게는 나쁠 수도 있다. 고층 주거의 해법은 독신이나 아이 없는 부부에게는 아주 만족스러울지 몰라도, 어린 아이들이 있는 어머니들에게는 적합하지 않다. 미국식의 도시 확산은 불필요한 장거리 통근 이동과 서비스 연결을 위한 높은 비용 같은 비효율성을 증가시킨다. 이것은 피할 수도 있었다(한편으로, 영국의 도시 확산 제한 정책 또한 통근 이동 거리를 증가시켰다. 왜냐하면 사람들이 그들의 일자리는 도시 안에 남겨두고 그린벨트 밖의 집을 찾았기 때문이다). 예상할 수 있듯이 개발 토지의 규제는 가격을 상승시키고, 특히 저소득계층은 그것을 감당할 수 없다. 이러한 정책이 없을 때보다 누구나 주거에 더 많이 지출하게 되었지만 혜택도 덜 받게 된다. 그중에서도 빈곤층이 가장 많이 손해를 본다.

또한 혼합 토지이용은 일반적 원칙으로는 좋다. 그러나 어떤 토지이용은 전혀 양립할 수 없는 형태들일 수도 있는데, 최소한 주거의 경우가 그럴 것이다. 가게 위에 사는 것은 만약 그 가게가 저녁 6시 30분에 문을 닫는다면 좋지만, 만약 가게가 밤새도록 영업한다면 그렇지 않을 것이다. 만약 늦은 밤까지 여는 술집이거나 새벽까지 여는 나이트클럽이라면 명백하게 바람직하지 않다. 이러한 상황에서 해답은 서로 다른 토지 용도를 가깝게 함께 배치하지만, 주거나 다른 용도에 방해가 될 수 있는 것은 계속 분리하는 것이다.

이전적지의 개발은 일반적 원칙으로 좋다. 그러나 많은 이전적지들의 오염 정도는 다양하며, 미국에서는 오염된 이전적지가 40만-70만 개 정도로 추정되고, 유럽에서는 75만 개 정도로 추정된다. 전 지구적 개선을 위한 비용은 1997년에 미화

180억 달러로 추정되었다(Andersson, 1998). 물론 런던의 도클랜즈 사례에서 극적으로 묘사되는 것처럼 이전적지의 재생은 가능하다. 그러나 이런 곳에서도 문제는 위협적이었다. 카나리워프(Canary Wharf)와 거대한 올림피아 및 요크(Olympia & York)의 개발 사업은 전체 93에이커의 토지 위에 상업지의 면적이 1,400만 제곱피트이며, 그 중심에 시저 펠리(Cesar Pelli)가 설계한 유럽에서 두 번째로 높은 50층짜리 오피스 건물을 자랑하지만, 사업 1단계 개시 후 1년도 되지 않은 1992년 5월에 법정관리 상태로 빠졌다. 그러나 그 이후 사업은 성공적이었고 확대되었다.

북미의 많은 도시들과 유럽의 일부 도시들에서 불량 지구를 대상으로 도시의 재생을 꾀하는 일은 쉬운 과업이 아닐 것이다. 그것은 도시 내의 다른 지구들이 점진적으로 쇠퇴하는 것을 막기 위한 개량 정책이나 녹지지대 조성에 쓰여야 할 보조금을 가지고 도시 불량 지구에 상당히 과감하게 투자하는 것을 의미한다. 그 정당성은 세계 여러 곳에서 막대한 잉여 농산물이 남아돌아서 농촌 토지를 살릴 필요가 있다기보다는 오히려 도시의 개발이 여러 가지 면에서 – 경제적·사회적· 환경적으로 – 좀더 지속 가능하다는 주장에서 찾을 수 있다.

<자료 4-35> 런던의 도클랜즈

도시의 문제
런던의 도클랜즈(Docklands)는 면적 8.5제곱마일로 런던 동쪽에 위치하며, 약 55마일의 강과 부두에 면하게 자리잡고 있다. 한때 이 부두는 세계에서 가장 분주했던 때도 있었으나, 노동조합 결성, 항구 선적기간 동안의 좀도둑질에 의한 손실 증가, 컨테이너화(containerization) 같은 기술적인 변화의 결과로 1960년대와 1970년대에는 거의 버려진 상태로 있었다.

모범 해법
1981년에 영국 국회는 도클랜즈를 재생시키기 위해 런던 도클랜즈 개발공사(London Docklands development corporation, LDDC)를 만들었다. 공사에는 광범위한 권한이 주어졌고, 지방정부의 책임과 법률적 의무 조항으로부터 자유로웠다. 공사는 다른 인센티브와 함께 개발자들에게 10년간의 재산세 공제를 제공할 수 있었다.
초기에 이 지역은 교통수단이 적절치 못했다. 런던과 도클랜즈를 연결하는 1.8km의 터널인 라임하우스선(Limehouse link) 건설이 필요했고, 1993년 5월에 완공되었다. 비용은 초기에는 1억 4,150만 파운드로 책정되었으나, 감사관(comptroller)과 감사원장(auditor general)의 보고에 따르면 실제 금액은 초기 예산의 107% 정도를 초과한 2억 9,330만 파운드였다. 초과된 1억 5,530파운드는 LDDC가 토지 취득, 이주민 주거 대책 그리고 사회적 · 경제적 커뮤니티 사업에서 지방정부의 보조금 제공 등에 투자한 것이었다. 도클랜즈 경전철의 용량 부족과 복잡한 지상의 도로들은 노동자들이 카너리워프와 같은 오피스 개발 지역의 일터로 통근하는 데 문제를 발생시켰다. 주빌리 지하철 노선(Jubilee underground line)이 런던의 지하철 시스템과 도클랜즈를 연결시킨 것은 겨우 1999년 말의 일이었다.

계획과 도시 재생 관점에서 보면 도클랜즈는 '모범 사례(best practice)'를 대표한다. 1996년 3월말 현재 7만 개의 영구적인 일자리가 창출되었고 2만 개의 주택이 건설되었으며 7,900개의 지방 관청을 정비하거나 향상시켰다. 2억 4,570만 제곱피트의 상업지와 공업지가 건설되었고 1,800에이커의 버려진 땅이 개간되었다(London Docklands development corporation).

— Ordway, 1998: 20-21.

실행 전략뿐만 아니라 실행의 주체도 도시마다 다를 것이다. 선진국의 경우 실행 주체는 민주적으로 뽑힌 정치가들에 의해 선택된 전문 관료들일 것이다. 개발도상국의 경우에 실행 주체는 근린주구의 조직이나 연합이고 소수의 핵심 활동가들일 것이며, 가능하다면 자신의 목적만 추구하는 착취자들의 수중에 떨어지지 않도록 조정되어야 한다. 물론 비슷한 양상도 있다. 즉, 선진국에서는 빈곤층이 그들의 주거를 설계하고 관리하는 데 좀더 활동적이도록 하고 있고, 또 그렇게 해야만 한다. 개발도상국에서 계획 체계는 토지이용과 기반시설의 전체적인 구조를 제공할 필요가 있으며, 그 안에서 빈곤층들은 스스로 자신의 삶을 꾸려갈 수 있어야 한다. 그러나 두 가지 경험은 서로 매우 다를 것이다.

재정적 유인책과 억제책은 전 지역에서 중요하겠지만, 특히 빈곤한 도시일수록 더욱더 중요할 것이다. 선진국 도시에서 좀더 접근성이 좋고 더 나은 서비스가 제공되고 있지만, 산업화 시대 때에 오염되어 있을 지도 모르는 이전적지의 정비는 상대적으로 매우 비싸고 많은 공적자금이 필요하다. 왜냐하면 민간 부분은 좀더 싸고 개발이 손쉬운 녹지지대에 입지하기를 선호하기 때문이다. 소유주에게 정화비용을 내도록 하는 몇 가지 방법이 있지만 거의 효과적이지 못하다. 왜냐하면 언제나 그렇듯이 최초의 오염 주체는 사라진지 이미 오래되었고 이러한 땅들의 대부분이 실질적으로는 버려져 있기 때문이다.

그래서 주요 정책 과제는 값싼 녹지대의 개발로부터 확보된 세금을 얼마나, 어떻게 이러한 개선에 교차보조금(cross-subsidy) 형태로 지원할 것이냐는 것이다. 미국과 영국의 경우에는 도시 개발공사들이 흥미로운 모델을 제시하는데, 런던의 도클랜즈 사례에서 보듯이 공개입찰 과정을 통해서 그러한 토지들을 새롭고 생산적인 용도

낙후된 수변지역의 도심 재생 사례(런던 도클랜즈)

로 재활용할 수 있을 것이다.

그러나 개발도상국에서는 무엇보다도 재정적 유인책이 매우 효과적인 역할을
한다. 사람들은 지역적인 지식을 바탕으로 그들 자신의 지역 환경을 향상하기 위해
자금을 제공받을 수 있다. 기업가는 주거지역 옆에 입지하기 위해 매우 많은 양의
대가를 요구받을 수 있다. 지역 단체들은 학교와 놀이터를 짓고, 다른 용도로 쓰이
지 않도록 지키는 활동에 대해서 지원받을 수 있다. 그러나 만약 관료나 법원이
부패했다면 나아질 것은 별로 없을 것이다. 이러한 이유에서 최소한의 관료체제가
되어야 한다. 하지만 관료들은 높은 수준의 전문성을 갖추어야 하고 그에 상응하는
보수가 주어져야 한다. 기타 여러 가지 기능적 측면에서 권한은 지역 단체들에게
이양되어야 한다.

이제 다시 가장 기본적인 문제를 상기해보면, '보편적으로 적용 가능한 원리는
보편적으로 가능한 해법을 이끌어내는가?'이다. 대답은 다시 예와 아니요 둘 다이다.
즉, 포괄적인 모범 사례의 해법은 사실상 모든 도시, 남과 북, 부자와 빈자 모두에게
적용 가능하지만, 이러한 해법은 지역의 여건과 제약 조건, 기회 등에 따라 특별한
방법으로 조정되어야만 할 것이다.

다양한 공간적 규모에 따라 전략 계획에서 지방 계획에 이르기까지, 전반적인
전략은 유연한 계획 전략을 개발하는 것이다. 거대도시를 위한 전략 계획(strategic

plan)은 개발의 포괄적인 원칙을 정하고, 무엇보다도 중단기 동안에 기반시설 투자가 예상되는 곳을 정하는 것이다. 그 내용 중에서 지역 설계안(local design briefs)은 환경 기준과 계획 기준을 동시에 조정하는 것인데, 이것은 기반시설의 공급과 향상을 위한 제안을 명확하게 확정하며, 모든 개발 토지는 공공의 손을 거쳐야 한다는 철저한 해답을 포함하여 토지 투기를 규제하는 정책을 개발하는 것이어야 한다.

특히 이러한 계획들은 정당한 환경적 이유로 인해 공식적이든 비공식적이든 개발이 허용되어서는 안 되는 지역들을 구체적으로 지정해야 한다. 이러한 개발 금지를 집행하기 위해서는 개발을 금지할 토지를 최소한 일시적이더라도 공공 당국이 취득해야 할 필요도 있을 것이다. 아주 어려운 경우의 해법은 개발되어서는 안 되는 토지들을 적절히 쪼개는 것이다. 예컨대, 다수의 작은 조각으로 나누어 이것을 작은 농촌의 필지를 방어할 수 있을 것으로 생각되는 지역공동체 구성원들이나 어린이들에게 나누어주는 방법이다.

이러한 틀 안에서 일반적인 해결책은 광역 대도시권 규모에서는 점진적으로 분산화시키는 동시에 좀더 지역적인 규모에서는 재중심화시키면서 도시 성장을 수용하는 것이다. 도시 외곽의 새로운 주거지로 이주하는 사람들을 따라 다양한 조치들에 의해 고용과 서비스의 분산화가 촉진될 수 있다. 이는 물론 어느 정도까지는 자연적으로 일어난다. 지역 서비스는 주거를 따라 움직일 것이며, 잠시 뒤에는 다른 활동들도 노동의 공급과 낮은 비용의 토지를 찾아 외곽으로 이주할 것이다. 그리하여 시장은 정책과 함께 작동하겠지만, 이러한 경향은 좀더 장려할 필요가 있을 수도 있다.

중요한 점은 어중간한 확산을 용인하는 것이 아니라, 일정한 규모의 지역 커뮤니티들이 농업과 여가를 위한 녹지지대로 경계를 명확하게 구분하고, 각각의 고용과 서비스를 지역 내에 확보하며, 양질의 공공 교통으로 연결되는 분산화 계획을 세우는 것이다. 나아가 이렇게 분산된 커뮤니티에서 부의 외부효과(예컨대 공기, 물 또는 소음공해)를 피하면서 토지 용도 혼합의 대상을 최대화할 수 있을 것이다. 이런 커뮤니티의 밀도는 중밀 내지 고밀이어야 하고, 커뮤니티의 대부분이 전통적 가로에 위치하고 정원이 딸린 단독주택으로 대부분 이루어지며, 때로 독신 젊은이와 노인을 위한 고밀도의 아파트가 섞여 있고, 일반적으로 가게와 교통시설이 가깝게 밀집되어 있어야 한다. 쇠퇴하고 버려진 도시지역은 재생되어야 하며 슬럼은 여러 가지 서비스들로 갱신되어야 한다. 이때 가능한 한 자조의 원칙을 지켜야 하고 지역 커뮤니티 단체들에 적절한 도움이 주어져야 한다.

이러한 유형은 전혀 새로운 것이 아니다. 오히려 그것은 지난 세기동안 많은 나라에서 최상의 계획 실행으로 나타났고 지속 가능한 도시 개발에 대한 최근의 연구와도 일치한다. 이 결과는 시행착오를 거쳐 검증된 것이다. 이 유형은 경제적, 사회적 경향에 매우 잘 어울리며, 부동산 시장을 통해서 나타난다. 이런 유형의 목적은 경향들을 변형하는 것이지 그것을 파괴하려고 노력하는 것이 아니다. 경향을 파괴하는 것은 가능하지도 않고 권장할 만하지도 않다.

앞에서 말했듯이 무엇보다도 소득, 사회 관습, 인적 자원을 포함한 이용 가능한 자원의 차이로 인해 지역적 다양성이 생길 것이다. 심지어 선진국들 사이에서도 주택과 아파트의 비율, 보편적인 밀도, 서비스 공급 유형과 교통망에서 많은 차이점이 있다. 개발도상국에서는 그 차이가 훨씬 더 큰데, 특히 이미 개발 궤도에 견실하게 오른 중간 소득의 나라들과 소득 분포의 바닥 가까이에 있는, 다루기 어려운 문제에 봉착하고 있는 나라들 사이에는 커다란 차이가 있다.

특히 여기서 쿠리티바와 싱가포르의 경우는 현저하게 대조된다. 중간 소득 도시로 시작해서 부유하게 발전한 두 도시 모두 개발 회랑(development corridor)에 근거하여 계획되었지만, 도시 교통 체제, 밀도 배분, 개발 주체 등 주요 세부 사항에서는 대단히 다르다. 그 차이는 바로 라틴아메리카와 동아시아의 사회적·정치적 문화에 기인한다.

일반적으로 이상적인 유형은 선진 국가의 도시에서 달성하기가 쉽다. 선진국 도시는 개발도상국보다 풍부한 자원과 발달되고 유능한 공공 행정이 있다. 그러나 몇몇 중간 소득 도시들은 필요로부터 얻게 된 성과를 통해서 도시 혁신의 세계적 사례로 인정받았다. 쿠리티바의 경우처럼 버스 위주의 노선이 비싼 지하철 체계를 대체할 필요가 있다. 또 기본 서비스 제공의 획지 방식은 완성된 주택 계획을 대체할 필요가 있으며, 민간 농원과 공원이 그린벨트를 대체할 필요도 있다. 또는 아마도 싱가포르에서처럼 그렇지 않을 수도 있다. 중요한 점은 각각의 지역 상황에서 작동할 수 있는 해법을 발견하는 것이다. 그것은 오로지 지역 사람들과 그들이 선출한 대표자들만이 판단할 수 있을 것이다.

가장 필요한 것은 성공적인 도시들 중에서, 무엇보다도 혁신적인 중간 소득 도시들의 모범 사례로부터 배우는 것이다. 그리고 그것을 세계의 많은 다른 도시들의 특정 상황에 맞게 변형하는 것이다. 그러한 목적을 위해 첫 번째로 필요한 것은, 더 나은, 더 많은 접근 가능한 정보체계의 구축이다. 국제연합은 1997년 이스탄불 회의에서 마련된, 인터넷 기반의 지속 가능한 도시 개발의 모범 사례에 관한 데이터베이스 구축 사업을 힘차게 시작했다. 이러한 데이터베이스는 보강되고 정기적으로 갱신되어야 한다. 그리고 이러한 정보가 항상 성공한 사례나 성공한 측면만을 이야기하는 것이 아니라, 그동안의 실패와 문제점을 기록해야만 한다는 것이 매우 중요하다. 도시들은 선례를 통해 배워야 한다. 그러나 성공 사례에서 배우는 것이 더 매력적으로 보일지는 모르지만, 어떤 면에서는 실패 사례에서 문제를 피하는 방법을 배우는 것도 그 못지않게 중요하다.

5장
바람직한 거버넌스의 실제: 실행 계획

urban future 21

1. 기본 원칙: 지속 가능한 발전을 위한 강한 도시 정부

1) 지방정부가 중요하다: 그 과제와 관리

　강력한 중앙정부와 강력한 도시 정부들이 반드시 대립적인 것은 아니며, 사실 그들은 상호 보완적인 관계에 있다. 과거에는 대부분의 국가들이 고도로 중앙집권적이었고 도시 정부들은 힘이 약했다. 그 결과 중앙집권화는 공공재 공급에서의 왜곡과 낭비, 권리 행사에서 도시 주민들의 소외 등 많은 부정적인 결과를 초래했다. 그러나 이에 대조되는 많은 사례들은, 적절한 권력을 바탕으로 한 지방자치는 장기적으로 지방의 경제적·사회적 발전을 증진시킨다는 것을 보여주고 있다.

　지방정부를 위한 강력한 민주적 토대는 매우 집중화된 정치체제 안에서 성공적일 수 있으며, 이 경우에 도시는 자원의 부족 때문에 인원이 부족한 경향이 있다. 지역의 이해관계 및 주민의 일상적 스트레스와 고통을 직접적으로 대면하고 주민의 요구에 직접 반응하는 민주적인 정부는, 좀더 많은 자원을 배분하고 좀더 직접적인 지역적 조치를 취할 수 있다. 제4장에서 본 바와 같이, 1980년대 말은 지방행정이 책임(accountability), 시장(markets), 민주화(democratization), 분권화(decentralization)라는 네 가지 주제에 역점을 둠으로써, 아프리카, 아시아, 라틴아메리카, 카리브 해에 걸쳐 지방행정에 관한 새로운 접근법의 기초가 형성된 시기였다.

그러나 지방정부로의 권한 이양은 아직 완결되지 않았다. 재정과 규제에 있어서의 자치권은 도시 의제(urban agenda)로 남아 있을 것이고, 향후 십년 동안 지속적으로 보완되어야 한다. 이를 통해 지방 정치는 다음 20년에서 30년까지의 미래에 국가 정치를 비롯하여 민간 기업, 근린, 다양한 활동단체들 모두와의 긴밀한 협력 속에서 결정적인 역할을 할 수 있는 기회를 증대시킬 수 있을 것이다. 지방의 단호한 조치들이 중요하며, 결정력 있는 지방정부는 명확한 도시 정책의 틀을 지니고 있어야 한다.

2) 책임과 세입의 배분

(1) 책임의 적절한 배분
보조의 원칙(subsidiarity principle)에 의하면 도시 정부들은 가능한 한 자율적이어야 하지만, 지역적 또는 도시 경계를 넘어서는 광역적 차원에서 해결될 수 있는 과업들을 위해서는 지역 조직이나 협력 네트워크로 결속되어야 한다는 점을 제시한다. 지속 가능한 해법을 위해서는 전통적인 해법, 즉 지나치게 집중되거나 분산된 체제를 극복해야 한다. 종래의 체제에서는 교외의 작은 지구들(suburban towns)이 자신들의 문제를 인접한 지구와 도시들에 떠넘김으로써 자기 관할 구역 내 유권자들만의 복지를 극대화하도록 방임되었다. 따라서 아무리 지방정부들이 소극적이더라도 중앙정부와 국회는 언제나 적절한 권력의 균형, 자원의 공정한 배분, 효과적인 협력구조가 이루어지도록 노력해야 한다.

보완적으로 독립적인 재원을 보유하고 있으면서도 적절한 권한과 책임이 결여되어 있는 시 정부는 다음의 사항들을 회피하려는 경향이 있다.

- 유권자를 설득하고 적절한 에너지를 동원하여 새로운 아이디어와 개념을 고취시키기. 알맹이 없는 형식적 민주주의는 사소한 다툼이나 좌절을 야기할 뿐이므로 지양되어야 한다.
- 도시의 발전은 물론 공공 부문과 민간 부문 간의 발전, 그리고 정부, 비정부기구(NGOs), 근린단체 간의 효과적인 협력을 위해 촉매작용을 하는 힘 있고 독립적인 기업가 리더들을 끌어들이기. 자율적으로 이용할 수 있는 자원이야말로 지방 정치의 살아 있는 혈액 역할을 하고, 이는 강력한 지도력에 의해 도시 시스템 전체에 공급된다.

지방 당국에 반드시 주어져야 하는 권한이라고 정해진 것은 없지만, 성공적으로 분권화된 정치 시스템의 책임에는 대체로 다음의 사항들이 포함된다.

- 공식·비공식 부문에 과세할 권리와 공공 서비스 이용자 요금의 부과.
- 교통 관리와 대중교통.
- 기반시설 계획과 자금 조달, 건축 용도와 건축 허가를 수용하기 위한 토지 공급, 상하수도 시스템 공급과 쓰레기 처리.
- 주택 공급 촉진.
- 지방 경제 개발 촉진.
- 지방의 공적 사회 서비스, 보건 서비스를 포함한 복지비용 지출.
- 학교와 병원.
- 환경 보전을 위한 감시와 계획, 오염 규제.

전통적이고 중앙집권적이며 규정에 얽매이는 행정으로부터 필요에 응답하고 유연하며 분권화된 거버넌스로의 큰 전환이 하룻밤 사이에 일어나지는 않을 것이다. 최근의 많은 노력이나 지금까지의 얼마 되지 않은 성공 사례들은 그 과정이 얼마나 어려울 것인가를 보여준다. 동시에 지방의 상황과 지방 주민의 요구에 맞춘 독자적인 지방 정책들에 대한 필요성은 계속 증대되고 있다. 개발도상국에서는 지방정부의 책임이 늘어난다고 해서 조세 기반, 행정 능력, 정치적 참여의 취약성이 단숨에 극복되지는 않는다. 지방자치와 지역 발전은 상호 강화하는 과정을 거치면서 보조를 맞추어 진전될 것이다. 취약한 도시 행정과 공공시설 관리 기업은 강화될 필요가 있다. 상·하수도, 교통 및 쓰레기 수거 등의 공공 서비스는 자립적인 민간 기업에 위탁할 수 있는 대상이다. 공익사업을 시장기제에 맡김으로써 만성적인 지방재정 적자 문제를 극복할 수 있을 것이다. 규제와 감시를 위한 기준을 마련하여 좀더 좋고 안정된 서비스를 보장할 수 있다. 국제 기준을 벤치마킹하면 지방의 정치적 통제 능력을 강화시킬 수 있다.

국가가 할 일
조세를 포함하여 적절한 일련의 권한들을 지방정부에 이양하기 위한 입법을 완성시킬 필요가 있다.

시 정부가 할 일
좀더 많은 책임들을 인계받을 수 있도록 행정 수행 능력을 향상시켜야 하며, 계약과 행위 규제에 대한 투명한 시스템 구축으로 외부 도급자들에게 가능한 모든 서비스의 공급을 위임하는 등(예컨대 요하네스버그가 이미 몇 단계에 걸쳐 했듯이), 내부의 권한을 분산시키고 민주화할 필요가 있다.

(2) 어떤 것이 지방세인가?

자체의 세입 기반으로 적정 수입을 거둘 수 없는 도시 정부는 자신의 자치권을 상실하고 중앙의 재원에 의존하게 되는 경향이 있다. 조세 기반은 책임의 배분만큼 분산되어야 한다. 재정적 자립은 강력하고 지속 가능한 민주주의의 기초이기 때문이다.

일련의 전형적인 업무에 대한 자금을 조달하기 위해 정해진 세금이나 세입은 없지만, 언제나 그렇듯이 성공적인 지방정부들은 몇 가지의 전형적인 세원을 갖고 있다.

- 지방 조세의 가장 큰 부분은 과세 기준으로서 시장가치나 평가가 용이한 대체 기준으로 평가된 재산세이다. 이는 전체 지방 조세 시스템의 기본이 되어야 할 수혜 원칙(benefit principle)을 반영한 것이다.
- 또한 지방의 공공 서비스는 수혜 접근법(benefit approach)에 따라 그 재정이 마련되어야 하는데, 이러한 접근에서 이용자에 의해 그 대가가 지불되는 공급 재화의 공급자는 시 정부이다. 이때에는 비용을 충당하기 위해 이용료(user fees), 자동차세나 가솔린세, 그리고 도시 공공 부문으로부터의 투입에 의존하는 특정 경제활동에 대한 과세가 필요하다.
- 주민들의 소득은 또 다른 세원이다. 그러나 지방에서 발생하는 소득에 대한 세금 부과는 행정적으로 어렵다. 자동차나 측정이 용이한 기업 활동에 부과되는 세금과 같은 단순한 조세는 좀더 쉽게 관리될 수 있다. 소매 거래나 매상액에 부과되는 세금이 불가피할 수도 있지만, 그것은 효율적인 분업(division of labor)을 왜곡시키기 때문에 낮은 수준으로 유지되어야 한다.

국가가 할 일

유권자가 요구하는 서비스를 공급할 수 있도록 시 정부에 적절한 조세권을 부여해야 한다. 어떠한 조세 시스템으로도 모든 도시에서 필요한 최소한의 서비스를 제공하기 위한 재정을 충당할 수는 없기 때문에, 적어도 기본적인 서비스(교육, 보건)에 대해서는 지역간 균형을 유지하기 위해 균등 보조금(equalization grants)이 필요하다.

시 정부가 할 일

최고의 급선무는 재무관리를 개선하는 일이다. 기존의 조세를 더 잘 징수하는 것이 신규 조세를 도입하는 것보다 낫다. 브라질의 포르투 알레그레(Porto Alegre), 인도의 아메다바드(Ahmedabad)와 같은 몇몇 도시에서, 이미 효과적인 징수가 건전한 공공 부문 실현의 시발점으로 입증된 바 있다.

2. 환경

환경문제와 그 해결책은 이중적 성격을 지닌다. 자동차 이용에 따른 오염문제와 마찬가지로, 이 문제는 국지적으로 시작되지만 전 세계적인 결과를 초래하거나, 세계시장에서 시작하지만 국지적으로 영향을 미친다. 따라서 세계적인 해결책과 국지적인 해결책이 동시에 추구되어야 한다. 20세기는 주로 노동 절약적인 기술의 세기였다. 그러나 21세기에는 우선순위상의 변동이 필요하다. 즉, 21세기는 생태 현대화(eco-modernization)의 세기, 생태적 절약(eco-saving)을 추구하는 혁신의 세기가 될 필요가 있다. 더욱더 많은 활동들이 집중되고 있으므로 도시들은 세계의 주된 오염원이다. 그리고 선진국의 많은 도시들은 에너지를 고갈시키고 낭비적인 개발 패턴을 조장하는 최악의 원인 제공자이다. 대부분의 경우 도시의 밀도를 높이는 것이 생태적 효율성(eco-efficiency)의 전제조건이다. 개발 시에 만족시켜야 할 최소한의 밀도를 정하고 이를 지켜나간다면, 에너지를 절약할 수 있고 원료나 폐기물을 더 많이 재활용할 수도 있을 것이다.

도시의 성공에는 광범위한 국가적 정책과 국제적 정책이 모두 영향을 미친다. 세계시장이 연간 5,000만 대 이상의 자동차를 생산하고, 생산 기술은 지속가능성의 기준을 충족시키지 못하며, 제품의 재활용이 용이하지 않는 한, 도시의 노력에는 한계가 있다. 자동차, 공장, 에너지를 많이 소비하는 오피스 건물, 그리고 냉난방을 하는 수많은 주택들에 의한 오염으로 인해 도시는 계속 고통받을 수밖에 없다. 수많은 사람들 간에 근거리 접촉의 밀집된 네트워크가 가능하도록 더 높은 밀도에 바탕을 두고 에너지를 철저히 절약하거나 생태적인 기술(eco-technologies) 개발에서 그에 필적할 만한 급진적 진보가 있어야만, 도시는 지속 가능한 개발에서 그 역량을 발전시키고 또 구현할 수 있을 것이다.

이러한 생태적 기술은 대부분 국가적 수준이나 국제적 수준의 연구에 의존할 것이다. 그러나 도시 또한 대학과 신설 기업을 지원하여 지방의 환경문제에 대한 대응 방안을 개발하고, 다른 도시나 국가에 이것을 제공하는 역할을 할 수 있다. 이러한 기술을 이용하는 모범 도시가 됨으로써, 도시는 도시 자신과 그 도시에 있는 기업들을 효과적으로 마케팅할 수 있다.

국가가 할 일
국가는 오염물질 방출을 줄이는 생산을 위해 노력해야 한다. 즉, 자동차 배기가스를 줄이고 나아가 무공해 자동차를 개발하도록 노력해야 한다. 또 재활용에 대한 유인책을 늘리거나 재활용 과정을 규제해야 한다. 그리고 무엇보다 시급한 것은 재생 가능한 에너지 시대로의 전환에 박차를 가하는 것이다. 시장 체계에서 유인책은 생태적 효율성을 달성할 수 있는 좋은 비결이다. 예컨대, 가격이나 조세나 비용 충당을 위한 공공요금 책정은 생태적 희소성을 반영하거나 새로운 생태 친화적(eco-friendly) 제품으로 이윤을 남길 수 있도록 책정되어야만 한다. 경제적 유인책과 억제책의 모든 체계를 철저하게 개편할 필요가 있다. 미래에는 오염을 방치함으로써 이윤을 얻는 것이 불가능하도록 해야 한다. 시 정부는 가까운 미래에 반드시 도래할 생태혁명(eco-revolution)에 대해 단지 부분적인 책임만 있지만, 근본적인 변화를 위해서 중앙정부에 압력을 가하고 때로는 중앙정부의 막중한 책무 수행을 도와주어야 한다.

국가는 생태적 기술의 발전과 더욱 지속 가능한 소비 패턴을 위한 유인책 및 규제 방안을 마련하고, 시 정부가 효과적인 환경 전략을 마련하도록 지원 체제를 수립해야 한다.

시 정부가 할 일

시 정부는 중앙정부가 이러한 정책들을 개발하거나 채택하도록 촉구하고 지원해야 한다. 자체의 생태적 기술을 개발하고 이를 마케팅하며, 그 기술을 이용하는 모범 도시가 되어야 한다. 생태 네트워크(eco-networks)의 구성원이 되어 오염이나 오염물질 배출 허용 기준을 낮추면서, 고용과 투자를 끌어들이는 데에서의 상호 경쟁은 지양해야 한다. 도시 정부들은 적어도 같은 소득수준의 도시들 간이나 세계의 특정 지역 내에 있는 공동의 시장에서 경쟁하는 개별기업들 간에 동등한 경쟁 조건이 되도록 하는 공동의 최소 기준을 받아들여야 한다. 투입을 줄이고 산출을 늘리려는 지속적인 노력은 도시 정부, 산업, 중앙정부, 국제기구가 협력하는 경우에만 성공할 수 있다.

역설적으로 빈곤과 부는 모두가 환경의 적이다. 빈곤은 더 깨끗한 기술에 대한 지불 능력이나 최소 기준을 충족시킬 지불 능력을 줄인다. 부는 기득권과 매몰자본(sunk capital)에 근거하는 과다한 에너지 소비와 유한 자원의 이용을 조장한다. 양자 모두 무지가 주요 요인이다. 자원 여건이 다르더라도 모든 유형의 도시들이 동일한 목표를 위해 함께 노력할 필요가 있다.

국지적인 대기, 토양, 수질의 오염을 줄이기 위한 브라운 의제(Brown Agenda)에 전념해야 한다. 도시 정부가 여기서 성공적임이 증명된다면 큰 보상을 기대할 수 있다. 그러한 도시 정부는 아마도 전 세계적으로 명성을 떨칠 것이며, 만일 그들의 노력이 세계시장을 위한 생태 친화적 재화와 서비스들—예컨대, 기계, 자동차, 생산 공정, 에너지 시스템—을 제공하는 결과를 낳는다면 훨씬 더 큰 관심을 끌게 될 것이다. 세계의 진보와 지방의 진보는 동시에 이루어질 수 있고, 또 그래야 한다.

지속가능성을 위한 투쟁에는 다양한 방법과 유형이 있기 때문에, 공동의 과제가 있다는 것이 곧 모든 도시가 동일한 의제를 가져야 함을 의미하지는 않는다. 경제 여건이 다르고, 환경문제에 대한 지방의 선호도와 민감도 또한 다르다. 다양한 유형의 도시들이 자신들에게 가장 긴급한 문제에 집중하면서 개별적인 의제를 개발해야 한다. 거의 모든 곳에서 활발한 시민 참여(쓰레기 재활용, 에너지 절약, 오염 저감 등) 전략과 연계된 환경 교육과 정보가 도움이 될 것이므로, 이를 지방 의제의 일부에 포함시켜야 한다.

1) 과도성장기의 도시: 보건과 오염 저감

과도성장기의 도시(the city of hypergrowth)에서는 유아사망률이 여전히 높으므로 보건의 위험은 여전히 가장 긴급하며, 따라서 저비용의 수질 개선과 좀더 나은 위생 설비가 요구된다. 흔히 있는 일이지만(전체는 아니더라도), 도시 자체의 행정 능력이 매우 한정적일 경우 민간 회사들이 상수도, 쓰레기 수거, 심지어 간선 하수도 시스템에 대한 업무를 맡을 수도 있다. 이때 표준 계약(standard contracts)과 규제 메커니즘 (control mechanisms)을 만들어 수행하는 일은 비교적 용이할 것이다.

더 나은 수질과 위생설비를 위해 지방에서 발의한 안(local initiatives)을 조직화하는 데에 근린지역을 동원하여 기반시설이 크게 부족한 비공식 정주지를 공동으로 정비해야 한다. 근린지역의 거주자들이 자본집약적인 공식적 해결책을 위한 자금을 마련할 수 없을 것이기 때문에, 비공식적 해결책을 찾아내야만 한다. 주민들과 지방의 조직들은 외부의 기술적 지원을 받으면서 하수도관, 화장실, 상수도관을 공급하기 위해 자체의 기금과 노동력을 활용해야만 한다. 민간에 의한 상수도 공급은 대개 너무 비싸지만, 기반시설에의 투자는 건물의 가치를 높이기 때문에 유인 효과가 매우 크다. 도시 정부는 자원 보존 전략과 병행하여 환경을 개선하기 위한 인적 자원 양성 전략을 개발할 필요가 있다.

시 정부가 할 일

도시 정부는 환경개선을 위해 공식적인(보통 자본집약적인) 해결책과 저비용의 자조형 공동체적 메커니즘의 적절한 조합을 개발하기 위해 노력해야 한다. 대규모의

주요 시설을 공급하기 위해서는 외부 기관과 계약하는 동시에 나머지 부분은 지역
적 공급을 통해서 채울 필요가 있다.

2) 동적 성장기의 도시: 좀더 향상된 기준

중간 소득의 동적 성장기 도시(the city of dynamic growth)는 좀더 폭넓은 의제를
갖고 있다. 예컨대, 증가하는 교통으로 인한 환경오염과의 싸움, 비공식 정주지를
양성화시켜 도시의 공식 조직으로 개량하고 통합하는 일, 공공 서비스에 대한 좀더
합리적인 가격 책정, 공해 배출 공장에 대한 강화된 규제 등은 환경의 질적 수준을
점진적으로 향상시키는 확대 전략의 주된 요소들이다.

이러한 고성장 도시에서는 여전히 낮은 수준의 인식 탓에 자신들의 경제적·기술
적 잠재력에 미치지 못하는 결과가 초래되고 있기 때문에, 환경문제에 대한 인식의
제고 또한 중요하다.

시 정부가 할 일

시 정부는 비공식 정주지들을 개량하고 그들을 도시의 공식 조직에 통합시켜야
한다. 저소득 시민의 에너지와 열정을 활용하는 참신한 방안을 통해 특히 저소득
시민 사이에 도시 의식을 고무하고, 아울러 지방의 기반시설과 환경의 질적 개선에
쓰이는 지역 총생산의 비율을 높일 필요가 있다.

3) 기성장 선진 도시: 재활용과 재생 가능한 에너지

기성장 선진 도시(the mature city)는 이미 오래전에 수질이나 적절한 하수도 시스
템을 설치하는 문제를 해결한 바 있다. 이들의 가장 긴급한 사안은 에너지와 유한
자원에 대해서 용인하기 어려울 정도의 과다한 소비를 줄이거나 만족스러운 대체
에너지를 찾는 일이다. 이 도시들은 연료 소비를 급격히 감소시키고 에너지 절약
면에 있어서도 현저한 변화가 있는 새로운 시대로 옮겨가야 한다. 이미 알려진 바대
로 이 방법은 절약과 혁신에 대한 유인책을 크게 하기 위해 에너지와 연료를 더욱
비싸게 만들어야 한다.

이는 전 세계에 걸친 정치적 과제이다. 장기적인 지속 가능한 해법은 재활용과
재생 가능한 에너지에 관한 것이며, 이는 다음 단계이자 마지막 단계의 과제가 될
것이다. 이를 위해서는 연구와 투자, 새로운 소비 패턴이 요구될 것이다.

시 정부가 할 일

시 정부는 필요한 조치를 취하도록 중앙정부와 국제기관에 압력을 가해야 한다. 세계적 수준에서 모범 사례 도시로 만들 시범 사업을 전개하고, 재생 가능한 에너지와 재활용 경제로의 전환을 국가와 지방 발전 전략의 주요소로 삼을 필요가 있다.

3. 경쟁력 있는 도시: 건전한 지방 경제의 육성

도시는 성장의 원동력이다. 도시는 사람들을 좀더 생산적으로 만든다. 도시의 산출 비중은 도시의 인구 비중보다 항상 더 크다. 도시화는 성공적인 발전의 전제조건이다. 도시의 경제발전을 촉진시키는 일은 언제나 세심하게 균형을 취해야 하는 두 가지 과업이다.

- 첫째, 주민 대다수가 생계비를 벌고 그 소득의 대부분을 지출하는 비교역재화 (non-tradable goods)의 지방 부문을 강화하기.
- 둘째, 세계시장에서 지방 공급자들의 경쟁적 입지를 강화하기.

도시 정부는 공장을 가동하거나 서비스 회사를 운영해서 직접 고용을 창출할 수는 없다. 또 그렇게 해서도 안 된다. 그러나 국가의 정책과 같은 방향으로 일하는 도시 정부는 시장이 작동하는 방식, 특히 고용을 창출하는 방식을 개선시킬 수 있으며, 또 그래야 한다. 도시 정부는 스스로를 지방 경제를 위해 일차적으로 서비스를 제공하는 조직으로 생각해야 한다. 도시 정부는 새로운 진취적 기상을 가진 기업가들이 공장을 건설하려고 할 때 복잡한 행정 절차에 따른 길고도 소모적인 과정을 겪거나 적정 기반시설을 갖추기 위해서 별도의 노력을 하지 않아도 되는 여건을 조성해주어야 한다.

도시 정부는 민간 경제 주도의 영원한 협력자로서 계획의 틀, 특히 조닝 규제를 마련해야 하는데, 이는 위험, 부의 외부효과, 불확실성을 줄여준다. 민간투자를 위한 전제조건으로 도시 정부는 효과적인 관리와 관료적 관행의 자세에 바탕을 두고, 기반시설과 도시 서비스, 특히 새로운 활동과 건물에 대한 인·허가를 적절한 시간과 저렴한 비용으로 제공해주어야만 한다.

도시 정부는 복잡한 조직으로서, 세계적 수준의 회사와 번화한 거리에 있는 행상인들, 지방에 있는 소형 수리점과 도시 중심의 백화점 등을 각각의 경우에 알맞은 방법으로 동시에 다룰 수 있어야 한다. 첨단기술 분야와 기술이 없는 분야, 공식부문과 비공식 부문, 국제적인 회사와 동네 회사를 함께 다룰 수 있는 능력은 뉴욕에서 나이로비에 이르기까지 모든 도시들에게 필수적인 사항이다.

대부분의 도시에서는 소규모 상업이 지방 경제를 주도하고 있음에도 불구하고, 도시의 관료들은 그들을 지원함에 있어 소극적인 경향이 있다. 이는 영원한 구조적인 문제이다. 만일 시 정부가 점점 증가하고 있는 소규모 지식기반사업을 적절히 지원하지 못한다면 상황은 더욱 어려워질 것이다. 소규모 지식기반사업은 더욱더 많은 사람들을 집에서 개인 서비스, 정보, 자문, 또는 정보처리를 공급하는 개별 자영업자로 일할 수 있도록 해준다.

대부분의 경제 활동을 위한 한 가지 핵심 조치는 모든 유형의 회사와 투자가 도시 토지를 용이하게 이용할 수 있도록 하는 것이다. 예컨대, 민간 부문과 연계하여 임대하거나 소유할 수 있는, 지붕이 씌워진 공공 재래시장이나 작업장 같은 저비용의 방안을 개발함으로써 도시의 기반시설 개선으로 발생한 개발 가치의 일부가 지방 지역사회의 이익이 되도록 해야 하고, 또 토지이용정책과 기반시설의 결정에 대한 권한을 분산해 민주화시킴으로써 민간투자에서 가장 어려운 난관을 극복할 수 있도록 해야 한다.

도시 정부는 여러 가지 업무를 함께 처리해야 하는 조직체이며, 그 활동 범위는 여전히 커지고 있다. 도시 정부는 소규모의 비공식 자영업체들에 대해 간단하고 비공식적이지만 효과적인 방식으로 과세할 수 있어야 한다. 도시 정부는 첨단의 방식으로 혼잡비용을 부과하는 복잡한 체계를 기술적으로 운영해야 한다. 여기서 도시 정부는 그들의 지방 경제와 지방 노동력만큼이나 전문화될 필요가 있다. 도시 정부의 행정은 경제구조와 시민들의 필요를 반영해야 한다. 도시민의 복지에는 비공식 지원과 첨단기술을 이용한 현대적 생산물 모두가 필요하므로, 도시 정부는 양자를 모두 장려해야 한다.

부유하고 이동비용이 낮은 많은 세계적 도시들은 수적으로 증가하는 관광객들의 방문 목표지가 될 것이다. 문화유산, 지방의 생활양식, 현대예술이나 건축의 새로운 표현 등을 관광객들이 접할 수 있게 해주는 일이 늘어날 것이고 또한 보람 있는 일이다. 도시 정부는 이것이 쉽지 않은 과제라는 점을 이해해야 하는데, 이것은 관광객의 요구를 그 지역 노동자와 거주자들의 요구와 조화시키고, 교통량의 증대에 대처하는 동시에 환경의 질을 유지하며, 또한 신개발의 압력과 역사적인 기념물 및 경관을 보존해야 하는 필요 사이의 균형을 유지해야 하는 것을 의미하기 때문이다.

시 정부가 할 일

경제발전을 촉진하기 위해서는 지방 경제의 장단점과 자체의 잠재력을 파악해야
한다. 시 정부는 지방 경제의 모든 부분에 높은 수준의 투자를 할 수 있어야 한다.
경제발전을 촉진한다는 것은 민간 기업이 호의를 갖게 하는 것 이상의 의미가 있다.
여러 가지가 있겠지만, 무엇보다도 경쟁적인 환경, 효과적인 도시계획, 교육받은
노동력, 불필요한 비용을 유발시키지 않는 신뢰할 만한 규제 등을 마련하는 것을
의미한다.

1) 과도성장기의 도시: 확장과 효율

비공식 정주지가 급격하게 성장하는 도시의 정부는 가장 극단적인 문제도 다루
어야만 한다. 많은 사람들이―특히 여성이―집에서 일하는 비공식 지역에서는 저
비용이면서도 적절한 기반시설을 제공하는 일이 급선무이다. 이는 지방 지역사회의
지도자들과 함께 추진해야 한다. 보유권(tenure)의 보장이 가장 중요한데, 그 이유는
이것이 투자의 위험을 줄여주기 때문이다. 아주 적은 금액의 신용대출 이용이나
신용 관리를 위한 기본적인 기술 습득이 모든 도시에서 가능해야 한다. 예컨대 방글
라데시의 그래민 은행 또는 라틴아메리카의 핀카(FINKA International) 등의 유명한
사례들을 통해 입증되었듯이, 동료 집단이 정보 제공과 관리에 참여한다면 대부금
을 처리하는 데 드는 많은 비용을 감소시킬 수 있다는 것이 밝혀졌다. 교통 부문의
개선과 함께 사업을 개시할 때 제공되는 소규모의 창업 보조금은 생산성을 향상시
키고 지방의 자본 축적을 늘리는 데 도움을 줄 수 있다.

이러한 스펙트럼의 다른 끝에는 국제시장에 통합된 몇몇 대기업들이 있기는 하
지만, 취약한 교통 네트워크, 교육받은 노동력의 부족 등으로 인해 경쟁 면에서
취약한 경우가 매우 흔하다. 도시 정책은 이러한 취약점들을 극복하도록 도와야
하는데, 이런 취약점들은 부분적으로는 빈약한 공공 부문 때문에 발생한다.

시 정부가 할 일

도시 정부는 다양한 유형의 회사들과 노동시장을 지원하는 환경을 조성해야 한
다. 무엇보다도 적당하면서 효과적으로 소규모의 기업들에 과세하는 동시에 그들을
지원하는 방법을 개발할 필요가 있다.

2) 동적 성장기의 도시: 균형과 안정

강하지만 불안정한 성장 잠재력과 내부의 개발 스트레스, 불균형적인 물적·인적 자본의 축적 등은 역동적으로 성장하는 도시들의 전형적인 특성이다. 공공 기반시설이 엄청나게 부족함에도 불구하고 지나치게 많은 민간 부문의 일자리가 창출되어왔다. 취약한 계획, 규제의 애로, 오염 기준에 대한 서투른 관리, 거의 그칠 줄 모르는 교통 혼잡에 대한 통제의 결여, 안전 규제 또는 신용 수준의 결함 등이다. 모든 문제들이 신속히 극복되어야 하는데, 그 이유는 좀더 균형잡힌 개발이 경제적으로 달성 가능하며 생산성과 주민의 복지를 증진시킬 것이기 때문이다.

제조업 부문은 여전히 성장하고 있으며, 구체적인 조치들을 통해 장애 요인과 문제점을 줄여야만 한다. 가장 중요한 것들로는 허가비용의 저감, 허가 절차의 축소, 조세의 간소화, 양질의 투입 요소, 필요한 정보의 제공 등이 있다.

시 정부가 할 일
도시 정부는 기업 부문, 특히 소규모 기업의 성장에 장애가 되는 애로점을 제거해야 한다. 기업 활동을 개선하기 위해 간단하면서도 효과적인 메커니즘을 개발하고, 필수적인 안전 대책과 환경기준을 강화하며, 직업 훈련 개선에 대해 지원하고, 특히 더욱 고품질의 생산을 위해 고급 전문가를 양성하고 훈련을 도울 필요가 있다.

3) 기성장 선진 도시: 유연성과 고용

기성장 선진 도시에서 가장 중요한 목표는 무엇보다도 고용이다. 좀더 많은 고용 기회, 그리고 점차 늘어나고 있는 경제적 무능력자들의 재정적 필요를 충당할 수 있는 노동력 확대가 이루어져야 한다. 그 해결책은 다른 유형의 도시에서의 해결책과 어느 정도까지는 유사한데, 그것은 어디에서나 젊은 사람이 충분한 교육을 받지 못했거나 시대에 뒤진 자격 요건이 실업의 중요한 이유가 되기 때문이다. 그러나 교육 그 자체만으로는 충분하지 않다.

지방 경제가 더욱 복잡해질수록 긍정적인 도시 이미지와 도시에서의 삶의 질적 우수성이 더 중요해진다. 더욱 미묘한 특성을 가지는 비물질적 서비스 경제로 전환하면서 특별한 도시적 질에 대한 수요가 더욱 커지게 되었다. 첨단기술 기업이나 고차 서비스 기업을 끌어들이기 위해 도시는 이런 기업의 근무자들을 위한 매력적인 환경을 제공해야만 한다. 전통적 입지 요인의 영향이 줄어드는 상황에서 도시에 필요한 것은 소프트한 특징이다. 고숙련자들에게 좋은 환경은 도시 전체의 경제발전에도 좋은 것이 될 것이다.

시 정부가 할 일

도시 정부는 중앙정부와 함께 변화하는 수요와 기술에 더욱 민감하게 대응하는 노동시장, 서비스 시장, 상품 시장을 만들어야 한다. 이주해오는 노동자들을 그 지역의 노동시장에 통합시키는 일은 특히 급격한 인구 감소를 겪고 있는 도시들에 있어서는 의미가 있을 것이다. 세금 감면과 고용 지향의 규제 완화가 경쟁력을 향상시키는 전략의 중요한 요소가 될 것이다. 많은 기성장 선진 도시들은 이미 수준 높은 삶을 구가하고 있으므로, 지역 환경을 개선하고 도시의 질을 향상시키는 것이 지역 내 투자 유치를 위한 열쇠이며, 그럼으로써 인구 기반이 줄어들어도 경제발전을 지속할 수 있다.

4. 사회 변화의 관리: 소수 빈곤층의 문제

산업도시의 사회 여건에 대한 체계적인 연구가 시작된 이래, 빈곤 문제는 우리의 핵심적인 관심사였다. 그것은 당시 도시 발전에서 가장 추악한 측면이었고, 지금도 여전히 그렇다. 부유한 기성장 선진 도시에서조차도 빈곤과 불평등을 줄이는 것이 이번 세기에 들어서도 여전히 주된 정책적 관심사일 것이다. 긴 안목으로 보면 그것은, 일자리가 없거나 기술이 없거나 또는 소외된 거주자들을 도시의 노동시장에 좀더 효과적으로 참여하게 해줄 종합적인 연계 전략을 통해서만 달성될 수 있다.

여러 프로그램들의 시행착오를 거친 후 이제야 권한 위임 전략(enabling strategies)과 역량 배양(capacity building)이 이러한 목표를 위해 유일하게 지속 가능한 방법이라는 것이 명확해진 듯하다. 기개발되었거나 개발도상의 모든 도시에서 좀더 세련된 접근 방식은, 이제까지 거의 모든 도시 재생 프로그램이나 복지 프로그램의 특징이었던 (자조주택을 위한) 벽돌과 모르타르의 제공을 강조하거나 현금을 지급하는 방식에서 탈피하는 것이다. 이는 프로그램의 대상자를 단지 수혜 대상자가 아니라 계발될 수 있는 재능과 능력을 지닌 인간으로 대해주는 종합적인 사회적·물리적 전략으로 전환하는 것이다. 이러한 프로그램을 통해서 빈곤층은 스스로가 자신들의 삶에 대한 주도권을 갖게 되고, 또 좀더 높은 교육, 기술, 지식, 사회적 자질이 요구되는 사회경제적 체제 내로 통합될 수 있을 것이다. 저숙련노동자들을 위한 노동시장과 주택 시장이 더욱 효과적으로 기능하도록 조성하고 또 사람들이 시장을 성공적으로 이용할 수 있을 경우에만, 빈곤은 줄어들게 될 것이다.

1) 과도성장기 도시: 권한 위임과 능력 강화

비공식 부문에서 빈곤을 극복한다는 것은 자조적인(self-help) 방식을 의미한다. 따라서 자조적인 방식의 기회를 증대시키는 일이란, 좀더 나은 교육(특히 빈곤한 가구의 어린이들을 위한)의 제공, 잠재 실업자들을 비공식이나 공식 노동시장에 효과적으로 편입시켜 더 많은 노동 수요를 발생시키는 성장 전략, 더 종합적인 도시계획의 수립, 기반시설의 공급과 같은 활동을 말한다. 가장 중요한 사회문제는 계속 증가하고 있는 어린이들에게 적절한 교육을 실시하고, 특히 비공식 부문의 극빈자들에게 보건 서비스를 제공하는 일이다.

과도성장기의 도시에서 기술 지향적 정책들과 주택 상태 및 기반시설을 개선하는 정책들은 매우 생산적인 것으로 입증되었다. 생산성 증대, 고용 증대, 인구성장 간의 경합에서 이겨야만 빈곤은 극복될 수 있는 것이다. 따라서 가장 좋은 해결책은 인구의 성장을 줄이면서 생산성을 가능한 한 빨리 높이는 데에 있을 것이다. 이때 교육은 노동시장의 참여를 증대시키고 어린이의 수를 감소시키기 때문에 그 핵심적 역할을 할 수 있다.

시 정부가 할 일

도시 정부는 소규모 기업의 창업을 촉진해야 한다. 우선적으로 교육을 통해 인적 자본의 질을 향상시켜야 한다. 비공식 지역에서는 강력한 공식 제도와 행정 조직이 있는 지역보다 사회자본과 시민사회의 강력한 주체들이 훨씬 더 필요하다. 도시 정부는 근린단체들이 지역적 서비스를 개별 가구 또는 단체들에 공급할 수 있도록 지원해야 한다. 공식적인 권한 부여와 공공 서비스가 취약할 경우 주요한 과업은 국지적으로 긴밀한 공식적·비공식적 서비스 네트워크를 통해 자구적인 근린지역이 되도록 장려하는 일이다.

2) 동적 성장기의 도시: 교육과 비공식 부문의 극복

고성장은 불평등을 증대시키는 경향이 있다. 그러나 이것은 또한 교육에 투자할 자원을 발생시키므로, 성장 정책과 인적 자본 투자 사이에 상충되는 측면은 없다.

게다가 페루의 리마에 있는 빌라 엘살바도르의 유명한 사례에서 보듯이, 비공식 지역을 개량하고 통합하여 주류 경제로 끌어올리기 위해 더 많은 투자를 한다면 불평등을 줄이고 경제발전을 증대시킬 수 있을 것이다. 특히 아시아의 도시에서 밝혀졌듯이, 사려 깊은 정책을 추진하면 불평등이 커지는 경향을 극복할 수 있다.

이러한 도시들에서 가족과 혈연 네트워크는 비공식 근린지역에서 특별한 힘을 형성함으로써 강력한 보호 및 지원 기관 역할을 수행하게 된다. 그러나 최근 많은 아시아의 도시들(예컨대 방콕)에서는 출생률의 급격한 하락으로 인해 앞으로 전통적인 가족의 역할이 축소될 것으로 보인다.

시 정부가 할 일

도시 정부는 기반시설을 지속적으로 강화하고 문제점을 극복해야 한다. 특히 원거리 학습 기술(distance learning techniques)의 개발을 통해 교육을 인적 기반시설로서 발전시켜야 한다. 급속한 경제성장으로 인해 약화되고 있는 가족의 역할을 강화할 필요가 있다.

3) 기성장 선진 도시: 소수민족 지원과 가족공동체 복원

기성장 선진 도시에서는 정교한 복지 지원 시스템을 개발해왔다. 그럼에도 불구하고 빈곤 문제는 결코 극복되지 않았다. 사회정책은 노동시장 정책과 빈곤한 지역의 경제 활동을 개발하거나 촉진하는 정책과 결합되어야만 한다. 사회복지의 지출은 취학에 대한 유인책을 늘리거나 새로운 직업에 대한 준비를 장려하는 데 쓰여야 한다.

기성장 선진 도시에서는 그동안 가족 문제가 너무나 자주 뒷전에 밀려 있었다. 향후 도시 환경은 가족 지향적으로 되어야 하고, 아이를 키우는 부모들을 지원해야 한다. 21세기에는 도시의 가족들이 더 나은 환경 속에서 삶을 영위할 수 있도록 일과 가정생활과의 새로운 균형을 모색할 필요가 있다.

이와 유사한 또 다른 문제는 노인들 특히 가족의 지원이 없는 노인들의 증가인데, 전통적인 연금체계로는 개인적 보살핌(personal care)에 대한 수요가 증가하는 문제를 해결하지 못하기 때문에 이들에게는 새로운 형태의 보조가 필요할 것이다. 사회보장과 연금 지급 부담이 늘어나는 것에 대처하기 위해 실업자와 노인들에게 시간제 일자리를 마련해주어야 한다.

시 정부가 할 일

도시 정부는 경제적으로 의존적인 이들을 지원하여 다시 생산적인 일을 하게 하는 방안을 마련해야 한다. 노인들에게 특히 돌보는 일 부문(caring sector)에서 시간제 일자리를 마련해주는 방법을 모색해야 한다. 민간 회사와 더불어 평생 학습에 대한 방안을 마련하고, 개인 서비스의 부족을 극복하기 위해 비공식 네트워크에서 지역의 역량을 활용하는 자구적 노력을 하는 근린지역들을 장려해야 한다.

5. 살 만한 도시

살 만한 도시는 다양한 차원들을 지닌다. 이 차원들은 궁극적으로는 모두 도시에서의 삶의 질에 관련된 것으로, 주거와 주거를 뒷받침하기 위한 서비스들의 기본적인 기반시설, 도시 교통, 그리고 포괄적 의미로서 도시 형태의 범주에 속하는 토지 이용과 개발 행위들의 전반적 패턴 등을 포함한다. 추세 연장 시나리오에 의하면, 현재는 삶의 질이 아직 열악한데 향후 21세기에는 더 심화될 수도 있다는 것을 시사하고 있다. 이는 단지 빈곤한 도시들만의 문제가 아니며, 도시가 직면하는 도전들에 시의 적절한 방식으로 대처하는 데에 실패할 때에는 도시의 발달이나 부의 정도에 관계없이 어느 도시에서나 이런 현상이 나타날 수 있게 된다.

6. 기반시설과 주택

1) 과도성장기의 도시: 주민 자원의 활용

도시 기반시설은 경제성장과 삶의 질을 높이는 데는 물론, 불평등을 감소시키는 데에도 긴요하다. 도시의 중추인 도시 기반시설이 적절하면 안정성과 효율성이 증대된다. 개발도상국들은 국내총생산의 대략 4%를 기반시설에 투자하는데, 그중 도시 부문이 차지하는 비중이 증대되고 있다. 항상 상당한 비공식 부문이 존재하고 있는 도시들에서는 자본을 절약하는 해법을 찾아야 하고, 민간 개발업자들과의 계약 방식을 통해 기반시설과 주택을 낮은 비용으로 그리고 노동집약적으로 생산하도록 장려하는 것이 무엇보다도 필요하다. 토지의 보유권을 제공함으로써 주택 마런을 위한 확실한 투자의 토대를 마련해줄 수 있을 것이며, 이는 소득이 늘어나지 않더라도 가능한 정책이다.

개인들의 필요와 부족을 평가하여 각각에 대한 구체적인 해결책을 찾아야 하므로 사안별로 다른 해결 방안을 마련할 수밖에 없다. 이러한 다수의 사업 시행을 국제기구의 도움을 받으면서 수행하게 되면 잠재적으로 수출 서비스가 될 수 있는, 즉 세계시장에 팔 수 있는 모범 도시 사례의 형태와 적절한 해법을 개발하는 것이 가능함이 판명될 것이다. 정책의 대상인 도시 빈민의 두 가지 특징, 즉 돈을 모아 투자할 능력이 없다는 점과 그럼에도 불구하고 자신들의 노동을 통해 투자 과정에 참여할 능력과 열정이 있다는 점을 이해하고 받아들일 준비가 되어 있는 책임 있는 기관들이 필요하다. 이러한 능력과 열정은 느리긴 하지만 꾸준한 개선 과정을 통해 (주거) 서비스의 점진적 개량에 대한 그들의 요구를 충족시킬 수 있게 될 것이다.

시 정부가 할 일

도시 정부는 가능한 한 많은 사람들을 지원할 수 있도록 부족한 자원을 활용하고, 단체들과 개인들이 기반시설을 공급하도록 장려해야 한다. 즉, 주민과 근린지역이 자신들의 자원-특히 그들의 노동-을 이용하여 주택과 그에 수반하여 요구되는 기반시설에서 축적 과정을 시작할 수 있도록 도와야 한다.

2) 동적 성장기의 도시: 전문 투자의 확대와 비공식적 연계의 축소

중간 소득의 동적 성장기 도시에서는 기반시설과 도시 서비스에 대한 수요가 급증하기 때문에 상하수도와 교통에 대한 효과적인 시장적 접근을 개발하는 것이 가능하다. 그러나 도시 정부의 적극적인 개입 없이는 공공 서비스 시장이 자율적으로 정상 궤도에 오를 수 없다. 그러므로 도시 정부는 도로의 이용에서 상수의 공급에 이르기까지 모든 종류의 기반시설에서 시장 여건의 조성자가 되어야 한다. 시 정부는 관리와 능률의 기준을 개발해야 한다. 이윤은 효율적으로 고품질을 만들어 낸 결과로 만들어져야 하며, 결코 독점적 지위나 왜곡된 가격 결정 또는 부패의 결과여서는 안 된다.

개인의 저축이 늘고 소득이 증가하면 자가 소유 주택에 대한 수요가 커진다. 전통적인 주택 프로그램에 비해, 앞으로 도시는 주택 시장을 확대하기 위해 지가와 기반시설비를 억제하는 공급 지향 전략에 훨씬 더 의존할 수 있다. 대상 목표가 정해진 국가와 지방의 주택 프로그램들은, 민간의 노력을 대신하기보다는 저축과 저비용 개발을 위한 유인책을 늘릴 수 있는 범위로 한정하여 유지되어야 한다. 개량 프로그램들은 환경 수준의 고급화 과정을 초래해서는 안 된다. 오히려 개량 프로그램은 원거주자들의 필요와 지불 능력에 맞추어져야 한다.

시 정부는 다른 방식으로 개입해야 한다. 과도한 성장과 높은 지가는 재개발된 도시 내부 지역에 더욱더 많은 프로젝트를 촉진하면서 역사적 가치가 있는 건물들을 위협하게 된다. 따라서 빠르게 성장하는 도시에서는 오래된 근린지역의 보호와 가치 있는 건물의 보호를 위한 효과적인 정책이 요구된다.

시 정부가 할 일

도시 정부는 민간투자와 저축 증대를 위한 계획의 틀을 제공하고, 주택 투자를 위한 대부금을 쉽게 이용할 수 있도록 신뢰할 만한 대출 시스템을 마련해야 한다. 과거 불균형 성장의 잔재인 기반시설의 애로지역 문제를 해결해야 한다.

3) 기성장 선진 도시: 효율성과 유연성의 확보

서비스의 양적 문제가 이미 충분히 해결된 기성장 선진 도시에서는 다른 종류의 문제들을 해결할 필요가 있는데, 그것은 질적 수준, 효율성, 유연성의 문제이다. 질적 수준이란 생산 과정과 생산물의 질적 수준을 의미한다. 시 정부는 공익기업들과 함께 혁신적 기술(오폐수의 생물학적 처리, 개별 소비 측정 기법의 향상, 간결한 가격 설정 기법 등)을 장려해야 한다. 재활용을 증대하고 재생원료 시장을 확립하기 위해 조직적인 해결책이 검토되고 적용되어야 한다. 폐기물을 관리하고 처리하는 산업이 성장하도록 육성해야 한다.

인구가 안정되어 있거나 심지어 감소하여 더욱더 많은 사람들이 주택을 소유하는 것이 가능한 아주 부유한 도시들에서 전통적인 사회주택 프로그램은 분명히 시대에 뒤진 것이다. 건축 목적을 위한 적정 토지가 마련된다면 많은 가구들이 새로운 자기 소유 주택을 마련하게 할 수 있을 것이다. 따라서 임차인 수는 아주 급격히 감소할 것이다. 그러나 차별을 극복해야만 하는 저소득 가구를 지원하는 일이 긴급한 과제로 남을 것인데, 저소득 가구들이 불명예스럽지 않고 지불 가능하면서 적절한 주택을 구할 수 있도록 도와야 할 것이다.

시 정부가 할 일

도시 정부는 효과적으로 민간에서 생산하고 경쟁을 증진하도록 더 유연하고 더 수요 지향적인 기반시설과 주거 시스템을 개발해야 한다. 그 결과 가격은 낮아지고 신규 공급된 주택은 더 쉽게 보급될 수 있을 것이다. 부동산은 과거보다 더욱 고르게 배분될 수 있으나, 다양한 집단들 간의 격리를 줄이기 위해서는 특별한 정책과 지속적인 노력이 요구된다.

7. 지속 가능한 교통의 촉진

전 세계의 정부들은 이미 도시에서 지속가능성의 위기, 특히 교통 부문의 위기에 대응하고 있다. 많은 정부들이 금전적인 유인책과 억제책 그리고 물리적인 통행 제약을 통해 자동차 이용의 증가를 억제하거나 나아가 줄이려는 정책을 추구하고 있다. 그러나 도시들은 시간과의 싸움에 처해 있다. 즉, 국지적 오염과 지구 온난화는 특히 교통 부문에서 재생 가능한 에너지를 더욱 많이 이용하게 함으로써 줄여야 한다. 중기적인 해결책이 존재하기는 하지만 단기적인 해결책 또한 긴급히 요구되고 있다.

중기적으로 거의 2025년까지는 기술의 진보가 새로운 형태의 교통을 만들어낼 것이 분명한 듯하다. 제4장에서 설명했듯이 기술 진보는 연료전지 기술, 전자 교통 관리와 통행료 징수, 대중교통과 다인승 차량에 대한 주행 우선권, 차량 운행 자동화와 같은 뚜렷한 몇 가지 발전의 결합으로 이루어질 것이다. 2025년까지는 이 모든 기술의 진보에 의해 오늘날의 자동차를 대신할 환경친화 자동차나 초고성능 자동차, 즉 환경적으로 위해가 없는 차량이 개발될 것이다. 그것은 자동차가 교통 분야에서 한 세기 전에 초래한 만큼이나 큰 혁신을 의미할 것이며, 도시에서의 삶과 활동에 근본적인 영향을 미치게 될 것이다.

이렇게 되기까지의 과도 기간 중에는 병행되어야 할 세 가지 뚜렷한 실천 사안들이 있다.

- 환경친화 자동차의 연구와 개발을 촉진하고, 자동차 제조업계가 도시형 소형 차량에 투자하도록 분명한 계기를 부여하기.
- 물리적 규제(예컨대 버스 전용차선, 버스 우선제, 다인승 차량 전용차로, 첨두 시 적재 금지 등)와 금전적 수단(예컨대 도로통행세와 주차세 등)을 결합하여 버스, 대체(para-) 대중교통 차량, 승합차량 등 도로공간을 아주 효과적으로 이용하는 차량들에 우선권과 금융상의 혜택을 주기 위해 부족한 도로공간을 최적으로 관리하는 시스템을 개발하기. 특히 차량 운행 자동화를 포함하는 기술적 발전들은 그것들이 개발되는 대로 우선 교통 회랑 시스템에 활용할 수 있도록 운영될 수 있을 것.

- 이와 병행하여 좀더 대규모의, 고밀의, 복합 용도의, 그리고 접근이 쉬운 도시를 구현하도록 개발을 유도할 도시 및 지역 차원의 강력한 계획 체계를 개발하기.

이상의 어느 정책도 장기적인 목표와 대립되지 않는다. 오히려 이러한 정책들은 모두 환경친화 자동차의 도입과 확산을 위한 매우 중요한 토대를 마련해줄 것이다.

1) 과도성장기의 도시: 고성능 자전거의 가능성

가장 후진적인 도시들에서 고성능 자동차는 당분간 그림의 떡이다. 경제 형편이 나아지는 첫 번째 단계에서는 사람들이 자전거를 살 수 있는 구매력이 생기기 때문에, 그 잠재력을 증대시키는 것이 기술적 지원의 첫 번째 목표가 되어야 한다.

그러나 중간 단계 전략의 많은 특징들은 개발도상의 도시들에도 아주 적합하다. 보통 저밀의 극단적인 도시 확산 때문에(그리고 전부는 아니지만 많은 도시들에서 고속도로와의 연결 상태가 열악하기 때문에), 가장 급선무는 장해물을 제거하여 교통의 흐름을 보다 최적화하는 방안을 모색하고, 버스와 대체 대중교통수단으로 이용되는 차량(예컨대 소형 버스 또는 승합차), 합승 택시와 같은 좀더 효율적인 차량에 우선권을 부여하는 것이다. 이는 부분적으로는 교통신호등과 같은 기본 요소를 포함한 기술 도입의 문제일 뿐만 아니라 동시에 좀더 효과적인 관리와 집행의 문제이기도 하다. 이러한 점에서 일부 저소득 도시들(예컨대 중국의 도시들)은 다른 많은 도시들보다 훨씬 더 효과적이다. 이 도시의 경험은 모범적 실천 사례로 활용되고, 그 교훈은 다른 도시들로 전수되어야 한다.

2) 동적 성장기의 도시: 버스 전용도로와 대체 교통수단

급성장하는 중간 소득 도시들에서는 중간 단계 전략의 또 다른 요소가 아주 적합한데, 그것은 도심 방향으로의 대형 버스(또는 대체 교통수단) 노선을 통해 특히 저소득 주민들을 위한 도시 대중교통의 질을 향상시키는 것이다. 브라질 쿠리티바의 경험에서 보듯이, 잘만 운영하면 기술적 혁신 없이도 주 간선도로를 보조금 없이 운영하면서도 매우 수준 높은 대중교통체계를 만들어내고 버스로 시간당 3만 명의 승객을 운송할 수 있다는 것을 알 수 있다. 특히 발전의 초기 단계에서는 정부의 부족한 자원이 교육과 같은 다른 프로그램에 좀더 효과적으로 사용될 수 있기 때문에 대중교통 보조금은 피해야 한다.

도시마다 사정이 다르긴 하겠지만 최적의 정책들은 다음의 세 요소를 포함할 것이다. 첫 번째는 합승차량에 대한 특별 우선권 및 요금 면제와 병행하여 자가용 승용차의 도로 이용에 대한 아주 적절한 요금 부과이다. 두 번째는 지정된 목록의 차량, 특히 경전철, 버스, 택시를 포함한 대체 교통수단, 다인승 차량, 자전거(마지막 것은 다른 것들과 적절히 분리되어야 한다)의 이용을 위해 쓰일 통행로 또는 도로축의 지정이다. 세 번째는 이러한 도로축을 따라서 특히 교차점에서 선별적인 고밀 개발을 유도하는 조닝인데, 이런 곳에서는 고용이 집중되는 부도심의 입지를 허용하거나 개발을 촉진할 수도 있다. 이러한 시스템은 연료전지로 가동되고 자동으로 유도되는 장래의 환경친화 버스를 수용할 수 있도록 면밀하게 계획되어야 한다. 이러한 차량의 개발은 자체의 자동차산업을 보유한 중간 소득 국가들에서 우선적으로 이루어져야 한다.

3) 기성장 선진 도시: 환경친화 자동차를 위한 대비

기성장 선진 도시에서 주요 전략들은 모두 환경친화 자동차의 주도면밀한 도입을 촉진해야 한다. 무엇보다도 환경친화 자동차의 통행을 위한 설비가 갖추어진 전용로를 운행하는 (특히 두 명 이상이 탄) 환경친화 자동차에 우선순위를 부여할 요금부과체계와 통제 시스템이 마련될 필요가 있다. 이는 도시 간선 축을 달리는 환경친화 버스와 함께 관리되어야 한다.

국가가 할 일
국가는 지속 가능한 시장을 탐색하는 회사들과 함께 환경친화 자동차의 개발을 촉진해야 한다. 이를 위해 자동차 제조업계가 도시형 소형 차량에 투자하도록 뚜렷한 동기를 부여할 필요가 있다.

- 환경친화 자동차와 관련 기술에 대한 연구 및 개발 예산을 늘리기.
- 환경친화 자동차의 운행 시 필요한 지원 기반시설을 개발하기.
- 적절한 기술에 투자하고 그 기술을 생산 단계로 옮기는 회사들에게 세제상의 유인책을 제공하기.
- 도시용으로 크고 비효율적인 차량을 구입할 경우 세제상의 불이익을 부과하기.
- 사적 차량(예를 들어 회사용 차량)에 주어지는 모든 형태의 보조금을 단계적으로 없애기.
- 후기 단계로서, 사람들의 환경친화 자동차 구입을 장려하기 위한 고물차 폐기 프로그램(scrappage programme)을 개발하기.

이러한 조치들의 목적은 혁신 과정을 가속화하고 환경친화 자동차가 현재의 자동차에 대한 대체기술이라는 점을 산업체와 사람들에게 분명히 알리는 것이다. 남아 있는 주요 문제는 다음과 같다.

- 환경친화 자동차의 고비용 가능성.
- 대부분의 사람들이 비싼 신기술을 이용할 경제적 여유가 없는 저소득 도시에서 환경친화 자동차가 해야 할 역할.

이와 함께 더욱 에너지 효율적인 교통을 장려하기 위해 다양한 유형의 하향식 및 상향식 접근법을 동시에 개발해야 한다.

- 생산(노동)보다는 주로 소비에 근거하도록 과세 시스템을 바꾸어야 한다. 교통 부문에 탄소배출세(carbon tax)를 도입하면 가솔린과 디젤유 가격을 충분히 상승시켜서 가솔린과 디젤유의 대체재를 찾거나 적어도 더욱 절약하려는 노력이 강화될 것이다.
- 좀더 연료 효율적인 차량을 생산하도록 명확한 방향을 제시해야 한다. 예컨대 (캘리포니아의 경우처럼) 정해진 기한까지 일정 비율로 특정 유형의 차량을 생산하고 판매하는 목표를 달성하도록 제조업자들을 유도할 수 있는, 무매연 차량에 대한 거래 허가제를 고려해야 한다.
- 검사, 배출 규제, 오래된 차량의 단계적 제거(고물차 폐기 프로그램), 교환을 촉진하기 위한 중고차 보상 판매, 새로운 차량에 대한 효율 목표의 설정, 재생 가능한 에너지 지원과 다른 종류의 저탄소 연료 권장 등의 방법을 통해 기존의 자동차들이 더 효율적으로 운행될 수 있도록 해야 한다.

시 정부가 할 일
- 가장 효율적인 통행 방식인 보행, 자전거, 대중교통에 우선권을 부여해야 한다. 이러한 교통수단들을 위한 도로공간의 재배분과 함께 수요 관리 및 교통 관리를 우선적으로 고려해야 한다. 이를 위한 방법들로는 통행료 징수, 혼잡 수준과 점유 정도에 따라 요금을 부담시키는 스마트카드 기술, 좀더 낮춘 최고제한속도, 주차에 대한 과세, 교통 소음의 저감, 모든 형태의 자동차 보조금 철폐 등이 있다(이러한 정책들의 가장 주목할 만한 사례는 싱가포르에서 볼 수 있다). 지속가능성의 견지에서 볼 때 이상적으로는 대중교통에 대한 보조금 또한 없애야 하며, 모든 통행자들은 통행에 따른 모든 비용을 지불해야 한다. 그러나 사회적 이유와 특정한 서비스를 위해 대중교통을 이용하는 개인들에게는 보조금을 지급할 근거가 있을 수도 있다. 대중교통은 통행료 부과와 주차 요금 수입을 자금원으로 하는 (공공)투자를 통해 촉진될 수 있다.
- 통행거리를 최소화하기 위해 신개발이나 재개발이 복합 용도와 고밀의 개발로 이루어질 수 있도록 계획·개발 부문에서 필요한 조치를 취해야 한다.

- 통행 저감 계획을 모든 고용주, 학교, 병원, 기타 공공 및 민간 서비스 부문과 공동으로 세워야 한다.
- 도시 내에서 주차가능성을 제한하기.

업계가 할 일

업계는 혁신과 기술 개발을 가능케 하는 일련의 명확한 책임들을 수용해야 한다. 그리하여 도시의 도로공간에 대한 더 효율적인 관리와 이용이라는 동일한 목표를 추구하는 과정에 기업이 대등한 동반자로 참여할 수 있도록 해야 한다. 기존의 기술에서 신기술로 전환하고 오염을 일으키는 차량을 대체해 나간다면, 자동차산업이 지속 가능한 시장을 개발할 수 있는 엄청난 기회(업계의 이해와 더불어)가 상존하고 있다.

8. 활기 넘치고 매력적인 도시

도시는 우리가 살아가야 할 곳이자 편안함을 느껴야 할 곳이다. 도시는 문화의 중심지이며 따라서 한 민족의 지적·문화적 삶을 위한 독특한 자극이 있는 곳이다. 도시는 그 자체가 건축된 역사이며, 어떤 사회, 국가, 지역에 대한 집합적 기억(collective memory)을 나타낸다. 건물, 가로, 도로, 광장, 공원을 통해 도시는 문화적 전통을 반영하고, 따라서 그곳에 사는 사람들의 특성을 나타낸다. 도시는 단순히 교통노선으로 연결되는 주택들의 집합 이상의 것이다. 도시는 또한 연계성이 최적화되어야 하는 단순한 기능적인 시스템 이상의 것이다.

잘 조직되고 잘 계획된다면, 도시는 또한 시민에게 안전감을 줄 수 있다. 아울러 도시는 정서적 행복감과 사회적 소속감을 줄 수 있다. 그러나 이를 위해서는 도시의 건물과 공간이 인간 척도(human scale)로 그리고 건축적 감각으로 설계되어야 한다. 도시 건축에 있어 세계에서 가장 탁월한 사례들은, 그것이 유럽에 있든 아시아에 있든 또는 다른 어느 곳에 있든, 이러한 특성들을 겸비하고 있다. 그리하여 도시적 건축은 그 땅의 기품을 지니고 있으며, 매력적이고 활기가 넘치며, 시민들 사이에 정체성을 발현케 한다.

도시는 스스로를 끊임없이 재생시키는 지속적인 유동 상태에 있다. 그리고 그 개발이 건전하다면, 도시는 자신의 값진 유산을 보존하면서 도시가 가지고 있는 역사적 자산과 견줄 만큼 훌륭한 현대적 건물을 추가하여 자신의 가치를 높인다.

이런 도시는 아주 이상적인 도시이다. 그러나 세계 도처에서 개발의 급류 속에 있는 품위 있는 도시의 독특한 개성들이 너무나 자주 무시된다. 게다가 시장의 세계화와 병행하여 '건축적 표현의 세계화'가 일어나고 있다. 너무나 자주 국가의 문화적 특성이나 지역의 문화적 특성과 형태가 경시된다. 이러한 획일화의 경향을 주목할 때 과제는 시민들로부터 정체성을 이끌어내는 활기차고 매력적인 도시를 건설하는 것이다. 이는 어렵긴 하지만 절대로 필요한 예술적 작업이다.

이렇게 야심에 찬 목적을 모든 도시에서 달성할 수는 없다. 상당수의 도시에서는 주어진 시간이 너무 짧아서 독자적인 건축적 표현 유형을 개발할 수 없거나, 발전 속도가 너무 빠르거나, 또는 도시를 살기 적합하게 만들기 위한 적절한 투자 수단이 없었다. 그러나 시작은 지금부터이다. 이를 이루기 위해,

국가가 할 일
- 일반적인 조건과 지원 수단을 통해 다음의 것들을 확실히 하도록 도시 개발 정책을 추구해야 한다. 즉,
- 역사적 공간구조의 문화유산을 유지한다.
- 도시 공간에 가능한 용도, 규모, 형태적 표현, 문화적 특색이 지속가능성의 원칙과 조화되면서 시민들의 높은 삶의 질을 구현하기 위한 전제조건을 제공하는 도시 공간을 창출하기 위한 공간구조가 추가되고 확장되어야 한다.
- 이를 위한 정치적 전제조건과 구조적 전제조건(예컨대 국가의 건축 정책, 건축 심의, 경쟁적 절차, 교육 및 훈련 정책) 등을 창출해낸다. 그리하여 국가적 건축 제도가 수준 높은 기대를 충족시키고 전반적으로 건축의 질에 대한 국민적 인식을 제고시킬 수 있도록 한다.

시 정부가 할 일
- 토지이용계획을 작성할 때에 매력적인 도시 공간을 새롭게 도입하는 것을 가능하게 하면서도, 크게는 도시 고유의 특성을 보존하며 오랜 기간에 걸쳐 진화해온 도시의 틀을 유지할 수 있는 도시구조를 만들어내야 한다.
- 구속력이 있는 건설 계획을 작성할 때에는 도시지역의 특징을 나타내는 전형적 공간구조가 보존되고 포함되도록 하여 세련된 도시적 삶을 영위하도록 해야 한다. 이러한 계획들은 또한 건물과 단지가 기존의 도시 공간 조직에 어울리면서 매력적인 도시 공간 개발에 기여하도록 해야 한다.
- 건축과 도시 개발 분야에서 기존의 도시 개발 유산을 토대로 하면서 한층 더 높은 수준의 개발을 가능하게 하는 도시 설계의 개념을 정립해야 한다. 이러한 과제를 다루기 위해 시 정부는 모든 사회단체뿐만 아니라 일반 대중도 포함하는 도시 개발 자문회의를 구성해야 한다.

9. 도시 개발의 방향 설정

거의 모든 선진국의 도시와 대부분의 개발도상국 도시들은 계획을 통해 더 살기 좋고 그리하여 도시 경제를 유지할 수 있도록 하기 위해, 민간 부문의 활동 주체들로 하여금 부동산에 이미 투자한 매몰자본을 포함한 그들 자신의 직접적인 환경이 안전하다는 인식을 가질 수 있는 자신들의 계획을 만들도록 허락하고 있다. 모든 도시는 문서로 계획을 작성하는 것뿐만 아니라 실제로 땅 위에서 일어나는 개발을 관리하고 유도할 수 있도록 국가의 법률에 근거한 효과적인 계획 시스템을 갖고 있어야 한다. 이러한 법적 지위가 없으면 서류상의 계획은 무용지물이 되고 만다.

그렇지만 오늘날 대부분의 경제체제인 시장경제 내지는 혼합경제에서, 계획 규제는 시장 행태와 조화를 이룰 때 가장 잘 작동하는 경향이 있다. 그렇지만 시장 추세가 자원 낭비적이고 자멸적이며 사회적 요구를 읽지 못할 때에, 특히 지속 가능한 개발을 위협할 때에는 계획이 시장 추세를 바로 잡아줄 수 있도록 작용해야 한다. 그러나 시장 추세대로 나아가도록 방임되었을 때보다 계획체제가 작동되었을 때 더 효율적이고 더 편리하며 더 지속 가능하도록 하기 위해서는, 기본적인 경제적 추세와 사회적 추세의 방향을 설정하고 이를 잘 유도할 수 있어야만 한다.

그러나 이런 방식은 문제를 유발시킨다. 즉, 20세기의 근본적인 도시 추세는 주택, 인구, 고용, 서비스의 물리적 분산화였다. 이는 저밀도의 무질서한 확산 유형으로부터 고밀도의 계획된 새로운 지역사회 유형에 이르기까지 그 형태가 너무 다양하기 때문이다. 이들 중 일부(예컨대 잘 조성된 자립적인 신도시)는 더할 나위 없이 지속 가능할 수 있다. 그러나 (대중교통을 공급하기 힘든 끝없는 저밀 도시의 확산과 같은) 다른 경우들은 그렇지 못하다. 이러한 다양함 중 일부는 뿌리 깊은 문화적 선호를 반영하는 듯하다. 도시는 이러한 선호에 부합하고 시장성이 높으면서도 지속 가능하도록 분산된 형태를 추구해야 한다. 이는 어렵지만 결코 불가능한 과제는 아니다.

이에 대한 해답은 제4장에서 제시된 다각적 접근법(portfolio approach)이다. 즉, 도시 안에서는 '도시 마을들', 그리고 도시 밖에서는 대중교통노선을 따라 선형으로 군집한 '전원도시들'이 도시지역 전체에 함께 어우러지면서 다핵의 개발 패턴을 형성해야 한다.

국가가 할 일

국가는 각국의 특수한 상황에 부합하도록 경제발전 수준과 사회의 문화적 선호를

고려하여, 지속 가능한 도시 개발의 원칙에 대한 연구를 장려하고 지침을 공포해야
한다. (다른 곳의 모범 사례에 대한 검토를 포함한) 연구와 그것의 확산을 지원하고,
이전적지의 재개발과 재활성화를 위해 적절한 세제상의 유인 체계를 개발해야 한다.

시 정부가 할 일

단기적으로는 보행과 자전거뿐만 아니라 전통적인 대중교통을 지원할 개발 형태
와 밀도를 규정하고, 장기적으로는 환경친화 자동차 시스템을 위해 필요한 기반시
설을 공급할 종합적인 토지이용과 교통 계획을 작성해야 한다. 특히 버려진 이전적
지를 신속히 재활용하도록 다각적인 전략을 수립해야 한다.

도시는 살기 좋아야 한다. 그러기 위해서는 다음의 몇 가지 차원들, 즉 모든 시민
을 위한 좋은 주택, 만족스러운 수준의 도시 서비스, 용이한 접근성과 이동성, 다양
한 토지이용, 문화적 복합성과 다양성, 그리고 활력과 평온이 적절히 조화되어 있는,
도시 설계가 잘된 수준 높은 건설 환경 조건 등을 충족해야 한다.

이와 같은 정교한 도시 특성들을 달성하기 위해,

- 도시 정부는 민간의 투자 결정이 건물의 용도와 기능을 정할 때 그것을 현명한 상태
로 유도해야 한다. 반면 공공 계획에서는 기본적인 도시구조, 특히 공공 공간을 형성
하기 위해 건축법, 기반시설, 토지이용 조닝을 규정해야 한다. 현재 너무나 많은 도
시에서 무질서한 도시 확산이 지배적 현상이 되고 있다. 빈곤층들이 사는 비공식
정주지의 고밀지역 확산과 부유한 교외에서 일어나는 자동차 지향적인 저밀 지역
확산 사이에는 묘한 유사점이 있다. 즉, 양자 모두 대중교통의 확대를 어렵게 하고
오염을 증가시키며, 통근 시간, 에너지 이용, 기반시설망을 설치하고 유지하기 위한
자본과 인적 자원의 측면에서 낭비적이다. 더욱이 소득이 증가함에 따라 밀도는 감
소하는 경향이 있기 때문에 이러한 종류의 개발은 저지하지 않으면 확대되는 경향이
있다. 따라서 도시는 개방된 경관에의 접근이 용이하도록 하고 대중교통을 위한 경
제적 기반을 제공할 수 있도록 최저밀도를 설정하는 계획을 할 필요가 있다. 빈곤한
도시에서는 또 주택 건설을 위한 토지의 적절한 공급을 보장할 필요가 있다. 이러한
조치를 잘 취한다면 비용이 많이 드는 세금 보조의 필요성이 줄어들 것이다.
- 개발 압력이 만연하기 전에 독특한 자연경관과 문화적 도시경관의 측면에서 보존할
만한 가치가 큰 것들을 보존하도록 조치해야 한다. 급속히 발전하는 도시에서는 흔
히 이러한 문제를 소홀히 하다가 때가 너무 늦었을 때 그 중요성을 발견하는 경향이
있기 때문에 이 점은 특히 중요하다.
- 이동성과 분리라는 탈도시화의 힘(deurbanizing forces)을 상쇄하기 위해 도시가 살기
좋고 일하기 좋은 장소라는 것을 보여주면서 그 도시의 정체성을 확립해야 한다.

계획이 이러한 목표를 달성하는 유일한 방법은 아니며 심지어 가장 중요한 방법도 아니다. 도시의 정책 입안자는 도시지역을 형성하는 다음의 세 가지 중요한 도구를 갖고 있다. 첫째, 재정적 기법(세금과 보조금), 둘째, 기반시설 공급, 셋째, 토지이용계획이다. 문제 해결의 단서는 각 도시에서의 정확한 가능성에 근거하면서 위세 가지 도구들을 적절히 균형을 맞추어 이용하여 그들이 상호마찰 없이 조화롭게 잘 작동하도록 하는 것이다.

모든 도시 중에서도 특히 급성장하는 도시에서 계획 체제는 토지의 가치와 이윤을 창출해내며, 그 규모는 엄청나게 크다. 그러므로 지역사회의 결정으로 인해 이러한 이득이 발생된 곳에서는 적어도 이러한 이득의 일부를 환수하는 조치를 취할 충분한 논거가 있다. 이에 대한 재정적 도구의 기본 원칙은 재산세와 과세가 수혜자 부담 원칙에 근거해야 한다는 것이다. 즉, 투자자들은 공공 서비스에 대한 대가를 지불하거나 도로 시스템이나 다른 공공시설망을 이용하기 위해 공공 서비스를 책임지고 공급해야 한다. 더구나 도시의 확장으로 발생하는 뜻하지 않은 이득의 일부를 지역사회가 환수할 필요성에 관해서는 강한 근거가 있다.

국가가 할 일
국가는 지방 당국이 기본적인 공공 서비스 기반의 공급비용을 개발업자에게 부과하거나 개발로 인한 뜻하지 않은 이득의 일정 부분을 환수할 수 있도록 수권법(enabling legislation)을 통과시켜야 한다.

시 정부가 할 일
도시 정부는 이러한 이득을 기반시설, 특히 교통시설에의 투자를 장려하는 데에 현명하게 이용할 수 있도록 개발업자들과 협상해야 한다.

기반시설은 도시 개발에서 공공의 기본적인 투입 요소이다. 지방 당국은 그것을 공급할 책임이 있지만, 지방 당국이 반드시 특정한 기반시설 투자의 공급자 내지는 운영자가 되어야 하는 것은 아니다. 오히려 앞에서 기술했듯이 지방 당국은 그 과정을 조정하고 지휘해야 한다. 예컨대, 지방 당국은 대중교통을 통해 접근할 수 있는 신규 주거지역을 조성하는 데 필요한 기반시설을 개발업자들이 스스로 공급하도록 그들과 협상할 수도 있다.

국가가 할 일
국가는 전반적인 도시계획 범위 내에서 기반시설을 개발할 수 있도록 민간투자자들에게 적당한 유인책을 제공할 수 있는 적절한 정책을 개발해야 한다.

시 정부가 할 일

도시 정부는 이렇게 주어진 권한을 이용하여 신규 주거지역과 다른 용도의 개발 허가에 대한 기본사항으로 교통과 서비스 기반시설을 연계하여(packages) 유도하도록 협상해야 한다.

제3의 수단인 토지이용계획은 특히 개발도상국의 도시에서 현재 추구해야 하는 많은 다른 목표들에 대해 종종 너무나 단편적이다. 개발도상국 도시에서는 바라는 목표를 달성하기 위해서는 새로운 유형의 개발 전략이 필요하다. 도시 정부는 신개발에 대한 구체적인 성과 목표치(performance targets)를 설정하고 민간 개발업자들로 하여금 그것을 달성할 수단을 개발하도록 할 수도 있다. 주요 수단은 '개발 협정(development agreement)'인데, 이는 개발업자가 공공 서비스 공급비용의 일부를 부담하도록 하는 지방정부와 민간 토지소유자 또는 개발업자 간의 계약이다.

국가가 할 일

국가는 계획 관련법에서 엄격한 법률주의에만 근거하지 말고 지방 당국에게 혁신적인 계획안을 마련할 수 있는 권한을 부여하도록 해야 하며, 또한 모범 사례를 홍보할 필요가 있다.

시 정부가 할 일

도시 정부는 개발업자들과 유리한 협상을 하기 위해 이러한 권한을 활용할 필요가 있다.

거의 모든 주요 도시지역 중에서도 가장 역동적으로 경제가 급성장하는 지역에서 개발을 유도하는 계획의 수립은, 특히 지자체가 작고 전문 인력이 부족할 경우 개별 자치단체의 능력을 넘어서는 일이다. 여기서 기본적인 지역 개발 전략을 제공하고 또 지방 계획의 지침을 정하기 위해서는 대도시권 차원의 역량이 절대적으로 요구된다. 선진국의 경험으로 볼 때 이것은 쉽지 않은 일이다. 대도시 당국은 특히 신개발 입지 선정과 같은 기본적인 문제에서 하위의 지방 당국들과 마찰을 빚기 쉽다. 권한과 책임을 효과적으로 분담하는 일이 극히 중요하다. 그렇지 않으면 많은 노력들이 수포로 돌아가고 상호 모순된 정책들이 초래된다.

국가가 할 일

국가는 전체적인 전략적 조정이 중요한 거대도시 집적 지역에서 대도시권의 협력적 거버넌스(metropolitan governance)를 위한 효과적인 체제를 마련해야 한다.

시 정부가 할 일

도시 정부는 여러 가지 계획들과 개발 제안들을 대도시 전체 규모에서 조정할 필요성을 인식하는 동시에, 개개의 도시별로도 시민들을 위해 개발 기회를 극대화하도록 노력할 필요가 있다.

1) 과도성장기 도시: 빈곤한 도시가 수립할 수 있는 계획은?

개발도상국의 급성장하는 저소득 도시에는 아주 근본적이고 강력한 질문이 있다. 빈곤한 도시는 어떤 종류의 계획을 수립할 수 있는가? 도처에 있는 도시들이 이미 그 답을 제시하고 있다. 도시들은 계획의 근본적인 개념을 융통성 있는 틀 안에서 '권한 부여(enabling)' 정책이라는 형태로 다시 만들어내고 있다. 도시들은 직접적인 공급 방식을 지양하고 적절한 규제의 틀을 만들어 자금을 적당히 공급하면서, 공식 부문과 비공식 부문 양자에서 새로운 민간 건설을 촉진하는 데에 집중하고 있다. 이러한 모범 사례는 자카르타(Jakarta)와 마닐라(Manila)의 예에서와 같이, 순차적으로 개량될 수 있는 아주 최소한의 기준에 근거한 슬럼 개량계획안이다. 이것들은 도시 비공식 부문의 건축 형태를 받아들이지만, 그 형태를 지속 가능한 방향으로 발전시킨다.

이런 방식은 다음의 질문으로 이어진다. 공통으로 적용할 수 있는 원칙은 공통으로 적용할 수 있는 해법을 이끌어내는가? 그 답은 그렇다와 그렇지 않다 모두가 된다. 즉, 그렇다는 것은 사실상 어디에 있든, 부유하든 빈곤하든, 모든 도시에 적용 가능한 광범위한 좋은 선례의 해법이 있다는 것이다. 그러나 또한 그렇지 않기도 하다. 실제로 과도성장기의 도시는 항상 분절적인 도시(fragmented city)일 것이고, 이곳의 몇몇 지역은 공식적으로 계획되지만 여타 지역들은 비공식적 결정 과정을 통해 성장한다. 그러나 이것은 무계획을 의미하지는 않는다. 이것은 지방의 상황에 맞춘 느슨한 체제에 바탕을 둔, 종래와는 매우 다른 유형의 계획을 의미한다.

모든 곳에서 포괄적인 전략은 상위 전략 계획에서 하위 지방 계획까지 다양한 공간 규모에 맞춘 유연한 전략 계획을 마련하는 것이어야 한다. 대도시지역에 대한 전략 계획은 포괄적인 개발 원칙을 제시할 것이며, 무엇보다도 단기 또는 중기적으로 기반시설 투자가 기대되는 곳을 명확히 할 것이다. 전략 계획 내에서 지방의 설계안(design briefs)은 환경 기준은 물론 계획 기준에 대한 규제 기준을 마련해야 할 것이며, 기반시설 공급과 개선에 대한 제안을 명확히 제시할 것이고, 토지 투기를 방지하기 위한 정책 해법을 마련할 것인데, 이는 모든 개발 토지가 공공의 계획을 거쳐야 한다[7]는 극단적 해결책에 근거한 것이다.

전략적으로 보자면, 일반적 해결책은 넓은 대도시 규모에서는 도시 성장을 점진적으로 분산시키지만 좀더 국지적인 규모에서는 도시 성장을 집중시킴으로써 성장을 수용하는 것이다. 이것을 달성하기에는 개발도상국보다는 풍부한 자원과 잘 발달되고 역량 있는 공공 행정 능력을 보유한 보다 발전된 국가와 도시가 더 용이하다. 그러나 저소득 도시들은 어려운 상황에 슬기롭게 대처하면서 도시 혁신의 세계적 선도자가 된 몇몇 중간 소득 도시의 경험으로부터 배울 수 있고, 또 배워야만 한다.

2) 동적 성장기의 도시: 최고로부터 배우기

중간 소득 도시들은 역설적인 상황을 보여 준다. 이 도시들은 중심에서의 과성장, 주변부에서의 저밀 비공식 정주지 확산, 토지 투기의 만연, 기본적인 기반시설 공급 실패, 자동차에의 의존 등 방치되거나 분명히 제어하기 힘들며, 지속 가능하지 못한 개발의 가장 좋지 않은 사례의 일부를 포함하고 있다. 그러나 그 도시들에는 또한 많은 가장 모범적인 도시의 사례, 즉 한 세대 만에 빈곤에서 풍요에 이르는 개발 과정을 일관되게 겪어온 도시의 사례들이 포함되어 있다.

무엇보다 필요한 것은 성공한 도시의 모범 사례로부터 배워서 세계 도처의 다른 도시들에서 결코 아주 같지는 않게 각각의 상황에 맞추어 변용하는 것이다. 이러한 모델들은 어떤 기준으로도 일률적이지 않다. 몇몇 도시들―특히 동아시아―의 경우, 비공식적 개발에 대한 엄격한 통제, 고밀의 철도교통 체계와 결합된 수준 높은 고밀의 (나중엔 민영화될 수도 있는) 공영주택 공급에 의존한다. 또 다른 도시들, 특히 라틴아메리카와 카리브 해의 도시들은 개발을 집단화시킬 버스축과 그 버스축을 따라 개발을 집단화시킨 밀도 보너스에 바탕을 둔 좀더 유연한 접근법을 채택했다. 그리고 이는 각 도시의 특수한 문화적 여건과 사회적 여건에 적합한 전략을 개발할 가능성을 열어준다.

국가가 할 일
국가는 자국이나 타국의 경험에 근거하여 전략적인 대도시 개발에 대한 일반적인 모범 사례 지침을 작성해야 한다. 도시 정부가 적절한 유인구조를 개발하도록 장려하는 재정 정책을 선도할 필요가 있다.

7) 이는 우리나라의 이른바 '선계획, 후개발' 개념과 상통한다고 볼 수 있음.―옮긴이

시 정부가 할 일

도시 정부는 영리를 추구하는 민간업자와 (특히 저소득 도시에서) 커뮤니티 주도의 개발 모두를 위한 지역의 개발 구상안을 마련하기 위해 노력해야 한다.

3) 기성장 선진 도시: 풍요로움에 대처하기

기성장 선진 도시는 표면상으로는 그보다 덜 발전된 도시들에 비해 문제가 훨씬 적어야 할 것으로 보일 수도 있다. 기성장 선진 도시는 기초가 튼튼하고 세련된 계획 시스템을 보유하고 있을 뿐만 아니라 기본적인 문제들, 즉 무엇보다도 인구 급증의 문제가 덜한 것으로 알려져 있다. 그러나 이는 두 측면을 무시한 것이다. 첫째, 사회가 풍요로워짐에 따라 항상 일인당 또는 가구당 요구되는 공간 소요는 더욱 증가한다는 것이다(그리고 구성원이 적은 고령화 가구들은 이러한 추세를 심화시킬 수 있다). 가장 오랫동안 풍요를 누려온 국가들(예컨대 미국, 캐나다, 오스트레일리아 등)은 이러한 경향이 가장 두드러지게 나타난다. 둘째, 서류상으로 유효한 권한이 있다 하더라도 국가의 권한은 약하게 집행될 수도 있다. 이에 관한 가장 주목할 만한 사례는 이탈리아인데, 이곳에서 가장 부유한 지역인 베네토(Veneto) 주는 과성 장과 무질서한 도시 확산이 제어되지 못한 사례이다. 한 가지 중요한 점은 대부분의 국가들이 성장하는 도시권 전체에서 일어나는 개발을 통제할 수 있는 강력한 지역 계획 조직을 보유하지 못하고 있다는 것이다. 너무나 많은 국가들에서 그 통제권은 삶의 질의 측면에서 어떤 희생을 치르더라도 성장을 더욱 촉진하는 데에 기득권을 가지고 있는 소규모 지방자치단체들의 수중에 있다.

따라서 여기서 주된 조치는 국가적 차원에서 이루어져야 한다. 그것은 너무 늦기 전에 좀더 효과적인 조치를 통해 삶의 질을 유지하고 제고할 필요성에 대한 인식을 고취하는 것이다. 이는 좀더 효과적인 지역 조직의 필요성을 보여주긴 하지만 중앙 집권으로 회귀하는 것을 전제로 하는 것은 아니다. 이러한 배경과는 달리 정확한 처방은 국가마다 다를 수밖에 없다. 몇몇 국가들에서 필요한 것은 새로운 이주자를 배제하고 지가를 높이는 님비 성향(nimbyite)의 정책을 지양하는 것이고, 또 다른 국가들에서는 다수를 위해 개발을 더욱 엄밀히 통제하는 것이 필요하다.

국가가 할 일

국가는 살기 좋은 도시 성장에 대한 논의를 장려해야 한다. 성장이 각종 문제를 드러내기 마련인 대도시지역에 대한 지역 계획 조직을 마련하고, 지속 가능한 개발을 촉진하기 위해 특히 재정적인 면에서 지방 당국에 대한 유인책을 개발해야 한다.

시 정부가 할 일

도시 정부는 미래의 지속 가능한 개발에 대한 시나리오에 바탕을 둔 신중한 논의
를 활성화시켜야 한다. 광역적 스케일에서 대도시의 성장을 유도하기 위한 협력적
인 지역 체제에 동참할 필요가 있다.

부록 1

전문가그룹 위원 명단

데이비드 배니스터 교수(Professor David Banister), 런던대학교 바틀렛 스쿨 계획학부, 런던
디에트 폰 브로엠센(Diet von Broembsen), 주택부 정주정책국장, 프레토리아
롤란드 지스(Roland Ziss), 섬-컨설트(SUM-Consult), 비스바덴
마우리치오 로보(Mauricio Lobo), 환경부 국장, 리오데자나이로시
마이클 고(Michael Koh), 도시재개발청 보전 및 도시설계국장, 싱가포르
슈테판 드 린크(Stefaan de Rynck), 유럽연합, 브뤼셀
에다 뮐러 박사(Dr Edda Müller), 부퍼탈 기후·환경·에너지연구소(주), 부퍼탈
에스텔라 네비스(Estela Neves), 환경교육관리(Gerencia Educação Ambiental)
울리히 파이퍼(Ulrich Pfeiffer), 실증조사연구소(주), 본
조나스 라비노비치(Jonas Rabinovitch), 국제연합 개발계획(UNDP) 도시 개발팀, 뉴욕
크리스 햄넷 교수(Professor Chiris Hamnett), 런던 킹스대학
팀 캠벨(Tim Campbell), 세계은행 세계도시국, 워싱턴
피터 홀 교수(Professor Sir Peter Hall), 런던대학교
필립 거머크지안(Philip Gumuchdjian), 리차드로저스파트너쉽(Richard Rogers Partnership), 런던
한스 아드리안 교수(Professor Hanns Adrian), 하노버
호안 커스티(Hoan Kirsti), 2000 세계박람회 주식회사, 하노버

독일 연방정부의 대표 명단

게르하르트 아이히혼(Gerhard Eichhorn), 독일연방정부 교통·건축·주택부, 본
마이클 크라우츠버거 교수(Professor Michael Krautzberger), 독일연방정부 교통·건축·주택부, 베를린
맨프레드 코누키비츠 박사(Dr Manfred Konukiewitz), 독일연방정부 경제협력개발부, 본
카린 바이트 박사(Dr Karin Veith), 독일 연방정부 건축·지역계획청(BBR), 21세기 도시업무부, 본
클라우디아 워닝 박사(Dr Claudia Warning), 독일연방정부 교통·건축·주택부, 본
피터 보테 박사(Dr Peter Bote), 독일연방정부 교통·건축·주택부, 베를린
하노 스피처(Hanno Spitzer), 독일연방정부 경제협력개발부, 본
한스-요아침 헤르만(Hans-Joachim Hermann), 산업연대를 위한 독일회사, 에쉬본(Eschborn)

세계위원회(The World Commission)

루이스 파울루 콘데 교수(Professor Luiz Paolo Conde): 리우데자네이루 시장이자 국제적으로 인정받는 건축가 겸 계획가로서 도시 공공공간 활성화, 문화와 고양, 사회 통합과 슬럼 개선에 헌신하고 있음.

리버사이드 로저스 경(Lord Rogers of Riverside): 세계적으로 유명한 영국 건축가. 그의 작품은 환경에 적합하고 자원 절약형 건설 형태의 새로운 표준이 되었음. 1996년 BBC에서 행한 레이스 강연(Reith Lectures)의 내용을 바탕으로 『작은 지구를 위한 도시들(Cities for a Small Planet)』을 저술.

말로크 브라운 교수(Professor Malloch Brown): 뉴욕 주재 국제연합 개발계획(UNDP)의 행정관. 세계은행 부총재 역임(1996~1999). 특히 빈곤 퇴치를 위한 범세계적 운동과 난민구호에 전념함.

상키 템비-마한엘(Sankie D. Mthembi-Mahanyele): 남아프리카공화국 주택 장관. 인종차별정책 때문에 여러 해 동안 망명하는 중에 독일과 오스트리아 주재 아프리카민족회의(ANC)의 공식 대표자였음.

에른스트-울리히 폰 바이체커 교수(Professor Ernst-Ulrich von Weizsäcker): 1991년에 설립된 부퍼탈 기후·환경·에너지연구소 소장, 독일 국회의원(1998년 이래), 에센대학의 생물학 교수, 카셀대학 총장, 뉴욕 주재 국제연합 과학기술센터 소장. 본 주재 유럽 환경 정책연구소 소장을 역임.

엘라 바트 박사(Dr. Ela Bhatt): 인도국회의원을 역임한 바 있고, 여성의 사회보장을 위한 운동을 이끌어 왔으며, 자체 은행 기금으로 대부를 통해 여성을 돕고 있는 여성자영업자협회(Self-employed Women's Association, SEWA)의 설립자.

오비디오 드 앵글리스(Ovídio de Anglis): 1999년 7월 이래 브라질연방정부 도시 개발부의 특별 차관보, 연방 고이아스 주의 고위직 역임 후, 브라질연방정부에서 지역 정책을 담당했던 법률가.

울리히 파이퍼(Ulrich Pfeiffer): 세계위원회 사무총장(Secretariat of the Commission). 본에 있는 실증조사 연구소의 소장이면서, 국제적 기업 및 조직뿐만 아니라 지방자치단체와 당국, 독일연방정부를 위한 자문으로서 폭넓은 경험을 지닌 경제학자. 최근 『독일: 선진국을 위한 개발정책(Germany: Development Policy for a Developed Country)』을 저술.

이스마일 세라겔딘 박사(Dr. Ismail Serageldin): 세계은행 부총재, 세계위원회 21세기 수자원부문 및 빈곤퇴치 자문그룹 의장, 이집트 출신 경제학자로 카이로와 하버드대학에서 강의했으며, 계획 자문으로서 활동하면서 많은 상을 수상함.

장 신셍(Zhang Xinsheng): 환경과 도시 개발 간의 조화로운 균형 달성에 특히 기여한 중국의 쑤조우(Suzhou) 시의 전임 시장. 현재 경영학을 수학하면서 도시계획에의 응용을 연구 중에 있음.

클라우스 퇴퍼 교수(Professor Klaus Töpfer): 나이로비 주재 국제연합 사무소 사무총장, 국제연합 환경계획(UNEP)과 국제연합 인간정주회의(Habitat) 이사장, 독일 연방 환경·자연보전·핵안전부 장관(1987~1994), 독일연방 지역계획·건축·도시 개발부 장관(1994~1998)을 역임함.

토마스 헤르조그 교수(Professor Thomas Herzog): 뮌헨공과대학에서 설계와 건축시공을 강의하는 건축 가. 자원 절약형 건설과 태양 에너지를 건축과 도시계획에 도입한 업적으로 많은 상을 수상함.

토미 고 교수(Professor Tommy T. B. Koh): 싱가포르 외무부 무임소 대사, 아시아-유럽재단 이사장, 1992년 유엔 환경개발 리우회의의 초기 준비위원장을 역임. 싱가포르국립대학에서 법학 강의.

피터 홀 교수(Professor Sir Peter Hall): 세계위원회 위원장. 런던대학교 바틀렛 스쿨의 계획전공 석좌교 수(Bartlett Professor of Planning), 영국학술원 회원, 왕립도시계획학회 명예 회원. 영국정부 계획 자문관과 부총리실 도시문제위원회 위원 역임.

부록 2

보고서 목록

Auswirkungen der Veranderung von Alters-und Haushaltsstrukturen auf die Stadte in der Welt, by Herbert Schubert, Institut für Entwicklungsplanung und Strukturforschung(IES), Hannover.

Entwicklungen derr technischen Infrastrukturen in den Stadten und Siedlungsgebieten der Welt, by Ute Schneider-Grafin zu Lynar and Barbel Winkler-Kuhlken, Institut fur Stadtforschung and Strukturpolitik(IFS), Berlin.

Environment Protection as an Integral Part of Urban Sustainable Development, by Christiane Beuermann, Wuppertal Institute for Climate, Environment and Energy, Wuppertal.

Living and Working in the Informal Sector, Ziss, Sum Consult, Wiesbaden together with Eva Dick, Hamburg and Joan McDonald, Santiago de Chile.

Sustainable Development and Transport, by David Banister, Bartlett School of Planning, University College, London

Urban Change from the Individual Standpoint, by Peter Hall together with Stephen Day, Hoang Huu Phe, Judith Ryser and David Sloan, London.

Urban Social Change, by Chris Hamnett, King's College, London.

부동산시장으로서의 도시

Paper 1: "Fundamental Economic Trends and Their Consequences for Urban Real Estate Markets," by Richard Barras, Property Market Analysis, London.

Paper 2: "Impact of Planning and Regulation on the Urban Real Estate Markets and Best Practice Models," by Nicholas Ordway, University of Hawaii.

Paper 3: "Public Finance Aspects of Government Involvement Into Real Estate Markets and Best Practice Models," by Louis Rose, University of Hawaii.

바람직한 거버넌스

Study 1: *Good Governance and Urban Development in Manila*, by Dr. Rosario G. Manasan, Philippine Institute for Development Studies, Manila.

Study 2: *Good Governance Development in Johannesburg, Nairobi and Abidjan*, by Richard Tomlinson, Johannesburg, Davinder Lamba, Mazingira Institute, Nairobi, and Koffi Attahi, Abidjan.

Study 3: *Good Governance and Urban Development in Moscow and Vilnius Eastern Europe*, by Jamima Urussowa, Moskau/Tübingen.

Study 4: *Good Governance and Urban Development in Hong Kong*, by Wong Kwok Chun, Department of Real Estate and Construction, University of Hong Kong, China.

참고문헌

Albert, M. 1993, *Capitalism against Capitalism*, London: Whurr.

Alfaro, R. 1996, *Linkages Between Municipalities and Utilities: An Experience in Overcoming Urban Poverty*(Urban Environment Sanitation Working Paper Series). Washington D.C.: The World Bank.

Andersson, R. 1998, "Socio-Spatial Dynamics: Ethnic Divisions of Mobility and Housing in Post-Palme Sweden," *Urban Studies*, 35, pp.397-428.

Annis, S. 1988, "What Is not the Same about the Urban Poor: the Case of Mexico City," in Lewin, John p.(ed.), *Strengthening the Poor: What Have We Learned?* (U.S.- Third World Policy Perspectives Vol.10). New Brunswick: Transaction Books, pp.133-143.

Banuster, D. 1999, "Sustainable Development and Transport," in Bundesamt für Bauwesen und Raumordnung (BBR)(ed.), *Urban Future, Preparatory Expertise (Overviews) for the World Report on Urban Future for the Global Conference on the Urban Future Urban 21*(Forschungen 92), Bonn: BBR, pp.41-59.

Bertaud, A. 1997, "The Spatial Distribution of Population in Crakow. A City's Structure Under The Conflicting Influences of Land Markets, Zoning Regulations and 1st Socialist Past," Paper presented at the Lincoln Institute Conference: Land Prices, Land Information Systems and the Market for Land Information. Cambridge, MA, 14 November.

Bittner, A. 1997, "Einwände Gegen ein Entwicklungspolitisches Chamäleon," *DED-Brief*, 3, pp.6-11.

Bolade, T. 1993, "Urban Transport in Lagos," *Urban Age*, 2(1), pp.7-8.

Boonyabancha, S. 1997, "Community Enablement, Poverty Alleviation and Integrated Savings and Credit Schemes in Bangkok, in Burgess," R., Carmona, M. and Kolstee, T.(eds.). *The Challenge of Sustainable Cities: Neoliberalism and Urban Strategies in Developing Countries*, London: Zed Books, pp.215-229.

Booth, Ch. 1891, "Labour and Life of the People," in Court, W. H. B(1965). *British Economic History 1870~1914. Commentary and Documents*, Cambridge: Cambridge University Press, pp.288-298.

Brennan, E. 1994, "Mega-City Management and Innovation Strategies: Regional Views," in Fuchs, R.J., Brennan, E., Chamie, J., Lo, F. and Uitto, J. I.(eds.). *Mega-City Growth and the Future*, Tokyo, New York, Paris: United Nations University Press, pp.233-255.

Bromley, R. 1979, *The Urban Informal Sector: Critical Perspectives on Employment and Housing Polices*, Oxford: Pergamon Press.

Brooks, A. 1991, "Omaha: Thriving through both Boom and Bust," *New York Times*, July 21.

Buchheim, C. 1994, *Industrielle Revolutionen*, München: dtv.

Buck, N., Gordon, I., Young, K., Ermisch, J. and Mills, L. 1986, *The London Employment Problem*, London: Oxford University Press.

Burki, S. J. and Perry, G. E. 1997, *The Long March. A Refoem Agenda for Latin America and the Caribbean in the Next Decade*, Washington, D.C.: The International Bank for Reconstruction / The World Bank.

Cairncross, F. 1997, *The Death of Distance: How the Communications Revolution will Change our Lives*, London: Orion.

Campbell, T. 1996, *Innovations and Risk Taking: The Engine of Reform in Local Government of LAC*, Washington, D.C.: The World Bank.

Castells, M. 1996, *The Information Age: Economy, Society, and Culture*, Vol. I, *The Rise of the Network Society*, Oxford: Blackwell.

Cervero, R. 1985, *Suburban Gridlock*, New Brunswick: Rutgers University Center for Urban Policy Studies

Chatterjee, p. 1998, "A New Economic Reality on Asian City Streets," *Urban Age*, 5(4), pp.5-9.

Cheema, G. S. 1994, "Priority Urban Management Issues in Developing Countries: the Research Agenda for the 1990s, in Fuchs," R. J., Brennan, E., Chamie, J., Lo, F. and Uitto, J. I.(eds.). *Mega-City Growth and the Future*, Tokyo, New York, Paris: United Nations University Press, pp.412-428.

Cheshire, P. C. and Hay, D. G. 1989, *Urban Problems in Western Europe: An Economic Analysis*, London: Unwin Hyman.

Cheung, A. B. L. 1992, "Financial, Managerial and Political Dimensions of Public Sector Reform," *Asian Journal of Public Administration*, 14, pp.115-148.

Christaller, W. 1966[1933], *Central Places in Southern Germany*(Translated by C. W. Baskin). Englewood Cliffs: Prentice-Hall.

Clark, C. 1951, "Urban Population Densities," *Journal of the Royal Statistical Society A*, 114, pp.490-496.
_____ . 1957, "Transport: Maker and Breaker of Cities," *Town Planning Review*, 28, pp.237-250.

Cohen, S. and Zysman, J. 1987, *Manufacturing Matters: The Myth of the Post-Industrial Economy*, New York: Basic Books.

Daniels, P. W. 1991, "Technology, Internationalisation of Services and Metropolitan Areas, in Brochie," J., Batty, M. Hall, p. and Newton, p.(eds.). *Cities in the 21st Century: New Technologies and Spatial Systems*, Melbourne: Longman-Cheshire, pp.215-228.

Davis, K. 1959, "The Origin and Growth of Urbanization in the World," in Mayer, H.M and Kohn, C. F.(eds.). *Readings in Urban Geography*, Chicago: University of Chicago Press, pp.59-68.

Dickens, Ch. 1854, "Coketown,"(from: *Hard Times*) quoted in Clayre, A.(ed.), 1977, *Nature and Industrializaion*, Oxford: Oxford University Press, pp.124-126.

Dillinger, W. 1994, "Decentralization and Its Implications for Urban Service Delivery,"(Urban Management Programme Discussion Paper 16) Washington, D.C.: The World Bank.

Dillon, D., Weiss, S. and Hait, p. 1989, *Supersuburbs*, Planning, 55, pp.7-21.

Donnelly, S. B. 1991, "The West: Mixing Business and Faith," *Time*, July 29.

Drakakis-Smith, D. 1995, "Third World Cities: Sustainable Urban Development I," *Urban Studies*, 32, pp.659-678.

Duerksen, C., Johnson, E. and Fricke, C. 1995, "Colorado Growth Management Toolbox,"(Appendix to Smart Growth and Development Summit White Paper, Clarion Associates, January).

Eveleigh, R. 2000, "The 'Bill Gates of the Favelas': Bringing the Internet to Rio's Poor Children," *Financial Times*, 5 February.

Feder, B. J. 1991, "Omaha: Talk, Talk, Talk of Telemarketing," *New York Times*, 20 July.

Figueroa, O. 1993, *Transport and the environment in Deliberative Democracy*, Draft.

Gakenheimer, R. 1994, "Six Strategies Decisions for Transportation in Mega-Cities," in Fuchs, R.J., Brennan, E., Chamie, J., Lo, F. and Uitto, J.O.(EDS.). *Mega-City Growth and the Future*, Tokyo, New York, Paris: United Nations University Press, pp.26-27.

Galeano, E. 1995, "Autocracy: an Invisible Dictatorship," *NACLA Report in The Americas*, 28(4), pp.26-27.

Garreau, A. 1991, *Edge City: Life on the New Frontier*, New York: Doubleday.

Gillespie, A., Richardson, R. and Cornford, J. 1995, *Review of Telework in Britain: Implications for Public Policy*, (Prepared for the Parliamentary Office of Science and Technology). Newcastle upon Tyon: University, Centre for Urban and Regional Development Studies.

GTZ Consultants' Network 1997, "Alleviation of Poverty,"(A conceptual orientation based on results of the working group's meeting in Santos/Brazil 13 to 15 November 1996 and the disccussion during the meeting of the KSE Network in June 1997).

Guldin, G. E. 1995, "Towards a Greater Guangdong: Hong Kong's Sociocultural Impact on the Pearl River Delta and beyond," in Kwok, R.Y.-W. and So, A.Y.(EDS.). *The Hong Kong-Guangdong Link: Partnership in Flux*, London: M.E. Sharpe, pp.89-118.

Hall, p. 1995, "Towards a General Urban Theory," in Brotchie, J., Batty, M., Blakely, E., Hall, p. and Newton, p.(EDS.). *Cities in Competition*.

＿＿＿＿. 1999, "Planning for the Mega-City: a New Eastern Asian Urban Form," in Brotchie, J., Newton, P., Hall, p.and Dickey, J.(EDS.). *East West Perspectives on 21st Century Urban Development: Sustainable Eastern and Western Cities in the New Millennium*, Aldershot: Ashgate, pp.3-36.

Hall, p. and Hay, D. 1980, *Growth Centres in the European Urban System*, London: Heinemann.

Hall, p. and Ward, C. 1998, *Social Cities: The Legacy of Ebenezer Howard*, Chichester: Wiley.

Hoogvelt, A. 1997, *Globalization and the Postcolonial World: The New Political Economy of Development*, Baltimore: Johns Hopkins University Press.

ICLEI. 1996, *The Local Agenda Planning Guide*, Toronto: ICLEI.

International Labour Office(ILO) 1995, *World Employment Report*, Geneva: ILO.

＿＿＿＿. 1998, *The Future of Urban Employment*, Geneva: ILO.

IUCN, UNEP. 1991, *Caring for the Earth: A Strategy for Sustainable Living*, Gland, Switzerland: IUCN, UNEP.

Jacobs, A. B. and Appleyard, D. 1987 "Toward an Urban Design Manifesto," *Journal of the American Planning Association*, 53, pp.112-120.

Jacobs, J. 1962, *The Death and Life of Great American Cities*, London: Jonathan Cape.

Jamal, V. and Weeks, J. 1993, *Africa Misunderstood, or, Whatever Happened to the Rural-Urban Gap?* Basingstoke: Macmillan.

Jelinek, G. 1992, "Aspects of Density in Urban and Residental Planning for JaBoTaBek,"(Urban Indonesia: New Development), *Trialog*, No.32, pp.8-14.

Johnson, D. 1991, "Prosperity Must Make Room for Diversity in Utah," *New York Times*, 25 August.

Kasarda, J. 1997, "The Jobs-Skills Mismatch," in LeGates, R. T. and Stout, F.(EDS.). *City Reader*,

London: Routledge, pp.305-310.

Kidokoro, Tetsuo 1992, "Strategies for Urban Development and Transport Systems in Asian Metropolises, Focusing on Bangkok Metropolitan Area," *Regional Development Dialogue*, 13(13), pp.74-86.

Koch-Weser, Casio 1996, "The Urban Development Challenge: Putting People First,"(Plenary Address Habitat II, 3 June). (http://www.worldbank.org/html/extdr/twurd /challeng/htm).

Koerner, B. I. 1998, "Cities that Work," *U.S. News and World Report*, 8 June, pp.26-36.

Krabbe, G. 1994, "Fremd am kalten Wasser: Nairobi," in Mönninger, M.(ed.). *Last Exit Downtown. Gefahr für die Stadt*, Basle: Birkhäuser, pp.96-103.

Kusnetzoff, F. 1997, "The State and Housing Polices in Chile: Five Regime Types and Strategies," in Gugler, Josef.(ed.). *Cities in the Developing World: Issues, Theory, and Policy*, Oxford: Oxford University Press, pp.291-304.

Lamba, D., Lee-Smith, D. 1998, "Urban Development and Good Governance, Case Study of Nairobi," (Urban 21, Unpublished Survey).

Lee, Yok-shiu F. 1995, "Intermediary Institutions, Community Organizations and Urban Environmental Management: The Case of Three Bangkok Slums," Working Paper 41. East-West Center, University of Hawaii.

Leman, E. 1995, "The Changing Face of Shanghai," *Urban Age*, 3(2), pp.8-10.

Levin, M. R. 1997, "Goodbye Uglyville, Hello Paradise: Teleworking and Urban Development Patterns," Paper presented at the Urban Design, Telecommunication and Travel Forecasting Conference, August.

Levinson, M. 1998, "To Travel Hopefully: a Survey of Commuting," *The Economist*, 18 September, Special Supplement.

Lewis, O. 1996, "The Culture of Poverty, reprinted in LeGates," R. T. and Stout, F.(EDS.). 1997, *City Reader*, London: Routledge, pp.217-224.

Lin, G. C. S. and Ma, L. J. C. 1994, "The Role of Towns in Chinese Regional Development: the Case of Guangdong Province," *International Regional Science Review*, 1, pp.75-97.

Lomnitz, L. 1997, "The Social and Economic Organization of a Mexican Shanty Town in Gugler," J.(ed.). *Cities in the Developing World: Issues, Theory, and Policy*, New York / Oxford: Oxford University Press, pp.204-217.

Lösch, A. 1954, *The Economics of Location*(Translated by W.H. Woglom and W.F. Stopler), New Haven: Yale University Press.

MacDonald, J. and Ziss, R. 1999, "Living and Working Informally in Urban Areas," in Bundesamt für Bauwesen und Raumordnung(BBR).(ed.). *Urban Future, Preparatory Expertises (Overviews) for the World Report on Urban Future for the Global Conference on the Urban Future Urban 21* (Forschungen 92). Bonn: BBR, pp.81-100.

Manasan, R. 1998, "Urban Development and Good Governance. Case Study of Metro Manila," (Urban 21, Unpublished Survey).

Maruya, T. 1994, "The Economy," in Yeung, Y. M. and Chu, D. K. Y.(EDS.). 1994, *Guangdong: Survey of a Province Undergoing Rapid Change*, Hong Kong: The Chinese University Press, pp.53-74.

McGee, T. G. 1991, "Asia's Growing Urban Rings," *Work in Progress, United Nations University*, 13(3), p.9.

McRae, H. 1994, *The World in 2020: Power, Culture and Prosperity: A Vision of the Future*, London: HarperCollins.

Mehta, D. and Mehta, M. 1994, "Privatization of Municipal Services in India," *Urban Ages*, 2(4), pp.9-10.

Migration News 1994, August, 1(8).

Mitchell, W. J. 1995, *City of Bits*: *Spaces, Place, and the Infobahn*, Cambridge, Mass.: MIT Press.

Mokhtarian, P. L. 1990, "The State of Telecommuting," *ITS Review*, 13(4).

_____ . 1991a, "Telecommunications and Travel Behavior," *Transportation*, 18,pp.287-289.

_____ . 1991b, "Telecommuting and Travel: State of the Practice, State of the Art," *Transportation*, 18, pp.319-342.

_____ . 1992, "Telecommuting in the United States, Letting Our Fingers Do the Commuting," *TR News*, No. 153, pp.2-7.

Mokhtarian, P. L., Handy S. L. and Salomon, I. 1995, "Methodological Issues in the Estimation of the Travel, Energy, and Air Quality Impacts of Telecommuting," *Transportation Research*, *Part A*: *Policy and Practice*, 29, pp.283-302.

Mumford, L. 1961, *The City in History*, London: Secker and Warburg.

National Economic Research Associates(NERA) 1997, "Motor or Modern,"(Report prepared for the UK Royal Automobile Club). London: NERA.

Newman, P. W. G. and Kenworthy, J. R. 1989, *Cities and Automobile Dependence*: *A Sourcebook*, Aldershot and Brookfiled, Vt: Gower.

Noyelle, T. and Stanback, T. 1984, *The Economic Transformation of American Cities*, Ottawa: Rowman and Allanheld.

OECD / ECMT. 1995, *Urban Travel and Sustainable Development*, Paris: OECD.

Olds, K. 1995, "Globalization and the Production of New Urban Spaces: Pacific Rim Megaprojects in the Late 20th Century," *Environment and Planning A*, 27, pp.1713-1743.

Ordway, N. 1998, "International Best Practices of Land Use Control in Formal and Informal Markets," (Urban 21 Unpublished Survey).

Pirez, p. 1994, "Privatization: Changing the Nature of Buenos Aires," *Urban Age*, 2(4), p.7.

Potts, D. 1995, "Shall We Go Home? Increasing Urban Poverty in African Cities and Migration Processes," *The Geographical Journal*, 161, pp.245-264.

Putnam, R. D. 1993, *Making Democracy Work*: *Civic Traditions in Modern Italy*, Princeton: Princeton University Press.

Rabinovitch, J. and Hoehn, J. 1995, "A Sustainable Urban Transportation System: The 'Surface Metro' in Curitiba, Brazil," EPAT / MUCIA Working Paper.

Razzaz, O. 1997, "Legality and Stability in Land and Housing Markets," *Land Lines*, 9(3).

Rees, W. and Wackernagel, M. 1994 "Ecological Footprints and Appropriated Carrying Capacity: Measuring the Natural Capital Requirements of the Human Economy," in Jannsson, A. M. et al.(EDS.). *Investing in Natural Capital*: *The Ecological Economics Approach to Sustainability*, Washington, D.C.: Island Press.

Reichert, C. and Boschmann, N. 1995, *Förderung von Kleingewerbe und Handwerk*, Eschborn: GTZ.

Renaud, B. 1989, "Compounding Financial Repression with Rigid Urban Regulations: Lessons of the Korean Housing Market," *Review of Urban and Regional Development Studies*, 1, pp.3-22.

Renaud, B., Zhang, M. and Koeberle, S. 1998, "How the Thai Real Estate Boom Undid Financial Institutions—What Can Be Done?"(Paper presented at the Seminar on Thailand's Recovery and Competitiveness, Bangkok, 20 May).

Rondinelli, D. A. 1998, "Background Note on Centralization and Decentralization in Developing

Countries"(Paper prepared for the World Bank, *World Development Report* 1999).

Salomon, I. and Mokhtarian, p. 1997, "Coping with Congestion: Understanding the Gap between Policy Assumptions and Behavior," *Transportation Research Part D — Transport and Environment*, 2, 00. pp.107-123.

Schneider-Barthold, W. et al. 1995, *Die Organisationsfähigkeit des informellen Sektors. Der Beitrag des Kleingewerbes zur Reform des Wirtschafts- und Rechtssystems in Entwicklunsländern*, Köln: Weltforum Verlag.

Schreiber, J.-J. S. 1967, *Le défi americain*, Paris: Denoël.

Schumpeter, J. A. 1942, *Capitalism, Socialism and Democracy*, New York: Harper.

Scabrook, J. 1996, *In the Cities of the South: Scenes from a Developing World*, London: Verso.

Sellers, p.1990, "The Best Cities for Business," *Fortune*, 22 October.

Sen, A. K. 1970, *Collective choice and Social Welfare*, San Francisco: Holden-Day.

Shatkin, G. 1998, "'Forth World' Cities in the Global Economy: the Case of Phnom Penh, Cambodia," *International Journal of Urban and Regional Research*, 22, pp.378-391.

Simone, A. 1997, "Urban Development in South Africa: Some Critical Issues from Johannesburg," in Burgess, R., Carmona, M. and Kolstee, T.(EDS.). *The Challenge of Sustainable Cities: Neoliberalism and Urban Strategies in Developing Countries*, London: Zed Books. pp.245-260.

Simone, A., Hecht, D. 1997, *Invisible Governance: The Art of Afican Micro-Politics*, Brooklyn, N.Y.: Autonomedia.

Sinha, S. B. K. (undated) *Marking Cities Manageable — State of the Art*, Ahmedabad.

Sit, V. F. S. and Yang, C. 1997, Foreign-investment-induced exo-urbanisation in the Pearl River Delta, China, *Urban Studies*, 33, pp.647-677.

Sivaramakrishnan, K. C. 1994, "Is Urban Politics Unique?" *Urban Age*, 2(4), pp.10-11.

So, A. Y. and Kwok, R. Y.-W 1995b, "Socioeconomic Center, Political Periphery: Hong Kong's Uncertain Transition toward the Twenty-First Century," in Kwok, R.Y.-W. and So, A.Y.(EDS.). *The Hong Kong-Guangdong Link: Partnership in Flux*, London: M.E. Sharpe, pp.251-257.

_____ . (EDS.). 1995a, *The Hong Kong-Guangdong Link: Partnership in Flux*, London: M.E. Sharpe.

Soja, E. W. 1995, "Postmodern Urbanization: the Six Restructurings of Los Angeles," in Watson, S. and Gibson, K.(EDS.). *Postmodern Cities and Spaces*, Oxford: Blackwell, pp.125-137.

Solow, R. M. 1957, "Technical Change and the Aggregate Production Function," *Review of Economics and Statistics*, 39, pp.312-320.

Stanback, T. 1985, "The Changing Fortunes of Metropolitan Economies", in Castells, M.(ed.). *High Technology, Space and Society*(Urban Affairs Annual Reviews, 28), Beverly Hills: Sage, pp.122-142.

Stickland, R. 1993, "Bangkok's Urban Transport Crisis," *Urban Age*, 2(1), pp.1-5.

Tapales, P. D. 1996, "The Philippines," in McCarney, P. L.(ed.). *The Changing Nature of Local Government in Developing Countries*, Toronto: Centre for Urban and Community Studies, University of Toronto, pp.197-219.

Taschner, S. "Pasternak 1992, Changes in the Process of Self-Help Housing Production in São Paulo," in Mathéy, K.(ed.). *Beyond Selp-Help Housing*, London: Mansell, pp.145-155.

Ter-Minassian, T. (ed.) 1997, *Fiscal Federalism in Theory and Practice*, Washington: IMF.

The Economist, 1995, "Turn up the Lights: a Survey of Commuting," 18 September, Special Supplement.

Thomson, J. M. 1977, *Great Cities and Their Traffic*, London: Gollancz.

Thurow. L. C. 1992, *Head to Head. The Coming Economic Battle among Japan, Europe, and America*, New York: Wanner Books.

_____. 1996, *The Future of Capitalism*: *How Today's Economic Forces Will Shape Tomorrow's World*, New York: Morrow.

Tinker, I. 1998, "Feeding the Megacities," *Urban Age*, 5(3), pp.4-9.

Tocqueville, A. de. 1835, "Manchester,"(from *Journeys to England and Ireland*), in Clayre, A.(ed.). 1977, *Nature and Industrialization*, Oxford: Oxford University Press, pp.122-123.

Toffler, A. 1980, *The Third Wave*, New York: Bantam Books.

Tomlinson, R. 1998, "Urban Development and Good Governance. Case Study of Johannesburg,"(Urban 21, Unpublished Survey).

UN Best Practices Database: www.bestpractices.org

UNEP, World Bank, NEPA, CNCPC.(EDS.). 1996, *Cleaner Production in China*, New York: United Nations.

United Nations Centre for Human Settlements(UNCHS) (HABITAT). 1996a, *The Habitat Agenda* (including Istanbul Declaration), Nairobi: UNCHS.

_____. 1996b, *An Urbanizing World*: *Global Report on Human Settlements 1996*, New York / Oxford: Oxford University Press.

United Nations Development Programme(UNDP). 1995, *Gender and Human Development*(Human Development Report 1995), New York / Oxford: Oxford University Press.

_____. 1998, *Government for Sustainable Growth and Equity*, Report of International Conference, United Nations, New York, 28-30 July 1997. New York: UNDP.

United Nations Population Fond(UNFPA). 1998, *The State of World Population 1998. The New Generations*, New York: UNFPA.

United Nations, Economic Commission for Europe. 1997, *Human Settlements Trends in Central and Eastern Europe*, New York, Geneva: United Nations.

Urussowa, Janina. 1998, "Urban Development and Good Governance. Case Study of Moscow,"(Urban 21, Unpublished Survey).

Vanderschueren, F. 1995, "Rol de las Municipalidades en Apoyo al Sector Informal de la Economía," in Assoziazione Volontari per il Servizio Internazionale(AVSI) et al.(ed.). *Challenges of the Informal Town. Rules towards the Integration of Peri-Urban Settlements*(Conference reader prepared by AVSI for Preparatory Event for the Habitat Ⅱ Conference, Belo Horizonte, Brazil 1995), pp.231-239.

von Weizsäcker, E.U., Lovins, A. B. and Lovins L. H. 1998, *Factor Four*: *Doubling Wealth-Halving Resource Use*, London: Earthscan.

Wallerstein, I. 1976, *The Modern World System*, San Francisco: Academic Press.

Wong, K. C. 1998, "Urban Development and Good Governance. Case Study of Hong Kong,"(Urban 21, Unpublished Survey).

World Bank. 1996, *Sustainable Transport*: *Priorities for Policy Reform*, Washington D.C.: The World Bank.

_____. 1997, *The State in a Changing World*(World Development Report 1997), New York, Oxford: Oxford University Press.

_____. 1998, *Fortifying Rio's Resurgence*: *A Report to the Mayor*, Washington D.C.: World Bank (unpublished).

World Commission on Environment and Development. 1987, *Our Common Future*(The Brundtland Report), Oxford: Oxford University Press.

World Resourced Institute(WRI), The United Nations Environment Programme(UNEP), The United Nations Development Programme(UNDP) and The World Bank. 1996, *The Urban Environment*.

World Resources 1996-97. Oxford: Oxford University Press.

_____ . 1998, World Resources 1998-99. A Guide to the Global Environment. Environmental Changing and Human Health, Oxford: Oxford University Press.

Yeung, Y. M. 1994, "Introduction," in Yeung, Y. M. and Chu, D. K. Y.(EDS.). Guangdong: Survey of a Province Undergoing Rapid Change, Hong Kong: The Chinese University Press, pp.1-17.

_____ . 1996, "An Asian Perspective on the Global City," International Social Science Journal, 147, pp.25-31.

찾아보기

■ 지은이

피터 홀(Peter Hall)

영국 왕립 도시계획학회의 명예회원으로서, 런던 대학교 바틀렛 건축·계획학부의 계획 분야 교수이자 버클리의 캘리포니아대학 도시·지역계획학과의 명예교수이다. 영국 환경부 장관의 전략계획 특별고문(1991~1994), 부수상의 특별도시업무추진팀의 위원(1998~1999)으로 활약했다. 또한 지역연구학회의 발기인으로서 동 학회의 정기간행물인 ≪지역연구(*Regional Studies*)≫의 초대 편집장을 맡았으며, 도시·농촌계획학회의 회장(1995~1999)을 역임했다. 이 책 외에도 『문명 속의 도시(*Cities in Civilization*)』(1998)를 비롯한 30여 권의 책을 저술하거나 편집했다.

울리히 파이퍼(Ulrich Pfeiffer)

세계위원회 사무총장(Secretariat of the Commission). 본에 있는 실증조사연구소의 소장이면서, 국제적인 기업 및 조직뿐만 아니라 지방자치체와 당국, 독일연방정부를 위한 자문으로서 폭넓은 경험을 지닌 경제학자이다. 최근 『독일: 선진국을 위한 개발정책(*Germany: Development Policy for a Developed Country*)』을 저술했다.

■ 옮긴이

임창호(任昌虎)

서울대학교 건축학과를 졸업(1974)하고, 미국 하버드대학교에서 도시 및 지역계획학 석사(1981), 도시계획학 박사 학위(1985)를 취득했다. 국토연구원과 홍익대학교에 재직한 바 있고 1995년부터는 서울대학교 공과대학에서 도시계획을 가르쳤으며, 2004년 8월 심장마비로 급작스럽게 타계했다. 대한국토·도시계획학회 이사, 중앙도시계획위원회 위원과 아시아 도시계획관련대학협의회(APSA) 회장을 역임했다. 주요 저서로는 『도시 정책론: 정보화 글로벌 시대의 도시정책 이야기』(2000, 공저), 『21세기 국토개발의 정책과제』(1996, 공저), 『내일의 도시: 20세기 도시계획지성사』(2000, 번역서) 등이 있고, 주요 논문으로는 「정보기술의 발달과 도시에의 영향: 계획 패러다임의 위기와 도시의 미래」(≪국토계획≫, 1998) 등이 있다.

구자훈(具滋勳)

서울대학교 건축학과를 졸업(1982)했고, 동 대학원 도시공학과에서 공학 석사(1984)와 박사(1991)를 취득했다. 서울건축종합건축사사무소(1984~1988), 남광엔지니어링 도시계획부와 미래개발컨설팅 그룹(1991~1993), 서울시정개발연구원(1993~1997)에서 일하기도 했다. 1997년부터 한동대학교에서 교수로 재직하다가 2003년부터는 한양대학교 도시대학원 교수로 재직하고 있다. 대한국토·도시계획학회 및 도시설계학회 이사, 건설교통부 신도시포럼 위원, 인천광역시 도시계획위원, 아산신도시 Master Planner 등으로 활동하고 있다. 주요 저서로는 『도시설계론』(2001, 공저), 『토지이용계획론』(2004, 공저), 『세계화의 현상과 대응』(2004, 공저), 『서양 도시계획사』(2004, 공저) 등이 있다.

한울아카데미 **708**

미래의 도시
21세기 도시의 과제 및 대응 전략

ⓒ 임창호 · 구자훈, 2005

지은이 | 피터 홀 · 울리히 파이퍼
옮긴이 | 임창호 · 구자훈
펴낸이 | 김종수
펴낸곳 | 도서출판 한울

초판 1쇄 인쇄 | 2005년 2월 25일
초판 3쇄 발행 | 2011년 3월 30일

주소 | 413-756 파주시 교하읍 문발리 535-7 302(본사)
        121-801 서울시 마포구 공덕동 105-90 서울빌딩 1층(서울 사무소)
전화 | (영업) 02-326-0095
        (편집) 031-955-0606 / 02-336-6183(서울사무소)
팩스 | 02-333-7543
홈페이지 | www.hanulbooks.co.kr
등록 | 1980년 3월 13일, 제406-2003-051호

Printed in Korea.
ISBN 978-89-460-4411-1 93300

* 가격은 겉표지에 있습니다.